中華古籍保護計劃

ZHONG HUA GU JI BAO HU JI HUA CHENG GUO

·成果·

(宋)郭茂倩 編

宋本樂府詩集

第一册

國家圖書館出版社

圖書在版編目(CIP)數據

宋本樂府詩集:全十二册 / (宋)郭茂倩編.-- 北京:國家圖書館出版社,2018.6

(國學基本典籍叢刊)

ISBN 978-7-5013-6404-6

Ⅰ.①宋… Ⅱ.①郭… Ⅲ.①樂府詩—詩集—中國—古代 Ⅳ.①I222.6

中國版本圖書館 CIP 數據核字(2018)第 061256 號

書　　名	宋本樂府詩集(全十二册)
著　　者	(宋)郭茂倩　編
責任編輯	南江濤
封面設計	徐新狀

出　　版	國家圖書館出版社(100034　北京市西城區文津街 7 號) (原書目文獻出版社　北京圖書館出版社)
發　　行	010-66114536　66126153　66151313　66175620 66121706(傳真)　66126156(門市部)
E-mail	nlcpress@nlc.cn(郵購)
Website	www.nlcpress.com→投稿中心
經　　銷	新華書店
印　　裝	北京市通州興龍印刷廠
版　　次	2018 年 6 月第 1 版　2018 年 6 月第 1 次印刷

開　　本	880×1230(毫米)　1/32
印　　張	80

書　　號	ISBN 978-7-5013-6404-6
定　　價	240.00 圓

《國學基本典籍叢刊》編委會

《國學基本典籍叢刊》前言

國家圖書館出版社（原書目文獻出版社 北京圖書館出版社）成立三十多年來，出版了大量的中國傳統文化典籍。由於這些典籍的出版往往採用叢書的方式或綫裝形式，供公共圖書館和大學圖書館典藏使用，普通讀者因價格較高、部頭較大，不易購買使用。爲弘揚優秀傳統文化，滿足廣大普通讀者的需求，現將經、史、子、集各部的常用典籍，選擇善本，分輯陸續出版單行本。每書之前均加簡要説明，必要者加編目録和索引，總名《國學基本典籍叢刊》。歡迎讀者提出寶貴意見和建議，以使這項工作逐步完善。

編委會

二〇一六年四月

序　言

詩樂一體爲中國早期詩歌的基本特徵，《詩經》爲樂歌總集，《楚辭》雖難以確定全爲樂歌，但均與樂有不解之緣。自漢以後，詩樂分途，徒詩漸漸成爲中國詩歌主流。即便如此，詩樂結合依然爲中國詩歌發展之重要一系。自漢樂府以降，配樂歌詩代代傳承不絶，徒詩亦深受其影響。此類樂歌及歷代音樂演變情況，自《史記》《漢書》以後，歷代史書多有記載。而歌詞之收録，則以北宋郭茂倩《樂府詩集》最爲可觀。全書共分百卷，《目録》二卷。總括歷代樂府，上起傳説之陶唐，下迄五代，分《郊廟歌辭》十二卷、《燕射歌辭》三卷、《鼓吹曲辭》五卷、《横吹曲辭》五卷、《相和歌辭》十八卷、《清商曲辭》八卷、《舞曲歌辭》五卷、《琴曲歌辭》四卷、《雜曲歌辭》十八卷、《近代曲辭》四卷、《雜歌謡辭》七卷、《新樂府辭》十一卷。每卷前有解題，敘述每類樂府之源流、内容之特色。《四庫提要》譽之爲：『徵引浩博，援據精審，宋以來考樂府者，無能出其範圍。』至其歌辭，更是搜集廣泛，精心編排。『每題以古詞居前，擬作居後，使同一曲調，而諸格畢備，不相沿襲，可以藥剽竊形似之失。』其古詞多前列本詞，後列入樂所改，得以考知孰爲「側」，孰爲「趨」、孰爲「艷」，孰爲增字減字。其聲詞合寫、不可訓詁者，亦皆題下注明，尤可以藥摹擬聱牙之弊，誠樂府中第一善本。』〔二〕向來被視爲治樂府學之淵藪。

此書編者郭茂倩，宋陳振孫《直齋書録解題》卷十五著録稱：『太原郭茂倩集。』並謂：『今按茂倩，侍讀學士勸仲褒之孫，昭陵名臣也，本鄆州須城人，有子曰源中、源明。茂倩，源中之子也。但未詳其官位所至。』元馬端臨《文獻通考・經籍考》因之。然而據宋蘇頌《蘇魏公文集》卷五十九《職方員外郎郭君墓誌銘》云：『東平郭君，以熙寧九年三月己未被疾，不起於州寢，享年五十有五。』『君初名元賡，字永叔，後從進士，更名源明，字潛亮。』『子男五人，曰茂倩，河南府法曹參軍；次曰茂恂，奉議郎，提舉陝西買馬監牧司公事；次曰茂澤，承事郎；次曰茂曾；次曰茂雍，未仕。』可知郭茂倩是源明長子。對此，傅增湘跋語中有簡明考證，李致忠在《中華再造善本總目提要》中亦有考證〔三〕。可惜關於郭氏生平資料，目前所知僅此而已。故傅增湘感歎曰：『所不解者，茂倩撰輯是書，綜合歷代樂府，起唐虞，迄五代，卷帙纍百，體大思精，蔚然鉅製，《提要》稱其解題，徵引浩博，援據精審，可謂振古之偉業，傳世之鴻編矣。顧何以易世未幾，至作者之生平亦幾於浮沈湮晦，而莫從

〔二〕（清）永瑢等撰：《四庫全書總目》，中華書局一九六五年版，第一六九六頁。

〔三〕中華再造善本工程編纂出版委員會編：《中華再造善本總目提要・唐宋編》，國家圖書館出版社二〇一三年版，第七三八頁。

稽考。意者靖康之際，剞劂方終，即逢喪亂，流傳因之不廣，其僅存者，亦序列缺殘，莫從補綴（如此鉅著，不應前無序例，當由因亂喪失使然耳）。遂使知人論世者，有名氏翳如之歎，斯亦文儒之厄運矣，豈不重可慨哉！』没有留下更多關於郭茂倩的相關資料，對於研究此書來説，誠爲遺憾。

『樂府』之名，最早見於秦代。一九七七年，陝西臨潼秦始皇墓附近出土秦代編鐘，上面就刻有『樂府』二字〔二〕。但其作爲國家禮樂機構而對後世産生重大影響，則是由於漢武帝時代對樂府之重視，『定郊祀之禮』，『採詩夜誦』。此後，樂府則成爲歷代國家禮樂機構之代名詞，由樂府採集演奏和保存下來之歌詩也被稱爲『樂府』，推而廣之，漢代以後那些入樂可歌之詩篇和與之相關作品也被人們習稱爲『樂府』。郭茂倩《樂府詩集》所收作品，就取這種廣義概念。它把這些作品分爲十二大類，從取材範圍來講，既包括自漢到五代各王朝郊廟燕射歌詞，也包括在其他場合演唱的各類樂歌歌詞，還包括一些不入樂的新樂府詞。從時間範圍來講，則收録了除《詩經》《楚辭》之外從傳説中的唐虞時代到五代時的『雜歌謡辭』。這與此前相關著作，如《宋書·樂志》《樂府雜録》《樂府古題要解》以及同朝代著作如鄭樵《通志·樂略》相比，的確有很大不同，由此而顯得頗爲駁雜。故梁啓超曾批評此書『貪博而不知別裁，有喧賓奪主之患』。但樂府之源，本可上溯三

〔二〕寇效信：《秦漢樂府考略》，《陝西師範大學學報》一九七八年第一期。

況此書在各類解題之中多引前代諸家著述，辨章學術，考鏡源流，條理清晰，論述得當，且保留衆多可貴資料，爲治樂府者所資取，其貢獻亦足大矣。

國家圖書館所藏宋本《樂府詩集》，前有傅增湘跋語：『此書無序跋，目後無牌記，未知爲何時何地所刻。』據書中所刻缺筆與刻工姓名，傅氏考證此本『當爲北宋之季杭州官刊本』，『而印於南宋初者也』。《中國版刻圖録》則認爲『此書當是紹興間杭州地區刻本』，李致忠贊同此説。二者所據相同但見解稍異，要之則定爲宋本無疑。據傅氏考證，此宋本在清以前藏書家不見著録，現所存乃爲殘本，卷十九至二十六、九十六至一百配元至正元年（一三四一）集慶路儒學刻本，卷二十七至三十四配清鈔本。至於何人所補所鈔，已『無由取證矣』。幸由傅氏於鄉人白堅甫處偶得之，後重加裝裱以保存至今。傅氏將其與汲古閣刊本《樂府詩集》對校稱：『毛本校刊頗詳而未免引據他書，加以臆改，是毛本初未可盡據，若非親見宋本，又烏能懸斷其得失耶。』亦可見宋本之彌足珍貴。今國家圖書館出版社將此書重印，實爲治樂府者之福音。故略書片語以爲序。

趙敏俐

戊戌歲正月十二日於京西會意齋

總目録

第一册

第二册

第三册

第四册

第五册

第六册

第七册

第八册

第九册

第十册

第十一册

第十二册

第一册目録

據國家圖書館藏宋刻本影印原書版框高二十二點九厘米寬十六點六厘米

北宋本樂府詩集跋

樂府詩集太原郭茂倩編次凡一百卷前有目録二卷北宋刊本半葉十三行每行二十三字白口左右雙闌版心魚尾下題樂府詩集幾次記葉數下記刊工姓名卷中類目低二格總題低三格分題低四格小序低五格詩皆頂格每卷空一行標書名或空二行避諱至桓字止宋本闕者配入元刊十三卷自卷十九至二十六又卷九十六至一百配入影宋寫本八卷自卷二十七至三十四

刊工姓名可辨者為王珍王亮王通王珩王介王洪李文李岳李古李恂李懋李度徐杲徐宗徐昇徐顏朱明朱礼朱祥朱初周用周浩周彥沈敦沈紹時舉時明余永余竑葛楙葛珍包端黄常高彥蔣先

胡杏程亨姚臻趙寶戴全張圭駱成潘民雷昇金茂毛諫劉忠凡四十八人

按此書無序跋目後無牌記未知為何時何地所刻然余以版本審之當為北宋之季杭州官刊本也以避諱言之本書避諱極謹即同音嫌名亦咸缺筆若非官刊未必嚴敬至此又桓字已缺末筆而構字多作枻當為刻時未避而印時始剷去下截者可知其刻於北宋末而印於南宋初者也以刊工言之字體方嚴而氣息樸厚猶是浙杭風範且刊工中王珍徐杲徐昇徐顏陳詢姚臻金永金琺八人皆見於余所藏北宋本廣韻中考廣雅韻監本刻於杭州則此書為同時同地所刻又可以斷言也至其餘姓名見於他書如左傳八行本注疏儀禮單疏兩漢書唐書國策通典管

子世說新語唐文粹皆紹興時所刻以年時未遠其人尚存至包端高彥二人見於紹熙本禮記疏時代太遼或此書後來補板耳

卷中藏印凡三家目録首葉鈐白文印二方曰乾學之印曰健菴宋本卷三十六至四十九各卷後鈐陽文藍印一方曰季振宜字詵兮號滄葦又卷四十九鈐陽文藍印一方曰習古卷二十鈐白文滿漢印二方曰雲裳曰祖仁元本卷一百末葉鈐白文印三方一曰東吳葉裕祖仁藏書一曰宋少保石林公二十一世孫裕一曰馥墅堂以此攷之宋刊各卷以傳是樓延令室兩家殘本集成元本則葉氏所藏惟補鈔八卷雖依宋刻摹寫而前後絕無印記補自誰氏則無可攷而此書為何人褎輯而成益無由取證矣

是書晁志不載始見於陳氏書録解題言茂倩為侍讀學士勸仲褒之孫有子曰源中源明茂倩源中之子但未詳其官位所至馬端臨經籍考因之四庫全書提要據繫年要録言茂倩為侍讀学士郭褒之孫源中之子與直齋所言歧出蓋誤以勸之字為名耳近時陸存齋儀顧堂續跋詳加考訂言茂倩字德粲東平人通音律善篆隸元豐七年為河南府法曹參軍祖勸父源明字潛亮初名元膺字永材嘉祐二年進士官至職方郎中知單州軍州事與直齋所言又異然陸氏所據為蘇魏公所撰源明墓誌其為源明之子必不誤也第所不解者茂倩撰輯是書綜合歷代樂府起唐虞迄五代卷帙累百體大思精蔚然鉅觀提要稱其解題徵引浩博援據精審可謂振古之偉

業傳世之鴻編矣顧何以易世未幾至作者之生平亦幾於浮沈堙晦而莫滑稽攷意者靖康之際刲劂方終即逢喪亂流傳因之不廣其僅存者亦序例鈌殘莫從補綴如此鉅箸不應前無序例當由因亂喪失使然耳遂使知人論世者有名氏翳如之歎斯亦文儒之厄運矣豈不重可慨哉考是書宋刊本自來藏書家未經著録惟錢牧翁家有之此外吴郡欽遠游亦藏一帙見於陸勅先校本跋語然其後蹤迹無聞焉汲古閣重刊時據子晉跋言白大宗伯錢師榮木樓宋刻手自讐正凡閱月而告成然其後絳雲一炬此書早為六丁取去矣自毛本行世後凡至元童萬元本之繆失如目録小序率意節略得以補訂推為善本而宋刊面目舉世無由得見焉丁巳季冬余居太平湖醇王舊邸一日侵晨鄉人白君

堅甫来謁時余方領邦教將赴闈議膏車待發門者言客挾書来亟撥冗延見堅甫搴簾甫入余迎語之曰君所挾必宋版也堅甫驚詫殊甚披卷一視目眩神移即是書也孫本祕籍欣許殆出意表堅甫為言此閻文介公藏書其子成時方索高價屬與磋議久之未諧迨於翊年之春乃由孫伯恒世兄居間更賸以李卓吾焚書以千四百金議成此書遂入余篋巋然為雙鑑樓總集之弁冕其後堅甫訊余曰吾蓄疑於心久矣公操何神術當日未經展卷而能決為宋版乎余荅曰此易曉耳方君挾書入門外無紙裹余瞥見書衣為藏經紙背光采燭目豈有元明本書而忍護以金粟箋者乎堅甫聽然曰信如是乎吾幾疑君能見垣一方矣

憶癸丑甲寅之間廠市見陸勅先所臨馮定遠校本樂府詩集據勅先跋言定遠向游牧翁之門曾借校元本是其源亦出於榮木樓之宋刻但惜所校甚略耳勅先又言郡人欽遠游以廉價得宋本脊季頻乞假校祕不肯出是牧翁之外又有一宋本矣陸校本為袁寒雲公子所得余適從南中得至元初印一部為天一閣舊物乃從寒雲借出陸校本迻錄一通糾正差訛不可勝計小序補訂尤多始知子晉所言元刊率意刪節者初非過言而信宋刊原本之彌足貴也洎余既得宋本偶取毛刻對勘數卷亦不免少有異同如卷一之蒼龍蒼作倉垂穎々作穎票然票作票齋既潔々作絜燿火燿作爟卷二之月樓櫓々作擔歲月既宴々作晏燿天邑燿作耀其字亦互有短長或斉

季重校時以意去取耶敕先亦謂毛本校勘頗詳
而未免引據他書加以臆改是毛本初未可盡据若非
親見宋本又烏能懸斷其得失耶
此書自戊午入篋後扃置秘庫已二十餘年平日不輕以
示人昨歲季秋偶檢書及之因思硬黃經牋留遺至八
九百年頗為珍秘今用作書衣多至四十餘番觸手摩
挲易滋損浥乃拆出付裱家接連裝為雙卷俾資
珍護原書以年祀深遠蠹損日增遂付文友堂書坊
為覓善工重加裝褙裝工王仲華者曾効役於北平
館中綴補舊籍號為精良因以委之延及殘臘全
部二十有四冊脩訂訖事精整明湛煥然改觀余以外
護既易去宋牋非別選精楮不足以示珍儲因取家藏
高麗苔箋加染靛藍用為外衣而時逼歲除染工遲

滞久不報命此書以待紙之故庋存於文友肆中者殆
及經月洎上元節過王工乃取新染書持書還家從
容加綫至二十一日易衣訖事亟思賫回文友肆中以
冀早釋重負紙封布裹迫欲携將忽憶有人方拈午
飲憣然遂止迨賓筵酒罷更作方城之游還家已迫
曛暮蹉跎竟日訖未送還而文友書肆是夕忽肇焚
如之禍四壁圖書頃刻煨燼肆主魏筆甫跳身踰屋
幸而獲免更無暇問及萬卷藏書矣翊晨此耗傳來
私心惋歎不圖二十年来嚴扃密鑰之珍一旦出匣重
裝料遭壞劫徬徨繞屋心急如焚秖可強作達觀付
之無可如何已耳踰午趨赴廠市慰問筆甫於松筠
閣中始悉王工緣事遷延此書幸逃浩劫并為詳語
委曲聞之欣出望外始信物之成毀數歸前定蔡光

下照長恩有靈使垂毀之物竟得完璧而歸昔人謂世間祕寶在々處々有神物護持歸震川亦云書之所聚當有如金寶之氣卿雲輪囷覆護其上若此書者世推爲失壞之孤籍余視爲鎮庫之奇珍頎火烈崑岡寧論玉石趨避之術既非人力所預謀畧刻之差似有神靈之來詔其免於難也微鬼神呵護之力寧有是哉從此馨香百拜什襲珍藏託庇神庥永離災厄爰詳述原委附誌卷末尚冀後世子々孫々知此書訪求典守備歷艱虞相與慎固葆藏罔敢失墜以無忝老人諄勤付託之意焉

歲在辛巳二月既望藏園老人書

樂府詩集目録上　　太原郭　茂倩　編次

第一卷

郊廟歌辭一

漢郊祀歌十九首

練時日　　帝臨

青陽　　朱明

西顥　　玄冥

惟泰元　　天地

日出入　　天馬二首

天門　　景星

齊房　　后皇

華爗爗　　五神

朝隴首　象載瑜

赤蛟

漢郊祀歌

靈芝歌一首 古辭　天馬歌一首 唐李[illegible]

天馬辭二首 唐張仲素

晉郊祀歌五首 傅玄

夕牲歌　迎送神歌

饗神歌三首

晉天地郊明堂歌五首 傅玄

夕牲歌　降神歌

天郊饗神歌　地郊饗神歌

明堂饗神歌

宋南郊登歌三首 顏延之

第二卷
郊廟歌辭二

永至樂皇帝入壇東門　登歌升壇
文德宣烈樂初獻　武德宣烈樂次奏
高德宣烈樂高帝配饗王儉　嘉胙樂飲福酒
昭夏樂送神　昭遠樂就燎位
休成樂還便殿
齊北郊樂歌六首謝超宗
昭夏樂迎神　登歌升壇
地德凱容樂初獻　昭德凱容樂次奏
昭夏樂送神　隸幽樂瘞埋
齊明堂樂歌十五首謝超宗
肅咸樂二首賓出入　引牲樂牲出入
嘉薦樂二首薦豆呈毛血　昭夏樂迎神
登歌升明堂　凱容宣

青帝歌　赤帝歌
黃帝歌　白帝歌
黑帝歌　嘉胙樂 受福酒
昭夏樂 送神 宋謝莊

第三卷

郊廟歌辭三
齊雩祭樂歌八首 謝朓
迎神歌　歌世祖武皇帝
歌青帝　歌赤帝
歌黃帝　歌白帝
歌黑帝　送神歌
齊藉田樂歌二首 江淹
迎送神升歌　饗神歌

皇夏樂皇帝入門　皇夏樂升丘

高明樂初獻　高明樂奠爵

武德樂太祖配饗　皇夏樂飲福酒

高明樂送神　昭夏樂既燎

皇夏樂還便殿

北齊北郊樂歌八首

高明樂迎神　昭夏樂薦毛血

皇夏樂皇帝入門　皇夏樂升丘

高明樂奠爵　高明樂送神

昭夏樂既瘞　皇夏樂還便殿

北齊五郊樂歌五首

青帝高明樂　赤帝高明樂

黃帝高明樂　白帝高明樂

黑帝高明樂

北齊明堂樂歌十一首

肆夏樂 羣臣入門　高明樂 迎神

武德樂 太祖配饗　昭夏樂 牲出入

昭夏樂 薦毛血　皇夏樂 皇帝入門

高明樂 初獻　高明樂 祼獻

皇夏樂 飲福酒　高明樂 送神

皇夏樂 還便殿

第四卷

郊廟歌辭四

周祀圓丘歌十二首 庾信

昭夏 降神　皇夏 皇帝入門

昭夏 俎入　昭夏 奠玉帛

皇夏 升壇 / 雲門舞 獻配帝

登歌 / 皇夏 飲福酒

雍樂 徹奠 / 皇夏 望燎位

皇夏 還便殿

周祀方澤歌四首 庾信

昭夏 降神 / 昭夏 奠玉帛

登歌 初獻 / 皇夏 望坎位

皇夏 奠玉帛 / 皇夏 初獻

周祀五帝歌十二首 庾信

青帝雲門舞 / 配帝舞

赤帝雲門舞 / 配帝舞

黄帝雲門舞 / 配帝舞

白帝雲門舞 / 配帝舞

黑帝雲門舞　配帝舞

隋圜丘歌八首

昭夏降神　皇夏皇帝升壇

登歌　誠夏初獻

文舞　需夏飲福

武舞　昭夏送神

隋五郊歌五首

角音　徵音

宮音　商音

羽音

隋感帝歌一首

誠夏

隋雩祭歌一首

誠夏

隋蜡祭歌一首

誠夏

隋朝日夕月歌二首

朝日誠夏　夕月誠夏

隋方丘歌四首

昭夏迎神　登歌奠玉帛

誠夏初獻　昭夏送神

隋神州歌一首

誠夏

隋社稷歌四首

春祈社誠夏　春祈稷誠夏

秋報社誠夏　秋報稷誠夏

第五卷

郊廟歌辭五

太和還大次

唐封泰山樂章十四首張說

豫和六首降神　太和迎送皇帝

肅和登歌奠玉帛　雍和迎俎

壽和酌獻　壽和飲福

舒和送文舞迎武舞　凱安武舞

豫和送神

唐祈穀樂章三首褚亮

肅和登歌奠玉帛　雍和迎俎

舒和送文舞迎武舞

唐明堂樂章三首

肅和登歌奠玉帛　雍和迎俎

舒和送文舞迎武舞

第六卷

郊廟歌辭六

唐五郊樂章二十首

黃帝宮音　　肅和 登歌奠玉帛

雍和 迎俎　　舒和 送文舞迎武舞

青帝角音　　肅和 登歌奠玉帛

雍和 迎俎　　舒和 送文舞迎武舞

赤帝徵音　　肅和 登歌奠玉帛

雍和 迎俎　　舒和 送文舞迎武舞

白帝商音　　肅和 登歌奠玉帛

雍和 迎俎　　舒和 送文舞迎武舞

黑帝羽音　　肅和 登歌奠玉帛

雍和 迎俎　　舒和 送文舞迎武舞

唐五郊樂章十首

黃郊迎神　送神

青郊迎神　送神

赤郊迎神　送神

白郊迎神　送神

黑郊迎神　送神

唐朝日樂章三首

肅和 登歌奠玉帛　雍和 迎俎

舒和 送文舞迎武舞

唐朝日樂章二首

迎神　送神

唐夕月樂章三首

肅和 登歌奠玉帛　雍和 登俎

舒和 送文舞迎武舞

唐蜡百神樂章三首

肅和 登歌奠玉帛　雍和 迎俎

舒和 送文舞迎武舞

唐蜡百神樂章二首

迎神　送神

唐祀九宫貴神樂章十五首

豫和 六首降神　太和 皇帝行

肅和 登歌　雍和 迎俎

壽和 酌獻　福和 飲福酒

舒和 退文舞迎武舞　凱安 亞獻終獻

肅和 登歌撤豆　豫和 送神

唐祀風師樂章五首 包佶

迎神　奠幣登歌

迎俎酌獻　亞獻終獻

送神

唐祀雨師樂章五首 包佶

迎神　奠幣登歌

迎俎酌獻　亞獻終獻

送神

唐祭方丘樂章五首

順和 迎神　肅和 登歌奠玉帛

雍和 迎俎　舒和 送文舞迎武舞

順和 送神

唐大享拜洛樂章十四首 武后

昭和 禮設　致和

咸和　九和 乘輿初行

拜洛　顯和受圖
昭和登歌　欹和迎俎
齊和送文舞迎武舞　德和武舞
禋和撤俎　通和辭神
歸和二首送神
唐祭方丘樂章三首
順和迎神　金奏
順和送神

第七卷
郊廟歌辭七
唐祭汾陰樂章十一首
順和四首
韓思復一首迎神　盧從愿一首

劉晃一首　　韓休一首

太和 皇帝行 王晙　　肅和 登歌奠玉帛 崔玄童

雍和 迎俎 賈曾　　壽和 酌獻飲福 蘇頲

舒和 送文舞迎武舞 何鸞　　凱安 武舞 蔣挺

順和 送神 源光裕

唐禪社首樂章八首

順和 迎神 賀知章　　太和 皇帝行

肅和 登歌奠玉帛　　雍和 迎俎

壽和 初獻　　福和 飲福

太和 還宮　　靈具醉 送神 源乾曜

唐祭神州樂章三首

肅和 登歌奠玉帛　　雍和 迎俎

舒和 送文舞迎武舞

唐祭神州樂章二首

迎神　送神

唐祭太社樂章三首

肅和登歌奠玉帛　雍和迎俎

舒和送文舞迎武舞

唐祭太社樂章二首

迎神　送神

唐享先農樂章四首

誠和迎神　肅和登歌奠玉帛

雍和迎俎　舒和送文舞迎武舞

唐享先農樂章一首

誠和送神

唐享先蠶樂章五首

昭順樂降神　治順樂皇帝行

感順樂奠玉帛登歌　禋順樂迎俎

福順樂初獻　福順樂亞獻終獻

福順樂飲福酒　忠順樂送文舞迎武舞

武舞　昭順樂送神

第八卷

郊廟歌辭八

漢安世房中歌十七首

晉宗廟歌十一首

夕牲歌　迎神送神歌

征西將軍登歌　豫章府君登歌

潁川府君登歌　京兆府君登歌

宣皇帝登歌　景皇帝登歌

文皇帝登歌　饗神歌二首

晉江左宗廟歌十三首

歌高祖宣皇帝曹毗　歌世宗景皇帝

歌太祖文皇帝　歌世祖武皇帝

歌中宗元皇帝　歌肅宗明皇帝

歌顯宗成皇帝　歌康皇帝

歌孝宗穆皇帝　歌哀皇帝

歌太宗簡文皇帝　歌烈宗孝武皇帝

四時祠祀歌曹毗

宋宗廟登歌八首王韶之

北平府君歌　相國掾府君歌

開封府君歌　武原府君歌

安東府君歌　孝皇帝歌

第九卷

郊廟歌辭九

肅咸樂（羣臣出入謝超宗）　引牲樂（牲出入）

嘉薦樂（薦豆呈毛血）　昭夏樂（迎神）

永至樂（皇帝入廟門）　登歌（太祝祼）

凱容樂五首

廣陵丞室一首　太中大夫室一首

淮陰令室一首　即丘令室一首

太常卿室一首

宣德凱容樂（宣帝室）　凱容樂（昭皇后室）

永祚樂（上福酒）　肆夏樂（送神）

休成樂（詣便殿）　太廟登歌（二首褚淵）

高德宣烈樂（高帝室王儉）　穆德凱容樂（穆皇后室）

明德凱容樂

梁宗廟登歌七首　沈約

梁小廟樂歌二首

舞歌　　登歌

陳太廟舞辭七首

凱容舞五首

步兵室一首　　正貞室一首

懷安室一首　　成安室一首

太常室一首

景德凱容舞景帝室　　武德舞武帝室

北齊享廟樂辭十八首

肆夏樂羣臣出入　　高明登歌樂迎神

昭夏樂二首

牲出入一首　　薦毛血一首

皇夏樂皇帝入門　　登歌樂太祝裸

登歌樂

始基樂恢祚舞五首

司空公室一首　吏部尚書室一首

秦州使君室一首　太尉武貞公室一首

文穆帝室一首

武德樂昭烈舞武帝室　文德樂宣政舞文襄帝室

文正樂光大舞文宣帝室　皇夏樂飲酒

高明樂送神　皇夏樂皇帝詣便殿

周宗廟歌十二首庚信

皇夏皇帝入門　昭夏降神

皇夏十首

皇帝升一首　獻皇高祖一首

獻德皇帝一首　獻文皇帝一首

獻文宣太后一首　獻閔皇帝一首

獻明皇帝一首　獻武皇帝一首

飲福酒一首　還便殿一首

周大祫歌二首 庾信

昭夏 降神、　登歌

第十卷

郊廟歌辭十

隋太廟歌九首

迎神歌　登歌

組入歌　太原府君歌

康王歌　獻王歌

太祖歌　飲福酒歌

送神歌

唐享太廟樂章十一首

永和 迎神　　肅和 登歌酌鬯

雍和 迎俎　　長發舞 獻宣簡公懿王

大基舞 獻景皇帝　　大成舞 獻元皇帝

大明舞 獻高祖　　壽和 飲福

舒和 送文舞迎武舞　　雍和 撤俎

永和 送神

唐享太廟樂章五首

崇德舞 獻太宗　　鈞天舞 獻高宗

太和舞 獻中宗　　景雲舞 獻睿宗

光大舞 獻宣皇帝

唐享太廟樂章三首

迎神　　金奏

送神

唐武后享清廟樂章十首

第一　第二

第三登歌　第四迎神

第五飲福　第六送文舞

第七迎武舞　第八武舞作

第九撤俎　第十送神

唐享太廟樂章十四首

嚴和迎神　昇和皇帝行

虔和登歌祼地　歆和迎俎

承光舞獻榭皇帝　延和飲福

同和送文舞迎武舞　寧和武舞

恭和撤俎　通和送神

昭和 皇后奠啗　誠敬 皇后酎獻飲酒

肅和 皇后撤俎　昭感 皇后送神

唐享太廟樂章二十五首

永和 三首迎神　太和 皇帝行

肅和 登歌酌鬯　雍和 二首迎俎

文舞 酌醴齊　光大舞 獻宣皇帝

長發舞 獻光皇帝　大政舞 獻景皇帝

大成舞 獻元皇帝　大明舞 獻高祖

崇德舞 獻太宗　鈞天舞 獻高宗

太和舞 獻中宗　景雲舞 獻睿宗

福和 飲福受釐　舒和 送文舞迎武舞

凱安 四首武舞　登歌 撤豆

永和 送神

第十一卷

郊廟歌辭十一

唐享太廟樂章十一首

唐太清宮樂章十一首

序入破第一奏　第二奏

第三奏　登歌撤饌

奠和送仙聖

唐德明興聖廟樂章七首　李舒

迎神　登歌奠幣

迎俎　德明酌獻

興聖酌獻　亞獻終獻

送神

唐儀坤廟樂章十二首

永和迎神徐彦伯　金奏

太和皇帝行丘說　肅和酌獻登歌張齊賢

雍和迎俎鄭善玉　昭升肅明皇后室薛稷

坤貞昭成皇后室　壽和飲福徐堅

唐儀坤廟樂章二首

唐昭德皇后廟樂章九首

唐讓皇帝廟樂章六首　李舒

亞獻終獻　送神

唐享隱太子廟樂章五首

誠和迎神送神　肅和登歌奠玉帛

雍和迎俎　舒和送文舞迎武舞

武舞

唐享隱太子廟樂章二首

迎神　送神

第十二卷

郊廟歌辭十二

唐享章懷太子廟樂章五首

迎神　登歌酌鬯

迎俎酌獻　送文舞迎武舞

武舞作

唐享文恭太子廟樂章六首

請神 許孟容　登歌 陳京

迎俎酌獻 馮伉　退文舞迎武舞

亞獻終獻 崔邠　送神 張薦

唐享惠昭太子廟樂章六首

請神　登歌 杜羔

迎俎酌獻 李逢吉　退文舞迎武舞 孟簡

亞獻終獻 裴度　送神 王涯

唐武氏崇先廟樂章一首 武后

唐韋氏褒德廟樂章五首

昭德 迎神　進德 登歌

褒德 初獻　氏舞作

彰德 送神

梁太廟樂舞辭十一首

開平舞迎神　皇帝行

帝盥　登歌

大合舞獻肅祖　象功舞獻恭祖

來儀舞獻憲祖　昭德舞獻烈祖

飮福　撤豆

送神

後唐宗廟樂舞辭六首

昭德舞懿祖室　文明舞獻祖室

應天舞太祖室　永平舞昭宗室

武成舞莊宗室崔居儉　雍熙舞明宗室盧文紀

漢宗廟樂舞辭六首

武德舞太祖室　靈長舞文祖室

積善舞 德祖室　顯仁舞 翼祖室

章慶舞 顯祖室　觀德舞 高祖室 張昭

周宗廟樂舞辭十四首

肅順 降神　治順 皇帝行

肅雍舞 信祖室　章德舞 僖祖室

善慶舞 義祖室　觀成舞 慶祖室

明德舞 太祖室　感順 酌獻登歌

禋順 迎俎　福順 飲福

忠順 送文舞迎武舞　善勝舞 武舞

禋順 撤豆　肅順 送神

第十三卷

燕射歌辭一

晉四廂樂歌三首 傅玄

正旦大會行禮歌

天鑒

上壽酒歌

於赫

食舉東西廂歌

天命

晉四廂樂歌十七首 荀勗

正旦大會行禮歌四首

於皇　明明

邦國　祖宗

王公上壽酒歌

踐元辰

食舉東西廂歌十二首

煌煌　賓之初筵

三后　赫矣

烈文　猗歟

隆化　振鷺

翼翼　旣晏

時邕　嘉會

晉四廂樂歌十六首張華

王公上壽詩

食舉東西廂詩十一首

正旦大會行禮詩四首

晉四廂樂歌十六首成公綏

王公上壽酒歌

正旦大會行禮歌十五首

第十四卷

食舉歌十章

晨羲　五玉

體至和　懷荒裔

王道　皇猷緝

開元辰　惟永初

禮有容　王道純

齊四廂樂歌五首 宋辭

肆夏樂歌　大會行禮歌

上壽歌　殿前登歌

食舉歌

梁三朝雅樂歌三十八首

俊雅六首

沈約三首　蕭子雲三首

㣼雅二首

沈約一首　　蕭子雲一首

寅雅二首

沈約一首　　蕭子雲一首

介雅六首

沈約三首　　蕭子雲三首

需雅十六首

沈約八首　　蕭子雲八首

雍雅六首

沈約三首　　蕭子雲三首

北齊元會大饗歌十首

肆夏賓入門

皇夏四首

第十五卷

食舉歌八首　上壽歌

隋宴羣臣登歌一首

隋皇后房内歌一首

晉朝饗樂章七首

初舉酒文同樂一首　再舉酒一首

三舉酒一首　四舉酒一首

羣臣酒行歌三首

周朝饗樂章七首

忠順元日公卿入　忠順至日公卿入

治順皇帝升坐　福順羣臣上壽

康順皇帝舉酒　忠順羣臣降階

忠順公卿出

第十六卷

鼓吹曲辭一

漢鐃歌十八首 古辭

朱鷺　思悲翁

艾如張　上之回

擁離　戰城南

巫山高　上陵

將進酒　君馬黃

芳樹　有所思

雉子班　聖人出

上邪　臨高臺

遠如期　石留

漢鐃歌上

朱鷺六首

唐劉駕一首　唐僧貫休二首

第十七卷

鼓吹曲辭二

漢鐃歌中

巫山高二十二首

齊虞羲一首　齊王融一首

齊劉繪一首　梁元帝一首

梁范雲一首　梁費昶一首

梁王泰一首　陳後主一首

陳蕭詮一首　唐鄭世翼一首

唐沈佺期二首　唐盧照隣一首

唐張循之一首　唐劉方平一首

唐皇甫冉一首　唐李端一首

唐于濆一首　唐孟郊一首

唐李賀一首　唐僧齊己一首

將進酒四首

梁昭明太子一首　唐李白一首

唐元稹一首　李賀一首

君馬黄四首

蔡君知一首　陳張正見二首

李白一首

芳樹十六首

齊謝朓一首　王融一首

梁武帝一首　梁元帝一首

費昶一首　梁沈約一首

梁丘遲一首　陳李爽一首

陳顧野王一首　張正見一首
沈佺期一首　盧照隣一首
唐徐彥伯一首　唐韋應物一首
元稹一首　唐羅隱一首
有所思二十六首
劉繪一首　王融一首
謝朓一首　梁武帝一首
梁簡文帝一首　梁昭明太子一首
梁王筠一首　梁庾肩吾一首
梁王僧孺一首　梁吳筠一首
沈約一首　費昶一首
陳後主三首　顧野王一首
張正見一首　陳陸系一首

後魏裴讓之一首　隋盧思道一首

沈佺期一首　李白一首

孟郊一首　唐盧仝一首

韋應物一首　唐劉氏雲一首

第十八卷

鼓吹曲辭三

漢鐃歌下

稚子班六首

梁吴均一首　陳後主一首

陳張正見一首　毛處約一首

陳江揔一首　唐李白一首

臨高臺十一首

魏文帝一首　齊謝朓一首

齊王融一首　梁簡文帝一首

梁沈約一首　陳後主一首

張正見一首　隋蕭慤一首

唐褚亮一首　唐王勃一首

唐僧貫休一首

遠期二首

梁張率一首　梁庾成師一首

玄雲一首　張率

黃雀行一首　唐莊南傑

釣竿三首

魏文帝一首　沈約一首

梁戴暠一首

釣竿篇四首

梁劉孝綽一首　張正見一首

隋李巨仁一首　唐沈佺期一首

魏鼓吹曲十二首 繆襲

楚之平　戰滎陽

獲呂布　克官渡

舊邦　定武功

屠柳城　平南荆

平關中　應帝期

邕熙　太和

吳鼓吹曲十二首 韋昭

炎精缺　漢之季

攄武師　伐烏林

秋風　克皖城

關背德　通荆門

章洪德　順歷數

承天命　玄化

第十九卷

鼓吹曲辭四

晉鼓吹曲二十二首傅玄

靈之祥　宣受命

征遼東　宣輔政

時運多難　景龍飛

平玉衡　文皇統百揆

因時運　惟庸蜀

天序　大晉承運期

金靈運　於穆我皇

將進酒篇　君馬篇
芳樹篇　有所思篇
雉子遊原澤篇　上邪篇
臨高臺篇　遠期篇
石流篇

第二十卷

鼓吹曲辭五

齊隨王鼓吹曲十首 謝朓

元會曲　郊祀曲
鈞天曲　入朝曲
出藩曲　校獵曲
從戎曲　送遠曲
登山曲　泛水曲

齊鼓吹曲

入朝曲一首 唐李白　送遠曲一首 唐張籍

泛水曲一首 唐王建

梁鼓吹曲十二首 沈約

木紀謝　賢首山

桐柏山　道亡

抗威　漢東流

鶴樓峻　昏主恣淫慝

石首局　期運集

於穆　惟大梁

隋凱樂歌三首

述帝德　述諸軍用命

述天下太平

唐凱樂歌四首

破陣樂　應聖期

賀聖歡　君臣同慶樂

唐凱歌六首 岑參

唐鼓吹鐃歌十二首 柳宗元

晉陽武　獸之窮

戰武牢　涇水黃

奔鯨沛　苞枿

河右平　鐵山碎

靖本邦　吐谷渾

高昌　東蠻

第二十一卷

橫吹曲辭一

漢橫吹曲一

隴頭二首

陳後主一首　唐張籍一首

隴頭吟二首

唐王維一首　唐翁綬一首

隴頭水一十首

梁元帝一首　梁劉孝威一首

梁車㲉一首　陳後主二首

陳徐陵一首　陳顧野王一首

陳謝燮一首　陳張正見二首

陳江揔二首　唐楊師道一首

唐盧照隣一首　唐王建一首

唐于濆一首　唐僧皎然二首

唐鮑溶一首　唐羅隱一首

出關一首 唐魏徵

入關三首

梁吳均一首　唐賈馳一首

唐張祜一首

出塞一十六首

一首 無名氏　梁劉孝標一首

周王褒一首　隋楊素一首

隋薛道衡二首　隋虞世基二首

唐竇威一首　唐陳子昂一首

唐張易之一首　唐沈佺期一首

王維一首　唐王昌齡二首

唐馬戴一首

周王褒一首　隋何妥一首
唐劉希夷一首
入塞曲六首
耿緯一首　僧貫休三首
唐沈彬二首
折楊柳二十五首
梁元帝一首　梁柳惲一首
梁劉邈一首　陳後主二首
陳岑之敬一首　陳徐陵一首
陳張正見一首　陳王瑳一首
陳江總一首　唐盧照隣一首
唐沈佺期一首　唐喬知之一首
唐劉憲一首　唐崔湜一首

唐韋承慶一首　唐歐陽瑾一首

唐張祜一首　唐張九齡一首

唐余延壽一首　唐李白一首

唐孟郊二首　唐李端一首

唐翁綬一首

第二十三卷

橫吹曲辭三

漢橫吹曲三

望行人二首

唐王建一首　唐張籍一首

關山月二十四首

梁元帝一首　陳後主二首

陳陸瓊一首　陳張正見一首

陳徐陵二首　陳賀力牧一首

陳阮卓一首　周王褒一首

陳江摠一首　唐盧照隣一首

唐沈佺期一首　唐李白一首

唐長孫左輔一首　唐耿緯一首

唐戴叔倫二首　唐崔融一首

唐李端一首　王建一首

張籍一首　唐翁綬一首

唐鮑氏君徽一首

洛陽道二十一首

梁簡文帝一首　梁元帝一首

梁沈約一首　梁庾肩吾一首

梁車𣪺一首　陳後主四首

徐陵二首　陳岑之敬一首

張正見一首　陳陳暄一首

陳王瑳一首　江摠二首

唐于武陵一首　唐鄭渥一首

陳後主一首　唐李白一首

長安道二十一首

梁簡文帝一首　梁元帝一首

唐肩吾一首　陳後主一首

陳顧野王一首　阮卓一首

陳蕭賁一首　徐陵一首

陳暄一首　江摠一首

隋何妥一首　唐崔顥一首

唐孟郊一首　唐顧況一首

唐聶夷中一首　唐韋應物一首

唐白居易一首　唐薛能一首

唐僧貫休一首　王褒一首

沈佺期一首

第二十四卷

横吹曲辭四

漢横吹曲四

梅花落一十三首

宋鮑照一首　梁吴筠一首

陳後主二首　陳徐陵一首

陳蘇子卿一首　陳張正見一首

陳江揔三首　唐盧照隣一首

唐沈佺期一首　唐劉方平一首

紫騮馬十五首

梁簡文帝一首　梁元帝一首

陳後主二首　陳李燮一首

徐陵一首　張正見一首

陳陳暄一首　陳祖孫登一首

陳獨孤嗣宗一首　江總一首

盧照隣一首　唐李白一首

唐李益一首　唐秦韜玉一首

驄馬五首

梁車㝅一首　梁劉孝威一首

隋王由禮一首　唐李羣玉一首

唐紀唐夫一首

驄馬驅四首

梁元帝一首　　劉孝威一首

徐陵一首　　江揔一首

雨雪一首 陳後主

雨雪曲七首

陳江暉一首　　張正見一首

江揔一首　　陳暄一首

謝燮一首　　唐李端一首

虞翁綬一首

劉生九首

梁元帝一首　　陳後主一首

張正見一首　　陳柳莊一首

江暉一首　　徐陵一首

江揔一首　　隋弘執恭一首

盧照隣一首

第二十五卷

横吹曲辭五

梁鼓角横吹曲六十五首

企喻歌 四曲　瑯琊王歌 八曲

鉅鹿公主歌 三曲　紫騮馬歌 六曲

黄淡思歌 四曲　地驅樂辭 四曲

雀勞利歌 一曲　慕容垂歌 三曲

隴頭流水歌 三曲　隔谷歌 一曲

淳于王歌 二曲　地驅樂歌 一曲

東平劉生歌 一曲　紫騮馬歌 一曲

捉搦歌 四曲　折楊柳歌 五曲

幽州馬客吟歌 四曲　折楊柳歌 四曲

慕容家自魯企由谷歌一曲

隴頭歌三曲　高陽樂人歌二曲

梁鼓角横吹曲

雍臺三首

武帝一首　吴筠一首

雍臺歌一首唐温庭筠　捉搦歌一首唐張祜

隔谷歌一首　幽州胡馬客歌一首唐李白

白鼻騧三首

後魏温子昇一首　李白一首

張祜一首

木蘭詩二首古辭　横吹曲一首陳江總

第二十六卷

相和歌辭一

相和六引

箜篌引一首 唐李賀

公無渡河六首

梁劉孝威一首　陳張正見一首

唐李白一首　唐王建一首

唐温庭筠一首　唐王叡一首

宫引二首

梁沈約一首　梁蕭子雲一首

商引二首

沈約一首　蕭子雲一首

角引二首

沈約一首　蕭子雲一首

徵引二首

沈約一首　蕭子雲一首

羽引二首

沈約一首　蕭子雲一首

相和曲上

氣出唱三首魏武帝

精列一首魏武帝

江南一首古辭

江南思三首

宋湯惠休一首　梁簡文帝二首

江南曲二十七首

梁柳惲一首　沈約一首

唐宋之問一首　唐劉眘虛一首

唐丁仙芝一首　唐劉希夷八首

唐于鵠一首　唐李益一首
李賀一首　唐李商隱一首
唐韓翃一首　唐温庭筠一首
唐張籍一首　唐羅隱一首
唐陸龜蒙六首
江南可採蓮一首　梁劉緩
第二十七卷
相和歌辭二
相和曲中
度關山八首
魏武帝一首　梁簡文帝一首
梁戴暠一首　梁柳惲一首
梁劉遵一首　梁王訓一首

陳張正見一首　唐李端一首

關山曲二首唐馬戴

東光一首古辭

十五一首魏武帝

登高丘而望遠一首唐李白

薤露四首

古辭一首　魏武帝一首

魏曹植一首　東晉張駿一首

惟漢行二首

曹植一首　晉傅玄一首

蒿里四首

古辭一首　魏武帝一首

宋鮑照一首　唐僧貫休一首

相和歌辭三

第二十八卷

唐崔國輔一首　唐李白二首

陳岑之敬一首　周庾信一首

梁張率一首　張正見一首

魏武帝一首　梁范雲一首

對酒九首

唐白居易一首

唐于鵠二首　唐孟雲卿一首

北齊祖孝徵一首　唐趙徵明一首

宋陶潛三首　鮑照一首

魏繆襲一首　晉陸機三首

挽歌十四首

相和曲下

雞鳴一首 古辭

雞鳴篇一首 梁劉孝威

雞鳴高樹巔一首 梁簡文帝

晨雞高樹鳴一首 陳張正見

烏生一首 古辭

烏生八九子一首 梁劉孝威

城上烏二首

梁吴均一首　梁朱超一首

平陵東二首

古辭一首　魏曹植一首

陌上桑十一首

古辭一首　楚辭鈔一首

魏武帝一首　魏文帝一首

吴筠一首　梁王臺卿一首

梁王筠一首　一首無名氏

唐李白一首　唐常建一首

唐陸龜蒙一首

採桑十四首

宋鮑照一首　梁簡文帝一首

梁姚翻一首　吴筠一首

梁劉邈一首　梁沈居攸一首

陳後主一首　張正見一首

陳賀徹一首　陳傅縡一首

唐郎大家宋氏一首　唐劉希夷一首

唐李彥暐一首　唐王建一首

豔歌一首晉傅玄

豔歌行一首張正見

羅敷行三首

梁蕭子範一首　陳顧野王一首

後魏高允一首

日出東南隅行十首

晉陸機一首　宋謝靈運一首

梁沈約一首　梁張率一首

梁蕭子顯一首　陳後主一首

陳徐伯陽一首　陳殷謀一首

周王褒一首　隋盧思道一首

日出行三首

周蕭撝一首　李白一首

唐李賀一首

第二十九卷

相和歌辭四

吟歎曲

大雅吟一首 晉石崇

王明君一首 石崇

王昭君二十九首

宋鮑照一首　梁施榮泰一首

周庾信一首　一首 無名氏

唐崔輔國一首　一首 無名氏

唐盧照隣一首　唐駱賓王一首

唐沈佺期一首　唐梁獻一首

唐上官儀一首　唐董思恭一首

唐顧朝陽一首　唐東方虬三首

唐郭元振三首　唐劉長卿一首

唐李白二首　唐儲光羲一首

唐僧皎然一首　唐白居易二首

唐令狐楚二首　唐李商隱一首

明君詞六首

梁簡文帝一首　陳張正見一首

周王褒一首　唐王偃一首

梁武陵王紀一首　梁沈約一首

昭君詞七首

庾信一首　隋何妥一首

隋薛道衡一首　唐張文琮一首

唐陳昭一首　唐戴叔倫一首

唐李端一首

昭君歎二首 梁范靜婦沈氏

楚王吟一首 梁張率

楚妃歎四首

石崇一首 宋袁伯文一首

梁簡文帝一首 唐張籍一首

楚妃吟一首 梁王筠

楚妃曲一首 梁吳均

楚妃怨一首 唐張籍

王子喬五首

古辭一首 梁江淹一首

高允生一首 後魏高允一首

唐宋之問一首

第三十卷

相和歌辭五

四弦曲

蜀國弦三首

梁簡文帝一首　隋盧思道一首

唐李賀一首

平調曲一

長歌行十一首

古辭二首　魏明帝一首

晉傅玄一首　晉陸機一首

宋謝靈運一首　梁元帝一首

梁沈約二首　唐李白一首

唐王昌齡一首

鰕䱇篇一首 魏曹植

短歌行二十四首

魏武帝二首　武帝一首

魏文帝二首　魏明帝一首

傅玄一首　陸機一首

梁張率一首　周徐謙一首

隋辛德源一首　唐聶夷中一首

唐李白一首　唐顧況六首

唐王建一首　唐張籍一首

唐白居易二首　唐陸龜蒙一首

唐僧皎然一首

第三十一卷

相和歌辭六

平調曲二

銅雀臺十首

陳張正見一首　陳荀仲舉一首

唐王無競一首　唐鄭愔一首

唐劉長卿一首　唐賈至一首

唐羅隱一首　唐薛能一首

唐張氏琰一首　唐梁氏瓊一首

銅雀妓十六首

齊謝朓一首　梁何遜一首

梁劉孝綽一首　梁江淹一首

唐王勃一首　唐沈佺期一首

唐喬知之一首　唐王適一首

唐歐陽詹一首　唐袁暉一首

唐劉商一首　唐李賀一首
唐吳燭一首　唐朱光弼一首
唐朱放一首　唐僧皎然一首
雀臺怨二首
唐馬戴一首　唐程氏長文一首
置酒高堂上一首宋孔欣
當置酒一首梁簡文帝
置酒行二首
唐李益一首　唐陸龜蒙一首
長歌續短歌一首李賀
猛虎行十首
魏文帝一首　晉陸機一首
宋謝惠連二首　唐儲光羲一首

唐李白一首　唐韓愈一首

唐張籍一首　唐李賀一首

唐僧齊已一首

雙桐生空井一首 梁簡文帝

第三十二卷

相和歌辭七

平調曲三

君子行六首

古辭一首　晉陸機一首

梁簡文帝一首　梁沈約一首

梁戴暠一首　唐僧齊已一首

燕歌行十三首

魏文帝一首　文帝一首

從軍行二十三首

周趙王一首　周庾信一首

周王褒一首　隋盧思道一首

隋明餘慶一首

第三十三卷

相和歌辭八

平調曲四

從軍行三十八首

唐虞世南二首　唐駱賓王一首

唐劉希夷一首　唐喬知之一首

唐李頎一首　唐李約三首

唐戎昱一首　唐厲玄一首

唐李白二首　唐王維一首

唐王昌齡一首　唐盧綸一首

魏文帝二首　魏明帝一首

晉陸機一首　謝靈運一首

前苦寒行二首唐杜甫

後苦寒行一首唐杜甫

苦寒行三首

唐劉駕一首　唐僧貫休一首

唐僧齊已一首

吁嗟篇一首魏曹植　北上行一首李白

第三十四卷

相和歌辭九

清調曲二

豫章行二首

古辭一首　魏曹植一首

豫章行苦相篇一首晉傅玄

豫章行六首

晉陸機一首　宋謝靈運一首

宋謝惠連一首　梁沈約一首

隋薛道衡一首　唐李白一首

董逃行一首古辭

董逃行歷九秋篇一首晉傅玄

董逃行三首

晉陸機一首　唐元稹一首

唐張籍一首

相逢行七首

古辭一首　宋謝惠連一首

梁張率一首　唐崔顥一首

唐李白二首　唐韋應物一首

相逢狹路閒六首

宋孔欣一首　梁昭明太子一首

梁沈約一首　梁劉孺一首

梁劉遵一首　隋李德林一首

第三十五卷

相和歌辭十

清調曲三

長安有狹斜行十二首

古辭一首　晉陸機一首

宋謝惠連一首　宋荀昶一首

梁武帝一首　梁簡文帝一首

梁沈約一首　梁庾肩吾一首

梁王冏一首　梁徐防一首

陳張正見一首　周王褒一首

三婦豔詩二十一首

宋劉鑠一首　齊王融一首

梁昭明太子一首　梁沈約一首

梁王筠一首　梁吳均一首

梁劉孝綽一首　陳後主十一首

張正見一首　唐董思恭一首

唐王紹宗一首

中婦織流黃四首

梁簡文帝一首　陳徐陵一首

陳盧詢一首　唐虞世南一首

難忘曲一首唐李賀

塘上行三首

魏文帝一首　晉陸機一首

宋謝惠連一首

塘上行苦辛篇一首梁劉孝威　蒲生行浮萍篇一首魏曹植

塘上行一首唐李賀

蒲上行一首齊謝眺　江離生幽渚一首梁沈約

苦辛行一首唐戎昱

第三十六卷

相和歌辭十一

清調曲四

秋胡行三十二首

魏武帝一首　武帝一首

魏文帝一首　晉傅玄二首

晉陸機一首　晉嵇康七首

宋謝惠連二首　宋顏延之九首

齊王融七首　唐高適一首

瑟調曲一

善哉行十三首

古辭一首　魏武帝二首

魏文帝四首　魏明帝二首

宋謝靈運一首　梁江淹一首

唐僧貫休一首　唐僧齊已一首

來日大難一首唐李白

當來日大難二首

魏曹植一首　唐元稹一首

第三十七卷

樂府詩集目録下　太原郭　茂倩　編次

第五十一卷

清商曲辭八

江南弄下

宋吳邁遠一首　梁吳均一首

檀約一首　陳顧野王一首

唐柳顧言一首　唐李白一首

陽春曲四首

一首無名氏　唐温庭筠一首

唐莊南傑一首　唐僧貫休一首

朝雲引一首 唐郎大家宋氏

上雲樂七首 梁武帝

鳳臺曲　桐柏曲

方丈曲　方諸曲

玉龜曲　金丹曲

金陵曲

上雲樂三首

梁雅歌

君道曲一首 唐李白

第五十二卷

舞曲歌辭一

雅歌

後漢武德舞歌詩一首 東平王蒼

晉正德大豫舞歌二首 晉傅玄

正德舞歌 大豫舞歌

晉正德大豫舞歌二首 荀勗

正德舞歌 大豫舞歌

晉正德大豫舞歌二首 張華

正德舞歌 大豫舞歌

宋前後舞歌二首 王韶之

前舞歌　後舞歌

齊前後舞歌四首

前舞階步歌 齊辭　前舞凱容歌 宋辭

後舞階步歌 齊辭　後舞凱容歌 宋辭

梁大壯大觀舞歌二首 沈約

大壯舞歌　大觀舞歌

北齊文武舞歌四首

文舞階步辭　文舞辭

武舞階步辭　武舞辭

隋文武舞歌二首

文舞歌　武舞歌

晉昭德成功舞歌四首

昭德舞歌二首　成功舞歌二首

第五十三卷

舞曲歌辭二

雜舞一

魏俞兒舞歌四首　王粲

矛俞新福歌　弩俞新福歌

安臺新福歌　行辭新福歌

吳俞兒舞歌三首　唐陸龜蒙

劒俞　矛俞

弩俞

晉宣武舞歌四首　傅玄

矛俞惟聖皇篇　劒俞短兵篇

弩俞軍鎮篇　安臺行亂窮武篇

晉宣文舞歌二首　傅玄

羽籥舞歌　羽鐸舞歌

魏陳思王鞞舞歌五首

聖皇篇　靈芝篇

大魏篇　精微篇

孟冬篇

晉鞞舞歌五首　傅玄

洪業篇　天命篇

景皇篇　大晉篇

明君篇

鞞舞歌

東海有勇婦一首　李白

章和二年中一首　李賀

第五十四卷

舞曲歌辭三

雜舞二

齊鞞舞曲三首

明君辭　聖主曲辭

明君辭

梁鞞舞歌七首沈約

明之君

梁鞞舞歌三首周捨

明之君　明主曲

明君曲

鐸舞歌二首

聖人制禮樂篇古辭

雲門篇晉傅玄

齊鐸舞歌一首 無名氏

梁鐸舞曲一首 周捨

巾舞歌一首 古辭

齊公莫舞辭一首 無名氏

公莫舞歌一首 唐李賀

晉拂舞歌五首 無名氏

白鳩篇

濟濟篇

獨漉篇、

碣石篇四章

觀滄海

冬十月

土不同

鼉雖壽

淮南王篇

第五十五卷

舞曲歌辭四

雜舞三

齊拂舞歌五首

白鳩辭　濟濟辭

獨禄辭　碣石辭

淮南王辭

梁拂舞歌一首

拂舞歌

拂舞辭一首唐李賀　白鳩辭一首唐李白

獨漉篇一首唐李白　獨漉歌一首唐王建

臨碣石一首梁沈約　小臨海一首梁劉孝威

淮南王二首宋鮑照

晉白紵舞歌三首

宋白紵舞歌一首

齊白紵辭五首王儉

梁白紵辭二首武帝

白紵舞辭

白紵曲一首宋劉鑠

白紵歌十六首

宋鮑照六首　宋湯惠休一首

梁張率九首

白紵辭七首

唐崔國輔二首　唐楊衡二首

唐李白三首

白紵歌四首

唐王建二首　唐張籍一首

唐柳宗元一首

第五十六卷

舞曲歌辭五

雜舞四

四時白紵歌五首　梁沈約

春白紵　夏白紵

秋白紵　冬白紵

夜白紵

四時白紵歌二首　隋煬帝

東宫春　江都夏

明王曲　聖君曲

渌水曲　採菱曲

清楚引　長歌引

散曲

唐功成慶善樂舞辭一首太宗

唐中和樂舞辭一首德宗

霓裳詞十首唐王建

柘枝詞四首

唐薛能三首

屈柘詞一首唐温庭筠

散樂附

俳歌辭一首古辭　宋鳳皇銜書伎辭一首無名氏

齊鳳皇銜書伎辭一首無名氏

第五十七卷

琴曲歌辭一

白雪歌二首

齊徐孝嗣一首　梁朱孝廉一首

白雪曲一首 唐僧貫休　神人暢一首 唐堯

思親操一首 虞舜　南風歌二首 虞舜

湘妃二首

唐劉長卿一首　唐李賀一首

湘妃怨二首

唐孟郊一首　唐陳羽一首

湘妃列女操一首 唐鮑溶

湘夫人五首

梁沈約一首　梁王僧孺一首

猗蘭操三首

魯孔子一首　隋辛德源一首

唐韓愈一首

幽蘭六首

宋鮑照五首　唐崔塗一首

將歸操二首

孔子一首　唐韓愈一首

龜山操一首 唐韓愈　殘形操一首 唐韓愈

雙鸞離三首

梁簡文帝一首　梁沈君攸一首

唐李白一首

處女吟一首 魯處女

貞女引二首

梁簡文帝一首　梁沈約一首

列女操一首　唐孟郊

別鶴操三首

商陵牧子一首　宋鮑照一首

唐韓愈一首

別鶴六首

梁簡文帝一首　梁吳均一首

唐楊巨源一首　唐王建一首

唐張籍一首　唐杜牧一首

走馬引二首

梁張率一首　唐李賀一首

天馬引一首　陳傅縡　龍丘引一首　梁簡文帝

楚朝曲一首　宋吳邁遠　楚明妃曲一首　宋湯惠休

渡易水二首

燕荆軻一首　梁吴均一首

荆軻歌一首陳陽縉　力拔山操一首楚項籍

項王歌一首無名氏　大風起一首漢高帝

採芝操一首古辭　四皓歌一首唐崔鴻

八公操一首漢劉安

第五十九卷

琴曲歌辭三

昭君怨八首

漢王嫱一首　梁王叔英妻劉氏一首

陳後主一首　唐白居易一首

唐張祜二首　唐梁氏瓊一首

唐楊凌一首

蔡氏五弄

遊春曲二首 唐王維

遊春辭五首

王維二首　唐令狐楚三首

淥水曲五首

齊江淹一首　梁吳均一首

梁江洪二首　唐李白一首

淥水辭一首 唐李賀

幽居弄一首 唐顧況

秋思八首

唐李白二首　唐鮑溶三首

唐司空曙一首　唐王維二首

胡笳十八拍

後漢蔡琰　唐劉商

胡笳曲四首

宋吳邁遠一首　宋陶弘景一首

江洪二首

第六十卷

琴曲歌辭四

飛龍引三首

隋蕭慤一首　唐李白二首

烏夜啼引一首　唐張籍

宛轉歌六首

晉劉妙容二首　唐郎大家宋氏一首

唐劉方平二首　陳江揔一首

宛轉行一首　唐張籍　王歆伯歌一首　唐李端

三峽流泉歌一首 唐李季蘭

風入松歌一首 唐僧皎然

秋風五首

宋吳邁遠一首　宋湯惠休一首

梁江洪三首

秋風引一首 唐劉禹錫　明月引一首 唐盧照鄰

明月歌一首 唐閻朝隱　綠竹一首 梁吳均

綠竹引一首 唐宋之問　山人勸酒一首 唐李白

幽澗泉一首 唐李白　龍宮操一首 唐顧況

飛鳶操一首 唐劉禹錫　昇仙操一首 唐李羣玉

成連一首 唐李德源

琴歌五首

秦百里奚妻三首　漢司馬相如二首

司馬相如琴歌一首 唐張祜

琴歌一首 漢霍去病　霍將軍一首 唐崔顥

琴歌五首

魏阮瑀一首　晉趙整三首

顧況一首

第六十一卷

雜曲歌辭一

蛺蝶行二首

古辭一首　梁李鏡遠一首

秦女休行三首

魏左延年一首　晉傅玄一首

唐李白一首

桂之樹行一首 魏曹植　當牆欲高行一首 魏曹植

當欲遊南山行一首 魏曹植

當事君行一首 魏曹植

當車巳駕行一首 魏曹植

驅車上東門行一首 古辭

駕言出北門行一首 晉陸機

駕出北郭門行一首 後漢阮瑀

出門行三首

唐孟郊二首 唐元稹一首

出自薊北門行四首

宋鮑照一首 陳徐陵一首

周庾信一首 唐李白一首

薊門行六首

唐高適五首 唐李希仲一首

君子有所思行七首

晉陸機一首　宋謝靈運一首

宋鮑照一首　梁沈約一首

唐李白一首　唐僧貫休二首

第六十二卷

雜曲歌辭二

傷歌行二首

古辭一首　唐張籍一首

傷哉行二首

唐孟郊一首　唐莊南傑一首

悲歌行二首

古辭一首　唐李白一首

悲哉行七首

晉陸機一首　宋謝靈運一首

宋謝惠連一首　梁沈約一首

唐孟雲卿一首　唐白居易一首

唐鮑溶一首

妾薄命二十首

魏曹植二首　梁簡文帝一首

梁劉孝威一首　梁劉孝勝一首

唐崔國輔一首　唐武平一一首

唐李百藥一首　唐杜審言一首

唐劉元淑一首　唐李白一首

唐孟郊一首　唐張籍一首

唐李端三首　唐盧綸一首

唐盧弼一首　唐胡曾一首

唐王貞一首

第六十三卷

雜曲歌辭三

羽林郎一首 後漢辛延年

羽林行三首

唐王建一首 唐孟郊一首

唐鮑溶一首

胡姬年十五一首 晉劉琨

當壚二首

梁簡文帝一首 梁范靜妻沈氏一首

齊瑟行

名都篇一首 魏曹植

美女篇七首

魏曹植一首　晉傅玄一首

梁簡文帝一首　梁蕭子顯一首

北齊魏收二首　隋盧思道一首

白馬篇十一首

魏曹植一首　宋袁淑一首

宋鮑照一首　齊孔稚圭二首

梁沈約一首　梁王僧孺一首

梁徐悱一首　隋王胄一首

隋王德源一首　唐李白一首

苦思行一首曹植

升天行六首

魏曹植二首　宋鮑照一首

梁劉孝勝一首　梁盧思道一首

唐僧齊已一首

雲中白子高行一首 晉傅玄

第六十四卷

雜曲歌辭四

五遊一首 魏曹植　遠遊篇一首 魏曹植

輕舉篇一首 周王褒　仙人篇一首 魏曹植

仙人覽六著篇一首 齊陸瑜

神仙篇五首

齊王融一首　梁戴暠一首

陳張正見一首　隋盧思道一首

魯范一首

神仙曲一首 唐李賀　昇仙篇一首 梁簡文帝

飛龍篇一首 魏曹植　應龍篇一首 張正見

鬬鷄篇二首

魏曹植一首　　梁劉孝威一首

盤石篇一首魏曹植　　驅車篇一首魏曹植

種葛篇一首魏曹植　　秋蘭篇一首晉傅玄

松柏篇一首宋鮑照　　采菊篇一首梁簡文帝

飛塵篇一首晉傅玄　　閶闔篇一首梁武帝

登名山行一首　　西長安行一首晉傅玄

齊謳行二首

晉陸機一首　　梁沈約一首

齊歌行一首齊陸厥

吴趨行三首

晉陸機一首　　無名氏一首

梁元帝一首

會吟行一首 宋謝靈運

第六十五卷

雜曲歌辭五

北風行二首

宋鮑照一首　唐李白一首

苦熱行九首

鮑照一首　梁簡文帝一首

梁任昉一首　梁何遜一首

周庾信一首　唐王維一首

唐王轂一首　唐僧皎然一首

唐僧齊已一首

太行苦熱行二首

唐劉長卿一首　唐獨孤及一首

樂府詩集目録下

太原郭　茂倩　編次

第五十一卷

清商曲辭八

江南弄下

宋吳邁遠一首　梁吳均一首

檀約一首　陳顧野王一首

唐柳顧言一首　唐李白一首

陽春曲四首

一首無名氏　唐温庭筠一首

唐莊南傑一首　唐僧貫休一首

朝雲引一首唐郎大家宋氏

上雲樂七首梁武帝

鳳臺曲　桐柏曲

方丈曲　方諸曲

玉龜曲　金丹曲

金陵曲

上雲樂三首

梁周捨一首　唐李白一首

唐李賀一首

鳳臺曲二首

唐王無競一首　唐李白一首

鳳皇曲一首唐李白

蕭史曲三首

宋鮑照一首　齊張融一首

陳江揔一首

方諸曲一首陳謝燮

梁雅歌五首

應王受圖曲　臣道曲

積惡篇　積善篇

宴酒篇

梁雅歌

君道曲一首 唐李白

第五十二卷

舞曲歌辭一

雅歌

後漢武德舞歌詩一首 東平王蒼

晉正德大豫舞歌二首 晉傅玄

正德舞歌　大豫舞歌

晉正德大豫舞歌二首 荀勗

正德舞歌　大豫舞歌

晉正德大豫舞歌二首 張華

正德舞歌　大豫舞歌

宋前後舞歌二首 王韶之

前舞歌　後舞歌

齊前後舞歌四首

前舞階步歌 齊辭　前舞凱容歌 宋辭

後舞階步歌 齊辭　後舞凱容歌 宋辭

梁大壯大觀舞歌二首 沈約

大壯舞歌　大觀舞歌

北齊文武舞歌四首

文舞階步辭　文舞辭

武舞階步辭　武舞辭

隋文武舞歌二首

文舞歌　武舞歌

晉昭德成功舞歌四首

昭德舞歌二首　成功舞歌二首

第五十三卷

舞曲歌辭二

雜舞一

魏俞兒舞歌四首 王粲

矛俞新福歌　弩俞新福歌

安臺新福歌　行辭新福歌

吳俞兒舞歌三首 唐陸龜蒙

劒俞　矛俞

弩俞

晉宣武舞歌四首 傅玄

矛俞惟聖皇篇　劒俞短兵篇

弩俞軍鎮篇　安臺行亂窮武篇

晉宣文舞歌二首 傅玄

羽籥舞歌　羽鐸舞歌

魏陳思王鼙舞歌五首

聖皇篇　靈芝篇

大魏篇　精微篇

孟冬篇

晉鼙舞歌五首　傅玄

洪業篇　天命篇

景皇篇　大晉篇

明君篇

鼙舞歌

東海有勇婦一首　李白

章和二年中一首　李賀

第五十四卷

舞曲歌辭三

雜舞二

齊鞞舞曲三首

明君辭　　聖主曲辭

明君辭

梁鞞舞歌七首 沈約

明之君

梁鞞舞歌三首 周捨

明之君　　明主曲

明君曲

鐸舞歌二首

聖人制禮樂篇 古辭

雲門篇 晉傅玄

齊鐸舞歌一首 無名氏

梁鐸舞曲一首 周捨

巾舞歌一首 古辭

齊公莫舞辭一首 無名氏

公莫舞歌一首 唐李賀

晉拂舞歌五首 無名氏

白鳩篇

濟濟篇

獨漉篇、

碣石篇四章

觀滄海

冬十月

土不同

臨碣石一首 梁沈約　小臨海一首 梁劉孝威

淮南王二首 宋鮑照

晉白紵舞歌三首

宋白紵舞歌一首

齊白紵辭五首 王儉

梁白紵辭二首 武帝

白紵舞辭

白紵曲一首 宋劉鑠

白紵歌十六首

宋鮑照六首　宋湯惠休一首

梁張率九首

白紵辭七首

唐崔國輔二首　唐楊衡二首

唐李白三首

白紵歌四首

唐王建二首　唐張籍一首

唐柳宗元一首

第五十六卷

舞曲歌辭五

雜舞四

四時白紵歌五首　梁沈約

春白紵　夏白紵

秋白紵　冬白紵

夜白紵

四時白紵歌二首　隋煬帝

東宫春　江都夏

四時白紵歌二首 隋虞茂

江都夏　長安秋

冬白紵歌一首 唐元稹

晉柸槃舞歌一首 無名氏

齊世昌辭一首 無名氏

宋泰始歌舞曲辭十二首

皇業頌 明帝　聖祖頌

明君大雅 虞龢　通國風 明帝

天符頌　明德頌

帝圖頌　龍躍大雅

淮祥風　宋世大雅 虞龢

治兵大雅 明帝　白紵篇大雅

齊明王歌七首 王融

明王曲　聖君曲
淥水曲　採菱曲
清楚引　長歌引
散曲
唐功成慶善樂舞辭一首太宗
唐中和樂舞辭一首德宗
霓裳詞十首唐王建
柘枝詞四首
唐薛能三首
屈柘詞一首唐温庭筠
散樂附
俳歌辭一首古辭　宋鳳皇銜書伎辭一首無名氏
齊鳳皇銜書伎辭一首無名氏

第五十七卷

琴曲歌辭一

白雪歌二首

齊徐孝嗣一首　梁朱孝廉一首

白雪曲一首 唐僧貫休　神人暢一首 唐堯

思親操一首 虞舜　南風歌二首 虞舜

湘妃二首

唐劉長卿一首　唐李賀一首

湘妃怨二首

唐孟郊一首　唐陳羽一首

湘妃列女操一首 唐鮑溶

湘夫人五首

梁沈約一首　梁王僧孺一首

履霜操二首

周尹伯奇一首　唐韓愈一首

士失志操四首　晉介子推

雉朝飛操七首

齊犢沐子一首　宋鮑照一首

梁簡文帝一首　梁吳均一首

唐李白一首　唐韓愈一首

唐張祜一首

第五十八卷

琴曲歌辭二

思歸引三首

晉石崇一首　梁劉孝威一首

唐張祜一首

猗蘭操三首

魯孔子一首　　隋辛德源一首

唐韓愈一首

幽蘭六首

宋鮑照五首　　唐崔塗一首

將歸操二首

孔子一首　　唐韓愈一首

龜山操一首 唐韓愈　　殘形操一首 唐韓愈

雙鷰離三首

梁簡文帝一首　　梁沈君攸一首

唐李白一首

處女吟一首 魯處女

貞女引二首

梁簡文帝一首　梁沈約一首

列女操一首 唐孟郊

別鶴操三首

商陵牧子一首　宋鮑照一首

唐韓愈一首

別鶴六首

梁簡文帝一首　梁吴均一首

唐楊巨源一首　唐王建一首

唐張籍一首　唐杜牧一首

走馬引二首

梁張率一首　唐李賀一首

天馬引一首 陳傅縡　龍丘引一首 梁簡文帝

楚朝曲一首 宋吴邁遠　楚明妃曲一首 宋湯惠休

渡易水二首
燕荆軻一首　梁吴均一首
荆軻歌一首陳陽縉　力拔山操一首楚項籍
項王歌一首無名氏　大風起一首漢高帝
採芝操一首古辭　四皓歌一首唐崔鴻
八公操一首漢劉安

第五十九卷
琴曲歌辭三
昭君怨八首
漢王嫱一首　梁王叔英妻劉氏一首
陳後主一首　唐白居易一首
唐張祜二首　唐梁氏瓊一首
唐楊凌一首

蔡氏五弄

遊春曲二首 唐王維

遊春辭五首

王維二首 唐令狐楚三首

淥水曲五首

齊江奂一首 梁吴均一首

梁江洪二首 唐李白一首

淥水辭一首 唐李賀

幽居弄一首 唐顧況

秋思八首

唐李白二首 唐鮑溶三首

唐司空曙一首 唐王維二首

胡笳十八拍

後漢蔡琰　唐劉商

胡笳曲四首

宋吳邁遠一首　宋陶弘景一首

江洪二首

第六十卷

琴曲歌辭四

飛龍引三首

隋蕭慤一首　唐李白二首

烏夜啼引一首　唐張籍

宛轉歌六首

晉劉妙容二首　唐郎大家宋氏一首

唐劉方平二首　陳江揔一首

宛轉行一首　唐張籍　王歆伯歌一首　唐李端

司馬相如琴歌一首 唐張祜

琴歌一首 漢霍去病　霍將軍一首 唐崔顥

琴歌五首

魏阮瑀一首　晉趙整三首

顧況一首

第六十一卷

雜曲歌辭一

蜨蝶行二首

古辭一首　梁李鏡遠一首

秦女休行三首

魏左延年一首　晉傅玄一首

唐李白一首

桂之樹行一首 魏曹植　當牆欲高行一首 魏曹植

當欲遊南山行一首 魏曹植

當事君行一首 魏曹植

當車已駕行一首 魏曹植

驅車上東門行一首 古辭

駕言出北門行一首 晉陸機

駕出北郭門行一首 後漢阮瑀

出門行三首

唐孟郊二首 唐元稹一首

出自薊北門行四首

宋鮑照一首 陳徐陵一首

周庾信一首 唐李白一首

薊門行六首

唐高適五首 唐李希仲一首

君子有所思行七首

晉陸機一首　宋謝靈運一首

宋鮑照一首　梁沈約一首

唐李白一首　唐僧貫休二首

第六十二卷

雜曲歌辭二

傷歌行二首

古辭一首　唐張籍一首

傷哉行二首

唐孟郊一首　唐莊南傑一首

悲歌行二首

古辭一首　唐李白一首

悲哉行七首

晉陸機一首　宋謝靈運一首
宋謝惠連一首　梁沈約一首
唐孟雲卿一首　唐白居易一首
唐鮑溶一首

妾薄命二十首

魏曹植二首　梁簡文帝一首
梁劉孝威一首　梁劉孝勝一首
唐崔國輔一首　唐武平一一首
唐李百藥一首　唐杜審言一首
唐劉元淑一首　唐李白一首
唐孟郊一首　唐張籍一首
唐李端三首　唐盧綸一首
唐盧弼一首　唐胡曾一首

唐王貞一首

第六十三卷

雜曲歌辭三

羽林郎一首 後漢辛延年

羽林行三首

唐王建一首　唐孟郊一首

唐鮑溶一首

胡姬年十五一首 晉劉琨

當壚二首

梁簡文帝一首　梁范靜妻沈氏一首

齊瑟行

名都篇一首 魏曹植

美女篇七首

魏曹植一首　晉傅玄一首

梁簡文帝一首　梁蕭子顯一首

北齊魏收二首　隋盧思道一首

白馬篇十一首

魏曹植一首　宋袁淑一首

宋鮑照一首　齊孔稚圭三首

梁沈約一首　梁王僧孺一首

梁徐悱一首　隋王胄一首

隋王德源一首　唐李白一首

苦思行一首 曹植

升天行六首

魏曹植二首　宋鮑照一首

梁劉孝勝一首　梁盧思道一首

唐僧齊已一首

雲中白子高行一首 晉傅玄

第六十四卷

雜曲歌辭四

五遊一首 魏曹植　遠遊篇一首 魏曹植

輕舉篇一首 周王褒　仙人篇一首 魏曹植

仙人覽六著篇一首 齊陸瑜

神仙篇五首

齊王融一首　梁戴暠一首

陳張正見一首　隋盧思道一首

魯范一首

神仙曲一首 唐李賀　昇仙篇一首 梁簡文帝

飛龍篇一首 魏曹植　應龍篇一首 張正見

鬪鷄篇二首

魏曹植一首

梁劉孝威一首

盤石篇一首 魏曹植

驅車篇一首 魏曹植

種葛篇一首 魏曹植

秋蘭篇一首 晉傅玄

松柏篇一首 宋鮑照

采菊篇一首 梁簡文帝

飛塵篇一首 晉傅玄

閶闔篇一首 梁武帝

登名山行一首

西長安行一首 晉傅玄

齊謳行二首

晉陸機一首

梁沈約一首

齊歌行一首 齊陸厥

吴趨行三首

晉陸機一首

無名氏一首

梁元帝一首

會吟行一首宋謝靈運

第六十五卷

雜曲歌辭五

北風行二首

宋鮑照一首　唐李白一首

苦熱行九首

鮑照一首　梁簡文帝一首

梁任昉一首　梁何遜一首

周庾信一首　唐王維一首

唐王轂一首　唐僧皎然一首

唐僧齊已一首

太行苦熱行二首

唐劉長卿一首　唐獨孤及一首

春日行三首
宋鮑照一首　唐李白一首
唐張籍一首
朗月行二首
宋鮑照一首　唐李白一首
明月篇一首晉傅玄　明月子一首陳謝燮
堂上歌行一首宋鮑照　前有一罇酒行一首晉傅玄
前有一罇酒行三首
陳後主一首　陳張正見一首
唐李白一首
前緩聲歌五首
古辭一首　晉陸機一首
宋孔寗子一首　梁沈約一首

宋謝惠連一首

緩歌行二首

宋謝靈運一首　唐李頎一首

第六十六卷

雜曲歌辭六

結客少年場行九首

宋鮑照一首　梁劉孝威一首

周庾信一首　隋孔紹安一首

唐虞世南一首　虞羽客一首

唐盧照鄰一首　唐李白一首

唐沈彬一首

少年子四首

齊王融一首　梁吳均一首

唐李百藥一首　唐李白一首

少年樂二首

唐李賀一首　唐張祜一首

少年行三十首

唐李白三首　唐王維四首

唐王昌齡二首　唐張籍一首

唐李嶷三首　唐劉長卿一首

唐令狐楚四首　唐杜牧二首

唐杜甫三首　唐張祜一首

唐韓翃一首　唐施肩吾一首

唐僧貫休三首　唐韋莊一首

漢宮少年行一首唐李益

長樂少年行一首唐崔國輔

長安少年行十三首

梁何遜一首　陳沈炯一首

唐李廓十首　唐僧皎然一首

渭城少年行一首 唐崔顥

邯鄲少年行二首

唐高適一首　唐鄭錫一首

第六十七卷

雜曲歌辭七

輕薄篇六首

晉張華一首　梁何遜一首

陳張正見一首　唐李益一首

唐僧貫休二首

輕薄行一首 唐僧齊己　灞上輕薄篇行一首 唐孟郊

遊俠篇五首

晉張華一首　周王襃一首

隋陳良一首　唐崔顥一首

唐孟郊一首

俠客篇四首

梁王筠一首　唐李白一首

唐元稹一首　唐温庭筠一首

博陵王宫俠曲二首 晉張華

遊獵篇一首 晉張華

行行遊且獵篇二首

梁劉孝威一首　唐李白一首

遊子吟三首

唐孟郊一首　唐顧況一首

唐李益一首

遊子移一首宋鋼戴蔡　壯士篇一首晉張華

壯士吟一首唐賈島

壯士行三首

唐劉禹錫一首　唐鮑溶一首

唐施肩吾一首

第六十八卷

雜曲歌辭八

浩歌一首唐李賀　浩歌行一首唐白居易

歸去來引一首唐張籍　麗人曲一首唐崔國輔

麗人行一首唐杜甫　望城行一首齊王融

東飛伯勞歌十一首

古辭一首　梁簡文帝二首

梁劉孝威一首　陳後主一首
陳陸瑜一首　陳江揔一首
隋辛德源一首　唐張柬之一首
唐李嶠一首　唐李暇一首
鳴雁行六首
宋鮑照一首　隋李元操一首
唐李白一首　唐韓愈一首
唐鮑溶一首　唐陸龜蒙一首
晨風行二首
梁王循一首　梁范靜妻沈氏一首
空城雀六首
宋鮑照一首　後漢高孝緯一首
唐李白一首　唐王建一首

賈馮吉一首　隋陳叔達一首

唐李康成一首　唐辛弘智一首

唐盧仝一首　唐雍裕之一首

唐張祜一首

長相思二十四首

宋吳邁遠一首　梁昭明太子一首

梁張率二首　陳後主二首

陳徐陵二首　陳蕭淳一首

陳陸瓊二首　陳王瑳二首

陳江揔二首　唐郎大家宋氏一首

唐蘇頲一首　唐李白三首

唐張繼一首　唐令狐楚二首

唐白居易一首

千里思三首

魏祖叔辨一首　唐李白一首

唐李[illegible]一首

第七十卷

雜曲歌辭十

行路難三十五首

宋鮑照十九首　齊僧寶月一首

梁吳均四首　梁費昶二首

梁王均一首　唐盧照隣一首

唐張紘一首　唐賀蘭進明五首

唐崔顥一首

第七十一卷

雜曲歌辭十一

行路難二十五首

唐李白三首　唐顧況三首

唐李頎一首　唐高適二首

唐張籍一首　唐聶夷中一首

唐韋應物一首　唐柳宗元三首

唐鮑溶一首　唐僧貫休五首

唐僧齊已二首　唐翁綬一首

唐薛能一首

從軍中行路難二首 唐駱賓王

變行路難一首 唐王昌齡

古別離十四首

梁江淹一首　唐沈佺期一首

唐孟雲卿一首　唐李益一首

第七十二卷

梁簡文帝一首　唐孟雲卿一首

唐白居易一首

長別離一首 宋吳邁遠

遠別離五首

唐李白一首　唐張籍一首

唐令狐楚三首

久別離一首 唐李白　新別離一首 唐戴叔倫

今別離一首 唐崔國輔　暗別離一首 唐劉氏瑤

潛別離一首 唐白居易

別離曲二首

唐張籍一首　唐陸龜蒙一首

西洲曲二首

古辭一首　唐溫庭筠一首

荆州樂一首 梁宗夬

荆州歌三首

唐李白一首　唐劉禹錫二首

荆州泊一首 唐李端　紀南歌一首 唐劉禹錫

宜城歌一首 唐劉禹錫　南郡歌一首 齊陸厥

長干曲五首

古辭一首　唐崔顥四首

長干行三首

唐李白二首　唐張潮一首

小長干曲一首 唐崔國輔

第七十三卷

雜曲歌辭十三

杞梁妻二首

宋吴邁遠一首　唐僧貫休一首

董嬌饒一首（後漢宋子侯）　焦仲卿妻一首（古辭）

盧女曲一首（唐崔顥）　盧姬篇一首（唐崔顥）

邯鄲才人嫁爲厮養卒婦二首

齊謝朓一首　唐李白一首

楊白花二首

唐柳宗元一首　一首無名氏

茱萸女二首

梁簡文帝一首　唐萬楚一首

舞媚娘四首

陳後主三首　周庾信一首

于闐採花二首

唐李白一首　一首無名氏

秦女卷衣二首

梁吴均一首　唐李白一首

愛妾换馬六首

梁簡文帝一首　梁劉孝威一首

梁庾肩吾一首　隋僧法宣一首

唐張祜 首

第七十四卷

雜曲歌辭十四

枯魚過河泣二首

古辭一首　唐李白一首

冉冉孤生竹二首

古辭一首　宋何偃一首

棗下何纂纂三首

齊王融一首　　梁費昶一首

北齊邢劭一首

王孫遊三首

齊謝朓一首　　齊王融一首

唐崔國輔一首

陽翟新聲一首齊王融

金樂歌三首

梁簡文帝一首　　梁元帝一首

梁房篆一首

樂未央一首梁沈約　　南征曲一首梁蕭子顯

發白馬二首

梁費昶一首　　唐李白一首

濟黃河三首

梁謝微一首　梁江揔一首

隋蕭慤一首

結襪子二首

後魏溫子昇一首　唐李白一首

沐浴子一首

唐李白一首　一首無名氏

安定侯曲一首後魏溫子昇

澤雉一首　短簫一首梁張嵊

伍子胥一首鮑機　清涼一首梁張詳

第七十五卷

雜曲歌辭十五

三臺二首唐韋應物　上皇三臺一首

突厥三臺一首　宮中三臺一首唐王建

凌雲臺二首　　周王褒一首
梁謝舉一首　　曲池水一首 齊謝朓
建興苑一首 梁紀少瑜
築城曲三首
唐張籍一首　　五解唐元稹一首
唐陸龜蒙一首
大道曲一首 晉謝尚　　採蓮諷一首 梁江從簡
湖陰曲一首 唐溫庭筠
永明樂二十一首
謝朓十首　　齊王融十首
梁沈約一首
永世樂一首 北齊魏收　　無愁果有愁一首 唐李商隱
起夜來二首

梁柳惲一首　唐施肩吾一首

起夜半一首唐聶夷中

獨不見七首

柳惲一首　唐沈佺期一首

唐王訓一首　唐楊巨源一首

唐李白一首　唐戴叔倫一首

唐胡曾一首

第七十六卷

雜曲歌辭十六

擕手曲三首

梁沈約一首　梁吳均一首

唐田娥一首

邯鄲行一首齊陸厥　邯鄲歌一首梁武帝

大垂手二首

梁吳均一首　唐聶夷中一首

小垂手一首 梁吳均

夜夜曲六首

梁沈約二首　梁簡文帝一首

唐王偃一首　一首無名氏

唐僧貫休一首

秋夜長六首

齊王融一首　唐王勃一首

唐張籍一首　唐王建二首

唐王涯一首

夜坐吟三首

宋鮑照一首　唐李白一首

唐李賀十首

遥夜吟一首 梁宗史　寒夜怨一首 宋陶弘景

寒夜吟一首 唐鮑溶　獨處愁一首 梁簡文帝

夏旦吟一首 齊張融　霜婦吟一首 周蕭撝

同聲歌一首 後漢張衡　何當行一首 晉傅玄

定情詩一首 後漢繁欽　定情篇一首 唐喬知之

定情樂一首 唐施肩吾　合歡詩五首 晉楊方

第七十七卷

雜曲歌辭十七

春江行一首 梁簡文帝

春江曲五首

唐郭元振一首　唐張籍一首

唐張仲素三首

唐張祜一首

城上麻一首 梁吳均　燕燕于飛一首 陳江總

錦石擣流黃一首 隋煬帝

河曲遊一首 隋盧思道　城南隅讌一首 隋盧思道

喜春遊歌二首 隋煬帝　春遊吟一首 唐李章

春遊曲三首

唐施肩吾一首　唐李端二首

春遊曲三首 唐張仲素

樂府十首

古辭一首　魏明帝一首

唐劉言史二首　唐顧況一首

唐權德輿一首　唐孟郊三首

唐陸長源一首

第七十八卷
雜曲歌辭十八

舍利弗一首　　摩多樓子二首

一首無名氏　　唐李賀一首

法壽樂歌十二首齊王融

歌本處　　歌靈瑞

歌下生　　歌在宫

歌田遊　　歌出國

歌得道　　歌寶樹

歌賢衆　　歌學徒

歌供具　　歌福應

步虚詞四十八首

周庾信十首　　隋煬帝二首

唐陳羽一首　　唐顧況二首

唐吴筠十首　　唐劉禹錫二首

唐韋渠牟十九首　唐僧皎然一首

唐高駢一首

步虛引一首唐陳陶

第七十九卷

近代曲辭一

紀遼東二首

隋煬帝一首　隋王胄一首

遼東行一首唐王建　渡遼水一首唐王建

昔昔鹽二首

隋薛道衡一首　一首無名氏

昔昔鹽二十首唐趙嘏

垂柳覆金堤　蘼蕪葉復齊

水溢芙蓉沼　花飛桃李蹊

採桑秦氏媛　織錦竇家妻
關山別蕩子　風月守空閨
恒斂千金笑　長垂雙玉啼
蟠龍隨鏡隱　綵鳳逐帷低
驚魂同夜鵲　倦寢聽晨雞
暗牖懸蛛網　空梁落燕泥
前年過代北　今歲往遼西
一去無還意　那能惜馬蹄

江都宫樂歌一首 隋煬帝

十索六首

隋丁六娘四首　二首無名氏

水調二首

唐吴融一首　一首無名氏

第八十卷

近代曲辭二

思歸樂二首　金殿樂一首

胡渭州二首　戎渾一首

墻頭花二首　採桑一首

楊下採桑一首

破陣樂三首

一首無名氏　唐張說二首

戰勝樂一首　劍南臣一首

征步郎一首　歎疆場一首

塞姑一首　水鼓子一首

婆羅門一首　浣沙女二首

鎮西二首　回紇一首

長命女一首　醉公子一首

一片子一首　甘州一首

濮陽女一首　　相府蓮一首

簇拍相府蓮一首

離别難二首

一首無名氏　　唐白居易一首

山鷓鴣二首

山鷓鴣詞三首

唐李益一首　　唐李涉二首

樂世一首唐白居易　　急樂世一首唐白居易

何滿子二首

唐白居易一首　　唐薛逢一首

清平調三首唐李白　　回波樂一首唐李景伯

聖明樂三首唐張仲素

大酺樂五首

一首無名氏　唐杜審言八首

唐張祜二首

千秋樂一首唐張祜　火鳳辭二首唐李百藥

熱戲樂一首唐張祜　春鶯囀一首唐張祜

達磨支一首唐溫庭筠　如意娘一首

雨霖鈴一首唐張祜　桂華曲一首唐白居易

渭城曲一首唐王維

第八十一卷

近代曲辭三

竹枝二十二首

唐顧况一首　唐劉禹錫十一首

唐白居易四首　唐李涉四首

晉孫光憲二首

揚柳枝 三十九首

唐白居易四首　唐白居易八首

唐盧貞一首　唐劉禹錫九首

唐劉禹錫三首　唐李商隱二首

唐韓琮一首　唐施肩吾一首

唐温庭筠八首　唐皇甫松二首

唐僧齊已四首　唐張祜二首

唐孫魴五首　唐薛能十首

唐薛能九首　後唐牛嶠五首

晉和凝三首　晉孫光憲四首

第八十二卷

近代曲辭四

浪淘沙十七首

唐劉禹錫九首　唐白居易六首

唐皇甫松二首

紇那曲二首 唐劉禹錫　瀟湘神二首 唐劉禹錫

拋毬樂二首 唐劉禹錫

太平樂四首

唐白居易二首　唐王維二首

昇平樂十首 唐薛能　金縷衣一首 唐李錡

鳳歸雲二首 唐滕潛

拜新月二首

唐李端一首　唐吉中孚妻張氏一首

憶江南五首

唐白居易三首　唐劉禹錫二首

宮中調笑四首 唐王建　調笑二首 唐韋應物

商歌二首 甯戚　　師乙歌一首

獲麟歌一首 魯孔子　　河激歌一首 趙簡子夫人

越人歌一首　　徐人歌一首

漁父歌十一首

古辭一首　　唐張志和五首

晉和凝一首　　晉歐陽炯一首

晉李珣三首

採葛婦歌一首　　紫玉歌一首

鄴民歌一首　　鄭白渠一首

百里奚歌一首 高允生　　秦始皇歌一首

雞鳴歌一首

雞鳴曲二首

唐王建一首　　唐李廓一首

平城歌一首　楚歌一首漢高帝
吴楚歌二首
晉傅玄一首　唐張籍一首

第八十四卷

雜歌謠辭二

歌辭二

戚夫人歌一首　畫一歌一首
趙幽王歌一首　淮南王歌一首
京兆歌一首齊陸厥　左馮翊歌一首齊陸厥
扶風歌十首
晉劉琨九首　宋鮑照一首
秋風辭一首漢武帝　衞皇后歌一首
李延年歌一首

李夫人歌七首

漢武帝一首　唐李商隱三首

唐李賀一首　唐鮑溶一首

唐張祜一首

李夫人及貴人歌一首 齊陸厥

未央才人歌一首 梁庾肩吾

中山孺子妾歌一首 唐李白

臨江王節士歌二首

齊陸厥一首　唐李白一首

行幸甘泉宮歌二首

梁簡文帝一首　梁劉孝威一首

烏孫公主歌一首　匈奴歌一首

驪駒歌一首 古辭　雜歌一首

瓠子歌二首漢武帝　李陵歌一首
廣川王歌二首　牢石歌一首
黃鵠歌一首漢昭帝　黃門倡歌一首

第八十五卷

雜歌謠辭三

歌辭三

五侯歌一首　上郡歌一首
燕王歌一首　華容夫人歌一首
廣陵王歌一首　鮑司隸歌一首
五噫歌一首　董少平歌一首
張君歌一首　廉叔度歌一首
范史雲歌一首　岑君歌一首
皇甫嵩歌一首　郭喬卿歌一首

賈父歌一首　朱暉歌一首

劉君歌一首　洛陽令歌一首

滎陽令歌一首　徐聖通歌一首

王世容歌一首　晉高祖歌一首

徐州歌一首　東晳歌一首

豫州歌一首　應詹歌一首

吴人歌一首　并州歌一首

隴上歌一首　司馬將軍歌一首 唐李白

鄭櫻桃歌一首 唐李頎　襄陽童兒歌一首

襄陽歌一首 唐李白　襄陽曲四首 唐李白

蘇小小歌六首

古辭一首　唐李賀一首

唐温庭筠一首　唐張祜三首

河中之水歌一首梁武帝

第八十六卷

雜歌謠辭四

歌辭四

中興歌十首宋鮑照

勞歌三首

宋伍緝之二首　周蕭撝一首

白日歌一首齊張融　雲歌一首梁王臺卿

一旦歌一首

滏豫歌三首

二首無名氏　梁簡文帝一首

巴東三峽歌二首　挾琴歌一首梁范靜妻沈氏

挾瑟歌二首

北齊魏收一首　陸龜蒙一首
鄱陽歌二首　北軍歌一首
雍州歌一首　始興王歌一首
夏侯歌一首　咸陽王歌一首
鄭公歌一首　裴公歌一首
長白山歌一首
敕勒歌二首
一首無名氏　唐温庭筠一首
東征歌一首隋王通　薛將軍歌一首
顔有道歌一首　新河歌一首
田使君歌一首　黄麞歌一首
得体歌一首　得寶歌一首
黄臺瓜辭一首唐章懷太子

古歌三首

唐沈佺期一首　唐薛維翰二首

第八十七卷

雜歌謠辭五

歌辭五

穎川歌一首　庚公歌二首

御路楊歌一首　鳳皇歌一首

黃曇子歌一首唐温庭筠　歷陽歌一首

苻堅時長安歌一首　王子年歌二首

邯戰郭公歌二首　邯鄲郭公辭一首

齊雲觀歌一首　周宣帝歌一首

謠辭

黃澤謠一首　白雲謠一首

穆天子謠一首　　越謠一首 古辭

長安謠一首　　城中謠一首

會稽謠一首　　二郡謠一首

京兆謠一首　　後漢桓靈時謠一首

吳謠一首　　晉泰始中謠一首

閣道謠一首　　南土謠一首

宋時謠一首　　宋大明中謠一首

山陰謠一首　　梁時童謠一首

曲堤謠一首　　趙郡謠一首

北齊太上時童謠一首

獨酌謠六首

陳後主四首　　陳陸瑜一首

陳沈炯一首

第八十八卷
雜歌謠辭六
謠辭六

更始時南陽童謠一首

後漢時蜀中童謠一首

後漢順帝末京都童謠一首

後漢桓帝初小麥童謠一首

大麥行一首 唐杜甫

後漢桓帝初城上烏童謠一首

後漢桓帝末京都童謠一首

後漢靈帝末京都童謠一首

後漢獻帝初童謠一首

後漢獻帝初京都童謠一首

魏明帝景初中童謠一首

魏齊王嘉平中謠一首

吴孫亮初童謠一首

晉太和末童謡一首
晉孝武太元末京口謡一首

第八十九卷

雜歌謡辭七

謡辭七

晉安帝元興初童謡一首
晉安帝元興中童謡一首
晉安帝義熙初童謡一首
晉安帝義熙初謡二首　晉荆州童謡一首
晉吴中童謡一首　晉京口民間謡二首
晉荆口謡一首　苻堅初童謡一首
苻堅時長安謡一首　宋元嘉中魏地童謡一首
苻堅時童謡一首

梁武帝時謡一首　梁大同中童謡一首

梁末童謡一首　陳初童謡一首

陳初童謡一首　陳初時謡一首

後魏宣武孝明時謡一首

後魏末童謡一首　東魏童謡一首

北齊鄴都童謡一首　北齊武定中童謡一首

北齊文宣時謡一首

北齊後主武平初童謡一首

北齊後主武平中童謡二首

北齊後主武平末童謡一首

北齊末鄴中童謡一首

周初童謡一首　隋煬帝大業中童謡一首

唐武德初童謡一首

唐貞觀中高昌國童謡一首
唐永淳初童謡一首　唐高宗永淳中童謡一首
唐武后時童謡一首　唐神龍中謡一首
唐中宗時童謡一首　唐景龍中謡一首
唐天寶中童謡一首　唐天寶中幽州謡一首
唐德宗時童謡一首　唐元和初童謡一首
唐咸通中童謡一首　唐咸通末成都童謡一首
唐僖宗時童謡一首　唐乾符中童謡一首
唐中和初童謡一首　梁太祖時蜀中謡一首

第九十卷

新樂府辭一

樂府雜題一

新曲三首

唐謝偃一首　唐長孫無忌二首

湘川新曲二首 唐杜易簡　小曲新詞二首 唐白居易

公子行十一首

唐劉希夷一首　唐陳羽一首

唐韓琮一首　唐顧況一首

唐聶夷中二首　唐于鵠一首

唐雍陶一首　唐張祜二首

唐孟賓于一首

將軍行二首

唐劉希夷一首　唐張籍一首

老將行一首 唐王維　燕支行一首

桃源行二首

一首無名氏　唐劉禹錫一首

第九十一卷

新樂府辭二

樂府雜題二

唐王建一首　唐張籍一首

樓上女兒曲一首唐盧仝　青青水中蒲二首唐韓愈

第九十二卷

新樂府辭三

樂府雜題三

塞上曲十九首

唐李白一首　唐王昌齡一首

唐耿緯一首　唐司空曙一首

唐僧貫休九首　唐戎昱一首

唐王維一首　唐周朴一首

唐張祜一首

塞上行四首

唐歐陽詹一首　唐鮑溶一首

唐李昌符一首　唐周朴一首

塞上十六首

唐高適一首　唐王建一首

唐鮑溶一首　唐李端一首

唐曹松一首　唐鄭渥一首

唐譚用之一首　唐姚合一首

唐張喬一首　唐周朴二首

唐秦韜玉一首　唐戴師顔一首

唐江爲一首　唐杜荀鶴二首

塞下曲十七首

唐李白六首　唐郭元振一首

唐王昌齡二首　唐馬戴二首

唐張籍一首　唐于濆二首

唐陶翰一首　唐李益二首

第九十三卷

新樂府辭四

樂府雜題四

塞下曲四十六首

唐僧貫休十一首　唐盧綸六首

唐僧皎然二首　唐李賀一首

唐劉駕一首　唐王維二首

唐令狐楚二首　唐張仲素五首

唐戎昱六首　唐丁稜一首

唐郎士元一首　唐許渾一首

唐周朴一首　唐張祜二首

唐李宣遠一首　唐沈彬三首

交河塞下曲一首唐胡曾　汾陰行一首唐李嶠

大梁行二首

唐堯客一首　唐高適一首

洛陽行一首唐張籍　永嘉行一首

田家行二首

唐王建一首　唐元稹一首

思遠人二首

唐王建一首　唐張籍一首

憶遠曲二首

一首無名氏　唐元稹一首

望遠曲一首唐孟郊　夫遠征一首唐元稹

第九十四卷

新樂府辭五

淮陰行五首唐劉禹錫　泰娘歌一首

更衣曲一首　視刀環歌一首

堤上行三首　競渡曲一首

沓潮歌一首

北邙行二首

唐王建一首　唐張籍一首

野田行二首

唐李益一首　唐張碧一首

斜路行一首唐王建　雉將雛一首

第九十五卷

新樂府辭六

樂府雜題六

長安羇旅行一首唐孟郊　羇旅行一首唐張籍

求仙曲二首

唐孟郊一首　唐張籍一首

結愛曲一首唐孟郊　節婦吟一首唐張籍

楚宮行一首　山頭鹿一首

各東西一首　湘江曲一首

雀飛多一首　夢上天一首唐元稹

君莫非一首　田頭狐兔行一首

人道短一首　苦樂相倚曲一首

捉捕歌一首

採珠行二首

一首無名氏　唐鮑溶一首

平戎辭二首唐王維　望春辭二首唐令狐楚

思君恩一首　漢苑行三首唐張仲素

燒香曲一首 唐李商隱　房中曲一首

河内詩二首

樓上曲一首　湖中曲一首

湖中曲一首 唐李賀　春懷引一首

靜女春曙曲一首　白虎行一首

月漉漉篇一首　黃頭郎一首

倚瑟行一首 唐鮑溶　江南別一首 唐羅隱

第九十六卷

新樂府辭七

系樂十二首 唐元結

思太古　隴上歎

頌東夷　賤士吟

款乃曲　貧婦詞

去鄉悲　壽公興
農臣怨　謝天龜
古遺歎　下客謠
補樂歌十首唐元結
網罟　豐年
雲門　九淵
五莖　六英
咸池　大韶
大夏　大濩
補九夏歌九首唐皮日休
王夏　肆夏
昭夏　納夏
章夏　齊夏

族夏　祴夏

驁夏

新題樂府上 唐元稹

上陽白髮人　華原磬

五弦彈　西涼伎

法曲　馴犀

立部伎

第九十七卷

雜樂府辭八

新題樂府下 唐元稹

驃國樂　胡旋女

蠻子朝　縛戎人

陰山道　八駿圖

新樂府上 唐白居易

七德舞　法曲

二王後　海漫漫

立部伎　華原磬

上陽白髮人　胡旋女

新豐折臂翁　太行路

第九十八卷

新樂府辭九

新樂府中 唐白居易

司天臺　捕蝗

昆明春水滿　城鹽州

道州民　馴犀

五弦彈　蠻子朝

驃國樂　縛戎人

驪宮高　百鍊鏡

青石　兩朱閣

西涼伎

第九十九卷

新樂府辭十

新樂府下 唐白居易

八駿圖　澗底松

牡丹芳　紅線毯

杜陵叟　繚綾

賣炭翁　母別子

陰山道　時世妝

李夫人　陵園妾

鹽商婦　杏爲梁

井底引銀瓶　官牛

紫毫筆　隋堤柳

草茫茫　古塚狐

黒潭龍　天可度

秦吉了　鵶九劒

采詩官

第一百卷

新樂府辭十一

樂府倚曲唐温庭筠

漢皇迎春辭一首　夜宴謡一首

蓮浦謡一首　遐水謡一首

曉仙謡一首　水仙謡一首

樂府雜詠六首 唐陸龜蒙

雙吹管 東飛鳧

花成子 月成弦

孤獨怨 金吾子

正樂府十首 唐皮日休

卒妻悲 橡媼歎

貪官怨 農父謠

路臣恨 賤貢士

頌夷臣 惜義鳥

誚虚器 哀隴民

樂府詩集目録下

第六册目録

樂府詩集卷第三十八

太原郭　茂倩　編次

相和歌辭

瑟調曲

飲馬長城窟行　古辭

一曰飲馬行長城秦所築以備胡者其下有泉窟可以飲馬古辭云青青河畔草緜緜思遠道言征戍之客至於長城而飲其馬婦人思念其勤勞故作是曲也酈道元水經注曰始皇二十四年使太子扶蘇與蒙恬築長城起自臨洮至于碣石東暨遼海西並陰山凡萬餘里民怨勞苦故楊泉物理論曰秦築長城死者相屬民歌曰生男愼勿舉生女哺用脯不見長城下尸骸

相支拄其冤痛如此今白道南谷口有長城自城北出有高坂傍有土穴出泉挹之不窮歌録云飲馬長城窟信非虛言也樂府解題曰古詞傷良人遊蕩不歸或云蔡邕之辭若魏陳琳辭云飲馬長城窟水寒傷馬骨則言秦人苦長城之役也廣題曰長城南有溪坂上有土窟窟中泉流漢時將士征塞北皆飲馬此水也桉趙武靈王既襲胡服自代並陰山下至高闕爲塞山下有長城武靈王之所築也其山中斷望之若雙闕所謂高闕者焉古今樂録曰王僧虔技録云飲馬行今不歌

青青河畔草緜緜思遠道遠道不可思宿昔夢見之夢見在我傍忽覺在他鄉他鄉各異縣展轉不相見枯桑知天風海

水知天寒入門各自媚誰肯相爲言客從遠方來遺我雙鯉魚呼兒烹鯉魚中有尺素書長跪讀素書書中竟何如上言加飡飯下言長相憶

同前　魏文帝

浮舟横大江討彼犯荆虜武將齊貫　征人伐金鼓長戟十萬隊幽冀百石弩發機若雷電一發連四五

同前　魏陳琳

飲馬長城窟水寒傷馬骨往謂長城吏愼莫稽留太原卒官作自有程舉築諧汝聲男兒寧當格鬭死何能怫鬱築長城長城何連連連連三千里邊城多健少内舍多寡婦作書與内舍便嫁莫留住善事新姑嫜時時念我故夫子報書往邊地君今出語一何鄙身在禍難中何爲稽留他家子生男愼莫舉生女哺用脯君獨不見長城下死人骸骨相撑拄結髮

行事君慊慊心意關邊地苦賤妾何能久自全

同前　晉傅玄

青青河邊草悠悠萬里道草生在春時遠道還有期春至草不生期盡歎無聲感物懷思心夢想發中情夢君如鴛鴦比翼雲間翔既覺寂無見曠如參與商河洛自用固不如中岳安回流不及反浮雲往自還悲風動思心悠悠誰知者懸景無停居忽如馳駟馬傾耳懷音響轉目淚雙墮生存無會期要君黃泉下

同前　晉陸機

驅馬陟陰山山高（一作陰）馬不前往問陰山候勁虜在燕然戎車無停軌旌旆屢徂遷仰憑積雪巖俯涉堅冰川冬來秋未反去家邈以緜獫狁亮未夷征人豈徒旋末德爭先鳴凶器無兩全師克薄賞行軍沒微軀捐將遵甘陳迹收功單于旃

振旅勞歸去受爵槀街傳

同前　梁沈約

介馬渡龍堆塗縈馬屢迴前訪昌海驛雜種寇輪臺旌幕卷煙雨徒御犯冰埃

同前　陳後主

征馬入他鄉山花此夜光離羣嘶向影因風屢動香月色含城暗秋聲雜塞長何以酬君子馬革報疆場

同前　陳張正見

秋草朔風驚飲馬出長城羣驚還怯飲地險更宜行傷冰斂凍足畏冷急寒聲無因度吳坂方復入羌城

同前　周王褒

北走長安道征騎每經過戰垣臨八陣旌門對兩和屯兵戍隴北飲馬傍城阿雪深無復道冰合不生波塵飛連陣聚沙

平騎跡多昏昏隴坻月耿耿霧中河羽林猶角觝將軍尚雅歌臨戎常拔劍蒙險屢提戈秋風鳴馬首薄暮欲如何

同前　尚法師

長城征馬度橫行且勞羣入冰穿凍水飲浪聚流文澄鞍如漬月照影若流雲別有長松氣自解逐將軍

同前　隋煬帝

肅肅秋風起悠悠行萬里萬里何所行橫漠築長城豈台小子智先聖之所營樹茲萬世策安此億兆生詎敢憚焦思高枕於上京北河秉武節千里卷戎旌山川互出沒原野窮超忽摐金止行陣鳴鼓興士卒千乘萬騎動飲馬長城窟秋昏塞外雲霧暗關山月緣巖驛馬上乘空烽火發借問長安候單于入朝謁濁氣靜天山晨光照高闕釋兵仍振旅要荒事方舉飲至告言旋功歸清廟前

同前　唐太宗

塞外悲風切交河冰已結瀚海百重波陰山千里雪迥戍危烽火層巒引高節悠悠卷旆旌飲馬出長城寒沙連騎迹朔吹斷邊聲胡塵清玉塞羌笛韻金鉦絶漠干戈戢車徒振原隰都尉反龍堆將軍旋馬邑揚麾氛霧靜紀石功名立荒裔一戎衣雲臺凱歌入

同前　唐虞世南

馳馬渡河干流深馬渡難前逢錦車使都護在樓蘭輕騎猶銜勒疑兵尚解鞍温池下絶澗棧道接危巒拓地勳未賞亡城律詎寬有月關猶暗經春隴尚寒雲昏無復影冰合不聞湍懷君不可遇聊持報一飡

同前　唐袁朗

朔風動秋草清蹕長安道長城連不窮所以隔華戎規模唯

聖作荷負曉成功鳥庭巳向内龍荒更鑿空玉關塵卷静金
微路巳通湯征隨北怨舜詠起南風畫野功初立綏邊事云
集朝服踐狼居凱歌旋馬邑山響傳鳳吹霜華藻瓊鈒屬國
擁節歸單于款關入日落寒雲起驚河被原隰零落葉巳寒
河流清且急四時徭役盡千載干戈戢太平今若斯汗馬竟
無施唯當事筆硯歸去草封禪

同前　唐王瀚

長安少年無遠圖一生惟羨執金吾騏驎前殿拜天子走馬
爲君西擊胡胡沙獵獵吹人面漢虜相逢不相見遥聞鼙鼓
動地來傳道單于夜猶戰此時顧恩寧顧身爲君一行摧萬
人壯士揮戈回白日單于濺血染朱輪回來飲馬長城窟長
城道傍多白骨問之耆老何代人云是秦王築城卒黄昏塞
北無人煙鬼哭啾啾聲沸天無罪見誅功不賞孤魂流落此

戍邊當昔秦王按劍起諸侯膝行不敢視富國彊兵二十年築怨興徭九千里秦王築城何太愚天實亡秦非北胡一朝禍起蕭牆內渭水咸陽不復都

同前　唐王建

長城窟長城窟邊多馬骨古來此地無井泉賴得秦家築城卒征人飲馬愁不回長城變作望鄉堆蹄跡未乾人去近續後馬來泥汙盡枕弓睡著待水生不見陰山在前陣馬蹄足脫裝馬頭健兒戰死誰封侯

同前　唐僧子蘭

游客長城下飲馬長城窟馬嘶聞水腥爲浸征人骨豈不是流泉終不成潺湲洗盡骨上土不洗骨中寃骨若不流水四海有還魂空流嗚咽聲聲中疑是言

青青河畔草　齊王融

容容寒煙起翹翹望行子行子殊未歸寤寐若容輝夜中心
愛促覺後阻河曲河曲萬里餘情交襟袖踈珠露春華返瑤
霜秋照晚入室怨蛾眉情歸爲誰婉

同前　梁沈約

漠漠牀上塵心中憶故人故人不可憶中夜長歎息歎息想
容儀不言長別離別離稍已久空牀寄酒柸

同前　梁何遜

春蘭已應好折花望遠道秋夜苦復長抱枕向空牀吹臺下
促節不言於此別歌蹔掩團扇何時一相見弦絶猶依軫葉
落裁下枝即此雖云別方我未成離

同前　梁武帝

幕幕繡戶絲悠悠懷昔期昔期久不歸鄉國曠音輝音輝空
結遲半寢覺如至旣寤了無形與君隔平生月以雲掩光葉

似霜摧老當途競自容莫肯爲妾道

同前　梁荀昶

熒熒山上火苕苕隔隴左隴左不可至精爽通寤寐寤寐衾幬同忽覺在他邦他邦各異邑相逐不相及迷墟在望煙木落知冰堅升朝各自進誰肯相攀牽客從北方來遺我端弋綈命僕開弋綈中有隱起珪長跪讀隱珪辭苦聲亦悽上言各努力下言長相懷

泛舟橫大江一　梁簡文帝

魏文帝飲馬長城窟行曰泛舟橫大江因以爲題也

滄波白日暉遊子出王畿旁望重山轉前觀遠帆稀廣水浮雲吹江風引夜衣旅鴈同洲宿寒鳧夾浦飛行客誰多病當念早旋歸

同前　張正見

大江脩且闊揚舲度回磯波中畫鷁涌帆上錦花飛舟移歷浦月櫂舉濕春衣王孫客若遠詎待送將歸

上留田行　魏文帝

古今樂録曰王僧虔技録有上留田行今不歌崔豹古今注曰上留田地名也人有父母死不字其孤弟者鄰人為其弟作悲歌以風其今注曰上留田樂府廣題曰蓋漢世人也云里中有啼兒似類親父子回車問啼兒慷慨不可止

居世一何不同上留田富人食稻與粱上留田貧子食糟與糠上留田貧賤亦何傷上留田祿命懸在蒼天上留田今爾歎息將欲誰怨上留田

同前　陸機

嗟行人之藹藹駿馬陟原風馳輕舟泝川雷邁寒往暑來相
尋零雪霏霏集宇悲風徘徊入襟歲華冉冉方除我思纏綿
未紓感時悼逝悽如

同前　　宋謝靈運

薄遊出彼東道上留田薄遊出彼東道上留田循聽一何矗
矗上留田澄川一何皎皎上留田悠哉逷矣征夫上留田悠
哉逷矣征夫上留田兩服上阪電遊上留田舫舟下遊颸驅
上留田此別既久無適上留田此別既久無適上留田寸心
繫在萬里上留田尺素遵此千夕上留田秋冬迭相去就上
留田秋冬迭相去就上留田素雪紛紛鶴委上留田清風颸
颸入袖上留田歲云暮矣增憂上留田歲去暮矣增憂上留
田誠知運來詎抑上留田熟視年往莫留上留田

同前　　梁簡文帝

正月土膏初欲發天馬照耀動農祥田家斗酒羣相勞爲歌

長安金鳳皇

同前　　　　唐李白

行至上留田孤墳何崢嶸積此萬古恨春草不復生悲風四邊來腸斷白揚聲借問誰家地埋没蒿里塋古老向余言言是上留田蓬科馬鬣今已平昔之弟死兄不葬他人於此舉銘旌一鳥死百鳥鳴一獸走百獸驚恒山之禽别離苦欲去迴翔不能征田氏倉卒骨肉分青天白日摧紫荆交柯之木本同形東枝顦顇西枝榮無心之物尚如此參商胡乃尋天兵孤竹延陵讓國揚名高風緬邈頹波激清尺布之謡塞耳不能聽

同前　　　　唐僧貫休

父不父兄不兄上留田蝥賊生徒陟崗淚崢嶸我欲使諸凡

烏雀盡變爲鸜鵒我欲使諸凡草木盡變爲田荆隣人歌隣人歌古風清清風生

新城安樂宮　梁簡文帝

古今樂録曰王僧虔技録有新城安樂宮行今不歌樂府解題曰新城安樂宮行備言雕飾刻斵之美也

遥看雲霧中刻桷映丹紅珠簾通晚日金華拂夜風欲知歌管處來過安樂宮

同前　梁陰鏗

新宮實壯哉雲裏望樓臺迢遞翔鵾仰聯翩賀燕來重寒露簷宿返景夏蓮開砌石披新錦花梁畫早梅欲知安樂盛歌管雜塵埃

同前　唐陳子良

春色照蘭宮秦女且𥦗中柳葉來眉上桃花落臉紅拂塵開扇匣卷帳却薰籠衫薄偏憎日裙輕更畏風

安樂宮　唐李賀

深（一作漆）井桐烏起尚復牽清水未盥邵陵王瓶中弄長翠新城安樂宮宮如鳳凰翅歌迴蠟板鳴大槍提壺使（一作左綰提壺伎）綠繁悲水曲茱萸別秋子

婦病行　古辭

婦病連年累歲傳呼丈人前一言當言未及得言不知淚下一何翩翩屬累君兩三孤子莫我兒飢且寒有過慎莫笪笞行當折搖思復念之亂曰抱時無衣襦復無裏閉門塞牖舍孤兒到市道逢親交泣坐不能起從乞求與孤買餌對交啼泣淚不可止我欲不傷悲不能已探懷中錢持授交入門見孤兒啼索其母抱徘徊空舍中行復爾耳弃置勿復道

同前　　陳江總

窈窕懷貞室風流挾琴婦唯將角枕卧自影啼妝久羞開翡翠帷嬾對蒲萄酒深悲在縑素託意忘箕箒夫壻府中趨誰能大垂手

孤兒行　　古辭

孤子生行一曰孤兒行古辭言孤兒爲兄嫂所苦難與久居也歌録曰孤子生行亦曰放歌行樂府解題曰鮑照放歌行云蓼蟲避葵堇言朝廷方盛君上好才何爲臨歧相將去也

孤兒生孤子遇生命獨當苦父母在時乘堅車駕駟馬父母已去兄嫂令我行賈南到九江東到齊與魯臘月來歸不敢自言苦頭多蟣虱面目多塵大兄言辦飯大嫂言視馬上高堂行取殿下堂孤兒淚下如雨使我朝行汲暮得水來歸手

爲錯足下無菲愴愴履霜中多蒺藜拔斷蒺藜腸月中愴欲悲淚下渫渫清涕纍纍冬無複襦夏無單衣居生不樂不如早去下從地下黃泉春氣動草萌芽三月蠶桑六月收瓜將是瓜車來到還家瓜車反覆助我者少啗瓜者多願還我蔕兄與嫂嚴獨且急歸當與校計亂曰里中一何譊譊願欲寄尺書將與地下父母兄嫂難與久居

放歌行　　傅玄

靈龜有枯甲神龍有腐鱗人無千歲壽存質空相因朝露尚移景促哉水上塵丘冢如履綦不識故與新高樹來悲風松栢垂威神曠野何蕭條顧望無生人但見狐狸迹虎豹自成羣孤雛攀樹鳴離鳥何繽紛愁子多哀心塞耳不忍聞長嘯淚雨下太息氣成雲

同前　　宋鮑照

蓼蟲避葵董習苦不言非一作排小人自齷齪安知曠上懷雞
鳴洛城裏禁門平旦開冠蓋縱橫至車騎四方來素帶曳長
飈華纓結遠埃日中安能止鐘鳴猶未歸夷世不可逢賢君
信愛才明慮自天斷不受外嫌猜一言分珪爵片善辭草萊
豈伊白璧賜將起黃金臺今君有何疾臨路獨遲回

同前　　唐王昌齡

南渡洛陽津西望十二樓明堂坐天子月朔朝諸侯清樂動
千門皇風被九州慶雲從東來泱漭抱日流昇平貴論道文
墨將何求有詔徵草澤微誠獻謀猷冠冕如星羅拜揖曹與
周望塵非吾事入賦且遲留幸蒙國士識因脫負薪裘今者
放歌行以慰梁甫愁但營數斗祿奉養母豐羞若得金膏遂
飛雲亦可儔

樂府詩集卷第三十八

樂府詩集卷第三十九

太原郭　茂倩　編次

相和歌辭

瑟調曲

大牆上蒿行　魏文帝

古今樂録曰王僧虔技録有大牆上蒿行今不歌

陽春無不長成草木羣類隨大風起零落若何翩翩中心獨立一何煢四時舍我驅馳今我隱約欲何爲人生居天壤間忽如飛鳥栖枯枝我今隱約欲何爲適君身體所服何不恣君口腹所嘗冬被貂鼲温暖夏當服綺羅輕凉行力自苦我將欲何爲不及君少壯之時乘堅車策肥馬良上有倉浪之天今我難得久來視下有蠕蠕之地今我難得久來履何不

恣意遨遊從君所喜帶我寶劒今爾何爲自低卬悲麗平壯觀白如積雪利若秋霜駮犀標首玉琢中央帝王所服辟除凶殃御左右奈何致福祥吳之辟閭越之步光楚之龍泉韓有墨陽苗山之鋌羊頭之鋼知名前代咸自謂麗且美曾不知君劒良綺難忘冠青雲之崔嵬纖羅爲纓飾以翠翰既美且輕表容儀俯仰垂光榮宋之章甫齊之高冠亦自謂美蓋何足觀排金鋪坐玉堂風塵不起天氣清涼奏栢瑟舞趙倡女娥長歌聲協宮商感心動耳蕩氣回腸酌桂酒鱠鯉魴與佳人期爲樂康前奉玉卮爲我行觴今日樂不可忘樂未央爲樂常苦遲歲月逝忽若飛何爲自苦使我心悲

野田黃雀行四解　魏曹植

古今樂録曰王僧虔技録有野田黃雀行今不歌樂府解題曰晉樂奏東阿王置酒高殿上始

言豐膳樂飲盛賓主之獻酬中言歡極而悲嗟盛時不再終言歸於知命而無憂也空侯引亦用此曲桉漢鼓吹鐃歌亦有黃雀行不知與此同否

置酒高殿上親交從我遊中厨辦豐膳烹羊宰肥牛秦筝何慷慨齊瑟和且柔一解陽阿奏奇舞京洛出名謳樂飲過三爵緩帶傾庶羞主稱千金壽賓奉萬年酬二解久要不可忘薄終義所尤謙謙君子德磬折欲何求盛時不再來百年忽我遒三解驚風飄白日光景馳西流生存華屋處零落歸山丘先民誰不死知命復何憂四解

右一曲晉樂所奏

置酒高殿上親交從我遊中厨辦豐膳烹羊宰肥牛秦筝何慷慨齊瑟和且柔陽阿奏奇舞京洛出名謳樂飲過三爵緩

帶傾庶羞主稱千金壽賓奉萬年酬久要不可忘薄終義所尤謙謙君子德磬折欲何求驚風飄白日光景馳西流盛時不可再百年忽我遒生存華屋處零落歸山丘先民誰不死知命亦何憂

右一曲本辭

同前

高樹多悲風海水揚其波利劒不在掌結友何須多不見籬閒雀見鷂自投羅羅家得雀喜少年見雀悲拔劒捎羅網黃雀得飛飛飛飛摩蒼天來下謝少年

同前　蕭轂

弱軀媿一作慙彩飾輕毛非錦文不知鴻鵠志非是鳳凰羣作風隨濁雨入曲應玄雲空城舊侶絕滄海故交分寧死明珠彈且避鷹將軍

同前　唐李白

遊莫逐炎洲翠棲莫近吳宮鷰吳宮火起焚爾窠炎洲逐翠遭網羅蕭條兩翅蓬蒿下縱有鷹鸇奈若何

同前　唐儲光羲

嘖嘖野田雀不知軀體微闕穿深蒿裏爭食復爭飛窮老一積舍棗多桑樹稀無棗猶可食無桑何以衣蕭條空倉暮相引時來歸邪路豈不棲諸田豈不肥水長路且壞惻惻與心違

同前　唐僧貫休

高樹風多吹爾巢落深蒿葉暖宜爾依薄莫近鷃類珠網亦惡飲野田之清水食野田之黃粟深花中睡埻土裏浴如此即全勝啄太倉之穀而更穿人屋

同前　唐僧齊巳

雙雙野田雀上下同飲啄暖去栖蓬蒿寒歸傍籬落殷勤避

羅網乍可遇鵰鶚鵰鶚雖不仁分明在寥廓

置酒高殿上　陳張正見

陳王開甲第粉壁麗椒塗高牕侍玉女飛閣敞金鋪名香散綺幕石墨彫金鑪清醪稱玉饋浮蟻擅蒼梧鄒嚴恒接武申白日相趨容與升階玉差池曳履珠千金一巧笑百萬兩鬟姝趙姬未鼓瑟齊客罷吹竽歌喧挑與李琴桃鳳將雛魏君慙舉白晉主媿投壺風雲更代序人事有榮枯長卿病消渴壁立還成都

同前　陳江揔

三清傳旨酒柏梁奉歡宴霜雲動玉葉凍水踈金箭羽籥響鐘石流泉灌金殿盛時不再得光景馳如電

鴈門太守行八解　古辭

古今樂録曰王僧虔技録云鴈門太守行歌古

洛陽令一篇後漢書曰王渙字稚子廣漢郪人也父順安定大守渙少好俠尚氣力晚改節敦儒學習書讀律略通大義後舉茂才除溫令討擊姦猾境內清夷商人露宿於道其有放牛者輒云以屬稚子終無侵犯在溫三年遷兖州刺史繩正風部威大行後坐考妖言不實論歲餘徵拜侍御史永元十五年還爲洛陽令政平訟理發擿姦伏京師稱歎以爲有神筭元興元年病卒百姓咨嗟男女老壯相與致奠醊以千數及喪西歸經弘農民庶皆設槃案於路吏問其故咸言平常持米到洛爲卒司所抄恒亡其半自王君在事不見侵枉故來報恩其政化懷物如此民思其德爲立祠安陽亭西每食輒弦歌

而薦之永嘉二年鄧太后詔嘉其節義而以子石爲郎中延熹中桓帝事黄老道悉毀諸旁祀唯存卓茂與渙祠焉樂府解題曰桉古歌詞歷述渙本末與傳合而曰鴈門太守行所未詳若梁簡文帝輕霜中夜下備言邊城征戰之思皇甫規鴈門之問蓋據題爲之也

孝和帝在時洛陽令王君本自益州廣漢蜀民少行官學通五經論解一明知法令歷世衣冠從温補洛陽令治行致賢擁護百姓子養萬民解二外行猛政内懷慈仁文武備具料民富貧移惡子姓篇著里端解三傷殺人比伍同罪對門禁鏊矛八尺捕輕薄少年加笞決罪詣馬市論解四無妄發賦念在理冤敕吏正獄不得苛煩財用錢三十買繩禮竿解五賢哉賢哉我縣王君臣吏衣冠奉事皇帝功曹主簿皆得其人解六臨部居

職不敢行恩青身苦體夙夜勞勤治有能名遠近所聞解七天年不遂早就奄昏爲君作祠安陽亭西欲令後世莫不稱傳解八

右一曲晉樂所奏

同前二首　梁簡文帝

輕霜中夜下黃葉遠辭枝寒苦春難覺邊城秋易知風急旍旗斷塗長鎧馬疲少解孫吳法家本幽并兒非關買鴈肉徒勞皇甫規

隴暮風恒急關寒霜自濃櫪馬夜方思邊衣秋未重潛師夜接戰略地曉摧鋒悲笳動明塞高旗出漢墉勤勞謝公業清白報迎逢非須主人賞寧期定遠封單于如未繫終夜慕前蹤

同前　梁褚翔

三月楊花合四月麥秋初幽州寒食罷鄭國採桑踈便聞鴈門戍結束事戎車去歲無霜雪今年月閏餘月如弦上弩星

類水中魚戎車攻日逐燕騎蕩康居大宛歸善馬小月送降書寄語閨中妾勿怨寒牀虛

同前　唐李賀

黑雲壓城城欲摧甲光向月（一作日）金鱗開角聲滿天秋色裏塞上燕支凝夜紫半卷紅旗臨易水霜重鼓寒聲不起（一作鼓聲寒不起）報君黃金臺上意提攜玉龍爲君死

同前　唐張祜

城頭月没霜如水趚趚踏沙人似鬼燈前拭淚試香裘長引一聲殘漏子駝囊瀉酒酒一杯前頭血心不回少妻莫哀魚金虎竹天上來鴈門山邊骨成灰

同前　唐莊南傑

旌旗閃閃摇天末長笛横吹虜塵闊跨下嘶風白練獰腰間切玉清蛇活擊革摐金燧牛尾犬羊兵敗如山死九泉寂寞

葬秋蟲濕雲荒草啼秋思

豔歌何嘗行四解　古辭

一曰飛鵠行古今樂録曰王僧虔技録云豔歌何嘗行歌文帝何嘗古白鵠二篇樂府解題曰古辭云飛來雙白鵠乃從西北來言雌病雄不能負之而去五里一反顧六里一徘徊雖遇新相知終傷生別離也又有古辭云何嘗快獨無憂不復爲後人所擬鵠一作鶴

飛來雙白鵠乃從西北來十十五五羅列成行一解妻卒被病行不能相隨五里一反顧六里一徘徊二解吾欲銜汝去口噤不能開吾欲負汝去毛羽何摧積三解樂哉新相知憂來生別離躇躊顧羣侶淚下不自知四解念與君離别氣結不能言各各重自愛遠道歸還難妾當守空房閉門下重關若生當相

見亡者會黃泉今日樂相樂延年萬歲期念與下為趨

同前五解　　魏文帝

何嘗快獨無憂但當飲醇酒炙肥牛一解長兄為二千石中兒被貂裘二解小弟雖無官爵鞍馬馺馺往來王侯長者遊三解但當在王侯殿上快獨摴蒲六博對坐彈棊四解男兒居世各當努力蹙迫日暮殊不久留五解少小相觸抵寒苦常相隨忿恚安足諍吾中道與卿共别離約身奉事君禮節不可虧上慙倉浪之天下顧黃口小兒奈何復老心皇皇獨悲誰能知少小下為趨曲前為豔

右二曲晉樂所奏

飛來雙白鵠　　宋吳邁遠

可憐雙白鵠雙雙絶塵氛連翩弄光景交頸遊青雲逢羅復逢繳雌雄一旦分哀聲流海曲孤叫去江濆豈不慕前侶為

爾不及羣步步一零淚千里猶待君樂哉新相知悲來生別離持此百年命共逐寸陰移譬如空山草零落心自知

飛來雙白鶴　陳後主

朔吹巳蕭瑟愁雲屢合開玄冬辛苦地白鶴從風催音響巳清切毛羽復殘摧飛未進　但爲失雙回儻逢　噲德當共銜珠來

同前　梁元帝

紫蓋學仙成能令吴市傾逐舞隨疎節聞琴應別聲集田遥赴影隔霧近相鳴時從洛浦渡飛向遼東城

同前

飛來雙白鶴奮翼遠凌煙雙棲集紫蓋一舉背青田颺影過伊洛流聲入管弦鳴羣倒景外刷羽閬風前映海疑浮雪拂澗瀉飛泉燕雀寧知去蜉蝣不識還何言別儔侶從此間山

川顧步已相失徘徊反自憐危心猶驚露哀響詎聞天無因

振六翮輕舉復隨仙

今日樂相樂　江總

綺殿文雅遒玳筵歡趣密鄭態逶迤舞齊弦窈窕瑟金罍送

縹觴玉井沈朱實願以北堂宴長奉南山日

豔歌行　古辭

古今樂録曰豔歌行非一有直云豔歌即豔歌行是也若羅敷何嘗雙鴻福鍾等行亦皆豔歌王僧虔技録云豔歌雙鴻行荀録所載雙鴻一篇豔歌福鍾行荀録所載福鍾一篇今皆不傳豔歌羅敷行日出東南隅篇荀録所載羅敷一篇相和中歌之今不歌樂府解題曰古辭云翩翩堂前燕冬藏夏來見言燕尚冬藏夏來兄弟

反流宕他縣主婦爲綻衣服其夫見而疑之也

翩翩堂前燕冬藏夏來見兄弟兩三人流宕在他縣故衣誰當補新衣誰當綻賴得賢主人覽取爲吾組夫壻從門來斜柯西北眄語卿且勿眄水清石自見石見何纍纍遠行不如歸

同前

南山石嵬嵬松柏何離離上枝拂青雲中心十數圍洛陽發中梁松樹竊自悲斧鋸截是松松樹東西摧特作四輪車載至洛陽宮觀者莫不歎問是何山材誰能刻鏤此公輸與魯班被之用丹漆薰用蘇合香本自南山松今爲宮殿梁

豔歌行有女篇　晉傅玄

有女懷芬芳媞媞步東廂蛾眉分翠羽明眸發清揚丹脣翳皓齒秀色若珪璋巧笑雲權靨衆媚不可詳令儀希世出無乃古毛嬙頭安金步搖（一作首戴金步搖）耳繫明月璫珠環約素腕

翠羽垂鮮光文袍綴藻黼玉體映羅裳容華既已豔志節擬秋霜微音冠青雲聲響流四方妙哉英媛德宜配侯與王靈應萬世合日月時相望媒氏陳束帛羔鴈鳴前堂百兩盈中路起若鸞鳳翔凡夫徒踴躍望絶殊參商

豔歌行　宋劉義恭

江南遊湘妃窈窕漢濱女淑問流古今蘭音媚鄭楚瑶顏映長川善服照通滸求思望襄澨歎息對衡渚中情未相感搖首增企予悲鴻失良匹俯仰戀儔侶徘徊忘寢食羽翼不能舉傾首佇春鸞爲我津辭語

同前二首　梁簡文帝

凌晨光景麗倡女鳳樓中前瞻削成小傍望卷旌空分妝間淺靨繞臉傳斜紅張琴未調軫飲吹不全終自知心所愛出入仕秦宫誰言連尹屈更是莫敖通輕軺綴皂蓋飛轡轢雲

驄金鞍隨繫尾銜璅映纓騣戈鏤荆山玉劍飾丹陽銅左把
蘇合彈傍持大屈弓控弦因鵲血挽彊用牛蝌弋獵多登隴
酣歌每入豐暉暉隱落日冉冉還房櫳燈生陽燧火塵散鯉
魚風流蘇時下帳象簟復韜筒霧暗牕前柳寒疎井上桐女
蘿託松際甘瓜蔓井東拳拳恃君寵歲暮望無窮
雲楣桂成戶飛棟杏爲梁斜窻通藥氣細隙引塵光裁衣魏
后尺汲水淮南牀青驪暮當返預使羅裾香

同前　　陳顧野王

燕姬妍趙女麗出入王宫公主第倚鳴瑟歌未央調弦八九
弄度曲兩三章唯欣春日永詎愁秋夜長歌未央倚鳴瑟輕
風飄落蘂　巢蘭室結羅帷翫朝日窻開翠幔卷妝罷金
星出爭攀四照花競戲三條術
夕臺行雨度朝梁照日輝東城採桑返南市數錢歸長歌挑

碧玉羅塵笑洛妃欲知歡未盡棲夜巳烏飛
齊倡趙女盡妖妍珠簾玉砌併神仙莫笑人來最落後能使
君恩得度前豈知洛渚羅塵步詎滅河天秋夕渡妖姿巧笑
能傾城鄣思他人不憎妬蓮花藻井推芰荷採菱妙曲勝陽阿

煌煌京洛行五解　魏文帝

古今樂錄曰王僧虔技錄云煌煌京洛行歌文帝園桃一篇樂府解題曰晉樂奏文帝夭夭園桃無子空長言虛美者多敗又有韓信高鳥盡良弓藏子房保身全名蘇秦傾側賣主陳軫忠而有謀楚懷不納鄒生古之雅人燕昭呂之吴起知小謀大及魯仲連高士不受千金等語若宋鮑照鳳樓十二重梁戴㬥高欲知佳麗地始則盛稱京洛之美終言君恩歇薄有怨曠沈淪之歎

夭夭園桃無子空長虛美難假偏輪不行解一淮陰五刑鳥得弓藏保身全名獨有子房大憤不收褒衣無帶多言寡誠祇令事敗解二蘇秦之說六國以亡傾側賣主車裂固當賢矣陳軫忠而有謀楚懷不從禍卒不救解三禍夫吳起智小謀大西河何健伏尸何劣解四嗟彼郭生古之雅人智矣燕昭可謂得臣峩峩仲連齊之高士北辭千金東蹈滄海解五

右一曲晉樂所奏

同前二首　宋鮑照

鳳樓十二重四戶八綺窻繡桷金蓮花桂柱玉盤龍珠簾無隔路羅幌不勝風寶帳三千所爲爾一朝容揚芬紫煙上垂綵綠雲中春吹回白日霜歌落塞鴻但懼秋塵起盛愛逐衰蓬坐視青苔滿臥對錦筵空琴瑟縱橫散舞衣不復縫古來兵歇薄君意豈獨濃唯見雙黃鵠千里一相從

南遊偃師縣斜上霸陵東迴瞻龍首堞遥望德陽宫重門遠照耀天閣復穹隆城旁疑復道樹裏識松風黄河入洛水丹泉繞射熊夜輪懸素魄朝天蕩碧空秋霜曉驅鴈春雨暗成虹曲陽造甲第高安還禁中劉蒼歸作相竇憲出臨戎此時車馬合玆晨冠蓋通誰知兩京盛歡宴遂無窮

同前　梁戴暠

欲知佳麗地爲君陳帝京由來稱俠窟爭利復爭名鑄銅門外馬刻石水中鯨黒龍過飲渭丹鳳俯臨城羣公邀郭解天子問黄瓊詔幸平陽第騎指伏波營五侯同拜爵七貴各垂纓衣風飄飄起車塵暗浪生舞見淮南法歌聞齊后聲揮金留客坐饌玉待鐘鳴獨有文園客偏嗟武騎輕

同前　張正見

千門儼西漢萬户擅東京凌雲霞上起鳷鵲月中生風塵暮

不息簫管夜恒鳴唯當賣藥處不入長安城

樂府詩集卷第三十九

樂府詩集卷第四十

太原郭　茂倩　編次

相和歌辭

瑟調曲

門有車馬客行　晉陸機

古今樂録曰王僧虔技録云門有車馬客行歌東阿王置酒一篇樂府解題曰曹植等門有車馬客行皆言問訊其客或得故舊鄉里或駕自京師備敘市朝遷謝親友彫喪之意也桉曹植又有門有萬里客亦與此同

門有車馬客駕言發故鄉念君久不歸濡跡涉江湘投袂赴門塗攬衣不及裳拊膺攜客泣掩淚敘温涼借問邦族間惻愴論存亡親友多零落舊齒皆凋喪市朝互遷易城闕或丘

荒墳壟日月多松柏鬱茫茫天道信崇替人生安得長慷慨
惟平生俛仰獨悲傷

同前　宋鮑照

門有車馬客問君何鄉士捷步往相訊果得（一作遇）舊隣里悽悽聲中情慊慊增下俚語昔有故悲論今無新喜清晨相訪慰日暮不能已歡戚競尋諸（一作敘）談調何終止辭端竟未究忽唱分塗始前悲尚未弭後戚方復起嘶聲盈我口談言在我耳手跡可傳心願爾篤行李

同前　陳張正見

飛觀霞光啓重門平旦開北闕高箱過東方連騎來紅塵揚翠轂赭汗染龍媒桃花夾逕聚流水傍池回捎鞭聊靜電接軫暫停雷非關萬里客自有六奇才琴和朝雉操酒泛夜光杯舞袖飄金谷歌聲遶鳳臺良時不可再騶馭鬱相催安知

太行道失路車輪摧

同前　隋何晏

門前車馬客言是故鄉來故鄉有書信縱橫印檢開開書看未極行客屢相識借問故鄉人潺湲淚不息上言離別久下道望應歸寸心將夜鵲相逐向南飛

同前　唐虞世南

財雄重交結戚里擅豪華曲臺臨上路高門抵狹斜赭汗千金馬繡轂五香車白鶴隨飛蓋朱路入鳴笳夏蓮開劒水春桃發露花輕裾染回雪浮蟻泛流霞高談辯飛兔摛藻握靈蛇逢恩借羽翼失路委泥沙曖曖風煙晚路長歸騎遠日衰青瑣第塵飛金谷苑危弦促柱奏巴渝遺簪墮珥解羅襦如何守直道翻使谷名愚

同前　唐李白

門有車馬客金鞍曜朱輪謂從丹（一作雲）霄落乃是故鄉親呼兒掃中堂坐客論悲辛對酒兩不飲停觴淚盈巾歎我萬里遊飄飄三十春空談霸王略紫綬不挂身雄劒藏玉匣陰符生素塵廓落無所合流離湘水濵借問宗黨閒多爲泉下人生苦百戰役死託萬鬼鄰北風揚胡沙埋翳周與秦大運且如此蒼穹寧匪仁惻愴亭何道存亡任大鈞

門有萬里客　　魏曹植

門有萬里客問君何鄉人褰裳起從之果得心所親挽裳對我泣太息前自陳本是朔方士今爲吳越民行行將復行去去適西秦

牆上難爲趨　　晉傅玄

古今樂錄曰王僧虔技錄云牆上難用趨行荀錄所載牆上一篇今不傳

門有車馬客驂服若騰飛華組結玉佩繁藻紛葳蕤馮軾垂長纓顧盼有餘輝貧主屣弊履整比藍縷衣客曰嘉病乎正色意無疑吐言若覆水搖舌不可追渭濱漁釣翁乃爲周所諮顏回處陋巷大聖稱庶幾苟富不知度千駟賤采薇季孫由儉顯管仲病三歸夫差耽淫侈終爲越所圍遺身外榮利然後享巍巍遂者一何衆孔難知德希甚美致憔悴不如豚豕肥陽朱泣路歧失道令人悲子貢欲自矜原憲知其非屈伸各異勢窮達不同資夫唯體中庸先天天不違

同前　周王褒

昔稱梁孟子兼聞魯孔丘訪政聊爲述問陳豈相詶末代多僥倖卿相盡經由臺郎百金價台司千萬求當朝少直筆趨代皆曲鈎廷尉十年不得調將軍百戰未封侯夜伏擁門作常伯自有蒲萄得涼州白璧求善價明珠難暗投高牆不可

踐井水自難浮風胡有年歲銛利比吳鈎

日重光行　陸機

古今樂録曰王僧虔技録有日重光行今不傳崔豹古今注曰日重光月重輪羣臣爲漢明帝作也明帝爲太子樂人作歌詩四章以贊太子之德一曰日重光二曰月重輪三曰星重輝四曰海重潤漢末喪亂後二章亡舊說云天子之德光明如日規輪如月衆輝如星霑潤如海太子比德故云重也

日重光奈何天回薄日重光冉冉其遊如飛征日重光今我日華華之盛日重光倏忽過亦安停日重光盛往衰亦必來日重光譬如四時固恒相催日重光惟命有分可營日重光但（一作常）惆悵才志日重光身没之後無遺名

月重輪行　魏文帝

三辰垂光，照臨四海。煥哉何煌煌，悠悠與天地久長。愚見目前，聖覩萬年。明闇相絕，何可勝言。

同前　魏明帝

天地無窮，人命有終。立功揚名，行之在躬。聖賢度量，得爲道中。

同前　陸機

人生一時，月重輪。盛年焉可恃（一作持）。月重輪，吉凶倚伏，百年莫我與期。臨川曷悲，悼兹去不從。肩月重輪，功名不勗之善哉。古人揚聲，敷聞九服，身名流何穆。既自才難，既嘉運亦易愆。俛仰行老，存没將何觀。志士慷慨獨長歎，獨長歎。

同前　梁戴暠

皇基屬明兩，副德表重輪。重輪非是暈，桂滿自恒春。海珠含更滅，階蓂翳且新。婕妤比團扇，曹王譬洛神。浮川疑讓璧，入

户類燒銀從來看顧兔不曾閶鬭麟北堂豈盈手西園偏照人

蜀道難二首　梁簡文帝

古今樂録曰王僧虔技録有蜀道難行今不歌樂府解題曰蜀道難備言銅梁玉壘之阻與蜀國絃頗同尚書談録曰李白作蜀道難以罪嚴武後陸暢謁韋南康皐於蜀郡感韋之遇遂反其詞作蜀道易云蜀道易易於履平地桉銅梁玉壘在蜀郡西南今永康是也非入蜀道失之遠矣

建平督郵道魚後永安宮若奏巴渝曲時當君思中

巫山七百里巴水三回曲笛聲下復高猿啼斷還續

同前二首　梁劉孝威

玉壘高無極銅梁不可攀雙流逆巇巇一作巇道九坂澀陽關鄧

俟東馬去王生歛轡還懼身充叱馭奉玉若猶慳嵎山金碧有光輝遷停車馬正輕肥彌思王襃擁節去復憶相如乘傳歸君平子雲寂不嗣江漢英靈已信稀

同前　陳陰鏗

王尊奉漢朝靈關不憚遥高岷長有雪陰棧屢經燒輪摧九折路騎阻七星橋蜀道難如此功名詎可要

同前　唐張琮

梁山鎮地險積石阻雲端深谷下寥廓層巖上鬱盤飛梁駕絶嶺棧道接危巒攬轡獨長息方知斯路難

同前　李白

噫吁嚱危乎高哉蜀道之難難於上青天蠶叢及魚鳧開國何茫然爾來四萬八千歲乃（一作不）與秦塞通人煙西當太白有鳥道可以橫絶峨眉巔地崩山摧壯士死然後天梯石棧

方一作相鉤連上有六龍迴日之高標一作橫河斷海之浮雲下有衝波逆折之迴川黃鶴之飛尚不得一作過猨猱欲度愁攀緣青泥何盤盤百步九折縈巖巒捫參歷井仰脅息以手撫膺坐長歎問君西遊何時還畏途巉巖不可攀但見悲鳥號枯一作古木雄飛呼雌一作雌從遶林間又聞子規啼夜月愁空山蜀道之難難於上青天使人聽此凋朱顏連峯去天不盈尺一作入煙幾千尺枯松倒挂倚絶壁飛湍瀑流爭喧豗砯崖轉石萬壑雷其嶮也若此嗟爾遠道之人胡爲乎來哉劒閣崢嶸而崔嵬一夫當關萬夫莫開所守或匪親一作人化爲狼與豺朝避猛虎夕避長蛇磨牙吮血殺人如麻錦城雖云樂不如早還家蜀道之難難於上青天側身西望長咨嗟一作令人嗟

櫂歌行五解　　魏明帝

古今樂録曰王僧虔技録云櫂歌行歌明帝王

者布大化一篇或云左延年作今不歌梁簡文帝在東宫更製歌少異此也樂府解題曰晉樂奏魏明帝辭云王者布大化備言平吳之勳若晉陸機遲遲春欲暮梁簡文帝妾住在湘川但言乘舟鼓櫂而已

王者布大化配乾稽后祇陽育則陰殺晷景應度移一解文德以時振武功伐不隨重華舞干戚有苗服從嬀二解蠢爾吳蜀虜憑江棲山阻哀哉王士民瞻仰靡依怙三解皇上悼愍斯宿昔奮天怒發我許昌宫列舟于長浦四解翌日乘波揚棹歌悲且涼大常拂白日旗幟紛設張五解將抗旄與鉞曜威於彼方伐罪以弔民清我東南疆將抗下爲趨

右一曲晉樂所奏

同前　陸機

遲遲暮春日天氣柔且嘉元吉隆初巳濯穢遊黄河龍舟浮鷁首羽旗垂藻葩乘風宣飛景逍遥戲中波名謳激清唱榜人縱櫂歌投綸沉洪川飛繳入紫霞

同前　宋孔甯子

君子樂和節品物待陽時上祖降繁祉元巳命水嬉倉武戒橋梁旄人樹羽旗高檣抗飛帆羽蓋翳華枝佽飛激逸響娟娥吐清辭泝洄緬無分欣流愴有思仰瞻翳雲繳俯引沈泉絲委羽漫通渚鮮潡中塡坻鷁鳥厥江使揚波駭馮夷夕影雖巳西闕二字終無期

同前　宋吳邁遠

十三爲漢使孤劒出皐蘭西南窮天險東北畢地關岷山高以峻燕水清且寒一去千里孤邊馬何時還遥望煙嶂外障氣鬱雲端始知身死處平生從此殘

同前　鮑照

羈客離嬰時飄颻無定所昔秋寓江介兹（一作今）春客河滸往戢于役身願令懷水楚泠泠鯈蹤潭邕邕鴈循渚飂戾長風振遥曳（一作飄遥）高帆舉驚波無留連舟人不躊跱

同前　梁簡文帝

妾家住湘川菱歌本自便風生解刺浪水深能捉船葉亂由牽荇絲飄爲折蓮濺妝疑薄汗霑衣似故湔浣沙流暫濁汰錦色還鮮叅同趙飛燕借問李延年從來入絃管誰在櫂歌前

同前　梁劉孝綽

日暮楚江上江深風復生所思竟何在相望徒盈盈舟子行催櫂無所喝流聲

同前　梁阮研

芙蓉始出水綠荇葉初鮮且停白雪和共奏激楚絃平生此

遭遇一日當千年

同前　梁王籍

揚舲橫大江乘流任蕩蕩輕橈莫不息復逐夜潮上時見湘水仙恒聞解佩響

同前　蕭岑

桂酒既潺湲輕舟亦乘駕鼓枻何吟吟吟我皇唐化容與滄浪中淹留明月夜

同前　北齊魏收

雪溜添春浦花水足新流桃發武陵岸柳拂武昌樓

同前　隋盧思道

秋江見底清越女復傾城方舟共採摘最得可憐名落花流寶珥微吹動香纓帶垂連理濕櫂舉木蘭輕順風（一作避人）傳細語因波寄遠情誰能結錦纜薄暮隱長汀

棹歌行　　唐駱賓王

寫月圖黃罷凌波拾翠通鏡花摇芰日衣麝入荷風葉密舟難蕩蓮踈浦易空鳳媒羞自託鴛翼恨難窮秋帳燈花翠倡樓粉色紅相思無别曲併在棹歌中

同前　　唐徐堅

棹女飾銀鉤新妝下翠樓霜絲青桂檝蘭栧紫霞舟水落金陵曙風起洞庭秋扣船過曲浦飛帆越回流影入桃花浪香飄杜若洲洲長殊未返蕭散雲霞晚日下大江平煙生歸岸遠岸遠聞潮波爭途遊戲多因聲趙津女來聽採菱歌

蒲坂行　　齊陸厥

古今樂録曰王僧虔技録有蒲坂行今不歌通典曰河東唐虞所都蒲坂也漢爲蒲坂縣春秋時秦晉戰於河曲即其地也

江南風巳春河開柳巳把鴈返無南書寸心何由寫流泊郁
連山飄飄高闕下

同前　梁劉遵

漢使出蒲坂去去往交河開諜敢虧對驂馬脫鳴珂作作渡
瀘怨何辭上隴歌

白楊行　傅玄

古今樂録曰王僧虔技録有白楊行今不歌

青雲固非青當雲柰白雲驥從西北馳來吾何憶驥來對我
悲鳴舉頭氣凌青雲當柰此驥正龍形踠足蹉跎長坂下蹇
驢慊慊敢與我爭馳躑躅鹽車之中流汗兩耳盡下垂雖懷
千里之逸志當時一得施白雲影影舍我高翔青雲徘徊戢
我愁啼上眄增崖下臨清池日欲西移旣來歸君君不一顧
仰天太息當用生爲青乎雲飛躊悲當柰何邪青雲飛乎

胡無人行　梁徐摛

古今樂録曰王僧虔技録有胡無人行今不歌

刻楹登魯殿擁絮拭胡妝猶將漢閨曲誰忍奏氈房遥憶甘泉夜闇淚斷人腸

同前　梁吴均

劒頭利如芒恒持照眼光鐵騎追驍虜金羈討黠羌高秋八九月胡地草風霜男兒不惜死破膽與君嘗

同前　唐徐彦伯

十月繁霜下征人遠鑿空雲摇錦更節海照角端弓暗磧埋砂樹衝飇卷塞蓬方隨膜拜入歌舞玉門中

同前　唐聶夷中

男兒徇大義立節不沽名腰間懸陸離大歌胡無行不讀戰國書不覽黃石經醉卧咸陽樓夢入受降城更願生羽儀飛

身入青冥請攜天子劍斫下旄頭星自然胡無人雖有無戰爭悠哉典屬國驅羊老一生

同前　李白

嚴風吹霜海草凋筋幹精堅胡馬驕漢家戰士三十萬將軍兼領（一作誰者）霍嫖姚流星白羽腰間插劍花秋蓮光出匣天兵照雪下玉關虜箭如沙射金甲雲龍風虎盡交迴太白入月敵可摧敵可摧旄頭滅履胡之腸涉胡血懸胡青天上埋胡紫塞旁胡無人漢道昌陛下之壽三千霜但歌大風雲飛揚安得猛士兮守四方胡無人漢道昌（一本無此六字）

同前　唐僧貫休

霍嫖姚趙充國天子將之平朔漠肉胡之肉燼胡帳幄千里萬里唯留胡之空殼邊風蕭蕭榆葉初落殺氣晝赤枯骨夜哭將軍既立殊勳遂有胡無人曲我聞之天子富有四海德被

無垠但令一物得所八表來賓亦何必令彼胡無人

樂府詩集卷第四十

樂府詩集卷第四十一

太原郭　茂倩　編次

相和歌辭

楚調曲

古今樂録曰王僧虔技録楚調曲有白頭吟行泰山吟行梁甫吟行東武琵琶吟行怨詩行其器有笙笛弄節琴箏琵琶瑟七種張永録云未歌之前有一部弦又在弄後又有但曲七曲廣陵散黄老彈飛引大胡笳鳴小胡笳鳴鵾雞游弦流楚窈窕並琴箏笙筑之曲王録所無也其廣陵散一曲今不傳

白頭吟二首五解　古辭

古今樂録曰王僧虔技録曰白頭吟行歌古皚

如山上雪篇西京雜記曰司馬相如將聘茂陵人女爲妾卓文君作白頭吟以自絶相如乃止樂府解題曰古辭云皚如山上雪皎若雲間月又云願得一心人白頭不相離始言良人有兩意故來與之相決絶次言別於溝水之上敘其本情終言男兒重意氣何用於錢刀若宋鮑照直如朱絲繩陳張正見平生懷直道唐虞世南氣如幽徑蘭皆自傷清直芬馥而遭鑠金玷玉之謗君恩以薄與古文近焉一說云白頭吟疾人相知以新間舊不能至於白首故以爲名唐元稹又有決絶詞亦出於此

皚如山上雪皎若雲間月聞君有兩意故來相決絶 解一 平生共城中何嘗斗酒會今日斗酒會明旦溝水頭蹀躞御溝上

溝水東西流解二郭東亦有樵郭西亦有樵兩樵相推與無親

爲誰驕解三淒淒重淒淒嫁娶亦不啼願得一心人白頭不相

離解四竹竿何嫋嫋魚尾何離簁男兒欲相知何用錢刀爲齕

如如字下或有五字馬噉其川上高士嬉今日相對樂延年萬歲期解五

右一曲晉樂所奏

皚如山上雪皎若雲間月聞君有兩意故來相決絕今日斗

酒會明旦溝水頭躞蹀御溝上溝水東西流淒淒復淒淒嫁

娶不須啼願得一心人白頭不相離竹竿何嫋嫋魚尾何簁

簁男兒重意氣何用錢刀爲

右一曲本辭

白頭吟　　宋鮑照

直如朱絲繩清如玉壺冰何慙宿昔意猜恨坐相仍人情賤

恩舊世路逐衰興毫髮一爲瑕丘山不可勝食苗實碩鼠點

白信蒼蠅皃鵲遠成美薪蒭前見凌申黜褻女進班去趙姬升周王日淪惑漢帝益嗟稱心賞固難恃貌恭豈易憑古來共如此非君獨撫膺

同前　陳張正見

平生懷直道桂松比眞風語黙妍蚩際沈浮毀譽中讒新恩易盡情去寵難終彈珠金市側抵玉春山東含香老顏駟執戟異揚雄惆悵崔亭伯幽憂馮敬通王嬙沒故塞班女棄深宮春苔封履跡秋葉奪妝紅顏如花落槿鬢似雪飄蓬此時積（一作聊）長歎傷年誰復同

同前　唐劉希夷

洛陽城東桃李花飛來飛去落誰家洛陽女兒惜顏色行逢落花長歎息今年花落顏色改明年花開復誰在巳見松柏摧爲薪更聞桑田變成海古人無復洛城東今人還對落花

風年年歲歲花相似歲歲年年人不同寄言全盛紅顏子須憐半死白頭翁此翁白頭眞可憐伊昔紅顏美少年公子王孫芳樹下清歌妙舞落花前光祿池臺文錦繡將軍樓閣畫神仙一朝卧病無人識三春行樂在誰邊宛轉蛾眉能幾時須臾白髮亂如絲但看舊來歌舞地唯有黃昏鳥雀悲

同前二首　唐李白

錦水東北流波蕩雙鴛鴦雄巢漢宮樹雌弄秦草芳寧同萬死碎綺翼不忍雲間兩分張此時阿嬌正嬌妬獨坐長門愁日暮但願君恩顧妾深豈惜黃金將買賦（一作買詞賦）相如作賦得黃金丈夫好新多異心一朝將娉茂陵女文君因贈（一作賦）白頭吟東流不作西歸水落花辭條歸故林兎絲固無情隨風任顛倒誰使女蘿枝而來彊縈抱兩草猶一心人心不如草莫卷龍鬚席從他生網絲且留琥珀枕或有夢來時覆水

再收豈滿杯棄妾已去難重回古時得意不相負祇今唯見
青陵臺

錦水東流碧波蕩雙鴛鴦雄巢漢宮樹雌弄秦草芳相如去
蜀謁武帝赤車駟馬生輝光一朝再覽大人作萬乘忽欲凌
雲翔聞道阿嬌失恩寵千金買賦要君王相如不憶貧賤日
官高金多聘私室茂陵姝子皆見求文君歡愛從此畢淚如
雙泉水行墮紫羅襟五起雞三唱清晨白頭吟長吁不整緑
雲鬢仰訴青天哀怨深城崩杞梁妻誰道土無心東流不作
西歸水落花辭枝著故林頭上玉鷰釵是妾嫁時物贈君表
相思羅袖幸時拂莫卷龍鬚席從他生網絲且留琥珀枕還
有夢來時鷫鸘裘在錦屏上自君一挂無由披妾有秦樓鏡
照心勝照井願持照新人雙對可憐影覆水却收不滿杯相
如還謝文君回古來得意不相負祇今唯有青陵臺

同前　　唐張籍

請君膝上琴彈我白頭吟憶昔君前嬌笑語兩情宛轉如縈素宮中爲我起高樓更開華池種芳樹春天百草秋始衰棄我不待白頭時羅襦玉珥色未暗今朝已道不相宜揚州青銅作明鏡暗中持照不見影人心回互自無窮眼前好惡那能定君恩巳去若再返菖蒲花生月長滿

反白頭吟　　唐白居易

鮑照作白頭吟白居易反其致爲反白頭吟

炎炎者烈火營營者小蠅火不熱眞玉蠅不點清冰此苟無所受彼莫能相仍乃知物性中各有能不能古稱怨報死則人有所懲懲淫或應可在道未爲弘譬如蜩鷃徒啾啾啅龍鵬宜當委之去寥廓高飛騰豈能泥塵下區區酬怨憎胡爲坐自苦吞悲仍撫膺

決絕詞三首　唐元稹

乍可爲天上牽牛織女星不願爲庭前紅槿枝七月七日一相見故心終不移那能朝開暮飛去一任東西南北吹分不兩相守恨不兩相思對面且如此背面當何知春風撩亂伯勞語此時抛去時握手苦相問竟不言後期君情既決絕妾意已參差借如死生別安得長苦悲

噫春冰之將泮何余懷之獨結有美一人於焉曠絕一日不見比一日於三年況三年之曠别水得風兮小而已波筍在苞兮高不見節矧桃李之當春競衆人之攀折我自顧悠悠而若雲又安能保君皓皓之如雪感破鏡之分明覩淚痕之餘血幸他人之既不我先又安能使他人之終不我奪已焉哉織女别黄姑一年一度暫相見彼此隔河何事無

夜夜相抱眠幽懷尚沈結那堪一年事長遣一宵說但感久

相思何暇暫相悦虹橋薄夜成龍駕侵晨列生僧野鵲往遲
回死恨天雞識時節曙色漸曈曨華星次明滅一去又一年
一年何時可一作徹有此迢遞期不如生死别天公隔是妬相
憐何不便敎相決絶

泰山吟　晉陸機

古今樂録曰王僧虔技録有泰山吟行今不歌
樂府解題曰泰山吟言人死精䰟歸於泰山亦
薤露蒿里之類也

泰山一何高迢迢造天庭峻極周已遠曾雲鬱冥冥梁甫亦
有館蒿里亦有亭幽塗延萬鬼神房集百靈長吟太山側慷
慨激楚聲

同前　宋謝靈運

岱宗秀維岳崔崒刺雲天岞崿既崄巇觸石輒千眠登封瘗

崇壇降禪藏肅然石閭何晻藹明堂祕靈篇

梁甫吟　蜀諸葛亮

古今樂録曰王僧虔技録有梁甫吟行今不歌謝希逸琴論曰諸葛亮作梁甫吟陳武別傳曰武常騎驢牧羊諸家牧竪十數人或有知歌謠者武遂學太山梁甫吟幽州馬客吟及行路難之屬蜀志曰諸葛亮好爲梁甫吟然則不起於亮矣李勉琴說曰梁甫吟曾子撰琴操曰曾子耕太山之下天雨雪凍旬月不得歸思其父母作梁山歌蔡邕琴頌曰梁甫悲吟周公越裳按梁甫山名在泰山下梁甫吟葢言人死葬此山亦葬歌也又有太山梁甫吟與此頗同

步出齊城門遙望蕩陰里里中有三墓纍纍正相似問是誰

家墓田疆古冶子力能排南山文能絕地紀一朝被讒言二
桃殺三士誰能爲此謀國相齊晏子

同前　　陸機

玉衡既（一作固）巳驂羲和若飛凌四運尋環轉寒暑自相徵冉
冉年時暮迢迢天路徵招搖東北指大火西南升悲風無絕
響玄雲互相仍豐水憑川結霜露彌天凝年命時相逝慶雲
鮮克乘履信多愆期思順焉足憑慷慨（一作慷慨）臨川響非此孰
爲興哀吟梁甫巔慷慨獨撫膺

同前　　梁沈約

龍駕有馳策日御不停陰星箭亟迴變氣化坐盈侵寒光稍
眇眇秋塞日沉沉高窻灰餘火傾河駕騰參飈風折暮草驚
竿雲層林時雲靄空遠淵水結清深奔樞豈易紐珠庭不可
臨懷仁每多意履順孰能禁露清一唯促緩志且移心京歌

步梁甫歎絕有遺音

同前　陳陸瓊

臨淄佳麗地年少習名倡似笑脣朱動非愁眉翠揚掩抑隨竿轉和柔會瑟張輕扇屢迴指飛塵亟繞梁寄言諸葛相此曲作難忘

同前　唐李白

長嘯梁甫吟何時見陽春君不見朝歌屠叟辭棘津八十西來釣渭濱寧羞白髮照淥水逢時吐一作壯氣思經綸廣張三千六百釣風雅暗與文王親大賢虎變愚不測當年頗似尋常人君不見高陽酒徒起草中長揖山東隆準公入門不拜一作開說騁雄辯兩女輟洗來趨風東下齊城七十二指麾楚漢如旋蓬狂生落拓尚如此何況壯士當羣雄我欲攀龍見明主雷公砰訇震天鼓帝旁投壺多玉女三時大笑開電光倏

爍晦冥起風雨闔閭九門不可通以額叩關閽者怒白日不照吾精誠杞國無事憂天傾猰貐磨牙競人肉騶虞不折生草莖手接飛猱搏彫虎側足焦原未言苦智者可卷愚者豪世人見我輕鴻毛力排南山三壯士齊相殺之費二桃吳楚弄兵無劇孟亞夫咍爾爲徒勞梁甫吟梁甫吟聲正悲張公兩龍劒神物合有時風雲感會起屠釣大人峴屼當安之

泰山梁甫行　魏曹植

樂府解題曰曹植改泰山梁甫爲八方

八方各異氣千里殊風雨劇哉邊海民寄身於草墅妻子象禽獸行止依林阻柴門何蕭條狐兔翔我宇

東武吟行　陸機

古今樂録曰王僧虔技録有東武吟行今不歌

樂府解題曰鮑照云主人且勿喧沈約云天德

深且曠傷時移事異榮華徂謝也左思齊都賦注云東武太山皆齊之土風弦歌謳吟之曲名也通典曰漢有東武郡今高密諸城縣是也

投跡短世間高步長生闈濯髮冒雲冠洗身被羽衣飢從韓衆餐寒就佚女棲

同前　鮑照

主人且勿諠賤子歌一言僕本寒鄉士出身蒙漢恩始隨一作逢張校尉召募到河源後逐李輕車追虜出塞垣密途亘萬里寧歲猶七奔肌力盡鞍甲心思歷涼溫將軍既下世部曲亦罕存時事一朝異孤績誰復論少壯辭家去窮老還入門腰鐮刈葵藿倚杖牧雞豚昔如鞲上鷹今似檻中猿徒結千載恨空負百年怨棄席思君幄疲馬戀君軒願垂晉主惠不愧田子魂

同前　沈約

天德深且曠，人世賤而浮。東枝裁拂景，西壑已停輈。逝辭金門寵，去歆玉池流。霄轡一永矣，俗累從此休。

東武吟　李白

好古笑流俗，素聞賢達風。方希佐明主，長揖辭成功。白日在高天，回光燭微躬。恭承鳳皇詔，欻起雲蘿中。清切紫霄迥，優游丹禁通。君王賜顏色，聲價凌煙虹。乘輿擁翠蓋，扈從金城東。寶馬麗絕景，錦衣入新豐。倚巖望松雪，對酒鳴絲桐。因學揚子雲，獻賦甘泉宮。天書美片善，清芬播無窮。歸來入咸陽，談笑皆王公。一朝去金馬，飄落成飛蓬。賓友日疏散，玉樽亦已空。才力猶可倚（一作恃），不慚世上雄。閑作東武吟，曲盡情未終。書此謝知己，吾尋黃綺翁（一作扁舟尋釣翁）。

怨詩行　古辭

古今樂録曰怨詩行歌東阿王明月照高樓一篇王僧虔技録曰荀録所載古爲君一篇今不傳琴操曰卞和得玉樸以獻楚懷王王使樂正子治之曰非玉刖其右足平王立復獻之又以爲欺刖其左足平王死子立復獻之乃抱玉而哭繼之以血荆山爲之崩王使剖之果有寶乃封和爲陵陽侯辭不受而作怨歌焉班婕好怨詩行序曰漢成帝班婕好失寵求供養太后於長信宫乃作怨詩以自傷託辭於紈扇云樂府解題曰古詞云爲君既不易爲臣良獨難言周公推心輔政二叔流言致有雷雨拔木之變梁簡文十五頌有餘自言姝豔以讒見毁又曰持此傾城貌翻爲不肖軀與古文意同而體異

若傳休弈怨歌行云昭昭朝時日皎皎最明月盍傷十五入君門一別終華髮不及偕老猶望死而同穴也

天德悠且長人命一何促百年未幾時奄若風吹燭嘉賓難再遇人命不可續齊度遊四方各繫太山録人間樂未央忽然歸東嶽當須盪中情遊心恣所欲

同前二首七解　曹植

明月照高樓流光正徘徊上有愁思婦悲歎有餘哀一解借問歎者誰自云客子妻夫行踰十載賤妾常獨棲二解念君過於渴思君劇於飢君爲高山柏妾爲濁水泥三解北風行蕭蕭烈烈入吾耳心中念故人淚墮不能止四解沈浮各異路會合當何諧願作東北風吹我入君懷五解君懷常不開賤妾當何依恩情中道絶流止任東西六解我欲竟此曲此曲悲且長今日

樂相樂別後莫相忘 解七

右一曲晉樂所奏

明月照高樓流光正徘徊上有愁思婦悲歎有餘哀借問歎者誰言是客子妻君行踰十年孤妾常獨棲君若清路塵妾若濁水泥浮沈各異勢會合何時諧願爲西南風長逝入君懷君懷時不開妾心當何依

右一曲本辭

同前　東晉梅陶

庭植不材柳花育能鳴鶴鼓枝遊畦畞棲釣一丘壑最恍朝轂榮夕乘南音客晝立薄遊景暮宿漢　梟庇身蔭王猷罷蹇反幻迹

同前　宋僧孝休

明月照高樓含君千里光巷中情思滿斷絕孤妾腸悲風盪

帷帳瑶翠坐自傷妾心依天末思與浮雲長嘯歌視秋草幽葉豈再揚暮蘭不待歲離華能幾芳願作張女引流悲繞君堂君堂嚴且祕絕調徒飛揚

怨詩　　魏阮瑀

民生受天命漂若河中塵雖稱百齡壽孰能應此身猶獲嬰凶禍流落（一作流離）恒苦辛

同前　　陶潛

天道幽且遠鬼神茫昧然結髮念善事僶俛五十（一作六九）年弱冠逢世阻始室喪其偏炎火屢焚如螟蜮恣中田風雨縱横至收斂不盈廛夏日長抱飢寒夜無被眠造夕思雞鳴及晨願烏遷在己亦何怨（一作何怨天）離憂悽目前吁嗟身後名於我若浮煙慷慨激（一作獨）悲歌鍾期信爲賢

同前　　梁簡文帝

秋風與白團本自不相安新人及故愛意氣豈能寬黃金肘
後鈴白玉桉前盤誰堪空對此還成無歲寒

同前　　梁劉孝威

退寵辭金屋見譴斥甘泉枕席秋風起房櫳明月懸燭避窓
中影香迴爐上煙丹庭斜草逕素壁點苔錢歌起蒲生曲樂
奏下山弦新聲昔廣宴餘杯今自傳王嬙向絕漠宗女入祁
連鴈書猶未返角馬無歸年昭臺省滕御曾坂無棄捐後薪
隨復積前魚誰復憐

同前　　張正見

新豐妖冶地遊俠競嬌奢池臺間羅綺桃李雜煙霞葢影分
連騎衣香合竝車艷粉驚飛蝶紅妝映落花舞衫飄冶袖歌
扇掩團紗玉床珠帳卷金樓鏡月斜還疑蕭史鳳不及季倫家

同前二首　　陳江揔

採桑歸路　河流深憶昔相期柏樹林柰許新縑傷妾意無由故劒動君心

新梅嫩柳未障羞情去思移那可留團扇篋中言不分纖腰掌上詎勝愁

樂府詩集卷第四十一

樂府詩集卷第四十二　　太原郭　茂倩　編次

相和歌辭

楚調曲

怨詩二首　　唐薛奇童

日晚梧桐落微寒入禁垣月懸三雀觀霜度萬秋門豔舞矜

新寵愁容泣舊恩不堪深殿裏簾外欲黃昏

禁苑春風起流鶯遶合懽玉窻通日氣珠箔卷輕寒楊葉垂

金砌藜花入井欄君王好長袖新作舞衣寬

同前　　唐張汯

去年離别鴈初歸今夜裁縫螢已飛征客去來音信斷不知

何處寄寒衣

同前　　唐劉元濟

玉關芳信斷蘭閨錦字新愁來好自抑念切已含嚬虛牖風驚夢空牀月猒人歸期儻可促勿度柳園春

同前三首　唐李暇

羅敷初總髻蕙芳正嬌小月落始歸船春眠恒著曉

何處期郎遊小苑花臺間相憶不可見且復乘月還

別前花照路別後露垂葉歌舞須及時如何坐悲妾

同前二首　唐崔國輔

樓前桃李疎池上芙蓉落織錦猶未成蟲聲入羅幕

妾有羅衣裳秦王在時作爲舞春風多秋來不堪著

同前　唐孟郊

試妾與君淚兩處滴池水看取芙蓉花今年爲誰死

同前　唐劉义

君莫嫌醜婦醜婦死守貞山頭一怪石長作望夫名鳥有竝

翼飛獸有比肩行丈夫不立義豈如鳥獸情

同前　唐鮑溶

女蘿寄松柏綠蔓花綿綿三五定君婚結髮早移天肅肅羊鴈禮泠泠琴瑟篇恭承采蘩祀敢效同居賢皎日不留景良時如逝川秋心還遺愛春貌無歸妍翠袖洗朱粉碧階封綺錢新人易如玉廢瑟難爲弦寄羨蕣華木榮君香閤前豈無搖落苦貴與根蔕連希君舊光景照妾薄暮年

同前　唐白居易

奪寵心那慣尋思倚殿門不知移舊愛何處作新恩

同前二首　唐姚氏月華

春水悠悠春草綠對此思君淚相續羞將離恨向東風理盡秦箏不成曲

與君形影分胡越玉枕終年對離別登臺北望煙雨深回身

泣向寥天月

怨歌行　漢班婕妤

新裂齊紈素鮮潔如霜雪裁爲合歡扇團團似明月出入君懷袖動搖微風發常恐秋節至涼飈奪炎熱棄捐篋笥中恩情中道絶

同前　魏曹植

爲君既不易爲臣良獨難忠信事不顯乃有見疑患周公佐成王金縢功不刊推心輔王室二叔反流言待罪居東國泣涕當留連皇靈大動變震雷風且寒拔樹偃秋稼天威不可干素服開金縢感悟求其端公旦事既顯成王乃哀歎吾欲竟此曲此曲悲且長今日樂相樂別後莫相忘

右一曲晉樂所奏

怨歌行朝時篇　晉傅玄

昭昭朝時日皎皎最明月十五入君門一別終華髮同心忽異離曠如胡與越胡越有會時參辰遼且闊形影無髣髴音聲寂無達纖弦感促柱觸之哀聲發情思如循環憂來不可過塗山有餘恨詩人詠采葛蜻蛚吟床下回風起幽閨春榮隨路落芙蓉生木末自傷命不遇良辰永乖別已爾可柰何譬如紈素裂孤雌翔故巢星流光景絕魂神馳萬里甘心要同穴

怨歌行　梁簡文帝

十五頗有餘日照杏梁初蛾眉本多嫉掩鼻特成虛持此傾城皃翻爲不肖軀秋風吹海水寒霜依玉除月光臨戶駛荷花依浪舒望簷悲雙翼窺沼泣王餘苔生履處沒草合行人疎裂紈傷不盡歸骨恨難袪早知長信別不避後園輿

同前　梁江淹

紈扇如團月，出自機中素。畫作秦王女，乘鸞向煙霧。彩色世所重，雖新不代故。竊悲涼風至，吹我玉階樹。君子恩未畢，零落委中路。

同前　梁沈約

時屯寧易犯，俗險信難羣。坎壈元淑賦，頓挫敬通文。遽淪班姬寵，夙窆賈生墳。短俗同如此，長歎何足云。

同前　唐虞世南

紫殿秋風冷，彫甍白日沈。裁紈悽斷曲，織素別離心。掖庭羞改畫，長門不惜金。寵移恩稍薄，情疎恨轉深。香銷翠羽帳，弦斷鳳凰琴。鏡前紅粉歇，堦上綠苔侵。誰言掩歌扇，翻作白頭吟。

同前　唐李白

十五入漢宮，花顏笑春紅。君王選玉色，侍寢金（一作錦）屏中。薦枕嬌夕月，卷衣戀春（一作香）風。寧知趙飛鷰，奪寵恨無窮。沈憂

能傷人綠鬢成霜蓬一朝不得意心世事徒爲空鷫鸘換美酒舞衣罷鵾籠寒苦不忍言爲君奏絲桐腸斷弦亦絕悲心夜忡忡

同前　周庾信

家住金陵縣前嫁得長干少年回頭望鄉淚落不知何處天邊胡塵幾日應盡漢月何時更圓爲君能歌此曲不覺心隨斷弦

同前此詩中有逸句　唐吳少微

城南有怨婦含怨倚蘭叢自謂二八時歌舞入漢宮皇恩弄幸玉堂中綠陌黃花催夜酒錦衣羅袂逐春風建章西宮煥若神燕趙美女二千人君王猒德不忘新況羣豔冶紛來陳是時別君不再見三十三春長信殿長信重門晝掩關清房曉帳幽且閉綺窻蟲網氣塵色文軒鶯對桃李顏天王貴宮

不貯老浩然淚隕今來還自憐轉晚暮試逐佳遊芳草路小腰麗女奪人奇金鞍少年曾不顧歸來誰爲夫請謝西家婦莫辭先醉解羅襦

明月照高樓　梁武帝

圓魄當虛闥清光流思筵筵思照孤影悽怨還自憐臺鏡早生塵匣琴又無弦悲慕屢傷節離憂亟華年君如東扶景妾似西柳煙相去既路迥明晦亦殊懸願爲銅鐵轡以感長樂前

同前　唐雍陶

朗月何高高樓中簾影寒一婦獨含歎四坐誰成歡時節屢已移遊旅杳不還滄溟儻未涸妾淚終不乾君若無定雲妾若不動山雲行出山易山逐雲去難願爲邊塞塵因風委君顏君顏良洗多盪妾濁水間

長門怨　梁柳惲

漢武帝故事曰武帝爲膠東王時長公主嫖有女欲與王婚景帝未許後長主還宫膠東王數歲長主抱置膝上問曰兒欲得婦否長主指左右長御百餘人皆云不用指其女問曰阿嬌好否笑對曰好若得阿嬌作婦當作金屋貯之長主乃苦要帝遂成婚焉漢書曰孝武陳皇后長公主嫖女也擅寵驕貴十餘年而無子聞衛子夫得幸幾死者數焉元光五年廢居長門宫樂府解題曰長門怨者爲陳皇后作也后退居長門宫愁悶悲思聞司馬相如工文章奉黄金百斤令爲解愁之辭相如爲作長門賦帝見而傷之復得親幸後人因其賦而爲長門怨也

玉壺夜愔愔應門重且深秋風動桂樹流月搖輕陰綺簷清

露濡網户思蟲吟歎息下蘭閤含愁奏雅琴何由鳴曉佩復得抱宵衾無復金屋念豈照長門心

同前　　梁費昶

向夕千愁起自悔何嗟及愁思且歸牀羅襦方掩泣絳樹搖風軟黃鳥弄聲急金屋貯嬌時不言君不入

同前　　唐徐賢妃

舊愛柏梁臺新寵昭陽殿守分辭方輦含情泣團扇一朝歌舞榮夙昔詩書賤穠恩誠已矣覆水難重薦

同前　　唐沈佺期

月皎風泠泠長門次掖庭玉階聞墜葉羅幌見飛螢清露凝珠綴流塵下翠屏妾心君未察愁歎劇繁星

同前　　吳少微

月出映曾城孤圓上太清君王春愛歇枕席涼風生怨咽不

能寢蜘蛛步前楹空階白露色百草寒蟲鳴念昔金房裏猶嫌玉座輕如何嬌所悞長夜泣恩情

同前　唐張脩之

長門落景盡洞房秋月明玉階草露積金屋網塵生妾妬今應改君恩昔未平寄語臨卭客何時作賦成

同前　唐裴交泰

自閉長門經幾秋羅衣濕盡淚還流一種蛾眉明月夜南宮歌管北宮愁

同前　唐劉皁

宮殿沉沉月欲分昭陽更漏不堪聞珊瑚枕上千行淚不是思君是恨君

同前　唐袁暉

早知君愛歇本自無縈妬誰使恩情深今來反相悞愁眠羅

悵曉泣坐金閨暮獨有夢中寬猶言意如故

同前　唐劉言史

獨坐爐邊結夜愁暫時恩去亦難留一作收手持金筯垂紅淚亂撥寒灰不舉頭

同前二首　李白

天回北斗挂西樓金屋無人螢火流月光欲到長門殿別作深宮一段愁

桂殿長愁不記春黃金四屋起秋塵夜懸明鏡青天上獨照長門宮裏人

同前　唐李華

弱體鴛鴦薦啼妝翡翠衾鵶鳴秋殿曉人靜禁門深每憶椒房寵那堪永巷陰日驚羅帶緩非復舊來心

同前　唐岑參

君王嫌妾妬閉妾在長門舞袖垂新寵愁眉結舊恩綠錢生履跡紅粉濕啼痕羞被桃花笑看春獨不言

同前　唐齊澣

煢煢孤思逼寂寂長門夕妾妬亦非深君恩那不惜攜琴就玉階調悲聲未諧將心託明月流影入君懷

同前　唐劉長卿

何事長門閉珠簾只自垂月移深殿早春向後宮遲蕙草生閑地梨花發舊枝芳菲自恩幸看却被風吹

同前　唐僧皎然

春風日日閉長門搖蕩春心自夢覓若遣花開只笑妾不如桃李正無言

同前　唐盧綸

空宮古廊殿寒月落斜暉臥聽未央曲滿箱歌舞衣

同前　　唐戴叔倫

自憶專房寵曾居第一流移恩向何處暫妬不容收夜久絲管絶月明宮殿秋空將舊時意長望鳳凰樓

同前　　唐劉駕

御泉長繞鳳凰樓只是恩波别處流閑揲舞衣歸未得夜來砧杵六宫秋

同前二首　　唐高蟾

天上何勞萬古春君前誰是百年人魂銷尚愧金爐燼思起猶慚玉輦塵煙翠薄情攀不得星芒浮艷採無因可憐明鏡來相向何似恩光朝夕新

天上鳳皇休寄夢人間鸚鵡舊堪悲平生心緒無人識一隻金梭萬丈絲

同前　　唐張祜

日映宮墻柳色寒笙歌遥指碧雲端珠鈆滴盡無心語彊把花枝冷笑看

同前二首　唐鄭谷

閑把羅衣泣鳳凰先朝曾教舞霓裳春來却羨庭花落得逐晴風出禁牆

流水君恩共不回杏花爭忍掃成堆殘春未必多煙雨淚滴閑堦長緑苔

同前二首　唐劉氏媛

雨滴梧桐秋夜長愁心和雨到昭陽淚痕不學君恩斷拭却千行更萬行

學畫蛾眉獨出羣當時人道便承恩經年不見君王面花落黄昏空掩門

阿嬌怨　唐劉禹錫

望見葳蕤舉翠華試開金屋掃庭花須臾宮女傳來信云一作言

幸平陽公主家

樂府詩集卷第四十二

樂府詩集卷第四十三

太原郭　茂倩　編次

相和歌辭

楚調曲

班婕妤　晉陸機

一曰婕妤怨漢書曰孝成班婕妤初入宮爲少使蛾而大幸爲婕妤居增成舍自鴻嘉後帝稍隆内寵婕妤進侍者李平平得幸爲婕妤賜姓衛所謂衛婕妤也其後趙飛鷰姉弟亦從微賤興班婕妤失寵稀復進見趙氏姉弟驕妬婕妤恐久見危求供養太后長信宮帝許焉樂府解題曰婕妤怨者爲漢成帝班婕妤作也婕妤徐令彪之姑況之女美而能文初爲帝所寵愛後

幸趙飛鷰姊弟冠於後宮婕妤自知見薄乃退居東宮作賦及紈扇詩以自傷悼後人傷之而爲婕妤怨也

婕妤去辭寵淹留終不見寄情在玉階託意唯團扇春苔暗階除秋草蕪高殿黃昏履綦絕愁來空雨面

同前　梁元帝

婕妤初選入含媚向羅幃何言飛鷰寵青苔生玉墀誰知同輦愛遂作裂紈詩以茲自傷苦終無長信悲

同前　梁劉孝綽

應門寂已閉非復後庭時況在青春日萋蕪綠草滋妾身似秋扇君恩絕履綦詎憶遊輕輦從今賤妾辭

同前　梁孔翁歸

長門與長信日暮九重空雷聲聽隱隱車響絕瓏瓏恩光隨

妙舞團扇逐秋風鉛華誰不慕人意自難終

同前　梁何思澄

寂寂長信晩雀聲喧洞房蜘蛛網高閣駮蘚被長廊虛殿簾幃静閑堦花蘂香悠悠視日暮還復拂空牀

同前　梁王叔英妻沈氏

日落應門閉愁思百端生況復昭陽近風傳歌吹聲寵移終不恨讒枉太無情只言爭分理非獨舞腰輕

同前　梁陰鏗

柏梁新寵盛長信昔恩傾誰爲詩書巧翻爲歌舞輕花月分窻進苔草共堦生妾淚衫前滿單眠夢裏驚可惜逢秋扇何用合歡名

同前　陳何楫

齊紈既逐筐趙舞即凌人履跡隨恩故堦苔逐恨新獨卧銷

香炷長啼費手巾庭草何聊賴也持春當春

同前　　唐徐彥伯

君恩忽斷絕妾思終未央巾櫛不可見枕席空餘香窗暗網羅白階秋苔蘚黃應門寂已閉流涕向昭陽

同前　　唐嚴識玄

賤妾如桃李君王若歲時秋風一已勁搖落不勝悲寂寂蒼苔滿沉沉綠草滋華非此日指輦競何辭

同前三首　　唐王維

玉窗螢影度金殿人聲絕秋夜守羅幃孤燈耿不滅

宮殿生秋草君王恩幸疏那堪聞鳳吹門外度金輿

怪來妝閣閉朝下不相迎總向春園裏花間語笑聲

婕妤怨　　唐崔湜

不分君恩斷新妝視鏡中容華尚春日嬌愛已秋風枕席臨

窓曉幃屏向月空年年後庭樹榮落在深宮

同前　唐崔國輔

長信宮中草年年愁處生故侵珠履跡不使玉階行

同前　唐張烜

賤妾裁紈扇初摇明月姿君王看舞席坐起秋風時玉樹清御路金陳翳垂絲昭陽無分理愁寂任前期

同前　唐劉方平

夕殿別君王宮深月似霜人愁在長信螢出向昭陽露裛紅蘭死秋彫碧樹傷唯當合歡扇從此篋中藏

同前　唐王沇

長信梨花暗欲栖應門上籥草萋萋春風吹花亂撲戶班車聲不至啼

同前　唐皇甫冉

由來詠團扇今與值秋風事逐時皆往恩無日再中早鴻聞
上苑寒露下深宮顏色年年謝相如賦豈工

同前　唐陸龜蒙

妾貌非傾國君王忽然寵南山掌上來不敵新恩重後宮多
窈窕日日學新聲一落君王耳南山又須輕

同前　唐翁綬

讒謗潛來起百憂朝承恩寵暮仇讎火燒白玉非因玷霜翦
紅蘭不待秋花落昭陽誰共輦月明長信獨登樓繁華事逐
東流水團扇悲歌萬古愁

同前　唐劉氏雲

君恩不可見妾豈如秋扇秋扇尚有時妾身永微賤莫言朝
花不復落嬌容幾奪昭陽殿

長信怨　唐王諲

飛鸞倚身輕，爭人巧笑名生君棄妾意增妾怨君情日奪昭陽壁秋來長信城寂寞金殿裏歌吹夜無聲

同前　　唐王昌齡

金井梧桐秋葉黃珠簾不捲夜來霜金爐玉枕無顏色臥聽南宮一作宮中清漏長

奉箒平明金殿開暫將團扇共徘徊玉顏不及寒鴉色猶帶昭陽日影來

同前　　唐李白

月皎昭陽殿霜清長信宮天行乘玉輦飛鸞與君同更有留情處承恩樂未窮誰憐團扇妾獨坐怨秋風

娥眉怨　　唐王翰

君不見宜春苑中九華殿飛閣連連直如髮白日全含朱鳥窻流雲半入蒼龍闕宮中綵女夜無事學鳳吹簫弄清越珠

簾北卷待涼風繡户南開向明月忽聞天子憶娥眉寶鳳銜花楪兩蠩傳聲走馬開金屋夾路鳴環上玉墀長樂彤庭宴華寢三千美人曳光錦燈前含笑更羅衣帳裏承恩薦瑤枕不意君心半路迴求仙別作望仙臺倉琅禁闥遥相憶紫翠巖房晝不開欲向人間種桃實先從海底覓蓬萊蓬萊可求不可上孤舟漂緲知何往黃金作盤銅作莖晴天白露掌中擎王母嫣然感君意雲車羽旆欲相迎飛廉觀前空怨慕少君何事須相誤一朝埋没茂陵田賤妾娥眉不重顧宫車晚出向南山仙衞逶迤去不還朝晡泣對麒麟樹樹下蒼苔日漸班人生百年夜將半對酒長歌莫長歎乘知白日不可思一死一生何足筭

玉階怨　　齊謝朓

夕殿下珠簾流螢飛復息長夜縫羅衣思君此何極

同前　　齊虞炎

紫藤拂花樹，黄鳥度青枝。思君一歎息，苦淚應言垂。

同前　　李白

玉階生白露，夜久侵羅襪。却下水精簾，玲瓏望秋月。

宮怨　　唐長孫左輔

窻前好樹名玫瑰，去年花落今年開。無情春色尚識返，君心忽斷何時來。憶昔妝成候仙仗，宮璅玲瓏日新上。捐心却笑西子嚬，掩鼻誰憂鄭姬謗。草染文章衣下履，花黏甲乙牀前帳。三千玉貌休自誇，十二金釵獨相向。盛衰傾奪欲何如，嬌愛翻悲逐佞諛。重遠豈能慙怕鵠，棄前方見泣船魚。看籠不記薰龍腦，詠扇空曾禿鼠鬚。以如意一作喜類蘿新託柏，終傷如薺却甘荼。除院獨開還獨閉，鸚鵡驚而飛苔覆地。滿箱舊賜前日衣，漬枕新垂夜來淚。痕多開鏡照還悲，緑鬟青蛾尚未衰。莫道

新縑長絕比猶逢故劒會相追

同前　唐李益

露濕晴花宮殿香月明歌吹在昭陽似將海水添宮漏共滴長門一夜長

同前　唐于濆

妾家望江口少年家財厚臨江起珠樓不賣文君酒當年樂貞獨巢燕時爲友父兄未許人畏妾事姑舅西墻隣宋玉窺見妾眉宇一旦及天聰恩光生戶牖謂言入漢宮富貴可長久君王縱有情不奈陳皇后誰憐頰似桃孰知腰勝柳今日在長門從來不如醜

同前　唐柯宗

塵滿金爐不在香闕二字獨自立重廊笙歌何處承恩寵一一隨風入上陽

長門槐柳半蕭疎玉輦沈思恨有餘紅淚旋銷傾國態黃金誰爲達相如

雜怨三首　唐聶夷中

生在綺羅下豈識漁陽道良人自戍來夜夜夢中到漁陽萬里遠近於中門限中門逾有時漁陽常在眼

良人昨日去明日又不還（一作明月又不圓）別時各有淚零落青樓前

君淚濡羅巾妾淚滴路塵羅巾今在手日得隨妾身路塵如因飛得上君車輪

同前三首　唐孟郊

夭桃花清晨遊女紅粉新夭桃花薄暮遊女紅粉故樹有百年（一作度）花人無一定顏花送人老盡人悲花自開

貧女鏡不明寒花日少容暗蛩有虛織短線無長縫浪水不

可照狂夫不可從浪水多散影狂夫多異蹤持此一生薄空成百恨濃

憶人莫至悲至悲空自衰寄人莫翦衣翦衣未必歸朝爲雙一作同蔕花暮爲四散飛花落却遶樹遊子不顧期

大曲十五曲

宋書樂志曰大曲十五曲一曰東門二曰西山三曰羅敷四曰西門五曰默默六曰園桃七曰白鵠八曰碣石九曰何嘗十曰置酒十一曰爲樂十二曰夏門十三曰王者布大化十四曰洛陽令十五曰白頭吟東門東門行羅敷豔歌羅敷行西門西門行默默折楊柳行白鵠何嘗竝豔歌何嘗行爲樂滿歌行洛陽令鴈門太守行白頭吟竝古辭碣石步出夏門行武帝辭西山

折楊柳行園桃煌煌京洛行並文帝辭夏門步出夏門行王者布大化櫂歌行並明帝辭置酒野田黃爵行東阿王辭白頭吟與櫂歌同調其羅敷何嘗夏門三曲前有豔後有趨碣石一篇有豔白鵠爲樂王者布大化三曲有趨白頭吟一曲有亂古今樂録曰凡諸大曲竟黃老彈獨出舞無辭按王僧虔技録櫂歌行在瑟調白頭吟在楚調而沈約云同調未知孰是

滿歌行三首四解　古辭

樂府解題曰古辭云爲樂未幾時遭時嶮巇其始言逢此百罹零丁荼毒古人遜位躬耕遂我所願次言窮達天命智者不憂莊周遺名名垂千載終言命如鑿石見火宜自娛以頤養保此

百年也

爲樂未幾時遭世險巇逢此百罹零丁荼毒愁懣難支遙望辰極天曉月移憂來塡心誰當我知一解戚戚多思慮耿耿不寧禍福無形唯念古人遜位躬耕遂我所願以玆自寧自鄙山棲守此一榮二解暮秋烈風起西蹈滄海心不能安攬衣起瞻夜北斗闌干星漢照我去去自無他奉事二親勞心可言三解窮達天所爲智者不愁多爲少憂安貧樂正道師彼莊周遺名者貴子熙同巇往者二賢名垂千秋四解飲酒歌舞不樂何須善哉照觀日月日月馳驅轗軻世間何有何無貪財惜費此何一愚命如鑿石見火居世竟能幾時但當歡樂自娛盡心極所嬉怡安善養君德性百年保此期頤飲酒上爲趣

右一曲晉樂所奏

爲樂未幾時遭時嶮巇逢此百離伶丁荼毒愁苦難爲遙望

極辰天曉月移憂來填心誰當我知戚戚多思慮耿耿殊不寧禍福無形惟念古人遜位躬耕遂我所願以自寧自鄙棲棲守此末榮莫秋烈風昔蹈滄海心不能安攬衣瞻夜北斗闌干星漢照我去自無他奉事二親勞心可言窮達天爲智者不愁多爲少憂安貧樂道師彼莊周遺名者貴子遐同遊往者二賢名垂千秋飲酒歌舞樂復何須照視日月日月馳驅轗軻人閒何有何無貪財惜費此一何愚鑿石見火居代幾時爲當懽樂心得所喜安神養性得保遐期

右一曲本辭

樂府詩集卷第四十三

樂府詩集卷第四十四

太原郭　茂倩　編次

清商曲辭

清商樂一曰清樂清樂者九代之遺聲其始即相和三調是也並漢魏已來舊曲其辭皆古調及魏三祖所作自晉朝播遷其音分散苻堅滅涼得之傳於前後二秦及宋武定關中因而入南不復存於內地自時已後南朝文物號爲最盛民謠國俗亦世有新聲故王僧虔論三調歌曰今之清商實由銅雀魏氏三祖風流可懷京洛相高江左彌重而情變聽改稍復零落十數年間亡者將半所以追餘操而長懷撫遺器而太息者矣後魏孝文討淮漢宣武定壽春收其

聲伎得江左所傳中原舊曲明君聖主公莫白鳩之屬及江南吳歌荆楚西聲總謂之清商樂至於殿庭饗宴則兼奏之遭梁陳亡亂存者蓋寡及隋平陳得之文帝善其節奏曰此華夏正聲也乃微更損益去其哀怨考而補之以新定律呂更造樂器因於太常置清商署以管之謂之清樂開皇初始置七部樂清商伎其一也大業中煬帝乃定清樂西涼等爲九部而清樂歌曲有楊伴舞曲有明君并契樂器有鐘磬琴瑟擊琴琵琶箜篌筑箏節鼓笙笛簫篪塤等十五種爲一部唐又增吹葉而無塤隋室喪亂日益淪缺唐貞觀中用十部樂清樂亦在焉至武后時猶有六十三曲其後歌辭在者有白雪公莫

巴渝明君鳳將雛明之君鐸舞白鳩白紵子夜
吴聲四時歌前溪阿子及歡聞團扇懊儂長史
變丁督護讀曲烏夜啼石城莫愁襄陽西烏夜
飛估客楊伴雅歌驍壺常林歡三洲採桑春江
花月夜玉樹後庭花堂堂泛龍舟等三十二曲
明之君雅歌各二首四時歌四首合三十七首
又七曲有聲無辭上柱鳳雛平調清調瑟調平
折命嘯逈前爲四十四曲存焉長安已後朝廷
不重古曲工伎寖鈌能合於管弦者唯明君楊
伴驍壺春歌秋歌白雪堂堂春江花月夜等八
曲自是樂章訛失與吴音轉遠開元中劉貺以
爲宜取吴人使之傳習以問歌工李郎子郎子
北人學於江都人俞才生時聲調已失唯雅歌

曲辭辭典而音雅後郎子亡去清樂之歌遂闕自周隋已來管弦雅曲將數百曲多用西凉樂鼓舞曲多用龜兹樂唯琴工猶傳楚漢舊聲及清調蔡邕五弄楚調四弄謂之九弄雅聲獨存非朝廷郊廟所用故不載樂府解題曰蔡邕云清商曲又有出郭西門陸地行車夾鐘宋堂寢奉法等五曲其詞不足采著

吴聲歌曲

晉書樂志曰吴歌雜曲並出江南東晉已來稍有增廣其始皆徒歌既而被之管弦蓋自永嘉渡江之後下及梁陳咸都建業吴聲歌曲起於此也古今樂録曰吴聲歌舊器有篪箜篌琵琶今有笙箏其曲有命嘯吴聲游曲半折六變八

解命嘯十解存者有烏噪林浮雲驅鴈歸湖馬讓皆餘不傳吴聲十曲一曰子夜二曰上柱三曰鳳將雛四曰上聲五曰歡聞六曰歡聞變七曰前溪八曰阿子九曰丁督護十曰團扇郎竝梁所用曲鳳將雛巳上三曲古有歌自漢至梁不改今不傳上聲巳下七曲内人包明月製舞前溪一曲餘竝王金珠所製也游曲六曲子夜四時歌警歌變歌竝十曲中間游曲也半折六變八解漢世巳來有之八解者古彈上柱古彈鄭干新蔡大治小治當男盛當梁太清中猶有得者今不傳又有七曰夜女歌長史變黄鵠碧玉桃葉長樂佳歡好懊惱讀曲亦皆吴聲歌曲也

吴歌三首　宋鮑照

夏口樊城岸曹公却月戍但觀流水還識是儂流下

夏口樊城岸曹公却月樓觀見流水還識是儂淚流

人言荆江狹荆江定自闊五兩了無聞風聲那得達

子夜歌四十二首　晉宋齊辭

唐書樂志曰子夜歌者晉曲也晉有女子名子夜造此聲聲過哀苦宋書樂志曰晉孝武太元中琅琊王軻之家有鬼歌子夜殷允爲豫章豫章僑人庾僧虔家亦有鬼歌子夜殷允爲豫章亦是太元中則子夜是此詩以前人也古今樂録曰凡歌曲終皆有送聲子夜以持子送曲鳳將雛以澤雉送曲樂府解題曰後人更爲四時行樂之詞謂之子夜四時歌又有大子夜歌子夜警歌子夜變歌皆曲之變也

落日出前門瞻矚見子度冶容多姿鬢芳香已盈路
芳是香所為冶容不敢當天不奪人願故使儂見郎
宿昔不梳頭絲髮被兩肩婉伸郎膝上何處不可憐
自從別歡來奩器了不開頭亂不敢理粉拂生黄衣
崎嶇相怨慕始獲風雲通玉林語石闕悲思兩心同
見娘喜（一作善）容媚願得結金蘭空織無經緯求匹理自難
始欲識郎時兩心望如一理絲入殘機何悟不成匹
前絲斷纏（一作成）綿意欲結交情春蠶易感化絲子已復生
今夕已歡別合會在何時明燈照空局悠然未有期
自從別郎來何日不咨嗟黄蘗鬱成林當奈苦心多
高山種芙蓉復經黄蘗塢果得一蓮時流離嬰辛苦
朝思出前門暮思還後渚語笑向誰道腹中陰憶汝
攣枕北窻臥郎來就儂嬉小喜多唐突相憐能幾時

駐筯不能食蹇蹇步闈裏投瓊著局上終日走博子
郎為傍人取負儂非一事擲門不安橫無復相關意
年少當及時蹉跎日就老若不信儂語但看霜下草
綠攬迮題錦雙裙今復開已許腰中帶誰共解羅衣
常慮有貳意歡今果不齊枯魚就濁水長與清流乖
歡愁儂亦慘郎笑我便喜不見連理樹異根同條起
感歡初殷勤歎子後遼落打金側瑇瑁外豔裏懷薄
別後涕流連相思情悲滿憶子腹糜爛肝腸尺寸斷
道近不得數遂致盛寒違不見東流水何時復西歸
誰能思不歌誰能飢不食日冥當戶倚惆悵底不憶
擥裙未結帶約眉出前窻羅裳易飄颺小開罵春風
舉酒待相勸酒還杯亦空願因微觴會心感色亦同
夜覺百思纏憂歎涕流襟徒懷傾筐情郎誰明儂心

儂年不及時其於作乖離素不如浮萍轉動春風移
夜長不得眠轉側聽更鼓無故歡相逢使儂肝腸苦
歡從何處來端然有憂色三喚不一應有何比松柏
念愛情慊慊傾倒無所惜重簾持自鄣誰知許厚薄
氣清明月朗夜與君共嬉郎歌妙意曲儂亦吐芳詞
驚風急素柯白日漸微濛郎懷幽閨性儂亦恃春容
夜長不得眠明月何灼灼想聞散喚聲虛應空中諾
人各既疇匹我志獨乖違風吹冬簾起許時寒薄飛
我念歡的的子行由豫情霧露隱芙蓉見蓮不分明
儂作北辰星千年無轉移歡行白日心朝東暮還西
憐歡好情懷移居作鄉里桐樹生門前出入見梧子
遣信歡不來自往復不出金銅作芙蓉蓮子何能貴
初時非不密其後日不如回頭批櫛脫轉覺薄志疎

寢食不相忘同坐復俱起玉藕金芙蓉無稱我蓮子
恃愛如欲進含羞未肯前口朱發豔歌玉指弄嬌弦
朝日照綺錢光風動紈素巧笑蒨兩犀美目揚雙蛾

子夜四時歌七十五首　晉宋齊辭

春歌二十首

春風動春心流目矚山林山林多奇采陽鳥吐清音
綠荑帶長路丹椒重紫莖流吹出郊外共歡弄春英
光風流月初新林錦花舒情人戲春月窈窕曳羅裾
妖冶顏蕩駘景色復多媚溫風入南牖織婦懷春意
碧樓冥初月羅綺垂新風含春未及歌桂酒發清容
杜鵑竹裏鳴梅花落滿道燕女遊春月羅裳曳芳草
朱光照綠苑丹華粲羅星那能閨中繡獨無懷春情
鮮雲媚朱景芳風散林花佳人步春苑繡帶飛紛葩

羅裳迮紅袖玉釵明月璫冶遊步春露艷覓同心郎

春林花多媚春鳥意多哀春風復多情吹我羅裳開

新鶯弄初調杜鵑競晨鳴畫眉忘注口遊步散春情

梅花落已盡柳花隨風散歎我當春年無人相要喚

昔別鴈集渚今還鷰巢梁敢辭歲月久但使逢春陽

春園花就黃陽池水方淥酌酒初滿杯調弦始終（一作成）曲

娉婷揚袖舞阿那曲身輕照灼蘭光在容冶春風生

阿那曜姿舞逶迤唱新歌翠衣發華洛回清一見過

明月照桂林初花錦繡色誰能不相思獨在機中織

崎嶇與時競不復自顧慮春風振榮林常恐華落去

思見春花月含笑當道路逢儂多欲擿可憐持自誤

夏歌二十首

自從別歡後歎音不絕響黃蘗向春生苦心隨日長

高堂不作壁招取四面風吹歡羅裳開動儂含笑容

反覆華簟上屏帳了不施郎君未可前待我整容儀

開春初無歡秋冬更增淒共戲炎暑月還覺兩情諧

春別猶春戀夏還情更久羅帳爲誰褰雙枕何時有

疊扇放牀上企想遠風來輕袖拂華妝窈窕登高臺

含桃已中食郎贈合歡扇深感同心意蘭室期相見

田蠶事已畢思婦猶苦身當暑理絺服持寄與行人

朝登涼臺上夕宿蘭池裏乘月採芙蓉夜夜得蓮子

暑盛靜無風夏雲薄暮起擕手密葉下浮瓜沉朱李

鬱蒸仲暑月長嘯出湖邊芙蓉始結葉花豔未成蓮

適見戴青幡三春已復傾林鵲改初調林中夏蟬鳴

春桃初發紅惜色恐儂擿朱夏花落去誰復相尋覓

昔別春風起今還夏雲浮路遙日月促非是我淹留

青荷葢渌水芙蓉葩紅鮮郎見欲採我我心欲懷蓮

四周芙蓉池朱堂敞無壁珍簟鏤玉牀繾綣任懷適

赫赫盛陽月無儂不握扇窈窕瑤臺女冶遊戲涼殿

春傾桑葉盡夏開蠶務畢晝夜理機縛知欲早成匹

情知三夏熱今日偏獨甚香巾拂玉席共郎登樓寢

輕衣不重綵飈風故不涼三伏何時過許儂紅粉妝

盛暑非遊節百慮相纏綿汎舟芙蓉湖散思蓮子間

秋歌十八首

風清覺時涼明月天色高佳人理寒服萬結砧杵勞

清露凝如玉涼風中夜發情人不還卧冶遊步明月

鴻鴈搴南去（闕一字）鷰指北飛征人難爲思願逐秋風歸

開窻秋（一作取）月光滅燭解羅裳含笑帷幌裏舉體蘭蕙香

適憶三陽初今已九秋暮追逐泰始樂不覺華年度

飄飄初秋夕明月爍秋輝握腕同遊戲庭含媚素歸

秋夜涼風起天高星月明蘭房競妝飾綺帳待雙情

涼秋開窻寢斜月垂光照中宵無人語羅幌有雙笑

金風扇素節玉露凝成霜登高去來鴈惆悵客心傷

草木不常一作長榮顦顇為秋霜今遇泰始世年逢九春陽

自從別歡來何日不相思常恐秋葉零無復蓮條時

掘作九州池盡是大宅裏處處種芙蓉婉轉得蓮子

初寒八九月獨纒自絡絲寒衣尚未了郎喚儂底為

秋愛兩兩鴈春感雙雙鷰蘭鷹接野雞雉落誰當見

仰頭看桐樹桐花特可憐願天無霜雪梧子解千年

白露朝夕生秋風淒長夜憶郎須寒服乗月擣白素

秋夜入窻裏羅帳起飄颺仰頭看明月寄情千里光

別在三陽初望還九秋暮惡見東流水終年不西顧

冬歌十七首

淵冰厚三尺，素雪覆千里。我心如松柏，君情復何似？

塗澀無人行，冒寒往相覓。若不信儂時，但看雪上跡。

寒鳥依高樹，枯林鳴悲風。爲歡顦顇盡，那得好顔容？

夜半冒霜來，見我輒怨唱。懷冰闇中倚，已寒不蒙亮。

躡履步荒林，蕭索悲人情。一唱泰始樂，枯草銜花生。

昔別春草緑，今還墀雪盈。誰知相思老，玄鬢白髮生。

寒雲浮天凝，積雪冰川波。連山結玉巖，修庭振瓊柯。

炭爐却夜寒，重抱坐疊褥。與郎對華榻，弦歌秉一作柄蘭燭。

天寒歲欲暮，朔風舞飛雪。懷人重衾寢，故有三夏熱。

冬林葉落盡，逢春已復曜。葵藿生谷厎，傾心不蒙照。

朔風灑霰雨，緑池蓮水結。願歡攘皓腕，共弄初落雪。

嚴霜白草木，寒風晝夜起。感時爲歡歎，霜鬢不可視。

何處結同心西陵柏樹下晃蕩無四壁嚴霜凍殺我

白雪停陰岡丹華耀陽林何必絲與竹山水有清音

未嘗經辛苦無故彊相矜欲知千里寒但看井水冰

果欲結金蘭但看松柏林經霜不墮一作墜地歲寒無異心

適見三陽日寒蟬已復鳴感時爲歡歎白髮綠鬢生

子夜四時歌七首　梁武帝

春歌

蘭葉始滿地梅花已落枝持此可憐意摘以寄心知

夏歌三首

江南蓮花開紅光復碧水色同心復同藕異心無異

閨中花如繡簾上露如珠欲知有所思停織復踟知躕

含桃落花日黃鳥營飛時君住馬已一作飲疲妾去蠶已飢

秋歌二首

繡帶合歡結錦衣連理文懷情入夜月含笑出朝雲
當信抱梁期莫聽回風音鏡上兩入髻分明無兩心

冬歌

寒閨動黻帳密筵重錦席賣眼拂長袖含笑留上客

子夜四時歌八首　梁王金珠

春歌三首

朱日光素水黃華映白雪折梅待佳人共迎陽春月
階上香入懷庭中花照眼春心鬱如此情來不可限
吹漏不可停斷弦當更續俱作雙思引共奏同心曲

夏歌二首

玉盤貯朱李金杯盛白酒本欲持自親復恐不甘口
垂簾倦煩熱卷幌乘清陰風吹合歡帳直動相思琴

秋歌二首

疊素蘭房中勞情桂杵側朱顔潤紅粉香汗光玉色

紫莖垂玉露緑葉落金櫻著錦如言重衣羅始覺輕

冬歌

寒閨周黼帳錦衣連理文懐情入夜月含笑出朝雲

樂府詩集卷第四十四

樂府詩集卷第四十五

太原郭　茂倩　編次

清商曲辭

吳聲曲辭

子夜春歌　　唐王翰

春氣滿林香春遊不可忘落花吹欲盡垂柳折還長槩女淮南曲金鞍塞北裝行行小垂手日暮渭川陽

子夜冬歌　　唐崔國輔

寂寥抱冬心裁羅又褧褧夜久頻挑燈霜寒翦刀冷

同前　　唐薛燿

朔風扣羣木嚴霜凋百草借問月中人安得長不老

子夜四時歌六首　　唐郭元振

春歌二首

青樓含日光綠池起風色贈子同心花殷勤此何極
陌頭楊柳枝已被春風吹妾心正斷絶君懷那得知

秋歌二首

邀懽空佇立望美頻迴顧何時復採菱江中密相遇
辟惡茱萸囊延年菊花酒與子結綢繆丹心此何有

冬歌二首

北極嚴氣昇南至温風謝調絲競短歌拂枕憐長夜
帷横雙翡翠被卷兩鴛鴦婉態不自得宛轉君王牀

子夜四時歌四首　唐李白

春歌

秦地羅敷女採桑綠水邊素手青條上紅妝白日鮮蠶飢妾
欲去五馬莫留連

夏歌

鏡湖三百里菡萏發荷花五月西施採人看隘若耶迴舟不待月歸去越王家

秋歌

長安一片月萬戸擣衣聲秋風吹不盡揔是玉關情何日平胡虜良人罷遠征

冬歌

明朝驛使發一夜絮征袍素手抽針冷那堪把剪刀裁縫寄遠道幾日到臨洮

子夜四時歌四首　唐陸龜蒙

春歌

山連翠羽屛草接煙華席望盡南飛鷰佳人斷信息（一作消息）

夏歌

蘭眼擡露斜鶯唇映花老金龍傾漏盡玉井敲冰早

秋歌

涼漢清沇寒衰林怨風雨愁聽絡緯唱似與羇寬語

冬歌

南光走冷圭北籟號空木年年任霜霰不減筼簹綠

大子夜歌二首

歌謠數百種子夜最可憐慷慨吐清音明轉出天然

絲竹發歌響假器揚清音不知歌謠妙聲勢出口心

子夜警歌二首

鏤椀傳綠酒雕鑪薰紫煙誰知苦寒調共作白雪弦

恃愛如欲進含羞出不前朱口發豔歌玉指弄嬌弦

子夜變歌三首

宋書樂志曰六變諸曲皆因事制歌古今樂錄曰子夜變歌前作持子送後作歡娛我送子夜

讚歌無送聲仍作變故呼爲變頭謂六變之首也

人傳歡負情我自未常見三更開門去始知子夜變

歲月如流邁春盡秋已至熒熒條上花零落何乃駛

歲月如流邁行已及素秋蟋蟀吟堂前惆悵使儂愁

同前　梁王金珠

七綵紫金柱九華白玉梁但歌繞不去含吐有餘香

上聲歌八首　晉宋梁辭

古今樂錄曰上聲歌者此因上聲促柱得名或用一調或用無調名如古歌辭所言謂哀思之音不及中和梁武因之改辭無復雅句

儂本是蕭草持作蘭桂名芬芳頓交盛感郎爲上聲

郎作上聲曲柱促使弦哀譬如秋風急觸遇傷儂懷

初歌子夜曲改調促鳴箏四座暫寂靜聽我歌上聲

三鼓染烏頭聞鼓白門裏舉裳抱履走何冥不輕紀

三月寒暖適揚柳可藏雀未言涕交零如何見君隔

新衫繡兩端一作襠迮著羅裙裏行步動微塵羅裙隨風起

裲襠與郎着反繡持貯裹汗汙莫濺浣持許相存在

春月暎何太生裙迮羅襪瞹瞹日欲冥從儂門前過

同前　梁王金珠

花色過桃杏名稱重金瓊名歌非下里含笑作上聲

歡聞歌

古今樂録曰歡聞歌者晉穆帝升平初歌畢輒呼歡聞不以爲送聲後因此爲曲名今世用莎持乙子代之語稍訛異也

遥遥天無柱流漂萍無根單身如螢火持底報郎恩

同前　王金珠

豔豔金樓女心如玉池蓮持底報郎恩俱期遊梵天

歡聞變歌六首

古今樂錄曰歡聞變歌者晉穆帝升平中童子輩忽歌於道曰阿子聞曲終輒云阿子汝聞不無幾而穆帝崩褚太后哭阿子汝聞不聲既悽苦因以名之

金瓦九重墻玉壁珊瑚柱中夜來相尋喚歡聞不顧

歡來不徐徐陽窻都銳戶耶婆尚未眠肝心如推櫓

張罾不得魚不櫓罾歸君非鸕鷀鳥底爲守空池

刻木作班鵻有翅不能飛搖著帆檣上望見千里磯

鍥臂歃清血牛羊持祭天没命成灰土終不罷相憐

駛風何曜曜帆上牛渚磯帆作繖子張船如侶馬馳

同前　王金珠

南有相思木合影復同心遊女不可求誰能識得音

前溪歌七首

宋書樂志曰前溪歌者晉車騎將軍沈玩所制

郗昂樂府解題曰前溪舞曲也

憂思出門倚逢郎前溪度莫作流水心引新都捨故

爲家不鑿井擔瓶下前溪開穿亂漫下但聞林鳥啼

前溪滄浪映通波澄渌清聲弦傳不絕千載寄汝名永與天地并

逍遙獨桑頭北望東武亭黃瓜被山側春風感郎情

逍遙獨桑頭東北無廣親黃瓜是小草春風何足（一作勉）歎憶汝涕交零

黃葛結蒙籠生在洛溪邊花落逐水去何當順流還還亦不復鮮

黃葛生爛熳誰能斷葛根寧斷嬌兒乳不斷郎殷勤

同前　梁包明月

當曙與未曙百鳥啼窻前獨眠抱被歎憶我懷中儂單情何時雙

阿子歌三首

宋書樂志曰阿子歌者亦因升平初歌云阿子汝聞不後人演其聲爲阿子歡聞二曲樂苑曰嘉興人養鴨兒鴨兒既死因有此歌未知孰是

阿子復阿子念汝好顏容風流世希有窈窕無人雙

春月故鴨啼獨雄顛倒落工知悦弦死故來相尋博

野田草欲盡東流水又暴念我雙飛鳧飢渴常不飽

同前　王金珠

可憐雙飛鳧飛集野田頭飢食野田草渴飲清河流

丁督護歌五首　宋武帝

一曰阿督護宋書樂志曰督護歌者彭城內史徐逵之爲魯軌所殺宋高祖使府內直督護丁旿收斂殯埋之逵之妻高祖長女也呼旿至閤下自問殮送之事每問輒歎息曰丁督護其聲哀切後人因其聲廣其曲焉唐書樂志曰丁督護晉宋間曲也今歌是宋武帝所製云

督護北征去前鋒無不平朱門垂高蓋永世揚功名

洛陽數千里孟津流無極辛苦戎馬間別易會難得

督護北征去相送落星墟帆檣如芒檉督護今何渠

督護初征時儂亦惡聞許願作石尤風四面斷行旅

聞歡去北征相送直瀆浦只有淚可出無復情可吐

同前　王金珠

黃河流無極洛陽數千里轗軻戎旅間何由見歡子

同前　李白

雲陽上征去兩岸饒商賈吳牛喘月時拖船一何苦水濁不可飲壺漿半成土一唱都護歌心摧淚如雨萬人鑿盤石無由達江滸君看石芒碭掩淚悲千古

團扇郎六首

古今樂錄曰團扇郎歌者晉中書令王珉捉白團扇與嫂婢謝芳姿有愛情好甚篤嫂捶撻婢過苦王東亭聞而止之芳姿素善歌嫂令歌一曲當赦之應聲歌曰白團扇辛苦五流連是郎眼所見珉聞更問之汝歌何遺芳姿即改云白團扇顦顇非昔容羞與郎相見後人因而歌之

七寶畫團扇燦爛明月光餉郎却暄暑相憶莫相忘

青青林中竹，可作白團扇。動搖郎玉手，因風托方便。

犢車薄不乘，步行燿玉顔。逢儂都共語，起欲著夜半。

團扇薄不搖，窈窕搖蒲葵。相憐中道罷，定是阿誰非。

御路薄不行，窈窕決橫塘。團扇鄣白日，面作芙蓉光。

白練薄不著，趣欲著錦衣。異色都言好，清白爲誰施。

同前

手中白團扇，淨如秋團月。清風任動生，嬌聲任意發。

同前　　唐張祜

團扇復團扇，持許自遮面。憔悴無復理，羞與郎相見。

同前　　唐劉禹錫

白團扇，今來此去捐。願得入郎手，團圓郎眼前。

團扇復團扇，奉君清暑殿。秋風入庭樹，從此不相見。上有乘

鸞女蒼蒼蟲網遍明年入懷袖別是機中練

七日夜女歌九首

三春怨離泣九秋欣期歌駕鸞行日時月明濟長河

長河起秋雲漢渚風涼發舍欣出霄路可笑向明月

金風起漢曲素月明河邊七章未成匹飛鷰一作鸞起長川

春離隔寒暑明秋暫一會兩歎別日長雙情若飢渴

婉孌不終夕一別周年期桑蠶不作繭晝夜長懸絲

靈匹怨離處索居隔長河玄雲不應雷是儂啼歎歌

振玉下金堦拭眼矚星蘭惆悵登雲軺悲恨兩情殫

風驂不駕纓翼人立中庭簫管且停吹展我敘離情

紫霞煙翠蓋斜月照綺窻銜悲握離袂易爾還年容

長史變歌三首

宋書樂志曰長史變歌者晉司徒左長史王廞

臨敗所制也

出儂吴昌門清水緑碧色徘徊戎馬閒求罷不能得
口和狂風扇心故清白節朱門前世榮千載表忠烈
朱桂結貞根芳芬一作菲溢帝庭陵霜不改色枝葉永流榮

黄生曲三首

黄生無誠信冥彊將儂期通夕出門望至曉竟不來
崔子信桑條餧去都餧還為歡復摧折命生絲髮閒
松柏葉青蒨石榴花葳蕤迮置前後事歡今定憐誰

黄鵠曲四首

列女傳曰魯陶嬰者魯陶明之女也少寡養幼孤無彊昆弟紡績為產魯人或聞其義將求焉嬰聞之恐不得免乃作歌明己之不更二庭也其歌曰悲夫黄鵠之早寡兮七年不雙宛頸獨宿

兮不與衆同夜半悲鳴兮想其故雄天命早寡兮獨宿何傷寡婦念此兮泣下數行鳴呼哀哉兮死者不可忘飛鳴尚然兮況於真良雖有賢雄兮終不重行魯人聞之不敢復求按黃鵠本

漢横吹曲名

黃鵠參天飛半道鬱徘徊腹中車輪轉君知思憶誰

黃鵠參天飛半道還哀鳴三年失羣侶生離傷人情

黃鵠參天飛疑翮争風回高翔入玄闕時復乘雲頹

黃鵠參天飛半道還後渚欲飛復不飛悲鳴覓羣侶

碧玉歌三首

樂苑曰碧玉歌者宋汝南王所作也碧玉汝南王妾名以寵愛之甚所以歌之

碧玉破瓜時郎爲情顛倒芙蓉陵霜榮秋容故尚好

碧玉小家女不敢攀貴德感郎千金意慚無傾城色

碧玉小家女不敢貴德攀感郎意氣重遂得結金蘭

同前二首

碧玉破爪時相爲情顛倒感郎不羞郎回身就郎抱

杏梁日始照蕙席歡未極碧玉奉金盃淥酒助花色

同前

碧玉上宮妓出入千花林珠被玳瑁牀感郎情意深

桃葉歌三首

古今樂録曰桃葉歌者晉王子敬之所作也桃葉子敬妾名緣於篤愛所以歌之隋書五行志曰陳時江南盛歌王獻之桃葉詩云桃葉復桃葉渡江不用檝但渡無所苦我自迎接汝後隋晉王廣伐陳置將桃葉山下及韓擒渡江大將

任鑾奴至新亭以導北軍之應子敬獻之字也

桃葉映紅花無風自婀娜春花映何限感郎獨採我

桃葉復桃葉桃樹連桃根相憐兩樂事獨使我慇勤

桃葉復桃葉渡江不用檝但渡無所苦我自來迎接一作我自迎接汝

同前

桃葉復桃葉渡江不待櫓風波了無常没命江南渡

長樂佳七首

小庭春映日四角佩琳琅玉枕龍鬚席郎瞑首何當

雎鳩不集林體絜好清流貞節曜奇世長樂戲汀洲

鴛鴦翻碧樹皆以戲蘭渚寢食不相離長莫過時許

欲知長樂佳仲陵羅淑女媚蘭雙情諧

欲知長樂佳中陵羅雎鳩美死兩心齊

比翼交頸遊千載不相離偕情欣懽念長樂佳

欲知長樂佳仲陵羅背林前溪長相隨

同前

紅羅複斗帳四角垂朱璫玉枕龍鬚席郎眠何處牀

歡好曲三首

淑女總角時喚作小姑子容豔初春花人見誰不愛

窈窕上頭懽那得及破瓜但看脫葉蓮何如芙蓉花

逶迤總角年華豔星間月遥見情傾廷不覺喉中噈

樂府詩集卷第四十五

樂府詩集卷第四十六

太原郭　茂倩　編次

清商曲辭

吳聲歌曲

懊儂歌十四首

古今樂録曰懊儂歌者晉石崇綠珠所作唯絲布澀難縫一曲而已後皆隆安初民間訛謡之曲宋少帝更制新歌三十六曲齊太祖常謂之中朝曲梁天監十一年武帝敕法雲改爲相思曲宋書五行志曰晉安帝隆安中民忽作懊憹歌其曲中有草生可攬結女兒可攬抱之言桓玄既篡居天位義旗以三月二日掃定京師玄之宫女及逆黨之家子女妓妾悉爲軍賞東及

甌越北流淮泗人皆有所獲焉時則草可結事

則女可抱信矣

絲布澀難縫令儂十指穿黃牛細犢車遊戲出孟津

江中白布帆烏布禮中帷撣如陌上鼓許是儂歡歸

江陵去揚州三千三百里已行一千三所有二千在

寡婦哭城頹此情非虛假相樂不相得抱恨黃泉下

內心百際起外形空殷勤既就頹城感敢言浮花言

我與歡相憐約誓底言者常歎負情人郎今果成詐

我有一所歡安在深閤裏桐樹不結花何由得梧子

長檣鐵鹿子布帆阿那起詫儂安在閒一去三千里

蹔薄牛渚磯歡不下廷板水深沾儂衣白黑何在浣

愛子好情懷傾家料理亂攬裳未結帶落托行人斷

月落天欲曙能得幾時眠悽悽下牀去儂病不能言

鬟亂誰料理託儂言相思還君華豔去催送實情來

山頭草歡少四面風趨使儂顛倒

懊惱奈何許夜聞家中論不得儂與汝

懊惱曲　唐温庭筠

藕絲作線難勝針蘂粉染黃那得深玉白蘭芳不相顧倡（一作青）樓一笑輕千金莫言自古皆如此健劍刜鐘鉛繞指三秋庭綠盡迎霜惟有荷花守紅死西（一作盧）江小吏朱班輪柳縷吐牙香玉春兩股金釵已相許不令獨作空城塵悠悠楚水流如馬恨紫愁紅滿平野野土千年怨不平至今燒作鴛鴦瓦

華山畿二十五首

古今樂錄曰華山畿者宋少帝時懊惱一曲亦變曲也少帝時南徐一士子從華山畿往雲陽見客舍有女子年十八九悅之無因遂感心疾

母問其故具以啓母母爲至華山尋訪見女具說聞感之因脫蔽膝令母密置其席下卧之當已少日果差忽舉席見蔽膝而抱持遂吞食而死氣欲絶謂母曰葬時車載從華山度母從其意比至女門牛不肯前打拍不動女曰且待須臾妝點沐浴既而出歌曰華山畿君既爲儂死獨活爲誰施歡若見憐時棺木爲儂開棺應聲開女透入棺家人叩打無如之何乃合葬呼曰神女冢

華山畿君既爲儂死獨生爲誰施歡若見憐時棺木爲儂開

聞歡大養蠶定得幾許絲所得何足言柰何黑瘦爲

夜相思投壺不停箭憶歡作嬌時

開門枕水渚三刀治一魚歷亂傷殺汝

未敢便相許夜聞儂家論不持儂與汝

懊惱不堪止上床解要繩自經屏風裏

啼著曙淚落枕將浮身沈被流去

將懊惱石闕晝夜題碑淚常不燥

别後常相思頓書千丈闕題碑無罷時

奈何許所歡不在間嬌笑向誰緒

隔津歎牽牛語織女離淚溢河漢

啼相憶淚如漏刻水晝夜流不息

著處多遇羅的的往年少豔情何能多

無故相然我路絶行人斷夜夜故望汝

一坐復一起黃昏人定後許時不來已

摩可儂巷巷相羅截終當不置汝

不能久長離中夜憶歡時抱被空中啼

腹中如湯灌肝腸寸寸斷教儂底聊賴
相送勞勞渚長江不應滿是儂淚成許
柰何許天下人何限慊慊只爲汝
郎情難可道歡行豆挾心見荻多欲繞
松上蘿願君如行雲時時見經過
夜相思風吹窻簾動言是所歡來
長鳴雞誰知儂念汝獨向空中啼
腹中如亂絲憒憒適得去愁毒已復來

讀曲歌八十九首

宋書樂志曰讀曲歌者民間爲彭城王義康所作也其歌云死罪劉領軍誤殺劉第四是也古今樂録曰讀曲歌者元嘉十七年袁后崩百官不敢作聲歌或因酒讌止竊聲讀曲細吟而已

以此爲名按義康被徙亦是十七年南齊時朱碩仙善歌吳聲讀曲武帝出遊鍾山幸何美人墓碩仙歌曰一憶所歡時緣山破芿荏山神感儂意盤石銳鋒動帝神色不悅曰小人不遜弄我時朱子尚亦善歌復爲一曲云暖暖日欲冥覩騎立蜘蟵太陽猶尚可且願停須臾於是俱蒙厚賚

花釵芙蓉髻雙鬢如浮雲春風不知著好來動羅裙

念子情難有巳惡動羅裙聽儂入懷不

紅藍與芙蓉我色與歡敵莫案石榴花歷亂聽儂摘

千葉紅芙蓉照灼綠水邊餘花任郎摘愼莫罷儂蓮

思歡久不愛獨枝蓮只惜同心藕

打壞木栖床誰能坐相思三更書石闕憶子夜啼碑

柰何不可言朝看莫牛跡知是宿蹄痕
娑拖何處歸道逢播掿郎口朱脫去盡花釵復低昂
所歡子蓮從胷上度刺憶庭欲死
攬裳踱跣把絲織履故交白足露
上知所所歡不見憐憎狀從前度
思難忍絡覺語酒壺倒寫儂頓盡
上樹摘桐花何悟枝枯燥迢迢空中落遂爲梧子道
桐花特可憐願天無霜雪梧子解千年
柳樹得春風一低復一昂誰能空相憶獨眠度三陽
折楊柳百鳥園林啼道歡不離口
穀衫兩袖裂花釵鬢邊低何處分別歸西上古餘啼
所歡子不與他人別啼是憶郎耳
披被樹明燈獨思誰能忍欲知長寒衣蘭燈傾壺盡

坐起歎汝好願他甘叢香傾筐入懷抱

逋髮不可料顦顇爲誰睹欲知相憶時但看裙帶緩幾許

憶歡不能食徘徊三路問因風覓消息

朝日光景開從君良燕遊願如卜者策長與千歲龜

所歡子問春花可憐摘插裲襠裏

芳萱初生時知是無憂草雙眉畫未成那能就郎抱

百花鮮誰能懷春日獨入羅帳眠

聞歡得新儂四支懊如垂烏散放行路井中百翅不能飛

憐歡敢喚名念歡不呼字連喚歡復歡兩誓不相棄

柰何許石闕生口中銜碑不得語

白門前烏帽白帽來白帽郎是儂良不知烏帽郎是誰

初陽正二月草木鬱青青躡履步前園時物感人情

青幡起御路綠柳蔭馳道歡贈玉樹箏儂送千金寶

桃花落已盡愁思猶未央春風難期信託情明月光
計約黃昏後人斷猶未來聞歡開方局已復將誰期
自從別郎後卧宿頭不舉飛龍落藥店骨出只爲汝
日光没已盡宿鳥縱横飛徙倚望行雲躞蹀待郎歸
百度不一回千書信不歸春風吹楊柳華豔空徘徊
音信闊弦朔方悟千里遥朝霜語白日知我爲歡消
合冥過藩來向曉開門去歡取身上好不爲儂作慮
五鼓起開門正見歡子度何處宿行還衣被有霜露
本自無此意誰交郎舉前視儂轉邁邁不復來時言
自我別歡後歎音不絶響蘗黄持捻泥龕有殺子像
家貧近店肆出入引長事郎君不浮華誰能呈實意
念日行不遇道逢播掿郎查滅衣服壞白肉亦黯瘡
歔欷闇中啼斜日照帳裏無油何所苦但使天明爾

黄絲咡素琴汎彈弦不斷百弄任郎作唯莫廣陵散

思歡不得來抱被空中語月没星不亮持底明儂緒

詐我不出門冥就他儂宿鹿轉方相頭丁倒欺人目

歡但且還去遺信相參伺契見向高店須臾儂自來

欲行一過心誰我道相憐摘菊持飲酒浮華著口邊

語我不遊行常常走巷路敗橋語方相欺儂那得度

闊面行負情詐我言端的畫背作天圖子將負星歷

君行負憐事那得厚相於麻紙語三葛我薄汝麤踈

黄天不滅解甲夜曙星出漏刻無心腸復令五更畢

打殺長鳴鷄彈去烏臼鳥願得連冥不復曙一年都一曉

空中人住在高檣深閤裏書信了不通故使風往爾

儂心常慊慊歡行由預情霧露隱芙蓉見蓮詎分明

非歡獨慊慊儂意亦驅驅雙燈俱時盡奈許兩無由

誰交彊纒緜常持罷作處作生隱藕葉蓮儂在何處

相憐兩樂事黃作無趣怒合散無黃連此事復何苦

誰交彊纒緜常持罷作意走馬織懸簾薄情奈當駛

執手與歡別合會在何時明燈照空局悠然未有期

百憶却欲噫兩眼常不燥蕃師五鼓行離儂何太早

合笑來向儂一抱不能置領後千里帶那頓誰多媚

歡相憐今去何時來裲襠別去年不忍見分題

歡相憐題心共飲血梳頭入黃泉分作兩死計

嬌笑來向儂一抱不能已湖燥芙蓉萎蓮汝藕欲死

歡心不相憐慊苦竟何已芙蓉腹裏萎蓮汝從心起

下帷掩燈燭明月照帳中無油何所苦但使天明儂

執手與歡別欲去情不忍餘光照已藩坐見離日盡

種蓮長江邊藕生黃蘗浦必得蓮子時流離經辛苦

人傳我不虛實情明把納芙蓉萬層生蓮子信重沓
聞乖事難懷況復臨別離伏龜語石板方作千歲碑
鈴盪與時競不得尋傾慮春風扇芳條常念花落去
坐倚無精魂使我生百慮方局十七道期會是何處
暫出白門前楊栁可藏烏歡作沈水香儂作博山鑪
十期九不果常抱懷恨生然燈不下炷有油那得明
自從近日來了不相尋博竹簾裲襠題知子心情薄
下帷燈火盡朗月照懷裏無油何所苦但入天明爾
近日蓮違期不復尋博子六籌翻雙魚都成罷去已
一夕就郎宿通夜語不息黃蘗萬里路道苦眞無極
登店賣三葛郎來買丈餘合匹與郎去誰解斷麤䟴
儂亦粗經風罷頓葛帳裏敗許麤䟴中
紫草生湖邊悮落芙蓉裏色分都未獲空中染蓮子

閨閤斷信使的的兩相憶譬如水上影分明不可得
逍遥待曉分轉側聽更鼓明月不應停特爲相思苦
罷去四五年相見論故情殺荷不斷藕蓮心已復生
辛苦一朝歡須臾情易厭行膝點芙蓉深蓮非骨念
慊苦憶儂歡書作後非是五果林中度見花多憶子

讀曲歌五首

唐張祜

窻中獨自起簾外獨自行愁見蜘蛛織尋思直到明
碓上人不舂窻中絲罷絡看渠駕去車定是無四角
不見心相許徒云脚漫勤摘荷空摘葉是底採蓮人
窻外山魈立知渠脚不多三更機底下摸着是誰梭
郎去摘黃瓜郎來收赤棗郎耕種麻地今作西舍道

樂府詩集卷第四十六

（宋）郭茂倩 編

宋本樂府詩集

第六册

國家圖書館出版社

(宋)郭茂倩 編

宋本樂府詩集

第五册

國家圖書館出版社

秦木[illegible][illegible][illegible]集

[illegible]

第五冊目録

樂府詩集卷第二十七

太原郭　茂倩　編次

相和歌辭

相和曲中

度關山　　魏武帝

樂府解題曰魏樂奏武帝辭言人君當自勤苦省方黜陟省刑薄賦也若梁戴暠云昔聽隴頭吟平居已流涕但叙征人行役之思焉

天地間人為貴立君牧民為之軌則車轍馬迹經緯四極黜陟幽明黎庶繁息於鑠賢聖總統邦域封建五爵井田刑獄有燔丹書無普赦贖臯陶甫侯何有失職嗟哉後世改制易律勞民為君役賦其力舜漆食器畔者十國不及唐堯采椽不斲世歎伯夷欲以厲俗侈惡之大儉為共德許由推讓豈

有訟曲兼愛尚同疏者為戚

右一曲魏樂所奏

同前　　簡文帝

關山遠可度遠度復難思直指遮歸道都護總前期力農争地利轉戰逐天時材官蹶張皆命中弘農越騎盡搴旗搴旗遠不息驅虜何窮極狼居一封難再覩閼氏永去無容色銳氣且横行朱旗亂日精先屠光禄塞却破夫人城凱還歸舊里非是衒功名

同前　　戴暠

昔聽隴頭吟平居已流涕今上關山望長安樹如薺千里非鄉邑百姓為兄弟軍中大體自相褒其間得意各分曹慱陵輕俠皆無位幽州重氣本多豪馬銜苜蓿葉劒寳（一作瑩）鷿鵜膏初征心未習（一作息）復值雁飛入山頭看月近草上知風急

笛喝曲難成笳繁響還澀武帝初承平東伐復西征薊門海
作塹榆塞冰為城催令四校出倚望三邊平箭服潮來動刀
環臨陣鳴将軍一百戰都護五千兵且决雄雌眼前利誰道
功名身後事丈夫意氣本自然來時辭弟一作第已聞一作開天
但令此身與命在不持烽火照甘泉

同前　栁惲

長安倡家女出入燕南垂與持德自美本以容見知舊聞關
山道何事總金羈妾心日已亂秋風鳴細枝

同前　劉遵

隴樹寒色落塞雲朝欲開谷深聲易響路狹幰難回當知結
綬去非是棄繻來行人思顧返道別且徘徊顧度關山鶴勞
歌立可哀

同前　王訓

邊庭多警急羽檄未曾閒從軍出隴坂驅馬度關山關山恒晻靄高峰白雲外遥望秦川水千里長如帶好勇自秦中意氣本豪雄少年便習戰十四已從戎昔年經上郡今歲出雲中遼水深難渡榆關斷未通折衝凌絶域流蓬驚未息胡風朝夜起平沙不相識兵法貴先聲兵中自有程逗遛皆贖罪先登盡一城都護疲詔吏将軍擅發兵平盧凝縱火飛鴟畏犯營輕重一為鹵一作虜金刀何用盟誰知出塞外獨有漢飛名

同前　張正見

關山度曉月劒客遠從征雲中出迴陣天外落奇兵輪摧偃去節樹倒礙懸旌沙揚折坂暗雲積榆溪明馬倦時銜草人疲屢看城寒隴胡笳澀空林漢鼓鳴還聽鳴咽水併切斷腸聲

同前　李端

雁塞日初晴胡關雪復平危竿緣廣漠古竇傷長城拔劍金星出彎弧玉羽鳴誰知係虜者賈誼是書生

同前　馬戴

金鎖耀兜鍪黃雲拂紫騮叛羌旗下戮陷壁夜中收霜霰戎衣故關河磧氣秋箭瘡殊未合更遣擊蘭州

火發龍山北中宵易左賢勒兵臨漢水驚雁散胡天木落防河急軍孤受敵偏猶聞漢皇怒按劍待開邊

東光　古辭

古今樂錄曰張永元嘉技錄云東光舊但絃無音宋識造其歌聲

東光乎倉梧何不乎倉梧多腐粟無益諸軍糧諸軍遊蕩子早行多悲傷

右一曲魏晉樂所奏

十五　魏文帝

古今樂録曰十五歌文帝辭後解歌瑟調西山一何高彭祖稱七百篇辭在瑟調

登山而遠望谿谷多所有楩柟千餘尺衆草之（一作芝）盛茂華葉耀人目五色難可紀雉雊山雞鳴虎嘯谷風起號羆當我道狂顧動牙齒

右一曲魏晉樂所奏

登高丘而望遠　李白

登高丘而望遠海六鼇骨已霜三山流安在扶桑半摧折白日沉光彩銀臺金闕如夢中秦皇漢武空相待精衛費木石黿鼉無所憑君不見驪山茂陵盡灰滅牧羊之子來攀登盜賊劫寶玉精靈竟何能窮兵黷武今如此鼎湖飛龍安可乘

薤露　古辭

崔豹古今注曰薤露蒿里竝喪歌也本出田橫門人橫自殺門人傷之為作悲歌言人命奄忽如薤上之露易晞滅也亦謂人死魂魄歸於蒿里至漢武帝時李延年分為二曲薤露送王公貴人蒿里送士大夫庶人使挽柩者歌之亦謂之挽歌譙周法訓曰挽歌者漢高帝召田橫至尸鄉自殺從者不敢哭而不勝哀故為挽歌以寄哀音樂府解題曰左傳云齊將與吳戰於艾陵公孫夏命其徒歌虞殯杜預云送死薤露歌即喪歌不自田橫始也按蒿里山名在泰山南魏武帝薤露行曰惟漢二十二世所任誠不良曹植又作惟漢行

薤上露何易晞露晞明朝更復落人死一去何時歸

同前　魏武帝

惟漢二十二世所任誠不良沐猴而冠帶知小而謀彊猶豫不敢斷因狩執君王白虹為貫日己亦先受殃賊臣持（一作執）國柄殺主滅宇京蕩覆帝基業宗廟以燔喪播越西遷移號泣而且行瞻彼洛城郭微子為哀傷

右一曲魏樂所奏

同前　曹植

樂府解題曰曹植擬薤露行為天地

天地無窮極陰陽轉相因人居一世間忽若風吹塵願得展功勤輸力於明君懷此王佐才慷慨獨不羣鱗介尊神龍走獸宗麒麟蟲獸豈知德何況於士人孔氏刪詩書王業粲已分騁我徑寸翰流藻垂華芬

同前　張駿

在晉之二葉一作世皇道昧不明主暗無良臣艱一作姦亂起朝庭七柄失其所權綱喪典刑愚滑窺神器牝鷄又晨鳴哲婦逞幽虐宗祀一朝傾儲君縊新昌帝執金墉城禍釁萌宮掖胡馬動北坰三方風塵起玁狁竊上京義士扼素婉感慨懷憤盈誓心蕩衆狄積誠徹昊靈

惟漢行　曹植

太極定二儀清濁始以形三光炤八極天道甚著明為人立君長欲以遂其生行仁章以瑞變故誡驕盈神高而聽卑報若響應聲明主敬細微三季曹天經二皇稱至化盛哉唐虞庭禹湯繼厥德周亦致太平在昔懷帝京一作時日昃不敢寧濟濟在公朝萬載馳其名

同前　傅玄

危哉鴻門會沛公幾不還輕裝入人軍投身湯火間兩雄不

俱立亞父見此權項莊奮劍起白刄何翩翩伯身雖爲蔽事促不及旋張良慴坐側高祖變龍顏賴得樊將軍獸（當作虎）叱項王前嗔目駭三軍磨牙咀豚肩空卮讓霸主臨急吐奇言威凌萬乘主指顧回泰山神龍困鼎鑊非噲豈得全狗屠登上将功業信不原健兒寔可慕腐儒何足歎

蒿里　古辭

蒿里誰家地聚斂魂魄無賢愚鬼伯一何相催促人命不得少踟蹰

同前　魏武帝

關東有義士興兵討羣凶初期會盟津乃心在咸陽軍合力不齊躊躇而雁行勢利使人爭嗣還自相戕淮南弟稱號刻璽於北方鎧甲生蟣蝨萬姓以死亡白骨露於野千里無雞鳴生民百遺一念之斷人腸

右一曲魏樂所奏

同前　鮑照

同晝無貴賤殊願有窮伸馳波催永夜零露逼短晨（一作漏馳催永夜露宿逼短晨）結我幽山駕去此滿堂親虛容遺劍佩美（一作實）貌戢衣巾斗酒安可酌尺書誰復陳年代稍推遠懷抱日幽淪人生良自劇天道與何人齎我長恨意歸為狐兔塵

同前　僧貫休

兔不遲烏更急但恐穆王八駿著鞭不及所以蒿里墳出蕺蕺氣凌雲天龍騰鳳集盡為風消土喫狐掇蟻拾黃金不啼玉不泣白楊騷屑亂風愁月折碑石人莽穢榛沒牛羊窸窣時見牧童兒弄枯骨

挽歌　繆襲

生時遊國都死没棄中野朝發高堂上暮宿黃泉下白日入

虞淵懸車息駟馬造化雖神明安能復存我形容稍歇滅齒髮行當墮自古皆有然誰能離此者

同前　陸機

卜擇考休貞嘉命咸在兹夙駕警徒御結轡頓重基龍幌被廣柳前驅矯輕旗殯宮何嘈嘈哀響沸中闈闈中且勿喧聽我殲露詩死生各異倫祖載當有時舍爵兩楹位啓殯進靈轜飲餞觴莫舉出宿歸無期帷衽曠遺影棟宇與子辭周親咸奔湊友朋自遠來翼翼飛輕軒駸駸策素騏按轡遵長薄送子長夜臺呼子子不聞泣子子不知歎息重櫬側念我疇昔時三秋猶足收萬世安可思殉殁身易亡救子非所能含言哽咽揮涕涕一作淚流離

重阜何崔嵬玄廬竄其間磅礴立四極穹崇效一作放蒼天測一作側聽陰溝涌卧觀天井懸壙宵何寥廓大暮安可晨人往

有返歲我行無歸年昔居四民宅今託萬鬼鄰昔為七尺軀今成灰與塵金玉昔（一作素）所佩鴻毛今不振豐肌饗螻蟻妍骸永夷泯壽堂延魑魅虛無自相賓螻蟻爾何怨魑魅我何親拊心痛荼毒永歎莫為陳流離親友思惆悵神不泰素驂佇輀軒玄駟鶩飛蓋哀鳴興殯宮迴遲悲野外魂輿寂無響但見冠與帶備物象平生長旌誰為旆悲風鼓行軌傾雲結流藹振策指靈丘駕言從此逝

同前三首　陶潛

荒草何茫茫白楊亦蕭蕭嚴霜九月中送我出遠郊四面無人居高墳正嶕嶢鳥為動哀鳴（一作馬為仰天鳴）林風自蕭條幽室一已閉千年不復朝千年不復朝賢達無奈何向來相送人各以（一作已）歸其家親戚或餘悲他人亦已歌死去何所道託體同山阿

有生必有死早終非命促昨暮同為人今旦在鬼錄魂氣散何之枯形寄空木嬌兒索父啼良友撫我哭得失不復知是非安能覺千秋萬歲後誰知榮與辱但恨在世時飲酒恒不足

在昔無酒飲今但（一作但恨）湛空觴春醪生浮蟻何時更能嘗肴案盈（一作列）我前親戚（一作舊）哭我傍欲語口無音欲視眼無光昔在高堂寢今宿荒草鄉荒草無人眠極視正茫茫一朝出門去歸家（一作來）良未央

同前　鮑照

獨處重冥下憶昔登高臺傲岸平生中不為物所裁埏門只復閉日蟻相將來生時芳蘭體小蟲今為災玄鬢無復根枯髏依青苔憶昔好飲酒素盤進青梅彭韓及廉藺疇昔已成灰壯士皆死盡餘人安在哉

同前　祖孝徵

昔日驅駟馬謁帝長楊宮旌懸白雲外騎獵紅塵中今來向漳浦素蓋轉悲風榮華與歌笑萬事盡成空

同前　趙徵明

寒日蒿上明凄凄郭東路素車誰家子丹旐引將去原下荊棘叢叢邊有新墓人間痛傷別此是長別處曠野何蕭條青松白楊樹

同前二首　于鵠

陰風吹黃蒿挽歌渡秋水車馬却歸城孤墳月明裏

雙轍出郭門綿綿東西道送死多於生幾人得終老見人切肺肝不如歸山好不聞哀哭聲默默安懷抱時盡從物化又免生憂擾世間壽者稀盡為悲傷惱

同前　孟雲卿

草草門巷喧塗車儼成位冥寞何所須盡我生人意北邙路非（一作不）遠此別終天地臨穴頻撫棺至哀反無淚爾形未衰老爾息猶童稚骨肉不（一作安）可離皇天若容易房帷即虛張庭宇爲哀次殯露歌若斯人生盡如寄

同前　白居易

丹旐何飛揚素驂亦悲鳴晨光照閭巷輀車儼欲行蕭條九月天哀挽出重城借問送者誰妻子與弟兄蒼蒼上古原峨峨開新塋含酸一慟哭異口同哀聲舊壠轉蕪絶新墳日羅列春風草緑北邙山此地年年生死別

對酒　魏武帝

樂府解題曰魏樂奏武帝所賦對酒歌太平其旨言王者德澤廣被政理人和萬物咸遂若梁范雲對酒心自足則言但當爲樂勿徇名自欺

也

對酒歌太平時吏不呼門王者賢且明宰相股肱皆忠良咸禮讓民無所爭訟三年耕有九年儲倉穀滿盈班白不負戴雨澤如此百穀用成却走馬以糞其上田爵公侯伯子男咸愛其民以黜陟幽明子養有若父與兄犯禮法輕重隨其刑路無拾遺之私囹圄空虛冬節不斷人耄耋皆得以壽終恩德廣及草木昆蟲

右一曲魏樂所奏

同前　范雲

對酒心自足故人來共持方悅羅衿解誰念髮成絲徇性一作往良為達求名本自欺迨君當歌日及我傾樽時

同前　張率

對酒誠可樂此酒復芳醇如華良可貴似乳更甘珍何當留

上客為寄掌中人金樽清復滿玉椀亟來親誰能共遲暮對酒惜芳辰一作晨君歌尚未罷却坐避梁塵

同前　張正見

當歌對玉酒匡坐酌金罍竹葉三清泛蒲萄百味開風移蘭氣入月逐桂香來獨有劉將阮忘情寄羽杯

同前　岑之敬

色映臨池竹香浮滿砌蘭舒文泛玉盌漾蟻溢金盤簫曲隨鸞易笳聲出塞難唯有將軍酒川上可除寒

同前　庾信

春水望桃花春洲藉芳杜琴從緑珠借酒就文君取牽馬向渭橋日曝山頭脯山簡接羅倒王戎如意舞箏鳴金谷園笛韻平陽塢人生一百年歡笑唯三五何處覓錢刀求為洛陽賈

同前　崔國輔

行行日將夕荒村古塚無人跡朦朧荊棘一鳥飛屢唱提壺沽酒喫古人不達酒不足遺恨精靈傳此曲寄言當代諸少年平生且盡杯中淥

同前二首　李白

松子棲金華安期入蓬海此人古之仙羽化竟何在浮生速流電倏忽變光彩天地無凋換容顏有遷改對酒不肯飲含情欲誰待

勸君莫拒杯春風笑人來桃李如舊識傾花向我開流鶯啼碧樹明月窺金罍昨來朱顏子今日白髮催棘生石虎殿鹿走姑蘇臺自古帝王宅城闕閉黃埃君若不飲酒昔人安在哉

樂府詩集卷第二十七終

樂府詩集卷第二十八

太原郭　茂倩　編次

相和歌辭

相和曲下

雞鳴　古辭

樂府解題曰古詞云雞鳴高樹巔狗吠深宮中初言天下方太平蕩子何所之次言黃金為門白玉為堂置酒作倡樂為樂終言桃傷而李仆喻兄弟當相為表裏兄弟三人近侍榮耀道路與相逢狹路間行同若梁劉孝威雞鳴篇但詠雞而已又有雞鳴高樹巔晨雞高樹鳴皆出於此

鷄鳴高樹巔狗吠深宮中蕩子何所之天下方太平刑法非

有貸桑協正亂名黃金為君門璧碧一作玉為軒闌堂上有雙樽酒作使邯鄲倡劉王碧青甓後出郭門王舍後有方池池中雙鴛鴦鴛鴦七十二羅列自成行鳴聲何啾啾聞我殿東廂兄弟四五人皆為侍中郎五日一時來觀者滿路傍黃金絡馬頭熲熲何煌煌桃生露井上李樹生桃傍蟲來齧桃根李樹代桃殭樹木身相代兄弟還相忘

右一曲魏晉樂所奏

雞鳴篇　劉孝威

埘雞識將曙長鳴高樹巔啄葉疑彰羽排花殭欲前意氣多驚舉飄颺獨無侶陳思助鬬協狸膏郈昭妬敵安金距丹山可愛有鳳凰金門飛舞有鴛鴦何如五德美豈勝千里翔

雞鳴高樹巔　梁簡文帝

碧玉好名倡夫壻侍中郎桃花全覆井金門半隱堂時欣一

來下復比雙鴛鴦雞鳴天尚早東烏定未光

晨雞高樹鳴　張正見

晨雞振翮鳴出迥擅奇聲蜀郡隨金馬天津應玉衡摧冠驗遠石擊火出連營爭棲斜揭暮解翼横飛度試飲淮南藥翻上仙都樹枝低且候潮葉淺還承露承露觸嚴霜葉淺伺朝陽不見猜羣怯寳劍勇戰出花場當損黄金距誰論白玉璫豈知長鳴逢晉帝恃氣遇周王流名説魯國分影入陳倉不復愁符朗猶能感孟嘗

烏生　古辭

一曰烏生八九子樂府解題曰古辭云烏生八九子端坐秦氏桂樹間言烏母子本在南山巖石間而來為秦氏彈丸所殺白鹿在苑中人得以為脯黄鵠摩天鯉在深淵人得而烹煮之則

壽命各有定分死生何歎待一作前後也若梁劉孝威城上烏一年生九雛但詠烏而已又有城上烏蓋出於此

烏生八九子端坐秦氏桂樹間唶我秦氏家有遊遨蕩子工用睢陽彊蘇合彈左手持彊彈兩九出入烏東西唶我一丸即發中烏身烏死魂魄飛揚上天阿母生烏子時乃在南山巖石間唶我人民安知烏子處蹊徑窈窕安從通白鹿乃在上林西苑中射工尚復得白鹿脯唶我黃鵠摩天極高飛後宮尚復得烹煮之鯉魚乃在洛水深淵中釣鉤尚得鯉魚口唶我人民生各各有壽命死生何須復道前後

右一曲魏晉樂所奏

烏生八九子　劉孝威

城上烏一年生九雛枝輕巢本狹風多葉早枯氄毛不自煖

張翼彊相呼金柝嚴兮翠樓肅蜃壁光兮椒泥馥虞機銜網不得猜鷹鷙隼搏無由逐永顧茱棲曾氏冠同瑞周王屋莫啼城上寒猶賢野間宿羽成翮備各西東丁年賦命有窮通不見高飛帝輦側遠託日輪中一作終尚逢王吉箭猶嬰夏羿弓豈如變彩救燕質入夢祚昭公留聲表師退集幕示營空靈臺已鑄像流蘇時候風

城上烏　吳均

焉焉城上烏翩翩尾畢逋凡生八九子夜夜啼相呼質微知處少體賤毛衣麄陛下三萬歲臣至執金吾

同前　朱超

朝飛集帝城猶帶夜啼聲近日毛雖煖聞弦心尚驚

平陵東　古辭

崔豹古今注曰平陵東漢翟義門人所作也樂

府解題曰義丞相方進之少子字文仲爲東郡太守以王莽方簒漢舉兵誅之不克見害門人作歌以怨之也

平陵東松柏桐不知何人刧義公刧義公在高堂下交錢百萬兩走馬兩走馬亦誠難顧見追吏心中惻心中惻血出漉歸告我家賣黄犢

右一曲魏晉樂所奏

同前　曹植

閶闔開天衢通被我羽衣乘飛龍乘飛龍與仙期東上蓬萊採靈芝靈芝採之可服食年若王父無終極

陌上桑三解　古辭

一曰豔歌羅敷行古今樂錄曰陌上桑歌瑟調古辭豔歌羅敷行日出東南隅篇崔豹古今注

曰陌上桑者出秦氏女子秦氏邯鄲人有女名羅敷爲邑人千乘王仁妻王仁後爲趙王家令羅敷出採桑於陌上趙王登臺見而悦之因置酒欲奪焉羅敷巧彈箏乃作陌上桑之歌以自明趙王乃止樂府解題曰古辭言羅敷採桑爲使君所邀盛誇其夫爲侍中郎以拒之與前説不同若陸機扶桑升朝暉但歌美人好合與古詞始同而末異又有採桑亦出於此

日出東南隅照我秦氏樓秦氏有好女自名爲羅敷羅敷憙蠶桑採桑城南隅青絲爲籠係桂枝爲籠鉤頭上倭墮髻耳中明月珠緗綺爲下帬紫綺爲上襦行者見羅敷下擔捋髭鬚少年見羅敷脱帽著帩頭耕者忘其犂鋤者忘其鋤來歸相怒怨但坐觀羅敷一解使君從南來五馬立踟躕使君遣吏

往問是誰家姝秦氏有好女自名為羅敷羅敷年幾何二十尚不足十五頗有餘使君謝羅敷寧可共載不羅敷前置辭使君一何愚使君自有婦羅敷自有夫二解東方千餘騎夫壻居上頭何用識夫壻白馬從驪駒青絲繫馬尾黃金絡馬頭腰中鹿盧劍可直千萬餘十五府小史二十朝大夫三十侍中郎四十專城居為人潔白皙鬑鬑頗有鬚盈盈公府步冉冉府中趨坐中數千人皆言夫壻殊三解 前有豔歌曲後有趨

右一曲魏晉樂所奏

同前　楚辭鈔

今有人山之阿被服薜荔帶女蘿既含睇又宜笑子戀慕予善窈窕乘赤豹從文貍辛夷車駕結桂旗被石蘭帶杜衡折芳拔荃遺所思處幽室終不見天路險艱獨後來表獨立山之上雲何容容而在下杳冥冥羌晝晦東風飄飄神靈雨風

瑟瑟木㮴㮴思念公子徒以憂

同前　魏武帝

駕虹蜺乘赤雲登彼九疑歷玉門濟天漢至崑崙見西王母謁東君交赤松及羨門受要秘道愛精神食芝英飲醴泉柱杖枝佩秋蘭絕人事遊渾元若疾風遊欻飄飄一作翩景未移行數千壽如南山不忘愆

同前　魏文帝

棄故鄉離室宅遠從軍旅萬里客披荊棘求阡陌側足獨窘步路局窄虎豹嗥動雞驚禽失羣鳴相索登南山奈何蹈盤石樹木叢生鬱差錯寢蒿草蔭松柏涕泣雨面霑枕席伴旅單稍稍日零落惆悵竊自憐相痛惜

右三曲晉樂所奏

同前　吳均

嫋嫋陌上桑蔭陌復垂塘長條映白日細葉隱鸝黄蠶飢妾復思拭淚且提筐故人寧知此（一作故人去如此）離恨煎人腸

同前　王臺卿

令月開和景處處動春心挂筐須葉滿息倦重枝陰

同前　王筠

人傳陌上桑未曉已含光重重相蔭映軟軟（一作軟弱）自芬芳秋胡始停馬羅敷未滿筐春蠶朝已伏安得久彷徨

同前　亡名氏

日出秦樓明條垂露尚盈蠶飢心自急開奩妝不成

同前　李白

美女渭橋東（一作美女緗綺衣）春還事蠶作五馬如飛龍（一作飛如五馬花）青絲結金絡不知誰家子調笑來相謔妾本秦羅敷玉顏艷名都緑條映素手採桑向城隅使君且不顧況復論秋胡寒

蛩愛碧草鳴鳳棲青梧託心自有處但恠傍人愚徒令白日暮高駕空踟躕

同前　常建

翳翳陌上桑南枝交北堂美人金梯出素手自提筐非但畏蠶飢盈盈嬌路傍

同前　陸龜蒙

皓齒還如貝色（一作光）含長晷亦似烜華貼（一作帖）鄰娃盡著繡襠襦獨自提筐採蠶葉

採桑　鮑照

季春梅始落工女事蠶作採桑淇澳間還戲上宮閣早蒲時結陰晚篁（一作竹）初解籜靄靄霧滿閨融融景盈幕乳燕逐草蟲巢蜂拾花藥是節最喧妍佳服又新爍欽歎對回塗揚歌弄場藿琴抽試紆思薦佩果成託承君郢中美服義久心諾

衛風古愉艷鄭俗舊浮薄靈頎悲渡湘宓賦笑瀍景一作洛盛
明難重來淵意為誰洄君其且調弦桂酒妾行酌

同前　梁簡文帝

春色映空來先發院邊梅細萍重疊長新花壓亂開連珂往
淇上接幰至叢臺叢臺可憐妾當牕望飛蝶忌跌行衫領熨斗
成褫襵寄語採桑伴訝今春日短枝高攀不及葉細籠難滿

同前　姚翻

雁還高柳北春歸洛水南日照茱萸領風搖翡翠簪桑間視
欲暮閨裏遽飢蠶相思君助取相望妾那堪

同前　吳均

賤妾思不堪採桑渭城南帶減連枝繡髮亂鳳凰　花舞依
長薄蛾飛愛綠潭無由報君信流涕向春蠶

劉邈

倡妾不勝愁結束下青樓逐伴西城路相攜南陌頭葉盡時移樹枝高乍（一作任）易鈎絲繩提（一作掛）且脫金籠寫仍收蠶飢日欲暮誰爲使君留

同前　沈君攸

南陌落光移蠶妾畏桑萎逐便牽低葉爭多避小枝摘駃籠行滿攀高腕欲疲看金怯舉意求心自可知

同前　陳後主

春樓髻梳罷南陌競相隨去後花叢散風來香處移廣袖承朝日長鬟礙聚枝柯新攀易斷葉嫩摘前萎採繁鈎手弱微汗雜妝垂不應歸獨早堪爲使君知

同前　張正見

春樓曙鳥驚蠶妾候初晴迎風金珥落向日玉釵明徙顧移籠影攀鈎動釧聲葉高知手弱枝軟覺身輕人多羞借問年

少怯逢迎恐疑夫壻遠聊復答專城

同前　賀徹

蠶妾出房櫳結伴類花叢度水春山緑映日晚妝紅釧聲時
動樹衣香自入風鈎長從枝曲葉盡細條空競採須盈手爭
歸欲滿籠自憐公府步誰與少年同

同前　傅縡

羅敷試採桑出入城南傍綺裙映珠珥絲繩提玉筐度身攀
葉聚聳腕及枝長空勞使君問自有侍中郎

同前　郎大家宋氏

春來南雁歸日去西蠶遠妾思紛何極客遊殊未返

同前　劉希夷

楊柳送行人青青西入秦秦家採桑女樓上不勝春盈盈灞
水曲步步春芳緑紅臉耀明珠絳唇含白玉回首渭橋東遥

憐樹色同一作春色同青絲嬌落日緗綺弄春風攜籠長歎息逶迤戀春色看花若有情倚樹疑無力薄暮思悠悠使君南陌頭相逢不相識歸去夢青樓

同前　李彥暐

採桑畏日高不待春眠足攀條有餘愁那矜貌如玉千金豈不贈五馬空躑躅何以變真性幽篁雪中綠

同前　王建

鳥鳴桑葉間葉綠條復柔攀看去手近放下長長鉤黄花盎野田白馬少年遊所念豈回顧良人在高樓

豔歌行　傅玄

日出東南隅照我秦氏樓秦氏有好女自字為羅敷首戴金翠飾耳綴明月珠白素為下裾丹霞為上襦一顧傾朝市再顧國為虛問女居安在堂在城南居青樓臨大巷幽門結重

樞使君自南來駟馬立踟躕遣吏謝賢女豈可同行車斯女長跪對使君言何殊使君自有婦賤妾有鄙夫天地正厥位願君改其圖

同前　張正見

城隅上朝日斜暉照杏梁併卷茱萸帳爭移翡翠牀縈鬟聊向牖拂鏡且調妝裁金作小靨散麝起微黄二八秦樓婦三十侍中郎執戟超丹地豐貂入建章未安文史閣獨結少年場彎弧貫葉影學劍動星芒翠蓋飛城曲金鞍横道傍調鷹向新市彈雀往睢陽行行稍有極暮暮歸蘭房前瞻富羅綺左顧足鴛鴦蓮舒千葉氣燈吐百枝光滿酌胡姬酒多燒荀令香不學幽閨妾生離怨採桑

羅敷行　蕭子範

城南日半上微步弄妖姿含情動燕俗顧景笑齊眉不愛桑

桑盡還憶畏蠶飢春風若有顧惟願落花遲

同前　　顧野王

東隅麗春日南陌採桑時樓中結梳罷提筐候早期風輕鶯韻緩霜灑落花遲五馬光長陌千騎絡青絲使君徒遣信賤妾畏蠶飢

同前　　高允

邑中有好女姓秦字羅敷巧笑美回盼鬢髮復凝膚脚著花文履耳穿明月珠頭作墮馬髻倒枕象牙梳姌姌善趨步襜襜曳長裙王侯為之顧駟馬自踟躕

日出東南隅行　　陸機

扶桑升朝暉照此高臺端高臺多妖麗濬房出清顏淑貌耀皎日惠心清且閑美目揚玉澤蛾眉象翠翰鮮膚一何潤秀色若可餐窈窕多容儀婉媚乃笑言莫春春服成粲粲綺與

紈金雀埀藻翹瓊佩結瑤璠方駕揚清塵濯足洛水瀾藹〻
風雲會佳人一何繁南崖充羅幕北渚盈軿軒清川含藻景
高岸（一作崖）被華丹馥〻芳袖揮泠〻纖指彈悲歌吐清響雅韻
播幽蘭丹脣含九秋妍迹凌七盤赴曲迅驚鴻蹈節如集鸞
綺態隨顔變沈姿無定源俯仰紛阿那顧步咸可憐遺芳結
飛飇浮景映清湍冶容不足詠春遊良可歎

同前　謝靈運

栢梁冠南山桂宮燿北泉晨風拂幨幌朝日照閨軒美人臥
屏席懷蘭秀瑤璠皎潔秋松氣淑德春景暄

同前　沈約

朝日出邯鄲照我叢臺端中有傾城豔顧景織羅紈延軀似
纖約遺視若回瀾瑤莊映層綺金服炫彫欒幸有同匡好西
仕服秦官寶劍埀玉貝汗馬飾金鞍縈場類轉雪逸控似騰

鸞羅衣夕解帶玉釵暮埀冠

同前　張率

朝日照屋梁夕月懸洞房專遽自稱豔獨　伊覽光雖資自然色誰能棄薄妝施著見朱粉點畫示赬黄含貝開丹吻如羽發青陽金碧旣簪珥綺縠復衣裳方領備蟲彩曲裙雜鴛鴦手操獨繭緒脣凝脂燥黄

同前　蕭子顯

大明上迢迢陽城射淩霄光照窻中婦絶世同阿嬌明鏡盤龍刻簪羽鳳凰雕逶迤梁家髻冉弱楚宮腰輕紈雜重錦薄縠間飛綃三六前年暮四五今年朝蠶龍拾芳翠桑陌採桑條出入東城里上下洛西橋忽逢車馬客飛蓋動襜軺單衣鼠毛織寶劍羊頭銷丈夫疲應對從者輟銜鑣柱閒徒脉脉垣上幾翩翩女本西家宿君自上宮要漢馬三萬匹夫壻任

嫖姚鞶囊虎頭綬左珥皃盧貂橫吹龍鍾管奏鼓象牙簫十
五張內侍十八買登朝皆笑顏郎老盡訝董公超

同前　陳後主

重輪上瑞暉西北照南威南威年二八開牖敞重闈當壚送
客去上苑逐春歸鬢下珠勝月窓前雲帶衣紅裙結未解綠
綺白難徽

同前　徐伯陽

朱城壁日起朱扉青樓含照本暉暉遠映陌上春桑葉斜入
秦家緗綺衣羅敷妝粉能佳麗鏡前新梳倭墮髻圓籠裊裊
挂青絲鐵鉤冉冉勝丹桂蠶飢日晚暫生愁忽逢使君南陌
頭五馬停珂遺僭問雙臉含嬌特好羞妾壻府中輕小吏郎
今來往專城裏欲識東方千騎歸靄靄日暮紅塵起

同前　殷謀

秦樓出佳麗正值朝日光陌頭能駐馬花處復添香

同前　王褒

曉星西北没朝日東南隅陽窻臨玉女蓮帳照金鋪鳳樓稱獨立絶世良所無鏡懸四龍網枕畫七星圖銀鏤明光帶金地織成襦調絃大垂手歌曲鳳將雛採桑三市路賣酒七條衢道逢五馬客夾轂來相趍將軍多事藝夫聟好形模高箱照雲母壯馬飾當顱單衣火浣布利劍水精珠自知心所愛仕宦執金吾飛甍彫翡翠繡桷畫屠蘇銀燭附蟬映雞羽黄金摇步動襜褕兄弟五日時來歸高車竟道生光輝名倡兩行堂上起鴛鴦七十階前飛少年任俠輕年月珠丸出彈遂難追

同前　盧思道

初月正如鉤懸光入綺樓中有可憐妾如恨亦如羞深情出

艷語密意滿横眸楚腰寧且細孫眉本未愁青玉勿當取雙銀詎可（一作肯）留會待東方騎遥居最上頭

同前　　蕭撝

昏昏隱遠霧團團乘陣雲正值秦樓女含嬌酬使君

同前　　李白

日出東方隈似從地底來歷天又入海六龍所舍安在哉其始與終古不息（一作其行終古不休息）人非元氣安能與之久徘徊草不謝榮於春風木不怨落於秋天誰揮鞭策驅四運萬物興歇皆自然羲和羲和汝奚汨沒於荒淫之波魯陽何德駐景揮戈逆道違天矯誣實多吾將囊括大塊浩然與溟涬同科

同前　　李賀

白日下崑崙發光如舒絲徒照葵藿心不見遊子悲折折黄河曲日從中央轉暘谷耳曾聞若木眼不見（一作不可見）奈何鑠

石胡爲銷人羿彎弓屬矢那不中足令久不得奔詎教晨光夕昏

樂府詩集卷第二十八終

樂府詩集卷第二十九

太原郭　茂倩　編次

相和歌辭

吟歎曲

古今樂録曰張永元嘉技録有吟歎四曲一曰大雅吟二曰王明君三曰楚妃歎四曰王子喬大雅吟王明君楚妃歎竝石崇辭王子喬古辭王明君一曲今有歌大雅吟楚妃歎二曲今無能歌者古有八曲其小雅吟蜀琴頭楚王吟東武吟四曲闕

大雅吟　石崇

堂堂太祖淵弘其量仁格宇宙義風遐暢啓土萬里志在翼亮三分有二周文是尚於穆武王弈世載聰欽明冲默文思

允恭武則不猛化則時雍庭有儀鳳郊有遊龍啓路千里萬國率從蕩清吳會六合乃同百姓仰德良史書功超越三代唐虞比蹤

右一曲晉樂所奏

王明君

一曰王昭君唐書樂志曰明君漢曲也元帝時匈奴單于入朝詔以王嬙配之即昭君也及將去入辭光彩射人悚動左右天子悔焉漢人憐其遠嫁為作此歌晉石崇妓綠珠善舞以此曲教之而自製新歌按此本中朝舊曲唐為吳聲蓋吳人傳授訛變使然也西京雜記曰元帝後宮既多不得常見乃使畫工圖其形案圖召幸宮人皆賂畫工多者十萬少者亦不減五萬昭

君自恃容貌獨不肯與工人乃醜圖之遂不得見後匈奴入朝求美人為閼氏帝按圖以昭君行及去召見貌為後宮第一善應對舉止閑雅帝悔之而名籍已定方重信於外國故不復更人乃窮按其事畫工有杜陵毛延壽為人形醜好老少必得其真安陵陳敞新豐劉白龔寬竝工為牛馬飛鳥衆藝人形好醜不逮延壽下杜陽望樊青尤善布色同日棄市籍其家資皆巨萬京師畫工於是差稀古今樂録曰明君歌舞者晉太康中季倫所作也王明君本名昭君以觸文帝諱故晉人謂之明君匈奴盛請婚於漢元帝以後宮良家子明君配焉初武帝以江都王建女細君為公主嫁烏孫王昆莫令琵琶馬

上作樂以慰其道路之思送明君亦然也其造新之曲多哀怨之聲晉宋以來明君止以絃隸少許為上舞而已梁天監中斯宣達為樂府令與諸樂工以清商兩相閒絃為明君上舞傳之至今王僧虔技録云明君有閒絃及契注聲又有送聲謝希逸琴論曰平調明君三十六拍胡笳明君三十六拍清調明君十三拍閒絃明君九拍蜀調明君十二拍吳調明君十四拍杜瓊明君二十一拍凡有七曲琴集曰胡笳明君四弄有上舞下舞上閒絃下閒絃明君三百餘弄其善者四焉又胡笳明君别五弄辭漢跨鞍望鄉奔雲入林是也按琴曲有昭君怨亦與此同

我本漢家子将適單于庭辭訣未及終前驅已抗旌僕御涕

流離轅馬悲且鳴哀鬱傷五内泣淚沾朱纓行行日已遠遂造匈奴城延我於穹廬加我閼氏名殊類非所安雖貴非所榮父子見陵辱對之慙且驚殺身良不易默默以苟生苟生亦何聊積思常憤盈願假飛鴻翼棄之以遐征飛鴻不我顧佇立以屏營昔爲匣中玉今爲糞上英朝華不足嘉（一作歡）甘與秋草并傳語後世人遠嫁難爲情

右一曲晉樂所奏

王昭君　　鮑照

既事轉蓬遠心隨雁路絶霜鞞旦夕驚邊笳中夜咽

同前　　施榮泰

墜羅下椒閣舉袖拂胡塵唧唧撫心歎蛾眉誤殺人

同前　　庾信

試啼辭戚里回顧望昭陽鏡失菱花影釵除却月梁圍腰無

一尺垂淚有千行衫身承馬汗紅袖拂秋霜別曲真多恨哀絃須更張

同前

倚蘭恩寵歇昭陽幸御稀朝辭漢闕去夕見胡塵飛寄信秦樓下因書秋雁歸

同前　崔國輔

漢使南還盡胡中妾獨存紫臺綿望絶秋草不堪論

同前

一回望月一回悲望月月移人不移何如得見漢朝使為妾傳書斬畫師

同前　盧照隣

合殿恩中絶交河使漸稀肝腸辭玉輦形影向金微漢宮草應緑胡庭沙正飛願逐三秋雁年年一度歸

同前　駱賓王

斂容辭豹尾緘怨度龍鱗金鈿明漢月玉筯染胡塵妝鏡菱花暗愁眉柳葉嚬唯有清笳曲時聞芳樹春

同前　沈佺期

非君惜鸞殿非妾妬蛾眉薄命由驕虜無情是畫師嫁来胡地惡不竝漢宮時心苦無聊賴何堪上馬辭

同前　梁獻

圖畫失天真容華坐誤人君恩不可再妾命在和親淚點關山月衣銷邊塞塵一聞陽鳥至思絕漢宮春

同前　上官儀

玉關春色晚金河路幾千琴悲桂條上笛怨柳花前霧掩臨妝月風驚入鬢蟬緘書待還使淚盡白雲天

同前　董思恭

琵琶馬上彈行路曲中難漢月正南遠燕山直北寒鬢髻風拂散一作亂眉黛雪沾殘斟酌紅顔盡何勞鏡裏看

同前　顧朝陽

莫将鈆粉匣不用鏡花光一去邊城路何清更畫妝影銷胡地月衣盡漢宮香妾死非關命秪緣怨斷腸

同前三首　東方虬

漢道初全盛朝廷足武臣何須薄命妾辛苦遠和親

揜涕辭丹鳳銜悲向白龍單于浪驚喜無復舊時容

胡地無花草春來不似春自然衣帶緩非是為腰身

同前三首　郭元振

自嫁單于國長銜漢掖悲容顔日憔悴有甚畫圖時

厭踐冰霜域嗟為邊塞人思從漢南獵一見漢家塵

聞有南河信傳聞殺畫師始知君惠重更遣畫蛾眉

同前　劉長卿

自矜妖豔色不顧丹青人那知粉繢能相負却使容華翻誤身上馬辭君嫁驕虜玉顏對人啼不語北風雁急浮清（一作雲）秋萬里獨見黄河流纖腰不復漢宮寵雙蛾長向胡天愁琵琶絃中苦調多蕭蕭羌笛聲相和可憐一曲傳樂府能使千秋傷綺羅

同前二首　李白

漢家秦地月流影照（一作送）明妃一上玉關道天涯去不歸漢月還從東海出明妃西嫁無來日燕支長寒雪作花蛾眉憔悴没胡沙生乏黄金枉圖畫死留青塚使人嗟

昭君拂玉鞍上馬啼紅頰今日漢宮人明朝胡地妾

同前　儲光義

日暮驚沙亂雪飛傍人相勸易羅衣彊來前帳看歌舞共待

單于夜獵歸

同前　　僧皎然

自倚嬋娟望主恩誰知美惡忽相翻黄金不買漢宫貌青塚

空埋胡地魂

同前二首　　白居易

滿面胡沙滿鬢風眉銷殘黛臉銷殘愁苦辛懃顦顇盡如今

却似畫圖中

漢使却迴憑寄語黄金何日贖蛾眉君王若問妾顔色莫道

不如宫裏時

同前二首　　令狐楚

錦車天外去毳幕雲中開魏闕蒼龍遠蕭關赤雁哀

仙蛾今下嫁嬌子自同和劍戟歸田盡牛羊遶塞多

同前　　李商隱

毛延壽畫欲通神忍為黄金不為人馬上琵琶行萬里漢宮長有隔生春

明君詞　梁簡文帝

玉艷光瑤質金鈿婉黛紅一去蒲萄觀長別披香宫秋簷照漢月愁帳入胡風妙工偏見詆無由情恨通

同前　張正見

寒樹暗胡塵霜樓明漢月淚染上春衣憂變華年髮

同前　王褒

蘭殿辭新寵椒房餘故情鴻飛漸南陸馬首倦西徂寄書參漢使銜涕望秦城唯餘馬上曲猶作出關聲

同前　王偃

北望單于日半斜明君馬上泣胡沙一雙淚滴黄河水應得東流入漢家

同前　武陵王紀

塞外無春色邊城有風霜誰堪覽明鏡持許照紅妝

同前　沈約

朝發披香殿夕濟汾陰河於兹懷九折自此斂雙蛾沾妝疑湛露繞臆狀流波日見奔沙起稍覺轉蓬多胡風犯肌骨非直傷綺羅銜涕試南望關山鬱嵯峨始作陽春曲終成苦寒歌唯有三五夜明月暫經過

同前　庾信

斂眉光禄塞遥望夫人城片片紅顏落雙雙淚眼生冰河牽馬渡雪路抱鞍行胡風入（一作作）骨冷夜月照心明方調琴上曲變入胡笳聲

同前　何妥

荅聞别鶴弄已自軫離情今來昭君曲還悲秋草并

同前　　薛道衡

我本良家子充選入椒庭不蒙女史進更無畫師情蛾眉非本質蟬鬢改眞形專猶妾命薄誤使君恩輕啼落渭橋路歎別長安城今夜寒草宿明朝轉蓬征卻望關山迥前瞻沙漠平胡風帶秋月嘶馬雜笳聲毛裘易羅綺氈帳代帷屏自知蓮臉歌羞看菱鏡明釵落終應棄髻解不須縈何用單于重詎假閼氏名駃騠聊彊食挏酒未能傾心隨故鄉斷愁逐塞雲生漢宮如有憶為視旄頭星

同前　　張文琮

我途飛萬里回首望三秦忽見天山雪還疑上苑春玉痕垂淚粉一作粉淚羅袂拂胡塵為得胡中曲還悲遠嫁人

同前　　陳昭

跨鞍今永訣垂淚別親賓漢地行將遠胡關逐望新交河擁

塞路隴首暗沙塵唯有孤明月猶能遠送人

同前　戴叔倫

漢宮若遠近路在沙塞上到死不得歸何人共南望

同前　李端

李陵初送子卿回漢月明明照帳來憶著長安舊遊處千門萬户玉樓臺

昭君歎二首　范静婦沈氏

早信丹青巧重貨洛陽師千金買蟬鬢百萬寫蛾眉

今朝猶漢地明旦入胡關情寄南雲反思逐北風還（一作高堂歌吹少遊子夢中還）

楚王吟　張率

章臺迎夏日夢遠感春條風生竹籟響雲壑草緑饒相看重東素唯欣爭細腰不惜同從理但使一聞韶

楚妃歎　石崇

劉向列女傳曰楚姬楚莊王夫人也莊王好狩獵畢弋樊姬諫不止乃不食禽獸之肉王嘗與虞丘子語以為賢樊姬笑之王曰何笑也對曰虞丘子賢矣未忠也妾充後宮十一年而所進者九人賢於妾者二人與妾同列者七人虞丘子相楚十年而所薦者非其子孫則族昆弟未聞進賢退不肖也妾之笑不亦宜乎王於是以孫叔敖為令尹治楚三年而莊王以霸樂府解題曰陸機吳趨行云楚妃且勿歎明非近題也

按謝希逸琴論有楚妃歎七拍

蕩蕩大楚跨土萬里北據方城南接交阯西撫巴漢東被海涘五侯九伯是彊是理矯矯莊王淵渟岳峙冕旒垂精充纊

塞耳韜光戢曜潛默恭已內委樊姬外任孫子猗猗樊姬體道履信既紲虞丘九女是進杜絕邪佞廣啓令胤割歡抑寵居之不吝不吝實難可謂知幾化自近始著於閨闈光佐霸業邁德揚威羣后列辟式瞻淇規譬彼江海百川咸歸萬邦作歌身沒名飛

右一曲晉樂所奏

同前　袁伯文

玉墀滴凄露羅幌已依霜逢春每先絕爭秋欲幾芳

同前　梁簡文帝

閨閣漏永永漏長宵寂寂草營飛夜戶絲蟲繞秋屋薄笑未為欣微歎還成戚金簪鬢下墜玉筯衣前滴

同前　張籍

湘雲初起江沉沉君王遥在雲夢林江南雨多旌旗暗臺下

朝朝春水深章華殿前朝萬國君心獨自終無極楚兵滿地
能逐禽誰用一身繼筋力西江若飜雲夢中麋鹿死盡應還
宮

楚妃吟　王筠

花早飛林中明鳥早歸庭前日暖春閨香氣亦霏霏香氣漂
當軒清唱調獨顧慕含怨復含嬌蝶飛蘭復裊裊輕風入裾
春可遊歌聲梁上浮春遊方有樂沈沈下羅幕

楚妃曲　吳均

春妝約春黛如月復如蛾玉釵照繡領金薄厠紅羅

楚妃怨　張籍

梧桐葉下黃金井橫架轆轤牽素綆美人初起天未明手拂
銀缾秋水冷

王子喬　古辭

劉向列仙傳曰王子喬者周靈王太子晉也好吹笙作鳳鳴遊伊洛之間道人浮丘公接以上嵩高山三十餘年後求之於山上見柏良曰告我家七月七日待我於緱氏山頭至時果乘白鶴駐山頭望之不得到舉手謝時人數日而去爲立祠於緱氏山下及嵩高之首焉

王子喬參駕白鹿雲中遨參駕白鹿雲中遨下遊來王子喬參駕白鹿上至雲戲遊遨上建逋陰廣里踐近高結仙宮過謁三台東遊四海五嶽山過蓬萊紫雲臺三王五帝不足令令我聖明應太平養民若子事父明當究天祿永康寧玉女羅坐吹笛簫嗟行聖人遊八極鳴吐銜福翔殿側聖主享萬年悲吟皇帝延壽命

右一曲魏晉樂所奏

同前　江淹

子喬好輕舉，不待鍊銀丹。控鶴去窈窕，學鳳對巑岏。山無一春草，谷有千年蘭。雲衣下躑躅，龍駕何時還。

同前　高允生

仙化非常道，其義出自然。王喬誕神氣，白日忽升天。晻曖御雲氣，飄飖乘長烟。寄想崆峒外，翺翔宇宙間。七月有佳節一作期，控鶴崇崖巔。永與時人别，一去不復旋。

同前　高允

王少卿，王少卿，超升飛龍翔天庭。遺儀景雲漢，酬光驚電逝。忽若浮騎日月從列星，跨騰太廓踰窅冥。尋元氣，出天門，窮覽有無究道根。

同前　宋之問

王子喬，愛神仙，七月七日上賓天。白虎搖瑟鳳吹笙，乘騎雲

氣吸日精吸日精長不歸遺廟今在而人非空望山頭草草
露溼君衣

樂府詩集卷第二十九終

樂府詩集卷第三十

太原郭　茂倩　編次

相和歌辭

四弦曲

古今樂錄曰張永元嘉技錄有四弦一曲蜀國四弦是也居相和之末三調之首古有四曲其張女四弦李延年四弦嚴卯四弦三曲闕蜀國四弦節家舊有六解宋歌有五解今亦闕

蜀國弦　梁簡文帝

銅梁指斜谷劍道望中區通星上分野作固下為都雅歌因良守妙舞自巴渝陽城嬉樂盛劍騎鬱相趨五婦行難至百兩好遊娛牲祈望帝祀酒酹蜀侯誅江妃納重聘卓女愛將雛停弦時繫爪息吹治脣朱脫衫湔錦浪回扇避陽烏聞君

握節返賤妾下城隅

同前　盧思道

西蜀稱天府由來擅沃饒雪一作雲浮玉壘夕日映錦城朝南尋九折路東上七星橋琴心若易解令客豈難要

同前　李賀

楓香晚華靜錦水南山影鷩石墜猿哀竹雲愁半嶺涼月生秋浦玉沙鱗鱗光誰家紅淚客不忍過瞿塘

平調曲

古今樂錄曰王僧虔大明三年宴樂技錄平調有七曲一曰長歌行二曰短歌行三曰猛虎行四曰君子行五曰燕歌行六曰從軍行七曰鞠歌行荀氏錄所載十二曲傳者五曲武帝周西對酒文帝仰瞻竝短歌行文帝秋風別日竝燕

歌行是也其七曲今不傳文帝功名明帝青青竝長歌行武帝吾年明帝雙桐竝猛虎行燕趙君子行左延年苦哉從軍行雉朝飛短歌行是也其器有笙笛筑瑟琴箏琵琶七種歌弦六部張永録曰未歌之前有八部弦四器俱作在高下遊弄之後凡三調歌弦一部竟輒作送歌弦今用器又有大歌弦一曲歌大婦織綺羅不在歌數唯平調有之即清調相逢狹路間道隘不容車篇後章有大婦織綺羅中婦織流黄是也張録云非管弦音聲所寄似是命笛理弦之餘王録所無也亦謂之三婦豔詩

長歌行　古辭

樂府解題曰古辭云青青園中葵朝露待日晞

言芳華不久當努力為樂無至老大乃傷悲也魏改奏文帝所賦曲西山一何高言仙道茫茫不可識如王喬赤松皆空言虛詞迂怪難信當觀聖道而已若陸機逝矣經天日悲哉帶地川則復言人運短促當乘間長歌與古文合也崔豹古今註曰長歌短歌言人壽命長短各有定分不可妄求按古詩云長歌正激烈魏武帝燕歌行云短歌微吟不能長晉傅玄豔歌行云咄來長歌續短歌然則歌聲有長短非言壽命也唐李賀有長歌續短歌蓋出於此

青青園中葵朝露待日晞陽春布德澤萬物生光輝常恐秋節至焜黃華葉衰百川東到海何時復西歸少壯不努力老大徒傷悲

同前　古辭

仙人騎白鹿，髮短耳何長。導我上太華，攬芝獲赤幢。來到主人門，奉藥一玉箱。主人服此藥，身體一日康。彊髮白更黑，延年壽命長。岧岧山上亭，皎皎雲間星。遠望使心思，遊子戀所生。驅車出北門，遥觀洛陽城。凱風吹長棘，夭夭枝葉傾。黃鳥飛相追，咬咬弄音聲。竚立望西河，泣下沾羅纓。

同前　魏明帝

靜夜不能寐，耳聽衆禽鳴。大城育狐兔，高墉多鳥聲。壞宇何寥廓，宿屋邪草生。中心感時物，撫劒下前庭。翔佯於階際，景星一何明。仰首觀靈宿，北辰奮休榮。哀彼失羣鷰，喪偶獨煢煢。單心誰與侶，造房孰與成。徒然喟有和，悲惨傷人情。余情偏易感，懷悃增憤盈。吐吟音不徹，泣涕沾羅纓。

同前　傅玄

利害同根源賞下有甘鉤義門近　塘歎　出通侯撫劍安所趨鑾方未順流蜀賊阻石城吳寇馮龍舟二軍多壯士聞賊如見讎投身効知巳徒生心所羞鷹隼厲天翼耻與鷰雀遊成敗在縱者無令鷙鳥憂

同前　　陸機

逝矣經天日悲哉帶地川寸陰無停晷尺波徒自旋一作豈徒旋年往迅勁矢時來亮急絃遠期鮮克及盈數固希全容華夙夜零體澤坐自捐兹物苟難停吾壽安得延俛仰逝將過倏忽幾何間慷慨亦焉訴天道良自然但恨功名薄竹帛無所宣迨及歲未暮長歌乘我閒

同前　　謝靈運

倏爍夕星流昱弈朝露團粲粲烏有停泫泫豈暫安徂齡速飛電積節鶩驚湍覽物起悲緒顧巳識憂端朽貌改鮮色悴容

變柔顏變改茍催促容色烏盤桓疊疊衰期迫靡靡壯志闌旣慙臧孫慨復愧楊子歎寸陰果有逝尺素竟無覩幸賒道念戚且取長歌懽

同前　　梁元帝

當壚擅旨酒一卮堪十千無勞蜀山鑄扶授采金錢人生行樂爾何處不留連朝爲洛生詠夕作據梧眠忽茲忘物我優游得自然

同前　　沈約

連連無一作舟壑改微微市朝變來功嗣徃迹莫武祖升彥局塗頓遠策畱懽限奔箭拊戚狀驚瀾循休擬回電歲去芳願違年來苦心薦春貌既移紅秋林豈停蒨一倍茂陵道寧思柏梁宴長戢兔園情永別金華殿聲徽無感簡丹青有餘絢幽篇且未調無使長歌倦

同前

春隰荑綠柳寒墀積皓雪依依往紀盈霏霏來思結思結纏歲晏曾是掩初節初節曾不掩浮榮逐弦缺弦缺更圜合君（一作浮）榮永沉滅色隨夏蓮變能與秋霜耋道迫無異期賢愚有同絶銜恨豈云忘天道無甄別功名識所職竹帛尋摧裂生外苟難尋坐為長歎設

同前　　李白

桃李得日開榮華照當年東風動百物草木盡欲言枯枝無醜葉涸水吐清泉大力運天地羲和無停鞭功名不早著竹帛將何宣桃李務青春誰能貫白日富貴與神仙蹉跎成兩失金石猶銷鑠風霜無久質畏落日月後彊歡歌與酒秋霜不惜人倏忽侵蒲柳

同前　　王昌齡

曠野饒悲風颸颸黄一作多蒿草繫馬停白楊誰知我懷抱所是同袍者相逢盡衰一作哀老况登漢家陵南望長安道下有枯樹根上有鼷一作[illegible]鼠窠高皇子孫盡千古無人過寶玉頻發掘精靈其奈何人生須達命有酒且長歌

鰕䱇篇　曹植

一曰鰕䱇篇樂府解題曰曹植擬長歌行為鰕䱇

鰕䱇遊潢潦不知江海流鷰雀戲藩柴安識鴻鵠遊世事此誠明大德固無儔駕言登五岳然後小陵丘俯觀上路人勢利是謀讎高念皇家遠懷柔九州撫劍而雷音猛氣縱橫浮泛泊徒嗷嗷誰知壯士憂

短歌行二首六解　魏武帝

古今樂録曰王僧虔技録云短歌行仰瞻一曲

魏氏遺令使節朔奏樂魏文製此辭自撫箏和歌歌者云貴官彈箏貴官即魏文也此曲聲制最美辭不可入宴樂樂府解題曰短歌行魏武帝對酒當歌人生幾何晉陸機置酒高堂悲歌臨觴皆言當及時為樂也

對酒當歌人生幾何譬如朝露去日苦多一解慨當以慷憂思難忘以何解愁唯有杜康二解青青子衿悠悠我心但為君故沈吟至今三解明明如月何時可輟憂從中來不可斷絕四解呦呦鹿鳴食野之苹我有嘉賓鼓瑟吹笙五解山不厭高水不厭深周公吐哺天下歸心六解

右一曲晉樂所奏

對酒當歌人生幾何譬如朝露去日苦多慨當以慷憂思難忘何以解憂唯有杜康青青子衿悠悠我心呦呦鹿鳴食野

之華我有嘉賓鼓瑟吹笙明明如月何時可輟憂從中來不可斷絕越陌度阡枉用相存契闊談讌心念舊恩月明星稀烏鵲南飛繞樹三匝何枝可依山不厭高海不厭深周公吐哺天下歸心

右一曲本辭

同前六解　武帝

周西伯昌懷此聖德三分天下而有其二脩奉貢獻臣節不隆崇侯讒之是以拘繫（一解）後見赦原賜之斧鉞得使征伐為仲尼所稱達及德行猶奉事殷論叙其美（二解）齊桓之功為霸之首九合諸侯一匡天下一匡天下不以兵車正而不譎其德傳稱（三解）孔子所歎并稱夷吾民受其恩賜與廟胙命無下拜小白不敢爾天威在顏咫尺（四解）晉文亦霸躬奉天王受賜珪瓚秬鬯彤弓盧弓矢千虎賁三百人（五解）威服諸侯師之者

尊八方聞之名亞齊桓河陽之會詐稱周王是其名紛葩六解

右一曲晉樂所奏

同前六解　魏文帝

仰瞻帷幕俯察几筵其物如故其人不存一解神靈倏忽棄我遐遷靡瞻靡恃泣涕連連二解呦呦遊鹿銜草鳴麑翩翩飛鳥挾子巢棲三解我獨孤煢懷此百離憂心孔疚莫我能知四解人亦有言憂令人老嗟我白髮生一何早五解長吟永歎懷我聖考曰仁者壽胡不是保六解

右一曲魏樂所奏

同前　魏明帝

翩翩春鷰端集余堂陰匿陽顯節運自常厥貌淑美玄衣素裳歸仁服德雌雄頡頏執志精專絜行馴良銜土繕巢有式宮房不規自圜無矩而方

同前　　傅玄

長安高城曾樓亭亭干雲四起上貫天庭蜉蝣何整行如軍征蟋蟀何感中夜哀鳴蚍蜉偷一作愉樂粲粲其榮寤寐念之誰知我情昔君視我如掌中珠何意一朝棄我溝渠昔君與我如影如形何意一去心如流星昔君與我兩心相結何意今日忽然兩絶

同前　　陸機

置酒高堂悲歌臨觴人生幾何逝如朝霜時無重至華不再揚蘋以春暉蘭以秋芳來日苦短去日苦長今我不樂蟋蟀在房樂以會興悲以别章豈曰無感憂爲子忘我酒既旨我肴既臧短歌可詠長夜無荒

同前　　張率

君子有酒小人鼓缶乃布長筵式宴親友盛壯不留容華易

朽如彼槁葉有似過牖往日莫淹來期無久秋風悴林寒蟬鳴栫悲自别深懽由會厚豈云不樂與子同壽我酒既盈我看伊阜短歌是唱孰知身後

同前　徐謙

窮通皆是運榮辱豈關身不願門前客看時進故人意氣青雲裏爽朗烟霞外不羨一囊錢唯重心襟會

同前　辛德源

馳射罷金溝戲笑上雲樓少妻鳴趙瑟侍妓囀吴謳杯度浮香滿扇舉細塵浮星河耿涼夜飛月豔新秋忽念奔駒促彌欣執燭遊

同前　聶夷中

八月木蔭薄十葉三墮枝人生過五十亦已同此時朝出東郭門嘉樹鬱參差暮出西郭門原草已離披南隣好臺榭北

鄰善歌吹榮華忽消歇四顧令人悲生死與榮辱四者乃常期古人恥其名没世無人知無言鬢似霜勿謂髮如絲耆年無一善何殊食乳兒

同前　李白

白日何短短百年苦易滿蒼穹浩茫茫萬劫太極長麻姑垂兩鬢一半已成霜天公見玉女大笑億千場吾欲攬六龍回車挂扶桑北斗酌美酒勸龍各一觴富貴非所願為人駐頹光（一作與人駐流光）

同前六首　顧況

城邊路今人犁田昔人墓岸上沙昔時江水今人家今人昔人共長歎四氣相催節回換明月皎皎入華池白雲離離度清漢

我欲昇天天隔霄我思渡水水無橋我欲上山山路陰我欲

汲井井泉遥越人翠被今何夕獨立沙邉江草碧紫鸞西飛欲寄書白雲何處逢来客新繫青絲百尺繩心在君家轆轤上我心皎潔君不知轆轤一轉一惆悵何處春風吹曉幕江南緑水通朱閣美人二八面如花泣向東風畏花落臨春風聽春鳥别時多見時少愁人夜永不得眠一作愁人一夜不得眠瑶井玉繩相向曉軒轅皇帝初得仙鼎湖一去三千年周流三十六洞天洞中日月星辰連騎龍駕景遊八極軒轅弓劍無人識東海青童寄消息

同前　王建

人初生日初出上山遅下山疾百年三萬六千朝夜裏分将

彊半日有歌有舞聞早為昨日徙於今日時人家見生男女
好不知男女催人老短歌行無樂聲

同前　張籍

青天蕩蕩高且虛上有白日無根株流光暫出還入地催我
少年不須臾與君相逢忽寂寞衰老不復如今樂玉卮盛酒
置君前再拜願君千萬年

同前二首　白居易

瞳瞳太陽如火色上行千里下一刻出為白晝入為夜圜轉
如珠住不得住不得可奈何為君舉酒歌短歌歌聲苦詞亦
苦四座少年君聽取今夕未竟明夕催秋風纔往春風回人
無根蔕時不駐朱顏白日相隳頹勸君且彊笑一面勸君復
彊飲一杯人生不得長歡樂年少須臾老到來

世人求富貴多為身嗜欲盛衰不自由得失常相逐問君少

年日若學將干祿負笈塵中遊抱書雪前宿布衾不周體藜茹纔充腹三十登宦途五十被朝服奴温已挾纊馬肥初食粟未敢議歡遊尚為名檢束耳目聾暗後堂上調絲竹牙齒缺落時盤中堆酒肉彼來此已去外餘中不足少壯與榮華相避如寒燠青雲去地遠白日終天速從古無奈何短歌聽一曲

同前　陸龜蒙

爪牙在身上陷穽猶可制爪牙在胸中劍戟無所謂人言畏猛虎誰是撩頭斃秖見古來心姦雄暗相噬

同前　僧皎然

古人若不死吾亦有所悲蕭蕭煙雨九原上白楊青松葬者誰貴賤同一塵死生同一指人生在世共如此何異浮雲與流水短歌行短歌無窮日已傾鄴宮梁苑徒有名春草秋風

傷我情何為不學金僊侶一悟空王無死生

樂府詩集第三十終

樂府詩集卷第三十一

太原郭　茂倩　編次

相和歌辭

平調曲

銅雀臺　張正見

一曰銅雀妓鄴都故事曰魏武帝遺命諸子曰吾死之後葬於鄴之西崗上與西門豹祠相近無藏金玉珠寶餘香可分諸夫人不命祭吾妾與伎人皆著銅雀臺臺上施六尺牀下繐帳朝晡上酒脯粻糒之屬每月朝十五輒向帳前作伎汝等時登臺望吾西陵墓田故陸機弔魏武帝文曰揮清絃而獨奏薦脯糒而誰嘗悼繐帳之冥漠怨西陵之茫茫登雀臺而羣悲佇美目

其何望按銅雀臺在鄴城建安十五年築其臺最高上有屋一百二十間連接榱棟侵徹雲漢鑄大銅雀置于樓顛舒翼奮尾勢若飛動因名為銅雀臺樂府解題曰後人悲其意而為之詠也

凄涼銅雀晚搖落墓田通雲慘當歌日松吟欲舞風人疏瑤席冷曲罷繐帷空可惜年將淚俱盡望陵中

同前　荀仲舉

高臺秋色晚直望已悽然況復歸風便松聲入斷絃淚逐梁塵下心隨團扇捐誰堪三五夜空對月光圓

同前　王無競

北登銅雀上西望青松郭繐帳空蒼蒼陵田紛漠漠平生事已變歌吹宛猶昨長袖拂玉塵遺情結羅幕妾怨在朝露君

恩豈中薄高臺奏曲終曲終淚横落

同前　鄭愔

日斜漳浦望風起鄴臺寒玉座平生晚金鐏妓吹闌舞餘依帳泣歌罷向陵看蕭索松風暮愁烟入井欄

同前　劉長卿

嬌愛更何日高臺空數層含啼映雙袖不忍看西陵漳河東流無復來百花輦路爲蒼苔青樓月夜長寂寞碧雲日暮空徘徊君不見鄴中萬事非昔時古人何在今人悲春風不逐君王去草色年年舊宫路宫中歌舞已浮雲空指行人往來處

同前　賈至

日暮銅雀静西陵鳥雀歸撫弦心斷絶聽管淚霏霏靈机臨朝奠空牀卷夜衣蒼蒼川上月應照妾䰟飛

同前　羅隱

彊歌彊舞竟難勝花落花開淚滿繒祗合當年伴君死免教憔悴望西陵

同前　薛能

魏帝當時銅雀臺黃花深映棘叢開人生富貴須回首此地豈無歌舞來

同前　張氏琰

君王冥寞不可見銅雀歌舞空徘徊西陵嘖嘖悲宿鳥空殿沈沈閑青苔青苔無人跡紅粉空相哀

同前　梁氏瓊

歌扇向陵開齊行奠玉杯舞時飛鷰列夢裏片雲來月色空餘恨松聲暮更哀誰憐未死妾掩袂下銅臺

銅雀妓　謝朓

繐帷飄井幹罇酒若平生鬱鬱西陵樹詎聞歌吹聲芳襟染淚迹嬋娟空復情玉座猶寂寞況乃妾身輕

同前　何遜

秋風木葉落蕭瑟管絃清望陵歌對酒向帳舞空城寂寂簷宇曠飄飄帷幔輕曲終相顧起日暮松柏聲

同前　劉孝綽

雀臺三五日歌吹似佳期定對西陵晚松風飄素帷危絃斷更接心傷於此時何言留客袂翻掩望陵悲

同前　江淹

武王去金閣英威長寂寞雄劍頓無光雜佩亦銷爍秋至明月圜風傷白露落清夜何湛湛孤燭映蘭幕撫影愴無從惟懷憂不薄瑤色行應罷紅芳幾為樂徒登歌舞臺終成螻蟻郭

同前二首　王勃

妾本深宮妓，曾城閉九重君王歡愛盡歌舞為誰容錦衾不復襞羅衣誰再縫高臺西北望流淚向青松

金鳳鄰銅雀漳河望鄴城君王無處所臺榭若平生舞筵紛可就歌梁儼未傾西陵松檟冷誰見綺羅情

同前　沈佺期

昔年分鼎地今日望陵臺一旦雄圖盡千秋遺令開綺羅君不見歌舞妾空來恩共漳河水東流無重迴

同前　喬知之

金閣惜分香鉛華不重妝空餘歌舞地猶是為君王哀弦調已絕豔曲不須長芙看西陵暮秋烟生白楊

同前　王適

日暮銅雀迴幽聲（一作深）玉座清蕭森松柏望姿鬱綺羅情君

恩不再重妾無為誰輕

同前　歐陽詹

蕭條登古臺回首黄金屋落葉不歸林高陵永為谷妝容徒自麗舞態閲誰目惆悵繐帷前歌聲苦於哭

同前　袁暉

君愛本相饒從來事舞腰那堪攀玉座腸斷望陵朝怨著情無主哀凝曲不調況臨松日暮悲吹坐蕭蕭

同前　劉商

魏主矜蛾眉美人美於玉高臺無晝夜歌舞竟未足盛色如轉圜夕陽落深（一作空）谷仍令身殁後尚足平生慾紅粉横淚痕調絃空向屋舉頭君不在唯見西陵木玉輦豈再來嬌鬟為誰緑那堪秋風裏更舞陽春曲曲終（一作罷）情不勝闌干向西哭臺邊生野草來去罥羅縠況復陵寢間雙雙見麋鹿

同前　李賀

佳人一壺酒，秋容滿千里石馬卧新烟憂來何所歌歌聲且潛弄陵樹風自起長裾壓高臺淚眼看花机

同前　吴燭

秋色西陵滿緑蕪繁絃一作紅急管疆歡娱長舒羅袖不成舞却向風前承淚珠

同前　朱光弼

魏王銅雀妓日暮管絃清一見西陵樹悲心舞不成

同前　朱放

恨唱歌聲咽愁翻舞袖遲西陵日欲暮是妾斷腸時

同前　僧皎然

疆開樽酒向陵看憶得君王舊日歡不覺餘歌悲自斷非關艷曲轉聲難

雀臺怨　馬戴

魏宮歌舞地蝶戲鳥還鳴玉座人難到銅臺雨滴平西陵樹不見漳浦草空生萬恨盡埋此徒懸千載名

同前　程氏長文

君王去後行人絶簫竽不響歌喉咽雄劍無威光彩沈寶瑟零落金星滅玉階寂寂墜秋露月照當時歌舞處當時歌舞人不迴化為今日西陵灰

置酒高堂上　孔欣

置酒宴友生高會臨疎櫺芳俎列佳肴山罍滿春青廣樂充堂宇絲竹横兩楹邯鄲有名倡承間奏新聲八音何寥亮四座同懽情舉觴發湛露銜盃詠鹿鳴觴謡可相娛揚解意何榮顧歡來義士暢哉矯天誠朝日不夕盛川流常宵征生猶懸水溜死若波瀾停當年貴得意何能競虛名

當置酒　梁簡文帝

置酒宴嘉賓矚廻臨飛觀絶嶺隔天餘長嶼横江半日色花上綺風光水中亂三益既葳蕤四始方葱粲

置酒行　李益

置酒命所歡憑觴遂為戚日往不再來茲辰坐成昔百齡非長久五十將半百胡為勞我形已鬚還復白西山鸞鶴顧矯矯烱霧翮明霞發金丹陰洞潛水碧安得凌風羽崦嵫駐靈魄兀然坐衰老慙嘆東陵柏

同前　陸龜蒙

落塵花片排香痕闌珊醉露棲愁魂洞庭波色惜不得東風領入黄金罇千筠擲毫春譜大碧舞紅啼相唱和安知寂寞西海頭青篌未垂孤鳳餓

長歌續短歌　李賀

長歌破衣襟短歌斷白髮秦王不可見旦夕成內熱渴飲壺中酒飢抜隴頭粟淒淒四月蘭千里一時緑夜峰何離離明月落石底徘徊沿石尋照出高峰外不得與之遊歌成鬢先改

猛虎行　魏文帝

古辭曰飢不從猛虎食暮不從野雀棲野雀安無巢遊子為誰驕魏明帝辭曰雙桐生空枝枝葉自相加通泉漑其根玄雨潤其柯古今樂錄曰猛虎行王僧虔技錄曰荀錄所載明帝雙桐一篇今不傳樂府解題曰晉陸機云渴不飲盜泉水言從遠役猶耿介不以艱險改節也又有雙桐生空井亦出於此

與君媾新歡託配於二儀充列于紫微升降焉可知梧桐攀

鳳翼雲雨散洪池

同前　　陸機

渴不飲盜泉水，熱不息惡木陰。惡木豈無枝，志士多苦心。整駕肅時命，杖策將遠尋。飢食猛虎窟，寒棲野雀林。日歸功未建，時往歲載陰。崇雲臨岸駭，鳴條隨風吟。靜言幽谷底，長嘯高山岑。急絃無懦響，亮節難為音。人生誠未易，曷云開此襟。眷我耿介懷，俯仰愧古今。

同前　　謝惠連

貧不攻九疑玉，倦不憩三危峰。九疑有或（當作惑）號，三危無安容。美物標貴用，志士厲奇蹤。如何祗遠役，王命宜肅恭。伐鼓功未著，振旅何時從。

同前

猛虎潛深山，長嘯自生風。人謂客行樂，客行苦心傷。

同前　儲光羲

寒亦不憂雪飢亦不食人人血豈不甘所惡傷明神太室為我宅孟門為我隣百獸為我膳五龍為我賓蒙馬一何威浮江亦以仁緑章耀朝日牙爪雄武臣高雲逐氣浮厚地隨聲震君能賈餘勇日夕長於親

同前　李白

朝作猛虎行暮作猛虎吟腸斷非關隴頭水淚下不為雍門琴旌旗（一作旍旗）繽紛兩河道戰鼓驚山欲傾倒秦人半作燕池囚胡馬翻銜洛陽草一輸一失關下兵朝降夕叛幽薊城巨鰲未斬海水動魚龍奔走安得寧頗似楚漢時翻覆無定止朝過博浪沙暮入淮陰市張良未遇韓信貧劉項存亡在兩臣暫到下邳受兵略來投漂母作主人賢哲栖栖古如此今時亦棄青雲士有策不敢犯龍鱗竄身南國避胡塵寶書長

（一作玉）劍挂高閣金鞍駿馬散故人昨日方為宣城客掣鈴交通二千石有時六博快壯（一作寸）心遶林三市呼一擲楚人每道張旭奇心藏風雲世莫知三吳邦伯多（一作皆）顧盼四海雄俠皆相推（一作兩追隨）蕭曹曾作沛中吏攀龍附鳳當有時溧陽酒樓三月春楊花漠漠（一作茫）愁殺人胡人綠眼吹玉笛吳歌白紵飛梁塵丈夫相見（一作到處）且為樂槌牛撾鼓會衆賓我從此去釣東海得魚笑寄情相親

同前　　韓愈

猛虎雖云惡亦各有匹儕羣行深谷間百獸望風低身食黃熊父子食赤豹麕麞擇肉於熊羆肯視兔與狸正晝當谷眠眼有百步威自矜無當對氣性縱以乖朝怒殺其子暮還飧（一作食）其妃匹儕四散走猛虎還孤棲狐鳴門四旁烏鵲從噪之出逐猴（一作推）入居虎不知所歸誰云猛虎惡中路正悲啼豹

來銜其尾熊來攫其頤猛虎死不辭但慙前所為虎兒無助死况如汝細微故當結以信親當結以私親故且不保人誰信汝為

同前　張籍

南山北山樹冥冥猛虎白日遶林行向晚一身當道食山中麋鹿盡無聲年年養子在深谷雌雄上山不相逐谷中近窟有山林長向村家取黃犢五陵年少不敢射空來林下看行跡

同前　李賀

長戈莫舂彊弩莫烹乳孫哺子教得生獰舉頭為城掉尾為旌東海黃公愁見夜行道逢騶虞牛哀不平生何用尺刀壁上雷鳴泰山之下婦人哭聲官家有程吏不敢聽

同前　僧齊已

磨爾牙錯爾爪狐莫威免莫狡飢來呑噬取腸飽橫行不怕日月明皇天産爾為生寧前村半夜聞吼聲何人按劒燈熒熒

雙桐生空井

季月對桐井新枝雜舊株晚葉藏栖鳳朝花拂曙烏還看稚子照銀牀繫轆轤

樂府詩集卷第三十一終

樂府詩集卷第三十二　　太原郭　茂倩　編次

相和歌辭

平調曲

君子行

樂府解題曰古辭云君子防未然蓋言遠嫌疑也又有君子有所思行辭旨與此不同

君子防未然不處嫌疑間瓜田不納履李下不正冠嫂叔不親授長幼不比肩勞謙得其柄和光甚獨難周公下白屋吐哺不及餐一沐三握髮後世稱聖賢

同前　　陸　機

天道夷且簡人道險而難休咎相乘躡翻覆若波瀾去疾苦不遠疑似實生患近火固宜熱履冰豈惡寒掇蜂滅天道拾

塵惑孔顏遂臣尚何有棄友焉足歎福鍾恒有兆禍集非無端天損未易辭人益猶可歡朗鑒豈遠假取之在傾冠近情苦自信君子防未然

同前　梁簡文帝

君子懷琬琰不使涅塵淄從容子雲閣寂寞仲舒帷多謝悠悠子管窺良可悲

同前　沈約

良御惑燕楚妙察亂澠淄隄傾由漏壤垣隙自危基嚚途或妄踐黨義勿輕持

同前　戴暠

畫野依德星開酈對廉水接越稱交讓連樹名君子數非唯二失升階無三止探甑不疑塵正冠還避李寄言蘧伯玉無為嗟獨耻

同前　　　　僧齊己

聖人不生麟龍何瑞梧桐不高鳳凰何止吾聞古之有君子行藏以時進退求己榮必為天下榮恥必為天下恥苟進不如此亦何必用虛僞之文章取榮名而自美

燕歌行七解　　魏文帝

樂府解題曰晉樂奏魏文帝秋風別日二曲言時序遷換行役不歸婦人怨曠無所訴也廣題曰燕地名也言良人從役於燕而為此曲

秋風蕭瑟天氣涼草木搖落露為霜一解羣鷰辭歸鵠南翔念吾客遊多思腸二解慊慊思歸戀故鄉君何淹留寄他方三解賤妾煢煢守空房憂來思君不敢忘四解不覺淚下霑衣裳援瑟鳴絃發清商五解短歌微吟不能長明月皎皎照我牀六解星漢西流夜未央牽牛織女遙相望爾獨何辜限河梁七解

右一曲晉樂所奏

同前六解　魏文帝

別日何易會日難山川悠遠路漫漫一解欝陶思君未敢言寄書浮雲往不還二解涕零雨面毀形顔誰能懷憂獨不歎三解耿耿伏枕不能眠披衣出戶步東西四解展詩清歌聊自寬樂往哀來摧心肝悲風清厲秋氣寒羅帷徐動經秦軒五解仰戴星月觀雲間飛鳥晨鳴聲氣可憐留連顧懷不自存六解

右一曲晉樂所奏

別日何易會日難山川悠遠路漫漫欝陶思君未敢言寄聲浮雲往不還涕零雨面毀容顔誰能懷憂獨不歎展詩清歌聊自寬樂往哀來摧肺肝耿耿伏枕不能眠披衣出戶步東西仰看星月觀雲間飛鶴晨鳴聲可憐留連顧懷不能存

右一曲本辭

同前　魏明帝

白日晼晼忽西傾霜露慘悽塗階庭秋草捲葉摧枝莖翩翩飛蓬常獨征有似遊子不安寧

同前　陸機

四時代序逝（一作遠）不追寒風習習落葉飛蟋蟀在堂露盈墀念君遠（一作客）遊恒苦悲君何緬然久不歸賤妾悠悠心無違白日既沒明燈輝夜禽赴林匹鳥棲雙鳴關關宿河湄憂來感物淚不晞非君之念思爲誰别日（一作日别）何早會何遲

同前　謝靈運

孟冬初寒節氣成悲風入閨霜依庭秋蟬噪柳燕棲楹念君行役怨邊城君何崎嶇久徂征豈無膏沐感鸛鳴對酒不樂淚沾纓闢窻開幌弄秦箏調絃促柱多哀聲遙夜明月鑒帷屏誰知河漢淺且清展轉思服悲明星

同前　謝靈運

四時推遷迅不停三秋蕭瑟葉解輕飛霜被野雁南征念君客遊羈思盈何為淹留無歸聲愛而不見傷心情朝日潛輝華燈明林鵲同棲渚鴻幷接翩偶羽依蓬瀛仇依旅類相和鳴余獨何為志無成憂緑物感淚沾纓

同前　梁元帝

燕趙佳人本自多遼東少婦學春歌黃龍戍北花如錦玄菟城前月似蛾如何此時別夫壻金羈翠眊往交河還聞入漢去燕營怨妾愁心百恨生湯湯悠悠天未曉遙遙夜夜聽寒更自從異縣同心別偏恨同時成異節橫波滿臉萬行啼翠眉暫斂千重結竝海連天合不開那堪春日上春臺唯見遠舟如落葉復看遙舸似行杯沙汀夜鶴嘯羈雌妾心無趣坐傷離翻嗟漢使音塵斷空傷賤妾燕南埀

同前　　蕭子顯

風光遲舞出青蘋蘭條翠鳥鳴發春洛陽梨花落如雪河邊細草細如茵桐生井底葉交枝今看無端雙鷰離五重飛樓入河漢九華閣道暗清池遥看白馬津上吏傳道黄龍征戍兒明月金光徒（一作從）照妾浮雲玉葉君不知思君昔去柳依依至今八月避暑歸明珠蠶繭登勉機鬱金香𦦨特香衣洛陽城頭雞欲曙丞相府中烏未飛夜夢征人縫狐貉私憐織婦裁錦緋吳刀鄭錦絡寒閨夜被薄芳年海上水中鳧日暮寒夜空城雀

同前　　王襃

初春麗日鶯欲嬌桃花流水没河橋薔薇花開（一作開花）百重葉楊柳拂（一作覆）地散千條隴西将軍號都護樓蘭校尉稱嫖姚自從昔别春鷰分經年一去不相聞無復漢地長安月唯有

漠北薊城雲淮南桂中明月影流黃機上織成文充國行軍屢築營陽史討虜陷平城城下風多能却陣沙中雪淺詎亭兵屬國少婦猶年少羽林輕騎散征行遙聞陌頭採桑曲猶勝邊地胡笳聲胡笳向暮使人泣還使閨中空佇立桃花落杏花舒桐生井底寒葉踈試為來看上林雁必有遙寄隴頭書

同前　　庾信

代北雲氣晝昏昏千里飛蓬無復根寒雁丁丁（一作嗈嗈）渡遼水桑葉紛紛落薊門晉陽山頭無箭竹踈勒城中乏水源屬國征戍久離居陽關音信絶能踈願得魯連飛一箭持寄思歸燕將書渡遼本自有將軍寒風蕭蕭生水紋妾驚甘泉足烽火君訝漁陽少陣雲自從將軍出細栁蕩子空牀難獨守盤龍明鏡餉秦嘉辟惡生香寄韓壽春分鸎來能幾日二月蠶

眠不復久洛陽遊絲百丈連黄河春冰千片穿桃花顔色好如馬榆莢新開巧似錢蒲桃一杯千日醉無事九轉學神仙定取金丹作幾服能令華表得千年

同前　　高適

漢家烟塵在東北漢将辭家破残賊男兒本自重横行天子非常賜顔色摐金伐鼓下榆關旌旗逶迤碣石間校尉羽書飛瀚海單于獵火照狼山山川蕭條極邊土胡騎憑凌雜風雨戰士軍前半死生美人帳下猶歌舞大漠窮秋塞草衰孤城落日鬬兵稀身當恩遇常輕敵力盡關山未解圍鐵衣遠戍辛勤久玉筯應啼别離後少婦城南欲斷腸征人薊北空廻首邊風飄飄那可度絶域蒼茫更何（一作無所）有殺氣三日作陣雲寒聲一夜傳刁斗相看白刃血紛紛死節從來豈顧勲君不見沙塲征戰苦至今猶憶李将軍

同前　賈至

國之重鎮惟幽都東威九夷制北胡五軍精卒三十萬百戰百勝擒單于前臨滹沱後沮水崇山沃野亘千里昔時燕王重賢士黃金築臺從隗始倏忽興王定薊丘漢家又以封王侯蕭條魏晉為横流鮮卑竊據朝五州我唐區夏餘十紀軍容武備赫萬祀彤弓黃鉞授元帥墾耕大漠為内地季秋膠折邊草腓治兵羽獵因出師千營萬隊連旌旗望之如火忽雷一作電馳匈奴懾竄窮髮北大荒萬里無塵飛隋家昔為天下宰窮兵黷武征遼海南風不競多死聲鼓卧旗折黃雲横六軍將士皆死盡戰馬空鞍歸故營時遷道革天下平白環入貢滄海清自有農夫已高枕無勞校尉重横行

同前　陶翰

請君留楚調聽我吟燕歌家在遼水頭邊風意氣多出身為

漢將正值戎未和雪中凌天山冰上渡交河大小百餘戰封侯竟蹉跎歸來霸陵下故舊無相過雄劍委塵匣空門唯雀羅玉篸還趙女寶瑟付齊娥昔日不為樂時哉今奈何

從軍行五首　王粲

古今樂録曰從軍行王僧虔云荀録所載左延年苦哉一篇今不傳樂府解題曰從軍行皆軍旅苦辛之辭廣題曰左延年辭云苦哉邊地人一歲三從軍三子到燉煌二子詣隴西五子遠鬬去五婦皆懷身陳伏知道又有從軍五更轉

從軍有苦樂但問所從誰所從神且武焉得久勞師相公征關右赫怒震天威一舉滅獯虜再舉服羌夷西收邊地賊忽若附拾遺陳賞越丘山酒肉踰川坻軍中多飫饒人馬皆溢肥徒行兼乘還空出有餘資拓地三千里往返（一作反）一如（一作

若飛歌舞入鄴城所願獲無違畫一作晝日獻一作虔大朝日暮
薄言歸外參時明政內不廢家私禽獸憚為犧良苗實已揮
竊慕負鼎翁願厲朽鈍姿不能效沮溺相隨把鋤犁熟覽夫
子詩信知所言非涼一作源風厲秋節司典告詳刑我君順時
發桓桓東南征汎舟蓋長川陳卒被隰坰征夫懷親戚誰能
無此一作戀情拊衿一作倚舟檣眷言思鄴城哀彼東山人喟
然感鸛鳴日月不安處人誰獲恒一作常寧昔人從公旦一征
輒三齡今我神武師蹔一作暫徃必速平棄余親睦恩輸力竭
忠貞懼無一夫用報我素餐誠夙夜自悁性思逝若抽縈將
秉先登羽豈敢聽金聲從軍征遐路討彼東南夷方舟順廣
川薄暮未安坻白日半西山桑梓有餘暉蟋蟀夾岸鳴孤鳥
翩翩飛征夫心兩一作多懷一作惻悽愴令吾悲下船登高防草
露霑一作沾我衣迴身赴牀寢此愁當告誰身服干戈事豈得

念所私即戎有受命兹理不可違

朝發鄴都橋暮濟白馬津逍遥河隄上左右望我軍連舫踰萬艘帶甲千萬人率彼東南路將定一舉勳籌策運帷幄一由我聖君恨一作限我無時謀譬諸具官臣鞠躬中堅内微畫無所陳許歷為完士一言猶一作獨敗秦我有素餐責誠愧伐禮人雖無鈆刀用庶幾奮薄身

悠悠涉荒路靡靡我心愁四望無烟火但見林與丘城郭生榛棘蹊徑無所由蕉蒲竟廣澤葭葦夾長流日夕涼風發翩翩漂吾舟寒蟬在樹鳴鸛鵠摩天遊一作游客子多悲傷淚下不可收朝入譙郡界曠然消人憂雞鳴達四境黍稷盈原疇館宅充廛一作鄽里女士一作士女滿莊馗自非聖賢國誰能享斯休詩人美樂土雖客猶願留

同前　陸機

苦哉遠征人，飄飄窮四遐（一作窮西河）。南陟五嶺巔，北戍長城阿。谿谷（一作深谷）深（一作邃）無底，崇山鬱嵯峨。奮臂攀喬木，振迹涉流沙。隆暑固已慘，涼風嚴且苛。夏條焦（一作集）鮮藻，寒冰結衝波。胡馬如雲屯，越旗亦星羅。飛鋒無絕影，鳴鏑自相和。朝餐不免胄，夕息常負戈。苦哉遠征人，拊心悲如何。

同前　顏延年

苦哉遠征人，畢力幹時艱。秦初略揚越，漢世爭陰山。地廣旁無界，嵒阿上虧天。嶠霧下高鳥，冰沙固流川。秋飆冬未至，春液夏不涓。閩烽指荆吳，胡埃屬幽燕。橫海咸飛驪，絕漠皆控弦。馳檄發章表，軍書交塞邊。接鏑赴陣首，卷甲起行前。羽驛馳無絕，旌旗晝夜懸。卧伺金柝響，起候亭燧烟。逖矣遠征人，惜哉私自憐。

同前二首　梁簡文帝

貳師惜善馬樓蘭貪漢財前年出右地今歲謝輪臺魚雲望旗聚龍沙隨陣開冰城朝浴鐵地道夜銜枚将軍號令密天子璽書催何時反舊里遥見下機来

雲中亭障（一作障嶂）羽檄驚甘泉烽火通夜明貳師将軍新築營嫖姚校尉初出征復有山西将絶世愛（一作受）雄名三門應遁甲五壘學神兵白雲隨陣（一作旆）色蒼山答鼓聲迤邐觀鵞翼參差覩雁行先平小月陣却滅大宛城善馬還長樂黄金付水衡小婦趙人能鼓瑟侍婢初笄解鄭聲庭前桃花（一作柳絮）飛已（一作欲）合必應紅妝来起迎（一作起見迎）

同前　梁元帝

寶劒飾龍淵長虹畫彩船山虚和饒管水淨寫楼船連鷄隨火度燧象帶烽然洞庭晩風急瀟湘夜月圓荀令多文藻臨戎賦雅篇

同前　沈約

惜哉征夫子憂恨良獨多浮天出鯤海束馬渡交河雲縈九折嶝風卷萬里波維舟無夕島秣驥乏平莎凌濤富驚沫援木闕垂蘿紅飈鳴疊嶼流雲照層阿玄埃晦朔馬白日照吳戈寢興流征怨寤寐起還歌晨裝豈輟驚夕壘詎淹和苦哉遠征人悲矣將如何

同前　戴嵩

長安夜刺閨胡騎白銅鞮詔書發隴右召募取關西劒懸三尺鞘鎧纍七重犀督軍鳴戰鼓遑夜數更鼙侵星出柳塞際晚入榆溪秦涇含藥焰晉火逐飛雞通泉開地道望敵豎雲梯陰山日不暮長城風自凄弓寒折錦韉馬凍滑斜蹄燕旗竿上晚羌笛管中嘶登山試下趙憑軾且平齊當今函谷上唯見一丸泥

同前　吳均

男兒亦可憐，立功在北邊。陣頭橫却月，馬腹帶連錢。懷戈發隴坻，乘凍至遼邊。微誠君不愛，終自直如弦。

同前二首　江淹

樽酒送征人，踟蹰在親宴。日暮浮雲滋，握手淚如霰。悠悠清水天，嘉魴得所薦。而我在萬里，結友不相見。袖中有短書，願寄雙飛燕。

從軍出隴北，長望陰山雲。涇渭各流異，恩情於此分。故人贈寶劍，鏤以瑶華文。一言鳳獨立，再說鸞無羣。何得晨風起，悠哉凌翠氛。黃鵠去千里，垂涕(一作淚)為報君。

同前　蕭子顯

左角明王侵漢邊，輕薄良家惡少年。縱橫向沮澤，凌厲取山田。黃塵不見景，飛蓬恒滿天。邊功封浞野，竊寵劫祁連。春風

春月将進酒妖姬舞女亂君前

同前　劉孝義

冠軍親俠射長平自合圍木落彫弓燥氣秋征馬肥賢王皆屈膝幕府復申威何謂從軍樂往返速如飛

同前　張正見

胡兵屯薊北漢将起山西故人輕百戰卿欲定三齊風前噴畫角雲上舞飛梯雁塞秋聲遠龍沙雲路迷燕然自可勒函谷詎須泥

将軍定朔邊刀斗出祁連高柳横長塞榆關接連天井泉含陣竭風火映山然欲知客心斷旄旌萬里懸

同前　趙王（一作周趙）

遼東烽火照甘泉薊北亭障接燕然水凍菖蒲未生節關寒榆葉不成錢

同前　　庾信

河圖論陣氣，金匱辨星文。地中鳴鼓角，天上下將軍。函犀恒七屬，浴鐵本千羣。飛梯聊度絳，合弩暫凌汾。寇陣先中斷，妖營即兩分。連烽對嶺度，嘶馬隔河聞。箭飛如疾雨，城崩似壞雲。英王於此戰，何用武安君。

同前二首　　王襃

兵書久閑習，征戰數曾經。講戎平樂觀，學戲羽林亭。西征度踈勒，東驅出井陘。牧馬濵長渭，營軍毒上涇。平雲如陣色，半月類城形。羽書封信璽，詔使動流星。對岸流沙白，緑河柳色青。将幕恒臨斗，旌門常背刑。勳封瀚海石，功勒燕然銘。兵勢因麾下，軍圖送掖庭。誰憐下玉筯，向暮掩金屏。

黄河流水急，驄馬送征人。谷望河陽縣，橋度小平津。年（一作惡）少多遊俠，結客好輕身。代風愁櫪馬，胡霜宜角筋。羽書勞警

急邊鞍倦苦辛康居因漢使盧龍稱魏臣荒戎唯看柳邊城不識春男兒重意氣無為羞賤貧

同前　　盧思道

朔方烽火照甘泉長安飛将出祁連犀渠玉劍良家子白馬金羈俠少年平明偃月屯右地薄暮魚麗逐左賢谷中石虎經銜箭山上金人曾祭天天涯一去無窮已薊門迢遰三千里朝見馬嶺黄沙合夕望龍城陣雲起庭中奇樹已堪攀塞外征人殊未還白雲初下天山外浮雲直向五原間關山萬里不可越誰能坐對芳菲月流水本自斷人腸堅冰舊來傷馬骨邊庭節物與華異冬霰秋霜春不歇長風蕭蕭渡水來歸雁連連映天没從軍行軍行萬里出龍庭單于渭橋今已拜将軍何處覓功名

同前　　明餘慶

三邊烽亂驚十萬且橫行風卷常山陣笳喧細栁營劒花寒
不落弓月曉逼明會取淮南地特作朔方城

樂府詩集卷第三十二終

樂府詩集卷第三十三

太原郭　茂倩　編次

相和歌

平調曲

從軍行二首　虞世南

塗山烽候驚弭節度龍城冀馬樓蘭將燕犀上谷兵劒寒花不落弓曉月逾明凜凜嚴霜節冰壯黄河絶蔽日卷征蓬浮天散飛雪全兵值月滿精騎乘膠折結髮早驅馳辛苦事旌麾馬凍重關冷輪摧九折危獨有西山將年年屬數奇

爟一作烽火發金微連營出武威孤城寒雲起絶陣虜塵飛俠客吸龍劍惡少縵胡衣朝摩骨都壘夜解谷蠡圍蕭關遠無極蒲海廣難依沙鐙離旌斷晴川候馬歸交河梁已畢燕山旆欲飛方知萬里相侯服有光輝

同前　駱賓王

平生一顧念（一作重）意氣溢三軍野日分戈影天星合劒文弓弦抱漢月馬足踐胡塵不求生入塞唯當死報君

同前　劉希夷

秋來風瑟瑟羣胡馬行疾嚴城晝不開伏兵暗相失天子廟堂拜將軍玉門出紛紛伊洛間戎馬數千匹軍門壓黃河兵氣衝白日平生懷伏劒忼慨旣投筆南登漢月孤北走燕雲密近取韓彭計早知孫吳術丈夫清萬里誰能掃一室

同前　喬知之

南庭結白露北風掃黃葉此時鴻雁來驚鳴催思妾曲房理針線平砧擣文練鴛綺裁易成龍鄉信難見窈窕九重閨寂寞十年啼紗窻白雲宿羅幌月光棲雲月曉微微愁思流黃機玉霜凍珠履金吹薄羅衣漢家已得地君去將何事宛轉

結蠶書寂寞無雁使生平賀恩信本爲容華進況復落紅顏蟬聲催綠鬢

同前　李頎

白日登山望烽火昏黃飲馬傍交河行人刁斗風砂暗公主琵琶幽怨多野營萬里無城郭雨雪紛紛連大漠胡雁哀鳴夜夜飛胡兒眼淚雙雙落聞道玉門猶被遮應將性命逐輕車年年戰骨埋荒外空見蒲萄入漢家

同前三首　李約

看圖閑教陣畫地靜論邊烏壘天西戍鷹姿塞上川路長須算日書遠每題年無復生還望思翻未別前

柵高三面鬬箭盡舉烽頻營柝和烟暮關榆帶雪春邊城多老將磧路少歸人點盡三河卒年年添塞塵

候火起雕城塵砂擁戰聲遊軍藏漢幟降騎說蕃情霜降澁

池淺秋深太白明嫖姚方虎視不覺請添兵

同前　戎昱

昔從李都尉雙鞬照馬蹄擒生黑山北殺敵黃雲西太白沈虜地邊草復萋萋歸來邯鄲市百尺青楼梯感激然諾重平生膽力齊芳筵莫歌發艷紛輕鬟低半醉秋風起鐵騎門前嘶遠戍報烽火孤城嚴鼓鼙揮鞭望塵去少婦莫含啼

同前　厲玄

邊草早不春劍花增濘塵廣場收驥尾清瀚怯龍鱗帆色已歸越松聲厭避秦幾時逢范蠡處〻是通津

同前二首　李白

從軍玉門道逐虜金微山笛奏梅花曲刀開明月環鼓聲鳴海上兵氣擁雲間願斬單于首長驅靜鐵關

百戰沙場碎鐵衣城南已合數重圍突營射殺呼延将獨領

殘兵千騎歸

同前　　王維

吹角動行人喧喧行人起笳鳴馬嘶亂争渡金河水日莫沙漠埀戰聲烟塵裏盡繫名王頸歸來報天子

同前　　王昌齡

向夕臨大荒朔風軫歸慮平沙萬里餘飛鳥宿何處虜騎獵長原翩翩傍河去邊聲揺白草海氣生黄霧百戰苦風塵十年履霜露雖投定遠筆未坐将軍樹早知行路難悔不理章句

烽火城西百尺樓黄昏獨上海風秋更吹横笛關山月誰解金閨萬里愁

瑟琶起舞換新聲總是關山舊别情撩亂邊愁彈不盡高高秋月照長

青海長雲暗雪山，孤城遥望雁（一作玉）門關。黄沙百戰穿金甲，不破樓蘭終不還。

同前　盧綸

二十在邊城，軍中得勇名。卷旗收敗馬，斷磧擁殘兵。覆陣烏鳶起，燒山草木明（一作鳴）。塞閒思遠獵，師老厭分營。雪嶺無人跡，冰河足（一作有）雁聲。李陵甘此没，惆悵漢公卿。

同前六首　劉長卿

迴看虜騎合，城下漢兵稀。白刃兩相向，黄雲愁不飛。手中無尺鐵，徒欲突重圍。

落日更蕭條，北方動枯草。將軍追虜騎，夜失陰山道。戰敗仍樹勳，韓彭但空老。

草枯秋塞上，望見漁陽郭。胡馬嘶一聲，漢兵淚雙落。誰為吮癰者，此事今人薄。

目極雁門道青青邊草春一身事征戰匹馬同辛勤末路成
白首功歸天下人
倚劍白日暮望鄉登戍樓北風吹羌笛此夜關山愁迴首不
無意滹河空自流
黄沙一萬里白首無人憐報國劍已折歸鄉身幸全單于古
臺下邊色寒蒼然

同前　杜頠

秋草馬蹄輕角弓持弦急去爲龍城候正値胡兵襲軍氣横
大荒戰酣日將入長風金鼓動白霧鐵衣溼四起愁邊聲南
轅時佇立斷蓬孤自轉寒雁飛相及萬里雲沙漲路平氷霰
澁夜聞漢使歸獨向刀環泣

同前　僧皎然

候騎出紛紛元戎霍冠軍漢鞞秋聒地羌火晝燒雲萬里戎

城合三邊羽檄分烏孫驅未盡肯顧遼陽勲

漢旆拂丹霄漢軍新破遼紅塵驅鹵簿白羽擁嫖姚戰苦軍猶樂功高将不驕至今丁令塞朔吹空蕭蕭

百萬逐呼韓頻年不解鞍兵屯絶漢暗馬飲濁河乾破虜功未録勞師力已殫須防肘腋下飛禍出無端

飛将下天來奇謀閫外裁水心龍劒動地肺雁山開望氣燕師鋭當鋒虜陣摧從令射鵰騎不敢過雲堆

黄紙君王詔青泥校尉書誓師張虎落選将擐犀渠露暗津浦失天寒塞栫踈横行十萬騎欲掃虜塵餘

同前　王建

漢軍逐單于日没處河曲浮雲道傍起行子車下宿槍城圍鼓角氊帳依山谷馬上懸壺漿刀頭分頓肉来時高堂上父母親結束回一作面首不見家風吹破衣服金瘡生肢節相與

拔一作取箭鏃聞道西涼州家〻婦人哭

同前　張祐

少年金紫就光輝直指邊城虎翼飛一卷旌一作施收千騎虜萬全身出百圍董黃雲斷塞尋鷹去白草連天射雁歸白首漢廷刀筆吏丈夫功業本相依

同前五首　令狐楚

荒雞隔水啼汗馬逐風嘶終日隨旌旆何時罷鼓鞞

孤心眠夜雪滿眼是秋沙萬里猶防塞三年不見家

却望冰河闊前登雪嶺高征人幾多在又擬戰臨洮

胡風千里驚漢月五更明縱有還家夢猶聞出塞身一作聲

莫雪連青海陰雲覆白山可憐班定遠出入玉門關

同前三首　王維

旌甲從軍久風雲識陣難今朝韓信計日下斬成安

燕頷多奇相狼頭敢犯邊寄言班定遠正是立功年

旄頭夜落捷書飛來奏金門著賜衣白馬將軍頻破鏑黃龍戍卒幾時歸

從軍五更轉五首　伏知道

樂苑曰五更轉商調曲按伏知道已有從軍辭則五更轉蓋陳已前曲也

一更刁斗鳴校尉逴連城遙聞射鵰騎懸憚將軍名

二更愁未央高城寒夜長試將弓學月聊持劍比霜

三更夜警新橫吹獨吟春彊聽梅花落誤憶柳園人

四更星漢低落月與雲齊依稀北風裏胡笳雜馬嘶

五更催送籌曉色映山頭城烏初起堞更人悄一作笑下樓

從軍有苦樂行　李益

魏王粲從軍行曰從軍有苦樂但問所從誰因

以為題也

勞者且勿歌我欲送君觴從軍有苦樂此曲樂未央僕本居（一作起）隴上隴水斷人腸東過秦宮路宮路入咸陽時逢漢帝出諫獵至長楊詎馳游俠窟非結少年場一旦承嘉惠輕命重恩光秉筆參帷帟從軍至朔方邊地多陰風草木自淒涼斷絕海雲去出沒胡沙長參差引雁翼隱轔騰軍裝劍文夜如水馬汗凍成霜俠氣五都少矜功六郡良山河起目前睚眦死路傍北逐驅獯虜西臨復舊疆昔還賦餘資今出乃贏糧一矢致夏服我弓不再張寄言丈夫雄苦樂身自當

苦哉遠征人　鮑溶

晉陸機從軍行曰苦哉遠征人飄飄窮四遐宋顏延年從軍行曰苦哉遠征人畢力幹時艱蓋苦天下征伐也又有苦哉行遠征人皆出於從

軍行也
征人歌古曲攜手上河梁李陵死别處杳杳玄冥鄉憶昔從
此路連年征鬼方久行迷漢曆三洗氈衣裳百戰身且在微
功信難忘遠承雲臺議非勢孰敢當落日弔李廣白身過河
陽關弓失月影勞劍無龍光去日姑束髮今來髮成霜虛名
乃閒事生見父母鄉掩抑大風歌徘徊少年場誠哉古人言
鳥盡良弓藏

苦哉行五首　戎昱

彼鼠侵我廚縱貍授粱肉鼠雖爲君却貍食自須足冀雪大
國耻翻是大國辱膻腥逼綺羅磚瓦雜珠玉登樓非騁望目
笑是心哭何意天樂中至今奏胡曲
官軍收洛陽家住洛陽里夫婿與兄弟目前見傷死吞聲不
許哭還遣衣羅綺上馬隨匈奴數秋黄塵裏生爲名家女死

作塞垣鬼鄉國無還期天津哭流水

登樓望天衢目極淚盈睫彊笑無笑容須妝舊花靨昔年買奴僕奴僕來碎葉豈意未死間自爲匈奴妾一生忽至此萬事痛苦業得出塞垣飛不如彼蜂蝶

妾家青河邊七葉承貂蟬身爲最小女偏得渾家憐親戚不相識幽閨十五年有時最遠出秖到中門前前年狂胡來懼死翻生全今秋官軍至豈意遭戈鋋匈奴爲先鋒長鼻黃髮拳彎弓獵生人百步牛羊羶脫身落虎口不及歸黃泉苦哉難重陳暗哭蒼蒼天

可汗奉親詔今月歸燕山忽如亂刀劍攬妾心腸間出户望北荒迢迢玉門關生人爲死別有去無時還漢月割妾心胡風凋妾顏去去斷絕魂叫天天不聞

遠征人

黄河流水急驅馬送征人谷望河陽縣棲小平津

鞠歌行　陸機

古今樂録曰王僧虔技録平調又有鞠歌行今無歌者陸機序曰按漢宮閣有含章鞠室靈芝鞠室後漢馬防第宅卜臨道連閣通池鞠城彌於街路鞠歌將謂此也又東阿王詩連騎擊壤或謂蹴鞠乎三言七言雖奇寶名器不遇知己終不見重願逢知己以託意焉

朝雲升應龍攀乘風遠遊騰雲端鼓鍾歇豈自歡急弦高張思和彈時希值年夙愆循己雖易人知難王陽登貢公歡罕生既没國子歎嗟千載豈虚言邈矣遠念情愾然

同前　謝靈運

德不孤必兮有鄰唱和之契冥相因譬如蚪虎兮來風雲亦

如形聲影響陳心歡賞兮歲易淪隱玉藏彩疇識真叔牙顯夷吾親郢既殁匠寢斤覽古籍信伊人永言知己感良辰

同前　謝惠連

翔馳騎伯樂不舉誰能知南荊璧萬金貲卞和不斷與石離年難留時易隕厲志莫賞徒勞疲沮齊音溺趙吹匠石善運郢不危古綿眇理參差單心慷慨雙淚垂

同前　李白

玉不自言如桃李魚目笑之卞和恥楚國青蠅何太多連城白璧遭讒毀荊山長號泣血人忠臣死為刖足鬼聽曲知寧戚夷吾因小妻秦穆五羊皮買死百里奚洗拂青雲上當時賤如泥朝歌鼓刀叟虎變蟠溪中一舉釣六合遂荒營丘東平生渭水曲誰識一作數此老翁奈何今之人雙目送征一作飛鴻

清調曲

古今樂錄曰王僧虔技錄清調有六曲一苦寒行二豫章行三董逃行四相逢狹路間行五塘上行六秋胡行荀氏錄所載九曲傳者五曲晉宋齊所歌今不歌武帝北上苦寒行上謁董逃行蒲生上行最上願登竝秋胡行是也其四曲今不傳明帝悠悠苦寒行古辭白楊豫章行武帝白日董逃行古辭相逢狹路間行是也其器有笙笛下聲弄高弄遊弄篪節琴瑟箏琵琶八種歌弦四弦張永錄云未歌之前有五部弦又在弄後晉宋齊止四器也

苦寒行二首六解　　魏文帝

樂府解題曰晉樂奏魏武帝北上篇備言冰雪

谿谷之苦其後或謂之北上行蓋因武帝辭而擬之也

北上太行山艱哉何巍巍太行山艱哉何巍巍羊腸坂詰曲車輪為之摧一解樹木何蕭瑟北風聲正悲何蕭瑟北風聲正悲熊羆對我蹲虎豹夾道啼二解谿谷少人民雪落何霏霏少人民雪落何霏霏延頸長歎息遠行多所懷三解我心何怫鬱思欲一東歸何怫鬱思欲一東歸水深橋梁絕中道正徘徊四解迷惑失徑路暝無所宿棲失徑路暝無所宿棲行行日以遠人馬同時飢五解擔囊行取薪斧冰持作糜擔囊行取薪斧冰持作糜悲彼東山詩悠悠使我哀六解

右一曲晉樂所奏

北上太行山艱哉何巍巍羊腸坂詰屈車輪為之摧樹木何蕭瑟北風聲正悲熊羆對我蹲虎豹夾路啼谿谷少人民雪

落何霏霏延頸長歎息遠行多所懷我心何怫鬱思欲一東歸水深橋梁絕中路正徘徊迷惑失故路薄莫無宿棲行行日已遠人馬同時飢擔囊行取薪斧冰持作糜悲彼東山詩悠悠令我哀

右一曲本辭

苦寒行五解　魏明帝

悠悠發洛都并我征東行悠悠發洛都非我征東行征行彌二旬屯吹龍陂城一解顧觀故壘處皇祖之所營故壘處皇祖之所營屋室若平昔棟宇無邪傾二解奈何我皇祖潛德隱聖形我皇祖潛德隱聖形雖沒而不朽書貴垂休名三解光光我皇祖軒曜同其榮我皇祖軒曜同其榮遺化布四海八表以肅清四解雖有吳蜀寇春秋足耀兵徒悲我皇祖不永享百齡賦詩以寫懷伏軾淚霑纓五解

右一曲晉樂所奏

同前　陸機

北遊幽朔城涼野多險艱俯入穹谷底仰陟高山盤凝冰結重磵積雪被長巒陰雲興巖側悲風鳴樹端不覩白日景但聞寒鳥嚾猛虎憑林嘯玄猿臨岸歎夕宿喬木下慘（一作愴）慘怕鮮歡渴飲堅冰漿饑待（一作飢食）零露餐離思固已矣寤寐莫與言劇哉行役人慊慊恒苦寒

同前　謝靈運

歲歲曾冰食紛紛霰雪落浮陽減清暉寒禽叫悲壑飢爨烟不興渴汲水枯涸

前苦寒行二首　杜甫

漢時長安雪一丈牛馬毛寒縮如蝟楚江巫峽冰入懷虎豹哀號又堪記秦城老翁荆揚客慣習炎蒸歲絺綌玄冥祝融

氣或交手持白羽未敢釋

去年白帝雪在山今年白帝雪在地凍埋蛟龍南浦縮寒刮肌膚北風利楚人四時皆麻衣楚天萬里無晶輝三足之烏足恐斷義和送將安所歸

後苦寒行二首　杜甫

南紀巫廬瘴不絕太古巳來無尺雪蠻夷長老怨苦寒崑崙天關凍應折玄猿口噤不能嘯白鵠翅垂眼流血安得春泥浦地裂

晚來江門失大木猛風中夜吹白屋天兵斷斬青海戎殺氣南行動坤軸不爾苦寒何太酷巴東之峽生凌澌彼蒼迴軒人得知（海一作梅）

苦寒行　劉駕

嚴寒動八荒薊薊無休時陽烏不自暖雪壓扶桑枝歲暮寒

益壯青春安得歸朔雁到南海越禽何處飛誰言貧士歎不為身無衣

同前　僧貫休

北風北風職何嚴毒催壯士心縮金烏足凍雲嚚嚚礙雪一片下不得聲遶枯桑根在沙塞黄河徹底頑直到海一氣摶東萬物無態唯有吾庭前杉松樹枝枝枝健在

同前　僧齊己

冰峰撑空寒矗矗雲凝水凍埋海陸殺物之性傷人之慾既不能斷絶蒺藜荆棘之根株又不能展鳳凰麒麟之拳跼如此則何如為和煦為膏雨自然天下之榮枯融融於萬戶

吁嗟篇　曹植

樂府解題曰曹植擬苦寒行為吁嗟

吁嗟此轉蓬居世何獨然長去本根逝夙夜無休閒東西經

七陌南北越九千卒遇回風起吹我入雲間自謂終天路忽然下沉淵驚飈接我出故歸彼中田當南而更北謂東而反西宕宕當何依忽亡而復存飄颻周八澤連翩歷五山流轉無恒處誰知吾苦艱願為中林草秋隨野火燔糜滅豈不痛願與林葉連

北上行

李白

北上何所苦北上緣太行磴道盤且峻巉巖凌穹蒼馬足蹶側石車輪摧高崗沙塵接幽州烽火連朔方殺氣毒劍戟嚴風裂衣裳奔鯨夾黃河鑿齒屯洛陽前行無歸日返顧思舊鄉慘慼冰雪裏悲號絕中腸尺布不掩體皮膚劇枯桑汲水澗谷阻採薪隴坂長猛虎又掉尾磨牙皓秋霜草木不可飡飢飲零露漿歎此北上苦停驂為之傷何日王道平開顏覩天光

樂府詩集卷第三十三　終

樂府詩集卷第三十四

太原郭　茂倩　編次

相和歌辭

清調曲

豫章行　古辭

古今樂録曰豫章行王僧虔云荀録所載古白楊一篇今不傳樂府解題曰陸機汎舟清川渚謝靈運出宿告密親皆傷離別言壽短景馳容華不久傳玄苦相篇云苦相身為女言盡力於人終以華落見棄亦題曰豫章行也豫章漢郡邑地名

白楊初生時乃在豫章山上葉摩青雲下根通黄泉凉秋八九月山客持斧斤我　何皎皎皎皎梯落　根株已斷絶

顛倒巖石間大匠持斧繩鋸墨齊兩端一驅四五里枝葉自
捎　會為舟船蟠身在洛陽宫根在豫章山多謝
枝與葉何時復相連吾生百年　自　俱何意萬人巧
使我離根株

右一曲晉樂所奏

豫章行二首　曹植

樂府解題曰曹植擬豫章為窮達

窮達難豫圖禍福信亦然虞舜不逢堯耕耘處中田太公未
遭文漁釣涇渭川不見魯孔丘窮困陳蔡間周公下白屋天
下稱其賢

鴛鴦自用親不若比翼連他人雖同盟骨肉天性然周公穆
康叔管蔡則流言子臧讓千乘季札慕其賢

豫章行苦相篇　傅玄

苦相身為女卑陋難再陳兒男一作男兒當門户墮地自生神雄心志四海萬里望風塵女育無欣愛不為家所珍長大逃深室藏頭羞見人無淚適他鄉忽如雨絶雲低頭和顔色素齒結朱脣跪拜無復數婢妾如嚴賓情合同雲漢葵藿仰陽春心乖甚水火百惡集其身玉顔隨年變丈夫多好新昔為形與影今為胡與秦胡秦時相見一絶踰參辰

豫章行　　陸機

汎舟清川渚遥望高一作南山陰川陸殊途一作塗軌懿親將遠尋三荊歡同株四鳥悲異林樂會良自古悼别豈獨今寄世將幾何日昃無停陰前路既已多後塗隨年侵促促薄暮景亹亹鮮克禁曷為復以兹曾是懷苦心遠節嬰物淺近情能不深行矣保嘉福景絶繼以音

同前　　謝靈運

短生旅長世恒覺白日歎覽鏡睨穳容華顏豈久期茍無迴戈術坐觀落崦嵫

同前　謝惠連

軒帆遡遥路薄送瞰遐江舟車理殊緬密友将遠從九里樂同潤二華念分峰集歡豈今發離歎自古鍾促生靡緩期迅景無遲蹤緇髪迫多素憔悴謝華芊婉娩寡留晷窈窕閑淹龍如何阻行止憤愠結心胸既微達者度歡慼誰能封頋子保淑慎良訊代徽容

同前　沈約

燕陵平而遠易河清且駛一見塵波阻臨途引征思雙劍愛匣同孤鸞悲影異宴言誠易纂清譚信難嗣卧聞夕鍾急坐閱朝光亟徃歡墜壯心來慼滿衰志殂芳無再馥淪灰定還熾夏臺尚可忘榮辱亦奚事愧徽曠士節徒感鄙生餌勞哉

納辰和地遠託聲寄

同前　辥道衡

江南地遠接閩甌東山英妙屢經遊前瞻疊障千重阻却帶驚湍萬里流楓葉朝飛向京洛文魚夜過歷吳洲君行遠度茱萸嶺妾住長依明月樓樓中愁思不開嚬始復臨牕望早春鴛鴦水上萍初合鳴鶴園中花併新空憶常時角枕處無復前日畫眉人照骨金環誰用許見膽明鏡自生塵蕩子從來好留滯況復關山遠迢遞當學織女嫁牽牛莫學姮娥叛夫壻偏訝思君無限極欲罷欲忘還復憶願作王母三青鳥飛來飛去傳消息豐城雙劍昔曾離經年累月復相隨不畏將軍成久別只恐封侯心更移

同前　李白

胡風吹代馬（一作燕人攢赤月）北擁魯陽關吳兵照海雪西討何時

還半渡上遼津黄雲慘無顏老母與子别呼天野草間白馬一作百鳥繞旌旗悲鳴相追攀白楊秋月苦早落豫章山本為休明人斬厲素不閑豈惜戰鬬死為君掃凶頑精感百没羽豈亡憚險艱樓船若鯨飛波蕩落星灣此曲不可奏三軍鬢成斑

董逃行五解　古辭

崔豹古今注曰董逃歌後漢游童所作也終有董卓作亂卒以逃亡後人習之為歌章樂府奏之以為儆誡焉後漢書五行志曰靈帝中平中京都歌曰承樂世董逃遊四郭董逃蒙天恩董逃帶金紫董逃行謝恩董逃整車騎董逃垂欲發董逃與中辭董逃出西門董逃瞻宮殿董逃望京城董逃日夜絕董逃心摧傷董逃窠董謂

董卓也言欲一作雖跋扈縱有殘暴終歸逃竄至於滅族也風俗通曰卓以董逃之歌主爲己發太禁絶之楊阜董卓傳曰卓改董逃爲董安樂府解題曰古詞云吾欲上謁從高山山頭危險火難言言五岳之上皆以黄金爲宫闕而多靈獸仙草可以求長生不死之術令天神擁護君上以壽考也若陸機和風習習薄林謝靈運春虹散彩銀河但言節物芳華可及時行樂無使徂齡坐徒而已晉傳玄有歷九秋篇十二章具叙夫婦别離之思亦題云董逃行未詳

吾欲上謁從高山山頭危嶮大難言遥望五嶽端黄金爲闕班璘但見芝草葉落紛紛一解百鳥集來如烟山獸紛綸麟辟邪其端鵾雞聲鳴但見山獸援戲相拘攀二解小復前行玉堂

未心懷流還傳教出門來門外人何求所言欲從聖道求一得命延解三教敕凡吏受言採取神藥若木端白兔長跪擣藥蝦蟇丸奉上陛下一玉柈服此藥可得神仙解四服爾神藥莫不歡喜陛下長生老壽四面肅肅稽首天神擁護左右陛下長與天相保守解五

董逃行歷九秋篇　傅玄

歷九秋兮三春遺貴客兮遠賓顧多君心所親乃命妙妓才人炳若日月星辰其一序金罍兮玉觴賓主遞起寫行杯若飛電絕光交觴接危結裳慷慨歡笑萬方其二奏新詩兮夫君爛然虎變龍文渾如天地未分齊謳楚舞紛紛歌聲上激青雲其三窮八音兮異倫奇聲靡靡每新微披素齒丹脣逸響飛薄梁塵精爽眇眇入神其四坐咸醉兮沾歡引樽促席臨軒進爵獻壽翻翻千秋要君一言願愛不移若山其五君恩愛兮不竭

譬若朝日夕月此景萬里不絶長保初醮結髮何憂坐胡越其六攜弱手兮金環上遊飛閣雲間穆若鴛鳳燕一作鸞還幸蘭房自安娛心樂意難原其七樂既極兮多懷盛時忽逝若頹寒暑革御景迴春榮隨風飄摧感物動心增哀其八妾受命兮孤虛男兒隨一作墮地稱姝女弱難存若無骨肉至親更疏奉事他人託軀其九君如影兮隨形賤妾如水浮萍明月不能常盈誰能無根保榮良時冉冉代徂其十顧繡領兮含暉皎日迴光則微朱華忽示漸衰影欲捨形高飛誰言往思可追其十一薺與麥兮夏零蘭桂踐履一作霜逾馨祿命懸天難明妾心結意丹青何憂君心中傾其十二

董逃行　陸機

和風習習薄林柔條布葉垂陰鳴鳩拂羽相尋倉鶊喈喈弄音感時悼逝傷心日月相追周旋萬里倏忽幾年人皆冉冉

西遷盛時一往不還慷慨乖念悽然昔爲少年無憂常怪秉燭夜遊翩翩宵征何求於今知此有由但爲老去年遒盛固有衰不疑長夜冥冥無期何不驅馳及時聊樂永日自怡齎此遺情何之人生居世爲安豈若及時爲驩世道多故萬端憂慮紛錯交顔老行及之長歎

同前　　元稹

董逃董逃董卓逃揩鏗戈甲聲勞嘈䆪䆪深臍脂焰焰人皆數歎曰爾獨不憶年年取我身上膏膏銷骨盡烟火死長安城中賊毛起城門四走公卿士走勸劉虞作天子劉虞不敢作天子曹瞞篡亂從此始董逃董逃人莫喜勝負飜（一作環）相枕倚縫綴難成裁破易何況曲針不能伸巧指欲學裁縫須准擬

同前　　張籍

洛陽城頭火曈曈亂兵燒我天子宮宮城南面有深山盡將老幼藏其間重巖爲屋橡爲食丁男夜行候消息聞道官軍猶掠人舊里如今歸未得董逃行漢家幾時重太平

相逢行　古辭

一曰相逢狹路間行亦曰長安有狹斜行樂府解題曰古詞文意與雞鳴曲同晉陸機長安狹斜行云伊洛有岐路岐路交朱輪則言世路險狹邪僻正直之士無所措手足矣唐李賀有難忘曲亦出於此

相逢狹路間道隘不容車不知何年少夾轂問君家君家誠易知易知復難忘黃金爲君門白玉爲君堂堂上置樽酒作使邯鄲倡中庭生桂樹華燈何煌煌兄弟兩三人中子爲侍郎五日一來歸道上自生光黃金絡馬頭觀者盈道傍入門

時左顧但見雙鴛鴦鴛鴦七十二羅列自成行音聲何噰噰鶴鳴東西廂大婦織綺羅中婦織流黄小婦無所為挾瑟上高堂丈人且安坐調絲方未央（一作調絲未遽央）

右一曲晉樂所奏

同前

謝惠連

行行即長道道長息班草邂逅賞心人與我傾懷抱夷世信難值憂來傷人平生不可保陽華與春渥陰柯長秋槁心慨榮去速情苦憂來早日華難久居憂來傷人諄諄亦至老親黨近卹庇昵君不常好九族悲素霰三良怨黄鳥邇來白即賴憂來傷人近繿褸必造水流理就溼火炎同歸燥賞契少能諧斷金斷可寶千計莫適從萬端信紛繞巢林宜擇木結友使心曉心曉形迹略略邇誰能了相逢既若舊憂來傷人片言代紵縞

同前　張率

相逢夕陰街，獨趨尚冠里。高門既如一，甲第復相似。憑軾日欲昏，何處訪公子。公子之所在，所在良易知。青樓出上路，漸臺臨曲池。堂上撫流徽，雷罇朝夕施。橘柚分華實，朱火燎金枝。兄弟兩三人，冠珮一作佩紛陸離。朝從禁中出，車騎竝驅馳。金鞍馬腦勒，聚觀路傍兒。入門一顧望，鳧鵠有雄雌。雄雌各数千，相鳴戲羽儀。竝在東西立，羣次何離離。大婦刺方領，中婦抱嬰兒。小婦尚嬌稚，端坐吹參差。丈人無遽起，神鳳且來儀。

同前　崔顥

妾年初二八，家住洛橋頭。玉戶臨馳道，朱門近御溝。使君何假問，夫壻大長秋。女弟新承寵，諸兄近拜侯。春生百子殿，花發一作開五城樓。出入千門裏，年年樂未休。

同前二首　李白

朝騎五花馬謁帝出銀臺秀色誰家子雲車一作中珠箔開金鞭遥指點玉勒近遲回夾轂相借問疑一作知從天上來憐腸愁欲斷斜日復相催下車何輕盈飄然似落梅邀入青綺門當歌共銜杯一作嬌羞初解珮語笑共銜杯銜杯映歌扇似月雲中見相見不相親不如不相見相見情已深未語可知心胡為守空閨孤眠愁錦衾錦衾與羅幃纏綿會有時春風正澹蕩暮雨來何遲一作春風正斜結青鳥來何遲願因三青鳥更報長相思光景不待人須臾髮成絲當年失行樂老去徒傷悲持此道密意無令曠佳期

相逢紅塵内高揖黄金鞭萬戶垂楊裏君家阿那邊

同前　韋應物

二十登漢朝英聲邁今古適從東方來又欲謁明主猶酣新

豐酒尚帶灞陵雨邂逅兩相逢別來間寒暑寧知白日晚暫向花間語忽聞長樂鐘走馬東西去

相逢狹路間　孔欣

相逢狹路間道狹正踟蹰如何不羣士行吟戲路衢輟步相與言君行欲焉如湻朴久已凋榮利迭相驅流落尚風波人情多遷渝勢集堂必滿運去庭亦虛競趨嘗不暇誰肯眷桑樞無為肆獨往只將困淪胥未若及初九攜手歸田廬躬耕東山畔樂道詠玄書狹路安足遊方外可寄娛

同前　梁昭明太子

京華有曲巷曲曲不通輿道逢一俠客緣路間君居君居在城北可尋復易知朱門間皓壁刻桷映晨離階植若華草光影逐飈移輕幰委四壁蘭膏然百枝長子飾青紫中子任以貲小子始總角方作啼弄兒三子俱入門赫奕盛羽儀華騮

服衡轡白玉鏤轙羈容止同規矩賓從盡恭畢雅鄭時間作孤竹乍參差雲飛離水宿弄吭滿青池懽樂無終極流目豈知疲門下非毛遂坐上盡英奇大婦成貝錦中婦飾粉絁小婦獨無事理曲步簷坐文人暫徙倚行使流風吹

同前　沈約

相逢洛陽道繫聲流水車路逢輕薄子竚立問君家君家誠易知易知復易憶龍馬滿街衢飛蓋交門側大子萬戶侯中子飛而食小子始從官朝夕温省直三子俱入門赫奕多羽翼若若青組紆烟烟金璫色大婦繞梁歌中婦迴文織小婦獨無事閑戶聊且即綠綺試一彈玄鶴方鼓翼

同前　劉孺

送君追遐路路狹曖朝雰三危上蔽日九折杳連雲枝交憶不見聽靜吹纔聞豈伊歎道遠亦迺泣塗分況茲別親愛情

念切離羣

同前　　劉遵

春晚駕香車交輪礙狹斜所恐惟風入疑傷步摇花含羞隱年少何因問妾家青楼臨上路相期覺路賒

同前　　隋李德林

天衢號九經冠蓋恒縱横忽逢懷刺客相尋欲逐名我住河陽浦開門望帝城金臺遠猶出玉觀夜恒明筵羞太官膳酒醲步兵營懸牀接高士隔帳授諸生流水琴前韻飛塵歌後輕大子難爲弟中子難爲兄小子輕財利實見陶朱情龍軒照人轉驥馬嘘天門入門俱有説至道勝金籯出門會親友天官奏德星大婦訓端木中婦誨劉靈小婦南山下鑿缶和秦箏羣賓莫有戲燈來告絶纓

樂府詩集卷第三十四終

樂府詩集卷第三十五

太原郭　茂倩　編次

相和歌辭

清調曲

長安有狹斜行　古辭

長安有狹斜狹斜不容車適逢兩少年挾轂問君家君家新市傍易知復難忘大子二千石中子孝廉郎小子無官職衣冠仕洛陽三子俱入室室中自生光大婦織綺紵一作羅中婦織流黄小婦無所爲挾琴上高堂丈夫且徐徐調絃詎未央

同前　晉陸機

伊洛有歧路歧路交朱輪輕蓋承華景騰步躡飛塵鳴玉豈樸儒馮軾皆俊民烈心厲勁秋麗服鮮芳春余本倦游客豪彦多舊親傾蓋承芳訊欲鳴當及晨守一不足矜歧路良可

遵規行無曠迹矩步豈逮人投足緒已爾四時不必循將遂殊塗軌要子同歸津

同前　宋謝惠連

紀郢有通逵通逵並軒車帟帟雕輪馳軒軒翠蓋舒撰策之五尹振轡從三閭推劍馮前軾鳴佩專後輿

同前　宋荀昶

朝發邯鄲邑暮宿井陘間井陘一何狹車馬不得旋邂逅相逢值崎嶇交一言一言不容多伏軾問君家君家誠易知易知復易博南面平原居北趣相如閣飛樓臨夕都通門枕華郭入門無所見但見雙栖鶴栖鶴數十雙鴛鴦羣相追大兒珥金璫中兒振纓緌（一作中兒纓玉㯠）伏臘一來歸隣里生光輝小弟無所爲鬬鷄東陌逵大婦織紈綺中婦縫羅衣小婦無所作挾瑟弄音徽丈人且却坐梁塵將欲飛

同前　梁武帝

洛陽有曲陌曲曲不通驛忽遇二少童扶轡問君宅我宅邯鄲右易憶復可知大息組絪縕中息佩陸離小息尚青綺總角遊南皮三息俱入門家臣拜門垂三息俱升堂旨酒盈千卮三息俱入戶戶內有光儀大婦理金翠中婦事玉觿小婦獨閑暇調笙遊曲池丈人少裵回鳳吹方參差

同前　梁簡文帝

長安有徑塗徑徑不通輿道逢雙緫丱扶輪問我居我居青門北可憶復易津大息鶱金勒中息割黃銀小息始得意黃頭作弄臣三息俱入門雅志揚清塵三息俱上堂觴肴滿四陳三息俱入戶照耀光容新大婦舒綺絪中婦拂羅巾小婦最容冶映鏡學嬌嚬丈人且安坐清謳出絳脣

同前　梁沈約

青槐金陵柏丹轂貴遊士方驂萬乘臣炫服千金子咸陽不足稱臨淄孰能擬

同前　梁庾肩吾

長安曲陌坂曲曲不容幰路逢雙綺襦問君居近遠我居臨御溝可識不可求長子登麟閣次子侍龍樓少子無高位聊從金馬遊三子俱來下左右若川流三子俱來入高軒映彩旒三子俱來宴玉柱擊清甌大婦襞雲裘中婦卷羅幬少婦多妖豔花鈿繫石榴夫君且安坐歡娛方未周

同前　梁王冏

名都馳道傍華轂亂鏘鏘道逢佳麗子問我居何鄉我家洛川上甲第遙相望珠扉玳瑁牀綺席流蘇帳大子執金吾次子中郎將小子陪金馬遨遊蔑卿相三子俱休沐風流鬱何壯三子俱會同肅雍多禮讓三子俱還室絲管紛寥亮大婦

裁舞衣中婦學清唱小婦窺鏡影弄此朝霞妝佳人且少留

爲君繞梁唱

同前　　　　梁徐防

長安有勾曲勾勾不通駟塗逢二綺衣夾路訪君室君室近

霸城易識復知名大息登金馬中息謁承明小息偏愛幸走

馬曳長纓三息俱入門車服盡雕輕三息俱上堂嘉賓四座

盈三息俱入戶室內有光榮大婦縑始呈中婦繡初營小婦

多姿媚紅紗映削成上客且安坐胡牀妾自箏

同前　　　　陳張正見

少年重遊俠長安有狹斜路窄時容馬枝高易度車簷高同

落照巷小共飛花相逢夾繡轂借問是誰家

同前　　　　周王褒

威紆狹邪道車騎動相喧博徒稱劇孟遊俠號王孫勢傾魏

侯府交盡翟公門路邪勞夾轂塗艱倦折轅日斜宣曲觀春還御宿園塗歌楊柳曲巷飲榴花罇獨有遊梁倦還守孝文園

三婦豔詩　宋劉鑠

大婦裁霧縠中婦牒冰練小婦端清景含歌登玉殿丈人且徘徊臨風傷流霰

同前　齊王融

大婦織綺羅（一作縑綺）中婦織流黃小婦獨無事挾瑟（一作琴）上高堂丈夫（一作人）且安坐調弦詎未央（一作未渠央）

同前　梁昭明太子

大婦舞輕巾中婦拂華茵小婦獨無事紅黛潤芳津良人且高臥方欲薦梁塵

同前　沈約

大婦拂玉匣中婦結珠帷小婦獨無事對鏡理蛾眉良人且

安卧夜長方自私

同前　　梁王筠

大婦留芳褥中婦對華燭小婦獨無事當軒理清曲丈人且
安卧豔歌方斷續

同前　　梁吴均

大婦弦初切中婦管方吹小婦多姿態含笑逼清卮佳人勿
餘及慇懃妾自知

同前　　梁劉孝綽

大婦縫羅裙中婦料繡文唯餘最小婦窈窕舞昭君丈人愼
勿去聽我駐浮雲

同前十一首　　陳後主

大婦避秋風中婦夜牀空小婦初兩髻含嬌新臉紅得意非
霰日可憐那可同

大婦西北樓中婦南陌頭小婦初妝點回眉對月鈎可憐還
自覺人看反更著

大婦主一作弄縑機中婦裁春衣小婦新妝冶拂匣動琴徽長
夜理清曲餘嬌且未歸

大婦妬蛾眉中婦逐春時小婦最季少相望卷羅帷羅帷夜
寒卷相望人來遲

大婦上高樓中婦蕩蓮舟小婦獨無事撥帳掩嬌蓄丈夫應
自解更深難道留

大婦初調箏中婦歛歌聲小婦春妝罷弄月當宵楹季子時
將意相看不用爭

大婦愛恒偏中婦意長堅小婦獨嬌笑新來華燭前新來誠
可惑為許得新憐

大婦酌金柸中婦照妝臺小婦偏妖冶下砌折新梅衆中何

假問人今最後來

大婦怨空閨中婦夜偷啼小婦獨含笑正柱作烏棲河低帳未掩夜夜畫眉齊

大婦正當壚中婦裁羅襦小婦獨無事淇上待吴姝鳥歸花復落欲去却踟躕

大婦年十五中婦當春户小婦正横陳含嬌情未吐所愁曉漏促不恨燈銷炷

同前　張正見

大婦織殘絲中婦妬蛾眉小婦獨無事歌罷詠新詩上客何須起爲待絶纓時

同前　唐董思恭

大婦裁紈素中婦弄明璫小婦多姿態登樓紅粉妝丈人且安坐初日漸流光

同前　唐王紹宗

大婦能調瑟中婦詠新詩小婦獨無事花庭曳履綦上客且安坐春日正遲遲

中婦織流黃　梁簡文帝

翻花滿階砌愁人獨上機浮雲西北起孔雀東南飛調絲時繞腕易鑷乍牽衣鳴梭逐動釧紅妝映落暉

同前　陳徐陵

落花還井上春機當戶前帶衫行障口覓釧枕檀邊數鑷經無亂新漿緯易牽蜘蛛夜伴織百舌曉驚眠封用黎陽土書因計吏船欲知夫壻處今督水衡錢

同前　陳盧詢

別人心已怨愁空日復斜然香望韓壽磨鏡待秦嘉殘絲愁續爛餘織恐嫌賖支機一片石緩轉獨輪車下簾還憶月挑

燈更惜花似天河上景春時織女家

同前

寒閨織素錦含怨斂雙蛾綜新交縷澀絲脆斷絲[illegible]

舉袖釧動應鳴梭還恐裁縫罷無信達交河

難忘曲　李賀

夾道開洞門弱楊低畫戟簾影竹葉起簫聲吹日色蜂語繞

妝鏡拂蛾學春碧亂繫丁香梢滿欄花向夕

塘上行五解　魏武帝

鄴都故事曰魏文帝甄皇后中山無極人袁紹據鄴與中子熙娶后爲妻後太祖破紹文帝時爲太子遂以后爲夫人后爲郭皇后所譖文帝賜死後宮臨終爲詩曰蒲生我池中綠葉何離離豈無蒹葭艾與君生别離莫以賢豪故弃捐

素所愛莫以麻枲賤弃捐菅與蒯莫以魚肉賤
弃捐葱與薤歌録曰塘上行古辭或云甄皇后
造樂府解題曰前志云晉樂奏魏武帝蒲生篇
而諸集録皆言其詞文帝甄后所作歎以讒訴
見棄猶幸得新好不遺故惡焉若晉陸機江蘺生
幽渚言婦人衰老失寵行於塘上而爲此歌與
古辭同意

蒲生我池中蒲生我池中其葉何離離傍能行人儀莫能縷
自知衆口鑠黃金使君生離別解一念君去我時念君去我時
獨愁常苦悲想見君顏色感結傷心脾今悉夜夜愁不
莫用豪賢故莫用豪賢故棄捐素所愛
與薤莫用麻枲賤棄捐菅與蒯解三倍
蹶船常苦沒教君安息定慎莫致倉卒念與

當何時共坐復相對〔解四〕出亦復苦愁出亦復苦
愁邊地多悲風樹木何蕭蕭今日樂相

右一曲晉樂所奏

蒲生我池中其葉何離離傍能行仁義莫若妾自知衆
黃金使君生別離念君去我時獨愁常苦悲想見君顏色感
結傷心脾念君常苦悲夜夜不能寐莫以豪賢故棄捐素所
愛莫以魚肉賤棄捐葱與薤莫以麻枲賤棄捐菅與蒯出亦
復苦愁入亦復苦愁邊地多悲風樹木何脩脩從君致獨樂
延年壽千秋

右一曲本辭

同前　陸機

江蘺生幽渚微芳不足宣被蒙風雨會移居華池邊發藻玉
臺下垂影滄浪泉〔淵一作〕霑潤既已渥結根奧且堅四節逝不

處繁華難久鮮淑氣與時殞餘芳隨風捐天道有遷易人理無常全男權智傾愚女愛衰避妍不惜微軀退但懼蒼蠅前願君廣末光照妾薄暮年

同前　謝惠連

芳萱秀陵阿菲質不足營幸有忘憂用移根託君庭垂穎臨清池擢彩仰華甍霑渥雲雨潤葳蕤吐芳馨願君眷傾葉留景惠餘明

塘上行苦辛篇　梁劉孝威

蒲生伊何陳曲中多苦辛黃金坐銷鑠白玉遂淄磷裂衣工毀嫡掩袖切讒新嫌成跡易已愛去理難申秦雲猶變日尚迴輪妾歌已唱斷君心終未親

塘上行

藕花凉露濕花缺藕根澀飛下雌鴛鴦塘水聲

蒲生行浮萍篇　　魏[illegible]

浮萍寄清水隨風東西流結髮辭嚴親[illegible]朝夕無端獲罪尤在昔蒙恩惠和樂如瑟琴何意[illegible]若商與參茱萸自有芳不若桂與蘭新人雖可愛無若[illegible]歡行雲有返期君恩儻中還慊慊仰天歎愁心將何愬日月不恒處人生忽若寓悲風來入懷淚下如垂露發篋造裳衣裁縫紈與素

蒲生行　　齊謝朓

蒲生廣湖邊託身洪波側春露惠我澤秋霜縟我色根葉從風浪常恐不永植攝生各有命豈云智與力安得遊雲上與爾同羽翼

江離生幽渚　　沈約

澤蘭被荒徑孤芳豈自通幸逢瑤池曠得與金芝叢朝承紫

臺露夕潤淥池風既美脩嫮女復悦繁華童夙昔玉霜滿旦
暮翠條空葉飄儲胥右芳歇露寒東紀化尚盈昊俗志信積
隆財殫交易絶華落愛難終所惜改驪眄豈恨逐征蓬願回
昭陽景時照長門宮

苦辛行　　唐戎昱

且莫奏短歌聽余苦辛詞如今刀筆士不及屠沽兒少年無
事學詩賦豈意文章復相悮東西南北少知音終年竟歲悲
行路仰面訴天天不聞低頭告地地不言天地生我尚如此
陌上他人何足論誰謂西江深涉之固無憂誰謂南山高可
以登之遊險巇唯有世間路一嚮令人堪白頭貴
可測等閑桃李成荆棘風塵之士深可親
悲來却憶漢天子不弃相如家舊貧
酒判一醉萬事從他江水流

樂府詩集卷第三十六

太原郭　茂倩　編次

相和歌辭

清調曲

秋胡行四解　魏武帝

西京雜記曰魯人秋胡娶妻三月而遊宦三年休還家其婦採桑於郊胡至郊而不識其妻也見而恱之乃遺黃金一鎰妻曰妾有夫遊宦不返幽閨獨處三年于玆未有被辱於今日也採桑不顧胡慙而退至家問妻何在曰行採桑於郊未返既歸還乃向所挑之婦也夫妻並慙妻赴沂水而死列女傳曰魯秋潔婦者魯秋胡之妻也既納之五日去而官於陳五年乃歸未至

不光昭明明日月光何所不光昭二儀合聖化貴者獨人不萬國率土莫非王臣仁義爲名禮樂爲榮歌以言志明明日月光解三四時更逝去晝夜以成歲四時更逝去晝夜以成歲大人先天而天弗違不感年往憂世不治存亡有命慮之爲蚩歌以言志四時更逝去解四戚戚欲何念歡笑意所之戚戚欲何念歡笑意所之壯盛智惠殊不再來愛時進趣將以惠誰汎汎放逸亦同何爲歌以言志戚戚欲何念解五

右二曲魏晉樂所奏

同前三首　魏文帝

堯任舜禹當復何爲百獸率舞鳳皇來儀得人則安失人則危唯賢知賢人不易知歌以詠言誠不易移鳴條之役萬舉必全明德通靈降福自天

朝與佳人期日夕殊不來嘉肴不嘗旨酒停杯寄言飛鳥告

富貴憂患多

貧賤易居貴盛難爲工貧賤易居貴盛難爲工恥佞直言與禍相逢變故萬端俾吉作凶思牽黃犬其莫之從歌以言之

貴盛難爲工

勞謙有悔忠信可久安勞謙有悔忠信可久安天道害盈好勝者殘彊梁致災多招禍患欲得安樂獨有無愆歌以言之

忠信可久安

役神者弊極欲疾枯役神者弊極欲疾枯顏回短折不及童烏縱體淫恣莫不早徂酒色何物今自不辜歌以言之酒色令人枯

絶智棄學遊心於玄默絶智棄學遊心於玄默過而悔當不自得垂釣一壑樂一國被髮行歌和者四塞歌以言之遊心於玄默

思與王喬乘雲遊八極思與王喬乘雲遊八極凌厲五岳忽

行萬億授我神藥自生羽翼呼吸大和練形易色歌以言之
行遊八極
徘徊鍾山息駕於層城徘徊鍾山息駕於層城上蔭華蓋下
采若英受道王母遂升紫庭逍遥天衢千載長生歌以言之
徘徊於層城

同前二首　宋謝惠連

春日遲遲桑何萋萋紅桃含妖緑柳舒荑邂逅粲者游渚戲
蹊華顔易改良願難諧
係風捕影誠知不得念彼奔波意慮迴惑漢女倏忽洛神飄
揚空勤交甫徒勞陳王

同前九首　宋顔延之

椅梧傾高鳳寒谷待鳴律影響豈不懷自遠每相匹婉彼幽
閑女作嬪君子室峻節貫秋霜明豔侔朝日嘉運既我從欣一

願自此畢

燕居未及歡良人顧有違脫巾千里外結綬登王畿戒徒在昧旦左右相來依驅車出郊郭行路正威遲存爲久離别没爲長不歸

嗟余怨行役三陟窮晨暮嚴駕越風寒解鞍犯霜露原隰多悲涼迴飈卷高樹離獸起荒蹊驚鳥縱橫去悲哉游宦子勞此山川路

超遙行人遠宛轉年運徂良人（一作時）爲此别日月方向除孰知寒暑積僶俛見榮枯歲暮臨空房涼風起坐隅寢興日已寒白露生庭蕪

勤役從歸願反路遵山河昔辭秋未素今也歲載華蠶月觀時暇桑野多經過佳人從所務窈窕援高柯傾城誰不顧弭節停中阿

年往誠思勞路遠闊音形雖為五載別相與昧平生捨車遵往路鳧藻馳目成南金豈不重聊自意所輕義心多苦調密此金玉聲

高節難久淹朅來空復辭遲遲前途盡依依造門基上堂拜嘉慶入室問何之日暮行采歸物色桑榆時美人望昏至慙歎前相持

有懷誰能已聊用申苦難離居殊年載一別阻河關春來無時豫秋至恒早寒明發動愁心閨中夜長歎慘悽歲方晏日落游子顏

高張生絶絃聲急由調起自昔枉光塵結言固終始如何久為別百行愆諸已君子失明義誰與借没齒愧彼行露詩甘之長川汜

同前七首　齊王融

日月共爲照松筠俱以貞佩分甘自遠結鏡待君明且協金蘭好方愉琴瑟情佳人忽千里空閨積思生景落中軒坐悠悠望城闕高樹外夕煙曾樓滿初月光陰非或異山川屢難越輟泣掩鉛姿搔首亂雲鬟傾蔥屬徂火搖念待方秋涼氣承宇結明熠燿階流三星亦虛映四屋慘多愁思君如萱草一見乃忘憂杼軸（一作衿袖）鬱不諧契闊迷新故朔風欄上發寒鳥林間度客遠乏衣裘歲晏饒霜露參差興別緒依遲（一作違）起離慕願言如可行信邁亦亡反睇景不告勞瞻途寧遽遠何以淹歸轍蠶妾事春晚送目亂前華馳心迷舊婉椒佩容有結振芳歧路隅黃金徒以賦白珪終不渝明心良自皎安用久踟躕遶車反枌巷流目下西虞披帷惕（一作悵）有望出門遲所欲彼美復來儀懋顏變欣矚蘭

艾隔芳猶涇渭分清濁去去夫人子請徇川之曲

同前　唐高適

妾本邯鄲未嫁時容華倚翠人未知一朝結髮從君子將妾迢迢東路陲時逢大道無難阻君方遊宦從陳汝蕙樓獨臥頻度春彩落辭君幾徂暑三月垂楊蠶未眠攜籠結侶南陌邊道逢行子不相識贈妾黃金買少年妾家夫壻輕離久寸心誓與長相守願言行路莫多情送妾貞心在人口日暮蠶飢相命歸攜籠端飾來庭闈勞心苦力終無恨所冀君恩那可依聞說行人已歸止乃是向來贈金子相看顏色不復言相顧懷慚有何已從來自隱無疑背直爲君情也相會如何咫尺仍有情況復迢迢千里外此時顧恩不顧身念君此日赴河津莫道向來不得意故欲留規誡後人

瑟調曲

古今樂録曰王僧虔技録瑟調曲有善哉行隴西行折楊柳行西門行東門行東西門行却東西門行順東西門行飲馬行上留田行新成安樂宮行婦病行孤子生行放歌行大牆上蒿行野田黄爵行釣竿行臨高臺行長安城西行武舍之中行鴈門太守行豔歌何嘗行豔歌福鍾行豔歌雙鴻行煌煌京洛行帝王所居行門有車馬客行牆上難用趨行日重光行蜀道難行櫂歌行有所思行蒲坂行採梨橘行白楊行胡無人行青龍行公無渡河行荀氏録所載十五曲傳者九曲武帝朝日自惜古公文帝朝遊上山明帝赫赫我祖古辭來日並善哉古辭羅敷豔歌行是也其六曲今不傳五嶽善哉行武帝

鴻鴈却東西門行長安長安城西行雙鴻福鍾並豔歌行牆上牆上難用趨行是也其器有笙笛節琴瑟箏琵琶七種歌弦六部張永録云未歌之前有七部弦又在弄後晉宋齊止四器也

善哉行六解　古辭

樂府解題曰古辭云來日大難口燥脣乾言人命不可保當見親友且永長年術與王喬八公遊焉又魏文帝辭云有美一人婉如青揚言其妍麗知音識曲善為樂方令人忘憂此篇諸集所出不入樂志按魏明帝步出夏門行曰善哉殊復善弦歌樂我情然則善哉者蓋歎美之辭也

來日大難口燥脣乾今日相樂皆當喜歡一解經歷名山芝草

䬙䬙仙人王喬奉藥一丸二解自惜袖短内手知寒慙無靈輒以報趙宣三解月沒參橫北斗闌干親交在門飢不及餐四解歡日尚少戚日苦多以何忘憂彈箏酒歌五解淮南八公要道不煩參駕六龍遊戲雲端六解

同前七解　　魏武帝

古公亶甫積德垂仁思弘一道哲王於豳一解太伯仲雍王德之仁行施百世斷髮文身二解伯夷叔齊古之遺賢讓國不用餓殂首山三解智哉山甫相彼宣王何用杜伯累我聖賢四解齊桓之霸賴得仲父後任豎刁蟲流出戶五解晏子平仲積德兼仁與世沈德未必思命六解仲尼之世王國為君隨制飲酒揚波使官七解

同前六解　　武帝

自惜身薄祜夙賤罹孤苦既無三徙教不聞過庭語一解其窮

如抽裂自以思所怙雖懷一介志是時其能與二解守窮者貧賤惋歎淚如雨泣涕於悲夫乞活安能覩三解我願於天窮琅邪傾側左雖欲竭忠誠欣公歸其楚四解快人由爲歎抱情不得敘顯行天教人誰知莫不緒五解我願何時隨此歎亦難處今我將何照於光曜釋銜不如雨六解

同前五解　魏文帝

朝日樂相樂酣飲不知醉悲弦激新聲長笛吹清氣一解弦歌感人腸四坐皆歡悅寥寥高堂上涼風入我室二解持滿如不盈有德者能卒君子多苦心所愁不但一三解慊慊下白屋吐握不可失衆賓飽滿歸主人苦不悉四解比翼翔雲漢羅者安所羈沖靜得自然榮華何足爲五解

同前六解　文帝

上山採薇薄暮苦飢溪谷多風霜露沾衣一解野雉羣雊猿猴

相追還望故鄉鬱何壘壘解二高山有崖林木有枝憂來無方人莫之知解三人生如寄多憂何爲今我不樂歲月其馳解四湯湯川流中有行舟隨波轉薄有似客遊解五策我良馬被我輕裘載馳載驅聊以忘憂解六

同前五解　文帝

朝遊高臺觀夕宴華池陰大酋奉甘醪狩人獻嘉禽解一齊倡發東舞秦筝奏西音有客從南來爲我彈清琴解二五音紛繁會拊者激微吟淫魚乘波聽踴躍自浮沈解三飛鳥翻翔舞悲鳴集北林樂極哀情來寥亮摧肝心解四清角豈不妙德薄所不任大哉子野言弭弦且自禁解五

右六曲魏晉樂所奏

同前　文帝

有美一人婉如清揚妍姿巧笑和媚心腸知音識曲善爲樂

方哀弦微妙清氣含芳流鄭激楚度宮中商感心動耳綺麗難忘離鳥夕宿在彼中洲延頸鼓翼悲鳴相求眷然顧之使我心愁嗟爾昔人何以忘憂

同前八解　魏明帝

我徂我征伐彼蠻虜練師簡卒爰正其旅一解輕舟竟川初鴻依浦桓桓猛毅如羆如虎二解發砲若雷吐氣成雨旄旌指麾進退應矩三解百馬齊轡御由造父休休六軍咸同斯武四解兼塗星邁亮兹行阻行行日遠西背京許五解遊弗淹旬遂屆揚上奔寇震懼莫敢當御六解虎臣列將怫鬱充怒淮泗肅清奮揚微所七解運德曜威惟鎮惟撫反旆言歸旆入皇祖八解

同前四解　明帝

赫赫大魏王師徂征冒暑討亂振曜威靈一解汎舟黃河隨波

瀄湲通渠回越行路綿綿解二綵旄蔽日旌旆翳天淫魚瀺灂

遊嬉深淵解三唯塘泊從如流不爲單握揚楚心惆悵歌採薇

心綿綿在淮肥願君速捷早旋歸解四

右二曲魏晉樂所奏

同前　宋謝靈運

陽谷躍升虞淵引落景躍東隅晼晚西薄三春燠敘九秋蕭索涼來温謝寒往暑卻居德斯頤積善嬉謔陰灌陽叢凋華墮蕚歡去易慘悲至難鑠激滯當歌對酒當酌鄙哉愚人戚戚懷瘼善哉達士滔滔處樂

同前　梁江淹

置酒坐飛閣逍遥臨華池神飈自遠至左右芙蓉披緑竹夾清水秋蘭被幽崖月出照園中冠珮相追隨客從南楚來爲我吹參差淵魚猶伏涌聽者未云罷高文一何綺小

儒安足為肅肅廣殿陰雀聲愁北林衆賓還城邑何用慰我心

同前　　唐僧貫休

有美一人兮婉如青揚識曲別音兮令姿煌煌繡袂捧琴兮登君子堂如彼萱草兮使我憂忘欲贈之以紫玉尺白銀璫久不見之兮湘水茫茫

同前　　唐僧齊己

大鵬刷翮謝溟渤青雲萬層高突出下視秋濤空瀰瀰舊處魚龍皆細物人生在世何容易眼濁心昏信生死願除嗜慾待身輕攜手同尋列仙事

來日大難　　唐李白

來日一身攜糧負薪道長食盡苦口焦脣今日醉飽樂過千春仙人相存誘我遠學海陵三山陸憩五嶽乘龍上三天飛

目瞻兩角授以神藥金丹滿握蟪蛄蒙恩深愧短促思塡東海疆銜一木道重天地軒師廣成蟬翼九五以求長生下士大笑如蒼蠅聲

當來日大難　魏曹植

樂府解題曰曹植擬善哉行爲日苦短

日苦短樂有餘乃置玉罇辦東厨廣情故心相於闔門置酒和樂欣欣遊馬後來袁車解輪今日同堂出門異鄉別易會難各盡杯觴

同前　唐元稹

當來日大難行前有坂後有坑大梁側小梁傾兩軸相絞兩輪相撑大牛竪小牛橫烏啄牛背足跌力獰當來日大難行太行雖險險可使平輪軸自撓牽制不停泥潦漸久荆棘旋生行必不得不如不行

樂府詩集卷第三十六

樂府詩集卷第三十七

太原郭　茂倩　編次

相和歌辭

瑟調曲

隴西行　　古辭

一曰步出夏門行樂府解題曰古辭云天上何所有歷歷種白榆始言婦有容色能應門承賓次言善於主饋終言送迎有禮此篇出諸集不入樂志若梁簡文隴西戰地但言辛苦征戰佳人怨思而已王僧虔技録云隴西行歌武帝碣石文帝夏門二篇通典曰秦置隴西郡以居隴坻之西爲名後魏兼置渭州禹貢曰導渭自鳥鼠同穴即其地也今首陽山亦在焉

天上何所有歷歷種白揄桂樹夾道生青龍對道隅鳳凰鳴啾啾一母將九鶵顧視世間人爲樂甚獨殊好婦出迎客顏色正敷愉伸腰再拜跪問客平安不請客北堂上坐客氈氍毹清白各異樽酒上正華疏酌酒持與客客言主人持却略再拜跪然後持一杯談笑未及竟左顧敕中廚促令辦麤飰慎莫使稽留廢禮送客出盈盈府中趨送客亦不遠足不過門樞取婦得如此齊姜亦不如健婦持門戶一勝一丈夫

同前　晉陸機

我靜如鏡民動如煙事以形兆應以象懸豈曰無才世鮮興賢

同前　宋謝靈運

昔在老子志（一作至）理成篇柱小傾大綆短絕泉鳥之栖遊林壇是閑韶樂牢膳豈伊攸便胡爲乖枉從表方圓耿耿僚志慊慊丘園善歌以詠言理成篇

同前　宋謝惠連

運有榮枯道有舒屈潛保黃裳顯服朱黻誰能守靜弃華辭榮窮谷是處考槃是營千金不迴百代傳名厥包者柚忘憂者萱何爲有用自乖中原實摘柯摧葉殞條頹

同前三首　梁簡文帝

邊秋胡馬肥雪中驚寇入勇氣時無侶輕兵救邊急沙平不見虜嶂嶮還相及出塞豈成歌經川未遑汲烏孫塗更阻康居路猶澀月暈抱龍城星眉照馬邑長安路遠書不還寧知征人獨佇立

隴西四戰地羽檄歲時聞護羌擁漢節校尉立元勳石門留鐵騎冰城息夜軍洗兵逢驟雨送陣出黃雲沙長無止泊水脉屢縈分當思勒彝鼎無用想羅裙

悠悠懸旆旌知向隴西行減竈驅前馬銜枚進後兵沙飛朝

鵾雞晨鳴鴻鴈南飛鷙鳥潛藏熊羆窟棲錢鎛停置農收積場逆旅整設以通賈商幸甚至哉歌以詠志冬十月解二鄉土不同河朔隆寒流澌浮漂舟船行難錐不入地豐藾深奧水竭不流冰堅可蹈士隱者貧勇俠輕非心常歎怨戚戚多悲幸甚至哉歌以詠志河朔寒解三神龜雖壽猶有竟時騰蛇乘霧終爲土灰驥老伏櫪志在千里烈士暮年壯心不已盈縮之期不但在天養怡之福可得永年幸甚至哉歌以詠志神龜雖壽解四

同前二解　魏明帝

步出夏門東登首陽山嗟哉夷叔仲尼稱賢君子退讓小人爭先惟斯二子于今稱傳林鍾受謝節改時遷日月不居誰得久存善哉殊復善絃歌樂情解一商風夕起悲彼秋蟬變形易色隨風東西乃眷西顧雲霧相連丹霞蔽日彩虹帶天弱

水潺潺葉落翩翩孤禽失羣悲鳴其間善哉殊復善悲鳴在鳴其間（解二）朝遊青泠日暮嗟歸（朝遊上此爲豔）蹶迫日暮烏鵲南飛繞樹三匝何枝可依卒逢風雨樹折枝摧雄來驚雌雌獨愁棲夜失羣侶悲鳴徘徊芃芃荆棘葛生綿綿感彼風人惆悵自憐月盈則沖華不再繁古來之説嗟哉一言（蹶迫下爲趨）

右二曲魏晉樂所奏

丹霞蔽日行　魏文帝

丹霞蔽日采虹垂天谷水潺潺木落翩翩孤禽失羣悲鳴雲間月盈則沖華不再繁古來有之嗟我何言

同前　魏曹植

紂爲昏亂殘忠虐正周室何隆一門三聖牧野致功天亦革命漢祖之興階秦之衰雖有南面王道陵夷炎光再幽忽滅無遺

折楊柳行四解　古辭

古今樂録曰王僧虔技録云折楊柳行歌文帝西山古默默二篇今不歌

默默施行違厥罰隨事來末喜殺龍逢桀放於鳴條解一 祖伊言不用紂頭懸白旄指鹿用爲馬胡亥以喪軀解二 夫差臨命絶乃云負子胥戎王納女樂以亡其由余璧馬禍及虢二國俱爲墟解三 三夫成市虎慈母投杼趨卞和之刖足接輿歸草蘆解四

同前四解　魏文帝

西山一何高高高殊無極上有兩仙僮不飲亦不食與我一丸藥光耀有五色解一 服藥四五日身體生羽翼輕舉乘浮雲倏忽行萬億流覽觀四海茫茫非所識解二 彭祖稱七百悠悠安可原老聃適西戎于今竟不還王喬假虛辭赤松垂空言

三解 達人識眞僞愚夫好妄傳追念往古事憒憒千萬端百家多迂怪聖道我所觀 四解

右二曲魏晉樂所奏

同前　陸機

邈矣垂天景壯哉奮地雷隆隆豈久響華華恒西隤日落似有竟時逝恒若催仰悲朗月運坐觀琁蓋回盛門無再入衰房莫苦闓人生固巳短出處鮮爲諧慷慨惟昔人興此千載懷升龍悲絶處葛藟變條枚寤寐豈虛歎曾是感與摧弭意無足歎願言有餘哀

同前二首　謝靈運

鬱鬱河邊樹青青野田草合我故鄉客將適萬里道妻妾牽衣袂收淚沾懷抱還拊幼童子顧託兄與嫂辭訣未及終嚴駕一何早負笮引文舟飢渴常不飽誰令爾貧賤咨嗟何

所道

騷屑出穴風揮霍見日雪颼颼無久摇皎皎幾時潔未覺泮春冰已復謝秋節空對尺素遷獨視寸陰滅否桑未易繫秦茅難重拔桑苧迭生運語默寄前哲

西門行六解　　古辭

古今樂録曰王僧虔技録西門行歌古西門一篇今不傳樂府解題曰古辭云出西門步念之始言醇酒肥牛及時爲樂次言人生不滿百常懷千歲憂晝短苦夜長何不秉燭遊終言貪財惜費爲後世所嗤又有順東西門行爲三七言亦傷時顧陰有類於此

出西門步念之今日不作樂當待何時一解夫爲樂爲樂當及時何能坐愁怫鬱當復待來兹二解飲醇酒炙肥牛請呼心所

歡可用解愁憂解三　人生不滿百常懷千歲憂晝短而夜長何不秉燭遊解四　自非仙人王子喬計會壽命難與期自非仙人王子喬計會壽命難與期解五　人壽非金石年命安可期貪財愛惜費但爲後世嗤解六

右一曲晉樂所奏

出西門步念之今日不作樂當待何時逮爲樂逮爲樂當及時何能愁怫鬱當復待來茲釀美酒炙肥牛請呼心所懽可用解憂愁人生不滿百常懷千歲憂晝短苦夜長何不秉燭遊遊行去去如雲除弊車羸馬爲自儲

右一曲本辭

東門行四解　古辭

古今樂録曰王僧虔技録云東門行歌古東門一篇今不歌樂府解題曰古詞云出東門不

顧歸入門悵欲悲言士有貧不安其居者拔劒將去妻子牽衣留之願共餔糜不求富貴且曰今時清不可爲非也若宋鮑照傷禽惡弦驚但傷離别而已

出東門不顧歸來入門悵欲悲盎中無斗儲還視桁上無懸衣一解拔劒出門去兒女牽衣啼他家但願富貴賤妾與君共餔糜二解共餔糜上用倉浪天故下爲黄口小兒今時清廉難犯教言君復自愛莫爲非三解今時清廉難犯教言君復自愛莫爲非行吾去爲遲平愼行望君歸四解

右一曲晉樂所奏

出東門不顧歸來入門悵欲悲盎中無斗米儲還視架上無懸衣拔劒東門去舍中兒母牽衣啼他家但願富貴賤妾與君共餔糜上用倉浪天故下當用此黄口兒今非咄行吾去

爲遲白髮時下難久居

右一曲本辭

東門行　　東晉張駿

勾芒御春正衡紀運玉瓊明庶起祥風和氣翕來征慶雲蔭八極甘雨潤四坰昊天降靈澤朝日耀華精嘉苗布原野百卉敷時榮鳩鵲與鶖黃間關相和鳴芙蓉覆靈沼香花揚芳馨春遊誠可樂感此白日傾休否有終極落葉思本莖臨川悲逝者節變動中情

同前　　宋鮑照

傷禽惡弦驚倦客惡離聲離聲斷客情賓御皆涕零涕零心斷絕將去復還訣一息不相知何況異鄉別遙遙征駕遠杳杳白（一作落）日晚居人掩閨卧行子夜中飯野風吹草木行子心腸斷食梅常苦酸衣葛常苦寒絲竹徒滿座憂人不解顏

長歌欲自慰彌起長恨端

同前　　唐柳宗元

漢家三十六將軍東方靁動橫陣雲雞鳴函谷客如霧皃同心異不可數赤丸夜語飛電光徼巡司錄眠如羊當街一叱百吏走馮敬胷中函匕首兇徒側耳潛愜心悍臣破膽皆杜口魏王臥內藏兵符子西掩袂眞無辜羌胡轂下一朝起敵國舟中非所擬安陵誰辨削礪功韓國詎明深井里絶臏斷骨那下補萬金寵贈不如土

東西門行　　梁劉孝威

古今樂録曰王僧虔技録云東西門行今不歌

廣津寒欲歇聯檣密纜收天高亞近岫江闊少方舟餞淚留神眷離歎切私儔佇變齊見俗當傳楚獻囚徒然須並命秖

惡思如抽

却東西門行　　魏武帝

古今樂録曰王僧虔技録云却東西門行荀録所載武帝鴻鴈一篇今不傳

鴻鴈出塞北乃在無人鄉舉翅萬餘里行止自成行冬節食南稻春日復北翔田中有轉蓬隨風遠飄揚長與故根絶萬歲不相當奈何此征夫安得去四方戎馬不解鞍鎧甲不離傍冉冉老將至何時反故鄉神龍藏深泉猛獸步高岡狐死歸首丘故鄉安可忘

右一曲魏晉樂所奏

同前　　謝惠連

慊愷發相思惆悵戀音徽四節競闌候六龍引頹機人生隨時變遷化焉可祈百年難必保千慮盈懷之

同前　梁沈約

驅馬城西阿遥眺想京闕望極煙原盡地遠山河没揺裝非短晨還歌豈明發脩服悵邊羈瞻途眇鄉謁馳蓋轉徂龍回星引奔月樂去哀鏡滿悲來壯心歇歲華委徂貌年霜移暮鬢辰物久侵晏征思坐論越清氣掩行夢憂原盪瀛渤一念起關山千里顧兵窟

鴻鴈生塞北行　晉傅玄

鳳凰遠生海西及時崑山岡五德存羽儀和鳴定宮商百鳥並侍左右鼓翼騰華光上熙遊雲日間千歲時來翔孰若彼龍與龜曳尾泥中藏非雲雨則不升冬伏春廼驤退哀此秋蘭草根絶隨化揚靈氣一何憂美萬里馳芬芳常恐物易微歇一朝見弃忘

順東西門行　陸機

古今樂録曰王僧虔技録云順東西門行今不歌

出西門望天庭陽谷旣虚崦嵫盈感朝露悲人生遊者若斯安得停桑樞戒蟋蟀鳴我今不樂歲聿征追未暮及時平置酒高堂宴友生激朗笛彈哀箏取樂今日盡歡情

同前　謝靈運

出西門眺雲闕揮斤扶木墜虞泉信道人鑒徂川思樂暫捨誓不旋閔九九傷牛山宿心載違徒昔言競落運務積年招命儕好相追牽酌芳酤奏繁弦惜寸陰情固然

同前　謝惠連

哀朝菌閔積力遷化常然焉肯息及壯齒遇世直酌酪華堂集親識舒情盡懽遣悽惻

樂府詩集卷第三十七

（宋）郭茂倩 編

宋本樂府詩集

第四册

國家圖書館出版社

第四册目録

卷二十六　相和歌辭一

樂府詩集卷第十九

太原　郭　茂倩　編次

鼓吹曲辭

晉鼓吹曲　　傅玄

晉書樂志曰武帝令傅玄製鼓吹曲二十二篇以代魏曲一曰靈之祥二曰宣受命三曰征遼東四曰宣輔政五曰時運多難六曰景龍飛七曰平玉衡八曰文皇統百揆九曰因時運十曰惟庸蜀十一曰天序十二曰大晉承運期十三曰金靈運十四曰於穆我皇十五曰仲春振旅十六曰夏

苗田十七曰仲秋獮田十八曰順天道十
九曰唐堯二十曰玄雲二十一曰伯益二
十二曰釣竿

靈之祥

古朱鷺行古今樂録曰靈之祥言宣皇帝
之佐魏猶虞舜之事堯也既有石瑞之徵
又能用武以誅孟度之逆命也

靈之祥石瑞章旌金德出西方天降命授宣皇應期
運時龍驤繼大舜佐陶唐讚武文建帝綱孟氏叛據
南疆追有扈亂五常吴寇勁蜀虜疆交誓盟連遐荒
宣赫怒奮鷹揚震乾威曜電光陵九天陷石城梟逆

命極有生萬國安四海寧

宣受命

古思悲翁行古今樂錄曰宣受命言宣皇帝禦諸葛亮養威重運神兵亮震怖而死

宣受命應天機風雲時動神龍飛禦諸葛鎮雍梁邊境安夷夏康務節事勤定傾覆英雄保持盈淵穆二赫明二沖而泰天之經養威重運神兵亮乃震斃一作死天下寧

征遼東

古艾而張行古今樂錄曰征遼東言宣皇帝陵大海之表討滅公孫淵而梟其首也

征遼東敵失據威靈邁日域公孫既授首羣逆破膽
咸震怖朔北響應海表景附武功赫赫德雲布

一　宣輔政

古上之回行古今樂録曰言宣皇帝聖道
深遠撥亂反正網羅文武之才以定二儀
之序也

宣皇輔政聖烈深撥亂反正從天心網羅文武才慎
厥所生所生賢遺教施安上治民化風移肇創帝基
洪業垂於鑠明明時赫戲功濟萬世定二儀雲澤雨
施海外風馳

時運多難

古雍離行古今樂錄曰時運多難言宣皇帝致討吳方有征無戰也

時運多難道教痛天地變化有盈虛蠢爾吳蠻虎視江湖我皇赫斯致天誅有征無戰弭其圖天威橫被廓東隅

景龍飛

古戰城南行古今樂錄曰景龍飛言景帝克明威教賞從夷逆祚隆無疆崇此洪基也

景龍飛御天威聰鑒玄察動與神明協機從之者顯逆之者滅夷文教敷武功巍巍普被四海萬邦望風莫

不来綏聖德潛衜先天弗違弗違迓祥享世永長猛以
致寬道化光赫明〻祚隆無疆嘉績維期有命既集
崇此洪基

平玉衡

古巫山高行古今樂錄曰平玉衡言景帝
一萬國之殊風齊四海之乖心禮賢養士
而纂洪業也

平玉衡糺姦回萬國殊風四海乖禮賢養士羈御英
雄思心齊纂戎洪業崇皇階品物咸亨聖敬日躋聰
鑒盡下情明〻綜天機

文皇統百揆

古上陵行古今樂錄曰文皇統百揆言文
皇帝始統百揆用人有方以敷太平之化
也

文皇統百揆繼天理萬方武將鎮四隅英佐盈朝堂
謀言協秋蘭清風嚴其芳洪澤所漸潤礫石爲珪璋
大道譚五帝盛德踰三王咸光大上參天與地並化
無內外無內外六合並康乂並康乂遘茲嘉會在昔
羲與農大晉德斯邁鎮征及諸州爲蕃衛玄功濟四
海洪烈流萬世

因時運

古將進酒行古今樂錄曰因時運言文皇

帝因時運變聖謀潛施解長虵之交離羣

桀之黨以武濟文審其大討以遏其德也

因時運聖策施長虵交解羣桀離勢窮奔吴虎騎屬

惟武進審大討時遏其德清一世

惟庸蜀

古有所思行古今樂録曰惟庸蜀言文皇

帝既平萬乘之蜀封建萬國復五等之爵

也

惟庸蜀僭號天一隅劉備逆帝命禪亮承其餘擁衆

數十萬闚隙乘我壘驛騎進羽檄天下不遑居姜維

屢寇邊隴上為荒蕪文皇愍斯民歷世受皇皐外攘

蕃屏臣內謀衆士夫爪牙應指授腹心獻同一作良圖
良圖恊成文大乃一作興百萬軍雷鼓盪地起猛勢陵
浮雲通虜畏天誅面縛造壘門萬里同風教逆命稱
妾臣光建五等紀綱天人

天序

古芳樹行古今樂錄曰天序言聖皇應歷
受禪弘濟大化用人各盡其才也

天序歷應受禪承靈祜御羣龍勒螭虎弘濟大化英
雋作輔明明統萬機赫赫鎮四方咎繇稷契之疇恊
蘭芳禮王臣覆兆民化之如天與地誰敢愛其身

大晉承運期

古上邪行古今樂錄曰大晉承運期言聖
皇應籙受圖化象神明也
大晉承運期德隆聖皇時清晏白日垂光應籙圖陟
帝位繼天正玉衡化行象神明至哉道隆虞與唐元
首敷洪化百寮股肱並忠良民大康隆隆赫赫福祚
盈無疆

二十二

金靈運

古君馬黃行古今樂錄曰金靈運言聖皇
踐祚致敬宗廟而孝道行於天下也
金靈運天符發聖徵見參日月惟我皇體神聖受魏
禪應天命皇之興靈有徵登大麓御萬乘皇之輔若

闞虎爪牙奮莫之禦皇之佐諸〻清化百事理萬邦賀
神祇應嘉瑞章恭享禮薦先皇樂時奏磬管鏘鼓淵
淵鍾喤喤與樽俎寶玉觴神歆饗咸悅康宴孫子祐
無疆大孝烝〻德教被萬方

於穆我皇

古雉子行古今樂錄曰於穆我皇言聖皇
受命德合神明也

於穆我皇盛德聖且明受禪君世光濟羣生普天率
土莫不來庭顒〻六合內望風仰泰清萬國雍〻興
頌聲大化洽地平而天成七政齊玉衡惟平峨〻佐
命濟〻羣英夙夜乾〻萬機是經雖治興匪荒寧謙

道光沖不盈天地合德日月同榮赫赫煌煌曜幽冥

三光克從於顯天垂景星龍鳳臻甘露宵零肅神祇

祇上靈萬物欣戴自天効其成

仲春振旅

古聖人出行古今樂錄曰仲春振旅言大

晉申文武之教畋獵以時也

仲春振旅大致民武教於時日新師執提工執鼓坐

作從節有序盛矣允文允武蒐田表禡申法誓遂圍

禁獻社祭允以時明國制文武並用禮之經列車如

戰大教明古今誰能去兵大晉繼天濟羣生

夏苗田

古臨高臺行古今樂録曰夏苗田言大晉

畋狩順時爲苗除害也

夏苗田運將徂軍國異容文武殊乃命羣吏撰車徒辨其號名讃契書王軍啓八門行同上帝居時路建大麾雲旗翳紫虡百官象其事疾則疾徐則徐回衛旋軫羅陳弊車獻禽享祠烝烝配有虞惟大晉德参兩儀化雲敷

仲秋獮田

古遠期行古今樂録曰仲秋獮田言大晉

雖有文德不廢武事順時以殺伐也

仲秋獮田金德常剛涼風清且厲凝露結爲霜白藏

司辰蒼隼時鷹揚鷹揚猶尚父順天以殺伐春秋時
敘雷霆振威曜進退由鉦鼓致禽祀祊羽毛之用充
軍府赫赫大晉德芬烈陵三五敷化以文雖治不廢
武光宅四海永享天之祐

順天道

古石留行古今樂錄曰順天道言仲冬大
閱用武修文大晉之德配天也

順天道握神契三時示講武事冬大閱鳴鐲振鼓鐸
旌旗象虹霓文制其中武不窮武動軍誓衆禮成而
義舉三驅以崇仁進止不失其序兵卒練將如闞虎
惟闞虎氣陵青雲解圍三面殺不殄疊偃旌麾班六

軍獻享烝修典文嘉大巫日德配天祿報功爵侯賢饗

燕樂受茲百祿嘉萬年

唐堯

古務成行古今樂録曰唐堯言聖皇陟帝位德化光四表也

唐堯諮務成謙謙德所興積漸終光六履霜致堅冰神明道自然河海猶可凝舜禹統百揆元凱以次升禪讓應天曆睿聖世相承我皇陟帝位平衡正準繩德化飛四表祥氣見其徵興王坐俟旦亡主一作國恬一作主自矜致遠由近始覆簣成山陵披圖按先籍有其證靈液

玄雲

古今樂録曰玄雲言聖皇用人各盡其材也

玄雲起丘山祥氣萬里會龍飛何蜿蜿鳳翔何翩翩昔在唐虞朝時見青雲際今親遊萬（一作方）國流光溢天外鶴鳴在後園清音隨風邁成湯隆顯命伊摯來如飛周文獵渭濱遂載呂望歸符合如影響先天天弗違輟耕綜時綱解褐衿天維元功配二王芬馨世所稀我皇叙羣才洪烈何巍巍桓桓征四表濟濟理萬機神化感無方髦才盈帝畿丕顯惟昧旦日新孔所咨茂哉明聖（一作人）德日月同光輝

伯益

古黃爵行古今樂録曰伯益言赤烏銜書有周以興今聖皇受命神雀来也

伯益佐舜禹職掌山與川德侔十六相思心入無閒智理周萬物下知衆鳥言黃雀應清化翔集何翩翩和鳴棲庭樹徘徊雲日閒夏桀爲無道密網施山河酷祝振纖網當柰黃雀何殷湯崇天德去其三面羅逍遥羣飛来鳴聲乃復和朱雀作南宿鳳皇統羽羣赤烏銜書至天命瑞周文神雀今来遊爲我受命君嘉祥致天和膏澤降青雲蘭風發芳氣闔世同其芬

釣竿

古釣竿行古今樂録曰釣竿言聖皇德配
堯舜又有呂望之佐以濟天功致太平也
釣竿何冉〻甘餌芳且鮮臨川運思心微綸沉九淵
太公寶此術乃在靈祕篇機變隨物移精妙貫未然
游魚驚著釣潛龍飛戾天戾天安所至撫翼翔太清
太清一何異兩儀出渾成玉衡正三辰造化賦羣形
退願輔聖君與神合其靈我君弘遠略天人不足幷
天人初幷時昧〻何芒〻日月有徵兆文象興二皇
蚩尤亂生民黃帝用兵征萬方逮夏禹而德衰三代
不及虞與唐我皇聖德配堯舜受禪即祚享天祥率
土蒙祐靡不肅庶事〻康庶事康穆〻明〻荷百禄保

無極永泰平

晉凱歌二首　張華

命將出征歌

重華隆帝道，戎蠻或不賓。徐夷興有周，鬼方亦違殷。
今在盛明世，寇虐動四垠。豺狼染牙爪，羣生號穹旻。
元帥統方夏，出車撫涼秦。衆貞必以律，臧否實在人。
威信加殊類，疏遠思自親。單醪豈有味，挾纊感至仁。
武功尚止戈，七德美安民。遠跡由斯舉，永世無風塵。

勞還師歌

玁狁背天德，構亂擾邦畿。戎車震朔野，羣帥贊皇威。
將士齊心旅，感義忘其私。積勢如鞹弩，赴節如發機。

嚣聲動山谷金光耀素暉揮戟陵勁敵武步蹈橫屍鯨鯢皆授首杜土永清夷昔徂冐隆暑今来白雪霏征夫信勤瘁自古詠采薇收榮於舍爵燕喜在凱歸

宋鼓吹鐃歌三首

宋書樂志曰鼓吹鐃歌四篇今唯有上邪等三篇其一篇闕古今樂錄曰上邪曲四解晚芝曲九解漢曲有遠期疑是也艾如張三解沈約云樂人以音聲相傳訓詁不可復解凡古樂錄皆大字是辭細字是聲聲辭合寫故致然爾

上邪曲

大謁夜烏自云何來堂吾來聲烏奚姑悟姑尊盧聖

子黄尊來餽清嬰烏白日為隨來郭吾微令吾

應龍夜烏由道何來直子為烏奚如悟姑尊盧雞子

聽烏虎行為來明吾微令吾

詩則夜烏道祿何來黑洛道烏奚悟如尊爾尊盧起

黄華烏伯遼為國日忠雨令吾

伯遼夜烏若國何來日忠雨烏奚如悟姑尊盧面道

康尊蘇龍永烏赫〻福祚夜音微令吾

右四解

晩芝曲

幾令吾幾令諸韓亂毅正令吾

幾令吾諸韓從聽心令吾若里洛何来韓徽令吾
尊盧忌盧文盧子路乎路爲路雖如文盧烔烏諸祚
徽令吾
幾令諸韓或公隨令吾
幾令吾幾諸或言隨令吾黒洛何来諸韓徽令吾
尊盧安成隨来免路路子爲吾路奚如文盧烔烏諸
祚徽令吾
幾令吾幾諸或言隨令吾
幾令吾諸或言幾苦黒洛何来諸韓徽令吾
尊盧公洴隨来免路乎子路子爲路奚姑文盧烔烏
諸祚徽令吾

宋書樂志曰鼓吹鐃歌十五篇何承天晉

宋鼓吹鐃歌　何承天

右三解

赫吾姥玄諸帝始布

幾令吾呼無公赫吾艱來隨吾咄武子邪令烏無公

令趾入海相風及後

幾令吾呼羣議破諸艱來隨吾咄武子邪令烏令烏

其右其志

幾令吾呼陏含居艱來隨吾咄武子邪令烏從封相風

艾如張曲

右九解

義熙末私造一曰朱路二曰思悲公三曰雍離四曰戰城南五曰巫山高六曰上陵者七曰將進酒八曰君馬九曰芳樹十曰有所思十一曰雉子遊原澤十二曰上邪十三曰臨高臺十四曰遠期十五曰石流

按此諸曲皆承天私作疑未嘗被於歌也雖有漢曲舊名大抵別增新意故其義與古辭考之多不合云

朱路篇

朱路揚和鸞翠蓋耀金華玄牡飾樊纓流旌拂飛霞雉戟關曠塗班劒翼高車三軍且莫喧聽我奏鐃歌

清鞞鸞短簫朗鼓節鳴笳人心惟愷豫茲音亮且和
輕風起紅塵渟瀾發微波逸韻騰天路頹響結城阿
仁聲被八表威震振九遐嗟嗟介胄士勖哉念皇家

思悲公篇

思悲公懷衮衣東國何悲公西歸公西歸流二叔幼
主既悟偃禾復偃禾復聖志申營都新邑從斯民從
斯民德惟明制禮作樂興頌聲興頌聲致嘉祥鳴鳳
爰集萬國康萬國康猶弗已握髮吐飡下羣士惟我
君繼伊周親覩盛世復何求

雍離篇

雍士多離心荆民懷怨情二囟不量德搆難稱其兵

王人銜朝命正辭糾不庭上宰宣九伐萬里舉長旌樓船擁江瀆馹介飛重英歸德戒後夫賈勇尚先鳴逆徒既不濟愚智亦相傾霜鋒未及染鄢郢忽已清西川無潛鱗北渚有奔鯨淩威致天府一戰夷三城江漢被美化宇宙歌太平惟我東郡民曾是深推誠

戰城南篇

戰城南衝黃塵丹旌電烻鼓雷震勍敵猛戎馬殷橫陣亘野若屯雲仗大順應三靈義之所感士忘生長劍擊繁弱鳴飛鏑炫晃亂奔星虎騎躍華毦旋朱火延起騰飛烟驍雄斬高旗搴長角浮叫響清天夷羣戎殪逆徒餘黎霑惠詠来蘇奏愷樂歸皇都班爵獻

俘邦國娛

巫山高篇

巫山高三峽峻青壁千尋深谷萬仞崇巖冠靈林冥冥山禽夜響晨猿相和鳴洪波迅澓載逝載停悽悽商旅之客懷苦情在昔陽九皇綱微李氏竊命宣武耀靈威蠢爾逆縱復踐亂機王旅薄伐傳首來至京師古之為國惟德是貴力戰而虐民鮮不顛墜矧乃叛戾伊胡能遂咨爾巴子無放肆

上陵者篇

上陵者相追攀被服纖麗振綺紈携童幼升崇巒南望城闕鬱盤桓王公第通衢端高甍華屋列朱軒臨

濬谷掇秋蘭士女悠奕映隰原指營丘感牛山爽鳩既沒景君歎嗟歲聿逝不還志氣衰沮玄驥班野莽宿墳土乾顧此纍纍中心酸生必死亦何怨取樂今日展情懽

將進酒篇

將進酒慶三朝備繁禮薦嘉肴榮枯換霜霧交緩春帶命朋僚車等旗馬齊鑣懷溫克樂林濛士失志慍情勞思旨酒寄遊遨敗德人甘醇醲耽長夜或淫妖興屢舞厲哇謠形傞傞聲號呶首既濡志亦荒性命天國家亡嗟後生節酣觴匪酒辜孰為殃

君馬篇

君馬驤且閑，揚鑣騰逸姿。駿足蹁躚流星，高步追輕飛。
冉冉六轡柔，奕奕金華暉。輕霄翼羽蓋，長風靡淑旂。
願爲范氏驅，造父爲之悲。不怨吴坂峻，但恨伯樂稀。
赦彼岐山盜，實濟韓原師。柰何漢魏主，縱情營所私。
疲民甘藜藿，廐馬患盈肥。人畜貿廐養，蒼生將焉歸。

芳樹篇

芳樹生北庭，豐隆正徘徊。翠穎陵冬秀，紅葩迎春開。
佳人閑幽室，惠心婉以諧。蘭房掩綺幌，綠草被長階。
日夕遊雲際，歸禽命同棲。皓月盈素景，涼風拂中閨。
哀絃理虚堂，要妙清且悽。嘯歌流激楚，傷此碩人懷。
梁塵集丹帷，微飈揚羅袿。豈怨嘉時暮，徒惜良願乖。

有所思篇

有所思思昔人曾閔二子善養親和顔色奉昏晨至誠烝烝通明神鄒孟軻爲齊卿稱身受祿不貪榮道不用獨擁楹三徙旣辭禮義明飛鳥集猛獸附功成事畢乃更娶哀我生遘凶旻幼罹茶酷備艱辛慈顔絶見無因長懷永思託丘墳

雉子遊原澤篇

雉子遊原澤幼懷耿介心飲啄雖勤苦不願棲園林古有避世士抗志清霄岑浩然寄卜肆揮棹通川陰逍遥風塵外散髮撫鳴琴卿相非所盼何况於千金功名豈不美寵辱亦相尋冰炭結六府憂虞纏胸襟

當世須大度量已不克任三復泉流識自驚良已深

上邪篇

上邪下難正衆枉不可矯音和響必清端影緣直表大化揚仁風齊人猶偃草聖王既已沒誰能弘至道開春湛柔露代終肅嚴霜承平貴孔孟政弊侯申商孝公明賞罰六世猶克昌李斯肆濫刑秦民所以亡漢宣隆中興魏祖寧三方譬彼針與石效疾而稱良行葦非不厚悠悠何詎央琴瑟時未調改弦當更張矧乃治天下此要安可忘

臨高臺篇

臨高臺望天衢飄然輕舉陵太虛攜列子超帝鄉雲

衣兩帶乘風翔肅龍駕會瑤臺清暉浮景溢蓬萊濟西海濯洧盤佇立雲岳結幽蘭馳迅風遊炎州願言桑梓思舊遊傾霄蓋靡電旌降彼天塗頹窈冥辭仙族歸人羣懷忠抱義奉明君任窮達隨所遭何爲遠想令心勞

遠期篇

遠期千里客肅駕候良辰近命城郭友具爾惟懿親高門啓雙闈長筵列嘉賓中唐儛六佾三廂羅樂人簫管激悲音羽毛揚華文金石響高宇絃歌動梁塵脩標多巧捷丸劍亦入神遷善自雅調成化由清均主人垂隆慶羣士樂亡身願我聖明君邇期保萬春

石流篇

石上流水湔湔其波發源幽岫永歸長河瞻彼逝者歲月其偕子在川上惟以增懷嗟我殺憂載勞寤寐遘此百罹有志不遂行年倏忽長勤是嬰永言沒世悼兹無成幸遇開泰沐浴嘉運綬帶安寢亦又何愠古之為仁自求諸己虛情遥慕終於徒已

樂府詩集卷第十九

樂府詩集卷第二十

太原　郭　茂倩　編次

鼓吹曲辭

齊隨王鼓吹曲　謝朓

齊永明八年謝朓奉鎮西隨王教於荆州道中作一曰元會曲二曰郊祀曲三曰鈞天曲四曰入朝曲五曰出藩曲六曰校獵曲七曰從戎曲八曰送遠曲九曰登山曲十曰泛水曲鈞天已上三曲頌帝功校獵已上三曲頌藩德

元會曲

二儀啓昌曆三陽（朔一作）應慶朗珪贄絲成亭䞓譯懷
來恩分階艷組練充庭羅翠旗觴流白日下吹謐景
雲滋天儀穆藻殿（一作）萬壽（一作慶）皇基

郊祀曲

六宗禋祀岳五畤（音真）甘泉鑿蹕遊九關清籥開八埏
鏘鏘玉鑾動溶溶金陣旋郊宮先已屬（注音）升柴禮既
慶福響靈之集南（壽）山固斯年

鈞天曲

史記曰趙簡子疾五日不知人居二日半
簡子寤語大夫曰我之帝所甚樂與百神
遊于鈞天廣樂九奏萬舞鈞天之名蓋取

諸此

高宴浩天臺置酒迎風觀笙鏞禮百神鍾石動雲漢

瑶臺（一作堂）琴（一作寳）瑟驚綺席舞衣散威鳳來參差玄

鶴起（一作去）流亂已慶明庭樂詎慙南風彈

入朝曲

江南佳麗地金陵帝王州逶迤帶綠水迢遞起朱樓

飛甍夾馳道垂楊蔭御溝凝笳翼高蓋疊鼓送華輈

獻納雲臺表功名良可收

出藩曲

雲披紫微内分組承明阿飛艎游（一作廻）極浦旌節去

關河眇眇蒼山色沉沉遠（一作寒）水波鐃音巴渝曲簫

管盛唐歌夫君邁遺德江漢仰清和

校獵曲

凝霜冬十月殺盛凉飈哀（一作開）原澤曠千里騰騎絡（一作路）往來平置望烟合烈火從風迴殪獸華容浦張樂荊山臺虞人昔有諭明明（一作朗）時戒哉

從戎曲

選旅亂轇轕（一作錦）師赴（一作翹）河源日起霜戈照風迴違騎鐵紅塵朝夜合黄河萬里昏寒戾清笳囀蕭條邊馬頰自勉輟耕願征後去何言

送遠曲

北渚蘼蕪宴南州問送佳人方衝控龍爲平路騁朱輪

𧷤筵妙舞絶桂席羽觴陳白雲丘陵遠山川時未因

一爲清吹激潺湲傷別巾

登山曲

天明開秀崿瀾光媚碧隄風蓋飄鶯辭（一作鸞行）（一作飜）雲華（一作飛行）芳樹低暮春春服美游駕淩（一作躡）丹（一作石）梯升嶠既小魯登巒且悵齊王孫尚游衍蕙草正萋

泛水曲

玉露（一作霜）霑翠葉金風鳴素枝罷遊平樂苑泛鷁昆明池旌（一作羽）旗散容裔簫管（一作鼓）吹參差日晚厭遵渚採菱贈清漪百年如流水寸心寧共知

齊鼓吹曲

入朝曲　唐李白

金陵控海浦渌水帶吴京鐃歌列騎吹颯沓引公卿槌鍾速嚴妝伐鼓啓重城天子憑玉案劍履若雲行日出照萬户簪裾爛明星朝罷沐浴閑遨遊閣風亭濟濟雙闕下歡娱樂恩榮

送遠曲　唐張籍

戲馬臺南山簇簇山邊飲歌别曲行人醉後起登車席上回樽勸僮僕青天湯湯覆長路遠遊無家安得住願君到處自題名他日知君從此去

泛水曲　唐王建

載酒入烟浦方舟泛緑波子酌我復飲子飲我還歌

蓮深微路通峯曲幽氣多閟芳無留瞬弄徒不停柯

水上秋月鮮西山碧峩峩茲歡良可貴誰復更來過

梁鼓吹曲　沈約

隋書樂志曰梁高祖制鼓吹新歌十二曲一曰木紀謝二曰賢首山三曰桐柏山四曰道亡五曰忱威六曰漢東流七曰鶴樓峻八曰昏主恣淫慝九曰石首局十曰期運集十一曰於穆十二曰惟大梁

木紀謝

隋書樂志曰漢第一曲朱鷺改爲木紀謝言齊謝梁升也

木紀謝火一作炎運昌炳禹陸耀炎光民去癸鼎歸梁
鮫魚出慶雲翔轥五帝軼三王德無外化溥將仁蕩
蕩義湯湯浸金石達昊蒼橫四海被八荒舞干戚秉
衣裳對天眷坐巖廓儼有錫祚無疆風教遠禮容盛
感人神宣舞詠降繁祉延嘉慶

賢首山

隋書樂志曰漢第二歌悲翁改爲賢首
山言武帝破魏軍於司部肇王迹也

賢首山險而峻乘巖憑臨胡陣騁奇謀讀一作奮卒徒
斷白馬塞飛狐殪日逐殲骨都刃谷蠡馘林胡草既
潤原亦塗輪無反幕有烏掃殘孽靡戎逋揚凱奏屢

歡酺詠杕杜旋京吳

桐柏山

隋書樂志曰漢第三曲艾如張改爲桐栢山言武帝牧司王業彌章也

桐柏山淮之首肇基帝迹遂光區宇大震邊關殪獯醜農既勸民惟阜穗充庭稼盈畝迨嘉辰薦芳糗納寒場爲春酒昭景福介眉壽天斯長地斯久化無極功無朽

道亡

隋書樂志曰漢第四曲上之回改爲道亡言東昏喪道義師起樊鄧也

道已數極歸永元悠〻兆庶盡含冤沈河莫極皆無

安赴海誰授𨿅龍翰自樊漢仙波流水清且瀾救此

倒懸極塗炭誓師劉旅赫靈斷率茲八百驅十亂登

我聖明由多難長夜杳冥忽云旦

忼威

隋書樂志曰漢第五曲擁離改爲忼威言

破加湖元勲建也

忼威授律命蒼光一作兇言薄加湖灌秋水迴瀾瀄泊

汎增雉争河投岸擲盈指犯刃嬰戈洞流矢資此威

一作烈齊文軌

漢東流

隋書樂志曰漢第六曲戰城南改爲漢東

流言義師克魯山城也

漢東流江之汭逆徒蜂聚旌旗紛蔽仰震威靈乘高

騁銳至仁解網窮鳥入懷因此龍躍言登泰階

鶴樓峻

晉書樂志曰漢第七曲巫山高改爲鶴樓

峻言平郢城兵威無敵也

鶴樓峻逹攀徽因巖設險池永歸脣亡齒懼薄言震

耀靈威玄甥稽顙天不能違金湯無所用功烈長巍

巍

昏主恣淫慝

隋書樂志曰漢第八曲上陵改爲昏主恣淫慝言東昏政亂武帝起義平九江姑熟大破朱雀伐罪弔民也

昏主恣淫慝皆曰自昌盛上仁矜億兆誓師爲請命既齊丹浦戰又符甲子辰龕難伐有罪伐罪弔斯民悠悠萬姓於此覩陽春

石首局

隋書樂志曰漢第九曲將進酒改爲石首局言義師平京城仍廢昏定大事也

石首局址壙埋新堞嚴東壘峻共表裏還相鎮矣朱飛㦸方振競銜璧並輿櫬酒池擾象廊震同伐誅無

善陳闢應和歸懷儘翦庶慝靡餘僞

期運集

隋書樂志曰漢第十曲有所思改爲期運集言武帝膺籙受禪德盛化遠也

期運集惟皇膺一作應寶符龍躍清漢渚鳳起方一作南域隅謳歌共適夏獄訟兩違朱二儀啓佳一作嘉祚千載猶旦暮舞蹈流帝功金玉一作石昭王度

於穆

隋書樂志曰漢第十一曲芳樹改爲於穆言大梁闡運君臣和樂休祚方遠也

於穆君臣君臣和以肅關王道定天保樂均靈囿宴

同在鎬前庭(一作庭前)懸鼓鍾左右列笙鏞纓佩俯仰有則脩禮容翔振鷺騁羣龍隆周何足擬遠與唐比蹤

惟大梁

隋書樂志曰漢第十二曲上邪改爲惟大梁言梁德廣運仁化洽也

惟大梁開運受籙膺(一作應)圖君八極(一作天冠八極)冠帶被五都(一本無冠字)四海並和會排闢疑塞無異塗

隋凱樂歌辭

述帝德

於穆我后睿哲欽明膺天之命載育羣生開元創曆邁德垂聲朝宗萬寓祗事百靈煥乎皇道昭哉帝則

惠政滂流仁風四塞淮海來賓江湖背德運籌必勝
濯征斯克八荒霧卷四表雲褰雄圖威略邁後光前
寰區已泰福祚方延長歌凱樂天子萬年

述諸軍用命

帝德遠覃天維宏布功高雲天聲隆韶護惟彼海隅
未從王度皇赫斯怒元戎啓路桓＝猛將赳＝英謨
攻如燎鬆戰似摧枯救茲塗炭克殄妖逋廛清兩越
氣靜三吳鯨鯢已夷封疆載闢班馬蕭＝歸旌奕＝
雲臺表効司勳紀績業並山河道固金石

述天下太平

阪泉軒德丹浦堯勳始賓以武終乃以文嘉樂聖主

大哉爲君出師命將廓定重氛書軌既并干戈是戢

弘風設教政成人立禮樂聿興衣裳載緝風雲自美

嘉祥爰集皇〃聖政穆〃神猷牢籠虞夏度越姬劉

日月比耀天地同休永清四海長帝九州

唐凱樂歌辭　一

唐書樂志曰唐制凡命將出征有大功獻俘馘其凱樂用鐃吹二部樂器有笛篳篥簫笳鐃鼓歌七種迭奏破陣樂等四曲一破陣樂二應聖期三賀聖歡四君臣同慶樂初太宗平東都破宋金剛其後蘇定方執賀魯李勣平高麗皆備軍容凱歌以入而

貞觀顯慶開元禮並無儀注太常舊有破陣樂應聖期兩曲歌辭至太和三年始具儀注又補撰二曲爲四曲云、

破陣樂

受律辭元首相將討叛臣咸歌破陣樂共賞太平人

應聖期

聖德期昌運雍熙萬寓清乾坤資化育海嶽共休明闢土欣耕稼銷戈遂偃兵殊方歌帝澤執贄賀昇平

賀聖歡

四海皇風被千年德水清戎衣更不著今日告功成

君臣同慶樂

主聖開昌歷臣忠奉大猷君看偃草後便是太平秋

唐凱歌六首　岑參

岑參送封大夫出師西征序曰天寶中匈奴回紇寇邊踰花門畧金山烟塵相連侵軼海濱天子於是授鉞常清出師征之及破播仙奏捷獻凱參乃作凱歌云按唐書封常清傳曰開元末達奚背叛自黑山北向西趣碎葉其後常清破賊有功天寶六年又從高仙芝破小勃律不言播仙疑史之闕文也

漢將承恩西破戎捷書先奏未央宮天子預開麟閣

何祇今誰數貳師功

吕軍西出過樓蘭營幕傍臨月窟寒蒲海曉霜凝劍

尾怨山夜雪撲旌竿

鳴笳擂鼓擁回軍破國平蕃昔未聞大夫鵲印摇邉

月天將龍旗掣海雲

日落轅門鼓角鳴千羣面縛出蕃城洗兵魚海雲迎

陣秣馬龍堆月照營

蕃軍遥見漢家營滿谷連山徧哭聲萬箭千刀一夜

殺平明流血浸空城

暮雨旌旗濕未乾胡塵白草日光寒昨夜將軍連曉

戰蕃軍只見馬空鞍

唐鼓吹鐃歌　柳宗元

唐鼓吹鐃歌十二曲柳宗元作以紀高祖太宗功德及征伐勤勞之事一曰晉陽武二曰獸之窮三曰戰武牢四曰涇水黃五曰奔鯨沛六曰苞枿七曰河右平八曰鐵山碎九曰靖本邦十曰吐谷渾十一曰高昌十二曰東蠻按此諸曲史書不載疑宗元私作而未嘗奏或雖奏而未嘗用故不被於歌如何承天之造宋曲云

晉陽武

晉陽武言隋亂既極唐師起晉陽平[illegible]

爲生人義主以仁興武也第一

晉陽武奮義威煬之渝德焉歸氓畢屠綏者誰皇烈烈專天機號以仁揚其旗日之昇九土晞斥田圻流洪輝有其二翼餘隋斮梟鷙連熊螭枯以肉勍者羸后土蕩玄穹彌合之育莽然施惟德輔慶無期

晉陽武二十六句句三字

獸之窮

獸之窮言李密自邙山之敗其下皆貳霸王之業知天授在唐遂歸於有道尊我爵命也第二

獸之窮奔大麓天厚黃德狙獷服甲之棄弓箭矢箙

皇旅靖敵逾蹙自亡其徒匪予戮屈賁猛虔怵怵麋

以尺組勠以秩黎之陽土茫茫富兵戎盈倉箱乏者

德莫能享驅豺兕授我疆

歌之窮二十一句其十九句句三字三句

句四字

戰武牢

戰武牢言太宗師討王充竇建德助逆師

奮擊武牢下擒之遂降充也第三

戰武牢動河朔逆之助圖掎角怒鷇麛抗喬嶽翹萌

牙傲霜雹王謀內定申掌握鋪施芟夷二主縛憚華

戎廓封略命之䢔以斮歸有德唯先覺

戰武牢十八句其十六句句三字二句句四字

涇水黄

涇水黄言薛舉據涇以死其子仁杲尤勇以暴師平之也第四

涇水黄隴野茫負太白騰天狼有鳥鷙立羽翼張鉤喙決前鉅一作距趯傍怒飛饑嘯翻不可當老雄死子復良巢岐飲渭肆翶翔頓地紘提天綱列缺掉幟招搖耀鎧兕神來助夢嘉祥腦塗原野魄飛揚星辰復恢一方

涇水黄二十四句其十五句句三字九句

句四字

奔鯨沛

奔鯨沛言輔氏憑江淮竟東海命將平之也第五

奔鯨沛盪海垠吐霓翳日腥浮雲帝怒下顧哀墊昏
愛以神柄推元臣手援天矛截脩鱗披攘蒙霧開海
門地平水靜浮天根羲和顯耀乘清氛赫炎溥暢融
大鈞

奔鯨沛十八句其十句句三字八句句四字

苞㮽

苞㮽言梁之餘保荊衡巴巫窮南越良將

取之不以師也第六

苞枿黜矣惟根之蟠彌巴蔽荊負南極以安曰我舊梁氏緝綏艱難江漢之阻都邑囿以完聖人作神武用有臣勇智奮不以衆投跡死地謀猷縱化敵爲家慮則中浩浩海裔不威而同係縲降王定厥功澶漫萬里宣唐風蠻夷九譯咸來從凱旋金奏象形容震赫萬國罔不襲

苞枿二十八句其十六句句四字三句句五字九句句三字

河右平

河右平言李軌保河右師臨之不克變或

執以降也第七

河右澶漫頑爲之魁王師如雷震崐崘以頹上聾下聰驁不可迴助讎抗有德惟人之災乃潰乃奮執縛歸厥命萬室蒙其仁一夫則病濡以鴻澤皇之聖威畏德懷功以定順之于理物咸遂厥性

河右平十八句其十一句句四字五句句五字二句句三字

鐵山碎

鐵山碎言突厥之大古夷狄莫彊焉師大破之降其國告于廟也第八

鐵山碎大漠舒二虜劲連穹廬背北海專坤隅歲來

侵邊戍傳于都天子命元帥奮其雄圖破空襄降魋
渠窮竟窟宅斥余吾百蠻破膽邊氓蘇咸武輝耀明
晃區利澤彌萬祀功不可踰官臣拜首惟帝之謩

鐵山碎二十二句其十一句句三字九句
句四字二句句五字

靖本邦

靖本邦言劉武周敗褰寇咸有晉地太宗
滅之也第九

本邦伊晉惟時不靖根柢之搖枝葉攸病守臣不任
勩于神聖惟越之興翦焉則定洪惟我理式和以敬
羣頑既夷庶績咸正皇譽載大惟人之慶

靖本邦十四句句四字

吐谷渾

吐谷渾言李靖滅吐谷渾於西海上也第

十

吐谷渾盛疆背西海以夸歲侵擾我疆退匿險且遐帝謂神武師往征靖皇家烈烈旆其旗熊虎雜龍蛇王旅千萬人銜枚默無譁束刃踰山徼張翼縱漠沙一舉刈膻腥尸骸積如麻除惡務本根況敢遺萌芽洋洋西海水威命窮天涯係虜來王都犒樂窮休嘉登高望還師竟野如春華行者靡不歸親戚讙要遮凱旋獻清廟萬國思無邪

吐谷渾二十六句句五字

高昌

高昌言李靖滅高昌也第十一

麴氏雄西北別絶臣外區既恃遠且險縱傲不我虞
烈烈王者師熊螭以爲徒龍旂翻海浪駉騎馳坤隅
賁育搏嬰兒一掃不復餘平沙際天極但見黃雲驅
臣靖執長纓智勇伏囚拘文皇南面坐夷狄千羣趨
咸稱天子神往古不得俱獻號天可汗以覆我國都
兵戎不交害各保性與軀

高昌二十二句句五字

東蠻

東蠻言旣克東蠻羣臣請圖蠻夷狀如周

書王會也第十二

東蠻有謝氏冠帶理海中自言我異世雖聖莫能通

王卒如飛翰鴨竄駭羣龍轟然自天墜乃信神武功

繫虜君臣人累二来自東無思不服從唐業如山崇

百辟拜稽首咸願圖形容如周王會書永二傳無窮

睢盱萬狀乖咿嗢九譯重廣輪撫四海浩二知皇風

歌詩鐃鼓閒以壯我元戎

東蠻二十二句句五字

詩集卷第二十

樂府詩集卷第二十一

太原　郭　茂倩　編次

橫吹曲辭

橫吹曲其始亦謂之鼓吹馬上奏之蓋軍中之樂也北狄諸國皆馬上作樂故自漢已來北狄樂揔歸鼓吹署其後分爲二部有簫笳者爲鼓吹用之朝會道路亦以給賜漢武帝時南越七郡皆給鼓吹是也有鼓角者爲橫吹用之軍中馬上所奏者是也晉書樂志曰橫吹有鼓角又有胡角按周禮云以鼖鼓鼓軍事舊說云蚩尤氏帥魑魅與黃帝戰於涿鹿帝乃始命吹角爲龍鳴以禦之其後魏武北征烏丸越沙漠

而軍士思歸於是減為半鳴尤更悲矣横吹有雙角
即胡樂也漢博望侯張騫入西域傳其法於西京唯
得摩訶兜勒一曲李延年因胡曲更造新聲二十八
解乘輿以為武樂後漢以給邊將和帝時萬人將軍
得用之魏晉以來二十八解不復具存而世所用者
有黄鵠等十曲其辭後亡又有關山月等八曲後世
之所加也後魏之世有簸邏迴歌其曲多可汗之辭
皆燕魏之際鮮卑歌歌辭虜音不可曉解蓋大角曲
也又古今樂録有梁鼓角横吹曲多叙慕容垂及姚
泓時戰陣之事其曲有企喻等歌三十六曲樂府胡
吹舊曲又有隔谷等歌三十曲總六十六曲未詳時

用何爲也自隋已後始以橫吹用之鹵簿與鼓吹列爲四部總謂之鼓吹並以供大駕及皇太子王公等一曰棡鼓部其樂器有棡鼓金鉦大鼓小鼓長鳴角次鳴角大角七種棡鼓金鉦一曲夜警用之大鼓十五曲小鼓九曲大角七曲其辭並本之鮮卑二曰鐃鼓部其樂器有歌鼓簫笳四種凡十二曲三曰大橫吹部其樂器有角節鼓笛簫篳篥笳桃皮篳篥七種凡二十九曲四曰小橫吹部其樂器有角笛簫篳篥笳桃皮篳篥六種凡十二曲夜警亦用之唐制太常鼓吹令掌鼓吹施用調習之節以備鹵簿之儀而分五部一曰鼓吹部其樂器如隋棡鼓部而無大角棡

鼓一曲十疊大鼓十五曲嚴用三曲警用十二曲金
鉦無曲以爲鼓節小鼓九曲上馬用一曲嚴警用八
曲長鳴一曲三聲上馬嚴警用之中鳴一曲三聲用
與長鳴同二曰羽葆部其樂器如隋鐃鼓部而加錞
于凡十八曲三曰鐃吹部其樂器與隋鐃鼓部同凡
七曲四曰大橫吹部其樂器與隋同凡二十四曲黄
鍾角八曲中呂宮二曲中呂徵一曲中呂商三曲中
呂羽四曲中呂角四曲無射二曲五曰小橫吹部其
樂器與隋同其曲不見疑同用大橫吹曲也凡大駕
行幸則夜警晨嚴大駕夜警十二曲中警七曲晨嚴
三通皇太子夜警九曲公卿已下夜警七曲晨嚴並

三通夜警綵一曲轉次而振也

漢横吹曲

樂府解題曰漢横吹曲二十八解李延年造魏晉已来唯傳十曲一曰黄鵠二曰隴頭三曰出關四曰入關五曰出塞六曰入塞七曰折楊柳八曰黄覃子九曰赤之楊十曰望行人後又有關山月洛陽道長安道梅花落紫騮馬驄馬雨雪劉生八曲合十八曲

隴頭　陳後主

一曰隴頭水通典曰天水郡有大阪名曰隴坻亦曰隴山即漢隴關也三秦記曰其坂九田上者七日乃越上有清水四注下

所謂隴頭水也

隴頭征戍客寒多不識春驚風起嘶馬苦霧雜飛塵
挍錢積石水歛轡交河津四面夕冰合萬里望佳人

同前　唐張籍

隴頭已斷人不行胡騎夜入涼州城漢家處處格鬬
死一朝盡沒隴西地驅我邊人胡中去散放牛羊食
禾黍去年中國養子孫今著氈裘學胡語誰能更使
李輕車收取涼州屬漢家

隴頭吟　唐王維

長安少年遊俠客夜上戍樓看太白隴頭明月迥臨
關隴上行人夜吹笛關西老將不勝愁駐馬聽之雙

淚流身經大小百餘戰麾下偏裨萬戶侯蘇武纔爲

典屬國節旄空盡海西頭

同前　唐翁綬

隴水潺湲隴樹黃征人隴上盡思鄉馬嘶斜月朔風

急鴈過寒雲邊思長殘月出林明劍戟平沙隔水見

牛羊橫行俱是封侯者誰斬樓蘭獻未央

隴頭水　梁元帝

銜悲別隴頭關路漫悠悠故鄉迷遠近征人分去留

沙飛曉成幕海氣旦如樓欲識秦川處隴水向東流

同前　梁劉孝威

從軍戍隴頭隴水帶沙流時觀胡騎飲常爲漢國羞

釁妻成刑劍殺子祀雙鉤頓取樓蘭頸就解郅支裘
勿令如李廣一作李牧功遂不封侯

同前　梁車轂

隴頭征人別隴水流聲咽只爲識君恩甘心從苦節
雪凍弓弦斷風鼓旗竿折獨有孤雄劍龍泉字不滅

同前　陳後主

塞外飛蓬征隴頭流水鳴漠處揚沙暗波中燥葉輕
地風冰易厚寒深溜轉清登山一回顧幽咽動邊情
高隴多悲風寒聲起夜叢禽飛暗識路鳥轉逐征蓬
落葉時驚沫移沙屢擁空回頭不見望流水玉門東

同前　陳徐陵

別塗聳千仞離川懸百丈攢荊夏不通積雪冬難上
枝交隴底暗石礙坡前響回首咸陽中唯言夢時往

同前　　　　　　　　陳顧野王

隴底望秦川迢遞隔風烟蕭條落野樹幽咽響流泉
瀚海波難息交河冰未堅寧知蓋山水逐節赴危絃

同前　　　　　　　　陳謝燮

隴阪望咸陽征人慘思腸咽流喧斷岸遊沫聚飛梁
凫分歛冰彩虹飲照旗光試聽鐃歌曲唯吟君馬黃

同前　　　　　　　　陳張正見

隴頭鳴四注征人逐貳師羌笛含流咽胡笳雜水悲
湍高飛轉駛澗淺蕩還遲前旌去不見上路杳無期

隴頭流水急流急行難渡遠入隗囂營傍侵酒泉路
心交賜寳刀小婦成紈袴欲知別家久戎衣今已故

同前　陳江揔

隴頭萬里外天崖四面絕人將蓬共轉水與啼俱咽
驚湍自湧沸古樹多摧折傳聞博望侯苦辛提漢節
霧暗山中日風驚隴上秋徒傷幽咽響不見東西流
無期從此別更度幾年幽還聞玉關道望入杳悠悠

同前　唐楊師道

隴頭秋月明隴水帶關城笳添離別曲風送斷腸聲
映雪峰猶暗乘冰馬屢驚霧中寒雁至沙上轉蓬輕
天山傳羽檄漢地急征兵陣開都護道劍聚伏波營

於茲覺無度方共濯胡纓

同前　　唐盧照鄰

隴阪高無極征人一望鄉關河別去水沙塞斷歸腸

馬繫千年樹旌懸九月霜從來共嗚咽皆是為勤王

同前　　唐王建

隴水何年隴頭別不在山中亦嗚咽一作鳴亦咽征人塞

耳馬不行未到隴頭聞水聲謂是西流入蒲海還聞

北海繞龍城隴東隴西多屈曲野麋飲水長簇簇胡

兵夜回水傍住憶着來時磨納處向前無井復無泉

放馬回看隴頭樹

同前　　唐于濆

借問隴頭水終年恨何事深疑嗚咽聲中有征人淚
昨日上山下達曙不能寐何處接長波東流入清渭

同前　唐僧皎然

隴頭心欲絕隴水不堪聞碎影搖槍壘寒聲咽幔軍
素從鹽海積綠帶柳城分日落天邊望逶迤入塞雲
秦隴逼氐羌征人去未央如何幽咽水併欲斷君腸
西注悲窮漠東分憶故鄉旅魂聲攪亂無夢到遼陽

同前　唐鮑溶

隴頭水千古不堪聞生歸蘇屬國死別李將軍細響
風凋草清哀鴈落雲

同前　唐羅隱

借問隴頭水年年恨何事全疑嗚咽聲中有征人淚
自古無長策況我非深智何計謝潺湲一宵空不寐

出關　　唐魏徵

中原還逐鹿投筆事戎軒縱横計不就慷慨志猶存
策杖謁天子驅馬出關門請纓羈南越憑軾下東藩
鬱紆陟高岫出沒望平原古木吟寒鳥空山啼夜猿
既傷千里目還驚九折魂豈不憚艱險深懷國士恩
季布無二諾侯嬴重一言人生感意氣功名誰復論

入關　　梁吳均

羽檄起邊庭烽火亂如螢是時張博望夜赴交河城
馬頭要落日劍尾掣流星君恩未得報何論身是傾

同前　　唐貫馳

河上微風来，隴頭樹初濕。今朝隴城吏，又見孤客入。

上國誰與期，西来徒自急。

同前　　唐張祜

都城連百二，雄險此回環。地勢遥尊岳，河流側讓關。

秦皇曾虎視，漢祖亦龍顔。何事梟雄輩，干戈自不閑。

出塞

晉書樂志曰：出塞、入塞曲，李延年造。曹嘉之晉書曰：劉疇嘗避亂塢壁，賈胡百數欲害之。疇無懼色，援笳而吹之，為出塞、入塞之聲，以動其游客之思。於是羣胡皆垂泣

而去按西京雜記曰戚夫人善歌出塞入塞望歸之曲則高帝時已有之疑不起於延年也唐又有塞上塞下曲蓋出於此

候騎出甘泉奔命入居延旗作浮雲影陣如明月弦

同前　梁劉孝標

薊門秋氣清飛將出長城絕漠衝風急交河夜月明陷敵撝金鼓摧鋒揚旆旌去去無終極日暮動邊聲

同前　周王褒

飛蓬似征客千里自長驅塞禽唯有鴈關樹但生榆背山看故壘繫馬識餘蒲還因麾下騎来送月支圖

同前　隋楊素

漠南胡未空漢將復臨戎飛狐出塞北碣石指遼東
冠軍臨瀚海長平翼大風雲橫虎落陣氣抱龍城虹
橫行萬里外胡運百年窮兵寢星芒落戰解月輪空
嚴鐎息夜斗騂角罷鳴弓北風嘶朔馬胡霜切塞鴻
休明大道暨幽荒日用同方就長安邸來謁建章宮

同前　隋薛道衡

高秋白露團上將出長安麈沙塞下暗風月隴頭寒
轉蓬隨馬足飛霜落劍端凝雲迷代郡流水凍桑乾
烽微桔槔遠橋峻轆轤難從軍多惡少召募盡材官
伏堤時卧鼓疑兵乍解鞍柳城擒冒頓長坂納呼韓
受降今更築燕然已重刊還嗤傅介子辛苦刺樓蘭

邊庭烽火驚，插羽夜徵兵。少昊騰金氣，文昌動將星。長驅鞮汗北，直指夫人城。絕漠三秋暮，窮陰萬里生。寒夜哀笳曲，霜天斷鴈聲。連旗下鹿塞，疊鼓向龍庭。妖雲墜虜陣，暈月遶胡營。左賢皆頓顙，單于已繫纓。絏馬登玄闕，鈎鯤臨北溟。當知霍驃騎，高第起西京。

同前　隋虞世基

窮秋塞草腓，塞外胡塵飛。徵兵廣武至，候騎陰山歸。廟堂千里策，將軍百戰威。轅門臨玉帳，大旆指金微。摧朽無勍敵，應變有先機。銜枚壓曉陣，卷甲解朝圍。瀚海波瀾靜，王庭氛霧晞。鼓鼙嚴朔氣，原野曀寒暉。勳庸震邊服，歌吹入京畿。待拜長平坂，鳴騶入禮闈。

居延城外獵天驕白草連天野火燒暮雲空磧時驅馬秋日平原好射鵰護羌校尉朝乘障破虜將軍夜渡遼玉靶角弓珠勒馬漢家將賜霍嫖姚

同前　唐王昌齡

秦時明月漢時關萬里長征人未還但使龍城飛將在不教胡馬度陰山

白花垣上望京師黃河水流無盡時窮秋曠野行人絶馬首東來知是誰

同前　唐馬戴

金帶連環束戰袍馬頭衝雪度臨洮卷旗夜刼單于帳亂斫胡兵缺寶刀

樂府詩集卷第二十一

樂府詩集卷第二十二

太原　郭　茂倩　編次

横吹曲辭

漢横吹曲

前出塞九首　唐杜甫

戚戚去故里悠悠赴交河公家有程期亡命嬰禍羅
君已富土境開邊一何多棄絕父母恩吞聲行負戈
出門日已遠不受徒旅欺骨肉恩豈斷男兒死無時
走馬脫轡頭手中挑青絲捷下萬仞岡俯身試搴旗
磨刀嗚咽水水赤刃傷手欲輕腸斷聲心緒亂已久
丈夫誓許國憤惋復何有功名圖麒麟戰骨當速朽

上将三略遠元戎九命尊緬懷古人節思酬明主恩山西多勇氣塞北有遊魂楊桴度隴坂勒騎（一作馬）上平原誓将絶沙漠悠然去玉門輕齎不遑舍驚策騖戎軒懔懔邊風急蕭蕭征馬煩雪暗天山道冰塞交河源霧烽黯無色霜旗凍不翻耿介倚長劍日落風塵昏

同前　唐竇威

匈奴屢不平漢将欲縱横看雲方結陣却月始連營潛軍渡馬邑揚旆掩龍城會勒燕然石方傳車騎名

同前　唐陳子昂

忽聞天上将關塞重横行始返樓蘭國還向朔方城

黃金裝戰馬白羽集神兵星月開天陣山川列地營
晚風吹畫角春色耀飛旌寧知班定遠獨是一書生

同前　唐張易之

俠客重恩光驄馬飾金裝瞥聞傳羽檄馳突救邊荒
轉戰磨笄地橫行戴斗鄉將軍占太白小婦怨流黃
騕褭青絲騎娉婷紅粉妝一春鶯度曲八月鴈成行
誰堪坐秋思羅袖拂空床

同前　唐沈佺期

十年通大漠萬里出長平寒日生戈劒陰雲搖旆旌
飢烏啼舊壘疲馬戀空城辛苦皐蘭北胡霜損漢兵

同前　王維

送徒既有長遠戍亦有身生死向前去不勞吏怒嗔
路逢相識人附書與六親哀哉兩決絶不復同苦辛
迢迢萬餘里領我赴三軍軍中異苦樂主將寧盡聞
隔河見胡騎倏忽數百羣我始爲奴僕幾時樹功勳
挽弓當挽強用箭當用長射人先射馬擒寇先擒王
殺人亦有限列國自有疆苟能制侵陵豈在多殺傷
驅馬天雨雪軍行入高山逕危抱寒石指落曾冰閒
已去漢月遠何時築城還浮雲暮南征可望不可攀
單于寇我壘百里風塵昏雄劍四五動彼軍爲我奔
虜其名王歸繫頸授轅門潛身備行列一勝何足論
從軍十年餘能無分寸功衆人貴苟得欲語羞雷同

中原有鬬爭况在狄與戎丈夫四方志安可辭固窮

後出塞五首　　　杜甫

男兒生世間及壯當封侯戰伐有功業焉能守舊丘
召募赴薊門軍動不可留千金買馬鞭一作鞍百金裝
刀頭閭里送我行親戚擁道周班白居上列酒酣進
庶羞少年別有贈含笑看吳鈎朝進東門營暮上河
陽橋落日照大旗馬鳴風蕭蕭平沙列萬幕部伍各
見招中天懸明月令嚴夜寂寥悲笳數聲動壯士慘
不驕借問大將誰恐是霍嫖姚
古人重守邊今人重高勳豈知英雄主出師亘長雲
六合已一家四夷且孤軍遂使貔虎士奮身勇所聞

稜斂擊大荒日收胡馬羣誓開玄冥北持以奉吾君

獻凱日繼踵兩蕃靜無虞漁陽豪俠地擊鼓吹笙竽

雲帆轉遼海粳稻來東吳越羅與楚練照耀輿臺軀

主將位益崇氣驕陵上都邊人不敢議議者死路衢

我本良家子出師亦多門將驕益愁思身貴不足論

躍馬二十年恐辜明主恩坐見幽州騎長驅河洛昏

中夜間道歸故里但空村惡名幸脫免窮老無兒孫

出塞　唐皇甫冉

吹角出塞門前瞻即胡地三軍盡回首皆灑望鄉淚

轉念關山長行看風景異由來征戍客各負輕生義

同前　唐王之奂

黄砂直上白雲間一片孤城萬仞山羌笛何須怨楊
柳春光不度玉門關

同前　唐耿緯

漢家邊事重竇憲出臨戎絕漠秋山在陽關舊路通
列營依茂草吹角向高風更就燕然石看銘破虜功

同前　唐張籍

秋塞雪初下將軍遠出師分營長記火放馬不收旗
月冷邊帳濕沙昏夜探遲征人皆白首誰見滅胡時

同前　唐劉駕

胡風不開花四氣多作雪北人尚凍死況我本南越
古來犬羊地巡狩無遺轍九土耕不盡武皇猶征伐

中天有高閣圖畫何時歇坐揔塞上山低於砂中骨

出塞曲　　唐劉濟

將軍在重圍音信絕不通羽書如流星飛入甘泉宮
倚是并州兒少年心膽雄一朝隨召募百戰爭王公
去年桑乾北今年桑乾東死是征人死功是將軍功
汗馬牧秋月疲兵卧霜風仍聞左賢王更欲圖雲中

同前　　唐于鵠

微雪將軍出吹笳天未明觀兵登古戍斬將對雙旌
分陣瞻山勢潛軍制馬鳴如今新史上已有滅胡名
單于驕愛獵放火到軍城待月調新弩防秋置遠營
空山朱戟影寒磧鐵衣聲逢著降胡説陰山有伏兵

同前　　唐僧貫休

掃盡狂胡跡回戈望故關相逢唯一死鬪豈易得生還

縱宴參胡樂收兵過雪山不封十萬戸此事亦應閑

玉帳將軍意慇懃把酒論功高寧在我陣沒與招魂

塞色千戈束軍容喜氣屯男兒今始是敢出玉關門

回首隴山頭連天草木秋聖君應入夢半路遣封侯

氷不擔陰雪柴倒戍樓歸來麟閣上春色滿皇州

入塞　　周王褒

戍久風塵色勳多意氣豪建章樓閣迥長安陵樹高

度冰傷馬骨經寒墜節旄行當見天子無假用錢刀

同前　　隋何妥

桃林千里陰，候騎亂紛紛。問此將何事，嫖姚封冠軍。
田疇引流電，歸蓋轉行雲。待任蒼龍傑，方當論次勳。

同前　唐劉希夷

將軍陷虜圍，邊務息戎機。霜雪交河盡，旌旗入塞飛。
曉光隨馬度，春色伴人歸。課績朝明主，臨軒拜武威。

入塞曲　耿緯

將軍帶十圍，重錦製戎衣。猿臂銷弓力，虬鬚長劍威。
首登平樂宴，新破大宛歸。樓上姝姬笑，門前問客稀。
暮烽玄菟急，秋草紫騮肥。未奉君王詔，高槐晝掩扉。

同前　僧貫休

單于烽火動，都護去天涯。別賜黃金甲，親臨白玉墀。

塞垣須静謐師旅審安危空遠條支寵如今勝古時
方見將軍貢分明對冕旒聖恩如遠被狂虜不難收
臣節唯期死功勳敢望侯終辭修里第從此出皇州
百里精兵動參差便渡遼如何好白日亦照此天驕
遠樹深疑賊驚蓬迴似鵰凱歌何日唱磧路共天遥

同前　　唐沈彬

欲爲皇王服遠戎萬人金甲鼓聲中陣雲黯塞三邊
黑兵血慈天一片紅半夜翻營旗攪月深秋防戍劒
磨風謗書未及明君爇卧骨將軍已殁功
苦戰沙閑卧箭瘢戍樓閑上望星文生希國澤分偏
將死奪河源答聖君鳶覷敗兵眠白草馬驚邊鬼哭

隂雲叨多地逺無人紀漢閤笙歌日又曛

折楊柳　梁元帝

唐書樂志曰梁樂府有胡吹歌云上馬不捉鞭反拗楊柳枝下馬吹横笛愁殺行客兒此歌辭元出北國即鼓角横吹曲折楊柳枝是也宋書五行志曰晉太康末京洛爲折楊柳之歌其曲有兵革苦辛之辭按古樂府又有小折楊柳相和大曲有折楊柳行清商四曲有月節折楊柳歌十三曲與此不同

山高巫峽長垂柳復垂楊同心且同折故人懷故鄉

山似蓮花艷流如明月先寒夜猿聲徹遊子淚霑裳

同前　梁 柳惲

楊柳亂成絲攀折上春時葉密鳥飛礙風輕花落遲城高短簫發林空畫角悲曲中別無意併是爲相思

同前　梁 劉邈

高樓十載別楊柳濯絲枝摘葉驚開駃攀條恨久離年年阻音息月月減容儀春來誰不望相思君自知

同前　陳後主

楊柳動春情倡園妾屢驚入樓含粉色依風雜管聲武昌識新種官渡有殘生還將出塞曲仍共胡笳鳴長條黃復綠垂絲密且繁花落幽人逕步隱將軍屯

谷暗宵鉦響，風高夜笛喧。聊持暫攀折，空足憶中園。

同前　陳岑敬之

將軍始見知，細柳繞營垂。懸絲拂城轉，飛絮上宮吹。塞門交度葉，谷口暗攅枝。曲城攀折處，唯言怨別離。

同前　陳徐陵

嫋嫋河堤樹，依依魏主營。江陵有舊曲，洛下作新聲。妾對長楊苑，君登高柳城。春還應共見，蕩子太無情。

同前　陳張正見

楊柳半垂空，褭褭上春中。枝疎董澤箭，葉碎楚臣弓。色映長河水，花飛高樹風。莫言限宮掖，不閉長楊宮。

同前　陳王瑳

塞外無春色上林柳已黃枝影侵宮牆葉彩亂星光

陌頭藏戲鳥樓上掩新妝攀折思爲贈心期別路長

同前　陳江總

萬里音塵絕千條楊柳結不悟倡園花遥同天嶺雪

春心自浩蕩春樹聊攀折共此依依情無柰年年別

同前　唐盧照隣

倡樓啓曙扉園柳正依依鳥鳴知歲隔條變識春歸

露葉凝啼臉風花亂舞衣攀折聊將寄軍中書信稀

同前　唐沈佺期

玉窻朝日映羅帳春風吹拭淚攀楊柳長條宛地垂

白花飛歷亂黃鳥思參差妾自肝腸斷傍人那得知

同前　唐喬知之

可憐濯濯春楊柳攀折將來就纖手妾容與此同盛衰何必君恩獨能久

同前　唐劉憲

沙塞三河道金閨二月春碧烟楊柳色紅粉綺羅人露葉憐嚬臉風花思舞巾攀持君不見為聽曲中新

同前　唐崔湜

二月風光半三邊戍不還年華妾自惜楊柳為君攀落絮縈衫袖垂條拂鬢鬟那堪音信斷流涕望陽關

同前　唐韋承慶

萬里邊城地三春楊柳節葉似鏡中眉花如關外雪

征人遠鄉思倡婦高樓別不忍攀年華含情寄攀折

同前　唐歐陽瑾

垂柳拂妝臺葳蕤葉半開年華枝上見邊思曲中來

嫩色宜新雨輕花伴落梅朝朝倦攀折征戍幾時回

同前　唐張祜

紅粉青樓曙垂楊仲月春懷君重攀折非妾妒腰身

舞帶縈絲斷嬌蛾向葉嚬橫吹凡幾曲獨自最愁人

同前　唐張九齡

纖纖折楊柳持此寄情人一枝何足貴憐是故園春

遲景那能久流芳不及新更愁征戍客鬢老邊城塵

同前　唐余延壽

天道連國門東西種楊柳藏鵶穿不見烏翻垂葉以
綠枝搖暖禽雄去雌獨吟餘光怨春盡微月起秋陰
吐翠隱中鶯亂攀枝上葉嬌風吹長簫鞭閒何知妾
妾見柳園新高樓四五春莫吹胡塞（一作能）曲愁殺隴
頭人

同前　唐李白

垂楊拂綠水搖豔（一作艷商）東風年花明玉關雪葉暖金
窗烟美人結長恨相對心悽然攀條折春色遠寄龍
庭前（一作龍沙邊）

同前　唐孟郊

楊柳多短枝短枝多別離贈遠累攀折柔條安得垂

青春有定節，離別無定時。但恐人別促，不怨來遲遲。

莫言短枝條，中有長相思。朱顏與綠楊，併在別離期。

樓上春風過，風前楊柳歌。枝疎緣別苦，曲怨為年多。

花驚燕地雪，葉映楚池波。誰堪別離此，征戍在交河。

同前　唐李端

東城攀柳葉，柳葉低着草。少壯莫輕年，輕年有人老。

柳發遍川崗，登高堪斷腸。雨烟輕漠漠，何樹近君鄉。

贈君折楊柳，顏色豈能久。上客莫沾巾，佳人正回首。

新柳送君行，古柳傷君情。突兀臨荒渡，婆娑出舊營。

隋家兩岸盡，陶宅五株平。日暮偏愁望，春山有鳥聲。

同前　唐翁綬

紫陌金堤映綺羅遊人處處動離歌陰移古戍迷荒草花帶殘陽落遠波臺上少年吹白雪樓中思婦歛青蛾殷勤攀折贈行客此去關山雨雪多

樂府詩集卷第二十二

樂府詩集卷第二十三

太原　郭　茂倩　編次

横吹曲辭三

漢横吹曲三

望行人　唐王建

自從江樹秋日日望江樓夢見離珠浦書來在桂州

不願一作同比目魚比目一作魚終恨水分流久不開明鏡

多應是白頭

同前　唐張籍

秋風窓下起旅鴈向南飛日日出門望家家行客歸

無因見邊使空待寄寒衣獨閉青樓暮烟深鳥雀棲

關山月　梁元帝

樂府解題曰關山月傷離別也古木蘭詩曰萬里赴戎機關山度若飛朔氣傳金柝寒光照鐵衣按相和曲有度關山亦類此也

朔望清波道夜上白登臺月中含桂樹流影自徘徊
寒沙逐風起春花犯雪開夜長無與晤衣單誰為裁

同前二首　陳後主

秋月上中天迴照關城前暈缺隨灰減光滿應珠圓
帶樹還添桂銜峯乍似弦復教征戍客長怨久連翩
戍邊歲月久恒悲望舒耀城遥接暈高澗風連影搖

寒光帶岫徙冷色含山峭看時使人憶爲似嬌娥照

同前　　陳陰鏗

邊城與明月俱在關山頭焚烽望別壘擊斗宿危樓

團團婕妤扇纖纖秦女鉤鄉園誰共此愁人屢益愁

同前　一　　張正見

巖間度月華流彩映山斜暈逐連城壁輪隨出塞車

唐蓂遙合影秦桂遠分花欲驗盈虛理方知道路賒

同前二首　　徐陵

關山三五月客子憶秦川思婦高樓上當牕應未眠

星旗映疏勒雲陣上祁連戰氣今如此從軍復幾年

月出柳城東微雲掩復通蒼茫縈白暈蕭瑟帶長風

羌兵燒上郡胡騎獵雲中將軍擁節起戰士夜鳴弓

同前　陳賀力牧

重關斂暮烟明月下秋前照石疑分鏡臨弓似引弦霧暗一作暗遮旗影霜濃濕劍蓮此處離鄉客遥心萬里懸

同前　陳阮卓

關山陵漢開霜月正徘細暎林如壁碎侵塞似輪摧楚師隨晦盡胡兵逐暖來寒笳將夜鵲相亂曉聲哀

同前　周王褒

關山夜月明秋色照孤城影虧同漢陣輪滿逐胡兵天寒光轉白風多暈欲生寄言亭上吏遊客解雞鳴

同前　陳江總

兔月半輪明狐關一路平無期從此別復欲幾年行
睽光書漢奏分影照胡兵流落今如此長戍受降城

同前　唐盧照鄰

塞垣通碣石虜障抵祁連相思在萬里明月正孤懸
影移金岫北光斷玉門前寄書謝中婦時看鴻鴈天

同前　沈佺期

漢月生遼海曈曨出半暉合昏玄菟郡中夜白登圍
暈落關山迥光含霜霰微將軍聽曉角戰馬欲南歸

同前　李白

明月出天山蒼茫雲海間長風幾萬里吹度玉門關

漢下白登道胡窺青海灣由來征戰地不見有人還
戍客望邊色（一作邑）思歸多苦顏高樓當此夜歎息未
應閑（一作還）

同前　長孫左輔

淒淒還切切戍客多離別何處最傷心關山見秋月
關月竟如何由來遠近過始經玄菟塞終繞白狼河
忽憶秦樓婦流光應共有已得並蛾眉還知攬纖手
去歲照同行比翼復連形今宵照獨立顧影自煢煢
餘暉漸西落夜夜看如昨借問映旌旗何如鑒帷幕
拂曉朔風悲蓬驚鴈不飛幾時征戍罷還向月中歸

同前　耿緯

月明邊徼靜戍客望鄉時寒古柳衰盡關寒榆葉遲
蒼〻萬里道戚〻十年悲今夜青樓上還應照所思

同前二首　　戴叔倫

月出照關山秋風入未還清光無遠近鄉淚中書間
一鴈過連營繁霜覆古城胡笳在何處半夜起邊聲

同前　　崔融

月生西海上氣逐邊風壯萬里度關山蒼茫非一狀
漢兵開郡國胡馬窺亭障夜夜聞悲笳征人起南望

同前　　李端

露濕月蒼〻關頭榆葉黃回輪照海遠分彩上樓長
水凍頻移幕兵疲數望鄉秋〻憑城影外萬里共如霜

同前　梁元帝

洛陽開大道城北達城西青槐隨暢拂綠柳逐風低
玉珂鳴戰馬金爪鬪場雞桑萎日行暮多途秦女妻

同前　沈約

洛陽大道中佳麗實無比燕裙傍日開趙帶隨風靡
領上蒲桃繡腰中合歡綺佳人殊未來薄暮空徙倚

同前　梁庾肩吾

徼道臨河曲曾成傍洛川金門繞峑柳桐井半含泉
日起果邑外車回雙闕前潘生時未返遥心徒眷然

同前　梁車𣪍

洛陽道八達洛陽城九重々闕如隱起雙闕似芙蓉

王孫重行樂公子好遊從別有傾人處佳麗夜相逢

同前四首　陳後主

諠譁照邑里遨遊出洛京霜枝嬾柳蔌水塹薄苔生
停鞭回去影駐軸敞前甍臺上経相識城下屢逢迎
踟躕還借問只重未知名

日光朝杲〻照耀東京道霧帶城樓開啼侵曙色早
佳麗嬌南陌香氣含風好自憐釵上纓不歎河邊草

建都開洛汭中地乃城陽縱横肆八達左右闢康莊
銅溝飛柳絮金谷落花光忘情伊水側稅駕河橋傍

百尺瞰金埒九衢通玉堂柳花塵裏暗槐色露中光
游俠幽并客當壚京兆妝向夕風烟晚金羈滿洛陽

同前　王建

關山月營開道白前軍發凍（輪輛）當磧光悠〃照見三

堆兩堆骨邊風割面天欲明金莎（一作沙）嶺西看〃沒

同前　張籍

秋月朗〃關山上山中行人馬蹄響關山秋來雨雪

多行人見月唱邊歌海邊漢〃天氣白胡兒夜度黃

龍磧軍中探騎暮出城伏兵暗處低旌戰溪水連地

霜草平野驅尋水磧中鳴隴頭風急鴈不下沙場苦

多流星可憐萬國關山道年〃戰骨多秋草

同前　翁綬

徘徊漢月滿邊州照盡天涯到隴頭影轉銀河寰海

靜光兮玉塞古今愁笳吹遠戍孤烽滅鴈下平沙萬里秋況是故園揺落夜那堪少婦獨登樓

同前　唐鮑氏君徽

高二秋月明北照遼陽城塞迴光初滿風多暈更生征人望鄉思戰馬聞鞞聲一作鼙朔風悲邊草胡沙暗虜營霜凝匣中劍風憊原上旌早晚謁金闕不聞刁斗鳴一作聲

洛陽道　梁簡文帝

洛陽佳麗所大道滿春光遊童時一作初挾彈蚕妾始提筐金鞍照龍馬羅袂拂春桑玉車爭晚入潘果溢高箱

同前二首　徐陵

緑柳三春暗，紅塵百戲多。東門向金馬，南陌接銅駝。華軒翼葆吹，飛盖響鳴珂。潘郎車欲滿，無奈擲花何。

洛陽馳道上，春日起塵埃。濯龍望如霧（一作水），河橋度似雷。閶珂知馬蹀，傍幰見鸞鬧。相看不得語，寄意眼中来。

霧一作水

同前　陳岑敬之

喧喧洛水濱，鬱鬱小平津。路傍桃李節，陌上採桑春。聚車看衛玠，連手望安仁。復有能留客，莫愁嬌態新。

同上　陳陳暄

洛陽九逵衢（一作上），羅綺四時春。路傍避驄馬，車中看

王人鎮西歌豔曲臨淄逢稟神欲知雙璧價潘夏正

連茵

同前　王璲

洛陽夜漏盡尤重平旦開㫖照蒼龍闕烟遶鳳凰臺

浮雲纚似蓋流水到成雷齊王鬬雞返潘仁載果來

同前　張正見　在陳暄前

魯城啓旦扉上洛滿春暉柳影緣溝合槐花夾岸飛

蘇合彈珠罷黃間負翳歸紅塵暮不息相看連騎稀

同前二首　江揔

德陽穿洛水伊闕迩河橋仙舟李膺棹小馬王戎鑣

杏堂歌吹合槐路風塵饒綠珠含淚舞孫秀彊相邀

三十八

小平路四達長秋驄五鍾玉節迎司隷錦車歸濯龍
弦歌聲不息環佩響相從花障蕩舟笑日暎下山逢

同前　　　　唐于武陵

浮世吞浮雲千回故復新旋添青草塚更有白頭人
歲暮客將老雪晴山欲春行〻車與馬不盡洛陽塵

同前　　　　唐鄭渥

客亭門外路東西多少喧騰事不齊楊柳惹鞭公子
醉苧麻掩淚魯人迷通宵塵土飛山月是處經營夾
御堤須刻知音幾存殘半回依約認輪蹄

同前　　　　陳後主

青槐夾馳道御水暎銅溝遠望陵宵闕遥看井幹樓

黃金彈俠少朱輪徹戲侯𢮎花雜渡馬紛披聚陌頭

洛陽陌　李白

白玉誰家郎回車渡天津看花東陌上驚動洛陽人

長安道　梁簡文帝

神皋開隴右陸海實西秦金搥一作推輪抵長樂複道向宜春落花依度幰垂柳拂行人金張及許史夜夜尚留賓

同前　梁元帝

西接長楸道南望小平津飛甍臨綺翼輕軒影畫輪雕鞍承赭汗槐路起紅塵燕姬雜趙女淹留重上春

同前　庾肩吾

桂宮延複道黃山開廣路遠聽平陵鍾遥識新豐樹

合殿生光彩離宮起烟霧日落歌吹回塵飛車馬度

同前　陳後主

建章通未央長樂屬明光大道移甲第甲第玉為堂

遊蕩新豐裏戲馬渭橋傍當壚晚留客夜〻苦紅妝

同前　顧野王

鳳樓臨廣路仙掌入烟霞章臺京兆馬逸陌富平車

東門疎廣餞北闕董賢家渭橋縱觀罷安能訪狹斜

同前　阮卓

長安馳道上鍾鳴宮寺開綠雲銷鳳闕宿霧斂章臺

騎轉金吾度車鳴丞相來藹〻東都晚羣公騶御回

同前　陳蕭賁

前登灞陵道還瞻渭水流城形百雉壯斗橋勢似牽牛

飛軒駕良駟寶劒雜輕裘經過狹斜裏日暮與淹留

同前　徐陵

輦道乘雙闕豪雄被五都横橋象天漢法駕應坤圖

韓康賣良藥董偃鬻明珠喧喧擁車騎非但競金吾

同前　陳暄

長安開繡陌三條向綺門張敞車單馬韓嫣乘副軒

寵深來借殿功多競買園將軍夜夜返絃歌著曙喧

同前　江總

翠蓋乘輦露金羈照落暉五侯新拜罷七貴早朝歸

轟々紫陌上藹々紅塵飛日暮延平客風花拂舞衣

同前　隋何妥

長安狹斜路縱横四達分車輪鳴鳳轄箭服耀魚文五陵多任俠輕騎自連羣少年皆重氣誰識故將軍

同前　唐崔顥

長安甲第高入雲誰家居住霍將軍日晚朝回擁賓從路傍拜揖何紛々莫言炙手々可熱須臾火盡灰亦滅莫言貧賤即可欺人生富貴自有時一朝天子賜顔色世上悠々應始知

同前　唐孟郊

胡風激秦樹賤子風中泣家々朱門閉得見不可入

長安十二衢投樹烏亦急高閣何人家笙簧正喧吸

同前　　唐顧況

長安道人無衣馬無草何不歸来山中老

同前　　唐聶夷中

此地無駐馬夜中猶走輪所以路旁草少於衣上塵

同前　　唐韋應物

漢家宮殿含雲烟兩宮十里相連延晨霞出沒弄丹闕春雨依微自甘泉春雨依微春尚早長安貴遊愛芳草寶馬横来下建章香車却轉避馳道貴遊誰最貴[illegible]世難比何能蒙主恩幸遇邊塵起歸来甲第拱皇居朱門峩峩臨九衢中有流蘇合歡之寶帳一

一百二十鳳凰羅列含明珠下有錦鋪翠被之粲爛博山吐香五雲散麗人綺閣情飄飄頭上鴛釵雙翠翹低鬟曳袖回春雪聚黛一聲愁碧霄山珎海錯棄藩籬烹犢炮羔如折葵既請列侯封部曲還將金印授廬兒歡容若此何所苦但苦白日西南馳

同前　　唐白居易

花枝缺處青樓開艷歌一曲酒一杯美人勸我急行樂自古朱顏不再來君不見外州客長安道一回來一回老

同前　　唐薛能

汲汲復營營東西連兩京關繻古若在山岳累應成

各自有身事不相知姓名交馳喧衆類分散入重城
此路去無盡萬方人始生空餘片言苦來往覔劉楨

同前　　僧貫休

憧憧合合八表一轍黃塵霧合車馬火爇名湯風雨
利輾霜雪千車萬馱半宿關月上有堯禹下有夔禼
紫氣銀輪兮常覆金闕仙掌捧日兮濁河澄澈愚將
草木兮有言與華封人兮不別

同前　　王褒

槐衢回北第馳道度西宮樹陰連袖色塵影雜衣風
採桑逢五馬停車對兩童喧喧許史座鐘鳴賓未窮

同前　　沈佺期

秦地平如掌層城出雲漢樓閣九衢春車馬千門旦
綠柳開復合紅塵聚還散日晚鬬雞回經過狹斜看

樂府詩集卷第二十三

樂府詩集卷第二十四

太原　郭　茂倩　編次

橫吹曲辭四

漢橫吹曲四

梅花落　　宋　鮑照

梅花落本笛中曲也按唐大角曲亦有大單于小單于大梅花小梅花等曲今其聲猶有存者

中庭雜樹多偏爲梅咨嗟問君何獨然念其霜中能作花露中能作實搖蕩春風媚春日念爾零落逐風飈徒有霜華無霜質

同前　梁吳均

終冬十二月寒風西北吹獨有梅花落飄蕩不依枝流連逐霜彩散漫下冰澌何當與春日共映夫容池

同前二首　陳後主

金一作春砌落芳梅飄零上鳳臺拂妝疑粉散逐溜似萍開映日花光動迎風香氣來佳人早插髻試立且徘徊

楊柳春樓邊車馬飛風烟連娉鳥孫伎屬客單于氊鴈聲不見書蠶絲欲斷弦欲持塞上慾試立將軍前

同前　徐陵

對戶一株梅新花落故栽燕拾還蓮井風吹上鏡臺

倡家怨思妾樓上獨徘徊啼看竹葉錦篸羅未成裁

同前　蘇子卿

中庭一樹梅寒多葉未開秪言花是雪（一作似雪）不悟有香來上郡春恒晚高樓年易催織書偏有意教逐錦文回

同前　張正見

芳樹蝶紅（一作雲）野蕟早覺寒侵落遠香風急飛多花逕深周人歎初標魏帝指前林邊城少灌木折此自悲吟

同前三首　江總

縹色動風香羅生枝已長妖姬騣馬髻未插江南璫

轉袖花紛落春衣共有芳羞作秋胡婦獨採城南桑

胡地少春來三年驚落梅偏疑粉蝶散乍似雪花開

可憐香氣歇可惜風相摧金鐃且莫韻玉笛幸徘徊

獵月正月早驚春衆花未發梅花新可憐芬芳臨玉

臺朝攀晚折還復開長安少年多輕薄兩〻常唱梅

花落滿酌金卮催玉柱落梅樹下宜歌舞金谷萬株

連綺甍梅花密處藏嬌鶯桃李佳人欲相照摘葉牽

花來並笑楊柳條青樓上輕梅作色白雲中明橫笛

短簫淒復切誰知柏梁聲不絕

同前　　盧照鄰

梅嶺花初發天山雪未開處〻疑花滿花邊似雪回

因風入舞袖襍粉向妝臺匈奴幾萬里春至不知來

同前　沈佺期

鐵騎幾時回金閨怨早梅雪中寒一作花已落風暖葉應開夕逐新春管香迎小歲杯感時何足貴書裏報輪臺

同前　唐劉方平

新歲芳梅樹繁苞四面同春風吹漸落一夜幾枝空小婦今如此長城恨不窮莫將遼海雪來比後庭中

紫騮馬　梁簡文帝

古今樂録曰紫騮馬古辭云十五從軍征八十始得歸道逢鄉里人家中有阿誰又

梁曲曰獨樹不成樹獨樹不成林念𡟯錦
襧襠恒長不忘心蓋從軍久戍懷歸而作
也

賤妾朝下機正值（一作遇）良人歸青絲懸玉鐙朱汗染
香衣驪急珂弥響蹀多塵亂飛雕菰葦可薦故心君
莫違（一作故人心莫違）

同前　梁元帝

長安美少年金絡錦連錢宛轉青絲鞚照耀珊瑚鞭

同前　陳後主

驃姚紫塞歸蹀躞紅塵飛玉珂鳴廣路金絡耀晨輝
盖轉時移影香動屢驚衣禁門猶未閉連騎恣（一作莫）

相逢

蹀躞紫騮馬照耀白銀鞍直去黄龍外斜趨玄菟端

垂鞚還細柳揚塵歸上蘭紅臉桃花色客别重羞看

同前　陳李爽

紫鷰忽踟躕紅塵起路隅園人移首蓿騎士逐蘪蕪

三邊追黠虜一鼓定殭胡安用珂爲玉自有汗成珠

同前　徐陵

玉鐙繡纏鬃金鞍錦覆幪風驚塵未起草淺埒猶空

角弓穿兩兎珠彈落雙鴻日斜馳逐罷連翩還上東

同前　張正見

將軍入大宛善馬出從戎影絶乾河上聲流水窟中

似鹿猶驕草如龍欲向空須還千萬里試為一追風

同前　陳暄

天馬汗如紅鳴鞭度九嵕飲傷城下凍嘶依社地風笳寒芳樹歇笛怨柳枝空橫行意未已蓄往（往一作轂）

軍中

同前　陳祖孫登

候騎陌樓蘭長城迴路難嘶從風處斷骨住水中寒飛塵暗金勒落淚灑銀鞍抽鞭上關路誰念客衣單

同前　陳獨孤嗣宗

倡樓望早春寶馬度城闉照耀搖花蹀躞擇桑津金羈騁初景玉勒染輕塵遠聽珂驚急猶是畫眉人

同前　江總

春草正萋萋蕩婦出空閨（一作金閨）識是東方騎猶帶北風嘶揚鞭向柳市細蹀上金堤顧君憐織素殘妝尚有啼

同前　盧照鄰

騮馬照金鞍轉戰入皐蘭塞門風稍急長城水正寒雪暗鳴珂重山長噴玉難不辭橫絶漠流血幾時乾

同前　李白

紫騮行且嘶雙翻碧玉蹄臨流不肯渡似惜錦障泥白雪關山（一作城）遠黄雲海樹（一作戍）迷揮鞭萬里去安得念（一作變）春閨

同前　　唐李益

爭場看鬬雞白皐紫騮嘶漳水春閨晚叢臺日向低歇鞍珠作汗試劍玉爲泥爲謝紅梁鷰年〻妾獨棲

同前　　唐秦韜玉

渥洼奇骨本難求況是豪家重紫騮膘大宜懸銀壓胯力渾欺邦玉銜頭生猙弄影風隨起躞蹀衝塵汗濕溝若遇大夫皆調御任從驅取覔封侯

驄馬　　梁車斁

一曰驄馬驅皆言關塞征從之事

驄馬鏤金鞍柘彈落金丸意欲驚趨走先作野遊盤

平明發下蔡日中過上蘭路遠行須疾非是畏人看

同前　　劉孝威

十五宦期門二十屯邊徼犀羈玉鏤鞍寶刀金錯鞘一隨驄馬驅今受青騧吊且令都護知顯被將軍照誓使氈衣鄉埽地無遺噍

同前　　隋王由禮

善馬金羈飾躡影復凌空影入長城水聲隨胡地風控斂青門外珂喧紫陌中行行若不倦唯當御史驄

同前　　唐李羣玉

浮雲何權奇絶足世未知長嘶清海風蹴蹀振雲絲由來渥洼種本是蒼龍兒穆滿不再活無人崑閬騎

君識躍嶠怯寧勞耀金羈青芻與白水空笑駑駘肥
伯樂儻一見應驚耳長垂當思八荒外逐日向瑤池

驄馬曲　　唐紀唐夫

連錢出塞蹋沙蓬豈比當時御史驄逐北自諳深磧
路連嘶誰念靜邊功登山每與青雲合弄影因知碧
草同今日虜平將換妾柰知羅袖舞春風

驄馬驅　　梁元帝

朔方寒氣重胡關饒苦霧白雪晝凝山黃雲宿埋樹
連翩行役子終朝征馬驅試上金微山還看玉關路

同前　　劉孝威

翩〻驄馬驅橫行復斜趨先救遼城危後拂燕山霧

風傷易水湄日入隴西樹未得報君恩聯翩終不住

同前　徐陵

白馬號龍駒雕鞍名鏤渠（一作衢）諸兄二千石小婦字

羅敷倚端桂婦史召募擊休屠塞外多風雪城中絶

詔書空憶長楸下連蹀復連䠱

同前　江總

長城兵氣寒飲馬詎爲難暫解青絲轡行歌鏤衢鞍

白登圍轉急黄河凍不乾萬里朝飛電論功易走丸

兩雪　陳後主

采薇詩曰昔我往矣楊柳依依今我來思

兩雪霏霏穆天子傳曰天子遊于黄室之

曲篮獵華澤天子乃休日中大寒北風雨雪有凍人天子作詩三章以哀之曰我徂黃竹是也雨雪曲蓋取諸此

長城飛雪下邊關地籟吟濛濛九天暗霏霏千里深樹吟月恒少山霧日偏沉況聽南歸雁切思朝笳音

雨雪曲　陳江暉

邊城風雪至客子自心悲風哀笳弄斷雪暗馬行遲輕生本為國重氣不關私恐君猶不信撫劍一揚眉

同前　張正見

胡關辛苦地雲路遠漫漫含冰踏馬足雜雨凍旗竿沙漠飛恒暗天山積轉寒無因辭日■扇掩齊紈

同前　　江揔

雨雪隔榆溪從軍度隴西遶陣看狐迹依山見馬蹄天寒旗彩壞地暗鼓聲低漫漫愁寒起蒼蒼別路迷

同前　　陳暄

都尉出祁連雨雪淵雞田雕陵恃抵鵲屬國用和氈冰合軍應渡樓寒烽未然花迷差未著疎勒復經年

同前　　陳謝爽

朔邊昔離別寒風復凄切峩峩六尺冰飄飄千里雪未塞袁安戶行封蘇武節應隨隴水流幾過空嗚咽一作疑

同前　　李端

天山一丈雪雜雨夜霏霏濕馬胡歌亂經烽漢火微丁零蘇武別蹕勒范羌歸若著關頭過長榆葉定稀

同前　　翁綬

邊聲四合殷河流雨雪飛來遍隴頭鐵嶺探人迷鳥道陰山飛將濕貂裘斜飄旌旆過戎帳半雜風沙入戍樓一自塞垣無李蔡何人為解北門憂

劉生　　梁元帝

樂府解題曰劉生不知何代人齊梁已來為劉生辭者皆稱其任俠豪放周遊五陵三秦之地或云抱劍專征為符節官所未詳也按古今樂録曰梁鼓角横吹曲有東

平劉生歌疑即此劉生也

往俠有劉生然諾重西京扶風好驚坐長安恒借名

榴花聊夜飲竹葉解朝酲結交李都尉遨遊佳麗城

同前　陳後主

遊俠長安中置驛過新豐轟轟鐘蒲璧磬鳴弦楊葉弓

孟公正驚客朱家始賣僮羞作荊卿笑捧劒出遼東

同前　張正見

劉生絕名價豪俠恣遊陪金門四姓聚繡轂五香來

塵飛馬腦勒酒映硨磲杯別有追遊夜秋窓向月開

同前　陳柳莊

座驚稱字孟豪雄道姓劉廣陌通朱邸大路起青樓

要賢驛已置留賓轄且投（一作仍投）光斜日下霧庭陰月

上鈎

同前　江暉

五陵多羨選六郡盡良家劉生代豪蕩摽擧獨榮華

寶劍長三尺金樽滿百花唯當重意氣何處有驕奢

同前　徐陵

劉生殊倜儻任俠遍京華戚里驚鳴筑平陽吹怨笳

俗儒排左氏新室忌漢家高才被擯壓自古共憐嗟

同前　江揔

劉生負意氣長嘯且徘徊高論明秋水命賞陟春臺

干戈倜儻用筆硯縱橫才置驛無年限遊俠四方來

同前　　隋弘執恭

英名振關右雄氣逸江東遊俠五都内去來三秦中

劒照七星影馬控千金騘縱横方未息因茲定武功

同前　　盧照鄰

劉生氣不平抱劒欲專征報恩爲豪俠死難在横行

翠羽裝劒鞘黄金飾馬纓但令一顧重不吝百身輕

樂府詩集卷第二十四

樂府詩集卷第二十五

太原　郭　茂倩　編次

横吹曲辭五

梁鼓角横吹曲

古今樂録曰梁鼓角横吹曲有企喻琅琊王鉅鹿公主紫騮馬黄淡思地驅樂雀勞利慕容垂隴頭流水等歌三十六曲二十五曲有歌有聲十一曲有歌是時樂府胡吹舊曲有大白淨皇太子小白淨皇太子雍臺擒臺胡遵利𦍑女淳于王捉搦東平劉生單迪歷魯爽半和企喻比敦胡度来

十四曲三曲有歌十一曲已又有隔谷地驅樂紫騮馬折楊柳幽州馬客吟慕容家自魯企由谷隴頭魏高陽王樂人等歌二十七曲合前三曲凡三十曲揔六十六曲江淹横吹賦云奏白臺之二曲起關山之一引採菱謝而自罷綠水懮而不進則白登關山又是三曲按歌辭有木蘭一曲不知起於何代也

企喻歌辭四曲

古今樂録曰企喻歌四曲或云後又有二句頭毛墮落魄飛揚百草頭最後男兒可怜虫一曲是苻融詩本云深山解谷口把

骨無人牧接企喻本北歌唐書樂志曰北狄樂其可知者鮮卑吐谷渾部落稽三國皆馬上樂也後魏樂府始有北歌即所謂真人代歌是也大都時命掖庭宮女晨夕職之周隋世與西涼樂雜奏今存者五十三章其名可解者六章慕容可汗吐谷渾部落稽鉅鹿公主白淨皇太子企喻也其不可解者咸多可汗之辭北虜之俗呼主為可汗吐谷渾又慕容別種知此歌是燕魏之際鮮卑歌也其詞虜音竟不可曉梁胡吹又有大白淨皇太子小白淨皇太子

企喻等曲隨鼓吹有白淨皇太子曲與圵

歌校之其音皆異又有半和企喻圵敦盖

曲之變也

男兒欲作健結伴不須多鷂子經天飛羣雀兩向波

放馬大澤中草好馬著臕牌子鐵裲襠鉅鉾鸐尾條

前行看後行齊著鐵裲襠前頭看後頭齊著鐵鉅鉾

男兒可憐虫出門懷死憂尸喪狹谷中白骨無人收

右四曲曲四解

琅琊王歌辭

古今樂録曰琅琊王歌八曲或云陰涼下

又有二句云㴱冬十一月䖍女覔凍漿最

後云誰能騎此馬唯有廣平公按晉書載
記廣平公姚弼興之子泓之弟也

新買五尺刀懸著中梁柱一日三摩娑劇於十五女
琅琊復琅琊琅琊大道王陽春二三月單衫繡裲襠
東山看西水水流盤石間公死姥更嫁孤兒甚可憐
琅琊復琅琊琅琊大道王鹿鳴思長草愁人思故鄉
長安十二門光門最妍雅渭水從壟來浮遊渭橋下
琅琊復琅琊女郎大道王孟陽三四月移鋪逐陰涼
客行依主人願得主人彊猛虎依深山願得松柏長
懀馬高纏鬃遥知身是龍誰能騎此馬唯有廣平公

右八曲曲四解

鉅鹿公主歌辭

唐書樂志曰梁有鉅鹿公主歌似是姚萇時歌其詞華音與北歌不同

官家出遊雷大鼓細乘犢車開後戶
車前女子年十五手彈琵琶玉節舞
鉅鹿公主殿照女皇帝陛下萬幾主

右三曲曲四解

紫騮馬歌辭

古今樂錄曰十五從軍征以下是古詩

燒火燒野田野鴨飛上天童男娶寡婦壯女笑殺人
高高山頭樹風吹葉落去一去數千里何當還故處

十五從軍征八十始得歸道逢鄉里人家中有阿誰
遥看是君家松柏冢纍纍兎從狗竇入雉從梁上飛
中庭生旅穀井上生旅葵舂穀持作飯採葵持作羹
羹飯一時熟不知飴阿誰出門東向看淚落沾我衣

右六曲曲四解

黄淡思歌辭

古今樂錄曰思晉相思之思按李延年造
横吹曲二十八解有黄覃子不知與此同

否

歸歸黄淡思逐郎還去來歸歸黄淡百逐郎何處索
心中不能言復作車輪旋與郎相知時但恐傍人聞

江外何鬱拂龍洲廣州出象牙作帆檣綠絲作幃繂
綠絲何葳蕤逐郎歸去來
右四曲曲四解

地驅歌樂辭

古今樂錄曰側側力力以下八句是今歌有此曲最後云不可與力或云各自努力

青青黃黃雀石頽唐槌殺野牛押殺野羊
驅羊入谷自羊在前老女不嫁蹋地喚天
側側力力念若無極枕郎左臂隨郎轉側
摩捋郎鬚看郎顏色郎不念女不可與力
右四曲曲四解

雀勞利歌辭

雨雪霏霏雀勞利長觜飽滿短觜飢利

右一曲曲四解

慕容垂歌辭

晉書載記曰慕容本名缺尋以讖記乃去夬以垂為名慕容儁僭號封垂為吳王徙鎮信都太元八年自稱燕王

慕容攀墻視吳軍無邊岸我身分自當枉殺墻外漢

慕容愁憒憒燒香作佛會願作墻裏燕高飛出墻外

慕容出墻望吳軍無邊岸咄我臣諸佐此事可惋歎

右三曲曲四解

隴頭流水歌辭

古今樂録曰樂府有此歌曲解多於此

隴頭流水流離西下念吾一身飄蕩曠野

西上隴阪羊腸九回山高谷深不覺腳酸

手攀弱枝足踰弱泥

右三曲曲四解

隔谷歌

古今樂録曰前云無辭樂工有辭如此

兄在城中弟在外弓無弦箭無括食糧乏盡若爲活

救我來救我來

右一曲

淳于王歌

肅肅河中育育熟須含黃獨坐空房中思我百婿郎

百婿在城中千婿在中央但使心相念高城何所妨

右二曲

地驅樂歌

古今樂録曰與前曲不同

月明光光星欲墮欲來不來早語我

右一曲

東平劉生歌

東平劉生安東子樹木稀屋裏無人看阿誰

右一曲

紫騮馬歌

古今樂録曰與前曲不同

獨柯不成樹獨樹不成林念郎錦裲襠恒長不忌心

右一曲

捉搦歌

粟穀難舂付石臼弊衣難護付巧婦男兒千凶能人手老女不嫁只生口

誰家女子能行步反著裌禪後裙露天生男女共一處頗得兩箇成翁嫗

華陰山頭百丈井下有流水徹骨冷可憐女子能照影不見其餘見斜領、已上未有宋板　凡六葉

黄桑柘屐蒲子履中央有系兩頭繫小時憐母大憐婿何不早嫁論家計

右四曲

折楊柳歌辭

上馬不捉鞭反折楊柳枝蹀座吹長笛愁殺行客兒

腹中愁不樂願作郎馬鞭出入擐郎臂蹀座郎膝邊

放馬兩泉澤忘不著連羈擔鞍逐馬走何見得馬騎

遥看孟津河楊柳鬱婆娑我是虜家兒不解漢兒歌

健兒須快馬快馬須健兒䟦跋黄塵下然後别雄雌

右五曲曲四解

幽州馬客吟歌辭

㢠馬常苦瘦，勦兒常苦貧。黄禾起羸馬，有錢始作人。

熒熒帳中燭，燭滅不久停。盛時不作樂，春花不重生。

南山自言高，只與北山齊。女兒自言好，故入郎君懷。

郎著紫袴褶，女著綵裌裙。男女共燕遊，黄花生後園。

黄花鬱金色，緑蛇銜珠丹。辭謝牀上女，還我十指環。

右五曲，曲四解

折楊柳枝歌

上馬不捉鞭，反拗楊柳枝。下馬吹長笛，愁殺行客兒。

門前一株棗，歲歲不知老。阿婆不嫁女，那得孫兒抱。

敕敕何力力，女子臨窗織。不聞機杼聲，唯聞女歎息。

問女何所思，問女何所憶。阿婆許嫁女，今年無消息。

右四曲曲四解

慕容家自魯企谷由歌

郎在千重樓女在九重閣郎非黃鷂子那得雲中雀

右一曲四解

隴頭歌辭

隴頭流水流離山下念吾一身飄然曠野

朝發欣城暮宿隴頭寒不能語舌卷入喉

隴頭流水鳴聲幽咽遙望秦川心肝斷絶

右三曲曲四解

高陽樂人歌

古今樂録曰魏高陽王樂人所作也又有

白鼻騧蓋出於此

可怜白鼻騧相将入酒家無錢但共飲畫地作交賒何處鞢觴來兩頰色如火自有桃花容莫言不勸我

右二曲曲四解

梁鼓角横吹曲

雍臺　梁武帝

日落登雍臺佳人殊未来綺窻蓮花掩網户琉璃開芊茸臨紫桂蔓延交青苔月殘光隂盡望子獨悠哉

同前　吳均

雍臺十二樓樓〻欝相望隴西飛狐口白日盡無光

雍臺歌

太子池南樓百尺八窗新樹疎簾隔黃金鋪首畫鈎
陳羽葆亭童拂交戟盤紆欄楯臨高臺帳殿臨流鸞
扇開早鴈聲鳴細波起暎花鹵簿龍飛回

捉搦歌　唐張祜

門上關墻上棘窓中女子聲喞喞洛陽大道徒自直
女子心在婆舍側嗚嗚籠烏觸四隅養男男娶婦養
女女嫁夫阿婆六十翁七十不知女子長日泣從他
嫁去無悒悒

隔谷歌　古辭

兄爲俘虜受困辱骨露力疲食不足弟爲官吏馬食
粟何惜錢刀来我贖

幽州胡馬客歌　唐李白

幽州胡馬客緑眼虎皮冠咲拂兩隻箭萬人不可干

彎弓若轉月白鴈落雲端雙〻掉鞭行遊獵向樓蘭

出門不顧後報國死何難天驕五單于狼戻好凶殘

牛馬散北海割鮮若虎飡雖居燕支山不道朔雪寒

婦女馬上咲顔如頳玉盤翻飛射鳥獸花月醉雕鞍

旄頭四光芒争戰若蜂攢白刃灑赤血流沙為之丹

名将古誰是疲兵良可歎何時天狼滅父子得安閑

白鼻騧　後魏温子昇

少年多好事攬轡向西都相逢狭斜路駐馬詣當壚

同前　李白

銀鞍白鼻騧綠池障泥紅錦細雨春風花落時風一作細雨春時落花揮鞭且直一作就胡姬飲

同前　張祜

爲底胡姬酒長來白鼻騧摘蓮拋水上郎意在浮花

木蘭詩二首　古辭

古今樂錄曰木蘭不知名浙江西道觀察使兼御史中丞韋元甫續附入

唧唧復唧唧一作促織何唧唧木蘭當戶織不聞機杼聲唯聞女歎息問女何所思問女何所憶女亦無所思女亦無所憶昨夜見軍帖可汗大點兵軍書十二卷卷卷有爺名阿爺無大兒木蘭無長兄願爲市鞍馬從

此替爺征東市買駿馬西市買鞍韉南市買轡頭北
市買長鞭旦（一作朝）辭爺孃去暮宿黃河邊不聞爺孃
喚女聲但聞黃河流水鳴濺濺旦辭黃河去暮至黑
山頭（至一作宿）不聞爺孃喚女聲但聞燕山胡騎鳴啾啾
萬里赴戎機關山度若飛朔氣傳金柝寒光照鐵衣
將軍百戰死壯士十年歸歸來見天子天子坐明堂
策勳十二轉賞賜（一作賜物）百千彊可汗問所欲木蘭不
用尚書郎（一作欲與木蘭賞不願尚書郎）願馳千里足（段成式酉陽雜俎云願借
明駝千里足）送兒還故鄉爺孃聞女來出郭相扶將阿姊
聞妹來當戶理紅妝小弟聞姊來磨刀霍霍向豬羊
開我東閣門坐我西閣牀脫我戰時袍著我舊時裳

當窗理雲鬢挂對一作鏡帖花黃出門看火伴火伴皆

一始作驚忙同行十二年不知木蘭是女郎雄兔脚撲

朔雌兔眼迷離雙兩作兔傍地走安能辨我是雄雌

木蘭抱杼嗟借問復為誰欲聞所慽〻感激彊其顔

老父隸兵籍氣力日衰耗豈足萬里行有子復尚少

胡沙沒馬足朔風裂人膚老父舊羸病何以彊自扶

木蘭代父去秣馬備戎行易却紈綺裳洗却鉛粉妝

馳馬赴軍幕慷慨攜干將朝屯雪山下暮宿青海傍

夜襲燕支虜更攜于闐羌將軍得勝歸士卒還故鄉

父母見木蘭喜極成悲傷木蘭能承父母顔却御巾

韝理絲簧昔為烈士雄今復嬌子容親戚持酒賀父

三卅り

母始知生女與男同門前舊軍都十年共崎嶇本結兄弟交死戰誓不渝今也見木蘭言聲雖是顔貌殊驚愕不敢前歎重徒嘻吁世有臣子心能如木蘭節忠孝兩不渝千古之名焉可滅

横吹曲　江揔

簫聲鳳臺曲洞吹龍鍾管鏜鎝漁陽摻怨抑胡笳斷

樂府詩集卷第二十五

樂府詩集卷第二十六

太原 郭茂倩 編次

相和歌辭一

宋書樂志曰相和漢舊曲也絲竹更相和執節者歌本一部魏明帝分為二更遞夜宿本十七曲朱生宋識列和等復合之為十三曲其後晉荀勗又採舊辭施用於世謂之清商三調歌詩即沈約所謂因絃管金石造歌以被之者也唐書樂志曰平調清調瑟調皆周房中曲之遺聲漢世謂之三調又有楚調側調楚調者漢之房中樂

也高帝樂楚之聲故房中樂皆楚聲也側調
者生於楚調與前三調總謂之相和調晉
書樂志曰凡樂章古辭存者並漢世街陌
謳謠江南可採蓮烏生十五子白頭吟之
屬其後漸被於弦管即相和諸曲是也魏
晉之世相承用之永嘉之亂五都淪覆中
朝舊音散落江左後魏孝文宣武用師淮
漢收其所獲南音謂之清商樂相和諸曲
亦皆在焉所謂清商正聲相和五調伎也
凡諸調歌詞並以一章爲一解古今樂錄
曰傖歌以一句爲一解中國以一章爲一

解王僧虔啓云古曰章今曰解解有多少當時先詩而後聲詩叙事聲成文必使志盡於詩音盡於曲是以作詩有豐約制解有多少猶詩君子陽陽兩解南山有臺五解之類也又諸調曲皆有辭有聲而大曲又有豔有趨有亂辭者其歌詩也聲者若羊吾夷伊那何之類也豔在曲之前趨與亂在曲之後亦猶吳聲西曲前有和後有送也又大曲十五曲沈約並列於瑟調今依張永元嘉正聲技錄分於諸調又別叙大曲於其後唯滿歌行一曲諸調不載故

附見於大曲之下其曲調先後亦準技錄為次云

相和六引

古今樂錄曰張永技錄相和有四引一曰箜篌二曰商引三曰徵引四曰羽引箜篌引歌瑟調東阿王辭門有車馬客行置酒篇並晉宋齊奏之古有六引其宮引角引二曲闕宋為箜篌引有辭三引有歌聲而辭不傳梁具五引有歌有辭凡相和其器有笙笛節歌琴瑟琵琶箏七種

箜篌引

唐李賀

一曰公無渡河崔豹古今注曰箜篌引者
朝鮮津卒霍里子高妻麗玉所作也子高
晨起刺船有一白首狂夫被髮提壺亂流
而渡其妻隨而止之不及遂墮河而死於
是援箜篌而歌曰公無渡河公竟渡河墮
河而死將奈公何聲甚悽愴曲終亦投河
而死子高還以語麗玉麗玉傷之乃引箜
篌而寫其聲聞者莫不墮淚飲泣麗玉以
其曲傳鄰女麗容名曰箜篌引又有箜篌
謡不詳所起大略言結交當有終始與此
異也

公乎公乎提壺將焉如屈平沉湘不足慕徐衍入海誠爲愚公乎公乎牀有菅席盤有魚北里有賢兄東鄰有小姑隴畝油油黍與葫尾一作瓠觚濁醪蟻浮浮濁酒醪蟻浮黍可食醪可飲公乎公乎其奈居被髮奔流竟何如賢兄小姑哭嗚嗚

公無渡河　梁劉孝威

請公無渡河河廣風威厲檣偃落金烏舟傾沒犀枻緹蓋空嚴祀白馬徒牲祭衘石傷寡心崩城掩孀袂紈飛猶共水魂沈理俱逝君爲川后臣妾作姜娣

同前　張正見

金堤分錦纜白馬渡蓮舟風嚴歌響絕浪湧榜人愁

許折桅花水　帆横竹箭流何言況璧處千載偶陽侯

同前　李白

黄河西来决崑崙咆吼萬里觸龍門波滔天堯咨嗟大禹理百川兒啼不窺家殺湍堙洪水九州始蠶麻其害乃去茫然風沙被髮之叟狂而癡清晨徑流欲奚為旁人不惜妻止之公無渡河苦渡之虎可搏河難憑公果溺死流海湄有長鯨白齒若雪山公乎公乎挂骨於其間箜篌所悲竟不還

同前　王建

渡頭惡天兩岸遠波濤塞川如疊坂幸無白刃驅向前何用將身自棄捐蛟龍齧尸魚食血黄泥直下無

青天昴晛縱軽婦人語惜君姓命還須取婦人無力挽斷衣舟沉身殁悔難追公無渡河公自為

同前　唐温庭筠

黄河怒浪連天来大響谹谹如殷雷龍伯驅風不敢上百川噴雪高崔嵬二十五弦何太哀請公勿渡立徘徊下有狂鮫鋸為尾裂帆截棹磨霜齒神錐鑿石塞神潭白馬𩥇𩥇赤塵起公乎躍馬揚玉鞭滅没高蹄白千里

同前　唐王叡

濁波洋洋兮凝曉霧公無渡河兮公苦渡風號水激兮呼不聞提壺看入兮中流去浪擺衣裳兮隨步没

沉屍深入兮蛟螭窟蛟螭盡醉兮君血乾推出黃沙兮泛君骨當時君死妾何過遂就波濤合魂魄顑持精衛銜石心窮取河源塞泉脉

宮引　　梁沈約

晉書樂志曰五聲宮爲君之宮爲言中也中和之道無往而不理焉商爲臣商之爲言彊也謂金性之堅彊也角爲民角之爲言觸也謂象諸陽氣觸物而生也徵爲事徵之爲言止也言物盛則止也羽爲物羽之爲言舒也言陽氣將復萬物孳育而舒生也是以聞宮聲使人溫良而寬大聞商

聲使人方廉而好義聞角聲使人惻隱而
仁愛聞徵聲使人樂養而好施聞羽聲使
人恭儉而好禮隋書樂志曰梁有相和五
引三朝第一奏之陳氏因焉隋文帝開皇
中改五引為五音唯迎氣於五郊降神奏
之月令所謂孟春其音角也按古有清角
清徵之流此則當聲為曲即五音是也唐
書樂志曰五郊迎氣各以月律而奏其音
蓋因隋舊制云

八音資始君五聲興比和樂感百精優游律呂被咸
英

同前　梁蕭子雲

宅中為君聲之始氣和而應律笙竽四宮既作陰陽理

商音　沈約

司秋紀兌奏西音激揚鍾石和瑟琴風流福被樂愔愔

同前　蕭子雲

君臣數九發涼風三弦夷則白藏通充諧候管和六同

角引　沈約

萌生觸發歲在春咸池始奏德尚仁惉懘以息和且

均　同前　蕭子雲

蟄蟲始振音在斯五聲六律旋相爲韶繼夏盡脩咸

池　徵引　沈約

執衡司事宅離方滔滔夏日火德昌八音脩舉樂無

韹　同前　蕭子雲

朱明在離日長至候氣而動徵爲事六樂成文從之

脩　羽引　沈約

玄英紀運冬冰折物爲音本和且悅窮高測深長無絕

同前　　蕭子雲

其音爲物登玄英制　單循短位濁淸惟皇創則和且平

相和上

古今樂録曰張永元嘉技録相和有十五曲一曰氣出唱二曰精列三曰江南四曰度關山五曰東光六曰十五七曰薤露八曰蒿里九曰覲歌十曰對酒十一曰鷄鳴十二曰烏生十三曰平陵東十四曰東門

十五曰陌上桑十三曲有辭氣出唱精列
度關山薤露蒿里對酒並魏武帝辭十五
文帝辭江南東光雞鳴烏生平陵東陌上
桑並古辭是也二曲覲歌東門皆無其辭
陌上桑歌瑟調古辭豔歌羅敷行日出東
南隅篇覲歌張錄云無辭而武帝有往古
篇東門張錄云無辭而武帝有陽春篇或
云歌瑟調古辭東門行入門悵欲悲也古
有十七曲其武陵鷗雞二曲已按宋書樂
志陌上桑又有文帝棄故鄉一曲亦在瑟
調東西門行及楚辭鈔今有人武帝駕虹

魏二曲皆張錄所不載也

氣出唱　魏武帝

駕六龍乘風而行行四海外路下之八邦歷登高山臨谿谷乘雲而行行四海外東到泰山仙人玉女下來翱遊驂駕六龍飲玉漿河水盡不東流解愁腹飲玉漿奉持行東到蓬萊山上至天之門玉闕下引見得入赤松相對四面顧望視正焜煌開玉心正興其氣百道至傳告無窮閉其口但當愛氣壽萬年東到海與天連神仙之道出窈入冥常當專之心恬澹無所愒欲閑門坐自守天與期氣願得神之人乘駕雲車驂駕白鹿上到天之門來賜神之藥跪受之敬神

壽當如此道自來

華陰山自以爲大高百丈浮雲爲之蓋仙人欲來出

隨風列之雨吹我洞簫鼓瑟琴何誾誾酒與歌戲今

日相樂誠爲樂玉女起起舞移數時鼓吹一何嘈嘈

從西北來時仙道多駕烟乘雲駕龍鬱何務務遨遊

八極乃到崑崙之山西王母側神仙金止玉亭來者

爲誰赤松王喬乃德旋之門樂共飲食到黃昏多駕

合坐萬歲長宜子孫

遨遊山甚爲真磪硊砟硌爾自爲神乃到王母臺金

階玉爲堂芝草生殿旁東西廂客滿堂主人當行觴

坐者長壽遽何央長樂甫始宜孫子常願主人增年

與天相守

右三曲魏晉樂所奏

精列　魏武帝

厥初生造化之陶物莫不有終期莫不有終期聖賢不能免何爲懷此憂願螭龍之駕思想崑崙居見期於迂怪志意在蓬萊志意在蓬萊周孔聖徂落會稽以墳丘會稽以墳丘陶陶誰能度君子以弗憂年之暮奈何時過時來微

右一曲魏晉樂所奏

江南　古辭

樂府解題曰江南古辭蓋美芳晨麗景嬉

遊得時若梁簡文桂檝晚應旋歌遊戲也按梁武帝作江南弄以代西曲有採蓮採菱蓋出於此唐陸龜蒙又廣古辭為五解云

江南可採蓮蓮葉何田田 魚戲蓮葉間魚戲蓮葉東魚戲蓮葉西魚戲蓮葉南魚戲蓮葉北

右一曲魏晉樂所奏

江南思　宋湯惠休

幽客海陰路留戍淮陽津垂情向春草知是故鄉人

同前二首　梁簡文帝

桂檝晚應旋歷岸扣輕舷紫荷擎釣鯉銀筐插短蓮

人歸浦口暗那得久回船

江南有妙妓時則應壚樞月暈蘆灰缺秋還懸炭枯

含丹和九轉芳樹蔭三株何辭天后詔終是到仙都

江南曲　梁柳惲

汀洲採白蘋日落江南春洞庭有歸客瀟湘逢故人

故人何不返春華復應晚不道新知樂只言行路遠

同前　沈約

擢歌發江潭采蓮渡湘南宜須閑隱處舟浦予自諳

羅衣織成帶墮馬碧玉篸但令舟楫渡寧計路嵚

同前　唐宋之問

妾住越城南離居不自堪採花驚曙鳥摘葉餧春蠶

懶結茱萸帶愁安玳瑁簪侍臣消瘦盡日暮碧江潭

同前　唐劉昚虛

美人何蕩漾湖上風月長玉手欲有贈徘徊雙鳴璫
歌聲隨淥水怨色起朝陽日暮還家望雲波橫洞房

同前　唐丁仙芝

長干斜路北近浦是兒家有意来相訪明朝出浣沙
發向橫塘口船開值急流知郎舊時意且請攏船頭
昨暝逗南陵風声波浪阻入浦不逢人歸家誰信汝
未曉已成粧乘潮去茫茫因從京口渡使報邵陵王
始下芙蓉樓言發瑯琊岸急為打船開惡許傍人見

同前八首　唐劉希夷

春宿南洲草晨行北岸林日懸滄海闊水隔洞庭深
烟景無留意風波有異潯歲遊難極目春戲易爲心
朝夕無榮遇芳菲已滿襟
歌唱潮初落江花露未晞春洲驚翡翠朱服弄芳菲
畫舫烟中淺青陽日際微錦帆衝浪濕羅袖拂行衣
含情罷所採相歎惜流暉
君爲隴西客妾遇江南春朝遊含靈果夕採弄風蘋
果氣時不歇蘋花日自新以此江南物持贈隴西人
空盈萬里懷欲贈竟無因
皓如楚江月霭若吴岫雲波中自皎鏡山上亦氤氲
明月留照妾輕雲持贈君山川各離散光氣乃殊分

天涯一爲別江北春相聞
艤舟乘潮去風帆振草涼潮平見楚甸天際望維陽
洄沂經千里烟波接兩鄉雲明江嶼出日照海流長
此中逢歲晏浦樹落花芳
暮春三月晴維揚吳楚城城臨大江汜迴映洞浦清
晴雲曲金閣珠樓碧烟裏月明芳樹羣鳥飛風過長
林雜花落可憐離別誰家子于此一至情何已
北堂紅草盛芊茸南湖碧水照芙蓉朝遊暮起金花
盡漸覺羅裳珠露濃自惜妍華三五歲已歎關山千
萬重人情一去無還日欲贈懷芳怨不逢
憶昔江南年盛時平生怨在長洲曲冠蓋星繁江水

上衝風標落洞庭渌落花蒲紅紛紛朝霞高閣洗
晴雲誰言此處嬋娟子珠玉爲心以奉君

同前　　唐于鵠

偶向江邊採白蘋還隨女伴賽江神衆中不敢分明
語暗擲金錢卜遠人

同前　　唐李益

嫁得瞿塘賈朝朝誤妾期早知潮有信嫁與弄潮兒

同前　　唐李賀

汀洲白蘋草柳惲乘馬歸江頭樝樹香岸上蝴蝶飛
酒盃箬葉露玉軫蜀桐虚朱樓通水陌沙暖一雙魚

同前　　李商隱

郎船安兩槳僂舸動雙橈掃黛開宮額裁裙約楚腰
乖期方積思臨醉欲擎瓢莫以採菱唱欲羨秦臺簫

同前　唐韓雄

長樂花枝兩點銷江城日暮好相邀春樓不閉葳蕤
鏁綠水回通宛轉橋

同前　温庭筠

妾家白蘋浦日上芙蓉檝軋〻搖槳聲移舟入菱葉
溪長菱葉深作底難相尋避郎〻不見鸂鶒自浮沉
拾萍〻無根採蓮〻有子不作浮萍生寧作藕花死
岸傍騎馬郎烏帽紫遊韁含愁復含笑回首問橫塘
妾住金陵步門前朱雀航流蘇持作帳芙蓉持作梁

出入金櫃幰兄弟侍中郎前年學歌舞定得郎相許
連娟眉繞山依約樓如杵鳳管悲若咽鸞絃嬌欲語
扇薄露紅鉛羅輕壓金縷明月西南樓珠簾玳瑁鉤
横波巧能笑彎蛾不識愁花開子留樹草長根依土
早聞金溝遠底事歸郎許不學楊白花朝〻淚如雨

同前　　唐張籍

江南人家多橘樹吳姬舟上織白紵土地早濕饒蟲
蛇連木為牌入江住江村亥日常為市落帆渡橋來
浦裏青莎覆城竹為屋無井家〻飲潮水長干午日
沽春酒高〻酒旗懸江口倡樓兩岸懸水柵夜唱竹
枝留住客江南風土歡樂多悠〻處〻盡経過

同前　　唐羅隱

江烟濕雨鮫綃軟漠〻遠山眉黛淺水國多愁又有情夜槽壓酒銀船滿綳絲採怨凝曉空吳王臺榭春夢中鴛鴦鸂鶒喚不起平鋪綠水眠東風西陵路邊月悄〻油壁輕車嫁蘇小

同前　　陸龜蒙

為愛江南春涉江聊采蘋水深烟浩〻空對雙車輪車輪明月團車蓋浮雲盤雲月徒自好水中行路難邐〻洛陽道夾道生春草寄語棹船郎莫誇風浪好

同前五解　　陸龜蒙

魚戲蓮葉間參差隱葉扇鵁鶄鸂鶒窺瀲灩無因見

魚戲蓮葉東初霞射紅尾傍臨謝山側恰值清風起

魚戲蓮葉西盤〻舞波急潛私曲岸涼正對斜光入

魚戲蓮葉南欹危午烟疊光搖越鳥巢影亂吳娃織

魚戲蓮葉北澄陽動微漣回看帝子渚稍背鄂君船

江南可採蓮　梁劉緩

古江南辭曰江南可採蓮因以爲題云

春初北岸涸夏月南湖通卷荷舒欲倚芙蓉生即紅

織小宜回逕船輕好入叢釵光逐影亂衣香隨逆風

江南少許地年〻情不窮

樂府詩集卷第二十六

（宋）郭茂倩　編

宋本樂府詩集

第三册

國家圖書館出版社

第三册目録

樂府詩集卷第十

太原郭　茂倩　編次

郊廟歌辭

隋太廟歌

隋書樂志曰文帝開皇中詔牛弘姚察許善心虞世基劉臻等詳定雅樂并撰歌辭其太廟歌辭有迎神歌登歌俎入歌皇高祖太原府君皇曾祖康王皇祖獻王皇考太祖武元皇帝四室歌飲福酒歌送神歌其俎入歌飲福酒歌並郊丘社廟同用

迎神歌

務本興教尊神體國霜露感心享祀陳則官聯式序奔走在庭几筵結慕祼獻惟誠嘉樂載合神其降止永言保之錫以

繁祉

登歌

孝熙嚴祖師象敬宗惟皇肅事有來雝雝雕梁霞複繡橑雲重觀德自感奉璋伊恭彝斝盡飾羽綴有容外歌發藻景福來從

俎入歌

祭本用初祀由功舉駿奔咸會供神有序明酌盈樽豐犧實俎幽金旣薦繢錯維旅享由明德香非稷黍載流嘉慶克固鴻緒

太原府君

締基發祥肇源興慶迺仁迺哲克明克令肅宣國圖善流人詠開我皇業七百同盛

康王歌

皇條俊茂帝系靈長豐功疊軌厚利重光福由善積代以德
彰嚴恭盡禮永錫無疆

獻王歌

盛才必達丕基增舊涉渭同符遷邠等桂弘風邁德義高道
富神鑒孔昭王猷克懋

太祖歌

深仁冥著至道潛敷皇矣太祖耀名天衢翦商隆祚奄宅隋
區有命旣集誕開靈符

飲福酒歌

神道正直祀事有融肅雝備禮莊敬在躬著燔已具奠斝將
終降祥惟永受福無窮

送神歌

饗禮具利事成佇旒冕肅簪纓金奏終玉俎撤盡孝敬窮嚴

絜人祇分哀樂半降景福憑幽贊

唐享太廟樂章

唐書樂志曰貞觀中享太廟樂迎神用永和九變詞同皇帝行用太和登歌酌鬯用肅和迎俎用雍和獻皇祖宣簡公皇祖懿王同用長發之舞景皇帝用大基之舞元皇帝用大成之舞高祖用大明之舞皇帝飲福用壽和送文舞出迎武舞入用舒和武舞用凱安撤俎用雍和送神用永和其太和凱安詞同冬至圜丘並魏徵褚亮等作

永和

於穆烈祖弘此丕基永言配命子孫保之百神既洽萬國在兹是用孝享神其格思

肅和

大哉至德允茲明聖格于上下聿遵誠敬嘉樂斯登鳴球以詠神其降止式隆景命

雍和

崇茲享祀誠敬兼至樂以感靈禮以昭事粢盛咸絜牲牷孔備永言孝思庶幾不匱

長發舞

唐會要曰貞觀十四年詔用顏師古許敬宗議

皇祖宣簡公懿王廟並奏長發之舞取詩云濬哲惟商長發其祥也

濬哲惟唐長發其祥帝命斯祐王業克昌配天載德就日重光本枝百代申錫無疆

大基舞

猗與祖業皇矣帝先翦商德厚封唐慶延在嫗猶稷方晉踰宣基我鼎運於斯萬年

大成舞

周穆王季晉美帝文明明盛德穆穆齊芬藏用四履屈道參分鏗鏘鐘石載紀鴻勲

大明舞

唐會要曰貞觀十四年詔用顔師古等議高祖廟奏大明之舞取易曰大明終始六位時成詩有大明之篇稱文王有明德也

五紀更運三正遞升勛華既没禹湯勃興神武命代靈睠是膺望雲彰德察緯告徵上紐天維下安地軸徵師涿野萬國咸服偃伯靈臺九官允穆殊域委贄懷生介福大禮既飾大樂已和黒章擾囿赤字浮河功宣載籍德被詠歌克昌厥後

百禄是荷

壽和

八音斯奏三獻畢陳寶祚惟永暉光日新

舒和

聖敬通神光七廟靈心薦祚和萬方嚴禋克配鴻基遠明德
惟馨鳳曆昌

雍和

於穆清廟聿修嚴祀四縣載陳三獻斯止籩豆撤薦人祇介
祉神惟格思錫祚不已

永和

肅肅清祀烝烝孝思薦享昭備虔恭在茲雍歌撤俎祝嘏陳
辭用光武志永固鴻基

唐享太廟樂章

唐書樂志曰高宗永徽已後續造享太廟樂章獻太宗用崇德之舞高宗用鈞天之舞中宗用太和之舞睿宗用景雲之舞皇祖宣皇帝用光大之舞舊樂章宣元二宮同用長發其詞亦同開元十年始別造詞而宣帝更用光大云

崇德舞

五運改卜千齡啓聖彤雲曉聚黃星夜映葉闡珠囊基開玉鏡後爲圖開下臨萬寓上齊七政霧開三象塵清九服海溓星暉遠安邇肅天地交泰華夷輯睦翔泳歸仁中外禔福績踰黙夏勳高嶺商武陳七德刑設三章祥禽巢閣仁獸遊梁卜年惟永景福無疆

鈞天舞

承天撫籙纂聖登皇遐清萬寓仰協三光功成日用道濟時

康琁圖載永寶曆斯昌日月揚暉煙雲爛色河岳修貢神祇效職舜風攸偃堯曦先就睿感通褱孝思浹宙奉揚先德虔遵曩狩展義天扃飛英雲岫化逸王表神凝帝先乘雲厭俗馭日登玄

太和舞

廣樂既備嘉薦既新述先惟德孝饗惟親七獻具舉五齊畢陳錫茲祚福於萬斯春

景雲舞

惟睿作聖惟聖登皇精感燿魄時膺會昌舜懋大孝堯推讓王能事斯極振古誰方文明履運車書同軌巍巍赫赫盡善盡美衢室凝旒大庭端扆繹負之寄事光復子朕屣高天登遐上玄龍湖超忽象野芊綿遊衣復道薦果初年新廟弈弈明德配天

光大舞

大業龍祉，徽音駿尊。潛居皇德，赫嗣天昆。展儀宗祖，重誠孝孫。春秋無極，享奏存存。

唐享太廟樂章

唐書樂志曰：太樂舊有享太廟迎神、次金奏及送神辭三章，不詳所起。

迎神

七廟觀德，百靈攸仰。俗荷財成，物資含養。道光執契，化籠提象。肅肅雍雍，神其來享。

金奏

肅肅清廟，巍巍盛唐。配天立極，累聖重光。樂和管磬，禮備烝嘗。永惟來格，降福無疆。

送神

延和

巍巍累聖，穆穆重光奄有區夏祚啓隆唐百蠻飲澤萬國來王本枝億載鼎祚逾長

同和

惟聖配天敦盛禮惟天爲大闡洪名恭禋展敬光先德蘋藻申虔表志誠

寧和

炎馭失天綱土德承天命英猷被寰宇懿躅隆邦政七德已綏邊九夷咸底定景化覃遐邇深仁洽翔泳

恭和

禮周三獻樂闋九成肅承靈福悚惕兼盈

通和

祠容既畢仙座爰興停停鳳舉藹藹雲昇長隆寶運永錫休

徵福覃貽厥恩被黎蒸

昭和

道洽二儀交泰時休四寓和平環珮肅於庭實鐘石揚乎
頌聲

誠敬

顧惟菲質忝位椒宮虔奉蘋藻肅事神宗敢申誠絜虔罄深
衷睟容有裕靈享無窮

肅和

月禮已周雲和將變爰獻其醑載遷其奠明德逾隆非馨是
薦澤霑動植仁覃寓縣

昭感

鏗鏘韶頀肅穆神容洪規赫赫祠典雍雍已周三獻將乘六
龍虔誠有託懇志無從

唐享太廟樂章

張說

唐書樂志曰玄宗開元七年享太廟樂迎神用永和皇帝行用太和登歌酌瓚用肅和迎俎用雍和皇帝酌醴齊用文舞獻宣皇帝用光大舞光皇帝用長發舞景皇帝用大政舞元皇帝用大成舞高祖用大明舞太宗用崇德舞高宗用鈞天舞中宗用大和舞睿宗用景雲舞皇帝飲福受胙用福和送文舞出迎武舞入用舒和亞獻終獻行事武舞用凱安撤豆用登歌送神用永和按景皇帝舊用大基至是改用大政云

永和三首

肅九室諧八音歌皇慕動神心禮宿設樂妙尋聲明備祼奠臨

律迓氣音入玄依玉几御黼筵聆愾息僾周旋九韶遍百
福傳
信工祝永頌聲來祖考聽和平相百辟貢九瀛神休委帝
孝成

大和

時文聖后清廟肅邕致誠勤薦在皃思恭玉節肆夏金鏘五
鐘繩繩雲步穆穆天容

肅和

天子享孝工歌溥將射祼鬱鬯乃焚膋薌臭以達旨聲以求
陽奉時烝嘗永代不忘

雍和二首

在滌嘉豢麗碑敬牲角握之牝色純之騂火傳陽燧水溉陰
精太公胖俎傳說和羹

俎豆有馥齎盛絜豐亦有和羹既戒既平鼓鐘管磬肅唱和鳴皇皇后祖來我思成

文舞

聖謨九德貞言五千慶集昌胄符開帝先高文杖鉞克配彼天三宗握鏡六合渙然帝其承祀率禮罔愆圖書霧出日月清懸舞形德類詠諗功傳黃龍蜿蟺綵雲蹁躚五行氣順八佾風宣介此百祿於皇萬年

光大舞

肅肅藝祖滔滔濬源有雄玉劍作鎮金門玄王貽緒后稷謀孫肇禋九廟四海來尊

長發舞

具禮崇德備樂承風魏推幢主周贈司空不行而至無成有終神興王業天歸帝功

大政舞

於赫元命權輿帝文天齊八柱地半三分宗廟觀德笙鏞樂勳封唐之兆成天下君

大成舞

帝舞季歷龍聖生昌后歌有蟜胎炎孕黃天地合德日月齊光肅雍孝享祚我萬方

大明舞

赤精亂德四海困窮黃旗舉義三靈會同旱望春雨雲披大風溥天來祭高祖之功

崇德舞

皇合一德朝宗百神削平天地大拯生人上帝配食單于入臣戎歌陳舞曄曄震震

鈞天舞

高皇邁道端拱無爲化懷獯鬻兵賦勾驪禮尊封禪樂戢來
儀合位嬀后同稱伏羲

大和舞

退居江水鬱起丹陵禮物還舊朝章中興龍圖友及駿命恭
膺鳴球香瓚大糦是承

景雲舞

景雲霏爛告我帝符噫帝沖德與天爲徒笙鏞遥遠俎豆虛
無春秋孝獻迴復此都

福和

備禮用樂崇親致尊誠通慈降敬徹愛存獻懷稱壽晬感承
恩皇帝孝德子孫千億大包天域長亘不極

舒和

六鐘翕協六變成八佾倘佯八風生樂九韶兮人神感美七

德兮天地清

凱安四首

瑟彼瑤爵亞維上公室如屏氣門不容躬禮股其本樂執其中聖皇永慕天地幽通

禮匝三獻樂遍九成降循軒陛仰欽皇情福與仁合德因孝明百年神畏四海風行

總總干戚塡塡鼓鐘奮揚增氣坐作爲容離若鷙鳥合如戰龍萬方觀德肅肅邕邕

烈祖順三靈文宗威四海黃鉞誅羣盜朱旗掃多罪戢兵天下安約法人心改大哉干羽意長見風雲在

登歌

止笙磬撤豆籩廓無響窅入玄主在室神在天情餘慕禮罔愆喜黍稷屢豐年

永和

眇嘉樂授靈爽感若來思如往休氣散迴風上返寂寞還惚恍懷靈駕結空想

樂府詩集卷第十

樂府詩集卷第十一

太原郭　茂倩　編次

郊廟歌辭

唐享太廟樂章

唐書樂志曰代宗寶應巳後續造享太廟樂章獻玄宗用廣運之舞肅宗用惟新之舞代宗用保大之舞德宗用文明之舞順宗用大順之舞憲宗用象德之舞穆宗用和寧之舞武宗用大定之舞昭宗用咸寧之舞宣宗懿宗有舞詞而名不傳

廣運舞　郭子儀

於赫皇祖昭明有融惟文之德惟武之功河海靜謐車書混同虞恭孝饗穆穆玄風

惟新舞　劉晏

漢祚惟永，神功中興。風驅氛祲，天覆黎蒸。三光再朗，庶績其凝。重熙累葉，景命是膺。

保大舞　郭子儀

於穆文考，聖神昭彰。簫勺羣慝，含光遠方。萬物茂遂，九夷賓王。愔愔雲韶，德音不忘。

文明舞　鄭餘慶

開邸除暴，時邁勛尊。三元告命，四極駿奔。金枝翠葉，輝燭瑤琨。象德億載，貽慶湯孫。

大順舞　鄭絪

於穆時文，受天明命。允恭玄默，化成理定。出震嗣德，應乾傳聖。猗歟緝熙，千億流慶。

象德舞　段文昌

肅肅清廟，登顯至德。澤周八荒，兵定四極。生物咸遂，羣盜滅息。明聖欽承，子孫千億。

和寧舞　牛僧孺

湜湜頎頎，融昭德輝。不紐不舒，貫成九圍。武烈文經，敷施當宜。纂堯付啓，億萬熙熙。

大定舞　李回

受天明命，敷祐下土。化時以儉，衛文以武。氛消夷夏，俗臻往古。億萬斯年，形于律呂。

宣宗舞　夏侯孜

於鑠令主，聖祚重昌。興起敎義，申明典章。俗尚素朴，人皆樂康。積德可報，流慶無疆。

懿宗舞　蕭倣

聖祚無疆，慶傳樂章。金枝繁茂，玉葉延長。海瀆常晏，波濤不

揚汪汪美化垂範今王

咸寧舞

於鑠丕嗣惟帝之光羽籥象德金石薦祥聖系無極景命永昌神降上哲維天配長

唐太清宮樂章

唐書禮儀志曰玄宗開元二十年正月詔兩京諸州置玄元廟天寶二年三月以西京玄元廟爲太清宮其樂章降仙聖奏煌煌登歌發爐奏沖和上香畢奏紫極舞撤醮奏登歌送仙聖奏眞和會要曰太清宮薦獻聖祖玄元皇帝奏混成紫極之舞

煌煌

煌煌道宮肅肅太清禮光尊祖樂備充庭馨竭誠至希夷降

靈雲凝翠蓋風䬀虹旌衆真以從九奏初迎永惟休祐是錫

和平

沖和

虛無結思鐘磬和音歌以頌德香以達心禮殊祼鬯義感昭

臨雲車至止慶垂愔愔

香初上

肅肅我祖緜緜道宗至感潛達靈心暗通雲駢御氣芝蓋隨

風四時禋祀萬國來同

再上

仙宗績道我李承天慶深虛極符光象先俗登仁壽化闡蟺

涓五千貽範億萬斯年

終上

不宰元功無爲上聖洪源長發誕受天命金奏迎真琁宮展

盛備禮周樂垂光儲慶

紫極舞

至道生元氣重圓法混成無爲觀大象沖用體常名仙樂臨

丹闕雲車出玉京靈符百代應瑞節九眞迎寶運開皇極天

臨映太清長垂一德慶永庇萬方寧

序入破第一奏

眞宗開妙理沖敎統清虛化演無爲日言昭有象初瑶壇肅

靈瑞金闕映仙居一奏三清樂長回八景輿

第二奏

虛極仙宗本希夷象帝先百靈朝太上萬法祖重圓善貸惟

沖德功成謂自然雲門達和氣思用合鈞天

第三奏

元符傳紫極寶祚啓高眞道德先垂裕沖和已化淳人風齊

太古天瑞叶惟新仙樂清都上長明交泰辰

登歌

嚴禋展事禮潔蒸嘗皇矣聖祖德惟馨香盛薦既撤歌工再揚大來之慶降福穰穰

眞和

玉磬含響金罏既馥風馭泠泠雲壇肅肅杳歸大象霈流嘉福俾寧萬邦無思不服

唐德明興聖廟樂章　李舒

唐書禮儀志曰玄宗天寶二年三月追尊皋繇爲德明皇帝涼武昭王爲興聖皇帝其廟樂第一迎神第二登歌奠幣第三迎組第四酌獻第五亞獻終獻第六送神

迎神

元尊九德佐堯光宅烈祖太宗方周作伯響懷霜露樂變金石白雲清風髣髴來格

登歌奠幣

四時有典百事來祭尊祖奉宗嚴禋大帝禮先蒼璧奠備黝制於萬斯年熙成帝系

迎俎

盛牲實俎湑選休成鼎煁陽燧玉盥陰精有餙嘉豆既和大羹侑以清樂細齊人情

德明酌獻

清廟奕奕和樂雍雍器尊犧象禮屬宗公白水方祼黃流在中謨明之德萬古清風

興聖酌獻

閟宮靜謐合樂周張泰尊始獻百末重觴震澹存誠庶幾迪

嘗遊源之祚天漢靈長

亞獻終獻

惟清惟肅　靡見畢備九成俛終三獻慶彰曼壽胙撤嘉
薦瘞玉埋牲禮神斯徧

送神

元精回復靈貺繁滋風灑蘭路雲搖桂旗高丘緬邈涼部逶
遲瞻望靡及纏緜永思

唐儀坤廟樂章

唐書樂志曰儀坤廟樂迎神用永和次金奏皇
帝行用太和酌獻登歌用肅和迎俎用雍和肅
明皇后室酌獻用昭外昭成皇后室酌獻用坤
貞飲福用壽和送文舞出迎武舞入用舒和武
舞用安和撤俎用雍和送神用永和

永和　徐彦伯

猗若清廟肅肅熒熒國薦嚴祀坤興淑靈有几在室有樂在
庭臨兹孝享百禄惟寧

金奏

陰靈効祉軒曜降精祥符淑氣慶集柔明瑶俎既列雕桐發
聲徽猷永遠比德皇英

太和　丘説

孝哉我后沖乎廼聖道映重華德輝文命慕深視篋情殷撫
鏡萬國移風兆人承慶

肅和　張齊賢

祼圭既濯鬱鬯既陳畫冪雲舉黃流玉醇儀充獻酌禮盛衆
禋地察惟孝愉焉饗親

雍和　鄭善玉

酌鬱既灌取蕭方蓺籩豆靜器簠簋芬飶魚腊薦美牲牷表絜是戢是將載迎載列

昭升　薛稷

陽靈配德陰魄昭升堯壇鳳下漢室龍興俔天作對前旒是凝化行南國道盛西陵造舟集灌無德而稱我粢既潔我醴既澄陰陰靈廟光靈若憑德馨惟饗孝思烝烝

坤貞

乾道既亨坤元以貞肅雍攸在輔佐斯成外睦九族內光一庭克生叡哲祚我休明欽若徽範悠哉淑靈建茲清宮于彼上京縮茅以獻絜秬惟馨實受其福斯乎億齡

壽和　徐堅

於穆清廟肅雍嚴祀合福受釐介以繁祉

舒和　胡雄

送文迎武遞參差一始一終光聖儀四海生人歌有慶千齡

孝享肅無虧

安和　　劉子玄

妙筭申帷幄神謀出廟庭兩階文物備七德武功成校獵長楊苑屯軍細柳營將軍獻凱入歌舞溢重城

雍和　　員半千

孝享云畢維撤有章雲感玄羽風悽素商瞻望神座祗戀匪追禮終樂闋肅雍鏘鏘

永和　　祝欽明

閟宮實實清廟徵徵降格無象馨香有依式昭纂慶方融嗣徽明禋是享神保聿歸

唐儀坤廟樂章

唐書樂志曰太樂又有儀坤廟樂章與前略同

而有迎神送神二章無徐彦伯祝欽明之詞

迎神

月靈降德坤元授光娥英比秀任姒均芳瑤臺薦祉金屋延祥迎神有樂歆此嘉薌

送神

玉帛儀大金絲奏廣靈應有孚冥徵不爽降彼休福歆兹禋享送樂有章神麾其上

唐昭德皇后廟樂章

唐書樂志曰昭德皇后廟樂迎神用永和登歌酌鬯用肅和迎俎用雍和酌獻用坤元飲福用壽和送文舞出迎武舞入用舒和武舞用凱安撤俎用雍和送神用永和其辭内出

永和

穆清廟薦嚴禋昭禮備和樂新望靈光集元辰祚無極享萬春

肅和

誠心達娛樂分升蕭膋鬱氛氳茅既縮鬯既薰后來思福如雲

雍和

我將我享盡明而誠載芬黍稷載滌犧牲懿矣元良萬邦以貞心乎愛敬若覩容聲

坤元

於穆先后儷聖稱崇母臨萬寓道被六宮昌時協慶理内成功殷薦明德傳芳國風

壽和

工祝致告徽音不遐酒醴咸旨馨香具嘉受釐獻祉永慶邦家

舒和

金枝羽部綴清歌瑤堂肅穆笙磬羅諧音遍響合明意萬類

昭融靈應多

凱安

辰位列四星帝功參十亂進賢勤內輔扈蹕清多難承天厚載均並曜宵光燦留徽藹前躅萬古披圖煥

雍和

公尸既起享禮載終稱歌進撤盡敬由衷澤流惠下大小咸同

永和

昭事終幽享餘移月御返仙居琁庭寂靈幄虛顧徘徊感皇儲

唐讓皇帝廟樂章　李舒

迎神

皇矣天宗德先王季因心則友克讓以位爰命有司式遵前志神其降靈昭饗祀事

奠幣

惟帝時若去而上僊祀用商武樂備宮縣白璧加薦玄纁告虔子孫拜後承兹吉蠲

迎俎

祀盛體薦禮協粢盛方周假廟用魯純牲捧撤祗敬擊拊和鳴受釐歸胙既戒而平

酌獻

八音具舉三壽既盥絜兹宗彝瑟彼圭瓚蘭肴重錯椒醑飄散降祚維城永爲藩翰

亞獻終獻

秩禮有序和音既同九儀不忒三揖將終孝感藩后相維辟公四時之典永永無窮

送神

奠獻已事昏昕載分風摇雨散靈衛絪緼龍駕帝服上騰五

雲泮宮復閟寂寞無聞

唐享隱太子廟樂章

唐書樂志曰貞觀中享隱太子廟樂迎神用誠和登歌奠玉帛用肅和迎俎用雍和送文舞出迎武舞入用舒和武舞用凱安送神用誠和詞同迎神

誠和

道閟鶴關運纏鳩里門集大命俾歆嘉祀禮亞六瑚誠殫二簋有誠顒若神斯戾止

肅和

歲肇春宗乾開震長瑶山既寂戾園斯享玉肅其事物昭其象絃誦成風笙歌合響

雍和

明典肅陳神居邃啓春伯聯事秋官相禮有來雍雍登歌濟
濟緬惟主鬯庶歆芳醴

舒和

三縣巳判歌鍾列六佾將闢羽鉞分尚想燕飛來蔽日終疑
鶴影降陵雲

武舞

天步昔將闢商郊初欲踐撫戎金陣廓貳極瑶圖闡鷄戟遂
崇儀龍樓期好善弄兵隳震業啓聖隆祠典

唐享隱太子廟樂章

唐書樂志曰太樂舊有隱太子廟迎送神辭二
章不詳所起

迎神

蒼震有位黄離蔽明江充禍結戾據災成銜冤昔痛贈典今

縈享靈有秩奉樂以迎

送神

皇情悼往祀儀增設鐘鼓鏗鍠羽旄昭晣掌禮云備司筵告

撤樂以送神靈其鑒闋

樂府詩集卷第十一

樂府詩集卷第十二

太原郭　茂倩　編次

郊廟歌辭

唐享章懷太子廟樂章

唐書樂志曰神龍初享章懷太子廟樂章第一迎神第二登歌酌鬯第三迎俎及酌獻第四送文舞出迎武舞入第五武舞作第六送神詞同隱廟

迎神

副君昭象道應黄離銅樓備德玉裕成規仙氣靄靄靈從師師前驅戾止控鶴來儀

登歌酌鬯

忠孝本著羽翼先成寢門昭德馳道爲程幣帛有典容衛無聲司存既肅廟享惟清

迎俎酌獻

通三錫肖明兩承英太山比赫伊水聞笙宗祧是寄禮樂其亨嘉辰薦俎以發聲明

送文舞迎武舞

羽籥崇文禮以畢干鏚奮武事將行用捨由來其有致壯志宣威樂太平

武舞作

綠林熾炎曆黃虞格有苗沙塵驚塞外帷幄命嫖姚七德干戈止三邊雲霧消寶祚長無極歌舞盛今朝

唐享懿德太子廟樂章

唐書樂志曰神龍初享懿德太子廟樂章第一迎神第二登歌酌鬯第三迎俎及酌獻第四送文舞出迎武舞入第五武舞作第六送神詞同

隱廟

迎神

甲觀昭祥畫堂升位禮絕羣后望尊儲貳啓誦懋德莊丕掩

粹伊浦鳳翔緱峯鶴至

登歌酌鬯

譽闡元儲寄崇明兩王裕雖晦銅樓可想絃誦輟音笙歌罷

響幣帛言設禮容無爽

迎俎酌獻

雍雍盛典肅肅靈祠賓天有聖對日無期飄飄羽服掣曳雲

旗卷言主鬯心乎愴兹

送文舞迎武舞

八音協奏陳金石六佾分行整禮容滄溟赴海還稱少素月

開輪即是重

武舞作

隋季昔云終唐年初啓聖纂戎將禁暴崇儒更敷政威略靜三邊仁恩覃萬姓

唐享節愍太子廟樂章

唐書樂志曰景雲中享節愍太子廟樂章第一迎神第二登歌酌鬯第三迎俎及酌獻第四送文舞出迎武舞入第五武舞作第六送神詞同隱廟

迎神

儲后望崇元良寄切寢門是仰馳道不絕仙袂雲會靈旗電晣煌煌而來禮物攸設

登歌酌鬯

灼灼重明仰承元首既賢且哲惟孝與友惟孝雖遥靈規不

朽禮因誠致備絜玄酒

迎俎酌獻

嘉薦有典至誠莫騫畫綵雲亘雕俎星聯樂器周列禮容備宣依俙如在若未賓天

送文舞迎武舞

邕邕闡化憑文德赫赫宣威藉武功既執羽旄先拂吹還持玉鉞更揮空

武舞作

武德諒雄雄由來掃寇戎劍光揮作電旗影列成虹霧廓三邊靜波澄四海同睿圖今已盛相共舞皇風

唐享文恭太子廟樂章

請神　　許孟容

觴牢具品管磬有節祝道夤恭神儀昭晰桐珪早貴象輅追

設罄達樂成降歆豐潔

登歌　　陳京

歌以德發聲以樂貴樂善名存追仙禮異鸞旌拱脩鳳鳴合
次神聽皇慈仲月皆至

迎俎酌獻　　馮伉

撰日瞻景誠陳樂張禮容秩秩羽舞煌煌肅將滌濯祗薦苾
芬永錫繁祉恩深享嘗

退文舞迎武舞

干旋羽籥相虧蔽一進一退殊行綴昔獻三雍盛禮容今陳
六佾崇儀制

亞獻終獻　　崔邠

醴齊泛罇彝軒縣動干戚入室僾如在升階虔所歷奮疾合
威容定利舒皦繹方崇廟貌禮永被君恩錫

送神　張薦

三獻具舉九旗將旋追勞表德罷享賓天風引仙管堂虛畫遊芳馨常在瞻望悠然

唐享惠昭太子廟樂章

請神　歸登

嘉薦既陳祀事孔明閒歌在堂萬舞在庭外則盡物內則盡誠鳳笙如聞歆其絜精

登歌　杜羔

因心克孝位震遺芬賓天道茂軫懷氣分發祗乃祀咳嘆如聞二歌斯升以詠德薰

迎俎酌獻　李逢吉

既絜酒醴聿陳熟腥肅將震念昭格儲靈展矣禮典薰然德馨愔愔管磬亦具是聽

退文舞迎武舞　孟簡

喧喧金石容既鈌，肅肅羽駕就行列。緱山遺響昔所聞，廟庭進旅今攸設。

亞獻終獻　裴度

重輪始發祥，齒冑方興學。冥然外紫府，鏗爾薦清樂。奠斝致馨香，在庭紛羽籥。禮成神既醉，髣髴緱山鶴。

送神　王涯

威儀畢陳，備樂將闋。苞茅酒縮，膋蕭香徹。宮臣展事，肅雍在列。迎精送往，厥鑒昭晰。

唐武氏享先廟樂章　武后

先德謙撝冠昔，嚴規節素超今。奉國忠誠每竭，承家至孝純深。追崇懼乖尊意，顯號恐玷徽音。既迫王公屢請，方乃俯遂羣心。有限無由展敬，奠醑每闕親斟。大禮虔申典冊，蘋藻敬

薦翹襟

唐韋氏褒德廟樂章

唐書樂志曰神龍中中宗爲皇后韋氏祖考立廟曰褒德其廟樂迎神用昭德登歌用進德徂入初獻用褒德次武舞作亞獻及送神用彰德詞並內出

昭德

道赫梧宮悲盈蒿里爰暢徽烈載敷嘉祀享洽四時規陳二簋靈應昭格神其戾止

進德

塗山懿戚嬀汭崇姻祠筵肇啓祭典方申禮以備物樂以感神用隆敦敘載穆彝倫

褒德

家著累仁門昭積善璘篚既列金縣式展

武舞作

昭昭竹殿開弈弈蘭宮啓懿範隆丹掖殊榮闢朱邸六佾薦徽容三簋陳芳醴萬石覃貽厥分珪崇祖禰

彰德

名隆五岳秩映三台嚴祠已備晬影方迴

梁太廟樂舞辭

五代會要曰梁開平二年正月太常奏定享太廟樂迎神舞開平之舞迎祖奏慶肅之樂酌獻奏慶熙飲福酒奏慶隆送文舞迎武舞奏慶融亞獻終獻奏慶休唐餘録曰梁宗廟樂迎神奏開平舞次皇帝行次帝盥次登歌獻肅祖奏大合之舞恭祖奏象功之舞憲祖奏來儀之舞烈

祖奏昭德之舞次飲福次撤豆次送神

開平舞

黍稷馨醑醴清牲牷潔金石鏗恭祀事結皇情神來格歌頌聲

皇帝行

莫高者天攀隮勿克隮天有方累仁積德祖宗隆之子孫履之配天明祀永永孝思

帝盥

莊肅蒞事周旋禮容祼鬯嚴潔穆穆雍雍

登歌

於赫我皇建中立極動以武功靜以文德昭事上帝歡心萬國大報嚴禋四海述職

大合舞

於穆皇祖濬哲雍熙美溢中夏化被南陲后稷累德公劉創

基肇興九廟樂合來儀

象功舞

天地合德睿聖昭彰累贈太傅俄登魏王雄名不朽弈葉而光建國之兆君臨萬方

來儀舞

於赫帝命應天順人亭育品彙賓禮百神洪基永固景命惟新肅恭孝享祚我生民

昭德舞

肅肅文考源濬派長漢稱誕季周實生昌奄有四海超彼百王笙鏞迭奏禮物熒煌

飲福

戛玉摐金永頌聲縻絲孤竹和且清靈歆醉止犧象盈自天降福千萬齡

撤豆

笙鏞洋洋庭燎煌煌明星有爛祝史下堂籩豆斯撤禮容有章克勤克儉無怠無荒

送神

其降無從其往無蹤黍稷非馨有感必通赫弈令德髣髴睟容再拜慌惚遐想昊穹

後唐宗廟樂舞辭

唐餘録曰後唐並用唐樂無所變更唯别造六室舞辭懿祖室奏昭德之舞獻祖室奏文明之舞太祖室奏應天之舞昭宗室奏永平之舞莊宗室奏武成之舞明宗室奏雍熙之舞

昭德舞

懿彼明德赫赫煌煌名高閫域功著旂常道符休泰運叶祺

祥慶傳萬祀以播耿光

文明舞

帝業光揚皇圖翕赫聖德孔彰神功不測信及豚魚恩霑動植懿範鴻名傳之萬億

應天舞

晉國肇興雄圖再固黼黻帝道金玉王度皇天無親惟德是輔載誕英明永光聖祚

永平舞

慶傳寶祚位正瑶圖功宣四海化被八區靜彰帝道動合乾符千秋萬祀永荷昭蘇

武成舞　　崔居儉

艱難王業返正皇唐先天載造却日重光漢紹世祖夏資少康功成德茂率祀無疆

雍熙舞　盧文紀

仁君御宇寰海謐清運符武德道協文明九功式敘百度惟成金門積慶玉葉傳榮

漢宗廟樂舞辭

五代史樂志曰漢宗廟酌獻樂舞文祖室奏靈長之舞德祖室奏積善之舞翼祖室奏顯仁之舞顯祖室奏章慶之舞高祖室奏觀德之舞唐餘録曰高祖追尊四祖廟且遠引漢之二祖爲六室張昭因傅會其禮乃曰太祖高皇帝創業垂統室奏武德之舞世祖光武皇帝再造丕基室奏大武之舞自如其舊而大武即用東平王蒼辭云

武德舞

明明我祖天集休明神毋夜哭彤雲晝興籩豆有踐管籥斯
登孝孫致告神其降靈

靈長舞

天降祥漢祚昌火炎上水靈長建廟社潔蒸嘗羅鐘石儼珩
璜陳玉豆酌金觴氣昭感德馨香祇洛納贍晉陽降吾祖福
穰穰

積善舞

黍稷斯馨祖德惟明虵告赤帝龜謀大橫雲行雨施天成地
平造我家邦幹我璿衡陶匏在御醍盎惟精或戛或擊載炮
載烹飲福受胙舞降歌迎滔滔不竭洪惟水行

顯仁舞

運極金行謝天資水德隆禮神郿時館布政未央宮詰旦修
明祀登歌荅茂功雲軿臨降久星俎薦陳豐藹藹沈檀霧鋪

鏘環珮風熒煌昇藻藉肸蠁轉珠櫳尊祖咸韶備貽孫書軌同京坻長有積宗社享無窮

章慶舞

罘罳曉唱鷄人三牲八簋斯陳霧集瑤階瑣闥香生綺席華茵珠佩貂璫熠爚羽旄干戚紛綸酌鬯既終三獻凝旒何止千春阿閣長棲綵鳳郊宫疊奏祥麟赤伏英靈未泯玄珪運祚重新玉斝犧樽簟灩龍旂鳳轄逶迤瞻望月游冠冕猶疑蒼野回輪

觀德舞　　張昭

高廟明靈再啓圖金根玉輅幸神都巢阿丹鳳銜書命入昴飛星獻寶符正撫薰弦娛赤子忽登僊駕泣蒼梧薦櫻鶴館笳簫咽酌鬯金榼翽珮趨星俎雲罍兼魯禮朱干象箾雜巴渝氤氳龍麝交青瑣髣髴鍚鑾下蘂珠薦豆奉觴親玉几配

天合祖耀璿樞受釐飲酒皇歡洽仰俟餘靈泰九區

周宗廟樂舞辭

唐餘錄曰周宗廟樂降神奏肅順皇帝行奏治順獻信祖室奏肅雍之舞僖祖室奏章德之舞義祖室奏善慶之舞慶祖室奏觀成之舞太祖室奏明德之舞世宗室奏定功之舞酌獻登歌奏感順迎俎奏禋順飲福奏福順送文舞迎武舞奏忠順武舞奏善勝撤俎奏禮順送神奏肅順

肅順

我启至孝祇謁祖先仰瞻廟貌夙設宮縣朱弦疏越羽舞回旋神其來格明祀惟虔

治順

清廟將入衮服是依載行載止令色令儀永終就養空極孝

思瞻望如在顧復長違

肅雍舞

周道載興象日之明萬邦咸慶百穀用成於穆聖祖祗薦鴻名祀于廟社陳其犧牲進旅退旅皇舞之形一倡三歎朱弦之聲以妥以侑既和且平至誠潛達介福攸寧

章德舞

清廟新展嚴禋恭祖德厚人倫雅樂薦禮器陳儼皇尸列虞賓神如在聲不聞孚必信皃惟賁想龍服奠犧樽禮既備慶來臻

善慶舞

卜世長帝祚昌定中國服四方修明祀從舊章奏激楚轉清商羅俎豆列簪裳歌纍纍容皇皇望來格降休祥祝敢告壽無疆

觀成舞

穆穆王國弈弈神功肇祀載展明德有融彝樽斯滿簠簋斯豐紛絺旄羽鏘洋磬鐘或昇或降克和克同孔惠之禮必肅之容錫以純嘏祚其允恭神保是饗萬世無窮

明德舞

惟彼岐陽德大流光載造周室澤及遐荒於鑠聖祖上帝是皇廼聖廼神知微知章新廟弈弈豐年穰穰取彼血膋以往烝嘗黍稷惟馨籩豆大房工祝致告受福無疆

咸順

萬舞咸列三階克清貫珠一倡擊石九成盈觴雖酌靈坐无形永懷我祖達其孝誠

禋順

旨酒既獻嘉肴乃迎振其鼗鼓絜以鉶羹肇禋肇祀或炮或

烹皇尸儼若保饗是明

福順

新廟奕奕金奏洋洋享于祖考循彼典章清酤特滿嘉玉騰光神醉既告帝祉無疆

忠順

穪文既表温柔德示武須成蹈厲容綴兆疾舒皆應節明明我祖樂何窮

善勝舞

五代史樂志曰周廣順元年改郊廟朝會舞名乃改漢治安爲政和之舞振德爲善勝之舞觀象爲崇德之舞講功爲象成之舞

聖祖累功福鍾來裔持羽執干舞文不廢

禋順

禮畢祀先香散几筵罷舞干戚收撤豆籩

肅順

樂奏四順福受萬年神歸碧天庭餘瑞煙

樂府詩集卷第十二

樂府詩集卷第十三

太原郭　茂倩　編次

燕射歌辭

周禮大宗伯之職曰以飲食之禮親宗族兄弟以賓射之禮親故舊朋友以饗燕之禮親四方之賓客大行人掌大賓之禮大客之儀以親諸侯以九儀辨諸侯之命等諸臣之爵以同邦國之禮而待其賓客上公饗禮九獻食禮九舉侯伯饗禮七獻食禮七舉子男饗禮五獻食舉五舉諸侯之卿各下其君二等大夫士皆如之凡正饗食則在廟燕則在寢所以仁賓客也儀燕禮曰工歌鹿鳴四牡皇皇者華笙入奏南陔白華華黍乃間歌魚麗笙由庚歌南有嘉魚笙崇

丘歌南山有臺笙由儀遂歌鄉樂周南關雎葛覃卷耳召南鵲巢采蘩采蘋此燕饗之有樂也大司樂曰大射王出入奏王夏及射令奏騶虞詔諸侯以弓矢舞樂師燕射帥射夫以弓矢舞大師大射帥瞽而歌射節此大射之有樂也王制曰天子食舉以樂大司樂王大食三宥皆令奏鐘鼓漢鮑業曰古者天子食飲必順四時五味故有食舉之樂所以順天地養神明求福應也此食舉之有樂也隋書樂志曰漢明帝時樂有四品其二曰雅頌樂辟雍饗射之所用則孝經所謂移風易俗莫善於樂禮記曰揖讓而治天下者禮樂之謂也三曰黃門鼓吹天子宴羣臣之所用則詩所謂坎坎鼓我蹲蹲舞我者也

漢有殿中御飯食舉七曲太樂食舉十三曲魏有雅樂四曲皆取周詩鹿鳴晉荀勗以鹿鳴燕嘉賓無取於朝乃除鹿鳴舊歌更作行禮詩四篇先陳三朝朝宗之義又爲王公上壽酒食舉樂歌詩十二篇司律陳頎以爲三元肇發羣后奉璧趨步拜起莫非行禮豈容別設一樂謂之行禮荀譏鹿鳴之失似悟昔繆還制四篇復襲前軌亦未爲得也終宋齊已來相承用之梁陳三朝樂有四十九等其曲有相和五引及俊雅等七曲後魏道武初正月上日饗羣臣備列宮縣正樂奏燕趙秦吳之音五方殊俗之曲四時饗會亦用之隋煬帝初詔祕書省學士定殿前樂工歌十四曲終大業之世每舉用焉其後又

因高祖七部樂乃定以爲九部唐武德初讌享承隋舊制用九部樂貞觀中張文收造讌樂於是分爲十部後更分讌樂爲立坐二部天寶已後讌樂西涼龜茲部著録者二百餘曲而清樂天竺諸部不在焉

晉四箱樂歌　傅玄

晉書樂志曰晉初食舉亦用鹿鳴至武帝泰始五年使傅玄荀勗張華各造正旦行禮及王公上壽酒食舉樂歌詩後又詔成公綏亦作焉傅玄造三篇一曰天鑒正旦大會行禮歌二曰於赫上壽酒歌三曰天命食舉東西箱歌

正旦大會行禮歌

天鑒有晉世祚聖皇時齊七政朝此萬方鐘鼓斯震九賓備

禮正位在朝穆穆濟濟煌煌三辰實麗于天君后是象威儀

孔虔率禮無愆慝莫匪邁德儀刑聖皇萬邦惟則

天鑒四章章四句

上壽酒歌

於赫明明聖德龍興三朝獻酒萬壽是膺敷佑四方如日之

升自天降祚元吉有徵

於赫一章八句

食舉東西廂歌

天命大晉載育羣生於穆上德隨時化成自祖配命皇皇后

辟繼天創業宣文之績丕顯宣文先知稼穡克恭克儉足教

足食既教食之弘濟艱難上帝是祐下民所安天祐聖皇萬

邦來賀雖安勿安乾乾匪暇乃正丘郊乃定冢社廙廙作宗

光宅天下惟敬朝饗爰奏食舉盡禮供御嘉樂有序樹羽設

業笙鏞以間琴瑟齊列亦有篪塤喤喤鼓鍾鎗鎗磬管八音克諧載夷載簡既夷既簡其大不御風化潛興如雲如雨如雲之覆如雨之潤聲教所暨無思不順教以化之樂以和之和而養之時惟邕熙禮慎其儀樂節其聲於鑠皇繇既和且平

天命十三章章四句

晉四廂樂歌　荀勗

晉書樂志曰魏杜夔傳舊雅樂四曲一曰鹿鳴二曰騶虞三曰伐檀四曰文王皆古聲辭及太和中左延年改夔騶虞伐檀文王三曲更自作聲節其名雖同而聲實異唯因夔鹿鳴全不改易每正旦大會太尉奉璧羣后行禮東廂雅樂郎作者是也後又改三篇第一曰於赫篇詠武帝聲節與古鹿鳴同第二曰巍巍篇詠文帝用

延年所改騶虞聲第三曰洋洋篇詠明帝用延年所改文王聲第四曰日復用鹿鳴之聲重用而除古伐檀古今樂録曰漢故事上壽用四會曲魏明帝青龍二年以長笛食舉第十一古大置酒曲代四會又易古詩名曰羽觴行用爲上壽曲施用最在前鹿鳴以下十二曲名食舉樂而四會之曲遂廢宋書樂志曰晉荀勗造正旦大會行禮歌四篇一曰於皇當於赫二曰明明當巍巍三曰邦國當洋洋四曰祖宗當鹿鳴王公上壽酒歌一篇曰踐元辰當羽觴行食舉樂東西箱歌十二篇一曰煌煌當鹿鳴二曰賓之初筵當於穆三曰三后當昭昭四曰赫矣當華華五曰烈文當朝宴六曰猗歟當盛德七

曰隆化當綏萬邦八曰振鷺當朝朝九曰翼翼當順天十曰旣宴當陟天庭十一曰時邕當參兩儀十二曰嘉會

正旦大會行禮歌

於皇元首羣生資始履端大享敬御繁祉肆覲羣后爰及卿士欽順則元允也天子

於皇一章八句

明明天子臨下有赫四表宅心惠浹荒貊柔遠能邇孔淑不逆來格祁祁邦家是若

明明一章八句

光光邦國天篤其祜丕顯哲命顧柔三祖世德作求奄有九土思我皇度彝倫攸序

邦國一章八句

惟祖惟宗高朗緝熙對越在天駿惠在兹聿求厥成我皇崇之式固其猶往敬用治

祖宗一章八句

王公上壽酒歌

踐元辰延顯融獻羽觴祈令終我皇壽而隆我皇茂而嵩本枝奮百世休祚鍾聖躬

踐元辰一章八句

食舉樂東西廂歌

煌煌七曜重明交暢我有嘉賓是應是貺邦政既圖接以大饗人之好我式遵德讓

煌煌一章八句

賓之初筵藹藹濟濟既朝乃宴以洽百禮頒以位敘式廷式陛登儐台叟亦有兄弟胥子陪寮憲兹度楷觀頤養正降福

孔偕

賓之初筵一章十二句

昔我三后大業是維今我聖皇焜燿前暉弈世重規明照九畿思輯用光時罔有違陟禹之跡莫不來威天被顯禄福履是綏

三后一章十二句

赫矣太祖克廣明德廓開寓宙正世立則變化不經民無瑕慝創業垂統兆我晉國

赫矣一章八句

烈文伯考時惟帝景夷險平亂威而不猛御衡不迷皇塗煥炳七德咸宣其寧惟永

烈文一章八句

猗歟盛歟先皇聖文則天作孚大哉為君慎徽五典帝載是

憲文武發揮茂建嘉勳修己濟治民用寧殷懷遠燭幽玄黎
氛氳盛善世不伐服事參分德博化隆道冒無垠

猗歟一章十六句

隆化洋洋帝命溥將登我晉道越惟聖皇龍飛革運臨燾八
荒叡哲欽明配蹤虞唐封建厥福駿發其祥三朝習吉終然
允臧其臧惟何揔彼萬方元侯列辟四嶽蕃王時見世享率
茲有常旅揖在庭嘉客在堂宋衛既臻陳留山陽我有賓徒
觀國之光貢賢納計獻璧奉璋保祐命之申錫無疆

隆化一章二十八句

振鷺于飛鴻漸其翼京邑穆穆四方是式無競惟人王綱允
敕君子來朝言觀其極

振鷺一章八句

翼翼大君民之攸暨信理天工惠康不匱將遠不仁訓以淳

粹幽明有倫俊乂在位九族既睦庶邦順比開元布憲四海鱗萃協時正統殊塗同致厚德載物靈心隆貴敷奏讜言納以無諱樹之典象誨之義類上教如風下應如卉一人有慶羣萌以遂我后宴喜令問不墜

翼翼一章二十六句

既宴既喜翕是萬邦禮儀卒度物有其容晰晰庭燎喤喤鼓鍾笙磬詠德萬舞象功八音克諧俗易化從其和如樂庶品

時邕

既宴一章十二句

時邕斌斌六合同塵往我祖宣威靜殊鄰首定荆楚遂平燕秦亹亹文皇邁德流仁爰造草昧應乾順民靈瑞告符休徵響震天地弗違以和神人既戡庸蜀吳會是賓肅慎率職楛矢來陳韓濊進樂均協清鈞西旅獻獒扶南效珍蠻裔重譯

玄齒文身我皇撫之景命惟新

時邕一章二十六句

愔愔嘉會有聞無聲清酤既奠籩豆既馨禮充樂備簫韶九成愷樂飲酒酣而不盈率土歡豫邦國以寧王猷允塞萬載無傾

嘉會一章十二句

晉四箱樂歌　張華

王公上壽詩

稱元慶奉壽觴后皇延遐祚安樂撫萬方

食舉東西箱樂詩

明明在上丕顯厥繇翼翼三壽蕃后惟休羣生漸德六合承流三正元辰朝慶鱗萃華夏奉職貢八荒覲殊類戴冕充廣庭鳴玉盈朝位

濟濟朝位言觀其光儀序既以時禮文煥以彰恩皇享多祜
嘉樂永無央
九賓在庭臚讃既通升瑞奠贄乃侯乃公穆穆天尊隆禮動
容履端承元吉介福御萬邦
朝享上下咸雍崇多儀繁禮容舞盛德歌九功揚芳烈播
休蹤
皇化洽洞幽明懷柔百神輯祥禎潛龍躍雕虎仁儀鳳鳥届
游麟枯蠹榮竭泉流菌芝茂枳棘柔和氣應休徵弦協靈符
彰帝期綏宇宙萬國和昊天成命賚皇家賚皇家
世資聖哲三后在天啓鴻烈啓鴻烈隆王基率土謳吟欣戴
于時恒文象代氣著期
泰始闢元龍升在位四隩同風變寧殊類五韙來備嘉生以
遂凝庶績臻大康申繁祉胥無疆本枝百世繼緒不忘繼緒

不忘休有烈光永言配命惟晉之祥
聖明統世篤皇仁廣大配天地順動若陶鈞玄化參自然至
德通神明清風暢八極流澤被無垠
於皇時晉弈世齊聖惟天降嘏神祇保定弘濟區夏允集大
命有命既集光帝猷大明重曜鑒六幽聲教洋溢惠滂流移
風俗多士盈朝賢俊比屋敦世心斲彫反素樸反素樸懷庻
方干戚舞階庭踈狄悦遐荒扶南假重譯肅慎襲衣裳雲覆
雨施德洽無疆旁作穆穆仁化翔
朝元日賓王庭承宸極當盛明衍和樂竭祇誠仰嘉惠懷德
馨遊淳風泳淑清協億兆同歡欒建皇極統天位運陰陽御
六氣般羣生成性類王道浹治功成人倫序俗化清虔明杞
祇三靈崇禮樂式儀刑
慶元吉宴三朝播金石詠洽簫奏九夏舞雲韶邁德音流英

聲八紘一六合寧六合寧承聖明王澤洽道登隆綏函夏摠華戎齊德教混殊風混殊風康萬國崇夷簡尚敷德弘王度遠邇則

正旦大會行禮詩四首

於赫皇祖迪哲齊聖經緯大業基天之命克開洪緒誕篤天慶旁濟彝倫仰齊七政

烈烈景皇克明克聰靜封略定勳功成民立政儀刑萬邦式固崇軌光紹前蹤

允文烈考濬哲應期參德天地比功四時大亨以正庶績咸熙肇啓晉宇遂登皇基

明明我后玄德通神受終正位協應天人容民厚下育物流仁躋我王道輝光日新

晉四箱樂歌

王公上壽酒歌

上壽酒樂未央大晉應天慶皇帝永無疆

正旦大會行禮歌

穆穆天子光臨萬國多士盈朝莫匪俊德流化罔極王猷允塞嘉會置酒嘉賓充庭羽旄曜辰極鐘鼓振泰清百辟朝三朝彧彧明儀形濟濟鏘鏘金振玉聲

禮樂具宴嘉賓眉壽祚聖皇景福惟日新羣后戾止有來雍雍獻酬納贄崇此禮容豐肴萬俎旨酒千鍾嘉樂盡宴樂福祿咸攸同

樂哉天下安寧道化行風俗清簫韶作詠九成年豐穰世泰平至治哉樂無窮元首聰明股肱忠澍豐澤揚清風

嘉瑞出靈應彰麒麟見鳳皇翔醴泉湧流中唐嘉禾生穗盈箱降繁祉祚聖皇承天位統萬國受命應期授聖德四世重

光宣闡洪業景克昌文欽明德彌彰肇啓晉邦流祚無疆
泰始建元鳳皇龍興龍興伊何享祚萬乘奄有八荒化育黎
蒸圖書煥炳金石有徽德光大道熙隆被四表格皇穹弈弈
萬嗣明明顯融高朗令終保茲永祚與天比崇
聖皇君四海順人應天期三葉合重光泰始開洪基明曜參
日月功化侔四時宇宙清且泰黎庶咸雍熙善哉雍熙
惟天降命翼仁祐聖於穆三皇載德彌盛揔齊璇璣光統七
政百揆時序化若神聖四海同風興至仁濟民育物擬陶鈞
擬陶鈞垂惠潤皇皇羣賢峨峨英雋德化宣芬芳播來胤播
來胤垂後昆清廟何穆穆皇極闢四門皇極闢四門萬機無
不綜亹亹翼翼樂不及荒飢不遑食大禮既行樂無極
登崐崘上曾城乘飛龍升泰清冠日月佩五星揚虹蜺建篲
旌披慶雲蔭繁榮覽八極遊天庭順天地和陰陽序四時曜

三光張帝網正皇綱播仁風流惠康
邁洪化振靈威懷萬方納九夷朝閶闔宴紫微
建五旗羅鐘虡列四縣奏韶武鏗金石揚旌羽縱八佾巴渝
舞詠雅頌和律吕于胥樂樂聖主
化蕩蕩清風泄揔英雄御俊傑開宇宙掃四裔光緝熙美聖
哲超百代揚休烈流景祚顯萬世
皇皇顯祖翼世佐時寧濟六合受命應期神武鷹揚大化咸
熙廓開皇衢用成帝基
光光景皇無競惟烈匡時拯俗休功蓋世宇宙既康九域有
截天命降鑒啓祚明哲
穆穆烈考克明克儁實天生德誕膺靈運肇建帝業開國有
晉載德奕世垂慶洪胤
明明聖帝龍飛在天與靈合契通德幽玄仰化青雲俯育重

淵受靈之祜於萬斯年

晉冬至初歲小會歌　張華

日月不留四氣回周節慶代序萬國同休庶尹羣后奉壽升朝我有嘉禮式宴百僚繁肴綺錯旨酒泉渟笙鏞和奏磬管流聲上隆其愛下盡其心宣其壅滯詠之德音乃宣乃訓配享交泰永載仁風長撫無外

晉宴會歌　張華

亹亹我皇配天垂光留精日昃經覽無方聽朝有暇延命衆臣冠蓋雲集罇組星陳肴蒸多品八珍代變羽爵無筭究樂極宴歌者流聲舞者投袂動容有節絲竹並設宣暢四體繁手趣擊懽足發和酣不忘禮好樂無荒翼翼濟濟

晉中宮所歌　張華

先王統大業玄化漸八維儀刑孚萬邦內訓隆壺闈皇英垂

帝典大雅詠三妃執德宣隆敎正位理厥機含章體柔順帥禮蹈謙祇螽斯弘慈惠樛木逮幽微徽音穆清風高義邈不追遺榮參日月百世仰餘暉

晋宗親會歌　張華

族燕明禮順餟食序親親骨肉散不殊昆弟豈他人本枝篤同慶棠棣著先民於皇聖明后天覆弘且仁降禮崇親戚旁施協族姻式宴盡酣娱飲御備羞珍和樂旣宣洽上下同歡欣德教加四海敦睦被無垠

樂府詩集卷第十三

樂府詩集卷第十四

太原郭　茂倩　編次

燕射歌辭

宋四廂樂歌　王韶之

宋書樂志曰王韶之造四廂樂歌五篇一曰肆夏樂歌四章客入四廂振作於鑠曲皇帝當陽四廂振作將將曲皇帝入變服四廂振作於鑠將將二曲又黄鍾太蔟二廂作法章九功二曲二曰大會行禮歌二章沽洗廂作三曰王公上壽歌一章黄鍾廂作四曰殿前登歌三章别用金石五曰食舉歌十章黄鍾太蔟二廂更作黄鍾作晨羲體至和王道開元辰禮有容五曲太蔟作五玉懷荒裔皇猷緝惟永初王道純五曲

古今樂録曰按周禮云王出入奏王夏賓出入奏肆夏肆夏本施之於賓帝王出入則不應奏肆夏也

肆夏樂歌

於鑠我皇體仁包元齊明日月比量乾坤陶甄百王稽則黃軒訏謨定命辰告四蕃

將將蕃后翼翼羣僚盛服待晨明發來朝饗以八珍樂以九韶仰祗天顔厥猷孔昭

法章既設初筵長舒濟濟列辟端委皇除飲和無盈威儀有餘温恭在位敬終如初

九功既歌六代惟時被德在樂宣道以詩穆矣大和品物咸熙慶積自遠告成在兹

大會行禮歌

大哉皇宋長發其祥纂系在漢統源伊唐德之克明休有烈光配天作極宸居四方

皇矣我后聖德通靈有命自天誕受休禎龍飛紫極造我宋京光宅宇宙赫赫明明

王公上壽歌

獻壽爵慶聖皇靈祚窮二儀休明等三光

殿前登歌

明明大宋緝熙皇道則天垂化光定天保天保既定肆覲萬方禮繁樂富穆穆皇皇

沔彼流水朝宗天池洋洋貢職抑抑威儀既習威儀亦閑禮容一人有則作孚萬邦

烝哉我皇固天誕聖履端惟始對越休慶如天斯久如日斯盛介茲景福永固駿命

食舉歌

晨羲載曜萬物咸覩嘉慶三朝禮樂備舉元正肇始典章暉明萬方畢來賀華裔充皇庭多士盈九位俯仰觀玉聲恂恂俯仰載爛其輝鼓鍾震天區禮容塞皇闈思樂窮休慶福履同所歸

五玉既獻三帛是薦爾公爾侯鳴玉華殿皇皇聖后降禮南面元首納嘉禮萬邦同歡願休哉君臣嘉燕建五旗列四騶樂有文禮無倦融皇風窮一變

體至和感陰陽德無不柔繁休祥瑞徵璧應嘉鐘舞靈鳳躍潛龍景星見甘露墜木連理禾同穗玄化洽仁澤敷極禎瑞窮靈符

懷荒裔綏齊民荷天祐靡不賓靡不賓長世弘盛昭明有融繁嘉慶繁嘉慶熙帝載合氣咸和蒼生欣戴三靈協瑞惟新

皇代

王道四達流仁布德窮理詠乾元垂訓順帝則靈化侔四時

幽誠通玄默德澤被八紘乾寧軌萬國

皇猷緝咸熙泰禮儀煥帝庭要荒服遐外被髮襲纓冕左衽

回衿帶天覆地載流澤汪濊聲教布護德光大

開元辰畢來王奉貢職朝后皇鳴珩佩觀典章樂王度悅徽

芳陶盛化遊太康丕昭明永克昌

惟永初德丕顯齊七政敷五典彝倫序洪化闡王澤流太平

始樹聲教明皇紀和靈祇恭明祀衍景祚膺嘉祉

禮有容樂有儀金石陳干羽施邁武護均咸池歌南風舞德

稱文武煥頌聲興

王道純德彌淑寧八表康九服道禮讓移風俗移風俗永克

融歌盛美造成功詠徽烈邈無窮

齊四廂樂歌 宋辭

南齊書樂志曰元會大饗四廂樂齊微改革多仍宋舊辭其臨軒樂亦奏肆夏於鑠四章云

肆夏樂歌

於鑠我皇體仁包元齊明日月比量乾坤陶甄百王稽則黃軒訏謨定命辰告四蕃

將將蕃后翼翼羣僚盛服待晨明發來朝饗以八珍樂以九韶仰祗天顏厥猷孔昭

法章既設初筵長舒濟濟列辟端委皇除飲和無盈威儀有餘温恭在位敬終如初

九功既歌六代惟時被德在樂宣道以時穆矣大和品物咸熙慶積自遠告成在兹

大會行禮歌

大哉皇齊長發其祥祚隆媯夏道邁虞唐德之克明休有烈
光配天作極辰居四方
皇矣我后聖德通靈有命自天誕授休禎龍飛紫極造我齊
京光宅宇宙赫赫明明

上壽歌

獻壽爵慶聖皇靈祚窮二儀休明等三光

殿前登歌

明明齊國緝熙皇道則天垂化光定天保天保既定肆覲萬
方禮繁樂富穆穆皇皇
沔彼流水朝宗天池洋洋貢職抑抑威儀既習威儀亦閑禮
容一人有則作孚萬邦
烝哉我皇寔靈誕聖履端惟始對越休慶如天斯崇如日斯
盛介茲景福永固洪命

食舉歌

晨羲載燠萬物咸覩嘉慶三朝禮樂備舉元正肇始典章徽明萬方來賀華夷充庭多士盈九德俯仰觀玉聲恂恂俯仰載爛其暉鐘鼓震天區禮容塞皇闈思樂窮休慶福履同所歸

五玉既獻三帛是薦爾公爾侯鳴玉華殿皇皇聖后降禮南面元首納嘉禮萬邦同欽願休哉休哉君臣熙宴建五旗列四縣樂有文禮無勸融皇風窮一變

禮至和感陰陽德無不柔繫休祥瑞徵辟應嘉鍾儛雲鳳躍潛龍景星見甘露墜木連理禾同穗玄化洽仁澤敷極禎瑞窮靈符

懷荒遠綏齊民荷天祐靡不賓靡不賓長世盛昭明有融繁嘉慶繁嘉慶熙帝載含氣感和蒼生欣戴三靈協瑞惟新

皇代

王道四達流仁德窮理詠乾元垂訓從帝則靈化侔四時幽
誠通玄默德澤被八紘禮章軌萬國
皇猷緝咸熙泰禮儀煥帝庭要荒服遐外被髮襲纓冕左袵
回衿帶天覆地載澤流汪濊聲教布護德光大
開元辰畢來王奉貢職朝后皇鳴珩佩觀典章樂王慶悅徽
芳陶盛化遊太康惟昌明永克昌
惟建元德丕顯齊七政敷五典彝倫序洪化闡王澤流太平
始樹靈祇恭明祀仁景祚膺嘉祉
禮有容樂有儀金石陳干羽旋邁武護均咸池歌南風德永
稱文明煥頌聲興
王道純德彌淑寧八表康九服導禮讓移風俗移風俗永克
融歌盛美告成功詠休烈邈無窮

梁三朝雅樂歌

俊雅三首　沈約

隋書樂志曰衆官出入奏俊雅取禮記王制云司徒選士之秀者升之學曰俊士也二郊太廟明堂三朝同用焉

設官分職髦俊攸俟髦俊伊何貴德尚齒唐乂咸事周寧多士區區衛國猶賴君子漢之得人帝猷乃理

開我八襲闢我九重珩珮流響纓緌有容袞衣前邁列辟雲從義兼東序事美西雍分階等肅異列齊恭

重列北上分庭異陛百司揚職九賓相禮齊宋舅甥魯衛兄弟思皇藹藹羣龍濟濟我有嘉賓實惟愷悌

同前三首　蕭子雲

惟王建國辨方正位於赫有梁向明而治知人則哲聰明文

思思皇多士俊乂咸事弗惟其官惟人乃備
訓迪庶工位以德序恭己而治垂旒當宁或以言揚或以事
舉春朝秋覲圭幣惟旅翼翼鄷郁莪莪齊楚
客入金奏賓至縣興威儀有則是降是升百辟卿士元首是
承左右秩秩終敬且矜彝倫攸序王猷以凝

胤雅　沈約

隋書樂志曰皇太子出入奏胤雅取詩君子萬
年永錫祚胤也三朝用之

自昔殷代哲王迭有降及周成惟器是守上天乃眷大梁既
受灼灼重明仰承元首體乾作貳命服斯九置保置師居前
居後前星比耀克隆萬壽

同前　蕭子雲

天下爲家大梁受命眷求一德惟烈無競儀刑哲王元良誕

慶灼灼明兩作離承聖英華外發温文成性立師立保左右惟政休有烈光前星比盛

寅雅　沈約

隋書樂志曰王公出入奏寅雅取尚書周官云貳公弘化寅亮天地也三朝用之

禮莫違樂具舉延藩辟朝帝所執桓蒲列齊莒垂袞毳紛容與升有儀降有序齊簪紱忘笑語始矜嚴終酣醑

同前　蕭子雲

車同軌行同倫來萬國相九賓延羣后朝藎臣禮時行樂日新擬夷則奏雅寅袞衣曜玉帛陳儀抑抑皇恂恂

介雅三首　沈約

隋書樂志曰上壽酒奏介雅取詩大雅云君子萬年介爾景福也三朝用之

百福四象初萬壽三元始拜獻惟衮職同心協卿士北極永
無窮南山何足擬
壽隨百禮洽慶與三朝升惟皇集繁祉景福互相仍申錫永
無遺穰簡必來應
百味既含馨六飲莫能尚玉罍信湛湛金卮頗搖漾薦舉發
天和祥祉流嘉貺

同前三首　　蕭子雲

明君創洪業大同登頌聲開元洽百禮來儀奏九成申錫南
山祚赫赫復明明
三朝禮樂和百福隨春酒玉樽湛而獻聰明作元后安樂享
延年無疆臣拜手
四氣新元旦萬壽初今朝趨拜齊衮玉鐘石變簫韶日升等
皇運洪基邈且遥

需雅八首　沈約

隋書樂志曰食舉奏需雅取易象曰雲上於天需君子以飲食宴樂也三朝用之

實體平心待和味庶羞百品多爲貴或鼎或鼐宣九沸楚桂胡鹽芼芳卉加籩列俎彫且蔚

五味九變兼六和令芳甘旨庶且多三危之露九期禾圓桉方丈粲星羅皇舉斯樂同山河

九州上腴非一族玄芝碧樹壽華木終朝采之不盈掬用拂腥膻和九穀既甘且飫致遐福

人欲所大味爲先興和盡敬咸在旃碧鱗朱尾獻嘉鮮紅毛綠翼墜輕翮臣拜稽首萬斯年

擊鐘以侯惟大國況乃御天流至德侑食斯舉揚盛則其禮不愆儀不忒風猷所被深且塞

膳夫奉職獻芳滋不䵕不夭咸以時調甘適苦别澠淄其德不爽受福穰於焉逸豫永無期

備味斯饗惟至聖咸降人神禮爲盛或風或雅流歌詠負鼎言歸啓股命悠悠四海同茲慶

道我六穗羅八珍洪鼎自爨匪勞薪荆包海物必來陳滑甘滫瀡味和神以斯至德被無垠

同前八首　　蕭子雲

農用八政食爲元播時百穀民所天禘嘗郊社盡絜虔譏饗饋食禮節宣九功惟序登頌紘

感物而動物靡遂大羹不和有遺味非極口腹而行氣節之民心殺攸貴寧爲禮本饔與餼

始諸飲食物之初設卦觀象受以需蒸民乃粒有牲芻自衞反魯刪詩書弋不射宿殺巳祛

在昔哲王觀民志庶羞百品因時備爲善不同同歸治蔬膳
非食化始至率物以躬行尊位
雅有洞酌風采蘋薀藻之菜非八珍澗溪沼沚貴先民明信
之德感人神譬諸禴祭在西隣
行葦之微猶物踐寧惟血氣無身剪聖人之心微而顯千里
之應出言善況遂豚魚華前典
春酸夏苦各有宜筐筥錡釜備糗酏籩巡揖讓詔司儀卑高
制節明等差君臣之序正在斯
日月光華風四塞規饗有序儀不忒匪天私梁乃佑德光被
四表自南北長世綴旒爲下國

雍雅三首　沈約

隋書樂志曰撤饌奏雍雅取禮記仲尼燕居云
大饗客出以雍撤也三朝用之

明明在上，其儀有序。終事靡愆，收鉶撤俎。乃升乃降，和樂備舉。天德莫違，人謀是與。敬行禮達，茲焉讌語。

我餕惟阜，我肴孔庶。嘉味既充，食旨斯飫。屬厭無爽，冲和在御。擊壤齊歡，懷生等豫。蒸庶乃粒，宴由仁恕。

百司警列，皇在在陛。既飫且醑，卒食成禮。其容穆穆，其儀濟濟。凡百庶僚，莫不愷悌。奄有萬國，抑由天啓。

同前三首　　蕭子雲

穆穆天子，時惟聖敬。濟濟羣公，恭爲德柄。爲據有典，膳夫是命。禮行禘嘗，義光朝聘。神饗其德，民洽其慶。

尚有和羹，既戒且平。亦有其餕，亦惟克明。其餕惟旅，其酳惟成。百禮斯洽，三宥已行。明哉元首，遹駿其聲。

戒食有章，卒食惟序。庭鳴金奏，凱收籩管。容出以雍，撤以振羽。離磬乃作，和鐘備舉。濟濟威儀，喤喤簨虡。

北齊元會大饗歌

隋書樂志曰北齊元會大饗協律不得升陛黄門舉麾於殿上賓入門四箱奏肆夏皇帝出閤奏皇夏皇帝當扆羣臣奉賀奏皇夏皇帝入宁變服黄鍾太蔟二箱奏皇夏皇帝變服移幄坐於西箱帝出升御坐沽洗箱奏皇夏王公奠壁奏肆夏上壽黄鍾箱奏上壽曲皇太子入至坐位酒至御殿上奏登歌食至御前奏食舉樂文舞將作先設階步次奏文舞武舞將作先設階步次奏武舞皇帝入鍾鼓奏皇夏

肆夏

昊蒼眷命興王統天業高帝始道邈皇先禮成化穆樂合風宣賓朝萬夏揚對穹玄

皇夏

夏正肇旦周物充庭具僚在位俛伏無聲大君穆穆宸儀動晬日煦天迴萬靈胥萃

皇夏

天子南面乾覆離明三千咸列萬國塡并猶從禹會如次湯庭奉兹一德上下和平

皇夏

我應天曆四海爲家協同内外混一戎華鶴蓋龍馬風乘雲車夏章夷服其會如庥九賓有儀八音有節肅肅於位欽和在列四序氤氳三光昭晰君哉大矣軒唐比轍

皇夏

皇運應籙廓定區寓受終以文樹業以武堯昔命舜舜亦命禹大人馭歷重規沓矩欽明在上昭納入賁從靈體極誕聖

窮神化生羣品陶育烝人展禮肆樂協此元春

肆夏

萬方咸暨三揖以申垂旒馮玉五瑞交陳拜稽有章升降有節聖皇負扆虞唐比烈

上壽曲

仰三光奏萬壽人皇御六氣天地同長久

登歌

大齊統曆道化光明馬圖呈寶龜籙告靈百蠻非衆八荒非逖同作堯人俱包禹迹

天覆地載成以四時惟皇是則比大於兹羣星拱極衆川赴海萬寓駿奔一朝咸在

齊之以禮相趨帝庭應規蹈矩玉色金聲動之以樂和風四布龍申鳳舞鸞歌麟步

食舉樂

三端正啓萬方觀禮具物充庭二儀合體百華照曉千門洞晨或華或裔奉贄惟新悠悠亘六合圓首莫不臣御施如雨晞和猶日風化表笙鏞歌謳被琴瑟誰言文軌異今朝混爲一

彤庭爛景丹陛流光懷黃綰白鵷鷺成行文贊百揆武鎮四方折衝鼓雷電獻替協陰陽大矣哉道邁上皇陋五帝狹三皇窮禮物該樂章序冠帶垂衣裳

天壤和家國穆悠悠萬類咸孕育契冥化侔大造靈効珍神歸寶興雲氣飛龍蒼麟一角鳳五光朱雀降黃玉表九尾馴三足擾化之定至矣哉瑞感德四方來

圖圄空水火菽粟求賢振滯棄珠玉衣不靡宮以卑當陽端嘿垂拱無爲云云萬有其樂不訾

嗟此皋時逢至道肖形咸自持賦命無傷夭行氣進皇輿遊
龍服帝皁聖主寧區宇乾坤永相保
牧野征鳴條戰大齊家萬國拱揖應終禪奥主廓清都大君
臨赤縣高居深視當扆正殿旦暮之期今一見
兩儀分牧以君陶有象化無垠大齊德邈誰羣超鳳火冠龍
雲露以潔風以薰榮光至氣氤氲
神化遠人靈協寒暑調風雨變披泥檢受圖諜圖諜啓期運
昌分四序綴三光延寶祚眇無疆
惟皇道外平日河水清海不溢雲干呂風入律驅黔首入仁
壽與天高並地厚
刑以厝頌聲揚皇情邈眷汾襄岱山高配林壯亭亭聳云云
望旆葳蕤駕騤騤升金闕奠玉龜
皇夏

禮終三爵樂奏九成允也天子穹壤和平載色載笑反寢宴息一人有祉百神奉職

樂府詩集卷第十四

樂府詩集卷第十五

太原郭　茂倩　編次

讌射歌辭

周五聲調曲　庾信

曲序曰元正饗會大禮賓至食舉稱觴薦玉六律既從八風斯暢以歌大業以舞成功

宮調曲五首

氣離清濁割元闢天地分三才初辨正六位始成文繼天爰立長安民乃樹君其明廣如日其澤厚如雲惟昔我文祖撥亂拒謳歌三分未撫運八百不陵河禮敷天下信樂正神人和風塵行息警江海欲無波

我皇承下武革命在君臨膺圖當舜玉嗣德受堯琴沈首多推運陽城有讓心就日先知遠觀淵早見深玄精實委御蒼

正乃皆平履端朝萬國年祥期一作慶百靈玉帛咸觀禮華戎
各在庭鳳響中夷則天文正玉衡皇基自天保萬物乃由庚
握衡平地紀觀象正天樞棋祥鍾赤縣靈瑞炳皇都更受昭
華玉還披蘭葉圖金波來白兎弱木下蒼烏玉斗調　協金
沙富國租青丘還擾圃丹穴更巢梧安樂新咸慶長生百
福符

明明九族序穆穆四門賓陰陵朝北附蟠木引東臣淵途求
板築溪源取釣綸多士歸賢戚維城屬茂親貴位連南斗高
榮據北辰迎時乃推策司職且班神日月之所照霜露之所
均永從文軌一長無外戶人

鬱盤舒棟宇崢嶸侔大壯拱木詔林衡全模徵梓匠千櫨綺
翼浮百栱長虹抗北去邯鄲道南來偃師望龍首載文槐雲
楣承武帳居者非求隘卑宮豈難尚壯麗天下觀是以從

變宮調二首

帝遊光出震君明擅在離巖廊惟眷顧欽若尚無爲龍穴非難附鸞巢欲可窺具茨應不遠汾陽寧足隨烝民播殖重溝洫劬勞多桑林還注雨積石遂開河明徵逢永命平秩值年和更有薰風曲方聞晨露歌

移風廣軒曆崇德盛唐年成文興大雅出豫動鈞天黃鍾六律正閶闔八風宣孤竹調陽管空桑節雅絃舞林鸞更下歌山鳳欲前聞音能辨俗聽曲乃思賢感物觀治亂治心防未然君子得其道太平何有焉

商調曲四首

君以宮唱寬大而謨明臣以商應闡義則可行有熊爲政訪道於容成殷湯受命委任於阿衡忠其敬事有罪不逃刑誦

其箴諫言之無隱情有剛有斷四方可以寧既頌既雅天下乃升平專精一致金石爲之開動有兩心妻子恩情乖苟利社稷無有不盡懷昊天降祐元首惟康哉

百川俱會大海所以深羣材既聚故能成鄧林猛虎在山百獸莫敢侵忠臣處國天下無異心昔我文祖執心且危慮驅翦犲狼經營此天步今我受命又無敢逸豫惟爾弼諧各可知競懼

禮樂既正人神所以和玉帛有序志欲靜干戈各分符瑞俱誓裂山河今日相樂對酒且當歌道德以喻聽撞鐘之聲神姦不若觀鑄鼎之形酆宮既朝諸侯於是穆岐陽或狩淮夷

自此平若涉大川言憑於舟檝如和鼎實有寄於鹽梅君臣一體可以靜氛埃得人則治何世無奇才

風力是舉而台階序平重黎既登而天地位成功無與讓銘

太常之旌世不失職受騂毛之盟輯瑞班瑞穆穆於堯門惟翰惟屛膴膴於周原功成而治定禮樂斯存復子而明辟姬旦何言

角調曲二首

止戈見於絶轡之野稱伐聞於丹水之征信義俱存乃先忘食五材並用誰能去兵雖聖人之大寶曰位實天地之大德曰生涇渭同流清濁異能琴瑟並御雅鄭殊聲擾擾烝人聲教不一茫茫禹跡車軌未并志在四海而尚恭儉心包宇宙而無驕盈言而無文行之不遠義而無立勤則無成惻隱其心訓以慈惠流宥其過哀矜典刑

匡贊之士或從漁釣雲雨之才乍歎幽谷尋芳者追深逕之蘭識韻者探窮山之竹克明其德貢以三事樹之風聲言于九牧協用五紀風若從時農用八政甘作其穀殊風共軌見

之周南異畝同穎聞之康叔祁寒暑雨是無胥怨天覆雲油滋焉滲漉幸無謝上古之淳人庶可以封之於比屋

徵調曲六首

乾巛以含養覆載日月以貞明照臨達人以四海爲務明君以百姓爲心水波瀾者源必遠樹扶踈者根必深雲雨取施無不洽廊廟求才多所任

淳風布政常無欲至道防人能變俗求仁義急於水火用禮讓多於菽粟屈軼無佞人可指獬豸無繁刑可觸王道蕩蕩用無爲天下四人誰不足

聖人千年始一生黃河千年始一清攝提以之而從紀玉燭於是而文明東南可以補地缺西北可以正天傾浮黿則東海可厲運鍤則南山可平衆仙就朝於瑤水羣帝受享於明庭懷和則韎任並奏功烈則鐘鼎俱銘

三光以記物呈形四時以裁成正位雷風大山岳之響寒暑
通陰陽之氣武功則六合攸同文教則二儀經緯有道則咸
浴其德好生則各繁其類白日經天中則移明月横漢滿而
虧能虧能鈌既無爲雖盈雖滿則不危開信義以爲苑囿立
道德以爲城池周監二代所損益郁郁乎文其可知庖犧之
親臨佃漁神農之躬秉耕稼湯則袚旱而憂勤禹則正冠而
無暇草上之風無不偃君子之吐知可化將欲比德於三皇
未始追蹤於五霸
纖纖不絶林薄成消消不止江河生事之毫髮無謂輕慮遠
防微乃不傾雲官乃垂拱大君鳳曆惟欽明元首類上帝而
禋六宗望山川而朝羣后地鎮則山澤俱開河圖則魚龍合
負我之天網莫不該閶闔九關天門開卿相則風雲玄感臣
賛則星辰下來既興周室之三聖乃舉唐朝之八才莘臣參

謀於左相大老敎政於中台其宜作則於明哲故無崇信於姦回

正陽和氣萬類繁君王道合天地尊黎人耕植於義圃君子翺翔於禮園落其實者思其樹飲其流者懷其源咎繇爲謀不仁遠士會爲政羣盜奔克寬則昆蟲內向彰信則殊俗宅心浮橋有月支抱馬上苑有烏孫學琴赤王則南海輸賨白環則西山獻琛無勞鑿空於大夏不待蹶角於蹛林

羽調曲五首

樹君所以牧人立法所以靜亂首惡既其南巢元凶於是北竄居休氣而四塞在光華而兩旦是以雨施作解是以風行惟渙周之文武洪基光宅天下文思千載克聖咸熙七百在我應期實昊天有成命惟四方其訓之

運平後親之俗時亂先疎之雄踰桂林而驅象濟弱水而承

鴻既浮于呂之氣還吹入律之風錢則都内貫朽倉則常平粟紅火中乃寒乃暑年和一風一雨聽鐘磬念封疆聞笙竽思畜聚瑶琨篠蕩既從怪石鉛松即序長樂善馬成彫水衡黄金爲府

百川乃宗巨海衆星是仰北辰九州攸同禹跡四海合德堯臣朝陽栖於鳴鳳靈畤牧於般麟雲玉葉而五色月金波而兩輪涼風迎時北狩小暑戒節南巡山無藏於紫玉地不受於黄銀雖南征而北怨實西略而東賓既永清於四海終有慶於一人

定律零陵玉管調鐘始平銅尺龍門之下孤桐泗水之濱鳴石河靈於是讓珪山精所以奉璧滌九川而賦秭栞三危而納錫北里之禾六穗江淮之茅三脊可以玉檢封禪可以金繩探冊終永保於鴻名足揚光於載籍

太上之有立德其次之謂立言樹善滋於務本除惡窮於塞源沖深其智則厚昭明其道乃尊仁義之財不匱忠信之禮無繁動天無有不届惟時無幽不徹作德心逸日休作僞心勞日拙自非剛克掩義無所離于勦絶

隋元會大饗歌

隋書樂志曰元會皇帝出入殿庭奏皇夏郊丘社廟同用皇太子出入奏肆夏食舉奏食舉歌上壽酒奏上壽歌

皇夏

深哉皇度粹矣天儀司陛整蹕式道先馳八屯霧擁七萃雲披退揚進揖步矩行規向陳乍轉華蓋徐移羽旗照耀珪組陸離居高念下處安思危照臨有度紀律無虧

肆夏

惟熙帝載式固王猷體乾建本是曰孟侯馳道美漢寢門稱
周德心既廣道業惟優傅保斯導賢才與遊瑜玉發響畫輪
停輈皇基方峻匕鬯恒休

食舉歌八首

燔黍設教禮之始五味相資火爲紀平心和德在甘旨牢羞
既陳鐘石俟以斯而御揚盛軌

養身必敬禮食昭時和歲阜庶物饒鹽梅既濟鼎鉉調特以
膚腊加臐膮威儀濟濟懋皇朝

饔人進羞樂侑作川潛之膾雲飛臛甘酸有宜芬勺藥金敦
玉豆盛交錯御鼓既聲安以樂

玉食惟后膳必珍芳菰既絜重秬新是能安體又調神荆包
畢至海貢陳用之有節德無垠

嘉羞入饋猶化謐沃土名滋帝臺實陽華之菜雕陵栗鼎俎

芬芳豆籩溢遍幽致遠車書一
道高物備食多方山膚既善水豢良桓蒲在位簨業張加籩
折俎爛成行恩風下濟道化光
禮以安國仁爲政具物必陳饔牢盛置罘斤斧順時令懷生
熙熙皆得性於茲宴喜流嘉慶
皇道四達禮樂成臨朝日舉表時平甘芳既飫醑以清揚休
王卮正性情隆我帝載永明明

上壽歌

俗已乂時又良朝玉帛會衣裳基同北辰久壽共南山長黎
元鼓腹樂未央

隋宴羣臣登歌

皇明馭歷仁深海縣載擇良辰式陳高宴顒顒卿士昂昂侯
甸車旗煜爚衣纓葱蒨樂正展懸司宮飾殿三揖稱禮九

爲傳圓鼎臨碑方壺在面鹿鳴成曲嘉魚入薦筐篚相輝獻酬交徧飲和飽德恩風長扇

隋皇后房内歌

儀禮曰燕歌鄉樂周南關雎葛覃卷耳召南鵲巢采蘩采蘋鄭康成云王后國君夫人房中之樂歌也周南召南風化之本故謂之鄉樂用之房中以及朝庭饗燕鄉射飲酒也周官磬師掌教燕樂之鐘磬傳云燕樂房中之樂所謂陰聲也詩傳曰國君有房中之樂天子以周南諸侯以召南隋書樂志曰高祖龍潛時頗好音樂嘗倚琵琶作歌二章名曰地厚天高託言夫婦之義牛弘修皇后房内之樂因取之爲房内曲命婦入并登歌上壽並用之煬帝大業初柳顧言

議以爲房内樂者主爲王后弦歌諷誦以事君子故以房室爲名其樂必有鐘磬乃益歌鐘歌磬土革絲竹副之并升歌下管揔名房内之樂女奴肄習朝燕用焉

至順垂典正内弘風母儀萬國訓範六宮求賢啓化進善宣功家邦載序道業斯融

晉朝饗樂章

五代會要曰晉天福四年十二月太常奏正至王公上壽皇帝舉酒奏玄同之樂皇帝三飲皆奏文同之樂食舉奏昭德之舞次奏成功之舞皇帝降坐奏大同之樂其辭並崔梲等造唐餘録曰天福五年十一月冬至朝羣臣舉觴奏玄同三爵登歌奏文同四爵登歌作羣臣飲宫懸

樂作又奏龜兹及霓裳法曲以須食畢於時衆
聞龜兹法曲雅鄭雜糅固已非之明年正旦上
壽登歌發聲悲離煩慝如虞殯薤露之音觀者
以爲不祥

初舉酒文同樂

赫矣昌運明哉聖皇文興墜典禮復舊章鶬鸞濟濟鳥獸蹌
蹌一人有慶萬福無疆

舉酒

大明御宇至德動天君臣慶會禮樂昭宣劒佩成列金石在
縣椒觴再獻寶曆萬年

再舉酒

朝野無事寰瀛大康聖人有作盛禮重光萬國執玉千官奉
觴南山永固地久天長

四舉酒

八表歡無事三秋賀有成照臨同日遠渥澤並雲行河變千年色山呼萬歲聲願修封岱禮方以稱文明

羣臣酒行歌

劒佩儼如林齊傾拱北心渥恩頒美祿咸護聽和音一德君臣合重瞳日月臨歌時兼樂聖唯待贊泥金

萬國咸歸禹千官共祝堯拜恩瞻鳳扆傾耳聽雲韶運啓金行遠時和玉燭調酒酣齊抃舞同賀聖明朝

令節陳高會羣臣侍御筵玉墀留愛景金殿藹祥煙振鷺涵天澤靈禽下樂懸聖朝無一事何處讓堯年

周朝饗樂章

唐餘録曰周元正冬至朝饗樂公卿入奏忠順皇帝坐奏治順羣臣上壽奏福順皇帝舉壽酒

登歌奏康順羣臣降階公卿出並奏忠順

忠順

歲迎更始節及朝元冕旒仰止冠劒相連八音合奏萬物齊言常陳盛禮願永千年

忠順

明君當宁列辟奉觴雲容表瑞日影初長衣冠濟濟鐘磬洋洋令儀克盛嘉會有章

治順

庭陳大樂坐當太微凝旒負扆端拱垂衣鴛鸞成列簪組相輝御鑪香散郁郁霏霏

福順

聖皇端拱多士輸忠鑾觴共獻臣心畢同聲齊嵩嶽祝比華封千齡萬祀常保時雍

康順

鴻鈞廣運嘉節良辰列辟在位萬國來賓干旄屢舞金石咸陳禮容既備帝履長春

忠順

禮成三爵樂畢九成共離金𢀸復列彤庭

忠順

明庭展禮爲龍爲光咸韶息韻鵷鷺歸行

隋大射登歌

周禮曰射人掌以射法治射儀王以騶虞九節諸侯以貍首七節大夫以采蘋士以采蘩皆五節射義曰騶虞者樂官備也貍首者樂會時也采蘋者樂循法也采蘩者樂不失職也是故天子以備官爲節諸侯以時會天子爲節大夫以

循法爲節士以不失職爲節傳云騶虞采蘋采蘩皆樂章名貍首逸唐書樂志曰大射皇帝奏騶虞之曲皇太子奏貍首之曲會要曰王公射亦奏貍首其設懸奏樂如元會之儀按禮記載貍首詩曰曾孫侯氏四正具舉大夫君子凡以庶士小大莫處御于君所以燕以射則燕則譽蓋逸詩云

道謐金科照時乂玉條明優賢饗禮洽選德射儀成鸞旗鑾雲動寶軑儼天行巾車整三乏司裘飾五正鳴球響高殿華鐘震廣庭烏號傳昔美淇衞著前名揖讓皆時傑升降盡朝英附枝觀體定於水觀心平豐觚既來去燔炙復從横欣看禮樂盛喜遇黄河清

樂府詩集卷第十五

樂府詩集卷第十六

太原郭　茂倩　編次

鼓吹曲辭

鼓吹曲一曰短簫鐃歌劉瓛定軍禮云鼓吹未知其始也漢班壹雄朔野而有之矣鳴笳以和簫聲非八音也騷人曰鳴篪吹竽是也蔡邕禮樂志曰漢樂四品其四曰短簫鐃歌軍樂也黄帝岐伯所作以建威揚德風敵勸士也周禮大司樂曰王師大獻則令奏愷樂大司馬曰師有功則愷樂獻于社鄭康成云兵樂曰愷獻功之樂也春秋曰晉文公敗楚於城濮左傳曰振旅愷以入司馬法曰得意則愷樂愷歌以示喜也宋書樂志曰雍門周説孟嘗君鼓吹于不測之

淵說者云鼓自一物吹自竽籟之屬非簫鼓合奏別爲一樂之名也然則短簫鐃歌此時未名鼓吹矣應劭漢鹵簿圖唯有騎執箛箛即笳不云鼓吹而漢世有黄門鼓吹漢享宴食舉樂十三曲與魏世鼓吹長簫同長簫短簫伎録並云孫竹合作執節者歌又建初録云務成黄爵玄雲遠期皆騎吹曲非鼓吹曲此則列於殿庭者名鼓吹今之從行鼓吹爲騎吹二曲異也又孫權觀魏武軍作鼓吹而還此應是今之鼓吹魏晉世又假諸將帥及牙門曲葢鼓吹斯則其時方謂之鼓吹矣按西京雜記漢大駕祠甘泉汾陰備千乘萬騎有黄門前後部鼓吹則不獨列於殿庭者名鼓吹也漢遠如期曲辭有雅樂陳

及增壽萬年等語馬上奏樂之意則遠期又非騎吹曲也晉中興書曰漢武帝時南越加置交趾九眞日南合浦南海鬱林蒼梧七郡皆假鼓吹東觀漢記曰建初中班超拜長史假鼓吹麾幢則短簫鐃歌漢時已名鼓吹不自魏晉始也崔豹古今註曰漢樂有黄門鼓吹天子所以宴樂羣臣也短簫鐃歌鼓吹之一章爾亦以賜有功諸侯然則黄門鼓吹短簫鐃歌與横吹曲得通名鼓吹但所用異爾漢有朱鷺等二十二曲列於鼓吹謂之鐃歌及魏受命使繆襲改其十二曲而君馬黄雉子班聖人出臨高臺遠如期石留務成玄雲黄爵釣竿十曲並仍舊名是時吴亦使韋昭改製十二曲其十曲亦因之而魏

吳歌辭存者唯十二曲餘皆不傳晉武帝受禪命傅玄製二十二曲而玄雲釣竿之名不改舊漢宋齊並用漢曲又充庭十六曲梁高祖乃去其四留其十二更制新歌合四時也北齊二十曲皆改古名其黃爵釣竿略而不用後周宣帝革前代鼓吹制爲十五曲並述功德受命以相代大抵多言戰陣之事隋制列鼓吹爲四部唐則又增爲五部部各有曲唯羽葆諸曲備敘功業如前代之制初魏晉之世給鼓吹甚輕牙門督將五校悉有鼓吹宋齊已後則甚重矣齊武帝時壽昌殿南閤置白鷺鼓吹二曲以爲宴樂陳後主常遣宮女習北方簫鼓謂之代北酒酣則奏之此又施於燕私矣按古今樂録有梁陳

時宮懸圖四隅各有鼓吹樓而無建鼓鼓吹樓者昔簫史吹簫於秦秦人爲之築鳳臺故鼓吹陸則樓車水則樓船其在庭則以簨虡爲樓也梁又有鼓吹熊羆十二桉其樂器有龍頭大棡鼓中鼓獨揭小鼓亦隨品秩給賜焉周武帝每元正大會以梁桉架列於懸間與正樂合奏隋又於桉下設熊羆貙豹騰倚承之以象百獸之舞唐因之

漢鐃歌

古今樂録曰漢鼓吹鐃歌十八曲字多訛誤一曰朱鷺二曰思悲翁三曰艾如張四曰上之回五曰擁離六曰戰城南七曰巫山高八曰上陵九曰將進酒十曰君馬黃十一曰芳樹十二曰

有所思十三曰雉子班十四曰聖人出十五曰上邪十六曰臨高臺十七曰遠如期十八曰石留又有務成玄雲黄爵釣竿亦漢曲也其辭亡或云漢鐃歌二十一無釣竿擁離亦曰翁離

朱鷺

儀禮大射儀曰建鼓在阼階西南鼓傳云建猶樹也以木貫而載之樹之跗也隋書樂志曰建鼓殷所作又棲翔鷺於其上不知何代所加或曰鵠也取其聲揚而遠聞或曰鷺鼓精也或曰皆非也詩云振振鷺鷺于飛鼓咽咽醉言歸言古之君子悲周道之衰頌聲之息飾鼓以鷺存其風流未知孰是孔穎達曰楚威王時有朱鷺合沓飛翔而來舞舊鼓吹朱鷺曲是也然則漢

曲蓋因飾鼓以鷺而名曲焉宋何承天朱路篇曰朱路揚和鸞翠蓋耀金華但盛稱路車之美與漢曲異矣

朱鷺魚以烏路訾邪鷺何食食茄下不之食不以吐將以問誅（一作咮）者

思悲翁

思悲翁唐思奪我美人侵以遇悲翁也但我思蓬首（一作蕞）狗逐狡兎食交君梟子五梟母六拉沓高飛暮安宿

艾如張

艾與刈同說文曰艾草也如讀爲而猶春秋曰星隕如雨也古詞曰艾而張羅又曰雀以高飛柰雀何穀梁傳曰艾蘭以爲防置旃以爲轅門謂因蒐狩以習武事也蘭香草也言艾草以爲

田之大防是也若陳蘇子卿云張機蓬艾側唐李賀云艾葉綠花誰翦刻俱失古題本意

艾而張羅夷於何行成之四時和山出黃雀亦有羅雀以高飛柰雀何爲此倚欲誰肯礞室

上之回

漢書曰孝武十四年匈奴入朝那蕭關遂至彭陽使騎兵入燒回中宮候騎至雍甘泉回中地在安定其中有宮也武帝紀曰元封四年冬十月行幸雍祠五畤通回中道遂北出蕭關吳兢樂府解題曰漢武通回中道後數出遊幸焉沈建廣題曰漢曲皆美當時之事按石關宮闕名近甘泉宮相如上林賦云歷石關歷封巒是也

上之回所中益夏將至行將北以承甘泉宮寒暑德游石關

望諸國月支臣匈奴服令從百官疾驅馳千秋萬歲樂無極

翁離

擁離趾中可築室何用葺之蕙用蘭擁離趾中

戰城南

戰城南死郭北野死不葬烏可食爲我謂烏且爲客豪野死諒不葬腐肉安能去子逃水深激激蒲葦冥冥梟騎戰鬬死駑馬徘徊鳴梁築室何以南梁何北禾黍而穫君何食願爲忠臣安可得思子良臣良臣誠可思朝行出攻暮不夜歸

巫山高

樂府解題曰古詞言江淮水深無梁可度臨水遠望思歸而已若齊王融想像巫山高梁范雲巫山高不極雜以陽臺神女之事無復遠望思歸之意也又有演巫山高不詳所起

巫山高高以大淮水深難以逝我欲東歸害梁不爲我集無高曳水何梁湯湯回回臨水遠望泣下霑衣遠道之人心思歸謂之何

上陵

古今樂録曰漢章帝元和中有宗廟食舉六曲加重來上陵二曲爲上陵食舉後漢書禮儀志曰正月上丁祠南郊次北郊明堂高廟世祖廟謂之五供禮畢以次上陵西都舊有上陵東都之儀太官上食太常樂奏食舉按古詞大略言神仙事不知與食舉曲同否宋何承天上陵者篇曰上陵者相追攀但言升高望遠傷時怨歎而已

上陵何美美下津風以寒問客從何來言從水中央桂樹爲

君船青絲爲君笮木蘭爲君櫂黃金錯其間滄海之雀赤翅
鴻白鴈隨山林乍開乍合曾不知日月明醴泉之水光澤何
蔚蔚芝爲車龍爲馬覽遨遊四海外甘露初二年芝生銅池
中仙人下來飲延壽千萬歲

將進酒

古詞曰將進酒乘大白大略以飲酒放歌爲言
宋何承天將進酒篇曰將進酒慶三朝備繁禮
薦嘉肴則言朝會進酒且以濡首荒志爲戒若
梁昭明太子云洛陽輕薄子但敘遊樂飲酒而已

將進酒乘大白辨加哉詩審搏放故歌心所作同陰氣詩悉
索使禹良工觀者苦

君馬黃

君馬黃臣馬蒼二馬同逐臣馬良易之有騩蔡有赭美人歸

以南駕車馳馬美人傷我心佳人歸以北駕車馳馬佳人安
終極

芳樹

樂府解題曰古詞中有云妬人之子愁殺人君
有他心樂不可禁若齊王融相思早春日謝朓
早翫華池陰但言時暮衆芳歇絶而已

芳樹日月君亂如於風芳樹不上無心温而鵠三而爲行臨
蘭池心中懷我悵心不可匡目不可顧妬人之子愁殺人君
有他心樂不可禁王將何似如孫如魚乎悲矣

有所思

樂府解題曰古詞言有所思乃在大海南何用
問遺君雙珠玳瑁簪聞君有他心燒之當風揚
其灰從今已往勿復相思而與君絶也桉古今

樂録漢太樂食舉第七曲亦用之不知與此同否若齊王融如何有所思梁劉繪別離安可再但言離思而已宋何承天有所思篇曰有所思思昔人曾閔二子善養親則言生罹荼苦哀慈親之不得見也

有所思乃在大海南何用問遺君雙珠瑇瑁簪用玉紹繚之聞君有他心拉雜摧燒之摧燒之當風揚其灰從今以往勿復相思相思與君絕雞鳴狗吠兄嫂當知之妃呼豨秋風肅肅晨風颸東方須臾高知之

雉子班

樂府解題曰古詞云雉子高飛止黃鵠飛之以千里雄來飛從雌視若梁簡文帝妬場時向隴但詠雉而已宋何承天有雉子遊原澤篇則言

避世之士抗志清霄視卿相功名猶冰炭之不相入也

雉子班如此之于雉梁無以吾翁孺雉子知得雉子高蜚止黃鵠蜚之以重王可思雄來蜚從雌視子趨一雉雉子車大駕馬滕被王送行所中堯羊蜚從王孫行

聖人出

聖人出陰陽和美人出遊九河佳人來騑離哉何駕六飛龍四時和君之臣明護不道美人哉宜天子免甘星筮樂甫始美人子含四海

上邪

上邪我欲與君相知長命無絕衰山無陵江水爲竭冬雷震震夏雨雪天地合乃敢與君絕

臨高臺

樂府解題曰古詞言臨高臺下見清水中有黃鵠飛翻關弓射之令我主萬年若齊謝朓千里常思歸但言臨望傷情而已宋何承天臨高臺篇曰臨高臺望天衢飄然輕舉凌太虛則言超帝鄉而會瑤臺也

臨高臺以軒下有清水清且寒江有香草目以蘭黃鵠高飛離哉翻關弓射鵠令我主壽萬年收中吾

遠如期

一曰遠期宋書樂志有晚芝曲沈約言舊史云詁不可解疑是漢遠期曲也古今樂録曰漢太樂食舉曲有遠期至魏省之

遠如期益如壽處天左側大樂萬歲與天無極雅樂陳佳哉紛單于自歸動如驚心虞心大佳萬人還來謁者引鄉殿陳

累世未嘗聞之增壽萬年亦誠哉

石留

石留涼陽涼石水流爲沙錫以微河爲香向始蘇冷將風陽北逝肯無敢與于揚心邪懷蘭志金安薄北方開留離蘭

漢鐃歌

朱鷺　　梁王僧孺

因風弄玉水映日上金堤猶持畏羅繳未得異鳧鷖聞君愛白雉兼因重碧雞未能聲似鳳聊變色如珪願識昆明路乘流飲復棲

同前　　梁裴憲伯

秋來懼寒勁歲去畏冰堅羣飛向葭下奮羽欲南遷暫戲龍池側時往鳳樓前所歎恩光歇不得久聯翩

同前　　陳後主

參差蒲未齊沉漾苦浮綠朱鷺戲蘋藻徘徊留澗曲澗曲多巖樹逶迤復斷續振振雖以明湯湯今又矚

同前　陳張正見

金堤有朱鷺刷羽望滄瀛周詩振雅曲漢鼓發奇聲時將赤鴈並乍逐彩鸞行別有翻潮處異色不相驚

同前　陳蘇子卿

玉山一朱鷺容與入王畿欲向天池飲還遶上林飛金堤曬羽翮丹水浴毛衣非貪葭下食懷恩自遠歸

同前　唐張籍

翩翩兮朱鷺來汎春塘栖綠樹羽毛如翦色如染遠飛欲下雙翅斂避人引子入深灣動處水紋開灩灩誰知豪家網爾軀不如飲啄江海隅

艾如張　蘇子卿

誰在閑門外羅家諸少年張機蓬艾側結網槿籬邊若能飛自勉豈爲繒所纓黄雀儻爲誡朱絲猶可延

同前　唐李賀

錦襜褕繡襠襦強強飲啄哺爾雛隴東卧穟滿風雨莫信（一作逐）龍媒隴西去齊人織網如素空張在野春平碧中網絲漠漠無形影誤爾觸之傷首紅艾葉綠花誰翦刻中藏禍機不可測

上之回　梁簡文帝

前旃拂回中後車隅桂宮輕絲臨雲罕春色繞川風桃林方灼灼柳路日曈曈笳聲駭胡騎清磬讋山戎微臣今拜手願帝永無窮

同前　張正見

林光稱避暑回中乃吉行龍媒躡影駃玉輦御雲輕風烏繞鵁鶄綵鷁照月明欲知鍾箭遠遥聽寶雞聲

同前　　隋蕭慤

發軔城西畤回輿事北遊山寒石道凍葉下故宮秋朔路傳
清警一云邊風卷畫旒歲餘巡省畢擁仗返皇州

同前　　隋陳子良

承平重遊樂詔蹕上之回屬車響流水清笳轉落梅嶺雲蓋
道轉巖花映綬開下輦便高宴何如在瑤臺

同前　　唐盧照隣

回中道路險蕭關烽候多五營屯北地萬乘出西河單于拜
玉璽天子按琱戈振旅汾川曲秋風横大歌

同前　　唐李白

三十六離宮樓臺與天通閣道步行月美人愁煙空恩疎寵
不及桃李傷春風淫樂意何極金輿向回中萬乘出黄道千
旗揚彩虹前軍細柳北後騎甘泉東豈問渭川老寧邀襄野

童秋暮（一作但暮）瑤池宴歸來樂未窮

同前　　李賀

上之回大旗喜懸虹彗撻鳳尾劒匣破舞蛟龍蚩尤死鼓逢
逢大高慶雷齊墜地地無驚煙海千里

戰城南　　梁吴均

蹀躞青驪馬往戰城南纖五歷魚麗陣三入九重圍名慴武
安將血汙秦王衣爲君意氣重無功終不歸

同前　　張正見

薊北馳胡騎城南接短兵雲屯兩陣合劒聚七星明旗交無
復影角憤有餘聲戰罷披軍策還嗟李少卿

同前　　盧照鄰

將軍出紫塞冒頓在烏貪笳喧鴈門北陣翼龍城南琱弓夜
宛轉鐵騎曉參驔應須駐白日爲待戰方酣

同前　李白

去年戰桑乾源，今年戰葱河道。洗兵條支海上波，放馬天山雪中草。萬里長征戰，三軍盡衰老。匈奴以殺戮爲耕作，古來唯見白骨黃沙田。秦家築城備胡處，漢家還有烽火然。烽火然不息，征戰一作長征無已時。野戰格鬬死，敗馬號鳴向天悲。烏鳶啄人腸，銜飛上挂枯樹枝。一作上枯枝士卒塗草莽，將軍空爾爲。乃知兵者是凶器，聖人不得已而用之。

同前　唐劉駕

城南征戰多，城北無飢鴉。白骨馬蹄下，誰言皆有家。城前水聲苦，倏忽流萬古。莫爭城外地，城裏有閑土。

同前二首　唐僧貫休

萬里桑乾傍，茫茫古蕃壤。將軍皃憔悴，撫劍悲年長。胡兵尚陵逼，久住亦非強。邯鄲少年輩，箇箇有伎倆。拖槍半夜去雪

片大如掌

磧中有陰兵戰馬時驚蹶輕猛李陵心摧殘蘇武節黄金鏁子甲風吹色如鐵十載不封侯茫茫向誰説

樂府詩集卷第十六

樂府詩集卷第十七　太原郭　茂倩　編次

鼓吹曲辭

漢鐃歌中

巫山高　齊虞羲

南國多奇山荆巫獨靈異雲雨麗以佳陽臺千里思勿言可再得特美君王意高唐一斷絕光陰不可遲

同前　齊王融

想像一作髣髴巫山高薄暮陽臺曲煙雲乍舒卷猨鳥時斷續一作煙華乍卷舒行芳時斷續彼美如可期寤言紛在矚憮然坐相望秋風下庭綠

同前　齊劉繪

高唐與巫山參差鬱相望灼爍在雲間氛氳出霞一作雲上散

雨收夕臺行雲卷晨障出沒不易期嬋娟似(以一作)惆悵

同前　梁元帝

巫山高不窮迴出荆門中灘聲下濺石猿鳴上逐風樹雜山
如畫林暗澗疑空無因謝神女一爲出房櫳

同前　梁范雲

巫山高不極白日隱光暉靄靄朝雲去溟溟暮雨歸巖懸獸
無跡林暗鳥疑飛枕席竟誰薦相望空依依

同前　梁費昶

巫山光欲晚(一作曉)陽臺色依依彼美巖之曲寧知心是非朝
雲觸石起暮雨潤羅衣願解千金珮請逐大王歸

同前　梁王泰

迢遞巫山竦遠天新霽時樹交涼去遠草合影開遲谷深流
響咽峽近猿聲悲只言雲雨狀自有神仙期

同前　　陳後主

巫山巫峽深峭壁聳春林風巖朝蘂落霧嶺晚猨吟雲來足
薦枕雨過非感琴仙娙將夜月度影自浮沉

同前　　陳蕭詮

巫山映巫峽高高殊未窮猨聲不辨處雨色詎分空懸崖下
桂月深澗響松風別有仙雲起時向楚王宮

同前　　唐鄭世翼

巫山凌太清岧嶤類削成霏霏暮雨合靄靄朝雲生危峯入
鳥道深谷瀉猿聲別有幽棲客淹留攀桂情

同前　　唐沈佺期

巫山峯十二環合隱昭回俯眺琵琶峽平看雲雨臺古槎天
外倚瀑水日邊來何忽啼猿夜荆王枕席開

神女向高唐巫山下夕陽徘徊作行雨婉孌逐荆王電影江

前落雷聲峽外長霽雲無處所臺館曉蒼蒼

同前　唐盧照隣

巫山望不極望望下朝雰莫辨啼猿樹徒看神女雲驚濤亂水脉驟雨暗峯文霑裳即此地況復遠思君

同前　唐張循之

巫山高不極沓沓奇狀新暗谷疑風雨幽巖若鬼神月明三峽曙潮滿二江春爲問陽臺夕應知入夢人

同前　唐劉方平

楚國巫山秀清猿日夜啼萬重春樹合十二碧峯齊峽出朝雲下江來暮雨西陽臺歸路直不畏向家迷

同前　唐皇甫冉

巫峽見巴東迢迢半出空雲藏神女館雨到楚王宮朝暮泉聲落寒暄樹色同清猿不可聽偏在九秋中

同前　唐李端

巫山十二峯皆在碧虛中回合雲藏日霏微雨帶風猿聲寒過水樹色暮連空愁向高唐望清秋見楚宮

同前　唐于濆

何山無朝雲彼雲亦悠揚何山無暮雨彼雨亦蒼茫宋王恃才者憑雲搆高堂自重文賦名荒淫歸楚襄峩峩十二峯永作妖鬼鄉

同前　唐孟郊

巴江上峽重復重陽臺碧峭十二峯荆王獵時逢暮雨夜卧高丘夢神女輕紅流煙濕艷姿行雲飛去明星稀目極魂斷望不見猿啼三聲淚沾衣

見盡數萬里不聞三聲猿但飛蕭蕭雨中有亭亭魂千載楚襄一作王恨遺文宋玉言至今青冥裏雲結深閨門

同前　　唐李賀

碧叢叢高一作齊插天大江翻瀾神曳煙楚魂尋夢風颸一作颼然曉風飛雨生苔錢瑶姬一去一千年丁香筇竹啼老猿古祠近月蟾桂寒椒花墜紅濕雲間一作端

同前　　唐僧齊已

巫山高巫女妖雨爲暮兮雲爲朝楚王憔悴魂欲銷秋猿嘷日將夕紅霞紫煙凝老壁千巖萬壑花皆坼但恐芳菲無正色不知今古行人行幾人經此無秋情雲深廟遠不可覓十二峯頭插天碧

將進酒　　梁昭明太子

洛陽輕薄子長安遊俠兒宜城溢渠盌中山浮羽巵

同前　　唐李白

君不見黃河之水天上來奔流到海不復回君不見高堂明

鏡悲白髮朝如青絲暮成雪人生得意須盡歡莫使金樽空對月天生我材必有用千金散盡還復來烹羊宰牛且爲樂會須一飲三百杯岑夫子丹丘生將進酒杯莫停一作君莫停與君歌一曲請君爲我傾耳聽鐘鼓饌玉不足貴但願長醉不復醒古來聖賢皆寂寞唯有飲者留其名陳王昔時宴平樂斗酒十千恣歡謔主人何爲言少錢徑須沽取對君酌五花馬千金裘呼兒將出換美酒與爾同銷萬古愁

同前　　唐元稹

將進酒將進酒酒中有毒酖主父言之主父傷主母母爲妾地父妾天仰天俯地不忍言佯爲僵踣主父前主父不知加妾鞭旁人知妾爲主說主將淚洗鞭頭血推權主母牽下堂扶妾遣升堂上床將進酒酒中無毒令主壽願主回思歸主母遣妾如此事一作由主父妾爲此事人偶知自慙不密方自

悲主今顛倒安置妾貪天僭地誰不爲

同前　李賀

瑠璃鍾琥珀濃小槽酒滴眞珠紅烹龍炮鳳玉脂泣羅屏繡幕圍香風吹龍笛擊鼉鼓皓齒歌細腰舞況是青春日將暮桃花亂落如紅雨勸君終日酩酊醉酒不到劉伶墳上土

君馬黃　蔡知君

君馬徑西極臣馬出東方足策浮雲影珂連明月光水凍恒傷骨蹄寒爲踐霜躊躇嗟伏櫪空想欲從良

同前　陳張正見

幽并重騎射征馬正盤桓風去長嘶遠冰堅度足寒出關聊變色上坂屢停鞍即今隨御史非復在樓蘭

五色乘馬黃追風時滅没血汗染龍花胡鞍抱秋月唯騰遲注水不飲長城窟詎待燕昭王千金市駿骨

同前　李白

君馬黃我馬白馬色雖不同人心本無隔共作遊冶盤雙行洛陽陌長劒既照曜高冠何赩赫各有千金裘俱爲五侯客猛虎落陷穽壯夫時屈厄相知在急難獨好亦一作知何益

芳樹　謝脁

早翫華池陰復影滄洲泄椅梔芳若斯葳蕤紛可結霜下桂枝鋪怨與飛蓬折不厠王盤滋誰憐終委絕

同前　王融

相望早春日煙華雜如霧復此佳麗人含情結芳樹綺羅巳自憐萱風多有趣去來徘徊者佳人不可遇

同前　梁武帝

綠樹始搖芳芳生非一葉一葉度春風芳芳自相接色雜亂參差衆花紛重疊重疊不可思思此誰能愜

同前　梁元帝

芬芳君子樹，交柯御宿園。桂影含秋月，桃色染春源（一作桂影含秋色桃花染春源）。落英逐風聚，輕香帶蘂翻。叢枝臨北閣，灌木隱南軒。交讓良宜重，成蹊何用言。

同前　費昶

幸被夕風吹，屢得朝光照。枝偃（一作低）疑欲舞，花開似含笑。長夜踏悠悠，所思不可召。行人早旋返，賤妾猶年少（一作年猶少）。

同前　梁沈約

發蕚九華隈，開跗寒路側。氤氳非一香，參差多異色。宿昔寒飈舉，摧殘不可識。霜雪交橫至，對之長歎息。

同前　梁丘遲

芳葉已漠漠，嘉實復離離。發景傍雲屋，凝暉覆華池。輕蜂掇浮穎，弱鳥隱深枝。一朝容色茂，千春長不移。

同前　陳李爽

芳樹千株發，搖蕩三陽時。氣軟來風易，枝繁度鳥遲。春至花如錦，夏近葉成帷。欲寄邊城客，路遠誰能持。一作路遠誰難持

同前　陳顧野王

上林通建章，雜樹遍林芳。日影桃蹊色，風吹梅逕香。幽山桂葉落，馳道柳條長。折榮疑路遠，用表莫相忘。

同前　張正見

奇樹舒春苑，流芳入綺錢。合歡分四照，同心彰萬年。香浮佳氣裏，葉映彩雲前。欲識揚雄賦，金玉滿甘泉。

同前　沈佺期

何地早芳菲，宛在長門殿。夭桃色若綬，穠李光如練。啼鳥弄花踈，遊蜂飲香遍。歎息春風起，飄零君不見。

同前　盧照隣

芳樹本多奇年華復在斯結翠成新幄開紅滿舊枝風歸花
歷亂日度影參差容色朝朝落思君君不知

同前　唐徐彥伯

玉花珍簟上金鏤畫屏開曉月憐箏柱春風憶鏡臺箏柱春
風吹曉月芳樹落花朝暝歇藁砧刀頭未有時攀條拭淚坐
相思

同前　唐韋應物

迢迢芳園樹列映清池曲對此傷人心還如故時綠風條灑
餘靄露葉承新旭佳人不再攀下有往來躅

同前　元稹

芳樹已寥落孤英尤可嘉可憐團團葉蓋覆深深花遊蜂競
鑽刺鬬雀亦紛拏天生細碎物不愛好光華非無殲殄法念
爾有生涯春雷一聲發驚蟄亦驚蚍清池養神蔡已復長蝦

蓋雨露貴平施吾其春草芽

同前　　唐羅隱

細蘂慢逐風暖香閙破鼻青帝固有心時時動人意去年高枝猶壓地今年低枝已憔悴吾所以見造化之權變通之理春夏作頭秋冬爲尾循環反覆無窮已今生長短同一軌若使威可以制力可以止秦皇不肯斂手下沙丘孟賁不合低頭入蒿里伊人強猛猶如此顧我勞生何足恃但願開素袍傾綠蟻陶陶兀兀大醉於青冥白晝間任他上是天下是地

有所思　　劉繪

别離安可再而我更重之佳人不相見明月空在帷共銜滿堂酌獨斂向隅眉中心亂如雪寧知有所思

同前　　王融

如何有所思而無相見時宿昔夢顏色階庭尋履綦高張更

何巳引滿終自持欲知憂能老爲視鏡中絲

同前　謝朓

佳期期未歸望望下鳴機徘徊東陌上月出行人稀

同前　梁武帝

誰言生離久適意與君別衣上芳猶在握裏書未滅腰中雙綺帶夢爲同心結常恐所思露瑤華未忍折

同前　梁簡文帝

昔未離長信金翠奉乘輿何言人事異夙昔故恩踈寂寞錦筵靜玲瓏玉殿虛掩閨泣團扇羅幌詠蘼蕪

同前　梁昭明太子

公子遠于隔乃在天一方望望江山阻悠悠道路長別前秋葉落別後春花芳雷歎一聲響雨淚忽成行悵望情無極傾心還自傷

同前　　梁王筠

丹墀生細草紫殿納輕陰曖曖巫山遠悠悠湘水深徒歌鹿盧劍空貽玳瑁簪望君終不見屑淚且長微一作吟

同前　　梁庾肩吾

佳期竟杳一作不歸春日坐芳菲拂匣看離扇開箱見别衣井梧生未合宮槐卷復稀不及啣泥鷰從來相逐飛

同前　　梁王僧孺

夜風吹熠燿朝光照昔耶幾銷蘼蕪葉空落蒲桃花不堪長織素誰能獨浣沙光陰復何極望促反成賒知君自蕩子奈妾亦倡家

同前　　梁吴均

薄暮有所思終持淚煎骨春風驚我心秋露傷君鬢

同前　　沈約

西征登隴首，東望不見家。關樹抽紫葉，塞草發青牙。昆明當欲滿，蒲萄應作花。垂淚對漢使，因書寄狹邪。

同前　費昶

上林烏欲飛，長門日行（一作將）暮。所思鬱不見，空想丹墀步。輦動意君來，雷聲似車度。北方佳麗子，窈窕能回顧。夫君自迷惑，非爲妾心妬。

同前　陳後主

蕩子好蘭期，留人獨自思。落花同淚臉，初月似愁眉。階前看草蔓，窻中對網絲。不言千里望，復是三春時。

杳杳與人期，遥遥有所思。山川千里間，風月兩邊時。相待春那劇，相望近偏遲。當由分別久，夢來還自疑。

佳人在北燕，相望渭橋邊。團團落日樹，耿耿曙河天。愁多明月下，淚盡鴈行前。別心不可寄，唯餘琴上弦。

同前　顧野王

賤妾有所思，良人久征戍。笳鳴塞表城（一作笳鳴明塞表），花開落芳樹。白登澄月色，黃龍起煙霧。還聞雉子班，非復長征賦。

同前　張正見

深閨久離別，積怨轉生愁。徒思裂帛鴈，空上望歸樓。看花憶塞草，對月想邊秋。相思日日度，淚臉年年流。

同前　陳陸系

別念恨城闉，還思樓上人。淚想離前落，愁聞別後新。月來疑舞扇，花度憶歌塵。只看今夜裏，那似隔河津。

同前　魏裴讓之

夢中雖暫見，及覺始知非。展轉不能寐，徙倚獨披衣。悽悽曉風急，晻晻月光微。室空常達旦，所思終不歸。

同前　隋盧思道

長門與長信憂思並難任洞房明月下空庭綠草深怨歌裁潔一作紈素能賦受黃金復聞隔湘水猶言限桂林悽悽日已暮誰見此時心

同前　沈佺期

君子事行役再空芳歲期美人曠延佇萬里浮雲思園槿綻紅豔郊桑柔綠滋坐看長夏晚秋月生羅帷

同前　李白

我思仙一作佳人乃在碧海之東隅海寒多天風白波連山一作天倒蓬壺長鯨噴湧不可涉撫心茫茫淚如珠西來青鳥東飛去願寄一書謝麻姑

同前　孟郊

桔槔烽火晝不滅客路迢迢信難越古鎮刀攢萬片霜寒江浪起千堆雪此時西去定如何空使南心遠淒切

同前　唐盧仝

當時我醉美人家美人顏色嬌如花今日美人棄我去青樓珠箔天之涯天涯娟娟常娥月三五二八盈又缺翠眉蟬鬢生別離一望不見心斷絶心斷絶幾千里夢中醉臥巫山雲覺來淚滴湘江水湘江兩岸花木深美人不見愁人心含愁更奏綠綺琴調高絃絶無知音美人兮美人不知爲暮雨兮爲朝雲相思一夜梅花發忽到窻前疑是君

同前　韋應物

借問江上柳青青爲誰春空遊昨日地不見昨日人繚繞萬家井往來車馬塵莫道無相識要非心所親

同前　唐劉氏雲

朝亦有所思暮亦有所思登樓望君處藹藹浮雲飛浮雲遮却陽關道向晚誰知妾懷抱玉井蒼苔春院深桐花落地無

人掃

樂府詩集卷第十七

樂府詩集卷第十八

太原郭　茂倩　編次

鼓吹曲辭

漢鐃歌下

雉子班　梁吴均

可憐雉子班羣飛集野甸文章始陸離意氣巳驚猜幽并遊俠子直心亦如箭死節報君恩一作以死報君恩誰能孤恩眄

同前　陳後主

四野秋原暗十步啄方前雊聲風處遠翅影雲間連箭射妖姬笑裘值盛明然巳足南皮賞復會北宮篇

同前　陳張正見

陳倉雉未飛斂翮依芳甸朱冠色尚淺錦臆毛初變雊麥且專場排花聊勇戰唯當渡弱水不怯如皐箭

同前　毛處約

春物始芳菲春雉正相追澗響連朝雊花光帶錦衣竄跡時移影驚媒或亂飛能使如皐路相逢巧笑歸

同前　陳江總

麥壟新秋來澤雉屢徘徊依花似協妬拂草乍驚媒三春桃照李二月柳爭梅暫往如皐路當令巧笑開

同前　唐李白

古今樂錄曰梁三朝樂第四十一設辟邪伎鼓吹作雉子班曲引去來

辟邪伎作鼓吹驚雉子班之奏曲成喔咿振迅欲飛鳴扇錦翼雄風生雙雌同飲啄趫悍詐能爭乍向草中取介死不求黃金籠下生天地至廣大何惜遂物情善卷讓天子務光亦逃名所貴曠士懷朗然合太清

臨高臺　魏文帝

臨臺行高高以軒下有水清且寒中有黃鵠往且翻行為臣當盡忠願令皇帝陛下三千歲宜居此宮鵠欲南遊雌不能隨我欲躬銜汝口噤不能開欲負之毛衣摧頹五里一顧六里徘徊

同前　齊謝朓

千里常思歸登臺臨綺翼纔見孤鳥還未辨連山極四面動春風朝夜起寒色誰知倦遊者嗟此故鄉憶

同前　齊王融

遊人欲騁望積步上高臺井蓮當夏吐牕桂逐秋開花飛低不入鳥散遠時來還看雲棟（一作陣）影含月共徘徊

同前　梁簡文帝

高臺半行雲望望高不極草樹無參差山河同一色髣髴洛

陽道道遠難別識玉階故情人情來共相憶

同前　梁沈約

高臺不可望望遠使人愁連山無斷續河水復悠悠所思曖何在洛陽南陌頭可望不可至何用解人憂

同前　陳後主

晚景登高臺迴望春光來霧濃山後暗日落雲傍開煙裏看鴻小風來望葉回臨窗已響吹極眺且傾杯

同前　張正見

曾臺邇清漢出迥架重棼飛棟臨黃鶴高窗度白雲風前朱幌一作幔色霞處綺疎分此中多怨曲地遠詎能聞

同前　隋蕭慤

崇臺高百尺迥出望仙宮畫栱浮朝一作雲氣飛梁照晚虹小衫飄霧縠艷粉拂輕紅笙吹汶陽篠琴奏嶧山桐舞逐飛龍

引花隨少女風臨春令若此極燕豈無窮

同前　　唐褚亮

高臺暫俯臨飛翼聳輕音浮光隨日度漾影逐波深迴矚周平野開懷暢遠襟獨此三休上還傷千歲心

同前　　唐王勃

臨高臺高臺迢遞絶浮埃瑶軒綺構何崔嵬鸞歌鳳吹清且哀俯瞰長安道萋萋御溝草斜對甘泉路蒼蒼茂陵樹高臺四望同帝鄉佳氣鬱葱葱紫閣丹樓紛照曜壁房錦殿相玲瓏東彌長樂觀西指未央宮赤城映朝日緑樹摇春風旗亭百隊開新市甲第千甍分戚里朱輪翠蓋不勝春疊樹層楹相對起復有青樓大道中繡戶文窻雕綺櫳錦衣晝不襞羅帷夕未空歌屏朝掩翠粧鏡曉窺紅爲吾安寳髻娥眉罷花叢狹路塵間黯將暮雲間月色明如素鴛鴦池上兩兩飛鳳

皇樓下雙雙度物色正如此佳期那不顧銀鞍繡轂盛繁華可憐今夜宿倡家倡家少婦不須嚬東園桃李片時春君看舊日高臺處柏梁銅雀生黃塵

同前　唐僧貫休

涼風吹遠念使我升高臺寧知數片雲不是舊山來故人天一涯久客殊未回鴈來不得書空寄聲哀哀

遠期　梁張率

遠期終不歸節物坐將遷（一作變）白露慘單衫秋風息團扇誰能久離別佗鄉且異縣浮雲蔽重山相望何時見寄言遠期者空閨淚如霰

同前　梁庾成師

憶別春花飛已見秋葉稀淚粉羞明鏡愁帶減寬衣得書言未及夢見道應歸坐使紅顏歇獨掩青樓扉

玄雲　張率

壞陣壓峨巃遮牕暗思扉映日斜生海跨樹似鵬飛夢山奕已去落靄何由歸

黃雀行　唐莊南傑

穿屋穿墻不知止爭樹爭巢入營死林間公子挾彈弓一丸致斃花叢裏小雛黃口未有知青天不解高高飛虞人設網當要路白日啾嘲禍萬機

釣竿　魏文帝

崔豹古今注曰釣竿者伯常子避仇河濱為漁者其妻思之而作也每至河側輒歌之後司馬相如作釣竿詩遂傳為樂曲

東越河濟水遥望大海涯釣竿何珊珊魚尾何簁簁行路之好者芳餌欲何為

同前　沈約

桂舟既容與綠浦復回紆輕絲動弱芰微楫起單鳧扣舷忘日暮卒歲以爲娛

同前　梁戴暠

試持玄渚釣暫罷池陽獵翠羽飾長綸蓮花裝小楪鉅利斷蓴絲汎舉牽菱葉聊載前魚童過看後舟妾

同前　梁劉孝綽

釣舟畫采鷁魚子服冰紈金轄茱萸網銀鉤翡翠竿斂橈隨水脉急槳渡江湍湍長自不辭前浦有佳期船交棹影合浦深魚出遲荷根時觸餌菱芷乍罥絲蓮渡江南手衣渝京兆眉垂竿自來樂誰能爲太師

釣竿篇　張正見

結宇長江側垂釣廣川潯竹竿橫翡翠桂髓擲黃金人來水

鳥没檝渡岸花沈蓮揺見魚近綸盡覺潭深渭水終須卜滄
浪徒自吟空嗟芳餌下獨見有貪心

同前　　隋李巨仁

潺湲面江海滉瀁矚波瀾不惜黄金餌唯憐翡翠竿斜綸控
急水定檝下飛湍潭迴風來易川長霧歇難寄言朝市客滄
浪徒自安

同前　　唐沈佺期

朝日斂紅煙垂竿向緑川人疑天上坐魚似鏡中懸避檝時
驚透猜鉤每誤牽湍危不理轄潭静欲留船釣玉君徒尚徵
金我未賢爲看芳餌下貪得會無全

魏鼓吹曲　　繆襲

晉書樂志曰魏武帝使繆襲造鼓吹十二曲以
代漢曲一曰楚之平二曰戰滎陽三曰獲呂布

四曰克官渡五曰舊邦六曰定武功七曰屠柳城八曰平南荆九曰平關中十曰應帝期十一曰邕熙十二曰太和

楚之平

晉書樂志曰改漢朱鷺爲楚之平言魏也古今樂録作初之平

楚之平義兵征神武奮金鼓鳴邁武德揚洪名漢室微社稷傾皇道失桓與靈閹官熾羣雄爭邊韓起亂金城中國擾無紀經赫武皇起旗旄麾天下天下平濟九州九州寧創武功武功成越五帝邈三王興禮樂定紀綱普日月齊輝光

楚之平曲凡三十句句三字

戰滎陽

晉書樂志曰改漢思悲翁爲戰滎陽言曹公也

戰滎陽汴水陂戎士憤怒貫甲馳陣未成退徐滎二萬騎塹壘平戎馬傷六軍驚勢不集衆幾傾白日没時晦冥顧中牟心屏營同盟疑計無戍賴我武皇萬國寧

戰滎陽曲凡二十句其十八句句三字二句句四字

獲呂布

晉書樂志曰改漢艾如張爲獲呂布言曹公東圍臨淮生擒呂布也

獲呂布戮陳宫芟夷鯨鯢驅騁羣雄囊括天下運掌中

獲呂布曲凡六句其三句句三字三句句四字

克官渡

晉書樂志曰改漢上之回爲克官渡言曹公與袁紹戰破之於官渡也

克紹官渡由白馬僵屍流血被原野賊衆如犬羊王師尚寡
沙塠旁風飛揚轉戰不利士卒傷今日不勝後何望土山地
道不可當卒勝大捷震冀方屠城破邑神武遂章

克官渡曲凡十八句其八句句四字一句五
字九句句三字

舊邦

晉書樂志曰改漢翁離爲舊邦言曹公勝袁紹
於官渡還譙收藏死亡士卒也

舊邦蕭條心傷悲孤魂翩翩當何依遊士戀故涕如摧兵起
事大令願違傳求親戚在者誰立廟置後魂來歸

舊邦曲凡十二句其六句句三字六句句四字

定武功

晉書樂志曰改漢戰城南爲定武功言曹公初

破鄴武功之定始乎此也

定武功濟黃河河水湯湯旦暮有橫流波袁氏欲衰兄弟尋干戈決漳水水流滂沱嗟城中如流魚誰能復顧室家計窮慮盡求來連和和不時心中憂戚賊衆内潰君臣奔北拔鄴城奄有魏國王業艱難覽觀古今可爲長歎

定武功曲凡二十一句其五句句三字三句句六字十二句句四字一句句五字

屠柳城

晉書樂志曰改漢巫山高爲屠柳城言曹公越北塞歷白檀破三郡烏桓於柳城也

屠柳城功誠難越度隴塞路漫漫北踰岡平但聞悲風正酸蹋頓授首遂登白狼山神武慹海外永無北顧患

屠柳城曲凡十句其三句句三字三句句四字

三句句五字一句六字

平南荆

晋書樂志曰改漢上陵爲平南荆言曹公南平荆州也

南荆何遼遼江漢濁不清菁茅久不貢王師赫南征劉琮據襄陽賊備屯樊城六軍廬新野金鼓震天庭劉子面縛至武皇許其成許與其成撫其民陶陶江漢閒普爲大魏臣大魏臣向風思自新思自新齊功古人在昔虞與唐大魏得與均多選忠義士爲喉脣天下一定萬世無風塵

平南荆曲凡二十四句其十七句句五字四句句三字三句句四字

平關中

晋書樂志曰改漢將進酒爲平關中言曹公征

馬超定關中也

平關中路向潼濟濁水立高墉鬭韓馬離羣凶選驍騎縱兩翼虜崩潰級萬億

平關中曲凡十句句三字

應帝期

晉書樂志曰改漢有所思爲應帝期言文帝以聖德受命應運期也

應帝期於昭我文皇歷數承天序龍飛自許昌聰明昭四表恩德動遐方星辰爲垂耀日月爲重光河洛吐符瑞草木挺嘉祥麒麟步郊野黃龍遊津梁白虎依山林鳳皇鳴高岡考圖定篇籍功配上古羲皇羲皇無遺文仁聖相因循期運三千歲一生聖明君堯授舜萬國萬國皆附親四門爲穆穆教化常如神大魏興盛與之爲鄰

應帝期曲凡二十六句其一句三字二句句四字二十二句句五字一句六字

邕熙

晉書樂志曰改漢芳樹爲邕熙言魏氏臨其國君臣邕邕穆庶積咸熙也

邕熙君臣念德天下治登帝道獲瑞寶頌聲並作洋洋浩浩吉日臨高堂置酒列名倡歌聲一何紆餘雜笙簧八音諧有紀綱子孫永建萬國壽考樂無央

邕熙曲凡十五句其六句句三字三句句四字一句二字三句句五字二句句六字

太和

晉書樂志曰改漢上邪爲太和言明帝繼體承統太和改元德澤流布也

惟太和元年皇帝踐阼聖且仁德澤爲流布災蝗一時爲絶息上天時雨露五穀溢田疇四民相率遵軌度事務澂清天下獄訟察以情元首明魏家如此那得不太平

太和曲凡十三句其二句句三字五句句五字三句句四字三句句七字

吳鼓吹曲　韋昭

晉書樂志曰吳使韋昭製鼓吹十二曲一曰炎精鈌二曰漢之季三曰攄武師四曰伐烏林五曰秋風六曰克皖城七曰關背德八曰通荆門九曰章洪德十曰從歷數十一曰承天命十二曰玄化

炎精鈌

古今樂録曰炎精鈌者言漢室衰孫堅奮迅猛

志念在匡救王迹始乎此也當漢朱鷺

炎精缺漢道微皇綱弛政德違衆姦熾民罔依赫武烈越龍飛陟天衢耀靈威鳴雷鼓抗電麾撫乾衡鎮地機厲虎旅騁熊羆發神聽吐英奇張角破邊韓羈宄潁平南土綏神武章渥澤施金聲震仁風馳顯高門啓皇基統罔極垂將來

炎精缺曲凡三十句句三字

漢之季

古今樂錄曰漢之季者言孫堅悼漢之微痛董卓之亂興兵奮擊功蓋海內也當漢思悲翁

漢之季董卓亂桓桓武烈應時運義兵興雲旗建厲六師羅八陣飛鳴鏑接白刃輕騎發介士奮醜虜震使衆散劫漢主遷西館雄豪怒元惡僨赫赫皇祖功名聞

漢之季曲凡二十句其十八句句三字二句句

四字

攄武師

古今樂録曰攄武師者言孫權卒父之業而征伐也當漢艾如張

攄武師斬黃祖肅夷凶族革平西夏炎炎大烈震天下

攄武師曲凡六句其三句句三字三句句四字

伐烏林

古今樂録曰伐烏林者言魏武既破荆州順流東下欲來爭鋒孫權命將周瑜逆擊之於烏林而破走也當漢上之回

曹操北伐拔柳城乘勝席卷遂南征劉氏不睦八郡震驚衆既降操屠荆舟車十萬揚風聲議者狐疑慮無成賴我大皇發聖明虎臣雄烈周與程破操烏林顯章功名

伐烏林曲凡十八句其十句句四字八句句三字

秋風

古今樂録曰秋風者言孫權悦以使民民忘其死也當漢擁離

秋風揚沙塵寒露沾衣裳角弓持弦急鳩鳥化爲鷹邊垂飛羽檄寇賊侵界疆跨馬披介胄慷慨懷悲傷辭親向長路安知存與亡窮達固有分志士思立功思立功邀之戰場身逸獲高賞身沒有遺封

秋風曲凡十六句其十四句句五字一句三字一句四字

克皖城

古今樂録曰克皖城者言魏武志圖并兼而令朱光爲廬江太守孫權親征光破之於皖城也

當漢戰城南

克滅皖城遏寇賊惡此凶孽阻姦慝王師赫征衆傾覆除穢去暴戢兵革民得就農邊境息誅君弔臣昭至德

克皖城曲凡十二句其六句句三字六句句四字

關背德

古今樂錄曰關背德者言蜀將關羽背棄吳德心懷不軌孫權引師浮江而擒之也當漢巫山高

關背德作鴟張割我邑城圖不祥稱兵北伐圍樊襄陽嗟臂大於股將受其殃巍巍夫聖主睿德與玄通與玄通親任呂蒙泛舟洪氾池溯涉長江神武一何桓桓聲烈正與風翔歷撫江安城太據郢邦虜羽授首百蠻咸來同盛哉

三比隆

關背德曲凡二十一句其八句句四字二句句六字七句句五字四句句三字

通荊門

古今樂録曰通荊門者言孫權與蜀交好齊盟中有關羽自失之諐戎蠻樂亂生變作患蜀疑其眩吳惡其詐乃大治兵終復初好也當漢上陵

荊門限巫山高峻與雲連蠻夷阻其險歷世懷不賓漢王據蜀郡崇好結和親乖微中情疑讒夫亂其間大皇赫斯怒虎臣勇氣震蕩滌幽藪討不恭觀兵揚炎燿厲鋒整封疆整封疆闡揚威武容功赫戲洪烈炳章邈矣帝皇世聖吳同厥風荒裔望清化化恢弘煌煌大吳延祚永未央

通荆門曲凡二十四句其十七句句五字四句句三字三句句四字

章洪德

古今樂録曰章洪德者言孫權章其大德而遠方來附也當漢將進酒

章洪德邁威神感殊風懷遠鄰平南裔齊海濱越裳貢扶南臣珍貨充庭所見日新

章洪德曲凡十句其八句句三字二句句四字

從歷數

古今樂録曰從歷數者言孫權從圖籙之符而建大號也當漢有所思

從歷數於穆我皇帝聖哲受之天神明表奇異建號創皇基聰睿協神思德澤浸及昆蟲浩蕩越前代三光顯精耀陰陽

稱至治肉角步郊畛鳳皇棲靈囿神龜游沼池圖讖摹文字
黃龍覿鱗符祥日月記覽往以察今我皇多嘉事上欽昊天
象下副萬姓意光被彌蒼生家户蒙惠賚風教肅以平頌聲
章嘉喜大吳興隆綽有餘裕

從歷數曲凡二十六句其一句三字三句句四字二十二句句五字一句六字

承天命

古今樂録曰承天命者言上以聖德踐位道化至盛也當漢芳樹

承天命於昭聖德三精垂象符靈表德巨石立九穗植龍金
其鱗烏赤其色輿人歌億夫歎息超龍升襲帝服窮淳懿體
玄嘿夙興臨朝勞謙日昃易簡以崇仁放遠讒與慝舉賢才
親近有德均田疇茂稼穡審法令定品式考功能明黜陟人

思自盡唯心與力家國治王道直思我帝皇壽萬億長保天
禄祚無極

承天命曲凡三十四句其十九句句三字二句
句五字十三句句四字

玄化

古今樂録曰玄化者言上脩文訓武則天而行
仁澤流洽天下喜樂也當漢上邪

玄化象以天陛下聖真張皇綱率道以安民惠澤宣流而雲
布上下睦親君臣酣宴樂激發弦歌揚妙新脩文籌廟勝須
時備駕巡洛津康哉泰四海歡忻越與三五鄰

玄化曲凡十三句其五句句五字二句句三字
三句句四字三句句七字

樂府詩集卷第十八

（宋）郭茂倩 編

宋本樂府詩集

第二册

國家圖書館出版社

第二册目録

卷七　郊廟歌辭七

卷八　郊廟歌辭八

卷九　郊廟歌辭九

樂府詩集卷第一

太原郭　茂倩　編次

郊廟歌辭

樂記曰王者功成作樂治定制禮是以五帝殊時不相沿樂三王異世不相襲禮明其有損益也然自黃帝巳後至於三代千有餘年而其禮樂之備可以考而知者唯周而巳周頌昊天有成命郊祀天地之樂歌也清廟祀太廟之樂歌也我將祀明堂之樂歌也載芟良耜藉田社稷之樂歌也然則祭樂之有歌其來尚矣兩漢巳後世有制作其所以用於郊廟朝廷以接人神之歡者其金石之響歌舞之容亦各因其功業治亂之所起而本其風俗之所由武帝時詔司

馬相如等造郊祀歌詩十九章五郊互奏之又作安世歌詩十七章薦之宗廟至明帝乃分樂爲四品一曰大予樂典郊廟上陵之樂郊樂者易所謂先王以作樂崇德殷薦上帝宗廟樂者虞書所謂琴瑟以詠祖考來格詩云肅雍和鳴先祖是聽也二曰雅頌樂典六宗社稷之樂社稷樂者詩所謂琴瑟擊鼓以御田祖禮記曰樂施於金石越於音聲用乎宗廟社稷事乎山川鬼神是也永平三年東平王蒼造光武廟登歌一章稱述功德而郊祀同用漢歌魏歌辭不見疑亦用漢辭也武帝始命杜夔創定雅樂時有鄧靜尹商善訓雅歌歌詩尹胡能習宗廟郊祀之曲舞師馮肅服養曉知先代諸舞夔總領之

魏復先代古樂自夔始也晉武受命百度草創泰始二年詔郊廟明堂禮樂權用魏儀遵周室肇稱殷禮之義但使傅玄改其樂章而已永嘉之亂舊典不存賀循爲太常始有登歌之樂明帝太寧末又詔阮孚增益之至孝武太元之世郊祀遂不設樂宋文帝元嘉中南郊始設登歌廟舞猶闕乃詔顔延之造天地郊登歌三篇大抵依做晉曲是則宋初又仍晉也南齊梁陳初皆沿襲後更創制以爲一代之典元魏宇文繼有朔漠宣武已後雅好胡曲郊廟之樂徒有其名隋文平陳始獲江左舊樂乃調五音爲五夏二舞登歌房中等十四調賓祭用之唐高祖受禪未遑改造樂府尚用前世舊文武德九年乃命

祖孝孫修定雅樂而梁陳盡吳楚之音周齊雜
胡戎之伎於是斟酌南北考以古音作爲唐樂
貞觀二年奏之按郊祀明堂自漢以來有夕牲
迎神登歌等曲宋齊以後又加祼地迎牲飲福
酒唐則夕牲祼地不用樂公卿攝事又去飲福
之樂安史作亂咸鎬爲墟五代相承享國不永
制作之事蓋所未暇朝廷宗廟典章文物但按
故常以爲程式云

漢郊祀歌

練時日

練時日侯有望焫膋蕭延四方九重開靈之斿垂惠恩鴻祜
休靈之車結玄雲駕飛龍羽旄紛靈之下若風馬左倉龍右
白虎靈之來神哉沛先以雨般裔裔靈之至慶陰陰相放悊

震澹心靈已坐五音飭虞至旦承靈億牲繭粟粢盛香尊桂酒賓八鄉靈安留吟青黃徧觀此眺瑤堂衆嫭竝綽奇麗顏如荼兆逐靡被華文厠霧縠曳阿錫佩珠玉俠嘉夜茝蘭芳澹容與獻嘉觴

帝臨

帝臨中壇四方承宇繩繩意變備得其所清和六合制數以五海內安寧興文匽武后土富媼昭明三光穆穆優游嘉服上黃

青陽

青陽開動根荄以遂膏潤并愛跂行畢逮霆聲發榮壧處頃聽枯槀復產廼成厥命衆庶熙熙施及夭胎羣生啿啿惟春之祺

朱明

朱明盛長旉與萬物桐生茂豫靡有所詘敷華就實既阜既昌登成甫田百鬼迪嘗廣大建祀肅雍不忘神若宥之傳世無疆

西顥

西顥沆碭秋氣肅殺含秀垂穎續舊不廢姦僞不萌妖孽伏息隅辟越遠四貉咸服既長兹威惟慕純德附而不驕正心翊翊

玄冥

玄冥陵陰蟄蟲蓋臧屮木零落抵冬降霜易亂除邪革正異俗兆民反本抱素懷樸條理信義望禮五嶽籍斂之時掩收嘉穀

惟泰元

漢書禮樂志曰建始元年丞相匡衡奏罷鸞路

龍鱗更定詩曰涓選休成

惟泰元尊媪神蕃釐經緯天地作成四時精建日月星辰度理陰陽五行周而復始雲風靁電降甘露雨百姓蕃滋咸循厥緒繼統恭勤順皇之德鸞路龍鱗罔不胗飾嘉籩列陳庶幾宴享滅除凶災烈騰八荒鐘鼓竽笙雲舞翔翔招摇靈旗九夷賓將

天地

漢書禮樂志曰丞相匡衡奏罷黼繡周張更定詩曰肅若舊典

天地並況惟予有慕爰熙紫壇思求厥路恭承禋祀緼豫爲紛黼繡周張承神至尊千童羅舞成八溢合好効歡虞泰一九歌畢奏斐然殊鳴琴竽瑟會軒朱璆磬金鼓靈其有喜百官濟濟各敬其事盛牲實俎進聞膏神奄留臨須摇長麗前

揚光燿明寒暑不忒况皇章展詩應律鋗玉鳴函宮吐角激
徵清發梁揚羽申以商造兹新音永久長聲氣遠條鳳鳥鶬
神夕奄虞蓋孔享

日出入

日出入安窮時世不與人同故春非我春夏非我夏秋非我
秋冬非我冬泊如四海之池徧觀是邪謂何吾知所樂獨樂
六龍六龍之調使我心若訾黃其何不徠下

天馬

漢書武帝紀曰元鼎四年秋馬生渥洼水中作
天馬之歌太初四年春貳師將軍李廣利斬大
宛王首獲汗血馬來作西極天馬之歌禮樂志
曰天馬歌元狩三年馬生渥洼水中作李斐曰
南陽新野有暴利長武帝時遭刑屯田燉煌界

數於渥洼水旁見羣野馬中有奇者與凡馬異來飲此水利長先作土人持勒靽於水旁後馬玩習久之代土人持勒靽收得其馬獻之欲神異之云從水中出也西域傳曰大宛國多善馬馬汗血言其先天馬子也應劭云大宛有天馬種蹏蹋石汗血蹋石者謂蹋石而有跡言其蹏堅利汗血者謂汗從前肩髆出如血號一日千里也張騫傳曰漢武帝初發書易曰神馬當從西北來得烏孫馬好名曰天馬及得宛馬汗血益壯更名烏孫馬曰西極馬宛馬曰天馬云按史記樂書稱武帝伐大宛得千里馬名蒲梢作歌曰天馬來兮從西極經萬里兮歸有德承靈威兮降外國涉流沙兮四夷服與此不同

太一况天馬下霑赤汗沫流赭志俶儻精權奇籋浮雲晻上馳體容與迣萬里今安匹龍爲友

天馬徠從西極涉流沙九夷服天馬徠出泉水虎脊兩化若鬼天馬徠歷無草徑千里循東道天馬徠執徐時將搖舉誰與期天馬徠開遠門竦予身逝昆侖天馬徠龍之媒游閶闔觀玉臺

天門

天門開詄蕩蕩穆並騁以臨饗光夜燭德信著靈寖平而鴻長生豫太朱涂廣夷石爲堂飾玉梢以舞歌體招搖若永望星留俞塞隕光照紫幄珠熉黃幡比翄回集貳雙飛常羊月穆穆以金波日華燿以宣明假清風軋忽激長至重觴神裴回若留放殣冀親以肆章函蒙祉福常若期寂漻上天知厥時泛泛滇滇從高斿殷勤此路臚所求佻正嘉吉弘以昌休嘉

砰隱溢四方專精厲意逝九閡紛云六幕浮大海

景星

一曰寶鼎歌漢書武帝紀曰元鼎四年夏六月得寶鼎后土祠旁作寶鼎之歌禮樂志曰景星元鼎五年得鼎汾陰作如淳曰景星者德星也見無常常出有道之國

景星顯見信星彪列象載昭庭日親以察參侔開闔爰推本紀汾脽出鼎皇祐元始五音六律依韋饗昭雜變並會雅聲遠姚空桑琴瑟結信成四興遞代八風生殷殷鍾石羽籥鳴河龍供鯉醇犧牲百末旨酒布蘭生泰尊柘漿析朝酲微感心攸通修名周流常羊思所并穰穰復正直往寗馮觽切和疏寫平上天布施后土成穰穰豐年四時榮

齊房

一曰芝房歌漢書武帝紀曰元封二年夏六月甘泉宮内中産芝九莖連葉作芝房之歌應劭云芝芝草也其葉相連瑞應圖云王者敬事耆老不失舊故則芝草生内中謂後庭之室也故詔書曰上帝博臨不異下房賜朕弘休是也禮樂志曰齊房元封二年芝生甘泉齊房作

齊房産草九莖連葉宫童効異披圖案諜玄氣之精回復此都蔓蔓日茂芝成靈華

后皇

后皇嘉壇立玄黄服物發冀州兆蒙祉福沇沇四塞假狄合處經營萬億咸遂厥宇

華爗爗

華爗爗固靈根神之斿過天門車千乘敦昆侖神之出排玉

房周流雜拔蘭堂神之行旌容容騎沓沓般縱縱神之徠泛
翊翊甘露降慶雲集神之揄臨壇宇九疑賓夔龍舞神安坐
鴹吉時共翊翊合所思神嘉虞申貳觴福滂洋邁延長沛施
祐汾之阿揚金光橫泰河莽若雲增陽波徧臚驩騰天歌

五神

五神相包四鄰土地廣揚浮雲抗嘉壇椒蘭芳璧玉精垂華
光益億年美始興交於神若有承廣宣延咸畢觴靈輿位偃
蹇驤卉汨臚析奚遺淫淥澤涯然歸

朝隴首

一曰白麟歌漢書武帝紀曰元狩元年冬十月
行幸雍獲白麟作白麟之歌顏師古云麟麋身
牛尾馬足黃色圜蹄一角角端有肉

朝隴首覽西垠雷電尞獲白麟爰五止顯黃德圖匈虐熏鬻

殛闟流離抑不詳賓百僚山河饗掩回轅鬕長馳騰雨師洒路陂流星隕感惟風籥歸雲撫懷心

象載瑜

一曰赤鴈歌漢書禮樂志曰太始三年行幸東海獲赤鴈作

象載瑜白集西食甘露飲榮泉赤鴈集六紛員殊翁雜五采文神所見施祉福登蓬萊結無極

赤蛟

赤蛟綏黃華蓋露夜零晝晻濭百君禮六龍位勺椒漿靈已醉靈既享錫吉祥芒芒極降嘉觴靈殷殷爛揚光延壽命永未央杳冥冥塞六合澤汪濊輯萬國靈禗禗象輿轙票然逝旗透蛇禮樂成靈將歸託玄德長無衰

漢郊祀歌

靈芝歌　　古辭

因靈寢兮產靈芝象三德兮瑞應圖延壽命兮光此都配上帝兮象太微參日月兮揚光輝

天馬歌　　唐李白

天馬來出月支窟背爲虎文龍翼骨嘶青雲振綠髮蘭筋權奇走滅沒騰崑崙歷西極四足無一蹶雞鳴刷燕晡秣越神行電邁躡恍惚天馬呼飛龍趨目明長庚臆雙鳧尾如煙星首渴烏口噴紅光汗溝朱曾陪時龍躡天衢羈金絡月照皇都逸氣稜稜凌九區白璧如山誰敢沽迴頭笑紫燕但覺爾輩愚天馬奔戀君軒駷躍驚矯浮雲翻萬里入一作足躑躅遙瞻閶闔門不逢寒風子誰採逸景孫白雲在青天丘陵遠崔嵬鹽車上峻坂倒行逆施畏日晚伯樂翦拂中道遺少盡其力老棄之願逢田子方惻然爲我思雖有玉山禾不能療苦

饑嚴霜五月凋桂枝伏櫪銜冤摧兩眉請君贖獻穆天子猶堪弄影舞瑶池

天馬辭　唐張仲素

天馬初從渥水來歌曾唱得濯龍媒不知玉塞沙中路苜蓿殘花幾處開

躞蹀宛駒齒未齊摐金噴玉向風嘶來時行盡金河道獵獵輕風在碧蹄

晉郊祀歌　傅玄

晉書樂志曰武帝泰始二年詔傅玄造郊祀明堂歌辭其祠天地五郊有夕牲歌迎送神歌及饗神歌

夕牲歌

天命有晉穆穆明明我其夙夜祗事上靈常于時假迄用其

成於薦玄牡進夕其牲崇德作樂神祇是聽

迎送神歌

宣文蒸哉日靖四方永言保之夙夜匪康光天之命上帝是皇嘉樂胙薦靈祚景祥神祇隆假享福無疆

饗神歌

天祚有晉其命惟新受終于魏奄有兆民燕及皇天懷柔百神不顯遺烈之德之純享其玄牡式用肇禋神祇來格福祿是臻

時邁其猶昊天子之祐享有晉兆民戴之畏天之威敬授人時不顯不承於猶繹思皇極斯建庶績咸熙庶幾夙夜惟晉之祺

宣文惟后克配彼天撫寧四海保有康年於乎緝熙肆用靖民爰立典制爰修禮紀作民之極莫匪資始克昌厥後永言

保之

晉天地郊明堂歌　傅玄

宋書樂志曰晉前所作天地郊明堂歌有夕牲歌降神歌天郊饗神歌地郊饗神歌明堂饗神歌其夕牲降神天地郊明堂同用

夕牲歌

皇矣有晉時邁其德受終于天光濟萬國萬國既光神定厥祥虔于郊祀祗事上皇祗事上皇百福是臻巍巍祖考克配彼天嘉牲匪歆德馨惟饗受天之祜神化四方

降神歌

於赫大晉膺天景祥二帝邁德宣茲重光我皇受命奄有萬方郊祀配享禮樂孔章神祇嘉饗祖考是皇克昌厥後保祚無疆

天郊饗神歌

整泰壇祀皇神精氣感百靈賓蘊朱火燎芳薪紫煙遊冠青雲神之體靡象形曠無方幽以清神之來元景照聽無閒視無兆神之至舉歆歆靈爽協動余心神之坐同歡娛澤雲翔化風舒嘉樂奏文中聲八音諧神是聽咸絜齊並芬芳烹牷牲享玉觴神悅饗歆禋祀祐大晉降繁祉祚京邑行四海保天年窮地紀

地郊饗神歌

整泰折竢皇祇衆神感羣靈儀陰祀設吉禮施夜將極時未移祇之體無形象潛泰幽洞忽荒祇之出薆若有靈無遠天下母祇之來遺光景昭若存終冥冥祇之至舉欣欣舞象德歌成文祇之坐同歡豫澤雨施化雲布樂八變聲教敷物咸亨祇是娛齊既絜侍者肅玉觴進咸穆穆饗嘉豢歆德馨祚

有晉暨聲生溢九壤格天庭保萬壽延億齡

明堂饗神歌

經始明堂享祀匪懈於皇烈考光配上帝赫赫上帝既高既崇聖考是配明德顯融率土敬職萬方來祭常于時假保祚永世

宋南郊登歌　顔延之

宋書樂志曰文帝元嘉二十二年詔顔延之造天地郊夕牲迎送神饗神雅樂登歌二篇

夕牲歌

夤威寶命嚴恭帝祖表海炳岱系唐胄楚靈鑒濬文民屬睿武奄受敷錫宅中拓宇亘地稱皇罄天作主月竁來賓日際奉土開元首正禮交樂擧六典聯事九官列序有牷在滌有潔在俎以薦王衷以荅神祜

迎送神歌

維聖饗帝維孝養親皇乎備矣有事上春禮行宗祀敬達郊禋金枝中樹廣樂四陳陟配在京降德在民奔精照夜高燎煬晨陰明浮爍沈熒深淪告成大報受釐元神月御案節星驅扶輪遥興遠駕矅矅振振

饗神歌

營泰畤定天衷思心睿謀筮從建表蕝設郊宮田燭置權火通曆元旬律首吉飾紫壇坎列室中星北六宗秩乾宇晏地區謐大孝昭祭禮供牲日展盛自躬具陳器備禮容形舞綴被歌鍾望帝閽聳神蹕靈之來辰光溢潔粢酌娛太一明煇夜華晢日祼既始獻又終煙薌升報清穹饗宋德祚王功休命永福履充

樂府詩集卷第一

樂府詩集卷第二

太原郭　茂倩　編次

郊廟歌辭

宋明堂歌　謝莊

南齊書樂志曰明堂祠五帝漢郊祀歌皆四言宋孝武使謝莊造辭莊依五行數木數用三火數用七土數用五金數用九水數用六案鴻範五行一曰水二曰火三曰木四曰金五曰土月令木數八火數七土數五金數九水數六蔡邕云東方有木三土五故數八南方有火二土五故數七西方有金四土五故數九北方有水一土五故數六又納音數一言得土三言得火五言得水七言得金九言得木若依鴻範木數用

三則應水一火二金四也若依月令金九水六
則應木八火七也當以鴻範一二之數言不成
文故有取捨而使兩義並違未詳以數立文爲
何依據也周頌我將祀文王言皆四其一句五
一句七莊歌太祖亦無定句宋書樂志曰迎送
神歌依漢郊祀三言四句一轉韻

迎神歌

地紐謐乾樞回華蓋動紫微開旌蔽日車若雲駕六氣乘絪
緼曄帝京輝天邑聖祖降五靈集構瑤戺聳珠簾漢拂幌月
棲擔舞綴暢鍾石融駐飛景鬱行風懋粢盛潔牲牷百禮肅
羣司虔皇德遠大孝昌貫九幽洞三光神之安解玉鑾景福
至萬寓歡

登歌

雍臺辨朔澤宮練服潔火夕照明水朝陳六瑚賁室八羽華
庭昭事先聖懷濡上靈肆夏戒敬升歌發德永固鴻基以綏
萬國

歌太祖文皇帝

維天為大維聖祖是則辰居萬寓綴旒下國內靈八輔外光
四瀛萬宮仰蓋日館希旌複殿留景重擔結風刮楹接緯達
嚮承虹設業設虡在王庭肇禋祀克配乎靈我將我享維孟
之春以孝以敬以立我烝民

歌青帝

參映夕駟照晨靈乘震司青春鷹將向桐始蕤柔風舞暄光
遲萌動達萬品新潤無際澤無垠

歌赤帝

龍精初見大火中朱光北至圭景同帝在在離寔司衡水雨

方降木槿榮庶物盛長咸殷阜恩覃四冥被九有

歌黃帝

履建宅中寓司繩御四方裁化遍寒燠布政周炎涼景麗條可結霜明水可折凱風扇朱辰白雲流素節分至乘結晷啓閉集恒度帝運緝萬有皇靈澄國步

歌白帝

百川如鏡天地爽且明雲冲氣舉德盛在素精木葉初下洞庭始揚波夜光徹地飜霜照懸河庶類收成歲功行欲寧浹地奉渥罄宇承秋靈

歌黑帝

歲月既晏方馳靈乘坎德司規玄雲合晦鳥路白雲繁亘天涯雷在地時木光飭國典閉關梁四節遍萬物殿福九域祚八鄉晨晷促夕漏延太陰極微陽宣鵲將巢冰已解氣濡水

風動泉

送神歌

蘊禮容餘樂度靈方留景欲暮開九重肅五達鳳參差龍已沫雲既動河既梁萬里照四空香神之車歸清都琁庭寂玉殿虛睿化凝孝風熾顧靈心結皇思

齊南郊樂歌

南齊書樂志曰武帝建元二年有司奏郊廟雅樂歌辭太廟登歌用褚淵餘悉用謝超宗所撰多刪顏延之謝莊辭以爲新曲備改樂名永明二年又詔王儉造太廟二室及郊配辭其南郊樂羣臣出入奏肅咸之樂牲出入奏引牲之樂薦豆呈毛血奏嘉薦之樂凡夕牲歌並重奏迎神奏昭夏之樂皇帝入壇東門奏永至之樂升

壇奏登歌初獻奏文德宣烈之樂次奏武德宣烈之樂太祖高皇帝配饗奏高德宣烈之樂飲福酒奏嘉胙之樂送神奏昭夏之樂就燎位奏昭遠之樂還便殿奏休成之樂重奏

肅咸樂　謝超宗

夤承寶命嚴恭帝緒奄受敷錫升中拓宇亘地稱皇罄天作主月域來賓日際奉土開元首正禮交樂舉六典聯事九官列序

引牲樂

皇乎敬矣恭事上靈昭教國祀肅肅明明有牲在滌有絜在俎以薦王衷以荅神祐陟配在京降德在民奔精望夜高燎佇晨

嘉薦樂

我恭我享惟孟之春以孝以敬立我烝民青壇奄靄翠幰端凝嘉組重薦兼藉再升設業設虡展容玉庭肇禋配祀克對上靈

昭夏樂

惟聖饗帝惟孝饗親禮行宗祀敬達郊禋金枝中樹廣樂四陳月御案節星驅扶輪遥興遠駕曜曜振振告成大報受釐元神

永至樂

紫壇望靈翠幰佇神率天奏贄罄地來賓神貺並介泯祇合祉恭昭鑒享肅光孝祀威藹四靈洞曜三光皇德全被大禮流昌

登歌

報惟事天祭實尊靈史正嘉兆神宅崇禎五時昭鬯六宗彝

亭介丘望塵皇軒肅舉

文德宣烈樂

營泰時定天衷思心緒謀筮從田燭置權火通大孝昭國禮融

武德宣烈樂

功燭上宙德耀中天風移九域禮飾八埏四靈晨炳五緯宵明膺曆締運道茂前聲

高德宣烈樂　王儉

饗帝嚴親則天光大昺弈前古榮鏡無外日月宣華卿雲流靄五漢同休六幽咸泰

嘉胙樂　謝超宗

祀嘉禮承休錫盛德符景緯昌華應帝策聖藹耀昌基融祉暉世曆聲正涵月軌書文騰日迹寶瑞昭神圖靈貺流瑞液

我皇崇暉祚重芬冠往籍

昭夏樂

薦饗洽禮樂該神娛展辰旂回洞雲路拂琁階紫雰藹青霄開睠皇都顧玉臺留昌德結聖懷

昭遠樂

天以德降帝以禮報牲鑮俯陳柴幣仰燎事展司采敬達瑄薌煙贊青昊震颺紫場陳馨示策肅志宗禋禮非物備福唯誠陳

休成樂

昭事上祀饗薦具陳回鑾轉翠拂景翔宸綴縣敷暢鐘石昭融羽炫深晷斂曀行風肆序輟度肅禮停文四金聳衛六馭齊輪

齊北郊樂歌　謝超宗

南齊書樂志曰北郊樂迎地神奏昭夏之樂升壇奏登歌初獻奏地德凱容之樂次奏昭德凱容之樂送神奏昭夏之樂瘞埋奏隸幽之樂餘辭同南郊隋書樂志曰齊氏承宋咸用元徽舊式宗祀朝饗奏樂俱同惟增北郊之禮乃元徽所闕永明六年之所加也唯送神之樂宋孝建二年秋起居注云奏肆夏永明中改奏昭夏

昭夏樂

詔禮崇營敬饗玄時靈正丹帷月肅紫墀展薦登華風縣凝鏘神惟戾止鬱葆遥莊昭望歲芬環游辰太穆哉尚禮横光秉藹

登歌

佇靈敬享禋肅彝文縣動聲儀薦絜牲芬陰祇以貺昭司式

慶九服熙度六農祥正

繕方丘端國陰掩珪畧仰靈心詔源委遍丘林禮獻物樂

薦音

地德凱容歌

昭德凱容樂

慶圖濬邈蘊祥祕瑶俔天炳月嬪光紫霄邦化靈懋闡則風

調儷德方儀徽載以昭

昭夏樂

薦神升享序楙淹玉俎停金奏寶旆轉旒旗旋溢素景鬱紫

躔靈心顧留辰睠洽外瀛瑞中縣

隸幽樂

后皇嘉慶定祇玄時承帝休圖祇敕靈祉篚羃周序軒朱凝

會牲幣芬壇精明佇蓋調川瑞昌警岳祥泰

齊明堂樂歌

南齊書樂志曰武帝建元初詔謝超宗造明堂夕牲等歌并採用謝莊辭賓出入奏肅咸樂牲出入奏引牲樂薦豆呈毛血奏嘉薦樂迎神奏昭夏樂皇帝升明堂奏登歌初獻奏凱容宣烈之樂還東壁受福酒奏嘉胙樂送神奏昭夏樂並建元永明中所奏也其凱容宣烈樂嘉胙樂太廟同用

肅咸樂二首　謝超宗

彝承孝典恭事嚴聖浹天奉賚罄壤齊慶司儀具序羽容夙章芬枝揚烈黼帷周張助寶奠軒酎珍充庭璆縣凝會琄朱竚聲先期選禮肅若有承祇對靈祉皇慶昭膺

尊事威儀輝容昭序迅恭明神絜盛牲俎肅肅嚴宮藹藹崇

基皇靈降止百祇具司戒誠望夜端烈承朝依微昭旦物色輕宵

引牲樂

惟誠絜饗惟孝尊靈歆芳黍稷歆滌犧牲騂繭在豢載溢載豐以承宗祀以肅皇衷蕭芳四舉華火周傳神鑒孔昭嘉足參牷

嘉薦樂二首

肇禋戒祀禮容咸舉六典飾文九司炤序牲柔既昭犧剛既陳恭滌惟清歆事惟神加籩再御兼俎兼薦節動軒越聲流金縣

弈弈閟幄亹亹嚴闈絜誠夕鑒端服晨暉聖靈戾止翊我皇則上綏四寓下洋萬國永言孝饗孝饗有容儐僚贊列肅肅雍雍

昭夏樂

地紐謐乾樞回華蓋動紫微開旌蔽日車若雲駕六氣乘烟
煴煒帝景耀天邑聖祖降五雲集懋粢盛絜牲牷百禮肅羣
司虔皇德遠大孝昌貫九幽洞三光神之安解玉鑾昌福至
萬寓歡

登歌

雍臺辯朔澤宮選辰絜火夕炤明水朝陳六瑚賁室八羽華
庭昭事先聖懷濡上靈肆夏式敬升歌發德永固洪基以綏
萬國

凱容宣烈樂

釃醴具登嘉俎咸薦饗洽誠陳禮周樂徧祝辭罷裸序容輟
縣蹕動端庭鑾回嚴殿神儀駐景華漢高虛八靈案衛三代
解途翠蓋耀澄畢帝凝晨玉鑣息節金輅懷音式誠達孝底

心肅感追憑皇鑒思承淵範神錫懋祉四緯昭明仰福帝徽俯齊庶生

青帝歌

參映夕駟昭晨靈乘震司青春鴈將向桐始蕤和風舞暄光遲萌動達萬品親潤無際澤無垠

赤帝歌

龍精初見大火中朱光北至圭景同帝在在離寔司衡雨水方降木堇榮庶物盛長咸盷阜恩澤四溟被九有下逸

黃帝歌

履艮宅中宇司繩總四方裁化徧寒燠布政司炎涼至分乘經晷閉啓集恒度帝暉緝萬有皇靈澄國步

白帝歌

百川若鏡天地爽且明雲冲氣舉盛德在素精庶類收成歲

功行欲寧浹地奉渥罄宇承帝靈

黑帝歌

歲既暮日方馳靈乘坎德司規玄雲合晦鳥蹊白雲繁亘天涯晨晷促夕漏延大陰極微陽宣

嘉胙樂

禮薦洽福祚昌聖皇膺嘉祐帝業凝休祥居極乘景運宅德瑞中王澄明臨四奧精華延八鄉洞海同聲憓澈宇麗乾光靈慶纏世祉鴻烈永無疆

昭夏樂　宋謝莊

蘊禮容餘樂度靈方留景欲暮開九重肅五達鳳參差龍已沫雲既動河既梁萬里照四空香神之車歸清都琁庭寂玉殿虛鴻化凝孝風熾顧靈心結皇思鴻慶遐鬯嘉薦令芳翊帝明德永祚深光

樂府詩集卷第二

樂府詩集卷第三

太原郭　茂倩　編次

郊廟歌辭

齊雩祭樂歌

南齊書樂志曰建武二年雩祭明堂謝朓造辭一依謝莊唯世祖四言也

迎神歌八解　謝朓

清明暢禮樂新候龍景練貞辰陽律亢陰晷伏秏下土荐穜稑震儀警王度乾嗟雲漢望昊天張盛樂奏雲儛集五精延帝祖雩有諷禜有秩膋鬯芬圭瓚瑟靈之來帝閽開車煜燿吹徘徊停龍轙徧觀此凍雨飛祥風靡壇可臨奠可歆對泯祉鑒皇心

歌世祖武皇帝

濬哲維祖長發其武帝出自震重光御寓七德攸宣九疇咸
敘靜難荆舒凝威蠡浦昧旦丕承夕惕刑政化壹車書德馨
粢盛昭星夜景非雲曉慶衢室成陰璧水如鏡禮充玉帛樂
被筦絃於鑠在詠陟配于天自宫徂兆靡愛牲牷我將我享
永祚豐年

歌青帝

營翼日鳥殷宵凝冰泮玄蟄昭景陽陽風習習女夷歌東皇
集樽春酒秉青珪命田祖渥羣黎

歌赤帝

惟此夏德德恢台兩龍既御炎精來火景方中南譌秩靡草
云黄含桃實族雲蓊鬱溫風煽興雨祁祁黍苗徧

歌黄帝

稟火自高明毓金挺剛克涼燠資成化羣方載厚德陽季勾

萌達炎徂溽暑融商暮百工止歲極凌陰冲皇流踈巳清原
隰甸巳平咸言祚惟億敦民保齊京

歌白帝

帝悦于兊執矩固司藏百川收潦精景應徂商嘉樹離披榆
關命賓鳥夜月如霜秋風方嫋嫋商陰肅殺萬寳咸亦適勞
哉望歲場功冀可收

歌黑帝

白日短玄夜深招摇轉移大陰霜鍾鳴冥陵起星回天月窮
紀聽嚴風來不息望玄雲黝無色曾冰洌積羽幽飛雲至天
山側關梁閉方不巡合國吹饗蜡賓充微陽究終始百禮洽
萬觀臻

送神歌

蔚如在禮將周神之駕不少留躡龍鑣轉金蓋紛上馳雲之

外警七曜詔八神排閶闔渡天津有旍畢虞寸積雨冥冥又
終夕俾栖糧惟萬箱皇情暢景命昌

齊藉田樂歌　江淹

南齊書樂志曰藉田歌漢章帝元和元年班固奏周商頌載芟祠先農晉傅玄作祀先農先蠶夕牲歌詩一篇迎送神一篇饗社稷先農先聖先蠶歌詩三篇辭皆叙田農事胡道安作先農饗神詩一篇樂府相傳舊歌三章永明四年藉田詔江淹造歌淹不依故傳製祀先農迎送神升歌及饗神歌二章

迎送神升歌

羽鑾從動金駕時遊教騰義鏡樂綴禮脩率先丹耦躬遵綠疇
靈之聖之歲殷澤柔

饗神歌

璚竿既飾繡簋以陳方燮嘉種永毓宵民

梁雅樂歌　　沈約

隋書樂志曰梁初郊禋宗廟及三朝之樂並用宋齊元徽永明儀注唯改嘉祚爲永祚又去永至之樂何佟之周捨議按周禮王出入奏王夏大祭祀與朝會同用而漢制皇帝在廟奏永至朝會別奏皇夏二樂有異於禮爲乖乃除永至還用皇夏蓋秦漢巳來稱皇故變王夏爲皇夏也及武帝定國樂並以雅爲稱取詩序云言天下之事形四方之風謂之雅雅者正也論語云仲尼自衛反魯然後樂正雅頌各得其所故曰雅止乎十二則天數也乃至階步之樂增撤食

之雅焉衆官出入奏俶雅皇帝出入奏皇雅皇太子出入奏胤雅王公出入奏寅雅上壽酒奏介雅食舉奏需雅撤饌奏雍雅牲出入奏滌雅薦毛血奏牷雅降神及迎送奏諴雅皇帝飲福酒奏獻雅燎埋奏禋雅其辭並沈約所製普通中薦蔬之後改諸雅歌敕蕭子雲製辭既無牲牢遂省滌雅牷雅云

皇雅三首

隋書樂志曰皇帝出入奏皇雅取詩大雅云皇矣上帝臨下有赫也二郊太廟同用

帝德實廣運車書靡不賓執瑁朝羣后垂旒御百神八荒重譯至萬國婉來親

華蓋拂紫微句陳繞太一容裔被緹組參差羅罕畢星回照

以爛天行徐且謐
清蹕朝萬寓端冕臨正陽青絇黃金繶衮衣文繡裳既散華
蟲采復流日月光

滌雅

隋書樂志曰牲出入奏滌雅取禮記郊特牲云帝牛必在滌三月也二郊明堂太廟同用

將修盛禮其儀孔熾有腯斯牲國門是置不黎不瘠靡譽靡
忌呈肌獻體永言昭事俯休皇德仰綏靈志百福具膺嘉祥
允洎駿奔伊在慶覃遐嗣

牷雅

隋書樂志曰薦毛血奏牷雅取春秋左氏傳云牲牷肥腯也二郊明堂太廟同用

反本興敬復古昭誠禮容宿設祀事孔明華俎待獻崇碑麗

牲充哉薦握肅矣簪纓其骨既啓我豆既盈庖丁遊刃葛盧驗聲多祉攸集景福來并

誠雅三首

隋書樂志曰降神及迎送神奏誠雅取尚書大禹謨云至誠感神也南郊降神用懷忽慌北郊迎神用地德溥二郊明堂太廟送神同用我有明德

懷忽慌瞻浩蕩盡誠絜致虔想出杳冥隆無象皇情肅具僚仰人禮盛神途敞僾明靈申敬饗感蒼極洞玄壤

地德溥崐丘峻揚羽翟鼓應轉出尊祇展誠信招海瀆羅岳鎮惟福祉咸昭晉

我有明德聲馨非稷黍牲玉孔備嘉薦惟旅金懸宿設和樂具率禮達幽明敬行鐏俎鼓鐘云送遐福是與

獻雅

隋書樂志曰皇帝飲福酒奏獻雅取少牢饋食禮云祝酌授尸主人拜受爵禮記祭統云尸飲五君洗玉爵獻卿今之飲福酒亦古獻爵之義也二郊明堂太廟同用

神宮肅肅天儀穆穆禮獻旣同膺此釐福我有馨明無愧史祝

禋雅二首

隋書樂志曰燎埋奏禋雅取周禮大宗伯云以禋祀祀昊天上帝書曰禋于六宗也就燎用紫宮昭煥就埋用盛樂斯舉

紫宮昭煥太一微玄降臨下土尊高上天載陳珪璧式備牲牷雲孤清引栒虡高懸俯昭象物仰致高煙肅彼靈祉咸達皇虔

盛樂斯舉協徵調宮靈饗慶洽祉積化融八變有序三獻已終坎牲瘞玉酬德報功振垂成呂投壤生風道無虛致事由感通於皇盛烈比祚華嵩

梁南郊登歌二首　沈約

登歌者祭祀燕饗堂上所奏之歌也禮記明堂位曰升歌清廟下管象武仲尼燕居曰入門而金作示情也升歌清廟示德也下而管象示事也是故古之君子不必親相與言也以禮樂以相示郊特牲曰奠酬而工歌發德也歌者在上匏竹在下貴人聲也周禮大師職曰大祭祀帥瞽登歌令奏擊拊小師曰大祭祀登歌擊拊尚書大傳曰古者帝王升歌清廟大琴練絃達越大瑟朱絃達越以韋爲鼓不以竽瑟之聲亂人聲清廟升歌歌

先人之功烈德澤苟在廟中嘗見文王者愀然如復見文王故書曰戞擊鳴球搏拊琴瑟以詠祖考來格此之謂也桉登歌各頌祖宗之功烈去鍾撤竽以明至德所以傳云其歌之呼也曰於穆清廟於者歎之也穆者敬之也清者欲其在位者徧聞之也隋書樂志曰大戴云清廟之歌懸一磬而尚搏拊在漢之世獨奏登歌近代以來始用絲竹舊三朝設樂皆有登歌梁武以爲登歌者頌祖宗功業非元日所奏於是去之後以其說非通復用於嘉慶後周登歌備鍾磬琴瑟階上設笙管隋亦因之合於儀禮荷瑟升歌及笙人立於階下間歌合樂是燕飲之事也祀神宴會通行之若大祀臨軒陳於壇之上若

冊拜王公設宫懸不用登歌釋奠則唯用登歌而不設懸梁南北郊宗廟皇帝初獻及明堂徧歌五帝並奏登歌

曒既明禮告成惟聖祖主上靈爵已獻罍又盈息羽籥展歌聲僾如在結皇情

禮容盛樽俎列玄酒陳陶匏設獻清旨致虔絜王既升樂已闋降蒼昊垂芳烈

梁北郊登歌二首　沈約

方壇既埳地祇已出盛典弗愆羣望咸秩乃升乃獻敬成禮卒靈降無兆神饗載謐允矣嘉祚其升如日

至哉坤元寔惟厚載躬兹奠饗誠交顯晦或升或降搖珠動佩德表成物慶流皇代純嘏不愆祺福是賚

梁明堂登歌　沈約

歌青帝

帝居在震龍德司春開元布澤含和尚仁羣居既散歲云陽止飭農分地人粒惟始雕梁繡拱丹楹玉墀靈威以降百福來綏

歌赤帝

炎光在離火爲威德執禮昭訓持衡受則靡草既凋温風以至嘉薦惟旅時羞孔備齊醍在堂笙鏞在下匪惟七百無絕終始

歌黃帝

鬱彼中壇含靈闡化迴環氣象輪無輟駕布德焉在四序將收音宮數五飯稷驂駵宅屏居中旁臨外宇升爲帝尊降爲神主

歌白帝

神在秋方帝居西皓允兹金德裁成萬寶鴻來雀化參見火邪纂無玄鳥菊有黄華載列笙磬式陳彝俎靈罔常懷惟德是與

歌黑帝

德盛乎水玄冥紀節陰降陽騰氣凝象閉司智莅坎駕鐵衣玄祁寒坼地晷度迴天悠悠四海駿奔奉職祚我無疆永隆人極

北齊南郊樂歌

隋書樂志曰齊武成時始定四郊宗廟三朝之樂大禘圜丘及北郊夕牲羣臣入門奏肆夏樂迎神奏高明樂登歌辭同牲出入薦毛血並奏昭夏羣臣出進熟羣臣入並奏肆夏辭同初入進熟皇帝入門奏皇夏升丘奏皇夏壇上登歌

辭同初獻奏高明樂奠爵訖奏高明之樂覆燾之舞獻太祖配饗神座奏武德之樂昭烈之舞皇帝小退當昊天上帝神座前奏皇夏辭同上飲福酒奏皇夏詣東陛還便坐奏皇夏辭同初入門送神降丘南陛奏高明樂之望燎位奏皇夏辭同上紫壇既燎奏昭夏樂自望燎還本位奏皇夏辭同上還便殿奏皇夏羣臣出奏肆夏辭同上祠感帝用圜丘樂

肆夏樂

肇應靈序奄守黎人乃朝萬國爰徵百神祇展方望幽顯咸臻禮崇聲協贄列珪陳翼差鱗次端笏垂紳來趨動色式贊天人

高明樂

惟神監矣皇靈肅止圓璧展事成文即始士備八能樂合六變風湊伊雅光華韾薦宸衞騰景靈駕霏煙嚴壇生白綺席凝玄

昭夏樂

剛柔設位惟皇配之言肅其禮念暢在茲飾牲舉獸載歌且舞既捨伊腯致精靈府物色惟典齋沐加恭宗族咸暨罔不率從

昭夏樂

展禮上月肅事應時繭栗爲用交暢有期弓矢斯發瓮簝將事圜神致祀率由先志和以鑾刀臭以血膋至哉敬矣厥義孔高

皇夏樂

帝敬昭宣皇誠肅致玉帛齊軌屏攝咸次三垓上列四陛旁

廾龍陳萬騎鳳動千乘神儀天藹睟容離曜金根停軫奉光
先導

皇夏樂

紫壇雲曖紺幄霞褰我其陟止載致其虔百靈竦聽萬國咸
仰人神咫尺玄應肸蠁

高明樂

上下眷旁午從爵以質獻以恭咸斯暢樂惟雍孝歆闡臨萬邦

高明樂

自天子之會昌神道丘陵肅事克光天保九關洞開百靈環
列八樽呈備五聲投節

武德樂

配神登聖主極尊靈歆宣昭燭咸達窅冥禮弘化定樂贊功
成穰穰介福下被羣生

皇夏樂

皇心緬且感吉蠲奉至誠赫哉光盛德乾巛詔百靈報福歸昌運承祐播休明風雲馳九域龍蛟躍四溟浮幕呈光氣儷象燭華精護武方知恥韶夏僅同聲

高明樂

獻享畢懸佾周神之駕將上遊超斗極絕河流懷萬國寧九州欣帝道心顧留帀上下荷皇休

昭夏樂

玄黃覆載元首照臨合德致禮有契其心歆申事闋絜誠云報玉帛載升棫樸斯燎寥廓幽曖播以馨香皇靈惟監降福無疆

皇夏樂

天大親嚴匪敬伊孝永言肆饗宸明增燿陽丘既暢大典逾

光乃安斯息欽若舊章天迴地旋鳴鑾引警且萬且億皇曆惟永

北齊北郊樂歌

隋書樂志曰齊北郊迎神奏高明樂登歌辭同薦毛血奏昭夏進熟皇帝入門皇帝升丘並奏皇夏奠爵訖奏高明樂覆燾之舞送神降丘南陛奏高明樂既瘞奏昭夏樂還便殿奏皇夏餘並同南郊樂

高明樂

惟祇監矣皇靈肅止方琮展事即陰成理士備八能樂合八變風湊伊雅光華襲薦宸衞騰景靈駕霏煙嚴壇生白綺席凝玄

昭夏樂

展禮上月肅事應時繭栗爲用交暢有期弓矢斯發瓮簝將事萬祇致祀率由先志和以鑾刀臭以血膋至哉敬矣厥義孔高

皇夏樂

帝敬昭宣皇誠肅致玉帛齊軌屏攝咸次重垓上列分陛旁卅龍陳萬騎鳳動千乘神儀天藹晬容離曜金根停軫奉光先導

皇夏樂

層壇雲曖嚴幄霞褰我其陟止載致其虔百靈竦聽萬國咸仰人神咫尺玄應肹蠁

高明樂

自天子之會昌神道方澤祇事克光天保九闋洞開百靈環列八樽呈備五聲投節

高明樂

獻享畢懸佾周神之駕將下遊超荒極憩崐丘懷萬國寧九州欣帝道心顧留帀上下荷皇休

昭夏樂

玄黃覆載元首照臨合德致禮有契其心敬申事闋絜誠云報牲王載陳棫樸斯燎寥廓幽曖播以馨香皇靈惟監降福無疆

皇夏樂

天大親嚴匪敬伊孝永言肆饗宸明增耀陰澤云暢大典逾光乃安斯息欽若舊章天迴地旋鳴鑾引警且萬且億皇曆惟永

北齊五郊樂歌

隋書樂志曰齊五郊迎氣降神並奏高明樂又

曰禮五方上帝並奏高明之樂爲覆燾之舞

青帝高明樂

歲云獻谷風歸斗東指鴈北飛電鞭激雷車遽虹旌靡青龍馭和氣洽具物滋飜降止應帝期

赤帝高明樂

婺女司旦中呂宣朱精御節離景延根荄俊茂温風發柘火風水應炎月執衡長物德孔昭赤旂霞曳會今朝

黃帝高明樂

居中帀五運乘衡畢四時含養資羣物協德固皇基嘽緩契王風持載符君德良辰動靈駕承祀昌邦國

白帝高明樂

屆凉露降馳景颺寒精山川摇落平秩在西成蓋藏成積烝人被嘉祉從享來儀鴻休滋千祀

黑帝高明樂

虹藏雉化告寒水壯地坼年殫日次月紀方極九州萬邦獻力叶光是紀歲窮微陽潛兆方融天子赫赫明聖享神降福惟敬

北齊明堂樂歌

隋書樂志曰齊祀五帝於明堂先祀一日夕牲羣臣入自門奏肆夏太祝令迎神奏高明樂覆燾舞太祖配饗奏武德樂昭烈舞五方天帝並奏高明樂覆燾舞辭同迎氣牲出入薦毛血並奏昭夏樂羣臣出進熟羣臣入並奏肆夏辭同初入進熟皇帝入門及升壇並奏皇夏辭同用初獻祼獻並奏高明樂覆燾舞飲福酒奏皇夏太祝送神奏高明樂覆燾舞還便殿奏皇夏

肆夏樂

國陽崇祀嚴恭有聞荒華胥暨樂我大君冕瑞有列禽帛載叙羣后師師威儀容與執禮辨物司樂考章率由靡隆休有烈光

高明樂

祖德光國圖昌祇上帝禮四方闢紫宮洞華闕龍獸奮風雲發飛朱雀從玄武攜日月帶雷雨耀宇内溢區中眷帝道感皇風帝道康皇風扇粢盛列椒糈薦神且寧會五精歸福禄幸閶亭

武德樂

我惟我祖自天之命道被歸仁時屯啓聖運鍾千祀授手萬姓夷兇掩虐匡穨翼正載經載營庶土咸寧九功以洽七德兼盈丹書入告玄玉來呈露甘泉白雲郁河清聲教咸往舟

東畢會仁加有形化洽無外嚴親惟重陟配惟大既祐斯歌率土攸賴

昭夏樂

孝饗不匱精絜臨年滌牢委溢形色博牷于以用之言承歆祀肅肅威儀敢不欽止載飾載省維牛維羊明神有察保茲萬方

昭夏樂

我將宗祀奠獻厥誠鞠躬如在側聽無聲薦色斯純呈氣斯臭有滌有濯惟神其祐五方來格一人多祉明德惟馨於穆不已

皇夏樂

象乾上棟儀巛下基集靈崇祖永言孝思室陳簋盂豆庭羅懸佾夙夜畏威保茲貞吉舞貴其夜歌重其升降斯百祿惟饗

惟應

高明樂

度几筵闢牖户禮上帝感皇祖酌惟絜滌以清薦心歆達神明

高明樂

帝精來降應我明德禮殫義展流祉邦國既受多祉實資孝敬祀竭其誠荷天休命

皇夏樂

恭祀洽盛禮宣英猷爛層景廣澤同深泉上靈鍾百福羣神歸萬年月軌咸梯岫日域盡浮川瑞鳥飛玄扈潛鱗躍翠漣皇家膺寶曆兩地復參天

高明樂

青陽奏發朱明歌西皓唱玄冥大禮罄廣樂成神心懌將遠征飾龍駕矯鳳旍指閶闔憩層城出溫谷邁炎庭跨西氾過

北溟忽萬億燿光精比電騖與雷行嗟皇道懷萬靈固王業震天聲

皇夏樂

文物備矣聲明有章登薦惟肅禮邈前王㒯齊云終折旋告罄穆穆旒冕藴誠畢歊屯衞桉部鑾蹕迴途軷留紫殿將及清都

樂府詩集卷第三

樂府詩集卷第四

太原郭　茂倩　編次

郊廟歌辭

周祀圓丘歌　庾信

隋書樂志曰周祀圓丘樂降神奏昭夏皇帝將入門奏皇夏俎入奠玉帛並奏昭夏皇帝升壇奏皇夏初獻及初獻配帝並作雲門之舞獻畢奏登歌飲福酒奏皇夏撤奠奏雍樂帝就望燎位還便坐並奏皇夏

昭夏

重陽禋祀大報天昺午封壇肅且圜孤竹之管雲和弦神光來下風肅然王城七里通天臺紫微斜照影徘徊連珠合璧重光來天策蹔轉鉤陳開

皇夏

旌迴外壝蹕靜郊門千乘桉轡萬騎雲屯藉茅無咎掃地惟尊揖讓展禮衡璜節步星漢就列風雲相顧取法於天降其永祚

昭夏

日至大禮豐犧上辰牲牢脩牧繭栗毛純俎豆斯立陶匏以陳大報反命居陽兆日六變鼓鐘三和琴瑟俎奇豆偶惟誠惟質

昭夏

圓玉已奠蒼幣斯陳瑞形成象璧氣含春禮從天數智總圓神爲祈爲祀至敬咸遵

皇夏

七里是仰八陛有憑就陽之位如日之升思虔肅肅施敬繩

繩祝史陳信玄象斯格惟類之典惟靈之澤幽顯對揚人神咫尺

雲門舞

獻以誠鬱以清山罍舉沈齊傾惟尚饗洽皇情降景福通神明

雲門舞

長丘遠歷大電遥源弓藏髙隴鼎没寒門人生于祖物本於天奠神配德迄用康年

登歌

歲之祥國之陽蒼靈敬翠雲長象爲飾龍爲章乘長日坏蟄戸烈雲濩迎風雨六吕歌雲門舞省滌濯奠牲牷鬱金酒鳳皇樽迴天睠顧中原

皇夏

國命在禮君命在天陳誠惟肅歆福惟虔洽斯百禮福以千

年鈎陳掩映天駟徘徊彫禾飾當翠羽承㽅受斯茂祉從天之來

雍樂

禮將畢樂將闌迴日轡動天關翠鳳搖和鑾響五雲飛三步上風爲馭雷爲車無轍迹有烟霞暢皇情休靈命雨留甘雲餘慶

皇夏

六典聯事九司咸則率由舊章於焉允塞掌禮移次燔柴在焉煙升玉帛氣斂牲牷休氣馨香膋芳昭晰翼翼虔心明明上徹

皇夏

玉帛禮畢人神事分嚴承乃睠瞻仰迴雲輦路千門王城九軌式道移候司方迴指得一惟清於萬斯寧受茲景命于天

告成

周祀方澤歌　庾信

隋書樂志曰周祀方澤樂降神及奠玉帛並奏昭夏初獻奏登歌舞詞同圓丘望坎位奏皇夏

昭夏

報功陰澤展禮玄郊平琮鎮瑞方鼎升庖調歌孫竹縮酒江茅聲舒鐘鼓器質陶匏列燿秀華凝芳都荔川澤茂祉丘陵容裔雲飾山罍蘭浮汎齊日至之禮歆兹大祭

昭夏

曰若厚載欽明方澤敢以敬恭陳之玉帛德包含養功藏靈迹斯箱既千子孫則百

登歌

質明孝敬求陰順陽壇有四陛琮爲八方牲牷蕩滌蕭合馨

香和鑾戾止振鷺來翔威儀簡簡鐘鼓喤喤聲和孤竹韻入空桑封中雲氣坎上神光下元之主功深蓋藏

皇夏

司筵撤席掌禮移次迴顧封壇恭臨坎位瘞玉埋俎藏芬斂氣是曰就幽成斯地意

周祀五帝歌

隋書樂志曰周祀五帝奠玉帛及初獻並奏皇夏皇帝初獻五帝及初獻配帝並奏雲門舞

皇夏

嘉玉惟芳嘉幣惟量成形依禮稟色隨方神班其次歲禮惟常威儀抑抑率由舊章

皇夏

惟令之月惟嘉之辰司壇宿設掌史誠陳敢用明禮言功上

神鈎陳旦闢閶闔朝分旒垂象冕樂奏山雲將迴霆策蹔轉
天文五運周環四時代序鱗次玉帛循迴樽俎神其降之介
福斯許

青帝雲門舞

甲在日鳥中星禮東后奠蒼靈樹春旗命青史候鴈還東風
起歌木德舞震宮泗濱石龍門桐孟之月陽之天億斯慶兆
斯年

配帝舞

帝出于震蒼德於神其明在日其位居春勞以定國功以施
人言從配祀近取諸身

赤帝雲門舞

招搖指午對南宮日月相會實沈中離光布政動溫風純陽
之月樂炎精赤雀丹書飛送迎朱絃絳鼓罄虔誠萬物含養

各長生

配帝舞

以炎爲政以火爲官位司南陸享配離壇三和實紐百味浮

蘭神其茂豫夫步艱難

黃帝雲門舞

三光儀表正四氣風雲同戊己行初曆黃鍾始變宮平琮禮

内鎮陰管奏司中齊壇芝曄曄清野桂馮馮夕牢芬六鼎安

歌韻八風神光乃超忽佳氣恒葱葱

配帝舞

四時咸一德五氣或同論猶吹鳳皇管尚對梧桐園器圜居

土厚位總配神尊始知今奏樂還用我雲門

白帝雲門舞

肅靈兑景承配秋壇雲高火落露白蟬寒帝律登年金精行

令瑞獸霜耀祥禽雪映司藏肅殺萬保咸宜厥田上上收功
在斯

配帝舞

金行秋令白帝朱宣司正五雉歌庸九川執文之德對越彼
天介以福祉君子萬年

黑帝雲門舞

北辰爲政玄壇北陸之祀貞官宿設玄圭浴蘭坎德陰風御
寒次律將迴窮紀微陽欲動細泉管猶調於陰竹聲未入於
春經待歸餘於送曆方履慶於斯年

配帝舞

地始坼虹始藏服玄玉居玄堂沐蕙氣浴蘭湯匏器絜水泉
香陟配彼福無疆君欣欣此樂康

隋圜丘歌

隋書樂志曰仁壽元年詔牛弘柳顧言許善心虞世基蔡徵等創製雅樂歌辭其祠圜丘降神奏昭夏皇帝升壇奏皇夏次奏登歌初獻奏誠夏既獻奏文舞飲福酒奏需夏次奏武舞送神奏昭夏皇帝就燎位還大次並奏皇夏辭同升壇

昭夏

肅祭典協良辰具嘉薦俟皇臻禮方成樂已變感靈心迴天睠闢華闕下乾宮乘精氣御祥風望爟火通田燭膺介圭受瑄玉神之臨慶陰陰煙衢洞宸路深善既福德斯輔流鴻祚徧區寓

皇夏

於穆我君昭明有融道濟區域功格玄穹百神警衛萬國承風仁深德厚信洽義豐明發思政勤憂在躬鴻基惟永福祚

長隆

登歌

德深禮大道髙饗穆就陽斯恭陟配惟肅血膋升氣冕裘標服誠感青玄信陳史祝祗承靈貺載膺多福

諴夏

肇禋崇祀大報尊靈因高盡敬掃地推誠六宗隨兆五緯陪營雲和發韻孤竹揚清我粢既絜我酌惟明元神是鑒百禄來成

文舞

皇矣上帝受命自天睿圖作極文教遐宣四方監觀萬品陶甄有苗斯格無得稱焉天地之經和樂具舉休徵咸萃要荒式序正位履端秋霜春雨

需夏

禮以恭事薦以饗時載清玄酒備絜薌萁迴旒分爵思媚軒墀惠均撤俎祥降受釐十倫以具百福斯滋克昌厥德永祚鴻基

武舞

御曆膺期乘乾表則成功戡亂順時經國兵暢五材武弘七德憬彼遐裔化行充塞三道備舉二儀交泰情發自中義均莫大祀敬恭肅鐘鼓繁會萬國斯歡兆人斯賴享茲介福康哉元首惠我無疆天長地久

昭夏

享序洽祀禮施神之駕嚴將馳奔精驅長離耀牲煙達絜誠照騰日馭鼓電鞭辭下土外上玄瞻寥廓杳無際澹羣心留餘惠

隋五郊歌

隋書樂志曰五郊歌辭青帝奏角音赤帝奏徵音黃帝奏宮音白帝奏商音黑帝奏羽音迎送神登歌與圜丘同

角音

震宮初動木德惟仁龍精戒旦鳥曆司春陽光煦物溫風先導巖處載驚膏田已冒犧牲豐絜金石和聲懷柔備禮明德惟馨

徵音

長嬴開序炎上爲德執禮司萌持衡御國重離得位芒種在時含櫻薦實木槿垂蕤慶賞既行高明可處順時立祭事昭福舉

宮音

爰稼作土順位稱坤孕金成德履艮爲尊黃本內色宮實聲

始萬物資生四時咸紀靈壇汎埽盛樂高張威儀孔備福履無疆

商音

西成肇節盛德在秋三農稍巳九穀行收金氣肅殺商威飂戾嚴風鼓莖繁霜殞蘀厲兵詰暴敕法慎刑明神降嘏國步惟寧

羽音

玄英啓候冥陵初起虹藏於天雉化於水嚴關重閉星迴日窮黃鍾動律廣莫生風玄樽示本天產惟質恩覃外區福流京室

隋感帝歌

隋書樂志曰祀感帝奏諴夏迎送神登歌與圜丘同

誠夏

禘祖垂典郊天有章以春之孟於國之陽繭栗惟誠陶匏斯
尚人神接禮明幽交暢火靈降祚火曆載隆烝哉帝道赫矣
皇風

隋雩祭歌

隋書樂志曰雩祭奏誠夏迎送神登歌與圜丘同

誠夏

朱明啓候時載陽肅若舊典延五方嘉薦以陳盛樂奏氣序
和平資靈祐公田既雨私亦濡人殷俗富政化敷

隋蜡祭歌

隋書樂志曰蜡祭奏誠夏迎送神登歌與圜丘同

誠夏

四方有祀八蜡酬功收藏既畢榛葛送終使之必報祭之斯

索三時告勞一日爲澤神祇必來鱗羽咸致惟義之盡惟仁之至年成物阜罷役息人皇恩已洽靈慶無垠

隋朝日夕月歌

隋書樂志曰朝日夕月並奏誠夏迎送神登歌與圜丘同

朝日誠夏

扶木上朝暾嵫山沈暮景寒來遊晷促暑至馳輝永時和合璧耀俗泰重輪明執圭盡昭事服冕罄虔誠

夕月誠夏

澄輝燭地域流耀鏡天儀曆草隨弦長珠胎逐望虧成形表蟾兔竊藥資王母西郊禮既成幽壇福惟厚

隋方丘歌

隋書樂志曰祭方丘迎神奏昭夏奠玉帛奏登歌

獻皇地祇奏誠夏送神奏昭夏餘並同圜丘

昭夏

柔功暢陰德昭陳瘞典盛玄郊龍幕清營鬯馥皇情虔具寮肅笙頌合鼓鼗會出桂旗屯孔蓋欽如在肅有承神胥樂慶福膺

登歌

道惟生育器乃包藏報功稱範牷薦有常六瑚已饋五齊流香貴誠尚質敬洽義章神祚惟永帝業增昌

誠夏

厚載垂德崐丘主神陰壇吉禮北至良辰瑩水呈潔牲粟表純樽壺夕視幣玉朝陳羣望咸秩精靈畢臻祚流於國祉被於人

昭夏

眞既徹獻巳周竦靈駕逝遠遊洞四極帀九縣慶方流祉恒遍埋玉氣掩牲芬晰神理顯國文

隋神州歌

隋書樂志曰祭神州奏諴夏迎送神登歌與方丘同

諴夏

四海之内一和之壤地曰神州物賴生長咸池既降泰折斯饗牲牷尚黑珪玉寔兩九寓載寧神功克廣

隋社稷歌

隋書樂志曰祭社稷奏諴夏迎送神登歌與方丘同

春祈社諴夏

厚地開靈方壇崇祀達以風露樹之松梓句萌既申芟柞伊

始恭祈粢盛載膺休祉

春祈稷誠夏

粒食興敎播厥有先尊神致絜報本惟虔瞻榆束耒望杏開田方憑戩福佇詠豐年

秋報社誠夏

北墉申禮單出表誠豐犧入薦華樂在庭原隰既平泉流又清如雲已望高廩斯盈

秋報稷誠夏

人天務急農亦勤止或蓘或藨惟虋惟芑涼風戒時歲云秋矣物成則報功施必祀

隋先農歌

隋書樂志曰享先農奏誠夏迎送神與方丘同

誠夏

農祥晨晰土膏初起春原俶載青壇致祀斂蹕長阡迴旌外
壝房組飾薦山罍沈滓親事朱紘躬持黛耜恭神務穡受釐
降祉

隋先聖先師歌

誠夏

經國立訓學重教先三墳肇冊五典留篇開鑿理著陶鑄功
宣東膠西序春誦夏弦芳塵載仰祀典無騫

唐祀圓丘樂章

唐書樂志曰貞觀二年祖孝孫修定雅樂取禮
記云大樂與天地同和故制十二和之樂祭天
神奏豫和之樂祭地祇奏順和祭宗廟奏永和
登歌奠玉帛奏肅和皇帝行及臨軒奏太和王
公出入送文舞出迎武舞入奏舒和皇帝食舉

及飲酒奏休和皇帝受朝奏正和皇太子軒懸出入奏承和正至皇帝禮會登歌奏昭和郊廟俎入奏雍和酌獻飲福酒奏壽和六年冬至祀昊天於圓丘樂章褚亮虞世南魏徵等作大曆十四年改豫和爲元和以避諱也按唐初作十二和以法天數其後增造非一頗無法度皆隨時制名云

豫和

上靈睠命膺會昌盛德殷薦叶辰良景福降兮聖德遠玄化穆兮天曆長

太和

穆穆我后道應千齡登三處大得一居貞禮唯崇德樂以和聲百神仰止天下文明

肅和

闓陽播氣，甄曜垂明。有赫圓穹，深仁曲成。日麗蒼璧，煙開紫營。聿遵虔享，式降鴻禎。

雍和

欽惟大帝，載仰皇穹。始命田燭，爰啓郊宮。雲門駭聽，雷鼓鳴空。神其介祀，景祚斯融。

壽和

八音斯奏，三獻畢陳。寶祚惟永，暉光日新。

舒和

疊璧凝影皇壇路，編珠流彩帝郊前。已奏黃鍾歌大呂，還符寶曆祚昌年。

凱安

新唐書禮樂志曰：貞觀初，舞隋文舞曰治康，武舞曰凱安郊廟朝會同用之舞者各六十四人文舞左籥右翟著委貌冠黑素絳領廣褏白絝革帶烏皮履武舞左干右戚服平冕餘同文舞朝會則武弁平巾幘廣褏金甲豹文絝烏皮鞾執干戚餘同郊廟凡初獻作文舞亞獻終獻作武舞太廟降神以文舞及高宗崩改治康舞曰化康以避諱也舊書樂志曰凱安舞貞觀中造凡有六變一變象龍興參野二變象尅靖關中三變象東夷賓服四變象江淮寧謐五變象獫狁讋服六變復位以崇象兵還振旅亦如周之大武六成樂止按貞觀禮享郊廟日文舞奏豫和順和永和等樂麟德二年十月文舞改用功成慶善樂武舞改用神功破陣樂并改器服後

以慶善樂不可降神破陣樂不入雅樂復用治
康凱安如故

昔在炎運終中華亂無象酆郊赤烏見邛山黑雲上大賚下
周車禁暴開脅網幽明同叶贊鼎祚齊天壤

豫和

歌奏畢兮禮獻終六龍馭兮神將昇明德感兮非黍稷降福
簡兮祚休徵

唐郊天樂章

唐書樂志曰太樂舊有郊天送神辭一章不詳
所起

豫和

蘋蘩禮著黍稷誠微音盈鳳管彩駐龍旂洪歆式就介福攸
歸送樂有闋靈馭遄飛

樂府詩集卷第四

樂府詩集卷第五

太原郭　茂倩　編次

郊廟歌辭

唐享昊天樂　武后

第一

太陰凝至化眞耀蘊軒儀德邁娥臺敞仁高姒幄披捫天遂啓極夢日乃昇曦

第二

瞻紫極望玄穹翹至懇罄深衷聽雖遠誠必通垂厚澤降雲宮

第三

乾儀混成沖邃天道下濟高明闓陽晨披紫闕太一曉降黃庭圓壇敢申昭報方璧冀展虔情丹襟式敷衷懇玄鑒庶察微誠

第四

巍巍叡業廣赫赫聖基隆菲德承先顧禎符萃眇躬銘開武巖側圖薦洛川中微誠詎幽感景命忽昭融有懷慙紫極無以謝玄穹

第五

朝壇霧卷曙嶺煙沉爰設筐幣式表誠心筵輝麗璧樂暢和音仰惟靈鑒俯察翹襟

第六

昭昭上帝穆穆下臨禮崇備物樂奏鏘金蘭羞委薦桂醑盈斟敢希明德聿罄莊心

第七

罇浮九醖禮備三周陳誠菲奠契福神猷

第八

奠璧郊壇昭大禮鏘金拊石表虔誠始奏承雲娛帝賞復歌
調露暢韶英

第九

荷恩承顧託執契恭臨撫廟略靜邊荒天兵曜神武有截資
先化無爲遵舊矩禎符降昊穹大業光寰宇

第十

肅肅祀典邕邕禮秩三獻已周九成斯畢爰撤其俎載遷其
實或升或降唯誠唯質

第十一

禮終肆類樂闋九成仰惟明德敢薦非馨顧慚菲奠久駐雲
軿瞻荷靈澤悚戀兼盈

第十二

式乾路闢天扉迴日馭動雲衣登金闕入紫微望仙駕仰恩徽

唐祀昊天樂章

唐書樂志曰景龍三年中宗親祀昊天上帝降神用豫和皇帝行用太和登歌用肅和迎俎用雍和酌獻用福和送文舞出迎武舞入用舒和武舞作用凱安

豫和

天之曆數歸睿唐顧惟菲德欽昊蒼巽吉日兮表殷薦冀神鑒兮降闓陽

太和

恭臨寶位肅奉瑤圖恒思解網每軫泣辜德慙巢燧化劣唐虞期我良弼式賛嘉謨

告謝

得一流玄澤通三御紫宸遠叶千齡運遐銷九域塵絕瑞駢

闓集殊祥絡繹臻登年慶栖畝稔歲賀盈囷

肅和

悠哉廣覆方矣曲成九玄著象七曜甄明珪璧是奠醞酎斯盈作樂崇德爰暢咸英

雍和

郊壇展敬嚴配因心孤竹簫管空桑琴瑟肅穆大禮鏗鏘八音恭惟上帝希降靈歆

福和

九成爰奏三獻式陳欽成景福恭託明禋

中宮助祭升壇

坤元光至德柔訓闡皇風芣苢芳聲遠螽斯美化隆叡範超千載嘉猷備六宮肅恭陪盛典欽若薦禋宗

亞獻

三靈降饗三后配神虔敷藻奠敬展郊禋

舒和

已陳粢盛敷嚴祀更奏笙鏞協雅聲璇圖寶曆欣寧謐晏俗淳風樂太平

凱安

堂堂聖祖興赫赫昌基泰戎車盟津偃玉帛塗山會舜日啓祥暉堯雲卷征旆風猷被有截聲教覃無外

唐祀圜丘樂章

唐書樂志曰開元十一年玄宗祀昊天於圜丘降神用豫和六變詞同皇帝行用太和登歌奠玉帛用肅和迎俎用雍和皇帝酌獻天神酌獻配座飲福酒並用壽和送文舞出迎武舞入用舒和武舞用凱安禮畢送神用豫和皇帝還大

次用太和

豫和

至矣丕栱烝哉太平授犧膺籙復禹繼明草木仁化鳧鷖頌聲祀宗陳德無媿斯誠

太和

郊壇齊帝禮樂祠天丹青寰宇宮徵山川神祇畢降行止重旋融融穆穆納祉洪延

肅和

止奏潛聆登儀宿轉太玉躬奉參鍾首奠簠簋聿昇犧牲遞薦昭事顯若存存以俔

雍和

爛雲普洽律風無外千品其凝九賓斯會禋樽晉燭純犧滌汰玄覆攸廣鴻休汪濊

壽和

六變爰闋八陪載虔祐我皇祚於萬斯年

壽和

於赫聖祖龍飛晉陽底定萬國奄有四方功格上下道冠農黃郊天配享德合無疆

壽和

崇崇泰畤肅肅嚴禋粢盛既絜金石畢陳上帝來享介福爰臻受釐合福寶祚惟新

舒和

祝史正辭人神慶叶福以德昭享以誠接六藝云備百禮斯浹祀事孔明祚流萬葉

凱安

馨香惟后德明命光天保肅和崇皇靈陳信表皇道玉鉞初

蹈厲金匏既靜好

豫和

太號成命思文配天神光肸蠁龍駕言旋眇眇閶闔昭昭上玄俾昌而大於萬斯年

太和

六成既闋三薦云終神心具醉聖歆愈崇受釐皇邸迴蹕惟宮穰穰之福永永無窮

唐封泰山樂章

唐書樂志曰開元十三年玄宗封泰山祀天樂降神用豫和六變迎送皇帝用太和登歌奠玉帛用肅和迎俎用雍和酌獻飲福並用壽和送文舞出迎武舞入用舒和終獻亞獻用凱安送神用豫和

豫和六首 降神

祀泰壇柴泰清受天命報天成睞皇心薦樂聲志上達歌下迎

億上帝臨下庭騎日月陪列星嘉視信大糦馨澹神心醉皇靈

相百辟貢八荒九歌叙萬舞翔肅振振鏗皇皇帝欣欣福穰穰

高在上道光明物資始德難名承眷命牧蒼生寰宇謐太階平

天道無親至誠與隣山川遍禮宮徵惟新玉帛非盛聰明會眞正斯一德通乎百神

饗帝饗親維孝維聖緝熙懿德敷揚成命華夷志同笙鏞禮盛明靈降止感此誠欵

太和

孝敬中發和容外彰騰華照寓如昇太陽貞璧就奠玄靈垂光禮樂具舉濟濟洋洋

肅和

奠祖配天承天享帝百靈咸秩四海來祭植我蒼璧布我玄製華日徘徊神煙容裔

雍和

俎豆有馥粢盛絜豐亦有和羹既戒既平鼓鍾管磬肅唱和鳴皇皇后祖來我思成

壽和

烝烝我后享獻惟夤躬酌鬱鬯跪奠明神孝莫孝乎配上帝親敬莫敬乎教天下臣

壽和

皇祖嚴配配享皇天皇皇降嘏天子萬年

舒和

六鍾翕協六變成八佾倘佯八風生樂九歆兮人神感美七德兮天地清

凱安

烈祖順三靈文宗威四海黃鉞誅羣盜朱旗掃多罪戢兵天下安約法人心改大哉干羽意長見風雲在

豫和

禮樂終禋燎上懷靈惠結皇想歸風疾迴風爽百神來衆神往

唐祈穀樂章　褚亮

唐書樂志曰貞觀中正月上辛祈穀於南郊降神用豫和皇帝行用太和登歌奠玉帛用肅和迎俎用雍和酌獻飲福用壽和送文舞出迎武

舞入用舒和武舞用凱安送神用豫和其豫和

太和壽和凱安五章詞同冬至圓丘按貞觀禮

祀感帝同用此詞明慶已後同用冬至圓丘詞

肅和

履艮斯繩居中體正龍運垂祉昭符啓聖式事嚴禋聿懷嘉

慶惟帝永錫時皇休命

雍和

殷薦乘春太壇臨曙八簋盈和六瑚登御嘉稷匪歆德馨斯

飫祝嘏無易靈心有豫

舒和

玉帛犧牲申敬享金絲鏚羽盛音容庶俾億齡禔景福長欣

萬㝢洽時邕

唐明堂樂章

唐書樂志曰季秋享上帝于明堂降神用豫和
皇帝行用太和登歌奠玉帛用肅和迎俎用雍
和酌獻飲福用壽和送文舞出迎武舞入用舒
和武舞用凱安送神用豫和其豫和太和壽和
凱安五章詞同冬至圓丘貞觀中褚亮等作之

肅和

象天御宇乘時布政嚴配申虔宗禋展敬鐏罍盈列樹羽交
映玉幣通誠祚隆皇聖

雍和

八簋晨披五精朝奠霧凝璇篚風清金縣神滌備全明粢豐
衍載結彝俎陳誠以薦

舒和

御扆合宮承寶曆席圖重館奉明靈偃武修文九圍泰沉烽

靜析八荒寧

唐明堂樂章　　武后

外辦將出

總章陳昔典衢室禮惟神宏規則天地神用叶陶鈞負扆三春旦充庭萬宇賓顧己誠虛薄空慚馭兆人

皇帝行

仰膺曆數俯順謳歌遠安邇肅俗阜時和化光玉鏡訟息金科方興典禮永戢干戈

皇嗣出入升降

至人光俗大孝通神謙以表性恭惟立身洪規載啓茂典方陳譽隆三善祥開萬春

迎送王公

千官肅事萬國朝宗載延百辟爰集三宮君臣德合魚水斯

同睿圖方永周曆長隆

登歌

禮崇宗祀志表嚴禋笙鏞合奏文物惟新欽遵茂典敢擇良辰絜誠斯著奠謁方申

配饗

笙鏞間玉宇文物昭清暉睟影臨芳奠休光下太微孝思期有感明絜虔無違

宮音

履艮包羣望居中冠百靈萬方資廣運虔品荷財成神功諒匪測盛德實難名藻奠申誠欽恭祀表惟馨

角音

出震位開平秩扇條風乘甲乙龍德盛鳥星出薦珪篚陳誠實

徵音

赫赫離精御炎陸滔滔熾景開隆暑冀延神鑒俯蘭鐏式表虔禁陳桂俎

商音

律中夷則序應收成功宜建武義表惟明爰申禮奠庶展翹誠九秋是式百穀斯盈

羽音

葭律肇啓隆冬蘋藻攸陳饗祭黃鍾既陳玉燭紅粒方殷稔歲

唐雩祀樂章

唐書樂志曰孟夏雩祀上帝于南郊降神用豫和皇帝行用太和登歌奠玉帛用肅和迎俎用雍和酌獻飲福用壽和送文舞出迎武舞入用

舒和武舞用凱安送神用豫和其豫和太和壽和凱安五章詞同冬至圓丘貞觀中褚亮等作

肅和

朱鳥開辰蒼龍啓映大帝昭饗羣生展敬禮備懷柔功宣舞詠旬液應序年祥叶慶

雍和

紺筵分彩瑤圖吐絢風管晨凝雲歌曉囀肅事蘋藻虔申桂奠百穀斯登萬箱攸薦

舒和

鳳曲登歌調令序龍雩集舞泛祥風綵旞雲迴昭睿德朱干電發表神功

唐雩祀樂章

唐書樂志曰太樂舊有雩祀降神送神辭二章

不詳所起或云開元中造

豫和

烏緯遷序龍星見辰純陽在律明德崇禋五方降帝萬寓安人恭以致享肅以迎神

豫和

祀遵經設享緣誠舉獻畢于樽撤臨于俎舞止干戚樂停柷敔歌以送神神還其所

樂府詩集卷第五

樂府詩集卷第六

太原郭　茂倩　編次

郊廟歌辭

唐五郊樂章

唐書樂志曰祀五方上帝五郊樂祀黃帝降神奏宮音皇帝行用太和登歌奠玉帛用肅和迎俎用雍和酌獻飲福用壽和送文舞出迎武舞入用舒和武舞用凱安送神用豫和其太和壽和凱安豫和四章辭同冬至圓丘祀青帝降神奏角音祀赤帝降神奏徵音祀白帝降神奏商音祀黑帝降神奏羽音餘同黃帝並貞觀中魏徵等作

黃帝宮音

黃中正位含章居貞既長六律兼和五聲畢陳萬舞刀薦斯
牲神其下降永祚休平

肅和

眇眇方輿蒼蒼圓蓋至哉樞紐宅中圖大氣調四序屆和萬
籟祚我明德時雍道泰

雍和

金懸夕肆玉俎朝陳饗薦黃道芬流紫辰迺誠迺敬載享載
禋崇薦斯在惟皇是賓

舒和

御徵乘宮出郊甸安歌率舞遞將迎自有雲門符帝賞猶持
雷鼓荅天成

青帝角音

鶴雲旦起鳥星昏集律候新風陽開初蟄至德可饗行潦斯

挹錫以無疆蒸人乃粒

肅和

玄鳥司春蒼龍登歲節物變柳光風轉蕙瑤席降神朱紘饗帝誠備祝嘏禮殫珪幣

雍和

大樂稀音至誠簡禮文物棣棣聲明濟濟六變有成三登無體迺眷豐絜恩覃愷悌

舒和

笙歌籥舞屬年韶鷺鼓鳧鍾展時豫調露初迎綺春節承雲遽踐蒼霄馭

赤帝徵音

青陽告謝朱明戒序咸長是祈敬陳椒醑博碩斯薦笙鏞備舉庶盡肅恭非馨稷黍

肅和

離位克明火中宵見峯雲暮起景風晨扇木槿初榮含桃可薦芬馥百品鏗鏘三變

雍和

昭昭丹陸奕奕炎方禮陳牲幣樂備篪簧瓊著溢俎玉醑浮觴恭惟正直歆此馨香

舒和

千里温風飄絳羽十枝炎景媵朱干陳觴薦俎歌三獻拊石摐金會七盤

白帝商音

白藏應節天高氣清歲功既阜庶類收成萬方靜謐九土和平馨香是薦受祚聰明

肅和

金行在節素靈居正氣肅霜嚴林凋草勁犲祭隼擊潦收川
鐃九穀已登萬箱流詠

雍和

律應西成氣躔南呂珪幣咸列笙竽備舉苾苾蘭羞芬芬桂
醑式資宴貺用調霜序

舒和

瑃儀氣爽鸞緹籥玉呂灰飛含素商鳴鞞奏管芳羞薦會舞
安歌祿毦揚

黑帝羽音

嚴冬季月星迴風厲享祀報功方祚來歲

肅和

律周玉琯星回金度次極陽烏紀窮陰兔火林霰雪陽泉凝
沍八蜡已登三農息務

雍和

陽月斯紀應鍾在候載絜牲牷爰登俎豆既高既遠無聲無臭靜言格思惟神保祐

舒和

執籥持羽初終曲朱干玉鏚始分行七德九功咸巳暢明靈降福具穰穰

唐五郊樂章

唐書樂志曰太樂舊有五郊迎送神辭十章不詳所起

黄郊迎神

朱明季序黄郊王辰厚以載物甘以養人毓金爲體稟火成身宮音式奏奏以迎神

送神

春末冬暮徂夏杪秋土王四月時季一周黍稷巳享籩豆宜收送神有樂神其賜休

青郊迎神

緹幕移候青郊啓蟄淑景遲遲和風習習璧玉宵備旌旄曙立張樂以迎帝神其入

送神

文物流彩聲明動色人竭其恭靈昭其飭歆薦無巳垂禎不極送禮有章惟神還軾

赤郊迎神

青陽節謝朱明候改靡草彫華含桃流彩虡列鐘磬筵陳脯醢樂以迎神神其如在

送神

炎精式降蒼生攸仰蓋列豆籩酒陳犧象昭祀有應冥期不

奕送樂張音惟靈之往

白郊迎神

序移五律節應金商天嚴殺氣吹警秋方槱燎既積稷奠並芳樂以迎奏虔降神光

送神

祀遵五禮時屬三秋人懷肅敬靈降禎休奠歆旨酒薦享珍著載張送樂神其上遊

黑郊迎神

玄英戒序黑郊臨候掌禮陳彝司筵執豆寒霧斂色沍泉凝漏樂以迎神八音斯奏

送神

北郊時冽南陸輝處奠本虔誠獻彌恭慮上延祉福下承歡豫廣樂送神神其整馭

唐朝日樂章

唐書樂志曰貞觀中朝日樂降神用豫和皇帝行用太和登歌奠玉帛用肅和迎俎用雍和酌獻飲福用壽和送文舞出迎武舞入用舒和武舞用凱安送神用豫和其豫和太和壽和凱安五章詞同冬至圜丘

肅和

惟聖格天惟明饗日帝郊肆類王宮戒吉珪奠春舒鍾歌曉溢禮云克備斯文有秩

雍和

晨儀式薦明祀惟光神物爰止靈暉載揚玄端肅事紫幄興祥福履攸假於昭允王

舒和

崇牙樹羽延調露旋宮扣律掩承雲誕敷懿德昭神武載集
豐功表睿文

唐朝日樂章

唐書樂志曰太樂舊有朝日迎送神辭二章不
詳所起

迎神

太陽朝序王宮有儀蟠桃彩駕細柳光馳軒祥表合漢曆彰
奇禮和樂備神其降斯

送神

五齊兼酌百羞具陳樂終廣奏禮畢崇禋明鑒萬寓昭臨兆
人永流洪慶式動曦輪

唐夕月樂章

唐書樂志曰貞觀中夕月樂降神用豫和皇帝

行用太和登歌奠玉帛用肅和迎俎用雍和酌獻飲福用壽和送文舞出迎武舞入用舒和武舞用凱安送神用豫和其豫和太和壽和凱安

五章詞同冬至圜丘

肅和

測妙爲神通微曰聖坎祀貽則郊禋展敬璧薦登光金歌動映以載嘉德以流曾慶

雍和

朏晨爭舉天宗禮闕夜典恭秋陰明湛夕有隮斯旨有牲斯碩穆穆其暉穰穰是積

舒和

合吹八風金奏動分容萬舞玉鞘驚詞昭茂典光前列夕曜乘功表盛明

唐蜡百神樂章

唐書樂志曰貞觀中蜡百神樂降神用豫和皇帝行用太和登歌奠玉帛用肅和迎俎用雍和酌獻飲福用壽和送文舞出迎武舞入用舒和武舞用凱安送神用豫和其豫和太和壽和凱安五章詞同冬至圜丘

肅和

序迫歲陰日躔星紀爰稽茂典聿崇清祀綺幣霞舒瑞珪虹起百禮垂裕萬靈薦祉

雍和

緹籥勁序玄英晚候姬蜡開儀豳歌入奏蕙馥彫俎蘭芬玉酎大饗明祇永綏多祐

舒和

經緯兩儀文化洽削平方域武功成瑤紘自樂乾坤泰玉鏚長歡區縣寧

唐蜡百神樂章

唐書樂志曰太樂舊有蜡百神迎送神辭二章不詳所起

迎神

八蜡開祭萬物合祀上極天維下窮坤紀鼎俎流馥樽彝薦美有靈有祇咸希來止

送神

十旬歡洽一日祠終澄彝拂俎報德酬功慮虔容肅禮縟儀豐神其降祉整馭隨風

唐祀九宮貴神樂章

唐天寶中祀九宮貴神樂降神用豫和六變皇

帝行用太和登歌用肅和迎俎用雍和酌獻用
壽和飲福酒用福和退文舞迎武舞用舒和亞
獻終獻用凱安登歌撤豆用肅和送神用豫和

豫和

於昭上穹臨下有光羽翼五佐周流八荒誰其饗之時文對
敭虞經夏典茲禮未遑

黑帝旋馭青驪導日金籙上玄玉堂初吉鈞陳夕次鑾和先
蹕藹藹群靈昭昭咸秩

帝臨中壇受釐元神皇靈萃止羽旄肅陳攝提運衡招搖移
輪光光宇宙電燿雷震

夜如何其明星煌煌天清容衛露結壇場樹羽幢幢佩玉鏘
鏘凝精駐目瞻望神光

九位既肅萬靈畢會天門啓扃日御飛蓋煥兮婪離儐兮暗

靄如山之福惟聖時對
崇崇泰壇靈具臨兮鏗鍠大樂振動心兮神之降矣卿雲郁
兮神之至止清風肅兮

太和

帝在靈壇大明登光天回雲粹穆穆皇皇金奏九夏丰陳八
鄉曠哉動植如熙春陽

肅和

歌工既奏神位既秩天符衆星運行太一聲和十管氣應中
律肅肅明廷介玆元吉

雍和

俎豆有踐黃流在罇九宮之祀三代莫存樂變六宮壇開八
門聖皇昭對祐我黎元

壽和

時文哲后肅事嚴禋馨我明德饗于貴神大庖載盈旨酒斯醇精意所屬期於利人

福和

祀既云畢明靈告旋禮洽和應神歆福延動植咸若陰陽不愆錫茲祝嘏天子萬年

舒和

羽籥既闋干戚陳八音克諧六變新愉貴神兮般以樂保皇祚兮萬斯春

凱安

盛德陳萬舞稜威暢九垓風雲交律候日月麗昭回行慶休祥發乘春和氣來百神肅臨享蕩蕩天門開

肅和

精意嚴恭明祠豐絜獻酬既備俎豆斯撤日麗天儀風和樂

節事光祀典福覃有截

豫和

享申百禮慶洽百靈上排閶闔洞入杳冥奠玉高壇燔柴廣庭神之降福萬國咸寧

唐祀風師樂章　　　　包佶

迎神

太皞御氣句芒肇功蒼龍青旗爰候祥風律以和應神以感通鼎俎脩蠁時惟禮崇

奠幣登歌

旨酒告絜青蘋應候禮陳瑶幣樂獻金奏彈弦自昔解溏惟舊仰瞻肸蠁羣祥來湊

迎俎酌獻

德盛昭臨迎拜巽方爰候發生式薦馨香酌醴具舉工歌再

揚神歆入律恩降百祥

亞獻終獻

肸蠁備玉帛陳風動物樂感神三獻終百神臻草木榮天下春

送神

微穆敷華能應節飄揚發彩宣行慶送迎靈駕神心饗蹕拜靈壇禮容盛氣和草木發萌牙德暢禽魚遂翔泳永望翠蓋逐流雲自兹率土調春令

唐祀雨師樂章　包佶

迎神

陟降左右誠達幽圓作解之功樂惟有年雲軿戾止灑霧飄煙惟馨展禮爰列豆籩

奠幣登歌

歲正朱明禮布元制惟樂能感與神合契陰霧離披靈馭搖

喬膏澤之慶期於稔歲

迎俎酌獻

陽開幽蟄躬奉鬱鬯禮備節應震來靈降動植求聲飛沈允望時康氣茂惟神之貺

亞獻終獻

奠既備獻將終神行令瑞飛空迎乾德祈歲功乘煙燎儼從風

送神

整駕昇車望寥廓垂陰薦祉蕩昏氛饗時靈貺僾如在樂罷餘聲遥可聞飲福陳誠禮容備撤俎終獻曙光分跪拜臨壇結空想年年應節候油雲

唐祭方丘樂章

唐書樂志曰貞觀中夏至祭皇地祇於方丘迎神用順和皇帝行用太和登歌奠玉帛用肅和

迎俎用雍和酌獻飲福用壽和送文舞出迎武
舞入用舒和武舞用凱安其太和壽和凱安三
章詞同冬至圜丘並褚亮等作

順和

萬物資以化文泰屬昇平易從業惟簡得一道斯寧具儀光
玉帛送舞變咸英黍稷良非貴明德信惟馨

肅和

至矣坤德皇哉地祇開元統紐合大承規九宮肅列六典相
儀永言配命長保無虧

雍和

柔而能方直而能敬厚載以德大亨以正有滌斯牷有馨斯
盛介兹景福祚我休慶

舒和

玉幣牲牷分薦享羽旄干鏚遞成容一德惟寧兩儀泰三材
保合四時邕

順和

陰祇協贊厚載方貞牲幣具舉簫管備成其豐惟肅其德惟
明神之聽矣式鑒虔誠

唐大享拜洛樂章　武后

唐書樂志曰則天皇后永昌元年大享拜洛樂禮設用昭和次致和次咸和乘輿初行用九和次拜洛受圖用顯和登歌用昭和迎俎用敬和酌獻用欽和送文舞出迎武舞入用齊和武舞用德和撤俎用禋和辭神用通和送神用歸和按樂志又有歸和一章亦送神詞也

昭和

九玄眷命三聖基隆奉成先旨明臺畢功宗祀展敬冀表深
衷永昌帝業式播淳風

致和

神功不測兮運陰陽包藏萬宇兮孕八荒天符既出兮帝業
昌願臨明祀兮降禎祥

咸和

坎澤祠容備舉坤壇祭典爰申靈睠遥行祕躅嘉貺荐委殊
珍肅禮恭禋載展翹襟懇志逾殷方期交際縣應（下一句逸）

九和

祗荷坤德欽若乾靈慙惕罔寘興居匪寧恭崇禮則肅奉儀
形惟憑展敬敢薦非馨

拜洛

菲躬承睿顧薄德忝坤儀乾乾遵後命翼翼奉先規撫俗勤

雖切還淳化尚虧未能弘至道何以契明祇

顯和

顧德有慙虛菲明祇屢降禎符汜水初呈祕象溫洛荐表昌圖玄澤流恩載洽丹襟荷渥增愉

昭和

舒云致養合大資生德以恒固功由永貞升歌薦序垂幣翹誠虹開玉照鳳引金聲

敬和

蘭俎既昇蘋蘩可薦金石載設咸英已變林澤斯揔山川是遍敢用敷誠實惟忘倦

齊和

沈潛演貺分三極廣大凝禎揔萬方既薦羽旌文化啓還呈干鏚武威揚

德和

夕惕司龍契晨兢當鳳扆崇儒習舊規偃伯循先旨絕壤飛
冠蓋遐區麗山水幸承三聖餘忻屬千年始

禋和

百禮崇容千官肅事靈降舞兆神凝有粹奠享咸周威儀畢
備奏夏登列歌雍撤肆

通和

皇皇靈睠穆穆神心暫動凝質還歸積陰功玄樞紐理寂高
深衛恩佩德聳志翹襟

歸和

言旋雲洞兮躡煙途永寧中宇兮安下都包涵動植兮順榮
枯長貽寶貺兮贊璇圖

歸和

調雲闕兮神座興驂雲駕兮儼將昇騰絳霄兮垂景祐翹丹懇兮荷休徵

唐祭方丘樂章

唐書樂志曰睿宗太極元年祭皇地祇於方丘迎神用順和八變加金奏皇帝行用太和登歌奠玉帛用肅和迎俎及酌獻用雍和送文舞出迎武舞入用舒和武舞用凱安送神用順和太和凱安詞同貞觀冬至圜丘肅和雍和詞同貞觀太廟舒和詞同皇帝朝羣臣

順和

坤厚載物德柔垂祉九域咸雍四溟爲紀歆因良節虔修陰祀廣樂式張靈其降止

金奏

坤元至德，品物資生。神凝博厚，道協高明。列鎮五嶽，環流四瀛。于何不載，萬寶斯成。

順和

樂備金石，禮光樽俎。大享爰終，洪休是舉。雨零感節，雲飛應序。纓紱載辭，皇靈具舉。

樂府詩集卷第六

樂府詩集卷第七

太原郭　茂倩　編次

郊廟歌辭

唐祭汾陰樂章

唐書樂志曰玄宗開元十一年祭皇地祇於汾陰迎神用順和八變皇帝行用太和登歌奠玉用肅和迎俎用雍和酌獻飲福用壽和送文舞出迎武舞入用舒和武舞用凱安送神用順和

順和　韓思復

大樂和暢殷薦明神一降通感八變必臻有求斯應無德不親降靈醉止休徵萬人

同前　盧從愿

坤元載物陽樂發生播殖資始品彙咸亨列俎棊布方壇砥

平神歆禋祀后德惟明

同前　劉晃

大君出震有事郊禋齊戒既肅馨香畢陳樂和禮備候暖風春恭惟降福實賴明神

同前　韓休

於穆濬哲維清緝熙肅事昭配永言孝思滌濯靜嘉馨香在兹神之聽之用受福釐

太和　王晙

於穆聖皇六葉重光太原刻頌后土疏場寶鼎呈符歊雲孕祥禮樂備矣降福穰穰

肅和　崔玄童

聿修嚴配展事禋宗祥符寶鼎禮備黃琮祝詞以信明德惟聰介兹景福永永無窮

雍和　賈曾

盥我漸饎，絜我膋薌，有豆孔碩，爲著旣臧。至誠無昧，精意惟芳，神其醉止，欣欣樂康。

壽和　蘇頲

禮物斯具，樂章乃陳。誰其作主，皇考聖眞。對越在天，聖明佐神，窅然汾上，厚澤如春。

舒和　何鸞

樂奏云闋，禮章載虔。禋宗于地，昭假于天。惟馨薦矣，旣醉歆焉，神之降福，永永萬年。

凱安　蔣挺

維歲之吉，維辰之良，聖君紱冕，肅事壇場。大禮巳備，大樂斯張，神其醉止，降福無疆。

順和　源光裕

方丘既膳嘉饗載謐齊敬畢誠陶匏貴質秀畢豐薦芳俎盈實永永福流其昇如日

唐禪社首樂章

唐書樂志曰玄宗開元十三年禪社首山祭地祇樂迎神用順和皇帝行用太和登歌奠玉帛用肅和迎俎入用雍和初獻用壽和飲福用福和還宮用太和送神用靈具醉以代順和

順和　賀知章

至哉含柔德萬物資以生常順稱厚載流謙通變盈聖心事能察增廣陳厥誠黃祇僾如在泰折俟咸亨

太和

肅我成命於昭黃祇裘冕而祀陟降在斯五音克備八變聿施緝熙肆靖厥心匪離

肅和

黃祇是祇我其夙夜夤畏誠絜匪遑寧舍禮以琮玉薦厥茅藉念茲降康胡寧克暇

雍和

夙夜宥密不敢寧宴五齊既陳八音在縣粢盛以絜房俎斯薦惟德惟馨尚茲克徧

壽和

惟以明發有懷載殷樂盈而反禮順其禋立清以獻薦欲是親於穆不已裒對斯臻

福和

穆穆天子告成岱宗大裘如濡執珽有顯樂以平志禮以和容上帝臨我云胡肅邕

太和

昭昭有唐天俾萬國列祖應命四宗順則申錫無疆宗我同
德曾孫繼緒享神配極

靈具醉　　源乾曜

靈具醉杳熙熙靈將往眇禗禗顧明德吐正詞爛遺光流禎祺

唐祭神州樂章

唐書樂志曰貞觀中祭神州于北郊迎神用順
和皇帝行用太和登歌奠玉帛用肅和迎俎用
雍和酌獻飲福用壽和送文舞出迎武舞入用
舒和武舞用凱安送神用順和順和詞同夏至
方丘太和壽和凱安詞同冬至圓丘並褚亮等作

肅和

大矣坤儀至哉神縣包含日域牢籠月竁露絜三清風調六
變皇祇届止式歆恭薦

雍和

泰折嚴享陰郊展敬禮以導神樂以和性黝牲在列黄琮俯映九土既平萬邦貽慶

舒和

坤道降祥和㦯品靈心載德厚羣生水土既調三極泰文武畢備九區平

唐祭神州樂章

唐書樂章曰太樂舊有祭神州迎送神辭二章不詳所起

迎神

黄輿厚載赤縣歸德含育九區保安萬國誠敬無怠禋祀有則樂以迎神其儀不忒

送神

神州陰祀洪恩廣濟草樹霑和飛沉沐惠禮修鼎俎奠歆瑤

幣送樂有章靈軒其逝

唐祭太社樂章

唐書樂志曰貞觀中祭太社樂迎神用順和皇

帝行用太和登歌奠玉帛用肅和迎俎用雍和

酌獻飲福用壽和送文舞出迎武舞入用舒和

武舞用凱安送神用順和順和詞同夏至方丘

太和壽和凱安詞同冬至圓丘並褚亮等作

肅和

后土凝德神功協契九域底平兩儀交際戊期應序陰墉展

幣靈車少留俯歆樽桂

雍和

美報崇本嚴恭展事爰露跣壇承風啓地潔粢登俎醇犧入

饋介福遠流羣生畢遂

舒和

神道發生敷九稼陰極乘仁暢八埏緯武經文隆景化登祥薦祉啓豐年

唐祭太社樂章

唐書樂志曰太樂舊有太社迎送神辭二章不詳所起

迎神

烈山有子后土有臣播種百穀濟育兆人春官緝禮宗伯司禋戊爲吉日迎享茲辰

送神

吉祥式就酬功載畢親地尊天禮文經術貺徵令序福流初日神馭爰歸祠官其出

唐享先農樂章

唐書樂志曰貞觀中享先農樂迎神用誠和皇帝行用太和登歌奠玉帛用肅和迎俎用雍和酌獻飲福用壽和送文舞出迎武舞入用舒和武舞用凱安送神用誠和其太和壽和凱安詞同冬至圓丘並褚亮等作

誠和

粒食伊始農之所先古今攸賴是曰人天耕斯帝藉播厥公田式崇明祀神其福焉

肅和

鐏彝既列瑚簋方薦歌工載登幣禮斯奠肅肅享祀顒顒纓弁神之聽之福流寰縣

雍和

前夕視牲質明奉俎沐芳整弁其儀式序盛禮畢陳嘉樂備舉歆我懿德非馨稷黍

舒和

羽籥低昂文綴已干戚蹈厲武行初望歲祈農神所聽延祥介福豈云虛

唐享先農樂章

唐書樂志曰太樂舊有享先農送神辭一章不詳所起

誠和

三推禮就萬庾祈凝黄實志遠蘋蘩惟興降歆肅薦垂祐祗膺送神有樂神其上昇

唐享先蠶樂章

唐書樂志曰明慶中皇后親蠶内出享先蠶樂

章迎神用永和亦曰頌德皇后升壇用肅和登
歌奠幣用展敬迎俎用絜誠飲福送神用昭慶

永和

芳春開令序韶苑暢和風惟靈申廣祐利物表神功綺會周
天宇黼黻藻寰中庶幾承慶節歆奠下帷宮

肅和

明靈光至德深功掩百神祥源應節啓福緒逐年新萬寓承
恩覆七廟佇恭禋一兹申至懇方期遠慶臻

展敬

霞莊列寶衛雲集動和聲金卮薦綺席玉幣委芳庭因心罄
丹款先己勵蒼生所冀延明福於兹亨至誠

絜誠

桂筵開玉俎蘭圃薦瓊芳八音調鳳律三獻奉鸞觴絜粢申

大享庭寓冀降祥神其覃有慶契福永無疆

昭廖

仙壇禮既畢神駕儼將昇佇屬深祥啓方期庚績凝虔誠資宇内務本昴黎蒸靈心昭備享率土洽休徵

唐釋奠文宣王樂章

唐書樂志曰皇太子親釋奠迎神用誠和亦曰宣和皇太子行用承和登歌奠幣用肅和迎俎用雍和送文舞出迎武舞入用舒和武舞用凱安詞同冬至圓丘送神用誠和詞同迎神通典曰開元中又造三和樂一曰祴和三公升降及行則奏之二曰豐和享先農則奏之三曰宣和祭孔宣父齊太公則奏之

誠和

聖道日用神幾不測金石以陳絃歌載陟爰釋其菜匪馨于稷來顧來享是宗是極

承和

萬國以貞光上嗣三善茂德表重輪視膳寢門遵要道高闢崇賢引正人

肅和

粤惟上聖有縱自天傍周萬物俯應千年舊章允著嘉贄孔虔王化茲首儒風是宣

雍和

堂獻瑶篚庭敷璆縣禮備其容樂和其變肅肅觀享雍雍執奠明禮惟馨蘋蘩可薦

舒和

隼集龜開昭聖列龍蹲鳳跱肅神儀尊儒敬業宏圖闡緯武

經文盛德施

唐享孔子廟樂章

唐書樂志曰太樂舊有享孔子廟迎送神辭二章不詳所起

迎神

通吳表聖問老探真三千弟子五百賢人億齡規法萬載祠禋絜誠以祭奏樂迎神

送神

醴溢犧象羞陳俎豆魯壁類聞泗川如覩里校覃福胄筵承祐雅樂清音送神其奏

唐釋奠武成王樂章　于邵

唐釋奠武成王舊以文宣王樂章用之德宗正元中詔于邵補造

迎神

卜畋不從兆發非熊乃傾荒政爰佐一戎盛烈載垂命祀維崇日練上戊宿嚴閟宫迎奏嘉至感而遂通

奠幣登歌

管磬外壇蕝集上公進嘉幣執信以通優如及愜帝功錫后邑四維張百度立綿億載邈難挹

迎俎酌獻

五齊絜九牢碩梳粢循罍斝滌進具物揚鴻勳和奏發高靈寂虡告終繁祉錫昭秩祀永無易

亞獻終獻

貳觴以獻三變其終顧此非馨尚達斯衷茅縮可致神歆載融始神翊周拯溺除凶時惟降祐永絶興戎

送神

明祀方終備樂斯闋黝纁就瘞豆籩告撤肸蠁尚餘光景云
滅返歸虛極神心則悅

唐享龍池樂章

唐書樂志曰玄宗龍潛時宅隆慶坊宅南坊人所居忽變爲池望氣者異焉故中宗季年汎舟池中玄宗正位以坊爲宮池水逾大彌漫數里因爲龍池樂以歌其祥新書禮樂志曰龍池樂舞者十二人冠芙蓉冠躡履備用雅樂唯無鐘磬唐逸史曰玄宗在東都晝寢夢一女子容豔異常梳交心髻大袖寬衣帝曰汝何人曰妾凌波池中龍女也衛宮護駕妾實有功今陛下洞曉鈞天之樂願賜一曲以光族類帝於夢中爲鼓胡琴倚歌爲凌波池之曲龍女拜謝而去及寤盡記之命禁樂自御琵琶習而翻之因宴於凌波宮臨池奏新聲忽池波

湧起有神女出於波心乃夢中之女也望拜御坐良久
方没因置祠池上每歲祀之會要曰開元元年内出祭
龍池樂章十六年築壇於興慶宫以仲春月祭之

第一章　姚崇

恭聞帝里生靈沼應報明君鼎業新既協翠泉光寶命還符
白水出真人此時舜海潛龍躍此地堯河帶馬巡獨有前池
一小鴈叨承舊惠入天津

第二章　蔡孚

帝宅王家大道邊神馬龍龜涌聖泉昔日昔時經此地看來
看去漸成川歌臺舞榭宜正月柳岸梅洲勝往年莫言波上
春雲少秖爲從龍直上天

第三章　沈佺期

龍池躍龍龍已飛龍德光天天不違池開天漢分皇道龍向

天門入紫微邸第樓臺多氣色君王鳧鴈有光輝爲報寰中
百川水來朝上地莫東歸

第四章　盧懷慎

代邸東南龍躍泉清漪碧浪遠浮天樓臺影就波中出日月
光疑鏡裏懸鴈沼回流成舜海龜書薦祉應堯年大川旣濟
慙爲檝報德空思奉細涓

第五章　姜皎

龍池初出此龍山常經此地謁龍顏日日芙蓉生夏水年年
楊柳變春灣堯壇寶匣餘煙霧舜海漁舟尚往還願以飄颻
五雲影從來從去九天間

第六章　崔日用

龍興白水漢興符聖主時乘運斗樞岸上苹葺五花樹波中
的皪千金珠操環昔聞迎夏啓發匣先來瑞有虞風色雲光

隨隱見赤雲神化象江湖

第七章　蘇頲

西京鳳邸躍龍泉佳氣休光鎮在天軒后霧圖今已得秦王水劒昔常傳恩魚不似昆明釣瑞鶴長如太液仙願侍巡遊同舊里更聞簫鼓濟樓船

第八章　李乂

星分邑里四人居水洊源流萬頃餘魏國君王稱象處晉家蕃邸化龍初青蒲暫似遊梁馬綠藻還疑宴鎬魚自有神靈滋液地年年雲物史官書

第九章　姜晞

靈沼縈迴邸第前浴日涵天寫曙天始見龍臺昇鳳闕應如霄漢起神泉石匱渚傍還啓聖桃李初生更有仙欲化帝圖從此受正同河變一千年

第十章　裴璀

乾坤啓聖吐龍泉泉水年年勝一年始看魚躍方成海即觀龍飛利在天洲渚遥將銀漢接樓臺直與紫微連休氣榮光常不散懸知此地是神仙

梁郊祀樂章

五代會要曰梁開平二年正月太常奏定郊廟樂曲南郊降神奏慶和之樂舞崇德之舞皇帝行奏慶順奠玉幣登歌奏慶平迎俎奏慶肅酌獻奏慶熙飲福酒奏慶隆送文舞迎武舞奏慶融亞獻終獻奏慶休送神奏慶和

慶和樂　趙光逢

就陽位昇圓丘佩雙玉御大裘膺天命擁神休萬靈感百禄遒

秉黃鉞建朱旗震八表清二儀帝業顯王道夷受景命啓
皇基
開九門懷百神通肸蠁接氤氳明粢薦廣樂陳奠嘉璧燎
芳薪
膺寶圖執左契德應天聖饗帝薦表衷荷靈惠壽萬年祚
百世
惟德動天有感必通秉茲一德禋於六宗欽賁寶命恭肅禮
容來顧來饗永穆皇風
天惟佑德辟乃奉天交感斯在昭事罔愆歲功已就王道無
偏於焉報本是用告虔
慶順
聖皇戾止天步舒遲乾乾睿相穆穆皇儀進退必肅陟降是
祇六變克協萬靈協隨

慶平

天命降鑒帝德惟馨享祀不忒禮容孔明奠璧布幣薦純獻精神祐以荅敷錫永寧

慶肅　張袞

籩豆簠簋黍稷非馨懿兹彝器厥德惟明金石匏革以和以平由此無體期乎永寧

慶熙

哲后躬享旨酒斯陳王恭無斁嚴祀惟寅皇祖以配大孝以振宜錫景福永休下民

慶隆

恭祀上帝于國之陽爵醴是荷鴻基永昌

慶融

導和氣兮襲氤氳宣皇規兮彰聖神服遐裔兮敷質文格苗

扈兮息煙塵

慶休

大業來四夷仁風和萬國白日體無私皇天輔有德七旬罷巳服六月師方克偉哉帝道隆終始常作則

慶和

煙燎昇禮容徹誠感達人神悅靈貺彰聖情結玉座寂金爐歇

周郊祀樂章

五代史樂志曰太祖廣順元年邊蔚議改漢十二成爲十二順之樂祭天神奏昭順之樂祭地祇奏寧順之樂祭宗廟奏肅順之樂登歌奠玉帛奏感順之樂皇帝行及臨軒奏治順之樂王公出入奏文舞迎武舞奏忠順之樂皇帝食舉奏康順之樂皇帝受朝皇后入宮奏雍順之樂

皇太子軒懸出入奏溫順之樂正至皇帝禮會

登歌奏禮順之樂郊廟俎入奏禋順之樂酌獻飲

福奏福順之樂祭孔宣父齊太公降神同用禮

順之樂三公外降及行同用忠順之樂享藉田

同用寧順之樂

昭順樂

五兵勿用萬國咸安告功圓蓋受命雲壇樂鳴鳳律禮備雞

竿神光欲降衆目遐觀

治順樂

羽衛離丹闕金軒赴泰壇珠旗明月色玉佩曉霜寒黼黻龍

衣備琮璜寶器完百神將受職宗社保長安

感順樂

明君陳大禮展幣祀圜丘雅樂聲齊發祥雲色正浮

禋順樂

黃彝將獻特牲預迎旣脩昭事潛達明誠

福順樂

相承五運取法三才大禮爰展率土咸來御雲祕室甘泉寶臺象樽初酌受福不回

福順樂

昊天成命邦國盛儀多士齊列六龍載馳壇外泰一樂奏咸池高明祚德永致昌期

福順樂

上天垂景貺哲后舉鑾觴明德今方祚邦家萬世昌

忠順樂

木鐸敷音文德昌朱干成列武功彰雷鼓鷺羽今休用玉戚相參正發揚

武舞

圭瓚方陳禮干旄乃象功成文非羽籥猛勢若羆熊

昭順樂

雲門孤竹蒼璧黃琮既祀天地克配祖宗虔修盛禮仰荅玄功神歸碧落福降無窮

樂府詩集卷第七

樂府詩集卷第八

太原郭　茂倩　編次

郊廟歌辭

漢安世房中歌

通典曰周有房中之樂歌后妃之德秦始皇二十六年改曰壽人漢書禮樂志曰漢房中祠樂高祖唐山夫人所作凡樂樂其所生禮不忘其本高祖樂楚聲故房中樂楚聲也孝惠二年使樂府令夏侯寬備其簫管更名安世樂宋書樂志曰魏文帝黄初二年議者以房中歌后妃之德所以風天下正夫婦乃改爲正始之樂明帝太和初繆襲奏魏國初建王粲所作登歌安世詩專以思詠神靈及說神靈鑒享之意後省讀

漢安世詩無有二南風化天下之言又改曰享

神歌

大孝備矣休德昭清高張四縣樂充宮廷芬樹羽林雲景杳冥金支秀華庶旄翠旌七始華始肅倡和聲神來宴娭庶幾是聽

鬻鬻音送細齊人情忽乘青玄熙事備成清思眑眑經緯冥冥

我定歷數人告其心敕身齊戒施教申申乃立祖廟敬明尊親大矣孝熙四極爰轃

王侯秉德其鄰翼翼顯明昭式清明鬯矣皇帝孝德竟全大功撫安四極

海內有姦紛亂東北詔撫成師武侯承德行樂交逆簫勺羣慝肅為濟哉蓋定燕國

大海蕩蕩水所歸高賢愉愉民所懷大山崔百卉殖民何貴
貴有德
安其所樂終産樂終産世繼緒飛龍秋游上天高賢愉樂
民人
豐草葽女羅施善何如誰能回大莫大成教德長莫長被
無極
雷震震電耀耀明德鄉治本約治本約澤弘大加被寵咸
相保施德大世曼壽
都荔遂芳窅窊桂華孝奏天儀若日月光乘玄四龍回馳北
行羽旄殷盛芬哉芒芒孝道隨世我署文章
桂華馮馮翼翼承天之則吾易久遠燭明四極
慈惠所愛美若休德杳杳冥冥克綽永福美芳磑磑即即師
象山則

嗚呼孝哉案撫戎國蠻夷竭歡象來致福兼臨是愛終無
兵革

嘉薦芬矣告靈饗矣告靈既饗德音孔臧惟德之臧建侯之
常承保天休令聞不忘

皇皇鴻明蕩侯休德嘉承天和伊樂厥福在樂不荒惟民之
則浚則師德下民咸殖令問在舊孔容翼翼

孔容之常承帝之明下民之樂子孫保光承順温良受帝之
光嘉薦令芳壽考不忘

承帝明德師象山則雲施稱民永受厥福承容之常承帝之
明下民安樂受福無疆

晉宗廟歌　傅玄

南齊書樂志曰晉泰始中傅玄造祠廟夕牲昭
夏歌一篇迎送神肆夏歌一篇登歌七廟七篇

饗神歌二篇玄云登歌歌盛德之功烈故廟異其文饗神猶周頌之有瞽及雍但説祭饗神明禮樂之盛七廟饗神皆用之

夕牲歌

我夕我牲猗歟敬止嘉薦孔時供茲享祀神鑒厥誠博碩斯歆祖考降饗以虞孝孫之心

迎送神歌

嗚呼悠哉日鑒在茲以時享祀神明降之神明斯降既祐饗之祚我無疆受天之祜赫赫太上巍巍聖祖明明烈考丕承繼序

征西將軍登歌

經始宗廟神明戾止申錫無疆祗承享祀假我皇祖綏予孫子燕及後昆錫茲繁祉

豫章府君登歌

嘉樂在庭薦祀在堂皇皇宗廟乃祖先皇濟濟辟公相予烝嘗享祀不忒降福穰穰

潁川府君登歌

於邈先后實司于天顯矣皇祖帝祉肇臻本支克昌資始開元惠我無疆享祀永年

京兆府君登歌

於惟曾皇顯顯令德高明清亮匪兢柔克保乂命祐基命惟則篤生聖祖光濟四國

宣皇帝登歌

於鑠皇祖聖德欽明勤施四方夙夜敬止載敷文教載揚武烈匡定社稷龔行天罰經始大業造創帝基畏天之命于時保之

景皇帝登歌

執競景皇克明克哲旁作穆穆惟祇惟畏纂宣之緒耆定厥功登此儁乂糾彼羣凶業業在位帝既勤止維天之命於穆不已

文皇帝登歌

於皇時晉允文文皇聰明叡智聖敬神武萬幾莫綜皇斯清之虎兕放命皇斯平之柔遠能邇簡授英賢創業垂統勳格皇天

饗神歌

曰晉是常享祀時序宗廟致敬禮樂具舉惟其來祭普天率土犧樽既奠清酤既載亦有和羹籩羞斯備烝烝永慕感時興思登歌奏舞神樂其和祖考來格祐我邦家敷天之下罔不休嘉

肅肅在位濟濟臣工四海來格禮儀有容鍾鼓振管絃理舞開元歌永始神胥樂兮肅肅在位臣工濟濟小大咸敬上下有禮理管絃振鼓鍾舞象德歌詠功神胥樂兮肅肅在位有來雍雍穆穆天子相惟辟公禮有儀樂有則舞象功歌詠德神胥樂兮

晉江左宗廟歌

歌高祖宣皇帝　曹毗

於赫高祖德協靈符應運撥亂釐整天衢勳格宇宙化動八區肅以典刑陶以玄珠神石吐瑞靈芝自敷肇基天命道均唐虞

歌世宗景皇帝

景皇承運纂隆洪緒皇維重抗天暉再舉蠢矣二寇擾我揚楚乃整元戎以膏齊斧亹亹神算赫赫王旅鯨鯢既平功冠

帝宇

歌太祖文皇帝

太祖齊聖王猷誕融仁教四塞天基累崇皇室多難嚴清紫宮威厲秋霜惠過春風平蜀夷楚以文以戎奄有参墟聲流無窮

歌世祖武皇帝

於穆武皇允龔欽明應期登禪龍飛紫庭百揆時序聽斷以情殊域旣賓僞吳亦平晨流甘露宵映朗星野有擊壤路垂頌聲

歌中宗元皇帝

運屯百六天羅解貫元皇勃興網籠江漢仰齊七政俯平禍亂化若風行澤猶雨散淪光更耀金輝復煥德冠千載蔚有餘粲

歌肅宗明皇帝

明明肅祖闡弘帝祚英風夙發清暉載路蕤逆縱忒罔式皇虔躬振朱旗遂豁天步宏猷淵塞高羅雲布品物咸寧洪基永固

歌顯宗成皇帝

於休顯宗道澤玄播式宣德音暢物以和邁德蹈仁匪禮弗過敷以純風濯以清波連理映阜鳴鳳棲柯同規放勛義蓋山河

歌康皇帝

康皇穆穆仰嗣洪德爲而不宰雅音四塞閑邪以誠鎮物以默威靜區宇道宣邦國

歌孝宗穆皇帝

孝宗夙哲休音允臧如彼晨離曜景扶桑垂訓華幄流潤八

荒幽讚玄妙爰該典章西平僭蜀北靜舊疆高猷遠暢朝有遺芳

歌哀皇帝

於穆哀皇聖心虛遠雅好玄古大庭是踐道尚無爲治存易簡化若風行民猶草偃雖曰登遐徽音彌闡愔愔雲韶盡美盡善

歌太宗簡文皇帝　王珣

皇矣簡文於昭于天靈明若神周淡如淵沖應其來實與其遷亹亹心化日用不言易而有親簡而可傳觀流彌遠求本逾玄

歌烈宗孝武皇帝

天鑒有晉欽哉烈宗同規文考玄默允龔威而不猛約而能通神鉦一震九域來同道積淮海雅頌自東氣陶淳露化協

時雍

四時祠祀歌　曹毗

肅肅清廟巍巍聖功萬國來賓禮儀有容鍾鼓振金石熙宣兆祚武開基神斯樂兮理管絃有來斯和説功德吐清歌神斯樂兮洋洋玄化潤被九壤民無不悦道無不往禮有儀樂有式詠九功永無極神斯樂兮

宋宗廟登歌　王韶之

宋書樂志曰武帝永初中詔廟樂用王韶之所造七廟登歌辭七首又有七廟享神登歌一首并以歌章太后其辭亦韶之造

北平府君歌

綿綿遐緒明昭載融漢德未遠堯有遺風於穆皇祖永世克隆本枝惟慶貽厥靡窮

相國掾府君歌

乃立清廟清廟肅肅乃備禮容禮容穆穆顯允皇祖昭是嗣服錫玆繁祉聿懷多福

開封府君歌

四縣既序簫管既舉堂獻六瑚庭萬八羽先王有典克禋皇祖丕顯洪烈永介休祐

武原府君歌

鐘鼓喤喤威儀將將溫恭禮樂致享曾皇邁德垂仁係軌重光天命純嘏惠我無疆

東安府君歌

鑠矣皇祖帝度其心永言配命播玆徽音思我茂猷如玉如金駿奔在陛是鑒是歆

孝皇帝歌

蒸哉孝皇齊聖廣淵發祥誕慶景祚自天德敷金石道被管絃有命既集徽風永宣

高祖武皇帝歌

惟天有命眷求上哲赫矣聖武撫運桓撥功並敷土道均汝墳止戈曰武經緯稱文鳥龍失紀雲火代名受終改物作我宋京至道惟王大業有劭降德兆民升歌清廟

七廟享神歌

弈弈寢廟奉璋在庭笙籥既列犧象既盈黍稷匪芳明祀惟馨樂具禮充潔著蠲誠神之格思介以休禎濟濟羣辟永觀厥成

宋世祖廟歌　謝莊

孝武皇帝歌

帝錫二祖長世多祜於穆睿考襲聖承矩玄極弛馭乾紐墜

緒闢我皇維締我宋宇刷定四海肇枻神京復禮輯樂散馬
墮城澤牣九有化浮八瀛慶雲承掖甘露飛甍肅肅清廟徽
徽閟宮舞蹈象德笙磬陳風黍稷非盛明德惟崇神其歆止
降福無窮

宣太后歌

稟祥月輝毓德軒光嗣徽嬀汭思媚周姜毋臨萬寓訓藹紫
房朱玄玉籥式載瓊芳

宋章廟樂舞歌

宋書樂志曰章廟樂舞雜歌悉同用太廟辭唯
三后別撰夕牲賓出入奏肅咸樂牲出入奏引
牲樂薦豆呈毛血奏嘉薦樂迎神奏昭夏樂皇
帝入廟北門奏永至樂太祝祼地奏登歌章太
后室奏章德凱容之樂昭太后室奏昭德凱容

之樂宣太后室奏宣德凱容之樂皇帝還東壁
受福酒奏嘉胙之樂送神奏昭夏之樂皇帝詣
便殿奏休成之樂

肅咸樂　殷淡

彝承孝典恭事嚴聖浹天奉賁磬壤齊慶司儀具序羽容夙彰芬枝颺烈黼黻周張助寶奠軒酎珍充庭璆縣凝會琄朱竚聲先期選禮肅若有承祇對靈祉皇慶昭膺尊事威儀輝容昭敘迅恭神明粢盛牲俎蕭肅嚴宮藹藹崇基皇靈降祉百祇具司戒誠望夜端列承朝依微昭旦物色輕宵鴻慶遐鬯嘉薦饗令芳翊帝明德永祚流光

引牲樂

維誠絜饗維孝奠靈敬芬黍稷敬滌犧牲騂繭在豢載溢載豐以承宗祀以肅皇衷蕭薌四舉華火周傳神監孔昭嘉是

柔牷

嘉薦樂

肇禋祀禮容咸舉六典飾文九司昭序牲柔既昭儀剛既陳恭滌惟清薌事惟神加籩再御兼俎重薦節動軒越聲流金縣弈弈閟幄亹亹嚴闈潔誠夕鑒端服晨暉聖靈戾止翊我皇則上綏四寓下洋萬國永言孝饗孝饗有容儐僚贊列肅肅雍雍

昭夏樂

閟宮黝黝復殿微微璇除肅炤釭壁彤煇黼帟神凝玉堂嚴馨圓火夕耀方水朝清金枝委樹翠鐙竚縣渟波澄宿華漢浮天恭事既夙虔心有慕仰降皇靈俯寧休祚

永至樂

漢書禮樂志曰皇帝入廟門奏永至以爲行步

之節猶古采齊肆夏也
皇朝𢀶矣孝容以昭鑾華羽迾拂漢涵濱中申嘉夜翊翊休
朝行金景遊步玉風韶師承祀則肅對禋桃
登歌
帝容承祀練時涓日九重徹闕四靈賓室肅唱函音庶旄委
佾休靈告饗嘉慶尚芬玉瑚飾列桂簋昭陳具司選禮翼翼
振振
禩崇祀典酎恭孝時禮無爽物信靡媺辭精華孚𢀶誠監昭
通外歌翊節下管調風皇心履變敬明尊親大哉孝德至矣
交神
章德凱容樂
幽瑞浚靈表彰嬪聖翊載徽文敷光崇慶上緯纏祥中維飾
詠永屬煇猷聯昌景命

昭德凱容樂　明帝

表靈躔象纘儀緯風膺華丹燿登瑞紫穹訓形霄宇武彰宸宮騰芬金會寫德聲容

宣德凱容樂

天樞凝燿地紐儷輝聯光騰世炳慶翔機薰藹中㝢景纏上徽王頌鏤德金籥傳徽

嘉胙樂　鼦淡

禮薦洽福時昌皇聖膺嘉祐帝業凝休祥居極秉景運宅德瑞中王澄明臨四表精華延八鄉洞海周聲惠徽㝢麗乾光靈慶纏世祉鴻烈永無疆

昭夏樂

大孝備盛禮豐神安留嘉樂充旋駕聳汎青穹延八虛闢四空藹流景肅行風

昭融教緝風度戀皇靈結深慕解羽縣轂華樹偕琁除端玉輅流汪濊慶國步

休成樂

漢書禮樂志曰登歌再終下奏休成之樂美神明既饗也

釃醴具登嘉俎咸薦饗洽誠陳禮周樂徧祝辭罷祼序容轂縣蹕動端庭鑾回嚴殿神儀駐景華漢亭虛八靈案衛三祇解途翠蓋燿澄罼弈凝宸玉鑣息節金輅懷音式誠遠孝底心肅感追憑皇鑒思承淵範神錫懋祉四緯昭明仰福帝徽俯齊庶生

樂府詩集卷第八

樂府詩集卷第九

太原郭　茂倩　編次

郊廟歌辭

齊太廟樂歌

南齊書樂志曰宋昇明中太祖爲齊王令司馬褚淵造太廟登歌二章建元初詔謝超宗造廟樂歌詩十六章永明二年又詔王儉造太廟二室歌辭其夕牲羣臣出入奏肅咸樂牲出入奏引牲樂薦豆呈毛血奏嘉薦樂迎神奏昭夏樂皇帝入廟北門奏永至樂太祝祼地奏登歌皇祖廟陵丞太中大夫淮陰令皇曾祖即丘令皇祖太常卿五室並奏凱容樂皇考宣皇帝室奏宣德凱容樂昭皇后室奏凱容樂皇帝還東壁

上福酒奏永祚樂送神奏肆夏樂皇帝詣便殿奏休成樂太祖高皇帝室奏高德宣烈樂穆皇后室奏穆德凱容樂高宗明皇帝室奏明德凱容樂古今樂錄曰梁何佟之周捨等議以爲周禮牲出入奏昭夏而齊氏仍宋儀注迎神奏昭夏牲出入更奏引牲樂乃以牲牢之樂用接祖宗之靈宋季之失禮也

肅咸樂　謝超宗

絜誠底孝孝感煙霜賓儀式序肅禮綿張金華樹藻肅哲騰光殷殷升奏嚴嚴階庠匪椒匪玉是降是將懋分神衷翊祐傳昌

引牲樂

肇祀嚴靈恭禮尊國達敬傳典結孝陳則芬滌既肅犧牷既

整聳誠流思端儀選景肆禮佇夜綿樂望晨崇席皇鑒用饗明神

嘉薦樂

清思眑眑閟寢微微恭言載感肅若有希芬俎具陳嘉薦兼列凝磬煙颺分熠星哲睿靈式降協我帝道上澄五緯下陶八表

昭夏樂

消辰選氣展禮恭祇重闈月洞層牖煙施載虛玉巵載受金枝天歌折饗雲舞盤儀神惟降止從景凝義帝華永藹泯藻方摛

永至樂

戲繇惟則姬經式序九司聯事八方承宇鑾迥靜陳縵樂具舉凝旒若慕傾璜載竚振振斑衞穆穆禮容載藹皇步式敷

帝蹤

登歌

清明既卷大孝乃熙天儀睟愴皇心儼思既芬房豆載絜牷牲鬱祼升禮銷玉登聲茂對幽嚴式奉徽靈以享以祀惟感惟誠

凱容樂

國昭惟茂帝穆惟崇登祥緯遠締世景融紛綸睿緒奄蔚王風明進厥始濬哲文終

凱容樂

琁條夤蔚瓊源浚照懋矣皇烈載挺明劭永言欹思式恭惟教休途良乂榮光有耀

凱容樂

嚴宗正典崇饗肇禋九章既飭三清既陳昭恭皇祖承假徽

神貞祐伊協卿藹是鄰

凱容樂

肅惟歆祀絜事參薌環袪像綴緬密絲簧明明烈祖尚錫龍光粵雅于姻伊頌在商

凱容樂

神宮懋鄴明寢昌基德凝羽綴道邕容辭假我帝緒懿我皇維昭大之載國齊之祺

宣德凱容樂

道閟期運義閈藏用皇矣睿祖至哉攸縱循規烈炤龔矩重芬德溢軒羲道懋炎雲

凱容樂

月靈誕慶雲瑞開祥道茂淵柔德表徽章粹訓宸中儀形寓外容蹈凝華金羽傳藹

永祚樂

梐宸抗宇，合軫齊文，萬靈載溢，百禮以將。朱紘繞風翠羽停雲，桂樽既滌，瑶俎既薫。升薦惟誠，昭禮惟芬，降祉遥裔，集慶氤氳。

肆夏樂

禮既升，樂以愉，昭序溢，幽饗餘，人祇卷敬，教敷神光，動靈駕翔，芬九垓，鏡八鄉，福無届，祚無疆。

休成樂

睿孝式卷，饗敬爰偏，諦容輟序，佾文靜縣，宸儀聳蹕，霄衛浮鑾，旒帝雲舒，翠華景摶，恭惟尚烈，休明再纏，國獻遠藹，昌圖聿宣。

太廟登歌　褚淵

惟王建國，設廟凝靈，月薦流典，時祀暉經，瞻宸僾思，雨露追

情簡日筵晷閟奠升文金罍渟桂沖幄舒薰備僚肅列駐景
開雲
至饗攸極睿孝惇禮具物咸絜聲香合體氣昭扶幽眇慕纚
遠迎緜驚促送侑留晚聖衷踐候節攺增愴妙感崇深英徽
彌亮

高德宣烈樂　　王儉

悠悠草昧穆穆經綸乃文乃武乃聖乃神動龕危亂靜比斯
民誕應休命奄有八夤握機肇運光啓禹服義滿天淵禮昭
地軸澤靡不懷威無不肅戎夷竭歡象來致福偃風裁化暊
日敷祥信星含曜秬草流芳七廟觀德六樂宣章惟先惟敬
是饗是將

穆德凱容樂

大姒嬪周塗山儷禹我后嗣徽重規疊矩肅肅閟宮翔翔雲

舞有饗德馨無絶終古

明德凱容樂

多難固業殷憂啓聖帝宗纘武惟時執競起柳獻祥百堵興詠義雖祀夏功符受命遠無不懷邇無不肅其儀濟濟其容穆穆赫矣君臨昭哉嗣服允王惟后膺此多福禮以昭事樂以感靈八簋陳室六舞充庭觀德在廟象德在形四海來祭萬國咸寧

梁宗廟登歌七首　沈約

功高禮洽道尊樂備三獻具舉百司在位誠敬罔愆幽明同致茫茫億兆無思不遂蓋之如天容之如地

殷兆玉筐周始郊王於赫文祖基我大梁肇土七十奄有四方帝軒百祀人思未忘永言聖烈祚我無疆

有夏多罪殷人塗炭四海倒懸十室思亂自天命我殲凶殄

難既躍乃飛言登天漢爰饗爰祀福祿攸贊
犧象既飾罍俎斯具我鬱載馨黃流乃注峩峩卿士駿奔是
務佩上鳴皆纓還拂樹悠悠億兆天臨日煦
猗歟至德光被黔首鑄鎔蒼昊甄陶區有肅恭三獻對揚萬
壽比屋可封含生無咎匪徒七百天長地久
有命自天於皇后帝悠悠四海莫不來祭繁祉具膺八神聳
衛福至有兆慶來無際播此餘休于彼荒裔
祀典昭絜我禮莫違八簋充室六龍解騑神宮肅肅靈寢微
微嘉薦既饗景福攸歸至德光被洪祚載輝

梁小廟樂歌

隋書禮儀志曰梁又有小廟太祖太夫人廟也
非嫡故別立廟皇帝每祭太廟訖詣小廟亦以
一太牢如太廟禮

舞歌

閟宫肅肅清廟濟濟於穆夫人固天攸啓祚我梁德膺斯盛禮文槐達嚮重檐丹陛飾我組彝絜我粢盛躬事奠饗推尊盡敬悠悠萬國具承茲慶大孝追遠兆庶攸詠

登歌

光流者遠禮貴彌申嘉饗云備盛典必陳追養自本立愛惟親皇情乃慕帝服來尊鴐齊六轡旂耀三辰感茲霜露事彼冬春以斯孝德永被烝民

陳太廟舞辭

隋書樂志曰陳初並用梁樂唯改七室舞辭皇祖步兵府君正員府君懷安府君皇高祖安成府君皇曾祖太常府君五室並奏凱容舞皇祖景皇帝室奏景德凱容舞皇考高祖武皇帝室

奏武德舞

凱容舞

於赫皇祖宮牆高嶷邁彼厥初成茲峻極縵樂簡簡閟寢翼翼裸饗若存惟靈靡測

凱容舞

昭哉上德浚彼洪源道光前訓慶流後昆神猷緬邈清廟斯存以享以祀惟祖惟尊

凱容舞

選辰崇饗飾禮嚴敬靡愛牲牢兼馨粢盛明明列祖龍光遠映肇我王風形斯舞詠

凱容舞

道遥積慶德遠昌基永言祖武致享從思九章停列八舞迴墀靈其降止百福來綏

凱容舞

肇迹締基義標鴻篆恭惟載德瓊源方闡享薦三清邃陳四璉增我堂構式敷帝典

景德凱容舞

皇祖執德長發其祥顯仁藏用懷道韜光寧斯閟寢合此蕭薌永昭貽厥還符翦商

武德舞

烝哉聖祖撫運外離道周經緯功格玄祇方軒邁扈比舜陵嬀緝熙是詠欽明在斯雲雷遘屯圖南共舉大定揚越震威衡楚四奧宅心九疇還敘景星出翼非雲入呂德暢容辭慶昭羽綴於穆清廟載揚徽烈嘉玉既陳豐盛斯絜是將是享鴻猷無絶

北齊享廟樂辭

隋書樂志曰齊享廟樂先祀一日夕牲羣臣入奏肆夏迎神奏高明登歌樂牲出入薦毛血並奏昭夏樂三公出進熟羣臣入並奏肆夏辭同皇帝入北門奏皇夏樂太祝祼地奏登歌樂皇帝詣東陛及外殿並奏皇夏辭同皇帝既外殿殿上作登歌樂皇帝初獻六世祖司空公五世祖吏部尚書高祖秦州刺史曾祖太尉武貞公祖文穆皇帝五室並奏始基樂恢祚舞獻高祖神武皇帝室奏武德樂昭烈舞獻文襄皇帝室奏文德樂宣政舞獻顯祖文宣皇帝室奏文正樂光大舞皇帝還東壁飲福酒奏皇夏樂送神奏高明樂皇帝詣便殿奏皇夏樂羣臣出奏肆夏辭同

肆夏樂

霜凄雨暢烝哉帝心有敬其祀肅事惟歆昭昭車服濟濟衣簪鞠躬貢酎罄折奉琛差以五列和以八音式祗王度如玉如金

高明登歌樂

日卜惟吉辰擇其良奕奕清廟黼黻周張大呂爲角應鍾爲羽路鼗陰竹德歌昭舞祀事孔明百神允穆神心乃顧保茲介福

昭夏樂

大祀云事獻奠有儀既歌既展贊顧迎犧執從伊竦爲飾惟慄俟用於庭將升於室且握且騂以致其誠惠我貽頌降祉千齡

昭夏樂

緬彼遐慨悠然永思留連七享纏綿四時神外䰟沈靡聞靡見陰陽載俟臭聲兼薦祖考其鑒言萃王休降神敷錫百福是由

皇夏樂

齊居嚴殿夙駕層闈東輅垂彩旒袞騰輝聳誠載仰翹心有慕洞洞自形斤斤表步閟宮有邃神道依俙孝心緬邈爰屬爰依

登歌樂

太室宵宵神居宿設鬱鬯惟芬珪璋惟絜彝斝應時龍蒲代用藉茅無咎福禄攸降端感會事儼思脩禮齊齊勿勿俄俄濟濟

登歌樂

我祠我祖永惟厥先炎農肇聖靈祉蟬聯霸圖中造帝業方

宣道昌基構撫運承天奄家六合爰光八埏尊神致禮孝思
惟纏寒來暑反惕薦在年匪勸伊慕備物不愆設虡設業鞉
鼓塤塤碎公在位有容伊虔登歌啓佾下管應懸厥容無爽
幽明肅然誠帀厚地和達穹玄既調風雨載協山川周庭有
列湯孫永延教聲惟被邁後光前

始基樂悏祚舞

克明克俊祖武惟昌業弘營土聲被海方有流厥德終耀其
光明神幽贊景祚攸長

始基樂悏祚舞

顯允盛德隆我前構瑤源瀰瀉瓊根愈秀誕惟有族丕緒克
茂大業崇新洪基增舊

始基樂悏祚舞

祖德丕顯明喆知機豹變東國鵲起西歸禮申官次命改朝

衣歆思孝享多福無違

始基樂恢祚舞

兆靈有業潛德無聲韜光戢耀貫幽洞冥道弘舒卷施博藏行緬追歲事夜遽不寧

始基樂恢祚舞

皇皇祖德穆穆其風語嘿自己明叡在躬荷天之錫聖表克隆高山作矣寶祚其崇離光旦旦載煥載融感薦惟永神保無窮

武德樂昭烈舞

天造草昧時難糾紛孰拯斯溺靡救其焚大人利見緯武經文顧指維極吐吸風雲開天闢地峻岳夷海冥工掩迹上德不宰神心有應龍化無待義征九服仁兵告凱上平下成靡或不寧匪王伊帝偶極崇靈享親則孝絜祀惟誠禮備樂序

肅贊神明

文德樂宣政舞

聖武丕基叡文顯統眇哉神啓鬱矣天縱道則人弘德云邁種昭冥咸敘崇深畢綜自中徂外經朝庭野政反淪風威還鈌雅旁作穆穆格于上下維享維宗來鑒來假

文正樂光大舞

玄曆已謝蒼靈告期圖璽有屬揖讓惟時龍升獸變弘我帝基對揚穹昊寔啓雍熙欽若皇猷永懷王度欣賞斯穆威刑允措軌物俱宣憲章咸布俗無邪指下歸正路茫茫九域振以乾綱混通華裔配括天壤作禮視德列樂傳饗薦祀惟虞衣冠載仰

皇夏樂

孝心翼翼率禮兢兢時洗時薦或降或升在堂在戶載湛載

凝多品斯奠備物攸膺蘭芬敬挹玉俎恭承受祭之祐如彼
岡陵

高明樂

仰檏桷慕衣冠禮云罄祀將闌神之駕紛奕奕乘白雲無不
適窮昭域極幽塗歸帝祉眷皇都

皇夏

禮行斯畢樂奏以終受嘏先退載暢其衷鑾軒循轍麾旌復
路光景徘徊絃歌顧慕靈之相矣有錫無疆國圖日鎮家曆
天長

周宗廟歌　庾信

隋書樂志曰周宗廟樂皇帝入廟門奏皇夏降
神奏昭夏祖入皇帝升階獻皇高祖皇曾祖德
皇帝皇祖太祖文皇帝文宣皇太后閔皇帝明

皇帝高祖武皇帝七室皇帝還東壁飲福酒還

便坐並奏皇夏

皇夏

肅肅清廟巖巖寢門敧器防滿金人戒言應轉懸鼓崇牙樹羽階變升歌庭紛象舞閑安象設緝熙清奠春鮪初登新蓱先薦僾然入室儼乎其位悽愴履之非寒之謂

昭夏

永惟祖武潛慶靈長龍圖革命鳳曆歸昌功移上墋德耀中陽清廟肅肅猛虡煌煌曲高大夏聲和盛唐牲牷蕩滌蕭合馨香和鑾戾止振鷺來翔永敷萬國是則四方

皇夏

年祥辨日上協龜言奉酎承列來庭駿奔彫禾飾斝翠羽承樽敬殫如此恭惟執燔

皇夏

慶緒千重秀，鴻源萬里長。無時猶戢翼，有道故韜光。盛德必有後，仁義終克昌。明星初肇慶，大電久呈祥。

皇夏

克昌光上烈，基聖穆西藩。崇仁高涉渭，積德被居原。帝圖張往迹，王業茂前尊。重芬德陽廟，疊慶壽陵園。百靈光祖武，千年福孝孫。

皇夏

雄圖屬天造，宏略遇羣飛。風雲猶聽命，龍躍遂乘機。百二當天險，三分拒樂推。函谷風塵散，河陽氛霧晞。濟弱淪風起，扶危頹運歸。地紐崩還正，天樞落更追。原祠乍超忽，畢隴或綿微。終封三尺劍，長卷一戎衣。

皇夏

月靈興慶沙祥發源功參禹迹德贊堯門言容典禮褕狄徽
章儀形温德令問昭陽日月不居歲時晼晚瑞雲纏心閟宮
惟遠

皇夏

龍圖基代德天步屬艱難謳歌還受瑞揖讓乃登壇升輿芒
刺重入位據關寒卷舒雲汎濫游揚日浸微出鄭終無反居
桐音不歸杞夏今惟舊尊靈謚更追

皇夏

若水逢降君窮桑屬惟政丕哉馭帝籙鬱矣當天命方定五
雲官先齊八風令文昌氣似珠太史河如鏡南宮學已開東
觀書還聚文辭金石韻毫翰風飈豎清室桂馮馮齊房芝詡
詡寧思玉管笛空見靈衣舞

皇夏

南河吐雲氣北斗降星辰百靈咸仰德千年一聖人書成紫微動律定鳳皇馴六軍命西土甲子陳東隣戎衣此一定萬里更無塵煙雲同五色日月並重輪流沙既西靜蟠木又東臣凱樂聞朱鴈鐃歌見白麟今爲六代祀還得九疑賓

皇夏

禮殫裸獻樂極休成長離前掞宗祀文明縮酌浮蘭澄罍合鬯馨折禮容旋迴靈貺受釐徹俎飲福移樽惟光惟烈文子文孫

皇夏

庭闕四始筵終三薦顧步堦墀徘徊餘奠六龍矯首七萃警途鼓移行漏風轉相烏翼翼從事綿綿四時惟神降嘏永言保之

周大祫歌　庾信

周宗廟大祫樂降神奏昭夏奠玉帛奏登歌餘同宗廟時享

昭夏

律在夾鍾服居蒼袞杳杳清思綿綿長遠就祭於合班神於本來庭有序助祭有章樂舞六代賓歌二王和鈴以節鞗革斯鏘齊宮饌玉鬱鬯浮金洞庭鐘鼓龍門瑟琴其樂已變惟神是臨

登歌

神維顯思不言而令玉帛之禮敢陳莊敬奉如弗勝薦如受命交於神明慤于言行

樂府詩集卷第九

(宋)郭茂倩 編

宋本樂府詩集

第十一册

國家圖書館出版社

第十一册目録

卷八十六　雜歌謠辭四

卷八十七　雜歌謠辭五

樂府詩集卷第八十四

太原郭　茂倩　編次

雜歌謠辭

歌辭

戚夫人歌

漢書外戚傳曰高祖得定陶戚姬愛幸生趙隱王如意惠帝立吕后爲皇太后廼令永巷囚戚夫人髡鉗衣赭衣令舂戚夫人舂且歌太后聞之大怒曰乃欲倚子邪召趙王殺之戚夫人遂有人彘之禍

子爲王母爲虜終日舂薄暮常與死爲伍相離三千里當誰使告汝

畫一歌

漢書曰惠帝時曹參代蕭何爲相國初高帝與
何定天下法令既明具及參守職舉事無所變
更一遵何之約束於是百姓歌之

蕭何爲法講若畫一曹參代之守而勿失載其清靜民以寧壹

趙幽王歌

漢書曰趙幽王友高帝之子孝惠時友以諸呂
女爲后不愛愛它姬諸呂女讒之於太后太后
怒召趙王置邸令衞圍守之趙王餓乃作歌遂
幽死

諸呂用事兮劉氏微迫脅王侯兮彊授我妃我妃既妬兮誣
我以惡讒女亂國兮上曾不寤我無忠臣兮何故棄國自快
中野兮蒼天與直于嗟不可悔兮寧早自賊爲王餓死兮誰
者憐之呂氏絕理兮託天報仇

淮南王歌

漢書曰淮南厲王長高帝少子也長廢法不軌文帝不忍置於法廼載以輜車處蜀嚴道卭郵遣其子子母從居長不食而死後民有作歌歌淮南王帝聞之廼追尊淮南王爲厲王置園如諸侯儀

尺布尚可縫一斗粟尚可舂兄弟二人不相容

京兆歌　齊陸厥

通典曰京兆馮翊扶風皆古雍州之域秦始皇以爲內史漢景帝二年分置左右內史武帝改左內史爲左馮翊右內史爲右扶風後與京兆號三輔故趙廣漢云亂吾治者常二輔是也

兔園夾池水脩竹復檀欒不如黃山苑儲胥與露寒邐迤傍

無界岑崟鬱上干上干入翠微下趾連長薄芳露淩紫莖秋
風搖素蕚鳫起宵未央雲間月將落照梁桂兮影徘徊承露
盤兮光照灼壽陵之街走狐兔金巵玉盌會錯鑠願奉蒲萄
花爲君實羽爵

左馮翊歌　陸厥

上林滈紫泉離宮赫千户飛鳴亂鳧鳫參差雜蘭杜比翼獨
未羣連葉誰爲伍一物或難致無云泣易覩

扶風歌九首　晉劉琨

朝發廣莫門暮宿丹水山左手彎繁弱右手揮龍淵
顧瞻望宮闕俯仰御飛軒據鞍長歎息淚下如流泉
繫馬長松下發鞍高嶽頭烈烈悲風起泠泠澗水流
揮手長相謝哽咽不能言浮雲爲我結飛鳥爲我旋
去家日已遠安知存與亡慷慨窮林中抱膝獨摧藏

麇鹿遊我前猴猨戲我側資糧既乏盡薇蕨安可食
攬轡命徒侶吟嘯絕巖中君子道微矣夫子故有窮
惟昔李愆期寄在匈奴庭忠信反獲罪漢武不見明
我欲竟此曲此曲悲且長棄置勿重陳重陳令心傷

同前　宋鮑照

昨辭金華殿今次鴈門縣寢臥握秦戈棲息抱越箭忍悲别
親知行泣隨征傳寒煙空徘徊朝日乍舒卷

秋風辭　漢武帝

漢武帝故事曰帝行幸河東祠后土顧視帝京
忻然中流與羣臣飲讌帝歡甚乃自作秋風辭

秋風起兮白雲飛草木黄落兮鴈南歸蘭有秀兮菊有芳懷
佳人兮不能忘汎樓船兮濟汾河横中流兮揚素波簫鼓鳴
兮發櫂歌懽樂極兮哀情多少壯幾時兮柰老何

衛皇后歌

漢書曰衛子夫爲皇后弟青貴震天下天下歌之按外戚傳衛子夫爲平陽主謳者武帝祓霸上還過平陽主既飲謳者進帝獨說子夫帝起更衣子夫侍尚衣軒中得幸平陽主因奏子夫送入宮是爲衛皇后

生男無喜生女無怒獨不見衛子夫霸天下

李延年歌

漢書外戚傳曰李延年性知音善歌舞武帝愛之嘗侍上起舞而歌延年後爲協律都尉

北方有佳人絕世而獨立一顧傾人城再顧傾人國寧不知傾城與傾國佳人難再得

李夫人歌

漢書外戚傳曰孝武李夫人本以倡進初武帝愛其兄延年平陽主因言延年有女弟帝乃召見之實妙麗善舞由是得幸夫人少而蚤卒帝思念不已方士齊人少翁言能致其神迺夜張燈燭設帷帳陳酒肉而令帝居他帳遥望見好女如李夫人之貌還幄坐而步又不得就視帝愈益相思悲感爲作詩令樂府諸音家弦歌之

是邪非邪立而望之偏何姗姗其來遲

同前三首　　唐李商隱

一帶不結心兩股方安髻慙愧白茅人月没教星替

剩結茱萸枝多擘秋蓮的獨自有波光綵囊盛不得

鸞絲繫條脱　　和香屑壽宫不惜鑄南人柔腸早被秋波割清澄有餘幽素香鰥魚渴鳳真珠房不知瘦骨類冰井更

許夜簾通曉霜土花漠碧雲忙忙黃河欲盡天蒼黃

同前　　唐李賀

紫皇宮殿重重開夫人飛入瓊瑤臺綠香繡帳何時歇青雲無光宮水咽翩聯桂花墜秋月孤鸞驚啼商絲發紅壁闌珊懸佩璫歌臺小妓遙相望玉蟾滴水雞人唱露華蘭葉參差光

同前　　唐鮑溶

璿閨羽帳華燭陳方士夜降夫人神葳蕤半露芙蓉色窈窕將期環佩身麗如三五月可望難親近頻黛含犀竟不言春思秋怨誰能問欲求巧笑如生時歌塵在空瑟銜絲神來未及夢相見帝比初亡心更悲愛之欲其生又死東流萬代無回水宮漏丁丁夜向晨煙消霧散愁方士

同前　　唐張祜

延年不語望三星莫說夫人上涕零爭奈世間惆悵在甘泉

宫夜看圖形

李夫人及貴人歌　　陸厥

屬車桂席塵豹尾香煙滅彤殿向蘼蕪青蒲復萋絕坐萋絕對蘼蕪臨丹階泣椒塗寡鶴羈雌飛且止雕梁翠壁網蜘蛛洞房明月夜對此淚如珠

未央才人歌　　梁庾肩吾

從來守未央轉欲訶春芳朝風淩日色夜月奪燈光相逢儻遊豫暫爲卷衣裳

中山孺子妾歌二首　　陸厥

漢書曰詔賜中山靖王子噲及孺子妾冰未央才人歌詩四篇如淳曰孺子幼少稱孺子妾宫人也顔師古曰孺子王妾之有品號者妾王之衆妾也冰其名才人天子内官按此謂以歌詩賜

中山王及孺子妾未央才人等爾累言之故云

及也而陸厥作歌乃謂之中山孺子妾失之遠矣藝文志又曰臨江王及愁思節士歌詩四篇李夫人及幸貴人歌詩三篇亦皆累辭也

未央才人中山孺子一笑傾城一顧傾市傾城不自美傾市復爲容願把陵陽袖披雲望九重

如姬寢臥內班婕一作妾坐同車洪波陪飲帳林光宴秦餘歲暮寒飈及秋水落芙蕖子瑕矯後駕安陵泣前魚賤妾終已矣一作賤妾恩已畢君子定焉如

同前　唐李白

中山孺子妾特以色見珍雖不如延年妹亦是當時絕世人桃李出深井花豔驚上春一貴復一賤關天豈由身芙蓉老秋霜團扇羞網塵戚姬髠翦入春市萬古共悲辛

臨江王節士歌　陸厥

木葉下江波連秋月照浦雲歇山秋思不可裁復帶秋風來秋風來已寒白露驚羅紈節士慷慨髮衝冠彎弓挂若木長劒竦雲端

同前　李白

洞庭白波木葉稀鷰鴻始入吴雲飛吴雲寒鷰鴻苦風號沙宿瀟湘浦節士感秋淚如雨白日當天心照之可以事明主壯士憤雄風生安得倚天劒跨海斬長鯨

行幸甘泉宮　梁簡文帝

漢書曰武帝太始三年正月行幸甘泉宮成帝永始四年正月行幸甘泉揚雄甘泉賦曰迺命羣僚曆吉日協靈辰星陳而天行乘輿登夫鳳皇兮而翳華芝駟蒼螭兮六素虯劉歆甘泉宮賦曰軼陵陰之地室過陽谷之秋城回天門而

鳳舉躡黃帝之明庭冠高山而爲居乘崑崙而爲宮王襃甘泉宮頌曰甘泉山天下顯敞之名處也前接大荆後臨北極左撫仁鄉右望素域其爲宮室也仍巀嶭而爲觀攘抗岸以爲階覽除閣之麗美覺堂殿之巍巍按劉孝威歌辭云避暑甘泉宮蓋與上之回同意

雉歸海水寂裘來重譯通吉行五十里隨處宿離宮鼓聲恒入地塵飛上暗空赦書隨豹尾太史逐相風銅鳴周國旗曳楚雲虹倖臣射覆罷從騎新歌終董桃拜金紫賢妻侍禁中不羨神仙侶排煙逐駕鴻

梁劉孝威

漢家迎夏畢避暑甘泉宮機車鳴里鼓駟馬駕相風校尉烏丸騎待制樓煩宮後旌遊五柞前笳度九嵕才人豹尾內御

酒屬車中輦回百子閣扇動七輪風鳴鐘休衛士披圖召後宫材官促校獵秋來一作涼秋戲射熊

烏孫公主歌

漢書西域傳曰武帝元封中遣江都王建女細君爲公主以妻烏孫王昆莫公主至其國自治宫室居歲時一再與昆莫會置酒飲食昆莫年老言語不通公主悲乃自作歌

吾家嫁我兮天一方遠託異國兮烏孫王穹廬爲室兮旃爲牆以肉爲食兮酪爲漿居常土思兮心内傷願爲黃鵠兮歸故鄉

匈奴歌

十道志曰焉支祁連二山皆美水草匈奴失之乃作此歌漢書曰元狩二年春霍去病將萬騎

出隴西討匈奴過焉支山千有餘里其夏又攻祁連山捕首虜甚多祁連山即天山匈奴呼天爲祁連故曰祁連山焉支山即燕支山也

失我焉支山令我婦女無顏色失我祁連山使我六畜不蕃息

驪駒歌　古辭

漢書儒林曰王式除爲博士旣至舍中會諸大夫共持酒肉勞式皆注意高仰之博士江公心嫉式謂歌吹諸生曰歌驪駒式曰聞之於師客歌驪駒主人歌客毋庸歸今日諸君爲主人日尚早未可也驪駒者客欲去歌之故式以爲言也

驪駒在門僕夫具存驪駒在路僕夫整駕

離歌

晨行梓道中梓葉相切磨與君別交中繡如新縑羅裂之有

餘絲吐之無還期

瓠子歌二首　漢武帝

史記河渠書曰漢武帝旣封禪乃使汲仁郭昌發卒數萬人塞瓠子決河於是天子巳用事萬里沙還自臨決河沈白馬玉璧令羣臣從官自將軍巳下皆負薪寘決河是時東郡以故薪柴少而下淇園之竹以爲楗天子旣臨河決悼功之不成乃作歌二章於是卒塞瓠子築宮其上曰宣房宮

瓠子決兮將柰何浩浩洋洋兮慮殫爲河殫爲河兮地不得寧功無巳時兮吾山平吾山平兮鉅野溢魚弗鬱兮柏冬日正道弛兮離常流蛟龍騁兮方遠遊歸舊川兮神哉沛不封禪兮安知外爲我謂河伯兮何不仁泛濫不止兮愁吾人齧

桑浮兮淮泗滿久不反兮水維緩

河湯湯兮激潺湲北渡回兮迅流難搴長茭兮湛美玉河伯許兮薪不屬薪不屬兮衞人罪燒蕭條兮噫乎何以禦水隤林竹兮楗石菑宣防塞兮萬福來

李陵歌

漢書曰昭帝即位數年匈奴與漢和親漢使求蘇武等單于許武還李陵置酒賀武曰異域之人一別長絕因起舞而歌陵泣下數行遂與武決

徑萬里兮度沙漠爲君將兮奮匈奴路窮絕兮矢刃摧士衆滅兮名巳隤老母巳死雖報恩將安歸

廣川王歌二首

漢書曰廣川王去繆王齊太子也有幸姬王昭平王地餘許以爲后後皆殺之更立陽城昭信

爲后幸姬陶望卿爲脩靡夫人主繒帛崔脩成爲明貞夫人主永巷昭信復譖望卿疑有姦去以故不愛望卿後與昭信等飲諸婢皆侍去爲望卿作歌曰背尊章使美人相和歌之後昭信譖殺望卿欲擅愛曰王使明貞夫人主諸姬淫亂難禁請閉諸姬舍門無令出敖使其大婢爲僕射主永巷盡封閉諸舍上籥於后非大置酒召不得見去憐之爲作歌曰愁莫愁令昭信聲鼓爲節以教諸姬歌之按西京雜記作廣川王去疾

背尊章嫖以忽謀屈奇起自絕行周流自生患諒非望今誰怨

愁莫愁生無聊心重結意不舒內茀鬱憂哀積上不見天生

何益日崔隤時不再願棄軀死無悔

牢石歌

漢書佞幸傳曰元帝時石顯爲中書令與僕射牢梁少府五鹿充宗結爲黨友諸附倚者皆得寵位而民歌之言其兼官據勢也

牢邪石邪五鹿客邪印何纍纍綬若若邪

黃鵠歌　漢昭帝

西京雜記曰始元元年黃鵠下太液池帝爲此歌按清商吳聲曲有黃鵠歌與此不同

黃鵠飛兮下建章羽肅肅兮行蹌蹌金爲衣兮菊爲裳唼喋荷荇出入蒹葭自顧菲薄愧爾嘉祥

黃門倡歌

漢書禮樂志曰成帝時鄭聲尤甚黃門名倡丙彊

景武之屬富顯於世隋書樂志曰漢樂有黄門
鼓吹天子宴羣臣之所用也
佳人俱絕世握手上春樓點黛方初月縫裙學石榴君王入
朝罷爭競理衣裘

樂府詩集卷第八十四

樂府詩集卷第八十五

太原郭　茂倩　編次

雜歌謡辭

歌辭

五侯歌

漢書曰成帝河平二年悉封舅大將軍王鳳庶弟譚爲平阿侯商成都侯立紅陽侯根曲陽侯逢時高平侯五人同日封故世謂之五侯時五侯羣弟爭爲奢侈後庭姬妾各數十人羅鐘磬舞鄭女作優倡狗馬馳逐大治第室起土山漸臺洞門高廊閣道連屬彌望百姓歌之言其奢僭如此按傳稱成都侯穿長安城引内灃水注第中大陂曲陽侯第園中土山漸臺類白虎殿

則穿城引水非曲陽與歌辭不同高都外杜皆長安里名

五侯初起曲陽最怒壞決高都連竟外杜土山漸臺西白虎

上郡歌

漢書曰成帝時馮野王爲上郡太守其後弟立亦自五原徙西河上郡立居職公廉治行略與野王相似而多知有恩貸好爲條敎吏民嘉美野王立相代爲太守乃歌之云

大馮君小馮君兄弟繼踵相因循聰明賢知惠吏民政如魯衞德化鈞周公康叔猶二君

燕王歌

漢書曰燕刺王旦武帝第四子也昭帝時謀事不成妖祥數見燕倉知其謀告之由是發覺王

憂懣置酒萬載宮會賓客羣臣妃妾坐飲王自歌華容夫人起舞坐者皆泣王遂自殺

歸空城兮狗不吠雞不鳴横術何廣廣兮固知國中之無人

華容夫人歌

髮紛紛兮寘渠骨籍籍兮亡居母求死子兮妻求死夫裴回兩渠閒兮君子獨安居

廣陵王歌

漢書曰廣陵厲王胥武帝第五子也昭帝時胥見帝年少無子有覬欲心迎女巫李女須使下神祝詛宣帝即位祝詛事發覺胥置酒顯陽殿召太子霸及子女董訾胡生等夜飲使所幸八子郭昭君家人子趙左君等鼓瑟歌舞王自歌左右悉涕泣奏酒至雞鳴時罷

欲久生兮無終長不樂兮安窮奉天期兮不得須臾千里馬兮駐待路黃泉下兮幽深人生要死何爲苦心何用爲樂心所喜出入無悰爲樂亟舊里召兮郭門閲死不得取代庸身自逝

鮑司隸歌

樂府廣題曰列異傳云鮑宣宣子永永子昱三世皆爲司隸而乘一驄馬京師人歌之

鮑氏驄三人司隸再入公馬雖瘦行步工

五噫歌

三輔決録曰梁鴻東出關過京師作五噫之歌肅宗聞而悲之求鴻不得

陟彼北邙兮噫顧瞻帝京兮噫宮闕崔嵬兮噫民之劬勞兮噫遼遼未央兮噫

董少平歌

後漢書曰董宣字少平光武時爲洛陽令搏擊豪彊京師號爲卧虎而歌之云

枹鼓不鳴董少平

張君歌

後漢書曰張堪爲漁陽太守捕擊姦猾賞罰必信吏民皆樂爲用乃於狐奴開稻田八千餘頃勸民耕種以致殷富百姓歌之

桑無附枝麥穗兩岐張君爲政樂不可支

廉叔度歌

後漢書曰廉范字叔度建初中爲蜀郡太守成都民物豐衍邑宇逼側舊制禁民夜作以防火災而更相隱蔽燒者日屬范乃毀削先令但嚴

使儲水而已百姓爲便乃歌之云

廉叔度來何暮不火禁民安作平生無襦今五袴

范史雲歌

後漢書曰范冉字史雲桓帝時爲萊蕪長遭母喪不到官後於梁沛閒徒行敝服賣卜於市遭黨人禁錮遂推鹿車載妻子捃拾自資或寓息客廬或依宿樹陰如此十餘年乃治草堂而居焉所止單漏有時絕粒閭里歌之及黨禁解爲三府所辟乃應司空命冉或作丹

甑中生塵范史雲釜中生魚范萊蕪

岑君歌

後漢書曰岑熙爲魏郡太守招聘隱逸與參政事無爲而化視事二年輿人歌之

我有枳棘兮君伐之我有蟊賊兮君遏之狗吠不驚足下生氂舍哺鼓腹焉知凶災我喜我生獨丁斯時美矣兮君於戲休兹

皇甫嵩歌

後漢書曰皇甫嵩爲冀州牧請冀州一年田租以贍飢民百姓歌之

天下大亂兮市爲墟母不保子兮妻失夫賴得皇甫兮復安居

郭喬卿歌

後漢書曰郭賀字喬卿建武中爲尚書令在職六年拜荆州刺史到官有殊政百姓歌之顯宗巡狩到南陽特見嗟賞賜以三公之服敕行部去襜帷使百姓見其容服以章有德

厥德仁明郭喬卿中正朝廷上下平

賈父歌

後漢書曰中平元年交趾屯兵執刺史及合浦太守自稱柱天將軍靈帝勅三府精選能吏有司舉賈琮爲交趾刺史琮到部即移書告示各使安其資業百姓爲之歌

賈父來晚使我先反今見清平吏不敢飯

朱暉歌

東觀漢記曰朱暉字文季再遷臨淮太守吏民畏愛而爲之歌

彊直自遂南陽朱季吏畏其威民懷其惠

劉君歌

後漢書曰劉陶舉孝廉除順陽長縣多姦猾陶到官按發若神以病免吏民思而歌之

邑然不樂思我劉君何時復來安此下民

洛陽令歌

長沙耆舊傳曰祝良字石卿爲洛陽令歲時亢旱天子祈雨不得良乃暴身階庭告誠引罪自晨至中紫雲沓起甘雨登降人爲之歌

天久不雨蒸人失所天王自出祝令特苦精符感應滂沲下雨

滎陽令歌

殷氏世傳曰殷褒爲滎陽令廣築學館會集朋徒民知禮讓乃歌之云

滎陽令有異政脩立學校人易性令我子弟恥訟爭

徐聖通歌

會稽典録曰徐弘字聖通爲汝陰令誅鉏姦桀道不拾遺民乃歌之

徐聖通政無雙平刑罰姦宄空

王世容歌

吴録曰王鐔字世容爲武城令民服德化宿惡奔迸父老歌之

王世容政無雙省徭役盜賊空

晉高祖歌

晉陽秋曰高祖伐公孫淵過故鄉賜牛酒穀帛會父老故舊飲讌高祖作歌

天地開闢日月重光遭逢際會奉辭遐方將掃逋穢還過故鄉肅清萬里揔齊八荒告誠歸老待罪武陽

徐州歌

晉書曰王祥隱居廬江三十餘年不應州郡之命後徐州刺史呂虔檄爲别駕固辭不受弟覽

爲具車牛虞乃召祥委以州事于時寇盜充斥祥率勵兵士頻討破之州界清靜政化大行時人歌之

海沂之康實賴王祥邦國不空別駕之功

東晳歌

晉書曰東晳陽平元城人太康中郡界大旱晳爲邑人請雨三日而雨注衆謂晳誠感而爲作歌

束先生通神明請天三日甘雨零我黍以育我稷以生何以疇之報東長生

豫州歌

晉書曰祖逖爲豫州刺史躬自儉約督課農桑克己務施不畜資産子弟耕耘負擔樵薪又收葬枯骨爲之祭醊百姓感悅嘗置酒大會耆老

中坐流涕曰吾等老矣更得父母死將何恨乃
作此歌其得人心如此

幸哉遺黎免俘虜三辰既朗遇慈父玄酒忘勞甘瓠脯何以
詠思歌且舞

應詹歌

晉書曰王澄爲荆州牧應詹督南平天門武陵
三郡軍事天下大亂詹境獨全百姓歌之

亂離既普殆爲灰朽僥倖之運賴茲應后歲寒不凋孤境獨
守拯我塗炭惠隆丘阜潤同江海恩猶父母

吳人歌

晉書曰鄧攸爲吳郡守載米之官俸禄無所受
唯飲吳水而已及去郡百姓數千人留牽攸船
不得進攸以小舟夜中發去吳人歌之

統如打五鼓雞鳴天欲曙鄧侯挽不來謝令推不去

并州歌

樂府廣題曰晉汲桑力能扛鼎呼吸聞數里殘忍少恩六月盛暑重裘累茵使人扇之忽不清涼便斬扇者并州大姓田蘭薄盛斬於平原士女慶賀奔走道路而歌之

士爲將軍何可羞六月重茵披豹裘不識寒暑斷他頭雄兒田蘭爲報仇中夜斬首謝并州

隴上歌

晉書載記曰劉曜圍陳安于隴城安敗南走陜中曜使將軍平先丘中伯率勁騎追安安與壯士十餘騎於陜中格戰安左手奮七尺大刀右手執丈八蛇矛近交則刀矛俱發輒害五六遠

則雙帶鞬服左右馳射而走平先亦壯健絶人與安搏戰三交奪其蛇矛而退遂追斬于澗曲安善於撫接吉凶夷險與衆同之及其死隴上爲之歌曜聞而嘉傷命樂府歌之

隴上壯士（一作隴上健兒）有陳安軀幹雖小腹中寬愛養將士同心肝騧驄父馬鐵鍜鞍七尺大刀奮如湍丈八蛇矛左右盤十盪十決無當前戰始三交失蛇矛棄我騧驄竄巖幽爲我外援而懸頭西流之水東流河一去不還柰子何

司馬將軍歌　唐李白

司馬將軍歌李白所作以代隴上健兒陳安

狂風吹古月竊弄章華臺北落明星動光彩南征猛將如雲雷手中電曳倚天劒直斬長鯨海水開我見樓船壯心目頗似龍驤下三蜀揚兵習戰張虎旗江中白浪如銀屋身居玉

帳臨河魁紫鬚若戟冠崔嵬細柳開營揖天子始知灞上爲嬰孩羌笛横吹阿嚲回向月樓中吹落梅將軍自起舞長劍壯士呼聲動九垓功成獻凱見明主丹青畫像麒麟臺

鄭櫻桃歌　唐李頎

晋書載記曰石季龍勒之從子也性殘忍勒爲聘將軍郭榮之妹爲妻季龍寵惑優僮鄭櫻桃而殺郭氏更納清河崔氏櫻桃又譖而殺之櫻桃美麗擅寵宫掖樂府由是有鄭櫻桃歌

石季龍僭天禄擅雄豪美人姓鄭名櫻桃櫻桃美顔香且澤娥娥侍寢專宫掖後庭卷衣三萬人翠眉清鏡不得親宫軍女騎一千疋繁花照耀漳河春織成花映紅輪巾紅旗掣曳鹵簿新鳴鼙走馬接飛鳥銅鈇琴瑟隨去塵鳳陽重門如意館百尺金梯倚銀漢自言富貴不可量女爲公主男爲王赤

花雙簟珊瑚牀盤龍斗帳琥珀光淫昏僞位神所惡滅石者
陵終不誤鄴城蒼蒼白露微世事飜覆黃雲飛

襄陽童兒歌

晉書曰山簡永嘉中鎮襄陽時四方寇亂朝野危懼簡優游卒歲唯酒是耽諸習氏荆土豪族有佳園池簡每出嬉游多之池上置酒輒醉名之曰高陽池於是童兒皆歌之有葛彊者簡之愛將家於并州故歌云舉鞭向葛彊何如并州兒

山公出何許往至高陽池日夕倒載歸酩酊無所知時時能
騎馬倒著白接䍦舉鞭向葛彊何如并州兒

襄陽歌　李白

落日欲没峴山西倒著接䍦花下迷襄陽小兒齊拍手攔街
爭唱白銅鞮傍人借問笑何事笑殺山公醉似泥鸕鷀杓鸚

鵡杯百年三萬六千日一日須傾三百盃遥看漢水鴨頭緑恰似葡萄初醱醅此江若變作春酒壘麴便築糟丘臺千金駿馬換少妾醉坐雕鞍歌落梅車傍側挂一壺酒鳳笙龍管行相催咸陽市上嘆黄犬何如月下傾金罍君不見晉朝羊公一片石（一作一片古碑材）龜龍剥落生莓苔淚亦不能為之墮心亦不能為之哀誰能憂彼身後事金鳧銀鴨葬死灰清風朗月不用一錢買玉山自倒非人推舒州杓力士鐺李白與爾同死生襄王雲雨今安在江水東流猿夜聲

襄陽曲四首　李白

襄陽行樂處歌舞白銅鞮江城回淥水花月使人迷

山公醉酒時酩酊襄陽下頭上白接䍦倒著還騎馬

峴山臨漢江水淥沙如雪（一作水色如霜雪）上有墮淚碑青苔久磨滅

且醉習家池莫看墮淚碑山公欲上馬笑殺襄陽兒

蘇小小歌　古辭

一曰錢塘蘇小小歌樂府廣題曰蘇小小錢塘名倡也葢南齊時人西陵在錢塘江之西歌云西陵松柏下是也

我乘油壁車郎乘青驄馬何處結同心西陵松柏下

同前　唐李賀

幽蘭露如啼眼無物結同心煙花不堪翦草如茵松如葢風爲裳水爲珮油壁車久相待冷翠燭勞光彩西陵下風吹雨

同前　唐温庭筠

買蓮莫破券買酒莫解金酒裏春容抱離恨水中蓮子懷芳心吳宮女兒腰似東家在錢塘小江曲一自檀郎逐便風門前春水年年緑

同前三首　唐張祜

車輪不可遮，馬足不可絆。長怨十字街，使郎心四散。

新人千里去，故人千里來。翦刀横眼底，方覺淚難裁。

登山不愁峻，涉海不愁深。中擘庭前棗，教郎見赤心。

河中之水歌　梁武帝

河中之水向東流，洛陽女兒名莫愁。莫愁十三能織綺，十四採桑南陌頭。十五嫁爲盧郎婦，十六生兒似阿侯。盧家蘭室桂爲梁，中有鬱金蘇合香。頭上金釵十二行，足下絲履五文章。珊瑚挂鏡爛生光（一作生輝光），平頭奴子擎履箱。人生富貴何所望，恨不早嫁東家王。

樂府詩集卷第八十五

樂府詩集卷第八十六

太原郭　茂倩　編次

新歌謡辭

歌辭

中興歌十首

宋鮑照

千冬逢一春萬夜視朝日生年值中興歡起百年畢

中興太平運化清四海樂祥景照玉臺紫煙遊鳳閣

碧樓含夜月紫殿爭朝光綵墀散蘭麝風起自生芳

白日照前窻玲瓏綺羅中美人掩輕扇含思歌春風

三五容色滿四五妙華歇巳輸春日歡分隨秋光没

北出湖邊戲前還苑中遊飛轂繞長松馳管逐波流

九月秋水清三月春花滋千金逐良日皆競中興時

窮泰巳有分壽夭復屬天既見中興樂莫持憂自煎

襄陽是小地壽陽非帝城今日中興樂遙治在上京

梅花一時豔竹葉千年色願君松栢心採照無窮極

勞歌二首　宋伍緝之

莊子曰勞我以生佚我以老息我以死韓詩曰飢者歌食勞者歌事若伍緝之云迍邅已窮極又云居身苦且危則勞生可知矣

幼童輕歲月謂言可久長一朝見零悴嘆息向秋霜迍邅已窮極疢痾復不康每恐先朝露不見白日光度及盛年時暫遂情所望吉辰既乖越來期眇未央促促歲月盡窮年空怨傷

女蘿依附松終已冠高枝浮萍生託水至死不枯萎傷哉抱關士獨無松與期月色似冬草居身苦且危幽生重泉下窮年冰與澌多謝負郭生無所事六奇勞爲社下宰時無魏

無知

同前　周蕭撝

百年能幾許公事罷平生寄言任立政誰憐李少卿

白日歌　齊張融

張融歌序曰懸象著明莫大於日月然彼日月不能不謝固知無準衰爲盛之終盛乃衰之始故爲白日歌

白日白日舒天照暉數窮則盡盛滿而衰

雲歌　梁王臺卿

玉雲初度色金風送影來全生疑魄暗半去月時開欲知無處所一爲上陽臺

一旦歌

一旦被頭痛避頭還着牀自無親伴侶誰當給水漿匍匐入

山院正逢虎與狼對虎低頭啼垂淚淚千行

灩豫歌二首

酈道元水經注曰白帝山城水門之西江中有孤石名灩豫石水冬出二十餘丈夏則没亦有裁出焉江水東逕廣溪峽乃三峽首之一也峽中有瞿塘黃龕二灘夏水回復沿泝所忌十道志曰灩豫石與城郭門外石潛通蜀人往燒火伏石則灩預邊沸國史補曰蜀之三峽最號峻急四月五月尤險故行者歌之灩或作灩預或作豫

灩預大如馬　瞿塘不可下

灩預大如牛　瞿塘不可流

同前　梁簡文帝

灩澦大如服瞿塘不可觸金沙浮轉多桂浦忌經過

巴東三峽歌二首

酈道元水經注曰巴東三峽謂廣溪峽巫峽西陵峽也三峽七百里中兩岸連山略無闕處重巖疊嶂隱蔽天日非亭午夜分不見日月其中有灘名曰黃牛江湍紆回信宿猶見故行者謠曰朝發黃牛暮宿黃牛三日三暮黃牛如故宜都山川記曰自黃牛灘東入西陵界至峽口一百許里山水紆曲林木高茂猿鳴至清山谷傳響泠泠不絕行者聞之莫不懷土故漁者歌云

巴東三峽巫峽長猿鳴三聲淚沾裳

巴東三峽猿鳴悲猿鳴三聲淚沾衣

挾瑟歌　梁范靜妻沈氏

逶迤起塵唱宛轉遶梁聲調弦可以進娥眉畫未成

挾瑟歌　北齊魏收

春風宛轉入曲房兼送小苑百花香白馬金鞍去未返紅妝玉筯下成行

同前　唐陸龜蒙

挾瑟為君撫君嫌聲太古寥寥倚浪絲嚓嚓沈湘語賴有秋風知清冷吹玉桂

鄱陽歌二首

南史曰梁陸襄為鄱陽內史大同初郡人鮮于琮結同徒殺廣晉令王筠有衆萬餘人將出攻郡襄先已率人吏脩城隍為備及賊至破之生獲琮時鄰郡守宰案其黨與皆不得實或有善人盡室罹禍唯襄郡枉直無濫民乃作歌又有

彭李二家因忿爭相誣告襄引入內室不加責誚但和言解喻之二人感恩深自悔咎乃為設酒食令其盡歡酒罷同載而還因相親厚民因歌之

鮮于抄後善惡分人無橫死賴陸君
陸君政無怨家鬭既罷讎共車

北軍歌

南史曰梁臨川靜惠王宏為揚州刺史天監中武帝詔都督諸軍侵魏宏以帝之介弟所領皆器甲精新軍容甚盛北人以為百數十年所未之有軍次洛口前軍尅梁城諸將欲乘勝深入宏聞魏援近畏懦不敢進召諸將欲議旋師呂僧珍曰知難而退不亦善乎停軍不進魏人知

其不武遺以巾幗北軍乃歌之歌云韋武謂韋叡也

不畏蕭娘與呂姥但畏合肥有韋武

雍州歌

南史曰梁南平王偉子恪爲雍州刺史年少未閑庶務委之羣下百姓每通一辭數處輸錢方得聞徹賓客有江仲舉蔡薳王臺卿庾仲容四人俱被接遇並有蓄積民間歌之後達武帝帝因接末句云

江千萬蔡五百王新車庾大宅主人憒憒不如客

始興王歌

南史曰梁始興忠武王憺爲都督荆州刺史時天監初軍旅之後公私匱乏憺厲精爲政廣闢

屯田減省力役供其窮困辭訟者皆立待符教決於俄頃曹無留事下無滯獄後徵還朝而民歌之荆土方言謂父謂爹故歌云人之爹也

始興王人之爹赴人急如水火何時復來哺乳我

夏侯歌

梁書曰夏侯䕫爲豫州刺史於蒼陵立堰漑田千餘頃境内賴之䕫兄亶先居此任兄弟並有恩惠百姓歌之䕫在州七年遠近多親附

我之有州賴彼夏侯前兄後弟布政優優

咸陽王歌

北史曰後魏咸陽王禧謀逆伏誅後宫人爲之歌其歌遂流於江表

可憐咸陽王柰何作事悞金牀玉几不能眠夜起踏霜露洛

永湛湛彌岸長行人那得度

鄭公歌

北史曰後魏鄭述祖爲兗州刺史有人入市盜布其父執之以歸述祖述祖特原之自是境內無盜先是述祖之父道昭亦嘗爲兗州刺史敹百姓歌之

大鄭公小鄭公相去五十載風教尚猶同

裴公歌

北史曰裴俠爲河北郡守躬履儉素愛民如子郡舊有漁獵夫三十人以供郡守俠曰以口腹役人吾所不爲也悉罷之又有丁三十人供郡守役俠亦罷之不以入私並收庸爲市官馬歲時既積馬遂成羣去職之日一無所取民歌

肥鮮不食丁庸不取裴公貞惠爲世規矩
之云

長白山歌

北史曰來整榮國公護之子也尤驍勇善撫御
討擊羣賊所向皆捷諸賊歌之

長白山頭百戰場十十五五把長槍不畏官軍千萬衆只怕
榮公第六郎

敕勒歌

樂府廣題曰北齊神武攻周王壁士卒死者十
四五神武恚憤疾發周王下令曰高歡鼠子親
犯王壁劒弩一發元凶自斃神武聞之勉坐以
安士衆悉引諸貴使斛律金唱敕勒神武自和
之其歌本鮮卑語易爲齊言故其句長短不齊

敕勒川陰山下天似穹廬籠蓋四野天蒼蒼野茫茫風吹草
低見牛羊

同前　唐温庭筠

敕勒金𧃂壁陰山無歲華帳外風飄雪營前月照沙羌兒吹
玉管胡姬踏錦花却笑江南客梅落不歸家

東征歌　隋王通

杜淹文中子世家曰隋仁壽中文中子西遊長
安見文帝奏太平十有二策帝下其議於公卿
公卿不悦文中子知謀之不用作東征之歌而
歸帝聞而再徵之不至

我思國家兮遠遊京畿忽逢帝王兮降禮布衣遂懷古人之
心兮將興太平之基時異事變兮志乖願違吁嗟道之不行
兮垂翅東歸皇之不斷兮將身西飛

薛將軍歌

唐書曰高宗時薛仁貴領兵擊九姓突厥於天山時九姓有衆十餘萬令驍健數十人逆來挑戰仁貴發三矢射殺三人自餘一時下馬請降仁貴恐爲後患並坑殺之九姓自此衰弱不復更爲邊患於是軍中歌之

將軍三箭定天山戰士長歌入漢關

顏有道歌

唐書曰顏遊秦師古叔父武德初爲廉州刺史時劉黑闥初平人多以彊暴寡禮風俗未安遊秦撫恤境内敬讓大行邑里歌之高祖璽書勉勞焉

廉州顏有道姓行同莊老愛人如赤子不殺非時草

新河歌

唐書曰薛大鼎貞觀中爲滄州刺史州界有無棣河隋末塡廢大鼎奏開之引魚鹽於海百姓歌之

新河得通舟檝利直達滄海魚鹽至昔日徒行今結駟美哉薛公德滂被

田使君歌

唐書曰田仁會永徽中爲郢州刺史屬時旱仁會自曝祈禱竟獲甘澤其年大稔百姓歌之

父母育我田使君精誠爲人上天聞田中致雨山出雲倉庫旣實禮義申但願常在不憂貧

黃麞歌

唐書五行志曰如意初里中歌黃麞章後李丹李

盡忠孫萬榮叛陷營州則天令揔管曹仁師王孝傑等將兵百萬討之大敗於硤石黃麞谷而死朝庭嘉其忠爲造此曲後亦爲舞曲

黃麞黃麞草裏藏彎弓射爾傷

得体歌

唐書曰天寶初韋堅爲陜郡太守水陸轉運使於長安城東滻水傍穿廣運潭以通吳會數十郡舟檝若廣陵郡船即堆積廣陵所出錦鏡銅器餘郡皆然舟人大笠寛衫芒屩如吳楚之製先是民間戲唱得体歌至開元末田同秀上言見玄元皇帝云有寶符在陜州桃林縣古關令尹喜宅遣中使求得之以爲殊祥改縣爲靈寶及堅鑿新潭成又致揚州銅器陜縣尉崔成甫

乃翻此詞爲得寶歌集兩縣官伎女子唱之成
甫又作歌詞十章自衣缺胯綠衫錦半臂偏袒
膊紅抹額於第一船作號頭唱之和者女子百
人皆鮮服靚妝齊聲接影鼓笛胡部以應之樂
府雜録曰得寶歌一曰得寶子又曰得鞛子明
皇初得太眞妃喜而謂後宮曰予得楊氏如得
至寶樂府遂作此曲二説不同

得体紇那也紇囊得体耶潭裏船車鬧揚州銅器多三郎當
殿坐看唱得体歌

得寶歌

得寶弘農野弘農得寶耶潭裏船車鬧揚州銅器多三郎當
殿坐看唱得寶歌

黃臺瓜辭

唐書曰高宗武后生四子長曰孝敬皇帝弘爲太子監國而仁明孝悌武后方圖臨朝乃殺孝敬立雍王賢爲太子賢日懷憂惕知必不保全無由敢言乃作黄臺瓜辭命樂工歌之冀武后聞之感悟後終爲武后所逐死於黔中

種瓜黄臺下瓜熟子離離一摘使瓜好再摘令瓜稀三摘尚自可摘絶抱蔓歸

古歌　唐沈佺期

落葉流風向玉臺夜寒秋思洞房開水精簾外金波下雲母䆫前銀漢迴玉堦陰陰苔蘚色君王履綦難再得璇閨窈窕秋夜長繡户徘徊秋月光燕姬綵帳芙蓉色秦子金爐蘭麝香北斗七星横夜半清歌一曲斷君腸

同前二首　唐薛維翰

美人怨何深含情倚金閣不嚬復不語紅淚雙雙落
美人閑紅燭獨坐裁心錦頻放翦刀聲夜寒知未寢

樂府詩集卷第八十六

樂府詩集卷第八十七

太原郭　茂倩　編次

雜歌謠辭

歌辭

潁川歌

漢書曰灌夫不好文學喜任俠已然諾諸所與交通無非豪傑大猾家累數千萬食客日數十百人陂池田園宗族賓客爲權利橫潁川潁川兒歌之

潁水清灌氏寧潁水濁灌氏族

庾公歌二首

晉書五行志曰庾亮初鎮武昌出至石頭百姓於岸上歌之後連徵不入及薨還都葬焉

庾公上武昌翩翩如飛鳥庾公還揚州白馬牽旒旐

庾公初上時翩翩如飛鳥庾公還揚州白馬牽流蘇

御路揚歌

宋書五行志曰晉海西公太和中民爲此[illegible]

者金行馬者國族紫爲奪正之色明以紫[illegible]

也海西公尋廢三子非海西子並縊以馬韁一[illegible]

之明日南方獻甘露

青青御路揚白馬紫游韁汝非皇太子那得甘露漿

鳳皇歌

宋書五行志曰晉海西公生皇子百姓歌之其

歌甚美其旨甚微海西公不男使左右向龍[illegible]

內侍接其子以爲己子

鳳皇生一雛天下莫不喜本言是馬駒今定成龍子

黄曇子歌　　唐温庭筠

晉書五行志曰桓石民爲荆州百姓忽歌黄曇子曲後石民死王忱爲荆州之應黄曇子王忱字也按横吹曲李延年二十八解有黄覃子不知與此同否凡歌辭考之與事不合者但因其聲而作歌爾

參差緑蒲短搖豔雲（一作春）塘滿紅瀲蕩融融鶯翁鸂鶒暖萋芊小城路馬上脩娥懶羅衫裊向風點粉金鸝卵

歷陽歌

晉書五行志曰庚楷鎮歷陽百姓歌之後楷南奔桓玄爲玄所殺

重羅黎重羅黎使君南上無還時

苻堅時長安歌

晉書載記曰苻堅既滅燕慕容沖姊僞清河公主年十四有殊色堅納之寵冠後庭沖年十二亦有龍陽之資堅又幸之姊弟專寵宮人莫進長安歌之咸懼爲亂王猛切諫堅乃出沖後竟爲沖所敗

一雌復一雄雙飛入紫宮

王子年歌二首

南史曰齊太祖高皇帝諱道成姓蕭氏未受命時王子年作此歌案穀中精細者稻也即道也熟猶成也金刀劉字刈猶翦也

欲知其姓草肅肅穀中最細低頭熟鱗身甲體永興福

金刀利刃齊刈之

邯鄲郭公歌

樂府廣題曰北齊後主高緯雅好傀儡謂之郭公時人戲爲郭公歌及將敗果營邯鄲高郭聲相近九十九末數也滕口鄧林也大兒謂周帝太祖子也高岡後主姓也雉雞類武成小字也後敗於鄧林盡如歌言蓋語妖也

邯鄲郭公九十九技兩漸盡入滕口大兒緣高岡雉子東南走不信吾言時當看歲在酉

邯鄲郭公辭　唐温庭筠

金笳悲故曲玉座積深塵言是邯鄲伎不易鄴城人青苔竟埋骨紅粉自傷神唯有漳河柳還向舊營春

齊雲觀歌

隋書五行志曰陳後主造齊雲觀國人歌之功未畢而爲隋師所虜

齊雲觀寇來無際畔

周宣帝歌

隋書五行志曰周宣帝與宮人夜中連臂蹋蹀而歌

自知身命促把燭夜行遊

謠辭

黃澤辭

穆天子傳曰天子東遊于黃澤使宮樂謠云

黃之池其馬歕沙皇人威儀皇之澤其馬歕玉皇人壽穀

白雲謠

穆天子傳曰天子觴西王母于瑤池之上西王母為天子謠天子荅之

白雲在天山陵自出道里悠遠山川間之將子無死尚復

能來

穆天子謡

予歸東土和治諸夏萬民平均吾顧見汝比及三年將復而野

越謡歌　古辭

君乘車我帶笠它日相逢下車揖君擔簦我跨馬它日相逢爲君下

長安謡

漢書佞倖傳曰成帝初石顯與妻子徙歸故鄉其黨牢梁陳順皆免官諸所交結以顯爲官皆廢罷少府五鹿充宗左遷玄菟太守御史中丞伊嘉爲鴈門都尉長安謡云

伊徙鴈鹿徙兔去牢與陳實無價

城中謡

後漢書曰前世長安城中謡言改政移風必有

其本上之所好下必甚焉

城中好高髻四方高一尺城中好廣眉四方且半額城中好

大袖四方全匹帛

會稽童謡

後漢書曰張霸永元中爲會稽太守時賊未解

郡界不寧乃移書開購明用信賞賊遂束手歸

附不煩士卒之力於是有童謡

棄我戟捐我矛盜賊盡吏皆休

[illegible]郡謡

後漢書曰汝南太守宗資任功曹范滂南陽太

守成瑨亦委功曹岑晊范滂字孟博岑晊字公

孝二郡爲謡

汝南太守范孟博南陽宗資主畫諾南陽太守岑公孝弘農成瑨但坐嘯

京兆謡

續漢書曰李燮拜京兆詔發西園錢燮上封事遂止不發吏民愛敬乃爲此謡

我府君道教舉恩如春威如虎剛不吐弱不茹愛如母訓如父

後漢桓靈時謡

後漢書曰桓靈之世更相濫舉人爲之謡

舉秀才不知書察孝廉父別居

吴謡

吴志曰周瑜少精意於音樂雖三爵之後其有

闕誤瑜必知之知之必顧故時人謡云

曲有誤周郎顧

晋泰始中謡

晋書曰泰始中人爲賈充等謡言亡魏而成晋也

賈裴王亂紀綱王裴賈濟天下

閣道謡

晋書曰潘岳才名冠世爲衆所疾後爲河陽令而鬱鬱不得志時尚書僕射山濤領吏部王濟裴楷等並爲帝所親遇岳内非之乃題閣道爲謡

閣道東有大牛王濟鞅裴楷鞧和嶠刺促不得休

南土謡

王隱晉書曰杜預爲鎭南大將軍都督荆州諸
軍事南土美而謠之
後世無叛由杜翁孰識智名與勇功
宋時謠
南史曰宋時用人乖實有謠云
上車不落爲著作體中何如作祕書
宋大明中謠
南史曰大明中有奚顯度者爲員外散騎侍郎
孝武嘗使主領人功而苛虐無道動加捶撻暑
雨寒雪不聽暫休人不堪命或自經死時建康
縣考囚或用方材壓額及踝脛故民間有此謠
又相戲曰勿反顧付奚度其暴酷如此
寧得建康壓額不能受奚度拍

山陰謠

南史曰丘仲孚爲山陰令居職甚有[illegible]稱百姓爲此謠前世傳琰父子沈憲劉玄明相繼宰山陰並有政績言仲孚皆過之也

二傅沈劉不如一丘

梁時童謠

南史曰臨賀郡王正德性凶慝甚[illegible]室僮既由正德百姓至聞臨賀郡名亦[illegible]欲道其之如是故有童謠

寧逢五虎入市不欲見臨賀父子

曲堤謠

北史曰宋世良爲清河太守才識之明尤[illegible]文術郡東南有曲堤羣盜所萃世良施八條[illegible]

盜奔它境而民爲此謠

曲堤雖險賊何益但有宋公自屏跡

趙郡謠

北史曰後魏李孝伯父曾道武時爲趙郡太守令行禁止幷州丁零數爲山東害知曾能得百姓死力不敢入境賊於常山界得一死鹿賊長爲趙郡地也責之還令送鹿故處其見憚如此郡人爲之謠

詐作趙郡鹿猶勝常山粟

北齊太上時童謠

千金買藥園中有芙蓉樹破家不分明蓮子隨它去

獨酌謠四首　陳後主

陳後主序曰齊人淳于髡善爲十酒[illegible][illegible]之作

獨酌謠

獨酌謠獨酌且獨謠一酌豈陶暑二酌斷風飇三酌意[illegible]四酌情無聊五酌盂易覆六酌懽欲調七酌累心去八[illegible]志一作德超九酌忘物我十酌忽凌霄凌霄異羽翼[illegible]致[illegible]颻寧學世人醉揚波去我遙爾非浮丘伯安見王[illegible]喬

獨酌謠獨酌起中宵中宵照春月初花發春[illegible]春[illegible]徘徊一罇一弦當夜開聊奏孫登曲仍斟畢[illegible]罍金翠轉遲回中心更如水疑志本同灰消[illegible]世情哉

獨酌謠[illegible]

忽[illegible]

[illegible]

獨酌謠[illegible]

吾樂非擊缶自任物外懽更齊椿菌久巻舒乃一巻忘情且十斗寧復語綺羅因情即山藪

同前　陳陸瑜

獨酌謠芳氣饒一傾蕩神慮再酌動神飈忽逢鳳樓下非待鸞弦招窻明影秉入人來香逆飄杯隨轉態盞劍逐晝杯搖桂宮非蜀郡當壚也至宵

同前　陳沈炯

獨酌謠獨酌謠獨酌獨長謠智者不我顧愚夫余不要不愚復不智誰當余見招所以成獨酌一酌一傾瓢生涯本漫漫神理暫超超再酌矜許史三酌傲松喬頻煩四五酌不覺淩丹霄倏爾猒五鼎俄然賤九韶彭殤無異葬夷跖可同朝龍蠖非不屈鵬鷃本逍遥寄語號呶侶無乃太塵囂

羇謠　孔仲智

芳杜觴春酒髣髴傷山時徒歌不成樂空以羈自悲羈傷懷土心遽復還山路迨及春復時無使春光暮

箜篌謠

結交在相得骨肉何必親甘言無忠實世薄多蘇秦從風暫靡草富貴上昇天不見山巔樹摧扤下爲薪豈甘井中泥上出作埃塵

同前　唐李白

攀天莫登龍走山莫騎虎貴賤結交心不移唯有嚴陵及光武周公稱大聖管蔡寧相容漢謠一斗粟不與淮南春兄弟尚路人吾心安所從它人方寸間山海幾千重輕言託朋友對面九疑峯多花必早落桃李不如松管鮑久巳死何人繼其蹤

玉漿泉謠

隋書曰豆盧勣爲渭州刺史甚有惠政華夷悅服大致祥瑞鳥鼠山俗呼爲高武隴其下渭水所出其山絶壁千尋由來乏水諸羌苦之勣馬足所踐忽飛泉涌出有白烏翔止廳前乳子而後去民爲之謠後因號其泉曰玉漿泉

我有丹陽山出玉漿濟我人夷神烏來翔

鄴城童子謠　唐李賀

鄴城中暮塵起將黑丸斫文吏棘爲鞭虎爲馬團團走鄴城下切玉劔射日弓獻何人奉相公扶轂來關右兒香掃途相公歸

唐天寶中京兆謠

唐書曰李峴爲京兆尹甚著聲績天寶中連雨六十餘日宰臣楊國忠惡其不附已以雨災歸

京兆尹乃出爲長沙太守時京師米麥踴貴百
姓爲之謠其爲政得人心如此

欲得米麥賤無過追李峴

樂府詩集卷第八十七

樂府詩集卷第八十八

太原郭　茂倩　編次

雜歌謡辭

謡辭

堯時康衢童謡

列子曰堯治天下五十年不知天下之治與不治億兆之願戴己與不願戴己顧問左右外朝及在野皆不知也堯乃微服游於康衢聞童兒謡堯喜問曰誰教爾爲此言童兒曰聞之大夫大夫曰古詩也堯還宫召舜因禪以天下舜不辭而受之

立我烝民莫匪爾極不識不知順帝之則

晉獻公時童謡

春秋左氏傳曰晉獻公伐虢圍下陽問於卜偃
曰吾其濟乎偃以童謡對曰克之十月丙子旦
日在尾月在策鶉火中必是時也冬十二月丙
子朔晉滅虢虢公醜奔京師漢書五行志曰周
十二月夏十月也言天者以夏正

丙之晨龍尾伏辰袀服振振取虢之旂鶉之賁賁天策焞焞
火中成軍虢公其奔

晉惠公時童謡

漢書五行志曰晉惠公賴秦力得立立而背秦
内殺二大夫國人不説及更葬其兄恭大子申
生而不敬故詩妖作也後與秦戰爲秦所獲立
十四年而死晉人絶之更立其兄重耳是爲文
公遂伯諸侯

恭太子更葬兮後十四年晉亦不昌昌乃在其兄

魯國童謠

漢書五行志曰左氏傳魯文成之世童謠也至昭公時有鸜鵒來巢公攻季氏敗出奔齊居外野次乾侯八年死于外歸葬魯昭公名裯公子宋立是爲定公

鸜之鵒之公出辱之鸜鵒之羽公在外野往饋之馬鸜鵒跦跦公在乾侯徵褰與襦鸜鵒之巢遠哉遥遥裯父喪勞宋父以驕鸜鵒鸜鵒往歌來哭

楚昭王時童謠

家語曰楚昭王渡江江中有物大如斗圓而赤直觸王舟舟人取之王大怪之遍問羣臣莫之能識王使使聘於魯問于孔子孔子曰此爲萍

實也可剖而食之吉祥也唯霸者爲能獲焉使者反王遂食之大美久之使來以告魯大夫大夫因子游問曰夫子何以知其然曰吾昔之鄭過乎陳之野聞童謡此楚王之應也是以知之

楚王渡江得萍實大如斗赤如日剖而食之甜如蜜

周末時童謡

家語曰齊有一足之鳥飛習於公朝下止於殿前舒翅而跳齊侯大怪之使使聘魯問於孔子孔子曰此鳥名曰商羊水祥也昔童兒有屈其一脚振訊兩眉而跳且謡今齊有之其應至矣急告民趨治溝渠脩隄防將有大水爲災頃之大霖雨水溢泛諸國傷害民人唯齊有備不敗

天將大雨商羊鼓儛

漢元帝時童謠

漢書五行志曰元帝時童謠至成帝建始二年三月戊子北宮中井泉稍上溢出南流井水陰也竈煙陽也玉堂金門至尊之居象陰盛而滅陽竊有宮室之應也王莽生於元帝初元四年至成帝封侯為三公輔政因以篡位也

井水溢滅竈煙灌玉堂流金門

漢成帝燕燕童謠

漢書五行志曰成帝時童謠後帝為微行出遊常與富平侯張放俱稱富平侯家人過陽阿主作樂見舞者趙飛燕而幸之故曰燕燕尾涏涏美好貌也張公子謂富平侯也木門倉琅根為宮門銅鍰言將尊貴也後遂立為皇后與弟昭

儀賊害後宮皇子卒皆伏辜所謂燕飛來啄皇孫皇孫死燕啄矢者也

燕燕尾涎涎張公子時相見木門倉琅根燕飛來啄皇孫皇孫死燕啄矢

漢成帝時歌謠

漢書五行志曰成帝時歌謠也桂赤色漢家象華不實無繼嗣也王莽自謂黃象黃爵巢其顛也

邪徑敗良田讒口亂善人桂樹華不實黃爵巢其顛故為人所羨今為人所憐

王莽時汝南童謠

漢書曰汝南舊有鴻隙大陂郡以為饒成帝時關東數水陂溢為害翟方進為相與御史大夫

孔光共遣掾行視以爲決去陂水其地肥美省隄防費而無水憂遂奏罷之及翟氏滅鄉里歸惡言方進請陂下良田不得而奏罷陂王莽時常枯旱郡中追怨方進時有童謠子威方進字也

壞陂誰翟子威飯我豆食羹芋魁反乎覆陂當復誰云者兩黃鵠

更始時南陽童謠

後漢書五行志曰更始時南陽有童謠是時更始在長安世祖爲大司馬平定河北更始大臣並僭專權故謠妖作也後更始遂爲赤眉所殺是更始之不諧在赤眉也世祖自河北興

諧不諧在赤眉得不得在河北

後漢時蜀中童謠

後漢書五行志曰世祖建武六年蜀中童謠是時公孫述僭號於蜀時人竊言王莽稱黃述欲繼之故稱白五銖漢家貨明當復也述遂誅滅

黃牛白腹五銖當復

後漢順帝末京都童謠

後漢書五行志曰順帝之末京都童謠按順帝即世孝質短祚大將軍梁冀貪樹疏幼以爲己功專國號令以贍其私太尉李固以爲清河王雅性聰明敦詩悅禮加又屬親立長則順置善則固而冀建白太后策免固徵蠡吾侯遂即至尊固是月幽斃于獄暴屍道路而太尉胡廣封安樂鄉侯司徒趙戒厨亭侯司空袁湯安國

亭侯

直如弦死道邊曲如鉤反封侯

後漢桓帝初小麥童謡

後漢書五行志曰桓帝之初天下童謡按元嘉中涼州諸羌一時俱反南入蜀漢東抄三輔延及并冀大爲民害命將出衆每戰常負中國益發甲卒麥多委棄但有婦女穫刈之也吏買馬君具車者言調發重及有秩者也請爲諸君鼓嚨胡者不敢公言私咽語也

小麥青青大麥枯誰當穫者婦與姑丈人何在西擊胡吏買馬君具車請爲諸君鼓嚨胡

大麥行　唐杜甫

大麥乾枯小麥黃婦女行泣夫走藏東至集壁西梁洋問誰

腰鐮胡與羌豈無蜀兵三千人部領辛苦江山長安得如鳥有羽翅託身白雲還故鄉

後漢桓帝初城上烏童謡

後漢書五行志曰桓帝之初京都童謡按此皆謂爲政貪也城上烏尾畢逋者處高利獨食不與下共謂人主多聚斂也公爲吏子爲徒者言蠻夷將畔逆父既爲軍吏其子又爲卒徒往擊之也一徒死百乘車者言前一人往討胡既死矣後又遣百乘車往車班班入河閒者言桓帝將崩乘輿班班入河閒迎靈帝也河閒姹女工數錢以錢爲室金爲堂者靈帝既立其母永樂太后好聚金以爲堂也石上慊慊春黄粱言永樂唯積金錢慊慊常若不足吏人春黄粱而食

之也梁下有懸鼓我欲擊之丞卿怒者言永樂教靈帝使賣官受錢所祿非其人天下忠篤之士怨望欲擊懸鼓以求見丞卿主鼓者亦復諂順怒而止我也劉昭以爲此謠後驗竟爲靈帝作言一徒似斥桓帝帝貴任羣閹參委機政左右前後莫非刑人有同囚徒之長故言寄一徒也且又弟則廢黜身無嗣塊然單獨非一而何百乘車者乃國之君解犢後衛正膺斯數繼以班班尤得以類焉解犢靈帝所封也

城上烏尾畢逋公爲吏子爲徒一徒死百乘車車班班入河閒河閒姹女工數錢以錢爲室金爲堂石上慊慊舂黃粱粱下有懸鼓我欲擊之丞卿怒

後漢桓帝初京都童謠

後漢五行志曰桓帝之初京都童謠至延熹末鄧皇后以譴自殺乃以竇貴人代之其父名武字游平拜城門校尉及太后攝政爲大將軍與太傅陳蕃合心戮力惟德是建印綬所加咸得其人豪賢大姓皆絕望矣

游平賣印自有平不避豪賢及大姓

後漢桓帝末京都童謠

後漢書五行志曰桓帝之末京都童謠按解犢亭屬饒陽河閒縣也居無幾何而桓帝崩使者與解犢侯皆白蓋車從河閒來延延衆貌是時御史劉儵建議立靈帝以儵爲侍中中常侍侯覽畏其親近必當閒已白拜儵泰山太守因令司隸迫促殺之朝廷少長思其功效乃拔用其

弟部致位司徒此爲合諧也劉昭按郡國志饒陽本屬涿後屬安平靈帝旣是河間王曾孫謡言自是有徵無侯河閒之縣爲驗也

白蓋小車何延延河閒來合諧河閒來合諧

後漢靈帝末京都童謡

後漢書五行志曰靈帝之末京都童謡至中平六年少帝登躡至尊獻帝未有爵號爲中常侍段珪等所執公卿百官皆隨其後到河上乃得來還此爲非侯非王上北芒者也

侯非侯王非王千乘萬騎上北芒

後漢獻帝初童謡

後漢初五行志曰獻帝初童謡公孫瓚以爲易地當之遂徙鎮焉乃修城積穀以待天下之變

建安三年袁紹攻瓚瓚大敗縊其姊妹妻子引火自焚紹兵趣登臺斬之初瓚破黃巾殺劉虞乘勝南下侵據齊地雄威大振而不能開廓遠圖欲以堅城觀時坐聽圍戮斯亦自易地而去世也

燕南垂趙北際中央不合大如礪唯有此中可避世

後漢獻帝初京都童謠

後漢書五行志曰獻帝元初京都童謠按千里草爲董十日卜爲卓凡别字之體皆從上起左右離合無有從下發端者也今二字如此者天意若曰卓自下摩上以臣陵君也青青暴盛之貌不得生者亦旋破亡也

千里草何青青十日卜不得生

魏明帝景初中童謠

宋書五行志曰魏明帝景初中童謠及宣王平遼東歸至白屋當還鎮長安會帝疾篤急召之乃乘追鋒車東渡河終翦魏室如童謠之言也

阿公阿公駕馬車不意阿公東渡河阿公東還當柰何

魏齊王嘉平中謠

宋書五行志曰魏齊王嘉平中謠按朱虎者楚王彪小字也王陵令狐愚聞此謠謀立彪事發凌等伏誅彪賜死

白馬素羈西南馳其誰乘者朱虎騎

吴孫亮初童謠

宋書五行志曰吴孫亮初童謠按楊子閣者反語石子堈也鉤絡鉤帶也及諸葛恪死果以葦

席裹身幾束其腰投之石子堈後聽恪故吏收

葬求之此堈云

吁汝恪何若若蘆蓆單衣篾鉤絡於何相求楊子閣

吴孫亮初白鼉鳴童謡

宋書五行志曰吴孫亮初公安有白鼉鳴童謡

按南郡城可長生者有急易以逃也明年諸葛恪敗弟融鎮公安亦見襲融刮金印龜服之而死鼉有鱗介甲兵之象也

白鼉鳴龜背平南郡城中可長生守死不去義無成

白鼉鳴　唐張籍

天欲雨有東風南谿白鼉鳴窟中六月人家井無水夜聞白鼉人盡起

吴孫皓初童謡

宋書五行志曰吳孫皓初童謠按皓尋遷都武昌民泝流供給咸怨毒焉

寧飲建業水不食武昌魚寧還建業死不止武昌居

吳孫皓天紀中童謠

宋書五行志曰吳孫皓天紀中童謠晉武帝聞之加王濬龍驤將軍及征吳江西衆軍無過者而王濬先定秣陵

阿童復阿童銜刀游渡江不畏岸上虎但畏水中龍

晉武帝太康後童謠三首

宋書五行志曰晉武帝太康後江南童謠于時吳人皆謂在孫氏子孫故竊發爲亂者相繼按橫目者四字自吳亡至晉元帝興幾四十年皆如童謠之言元帝懦而少斷局縮肉直斥之也

干寶云不知所斥諱之也

局縮肉數橫目中國當敗吴當復

宫門柱且莫朽吴當復在三十年後

雞鳴不拊翼吴復不用力

晉惠帝永熙中童謡

晉書五行志曰惠帝永熙中童謡時楊駿專權

楚王用事故言荆筆楊板二人不誅則君臣禮

悖故云幾作驢也

二月末三月初荆筆楊板行詔書宫中人馬幾作驢

晉惠帝元康中京洛童謡二首

晉書五行志曰惠帝元康中京洛童謡南風賈

后字也白晉行也沙門太子小字也魯賈謐國

也言賈后將與謐爲亂以危太子而趙王因釁

咀嚼豪賢以成篡奪也按賈后傳有此謠云南風烈烈吹黃沙遥望魯國鬱嵯峨前至三月滅汝家與五行志所載不同其後賈謐既誅賈后尋亦廢死宋書五行志曰是時愍懷頗失衆望卒以廢黜不得其死焉

南風起吹白沙遥望魯國何嵳峩千歲髑髏生齒牙
城東馬子莫嚨哅比至來年纏汝鬉

晉元康中洛中童謠

宋書五行志曰晉元康中趙王倫既篡洛中有童謠數月而齊王成都河間義兵同會誅倫按成都西蕃而在鄴故曰虎從北來齊東蕃而在許故曰龍從南來河間水匯而在關中故曰水從西來齊留輔政居宮西有無君之心故曰登

城看也

虎從北來鼻頭汗龍從南來登城看水從西來何灌灌

晉惠帝時洛陽童謠

晉書曰惠帝時洛陽童謠明年而胡賊石勒劉

羽反

鄴中女子莫千妖前至三月抱胡腰

晉惠帝大安中童謠

宋書五行志曰晉惠帝大安中童謠其後中原大亂宗蕃多絕唯瑯邪汝南西陽南頓彭城同至江表而元帝嗣晉矣

五馬遊渡江一馬化爲龍

晉懷帝永嘉初謠

晉書五行志曰荀晞將破汲桑時有此謠司馬

越由是惡晞奪其兖州隟難遂構焉按列傳東
海孝獻王越字元超懷帝永嘉初出鎮許昌晉
許昌率苟晞及冀州刺史丁劭討汲桑破之越
還于許長史潘滔說之曰兖州天下樞要公宜
自牧乃轉苟晞爲青州刺史由是與晞有隙

元超兄弟大洛度上桑打椹爲苟作

晉懷帝永嘉初童謡

晉書五行志曰司馬越還洛時童謡也按列傳
越既與苟晞構怨尋詔越爲丞相領兖州牧督
兖豫司冀幽并六州越辭丞相不受自許遷于
鄄城移屯濮陽又遷于滎陽後自滎陽還洛帝
紀曰永嘉三年三月丁巳東海王越歸京師是也

洛中大鼠長尺二若不早去大狗至

晉永嘉中童謠

三十國春秋曰永嘉中童謠也

秦川中血没腕唯有涼州倚柱觀

晉明帝太寧初童謠

晉書五行志曰明帝太寧初童謠及明帝崩成帝幼爲蘇峻所逼遷于石頭御膳不足此大馬死小馬餓也高山峻也言峻尋死石峻弟蘇石也峻死後石據石頭尋亦破此山崩石破之應也

惻惻力力放馬山側大馬死小馬餓高山崩石自破

晉哀帝隆和初童謠

晉書五行志曰哀帝隆和初童謠朝廷聞而惡之改年曰興寧民復歌曰雖復改興寧亦復無聊生哀帝尋崩升平五年而穆帝崩不滿斗不

至十年也

升平不滿斗隆和那得久桓公入石頭陛下徒跣走

晉太和末童謠

晉書五行志曰太和末童謠及海西公被廢百姓耕其門以種小麥遂如謠言

犁牛耕御路白門種小麥

晉孝武太元末京口謠

晉書五行志曰孝武帝太元末京口謠尋王恭起兵誅王國寶旋爲劉牢之所敗故言拉颯棲也

黄雌雞莫作雄父啼一旦去毛衣衣被拉颯棲

樂府詩集卷第八十八

樂府詩集卷第八十九

太原郭　茂倩　編次

雜歌謡辭

謡辭

晉安帝元興初童謡

宋書五行志曰晉桓玄既篡有此童謡及玄敗走至江陵五月中誅如其期焉時又有民謡云征鍾落地桓迸走征鍾至穢之服桓四體之下稱玄自下居上猶征鍾之廁歌謡下體之詠民口也而云落地墜地之祥迸走之言其驗明矣按帝紀桓玄篡位在安帝元興二年十二月也

草生及馬腹烏啄桓玄目

晉安帝元興中童謡

宋書五行志曰晉安帝元興中桓玄既得志而有童謡及玄敗走而諸桓悉誅焉郎君司馬元顯也

長干巷巷長干今年殺郎君明年斬諸桓

晉安帝義熙初童謡

晉書五行志曰安帝義熙初童謡時官養盧龍寵以金紫奉以名州養之已極而龍不能懷我好音舉兵内伐遂成讎敵也及敗斬伐其黨如草木之成積焉按列傳盧循小字元龍元興二年寇廣州逐刺史吳隱之自攝州事號平南將軍安帝乃假循征虜將軍廣州刺史義熙中劉裕破循于豫章循走交州爲刺史杜慧度所殺

官家養蘆化成荻蘆生不止自成積

晉安帝義熙初謡二首

宋書五行志曰盧龍據有廣州民間有謡後擁上流數州之地内逼京輦應天半之言時復有謡言龍後果敗不得入石頭矣

蘆生漫漫竟天半

盧橙橙逐水流東風忽如起那得入石頭

晉吴中童謡

宋書五行志曰晉庾義在吴郡時吴中童謡無幾而庾義王洽相繼亡

寧食下湖荇不食上湖蒪庾吴没命喪復殺王領軍

晉荆州童謡

晉書五行志曰殷仲堪在荆州時童謡未幾而仲堪敗桓玄遂有荆州

芒籠目繩縛腹帬當敗栢當復

晉京口謠

宋書五行志曰晉王恭鎮京口誅王國寶百姓爲此謠按昔年食白飯言得志也今年食麥麩麥麩麤穢其精巳去明將敗也天公將加譴謫而誅之也捻嚨喉氣不通死之祥也敗復敗丁寧之辭也恭尋死京都大行欬疾而喉並喝焉

昔年食白飯今年食麥麩天公誅謫汝教汝捻嚨喉嚨喉喝復喝京口敗復敗

晉京口民閒謠二首

宋書五行志曰晉王恭在京口民閒忽有此謠按黃字上恭字頭也小人恭字下也尋如謠言

黃頭小人欲作賊阿公在城下指縛得

黃頭小人欲作亂賴得金刀作蕃扞

苻堅時長安謠

晉書載記曰苻堅時長安有此謠堅以鳳皇非梧桐不棲非竹實不食乃植桐竹數十萬株于阿房城以待之後堅爲慕容沖所敗入止阿房城焉鳳皇沖小字也

鳳皇鳳皇止阿房

苻堅初童謠

晉書五行志曰苻堅初有此童謠及堅敗於淝水爲姚萇所殺在爲位凡三十年

阿堅連牽三十年後若欲敗時當在江湖邊

苻堅時童謠

晉書載記曰苻堅彊盛時有此童謠堅聞而惡

之每征伐戎軍候云有新城者避之後因壽陽之敗其國大亂萇死於新城佛寺五行志曰時復有謠云魚羊田斗當滅秦識者以爲魚羊鮮也田斗卑也堅自號秦言滅之者鮮卑也其羣臣諫堅令盡誅鮮卑堅不從及淮南敗還初爲慕容沖所攻又爲姚萇所殺身死國滅云

河水清復清苻詔死新城

宋元嘉中魏地童謠

南史曰宋元嘉二十七年魏太武帝圍汝南戍文帝遣臧質北救至盱台太武已過淮自廣陵返攻盱台就質求酒質封溲便與之且報書云不聞童謠言邪虜馬飲江水佛狸死卯年冥期使然非復人事爾智識及衆豈能勝苻堅邪頃

年展爾陸梁者是爾未飲江太歲未卯耳時魏
地有童謡故質引之云

軺車北來如穿雉不意虜馬飲江水虜主北歸石濟死虜欲
渡江天不徙

梁武帝時謡

南史曰梁武帝天監元年十一月立長子統爲
皇太子時民間有謡按鹿子開者反語爲來子
哭也後太子果薨是時長子歡爲徐州刺史以
嫡孫次應嗣位而帝意在晉安王猶豫未決及
立晉安王爲皇太子而歡止封豫章郡王還任
謡言心徘徊者未定也城中諸少年逐歡歸去
來者復還徐方之象也統即昭明太子也

鹿子開城門城門鹿子開當開復未開使我心徘徊城中諸

少年逐歡歸去來

梁大同中童謠

隋書五行志曰梁大同中有童謠其後侯景破丹楊乘白馬以青絲爲羈勒以應之

青絲白馬壽陽來

梁末童謠

南史曰梁末有童謠及王僧辯滅說者以爲僧辯本乘巴馬以擊侯景馬上郎王字也塵謂陳也江東謂羖羊角爲皁莢隋氏姓楊楊羊也言陳終滅於隋也

可憐巴馬子一日行千里不見馬上郎但有黃塵起黃塵汚人衣皁莢相料理

陳初童謠

隋書五行志曰陳初有童謡其後陳主果爲韓擒所敗擒本名擒虎黃班之謂也破建康之始復乘青驄馬往反時節皆應

黃班青驄馬發自壽陽涘來時冬氣末去日春風始

同前

御路種竹篠蕭蕭已復起合盤貯蓬塊無復揚塵已

陳初時謡

日西夜烏飛拔劒倚梁柱歸去來歸山下

後魏宣武孝明時謡

北史魏本紀曰宣武孝明閒謡讖者以爲索謂魏本索髮焦梨狗子指宇文泰俗謂之黑獺也

狐非狐貉非貉焦梨狗子齧斷索

後魏末童謡

北史齊本紀曰後魏末文宣未受禪時有童謠

按藁然兩頭於文爲高河邊羖䍽爲水邊羊指帝名也於是徐之才勸帝受禪

一束藁兩頭然河邊羖䍽飛上天

東魏童謠

北史曰東魏孝靜帝之將立也時有童謠按青雀子謂靜帝實清河王之世子鸚鵡謂齊神武也後竟爲齊所滅

可憐青雀子飛來鄴城裏羽翮垂欲成化作鸚鵡子

北齊鄴都童謠

隋書五行志曰齊神武始移都于鄴時有童謠

按魏孝靜帝者清河王之子也后則神武之女鄴都宮室未備即逢禪代作窠未成之効也孝

靜尋崩文宣以后爲太原長公主降於楊愔時

婁后尚在故言寄書於父母新婦子斥后也

可憐青雀子飛入鄴城裏作窠猶未成舉頭失鄉里寄言與父母好看新婦子

北齊武定中童謠

隋書五行志曰武定中有童謡按高者齊姓也澄文襄名五年神武崩摧折之應七年文襄遇盜所害澄滅之徵也

百尺高竿摧折水底然燈澄滅

北齊文宣時謠

北史齊本紀曰文宣時謠按帝以午年生故曰馬子三臺石季龍舊居故日石室三千六百日十年也文宣在位十年果如謠言

馬子入石室三千六百日

北齊後主武平初童謡

隋書五行志曰武平元年童謡按其年四月隴東王胡長仁謀遣刺客殺和士開事露反爲士開所譖而死

狐截尾你欲除我我除你

北齊後主武平中童謡二首

隋書五行志曰武平二年童謡小兒唱訖一時拍手云殺却至七月二十五日御史中丞琅邪王儼執士開送於南臺而斬之是歲又有童謡而七月士開被誅九月琅邪王遇害十一月趙彦深出爲西兖州刺史

和士開七月三十日將你向南臺

七月刈禾傷早九月喫餻正好十月洗蕩飯甕十一月出却

趙老

北齊後主武平末童謠

隋書五行志曰武平末有童謠時穆后母子淫辟干預朝政時人患之穆后小字黃花尋逢齊亡欲落之應也

黃花勢欲落清尊但滿酌

北齊末鄴中童謠

隋書五行志曰北齊末鄴中有童謠未幾周師入鄴

金作埽帚玉作把淨埽殿屋迎西家

周初童謠

隋書五行志曰周初有童謠按靜帝隋氏之甥

既遜位而崩諸舅彊盛

白楊樹頭金雞鳴秖有阿舅無外甥

隋煬帝大業中童謡

隋書五行志曰煬帝大業中童謡其後李密坐楊玄感之逆爲吏所拘在路逃叛潛結羣盜自陽城山而來襲破洛口倉後復屯兵苑内莫浪語密也宇文化及自號許國尋亦破滅誰道許者蓋驚疑之辭也

桃李子鴻鵠遶陽山宛轉花林裏莫浪語誰道許

唐武德初童謡

新唐書五行志曰竇建德未敗時有此謡也

豆入牛口勢不得久

唐貞觀中高昌國童謡

唐書曰貞觀中高昌國有此童謠其國王文泰使人捕其初唱者不能得帝紀曰十三年以侯君集爲交河道行軍大揔管帥師伐高昌十四年平之以其地置西州又置安西都護府

高昌兵馬如霜雪漢家兵馬如日月日月照霜雪回首自消滅

唐永淳初童謠

新唐書五行志曰高宗永淳元年童謠是歲七月東都大雨人多殍殕

新禾不入箱新麥不入場迨及八九月狗吠空垣墻

唐高宗永淳中童謠

新唐書五行志曰高宗自調露中欲封嵩山屬突厥叛而止後又欲封以吐蕃入寇遂停時有童謠按舊書武后自封岱之後勸帝封中嶽每

下詔草儀注旣而以邊事警急而止永淳中旣
至山下未及行禮遘疾還宮而崩

嵩山凡幾層不畏登不得但恐不得登三度徵兵馬傍道打
騰騰

唐武后時童謠

紅緑複裙長千里萬里聞香

唐神龍中謠

新唐書五行志曰中宗神龍以後民謠按山南
唐也烏鵲窠者人居寡也山北胡也金駱駝者
虜獲而重載也

山南烏鵲窠山北金駱駝鐮柯不鑿孔斧子不施柯

唐中宗時童謠

新唐書五行志曰安樂公主於洛州造安樂寺

時有童謠按舊書安樂公主中宗幼女韋皇后所生初降武崇訓崇訓死降武延秀所造安樂佛寺擬於宮掖巧妙過之

可憐安樂寺了了樹頭懸

唐景龍中謠

新唐書五行志曰景龍中民謠也按會要東都聖善寺神龍初中宗爲武太后追福所造景龍中復增廣焉

可憐聖善寺身著緑毛衣牽來河裏飲踏殺鯉魚兒

唐天寶中童謠

新唐書五行志曰天寶中安禄山未反時童謠按舊書天寶十四載禄山以范陽叛明年竊號燕國

燕燕飛上天天上女兒鋪白氈氈上有千錢

唐天寶中幽謠

新唐書五行志曰天寶中幽州有此謠也

舊來誇戴竿今日不堪看但看五月裏清水河邊見契丹

唐德宗時童謠

新唐書五行志曰朱泚未敗前兩月有童謠按舊書建中四年朱泚以涇原兵叛僭號曰大秦明年改號曰漢是歲六月兵敗而死

一隻筯兩頭朱五六月化爲蛆

唐元和初童謠

新唐書五行志曰元和初童謠既畢乃轉身曰舞了也按舊書志云爲十年六月三日武元衡爲盜所害之應本傳云打麥謂打麥時也麥打

謂暗中突擊也三三三謂六月三日也既而旋其袖曰舞了也謂元衡之卒也

打麥麥打三三三舞了也

唐咸通中童謠

新唐書五行志曰懿宗咸通七年童謠也

草青青被嚴霜鵲始後看顛狂

唐咸通末成都童謠

新唐書五行志曰咸通十四年成都有童謠是歲歲陰在巳明年在午巳蛇也午馬也

咸通癸巳出無所之蛇去馬來道路稍開頭無片瓦地有殘灰

唐僖宗時童謠

新唐書五行志曰僖宗時有此童謠按舊書云乾符中仍歲凶荒人飢爲盜河南尤甚曹州人

王仙芝尚君長聚盜起於濮陽攻剽城邑陷曹濮鄆等州五年仙芝敗而黄巢之衆攻江西云

金色蝦蟆爭努眼翻却曹州天下反

唐乾符中童謡

新唐書五行志曰乾符六年童謡也

八月無霜塞草青將軍騎馬步空城漢家天子西巡狩猶向江東更索兵

唐中和初童謡

新唐書五行志曰中和初有此童謡按舊書中和四年黄巢既敗以其殘衆東走李克用追擊至濟陰而還賊散於兖鄆黄巢入泰山至狼虎谷爲其將林言所殺

黄巢走泰山東死在翁家翁

梁太祖時蜀中謠

五代史曰劉知俊初事梁太祖後奔蜀王建雖加寵待然亦忌之常謂近侍曰劉知俊非爾輩能駕馭不如早爲之所有嫉之者於里巷間作此謠知俊色黔丑生欃繩者王氏子孫皆以宗承爲名故以此猜疑之遂見殺於成都

黒牛出圏欃繩斷

樂府詩集卷第八十九

樂府詩集卷第九十

太原郭　茂倩　編次

新樂府辭

樂府之名起於漢魏自孝惠帝時夏侯寬爲樂府令始以名官至武帝乃立樂府采詩夜誦有趙代秦楚之謳則採歌謠被聲樂其來蓋亦遠矣凡樂府歌辭有因聲而作歌者若魏之三調歌詩因弦管金石造歌以被之是也有因歌而造聲者若清商吳聲諸曲始皆徒歌既而被之弦管是也有有聲有辭者若郊廟相和鐃歌橫吹等曲是也有有辭無聲者若後人之所述作未必盡被於金石是也新樂府者皆唐世之新歌也以其辭實樂府而未常被於聲故曰新樂

府也元微之病後人沿襲古題唱和重複謂不如寓意古題刺美見事猶有詩人引古以諷之義近代唯杜甫悲陳陶哀江頭兵車麗人等歌行率皆即事名篇無復倚旁乃與白樂天李公垂輩謂是爲當遂不復更擬古題因劉猛李餘賦樂府詩咸有新意乃作出門等行十餘篇其有雖用古題全無古義則出門行不言離别將進酒特書列女其或頗同古義全創新詞則田家止述軍輸捉捕請先螻蟻如此之類皆名樂府由是觀之自風雅之作以至于今莫非諷興當時之事以貽後世之審音者儻採歌謠以被聲樂則新樂府其庶幾焉

樂府雜題

新曲　　謝偃

青樓綺閣已含春，凝妝豔粉復如神。細細輕裙全漏影，離離薄扇詎障塵。樽中酒色恒宜滿，曲裏歌聲不厭新。紫鸞欲飛先遶棟，黄鶯始哢即嬌人。撩亂絲垂昬柳陌，參差濃葉暗桑津。上客莫畏斜光晚，自有西園明月輪。

同前二首　　長孫無忌

家住朝歌下，早傳名。結伴來遊淇水上，舊長情。玉佩金鈿隨步動，雲羅霧縠逐風輕。轉目機心懸自許，何須更待聽琴聲。

迴雪凌波遊洛浦，遇陳王。婉約娉婷工語笑，侍蘭房。芙蓉綺帳還開掩，翡翠珠被爛齊光。長願今宵奉顔色，不愛聞簫逐鳳皇。

湘川新曲二首　　杜易簡

昭潭深無底，橘洲淺而浮。本欲凌波去，翻爲目成留。顧君稍弭檝，無令賤妾羞。

二八相招攜，採菱渡前谿。弱腕隨橈起，纖腰向舸低。自解看花笑，憎聞染竹啼。

小曲新辭二首　白居易

霽色鮮宫殿，秋聲脆管弦。聖明千載樂，歲歲似今年。

紅裾明月夜，碧簟早秋時。好向昭陽宿，天源玉漏遲。

公子行　劉希夷

天津橋下陽春水，天津橋上繁華子。馬聲迴合青雲外，人影搖揚綠波裏。綠波清迴玉爲砂，青雲離披錦作霞。可憐楊柳傷心樹，可憐桃李斷腸花。此日遨遊邀美女，此時歌舞入倡家。倡家美女鬱金香，飛去飛來公子傍。的的珠簾白日映，娥娥玉顏紅粉妝。花際徘徊雙蛺蝶，池邊顧步兩鴛鴦。傾國傾

城漢武帝爲雲爲雨楚襄王古來容光人所羨況復今日遙
相見願作輕羅着細腰願爲明鏡分嬌面與君相向轉相親
與君雙棲共一身願作貞松千歲古誰論芳槿一朝新百年
同謝西山日千秋萬古北邙塵

同前　陳羽

金羈白面郎何處踏青來馬嬌郎半醉躞蹀望樓臺似見樓上
人玲瓏窻戶開隔花聞一笑落日不知迴

同前　韓琮

紫袖長衫色銀蟾半臂花帶裝盤水玉鞍繡坐雲霞別殿承
恩澤飛龍賜渥洼控羅青褭轡鏤象碧熏葩意氣催歌舞闌
珊走鈿車袖彰雲縹緲釵轉鳳攲斜珠卷迎歸箔紅籠晃醉
紗唯無難夜日不得似仙家

同前　顧況

輕薄兒白如玉紫陌春風纏馬足雙鐙懸金縷鶻飛長衫刺
雪生犀束綠槐夾道陰初成珊瑚幾節敵流星紅肌拂拂酒
光獰當街背拉金吾行朝遊鼕鼕鼓聲發暮遊鼕鼕鼓聲絶
入門不肯自昇堂美人扶踏金階月

同前　聶夷中

漢代多豪族恩深益嬌逸走馬踏殺人街吏不敢詰紅樓宴
青春數里望雲蔚金缸焰勝晝不畏落暉疾美人盡如月南
威不敢匹芙蓉自天來不向水中出綺席戛雲和碧簫吹鳳
質唯限魯陽死無人駐白日
花樹出墻頭花裏誰家樓一行書不讀身封萬戶侯美人樓
上歌不是古涼州

同前　于鵠

少年初拜太常秋半醉垂鞭見列侯馬上抱雞三市鬬袖中

鬭劒五陵遊玉簫金管迎歸院錦袖紅妝擁上樓更向苑東新買宅碧波春水入門流

同前　雍陶

公子風流輕錦繡新裁白紵作春衣金鞭留當誰家酒拂柳穿花信馬歸

同前二首　張祜

玉堂前後畫簾垂立却花驄待出時紅粉美人擎酒勸錦衣年少臂鷹隨輕將玉杖敲花片旋把金鞭約柳絲晴日獨遊三五騎等閑行傍曲江池

春色滿城池杯盤看處移鐙金斜鳫子鞍帕嫩鵝兒買笑歌桃李尋歌折柳枝可憐明月夜長是管弦隨

同前　孟賓于

錦衣紅奪彩霞明侵曉春遊向野庭不識農夫辛苦力驕驄

踏爛麥青青

將軍行　劉希夷

將軍闢轅門耿介當風立諸將欲言事逡巡不敢入劒氣射雲天鼓聲振原隰黃塵塞路起走馬追兵急彎弓從此去飛箭如雨集截圍一百重斬首五千級代馬流血死胡人抱鞍泣古來養甲兵有事常討襲乘我廟堂運坐使干戈戢獻凱歸京都軍容何翕習

同前　張籍

彈箏峽東有胡塵天子擇日拜將軍蓬萊殿前賜六纛還領禁兵爲部曲當朝受詔不辭家夜向咸陽原上宿戰車彭彭旌旗動三十六軍齊上隴隴頭戰勝夜亦行分兵處處收舊城胡兒殺盡陰磧暮擾擾唯有牛羊聲邊人親戚曾戰歿今逐官軍收舊骨磧西行見萬里空樂府獨奏將軍功

如垢洗不去仙家一出尋無蹤至今水流山重重

春女行　劉希夷

春女顔如玉怨歌陽春曲巫山春樹紅沅江春草緑自憐妖豔姿粧成獨見　愁心伴楊柳春盡亂如絲目極千里餘悠悠春江水遥想玉關人愁臥金閨裏尚言春花落不知秋風起嬌愛猶未終悲涼從此始憶昔楚王宫玉樓粧粉紅纖腰弄明月長袖拂春風容華委曲山光陰不可還桑林變東海富貴今何在寄言桃李容胡爲閨閤重但看楚王墓唯有數株松

同前　王翰

紫臺穹跨連緑波紅軒鉛匝垂纖羅中有一人金作面隅幌玲瓏遥可見忽聞黄鳥鳴且悲鏡邊含笑著春衣羅袖嬋娟似無力行拾落花比容色落花一度無再春人生作樂須及辰君不見楚王臺上紅顔子今日皆成狐兔塵

洛陽兒女行　王維

洛陽女兒對門居纔可顏容十五餘良人玉勒乘驄馬侍女金盤膾鯉魚畫閣朱樓盡相望紅桃緑柳垂簷向羅幃送上七香車寶扇迎歸九華帳狂夫富貴在青春意氣驕奢劇季倫自憐碧玉親教舞不惜珊瑚持與人春窻曙滅九微火九微片片飛花璅戲罷曾無理曲時妝成祗是薰香坐城中相識盡繁華日夜經過趙李家誰憐越女顏如玉貧賤江頭自浣沙

扶南曲五首

翠羽流蘇帳春眠曙不開羞從面色起嬌逐語聲來早向昭陽殿君王中使催

堂上清弦動堂前綺席陳齊歌盧女曲雙舞洛陽人傾國徒相看寧知心所親

香氣傳空滿妝華影箔通歌聞天仗外舞出御筵中日暮歸何處花間長樂宮

宮女還金屋將眠復畏明入春輕衣好半夜薄妝成拂曙朝前殿玉除多珮聲

朝日照綺窗佳人坐臨鏡散黛恨猶輕插釵嫌未正同心勿遽遊幸得春妝竟

笑歌行　李白

笑矣乎笑矣乎君不見曲如鉤古人知爾封公侯君不見直如弦古人知爾死道邊張儀所以只掉三寸舌蘇秦所以不墾二頃田笑矣乎笑矣乎君不見滄浪老人歌一曲還道滄浪濯吾足平生不解謀此身虛作離騷遣人讀笑矣乎笑矣乎趙有豫讓楚屈平賣身買得千年名巢由洗耳有何益夷齊餓死終無成君愛身後名我愛眼前酒飲酒眼前樂虛名

何處有男兒窮通當有時曲腰向君君不知猛虎不看机上肉洪鑪不鑄囊中錐笑矣乎笑矣乎寗武子朱買臣叩角行歌皆負薪今日逢君君不識豈得不如佯狂人

江夏行

憶昔嬌小姿春心亦自持爲言嫁夫壻得免長相思誰知嫁商賈令人却愁苦自從爲夫妻何曾在鄉土去年下揚州相送黄鶴樓眼看帆去遠心逐江水流只言期一載誰爲歷三秋使妾腸欲斷恨君情悠悠東家西舍同時發北去南來不逾月未知行李遊何方作箇音書能斷絶適來往南浦欲問西江船正見當壚女紅妝二八年一種爲人妻獨自多悲悽對鏡便垂淚逢人只欲啼不如輕薄兒旦暮長追隨悔作商人婦青春長別離如今正好同歡樂君去容華誰得知

横江詞六首

人言橫江好儂道橫江惡一風一日吹倒山（一作猛風吹倒天門山）白浪高於瓦官閣

海潮南去過潯陽牛渚由來險馬當橫江欲渡風波惡一水牽愁萬里長

橫江西望阻西秦漢水東流（一作楚水東連）楊子津白浪如山那可渡狂風愁殺峭帆人

海神東（一作來）過惡風回浪打天門石壁開浙江八月何如此濤似連山噴雪來

橫江館前津吏迎向余東指海雲生郎今欲渡緣何事如此風波不可行

日暈天風霧不開海鯨東蹙百川回驚波一起三山動公無渡河歸去來

靜夜思

牀前看月光疑是地上霜舉頭望山月低頭思故鄉

黃葛篇

黃葛生洛溪黃花自綿羃青煙蔓長條繚繞幾百尺閨人費素手採緝作絺綌縫爲絕國衣遠寄日南客蒼梧大火落暑服莫輕擲此物雖過時是妾手中跡

采葛行　鮑溶

春溪幾回葛花黃黃麝引子山山香蠻女不惜手足損鉤刀一一牽柔長葛絲茸茸春雪體深澗擇泉清處洗殷勤十指蠶吐絲當窻嫋娜聲高機織成一尺無一兩供進天子五月衣水精夏殿開涼户冰山繞座猶難御衣親玉體又何如杳然獨對秋風曙鏡湖女兒嫁鮫人鮫綃逼宂色不分吳中角蕈泛清水搖曳勝被三素雲自兹貢薦無人惜那敢更爭龍手跡蠻女將來海市頭賣與嶺南貧估客

樂府詩集卷第九十

樂府詩集卷第九十一

太原郭　茂倩　編次

新樂府辭

樂府雜題

祖龍行　　韋楚老

漢書五行志曰秦始皇三十六年鄭客從關東來至華陰望見素車白馬從華山上下知其非人道住止而待之遂至持璧與客曰爲我遺鎬池君因言今年祖龍死忽不見鄭客奉璧即始皇二十八年過江所湛璧也是歲始皇死後三年而秦滅顔師古曰此直江神告鎬池之神以始皇將死爾蘇林曰祖始也龍人君象謂始皇也應劭曰祖人之先龍君之象祖龍行蓋出於此

黑雲兵氣射天裂壯士朝眠夢冤結祖龍一夜死沙丘胡亥空隨鮑魚轍腐肉偷生二千里僞書先賜扶蘇死墓接驪山未乾瑞光已向芒碭起陳勝城中鼓三下秦家天地如崩瓦龍虵撩亂入咸陽少帝空隨漢家馬

鄴都引　　張說

君不見魏武草創爭天祿羣雄睚眦相馳逐晝攜壯士破堅陣夜接詞人賦華屋都邑繚繞西山陽桑榆漫漫漳河曲城郭爲墟人改代但有西園明月在鄴傍高塚多貴臣蛾眉曼睩共灰塵試上銅臺歌舞處唯有秋風愁殺人

孟門行　　崔顥

黄雀銜黄花一作蘋花翩翩傍簷隙本擬報君恩如何反彈射金罍美酒滿座春平原愛財多衆賓滿堂盡是忠義士何意得有讒諛人諛人翻覆那可道能令君心不自保北園新栽桃

李枝根株未固何轉移成陰結子君自取若問傍人那得知

邯鄲宮人怨

邯鄲陌上三月春暮行逢見一婦人自言鄉里本燕趙少小隨家西入秦母兄憐愛無儔侶五歲名爲阿嬌女七歲丰茸好顏色八歲黠惠能言語十三兄弟教詩書十五青樓學歌舞我家青樓臨道傍紗窻綺幔暗聞香日暮笙歌君駐馬春日妝梳妾斷腸不用城南使君壻本求三十侍中郎何知漢帝好容色玉輦攜歸登建章建章宮殿不知數萬戶千門深且長百堵椒塗接青瑣九華閣道連洞房水精簾箔雲母扇瑠璃窻牖玳瑁牀歲歲年年奉懽宴嬌貴榮華誰不羨恩情莫比陳皇后寵愛全勝趙飛鸞瑤房侍寢世莫知金屋更衣人不見誰言一朝復一日君王棄世市朝變宮車出葬茂陵田賤妾獨留長信殿一朝太子升至尊兩宮人事如掌翻同

時侍女見讒毀後來新人莫敢言兄弟印綬皆被奪昔年賞賜不復存一旦放歸舊鄉里乘車垂淚還入門父母愍我曾富貴嫁與西舍金王孫念此飜覆復何道百年盛衰誰能保憶昨尚如春日花悲今已作秋時草少年去去莫停鞭人生萬事由上天非我今日獨如此古今歇薄皆共然

吴宫怨　衛萬

君不見吴王宫閣臨江起不卷珠簾見江水曉氣晴來雙闕間潮聲夜落千門裏句踐城中非舊春姑蘇臺下起黃塵秖今唯有西江月曾照吴王宫裏人

同前　張籍

吴宫四面秋江水江清露白芙蓉死吴王醉後欲更衣座上美人嬌不起宫中千門復萬戶君恩返覆誰能數君心與妾既不同徒向君前作歌舞茱萸滿宫紅實垂秋風梟梟生繁

枝姑蘇臺上夕燕罷佗人侍寢還獨歸白日在天光在地君
今詎得長相棄

青樓曲二首　王昌齡

白馬金鞍從武皇旌旗十萬宿長楊樓頭小婦鳴箏坐遥見
飛塵入建章

馳道楊花滿御溝紅妝縵綰上青樓金章紫綬千餘騎夫壻
朝迴初拜侯

同前　于濆

青樓臨大道一上一迴老所思終不來極目傷春草

中流曲　崔國輔

歸時日尚早更欲向芳洲渡口水流急迴船不自由

聖壽無疆詞十首　韋巨源

文物京華盛謳歌國步康瑤池供壽酒銀漢麗宸章雨露涵

雙闕雷霆肅萬方代推仙祚遠春共聖恩長鳳扆臨花暖龍
爐傍日香遙知千萬歲天意奉君王
鵷鷺彤庭際軒車綺陌前九城多好色萬井半祥禋人醉逢
堯酒鶯歌荅舜弦花明御溝水香暖禁城天錫宴文逾盛微
歡物更妍無窮豔陽月長照太平年
雲陛臨黃道天門在碧虛大明含睿藻元氣抱宸居戈偃征
苗後詩傳宴鎬初年華富仙苑時哲滿公車化入絪縕大恩
垂渙汗餘悠然萬方靜風俗揖華胥
玉漏飄青瑣金鋪麗紫宸雲山九門曙天地一家春瑞靄方
呈賞暄風本配仁巖廊開鳳翼水殿壓鼇身文雅逢明代歡
娛及賤臣年年未央闕恩共物華新
匪共乾坤王歡心品類同紫煙含北極玄澤付東風珠綴留
晴景金莖直曉空發生資盛德交泰讓全功閒氣登三事祥

光啓四聰遐荒似川水天外亦朝宗
代是文明晝春當宴喜時鑪煙添柳重宮漏出花遲漢典方
寛律周官正採詩碧霄傳鳳吹紅旭在龍旂造化膺神契陽
和沃聖恩無因隨百獸率舞奉丹墀
睿德符玄化芳情翊太和日輪皇鑒遠天仗聖朝多曙色含
金榜晴光轉玉珂中宮陳廣樂元老進賡歌蓮葉看龜上桐
花識鳳過小臣空擊壤滄海是恩波
物象朝高殿簪裾溢上京春當九衢好天向萬方明樂報簫
韶發林看沆瀣生芙蓉丹闕暖楊柳玉樓晴閶闔開中禁衣
裳儼太清南山同聖壽長獻鳳皇城
日上蒼龍闕香含紫禁林晴光五雲疊春色九天深賞協元
和德文垂雅頌音景雲隨御輦顥氣在宸襟永保無疆壽長
懷不戰心聖朝多慶賜瑰樹粉墻陰

化洽生成遂功宣動植知瑞凝三秀草春入萬年枝鳳掖嘉言進鵷行喜氣隨仗臨丹地近衣對碧山垂渥澤方柔遠聰明本聽卑願同東觀事長覩漢威儀

朝元引四首　陳陶

帝燭熒煌下九天蓬萊宮曉玉爐煙無央鸞鳳隨金母來賀薰風一萬年

玉殿雲開露冕旒下方珠翠壓鼇頭天雞唱罷南山曙春色光輝十二樓

萬寓靈祥擁帝居東華元老薦屠蘇龍池遥望非煙拜五色曈曨在玉壺

寶祚河宮一向清龜魚天篆益分明近日誰獻登封草五嶽齊呼萬歲聲

平蕃曲三首　劉長卿

吹角報蕃營迴軍欲洗兵已教青海外自築漢家城
渺渺戍煙孤茫茫塞草枯隴關何用閉萬里不防胡
絕漠大軍還平沙獨戍閑空留一片石萬古在燕山

悲陳陶　杜甫

孟冬十郡良家子血作陳陶澤中水野曠天清無戰聲四萬
義軍同日死羣胡歸來血洗箭仍唱胡歌飲都市都人回面
向北啼日夜更望官軍至

悲青坂

我軍青坂在東門天寒飲馬太白窟黃頭奚兒日向西數騎
彎弓敢馳突山雪河冰野蕭颯青是烽煙白人骨焉得附書
與我軍忍待明年莫倉卒

哀江頭

少陵野老吞聲哭春日潛行曲江曲江頭宮殿鎖千門細柳

新蒲爲誰綠憶昔霓旌下南苑苑中萬物生顏色昭陽殿裏第一人同輦隨君侍君側輦前才人帶弓箭白馬嚼齧黃金勒翻身向天仰射雲一箭正墜雙飛翼明眸皓齒今何在血汙游魂歸不得清渭東流劒閣深去住彼此無消息人生有情淚霑臆江水江花豈終極黃昏胡騎塵滿城欲往城南望城北一作望南北

哀王孫

長安城頭頭白烏夜飛延秋門上呼又向人家啄大屋屋底達官走避胡金鞭斷折九馬死骨肉不待同馳驅腰下寶玦青珊瑚可憐王孫泣路隅問之不肯道姓名但道困苦乞爲奴已經百日竄荆棘身上無有完肌膚高帝子孫盡高準龍種自與常人殊豺狼在邑龍在野王孫善保千金軀不敢長語臨交衢且爲王孫立斯須昨夜東風吹血腥東來槖駝滿

舊都朔方健兒好身手昔何勇銳今何愚竊聞天子已傳位
聖德北服南單于花門剺面請雪恥慎勿出口他人狙哀哉
王孫慎勿疏五陵佳氣無時無

兵車行

車轔轔馬蕭蕭行人弓箭各在腰爺娘妻子走相送塵埃不見咸陽橋牽衣頓足攔道哭哭聲直上干雲霄道傍過者問行人行人但云點行頻或從十五北防河便至四十西營田去時里正與裹頭歸來頭白還戍邊邊亭流血成海水武皇開邊意未已君不聞漢家山東二百州千村萬落生荊杞縱有健婦把鋤犁禾生隴畝無東西況復秦兵耐苦戰被驅不異犬與雞長者雖有問役夫敢申恨且如今年冬未休關西卒 一云役夫心益憤如今縱得休還爲隴西卒 縣官急索租租稅從何出信知生男惡反是生女好生女猶是嫁比鄰生男埋沒隨百草君不

促促詞　王建

促促復剌剌水中無魚山無石少年雖嫁不將歸白頭猶著父母衣四邊田宅非所有我身不及逐雞飛出門若有歸死處猛虎當衢向前去百年不遣踏君門在家誰喚爲新婦豈不見他隣舍娘嫁來長在舅姑傍

同前　張籍

促促復促促家貧夫婦歡不足今年爲人送租船去年捕魚在江邊家中姑老子復小自執吳綃輸稅錢家家桑麻滿地黑念君一身空努力乍教牛蹄團團羊角直君身長在應不得

樓上女兒曲　盧仝

誰家女兒樓上頭指麾婢子掛簾鉤林花撩亂心之愁卷却羅袖彈箜篌箜篌歷亂五六弦羅袖掩面啼向天相思弦斷

情不斷落花紛紛心欲穿心欲穿憑欄干相憶柳條綠相思錦帳寒直緣感君恩愛一回顧使我雙淚長珊珊我有嬌靨待君笑我有嬌娥待君掃鶯花爛熳君不來及至君來花已老心腸寸斷誰得知玉階羃歷生青草

青青水中蒲三首　韓愈

青青水中蒲下有一雙魚君今上隴去我在與誰居
青青水中蒲長在水中居寄語浮萍草相隨我不如
青青水中蒲葉短不出水婦人不下堂行子在萬里

樂府詩集卷第九十一

樂府詩集卷第九十二　太原郭　茂倩　編次

新樂府辭

樂府雜題

塞上曲　李白

大漢無中策匈奴犯渭橋五原秋草緑胡馬一何驕命將征西極橫行陰山側燕支落漢家婦女無花色轉戰渡黃河休兵樂事多蕭條清萬里瀚海寂無波

同前二首　王昌齡

蟬鳴桑樹間八月蕭關道出塞入塞雲處處黃蘆草從來幽并客皆向沙場老莫學遊俠兒矜誇紫騮好

邊頭何慘慘已葬霍將軍部曲皆相弔燕南代北聞功勳多被黜兵馬亦尋分更遣黃龍戍唯當哭塞雲

同前　耿湋

慣習干戈事鞍馬初從少小在邊城身微久屬千夫長家遠多親五郡兄嬾說疆場曾大獲且悲年鬢老長征塞鴻過盡殘陽裏樓上悽悽暮角聲

同前　司空曙

塞柳接胡桑軍門向大荒幕營隨月魄兵氣長星芒橫吹催春酒重裘隔夜霜冰開不防虜青草滿遼陽

同前九曲　僧貫休

幽并兒百萬百戰未曾輸蕃界已深入將軍仍遠圖月明風拔帳磧暗鬼騎狐但有東歸日甘從筋力枯

中軍殺白馬白日祭蒼蒼號變旗幡亂鼙乾草木黃朔雲含凍雨枯骨放妖光故國今何處參差近鬼方

白鴈兼羌笛幾年垂淚聽陰風吹殺氣永日在青冥遠戍秋

添將邊烽夜雜星嫖姚頭半白猶自看兵經
大雨始無塵邊聲四散聞浸河荒寨柱吹角白頭軍牛馬蘇
腥草烏鳶識陣雲征人心力盡枯骨更遭焚
帳幕侵奚界憑陵未可涯擒生行別路尋箭向平沙赤落蒲
桃葉香微甘草花不堪登壠望白日又西斜
地角天涯外人號鬼哭邊大河流敗卒寒日下蒼煙殺氣諸
蕃動軍書一箭傳將軍莫惆悵髙處是燕然
山接胡奴水河連勃勃城數州今巳伏此命豈堪輕磧吼旋
頭落風乾刀斗清因嗟李陵苦只得没蕃名
錦袷胡兒黑如漆騎羊上水如箭疾蒲桃酒白鷳腊紅苜蓿
根甜沙鼠出單于右臂何須斷天子昭昭本如日一握黳鬍
一握絲須知只為平戎術
去年轉鬬陰山脚生得單于却放却今年深入於不毛胡兵

拔帳遺弓刀兒男貴展平生志爲國輸忠合天地甲穿雖則
失黃金劍鈌猶能生紫氣塞草萋萋兵士苦胡虜如今勿胡
虜封侯十萬始無心玉關生入君看取

同前二首　　戎昱

漢將歸來虜塞空旌旗初入玉關東高蹄戰馬三千匹落日
平原秋草中

胡風略地燒連山碎葉孤城未下關山頭烽子聲聲叫知是
將軍夜獵還

同前二首　　王維

天驕遠塞行鞘裏寶刀鳴定是酬恩日今朝覺命輕

塞虜常爲敵邊風已報秋平生多志氣箭底覓封侯

同前　　周朴

一隧風來一隧砂有人行處没人家黃河九曲冰先合紫塞

三春不見花

同前　張祜

邊風卷地時日暮帳初移磧迥三通角山寒一點旗連收揭索馬引滿射鵰兒莫道勳功細將軍昔戍師

塞上行　歐陽詹

聞說胡兵欲利秋昨來投筆到營州驍雄已許將軍用邊塞無勞天子憂

同前　鮑溶

西風應時筋角堅承露牧馬水草冷可憐黃河九曲盡氊館牢落胡無影

同前　李昌符

莽倉盧關北孤城帳幕多客軍甘入陣老將望回戈樹盡禽棲草冰堅路在河汾陽尋下世羌虜肯先和

同前　周朴

秦築長城在連雲磧氣侵風吹邊草急角絶塞鴻沈世世征人往年年戰骨深遼天望鄉者迴首盡霑襟

塞上　高適

東出盧龍塞浩然客思孤亭堠列萬里漢兵猶備胡邊塵滿北溟虜騎正南驅轉鬭豈長策和親非遠圖惟昔李將軍按節出皇都總戎掃大漠一戰擒單于常懷感激心願効縱橫謨倚劒欲誰語關河空鬱紆

同前　王建

漫漫復淒淒黄沙暮漸迷人當故鄉立馬過舊營嘶斷鴈逢水磧回軍占雪溪夜來山下哭應是送降奚

同前　鮑溶

朔風號薊門殺氣日夜興咸陽三千里鐵馬如飢鷹行子久

去鄉見山不敢登寒日慘大野虜雲若飛鵬西北防秋軍麾
幢宿層冰匈奴天未喪戰鼓長騰騰漢卒馬上老樊纓空絲
繩誠知天所驕欲罷又不能

同前　　李端

二十在邊城軍中得勇名卷旗收敗馬斷磧擁殘兵覆陣烏
鳶起燒山野火明塞閑思遠獵師老厭分營雪嶺無人跡冰
河足鴈聲李陵甘没此惆悵漢公卿

同前　　曹松

邊塞來處闊今日復明朝河凌去聲堅通馬朝雲缺見鵰沙中
程獨泣鄉外隱誰招回首若經歲靈州生柳條

同前　　鄭渥

出門何處問西東指畫飜爲語論同到此客頭潛覺白未秋
山葉已飄紅帳前影落傳書鴈日下聲交失馬翁早晚回鞭

復南去大衣高蓋漢鄉風

同前二首　譚用之

秋風漢北鴈飛天單騎那堪遶賀蘭磧暗更無巖樹影地平時有野燒瘢貂披寒色和衣冷劒佩胡霜隔匣寒早晚橫戈似飛尉擁旄深入異田單

鉢略城邊日欲西遊人却憶舊山歸牛羊集水煙黏步鵰鶚盤空雪滿圍獵騎靜逢邊氣薄戎樓寒對暮煙微橫行揔是男兒事早晚重來似漢飛

同前　姚合

磧路三千里黃雲覆草平戰須移死地軍諱殺降兵印馬秋遮虜燕砂夜築城故鄉歸未得都尉欠功名

同前　張喬

勒兵遼水邊風急卷旌旃絕塞無樹平沙勢蓋天雪晴回

探騎月落控鳴弦永定山河誓南歸改漢年

同前二首　周朴

柳色正沉沉風吹秋更深山河空遠道鄉國自鳴砧巷有千家月人無萬里心長城哭崩後寂寞至如今

同前　秦韜玉

受降城必破回落隴頭移蕃道北海北謀生今始知

同前

到處人皆著戰袍麾旗風緊馬蹄勞黑山霜重弓添硬青塚砂平月更高大野幾重開雪嶺長河無限舊風濤鳳林關外皆唐土猶尚蒐兵數似毛

同前　戴師顏

空磧晝蒼茫沙腥古戰場逢春多霰雪生計在牛羊冷角吹鄉泪乾揄落夢牀從來山水客誰謂到漁陽

同前　江爲

萬里黃雲凍不飛磧煙烽火夜深微胡兒移帳寒笳絕雪路
時聞探馬歸

同前二首　杜荀鶴

旌旗獵獵漢將軍閑出巡遊帝命新沙塞旋收饒帳幕犬戎
時殺少煙塵冰河夜渡偷來馬雪嶺朝飛獵去人獨作書生
疑不穩軟弓輕劒也隨身

草白河冰合蕃戎出掠頻戍樓三號火探騎一條塵戰士風
霜老將軍雨露新封侯不由此何以慰征人

塞下曲六首　李白

五月天山雪無花秖有寒笛中聞折柳春色未曾看曉戰隨
金鼓宵眠抱玉鞍願將腰下劒直爲斬樓蘭

天兵下北荒胡馬欲南飲橫戈從百戰直爲銜恩甚握雪海
上飡拂沙隴頭寢何當破月氏然後方高枕

駿馬如風颷，鳴鞭出渭橋。彎弓辭漢月，插羽破天驕。陣解星芒盡，營空海霧銷。功成畫麟閣，獨有霍嫖姚。

白馬黃金塞，雲砂繞夢思。那堪愁苦節，遠憶邊城兒。螢飛秋窻滿，月度霜閨遲。摧殘梧桐葉，蕭颯沙棠枝。無時獨不見，淚流空自知。

塞虜乘秋下，天兵出漢家。將軍分虎竹，戰士卧龍沙。邊月隨弓影，胡霜拂劍花。玉關殊未入，少婦莫長嗟。

烽火動沙漠，連照甘泉雲。漢皇按劍起，還召李將軍。兵氣天上合，鼓聲隴底聞。橫行負勇氣，一戰靜妖氛。

同前　郭元振

塞外虜塵飛，頻年出武威。死生隨玉劍，辛苦向金微。久戍人將老，長征馬不肥。仍聞酒泉郡，已合數重圍。

同前二首　王昌齡

飲馬渡秋水水寒風似刀平沙日未没黯黯見臨洮昔日長城戰（一作當日龍城戰）咸言意氣高黃塵是今古（一作黃沙滿今古）白骨亂蓬蒿

秋風夜渡河吹却鴈門桑遥見胡地獵鞴馬宿嚴霜五道分兵去孤軍百戰場功多翻下獄士卒但心傷

同前二首　馬戴

旌旗倒北風霜霰逐南鴻夜救龍城急朝焚虜帳空骨銷金鏃在鬢改玉關中却想羲皇代無人說戰功

廣漠雲凝慘日斜飛霰生燒山搜猛獸伏道擊回兵風折旗竿曲沙埋樹杪（一作塞路）平黃雲飛旦夕偏奏苦寒聲

同前　張籍

邊州八月修城堡候騎先燒磧中草胡風吹沙度隴飛隴頭林木無北枝將軍閱兵青塞下鳴鼓逢逢促獵圍天寒山路

石斷裂白日不銷帳上雪烏孫國亂多降胡詔使名王持漢節年年征戰不得閑邊人殺盡唯空山

同前　于濆

赤子別父母犬戎圉邏娑戰鼓聲未齊烏鳶已相賀燕然山上雲半是離鄉鬼衛霍待富貴不知誰與論

同前　陶翰

進軍飛狐北窮寇勢將變落日沙塵昏背河更一戰騂馬黃金勒彫弓白羽箭射殺左賢王歸奏未央殿欲言塞下事天子不召見東出咸陽門哀哀淚如霰

同前二首　李益

蕃州部落能結束朝馳暮獵黃河曲燕歌未斷塞鴻飛牧馬羣嘶邊草綠秦築長城城已摧漢武北上單于臺古來征戰虜不盡今日還復天兵來黃河東流流九折沙場埋恨何時

絕蔡琰没處造胡笳蘇武歸來持漢節爲報如今都護雄匈奴旦莫下雲中請書塞北陰山石願勒燕然車騎功

漢家今上郡秦塞古長城有日雲長慘無風沙自驚當今聖天子不戰四夷平

樂府詩集卷第九十二

樂府詩集卷第九十三

太原郭　茂倩　編次

新樂府辭

樂府雜題

塞下曲十一首　僧貫休

下營依遁甲分師把河隍地使人心惡風吹旗燄荒搜山見探卒放火獵黃羊唯有南飛鴈聲聲斷客腸

歸去是何年山連邏逤川蒼黃曾戰地空闊養鵰天旗插蒸沙堡槍擔卓槊泉蕭條寒日落號令徹窮邊

虜寇日相持如龍馬不肥突圍金甲破趂賊鐵槍飛漢月堂堂上胡雲慘慘微黃河冰已合猶未送征衣

南北唯堪恨東西實可嗟常飛侵夏雪何處有人家風刮陰山薄河推大岸斜只應寒夜夢時見故園花

不是將軍勇胡兵豈易當雨曾淋火陣箭又中金瘡鐵嶺全
無土豺羣亦有狠因思無戰日天子是陶唐
榆葉飄蕭盡關防烽寨重寒來知馬疾戰後覺人兇燒逐飛
蓬死沙生毒霧濃誰能奏明主功業已堪封
萬戰千征地蒼茫古塞門陰兵爲客祟惡酒發刀痕風落崑
崙食河萌苜蓿根將軍更移帳日日近西蕃
古塞腥膻地胡兵聚如蠅寒鵰中髆石落在黃河冰蒼茫邏
逖城柝柝賊氣興鑄金禱秋穹還擬相憑陵
戰骨踐成塵飛入征人目黃雲忽變黑戰鬼作陣哭陰風吼
大漠火號出不得誰爲天子前唱此邊城曲
日向平沙出還向平沙沒飛蓬落陣營驚鵰去天末帝鄉青
樓倚霄漢歌吹掀天對花月豈知塞上望鄉人日日雙眸滴
清血

狼煙作陣雲匈奴愛輕敵領兵不知數牛羊復吞磧嚴冬大河枯嫖姚去深擊戰血染黃沙風吹映天赤

同前六首　盧綸

鷲翎金僕姑鷰尾繡蝥弧獨立揚新令千營共一呼

林暗草驚風將軍夜引弓平明尋白羽没在石稜中

月黑鴈飛高單于夜遁逃欲將輕騎逐大雪滿弓刀

野幕蔽瓊筵羌戎賀勞旋醉和金甲舞雷鼓動山川

調箭又呼鷹俱聞出世能奔狐將迸雉掃盡古丘陵

亭亭七葉貴蕩蕩一隅清他日題麟閣唯應獨不名

同前二首　僧皎然

寒塞無因見落梅胡人吹入笛聲來勞勞亭上春應度夜夜城南戰未回

都護今年破武威胡沙萬里鳥空飛旄竿瀚海掃雲出氈騎

天山踏雪歸

同前　李賀

胡角引北風薊門白於水天含青海道城頭見千里露下旗濛濛寒金鳴夜刻蕃甲鏁蛇鱗馬嘶青塚白秋靜是旄頭沙遠席萁愁帳北天應盡河聲出塞流

同前　劉駕

勤兵遼水邊風急卷旌旆絕塞陰無草平沙去盡天下營看斗建傳號信狼煙聖代書青史當時破虜年

同前二首　王維

辛勤幾出黃花戍迢遞初隨細柳營塞晚每愁殘月苦邊秋更逐斷蓬驚

年少辭家從冠軍金裝寶劍去邀勳不知馬骨傷寒水唯見龍城起暮雲

同前二首　　令狐楚

雪滿衣裳冰滿鬚曉隨飛將伐單于平生志氣今何在把得家書淚似珠

邊草蕭條塞鴈飛征人南望盡霑衣黃塵滿面長須戰白髮生頭未得歸

同前五首　　張仲素

三戍漁陽再渡遼騂弓在臂劒橫腰匈奴欲似知名姓休傍陰山更射鵰

獵馬千羣鴈幾雙燕然山下碧油幢傳聲漢北單于破火照旌旗夜受降

朔雪飄飄開鴈門平沙歷亂卷蓬根功名恥計擒生數直斬樓蘭報國恩

隴水潺湲隴樹秋征人到此淚雙流鄉關萬里無因見西戍

河源早晚休
陰磧茫茫塞草腓桔槔烽上暮煙飛交河北望天連海蘇武曾將漢節歸

同前六首　　戎昱

慘慘寒日没北風卷蓬根將軍領疲兵却入古塞門回頭指陰山殺氣成黃雲

上山望胡兵胡馬馳驟速黃河冰已合意又向南牧嫖姚夜出軍霜雪割人肉

塞北無草木烏鳶巢僵屍泱漭沙漠空終日胡風吹戰卒多苦辛苦辛無四時

晚渡西海西向東看日没傍岸砂礫堆半和戰兵骨單于竟未滅陰氣常勃勃

城上畫角哀則知兵辛苦試問左右人無言淚如雨何意休

明時終年事鞞鼓

北風凋白草胡馬日駸駸夜後戍樓月秋來邊將心鐵衣霜露重戰馬歲年深自有盧龍塞煙塵飛至今

同前　丁稜

北風鳴晚角雨雪塞雲低烽舉戰軍動天寒征馬嘶出營紅旆展過磧暗沙迷諸將年皆老何時罷鼓鼙

同前　郎士元

寶刀塞上兒身經百戰曾百勝壯心竟未嫖姚知白草山頭日初沒黃沙戍下悲歌發蕭條夜靜邊風吹獨倚營門望秋月

同前　許渾

夜戰桑乾雪秦兵半不歸朝來有鄉信猶自寄征衣

同前　周朴

石國胡兒向磧東愛吹橫笛引秋風夜來雲雨皆飛盡月照

平沙萬里空

同前二首　張祜

二十逐嫖姚分兵遠戍遼雪迷經塞夜冰壯渡河朝促放鵰韉下生騎馬未調小儒何足問看取劒橫腰

萬里配長陘連年慣野營入羣來揀馬拋伴去擒生箭插鵰翎闊弓盤鵲角輕問看行遠近西去受降城

塞下　李宣遠

秋日并州路黃榆落故關孤城吹角罷數騎射鵰還帳幕遙臨水牛羊自下山行人正垂淚烽火起雲間

同前三首　沈彬

塞葉聲悲秋欲霜寒山數點下牛羊映霞旅鴈隨疎雨向磧行人帶夕陽邊騎不來沙路失國恩深後海城荒胡兒向化新成長猶自千回問漢王

貴主和親殺氣沈燕山閑獵鼓鞞音旗分雪草偷邊馬箭入
寒雲落塞禽隴月盡牽鄉思動戰衣誰寄淚痕深金釵謾作
封侯別擘破佳人萬里心
月冷榆關過鴈行將軍寒笛老思鄉貳師骨恨千夫壯李廣
寃飛一劔長戎角就沙催落日陰雲分磧護秋霜誰知漢武
輕中國閑奪天山草木荒

交河塞下曲　胡曾

交河冰薄日遲遲漢將思家感別離塞北草生蘇武泣隴西
雲起李陵悲曉侵雉堞烏先覺春入關山鴈獨知何處疲兵
心最苦夕陽樓上笛聲時

汾陰行　李嶠

君不見昔日西京全盛時汾陰后土親祭祠齋宮宿寢設廚
供撞鐘鳴鼓樹羽旗漢家五世才且雄賓延萬靈服九戎柏

梁賦詩高宴罷詔書法駕幸河東河東太守親掃除奉迎至尊導鑾輿五營將校列容衛三河縱觀空里閭回旌駐蹕降靈場焚香奠醑邀百祥金鼎發食正煌煌靈祇煒燁攄景光埋玉陳牲禮神畢舉麾上馬乘輿出彼汾之曲嘉可游木蘭爲檝桂爲舟櫂歌微吟綵鷁浮簫鼓哀鳴白雲秋歡娛宴洽賜羣后家家復除戶牛酒聲明動天樂無有千秋萬歲南山壽

自從天子向秦關玉輦金車不復還珠簾羽帳長寂寞鼎湖龍髯安可攀千齡人事一朝空四海爲家此路窮雄豪意氣今何在壇場宮館盡蒿蓬路逢古老長歎息世事回環不可測昔時青樓對歌舞今日黃埃聚荊棘山川滿目淚沾衣富貴榮華能幾時不見只今汾水上唯有年年秋鴈飛

大梁行　唐堯客

客有成都來爲我彈鳴琴前彈別鶴操後奏大梁吟大梁傷

客情荒臺對古城版築有陳迹歌吹無遺聲雄哉魏公子疇日好羅英秀士三千人煌煌象列星金椎奪晉鄙白刃劫侯嬴邯鄲救趙北函谷走秦兵君子榮且昧忠信莫之明間諜忽來及雄圖靡克成千齡萬化盡但見榮與清舊國多狐兔夷門荆棘生蒼梧彩雲沒泝浦綠池平聞有東山去蕭蕭班馬鳴河洲搴宿莽日夕淚沾纓因之唁公子慷慨此歌行

同前　高適

古城莽蒼饒荆榛驅馬荒城愁殺人魏王宮觀盡禾黍信陵賓客隨灰塵憶昔雄都舊朝市軒車照曜歌鐘起軍容帶甲三十萬國步連衡一千里全盛須臾那可論高臺曲池無復存遺墟但見狐狸跡古地空多（一作餘）草木根暮天搖落傷懷抱撫劍悲歌對秋草俠客猶傳朱亥名行人尚識夷門道白璧黃金萬戶侯寶刀駿馬填山丘年代淒涼不可問往來唯

見水東流

洛陽行　張籍

洛陽宮闕當中州城上峩峩十二樓翠華西去幾時返梟巢乳鳥藏蟄鷰御門空鎖五十年稅彼農夫修玉殿六街朝暮鼓鼕鼕禁兵持戟守空宮百官月月謝拜表驛使相續長安道上陽宮樹黃復綠野犲入苑食麋鹿陌上老翁雙淚垂共說武皇巡幸時

永嘉行

晉書曰懷帝永嘉五年六月劉曜王彌陷洛陽入于南宮升太極前殿縱兵大掠悉收宮人珍寶曜於是害諸王公及百官已下三萬餘人遷帝於平陽劉聰以帝爲會稽公按劉元海本匈奴冒頓之後曜其族子也

黃頭鮮卑入洛陽胡兒持戟昇明堂晉家天子作降虜公卿齊走如牛羊紫陌旌旛暗相觸家家雞犬驚上屋婦人出門隨亂兵夫死眼前不敢哭九州諸侯自曠土無人領兵來護主北人避胡多在南南人至今能晉語

田家行　王建

男聲欣欣女顏悅人家不怨言語別五月雖熱麥風清簷頭索索繰車鳴野蠶作繭人不取葉間撲撲秋蛾生麥收上場絹在軸的知輸得官家足不願（一作望）入口復上身且免向城賣黃犢田家衣食無厚薄不見縣門身即樂

同前　元稹

牛吒吒田确确旱塊敲牛蹄趵趵種得官倉珠顆穀六十年來兵簇簇日月食糧車轆轆一日官軍收海服驅牛駕車食羊肉歸來收得牛兩角重鑄鏤犁作斤斸姑舂婦擔輸官不

足歸賣屋願官早勝讎早覆農死有兒牛有犢不遣官軍糧
不足

思遠人　王建

妾思常懸懸君行復綿綿征途向何處碧海與青天歲久自
有念誰令長在邊少年若不歸蕭室如黃泉

同前　張籍

野橋春水清橋上送君行去去人應老年年草自生出門看
遠道無信向邊城楊柳別離處秋蟬今復鳴

憶遠曲

水上山沉沉征途渡遠林途荒人行少馬跡猶可尋雪中獨
立樹海口失侶禽誰愛如長綿千里縈我心

同前　元稹

憶遠曲郎身不遠郎心遠沙隨郎飯俱在匙郎意看沙那比

（宋）郭茂倩 編

宋本樂府詩集

第十二册

國家圖書館出版社

第十二冊目錄

卷九十六　新樂府辭七

樂府詩集卷第九十四

太原郭　茂倩　編次

新樂府辭

樂府雜題

寄遠曲　王建

美人別來無處所巫山月明湘江雨千回想見不分明井底看星夢中語兩心相對尚難知何況萬里不相疑

同前　張籍

美人去來春江暖江頭無人湘水滿浣沙石上水禽棲江南路長春日短蘭舟桂檝常渡江無因重寄雙瓊璫

征婦怨四首　孟郊

良人昨日去明月又不圓別時各有淚零落青樓前

君淚濡羅巾妾淚滿路塵羅巾去在手今得隨妾身路塵如

因風得上君車輪
生在絲羅下不識漁陽道良人自戍來夜夜夢中到
漁陽千里道近如中門限中門踰有時漁陽長在眼

同前　　張籍

九月匈奴殺邊將漢軍全殁遼水上萬里無人收白骨家家
城下招魂葬婦人依倚子與夫同居貧賤心亦舒夫死戰場
子在腹妾身雖存如晝燭

織婦詞　　孟郊

夫是田中郎妾是田中女當年嫁得君爲君秉機杼筋力日
已疲不息窻下機如何織紈素自著藍縷衣官家牓村路更
索栽桑樹

同前　　元稹

織婦何太忙蠶經三卧行欲老蠶神女聖早成絲今年絲稅

抽徵早早徵非是官人惡去歲官家事戎索征人戰苦東刀槍主將勳高換羅幕繅絲織帛猶努力變緝撩機苦難織東家頭白雙女兒爲解挑紋嫁不得簷前裊裊游絲上上有蜘蛛巧來往羨他蟲豸解緣天能向虛空織羅網

同前　鮑溶

百日織綵絲一朝停杼機機中有雙鳳化作天邊衣使人馬如風誠不阻音徽影響隨羽翼雙雙繞君飛行人豈願行不怨不知歸所怨天盡處何人見光輝

二

織錦曲　王建

大女身爲織錦戶名在縣家供進簿長頭起樣呈作官闡道官家中苦難回花側葉與人别唯恐秋天絲線乾紅縷葳蕤紫茸軟蝶飛參差花宛轉一梭聲盡重一梭玉腕不停羅袖卷窻中夜乆睡髻偏橫釵欲墮垂著肩合衣卧時參没後停

燈起在雞鳴前一匹千金亦不賣限日未成官裏惟錦江水
涸貢轉多宮中盡著單絲羅莫言山積無盡日百尺高樓一
曲歌

織錦詞　温庭筠

丁東細漏侵瓊瑟影轉高梧月初出蔟蔌金梭萬縷紅鴛鴦
豔錦初成匹錦中百結皆同心蘂亂雲盤相間深此意欲傳
傳不得玫瑰作柱朱弦琴爲君裁破合歡被星斗迢迢共千
里象尺薰爐未覺秋碧池中已一作有新蓮子

當窗織　王建

梁橫吹曲折楊柳曰門前一株棗歲歲不知老
阿婆不嫁女那得孫兒抱唧唧復唧唧女子臨
窗織不聞機杼聲只聞女歎息當窗織其取諸此
歎息復歎息園中有棗行人食貧家女大富家織父母隔墻

不得力水寒手澀絲脆斷續來續去心腸爛草蟲促促機下啼

兩日催成一匹半輸官上頭有零落姑未得衣身不著當窻却

羨青樓倡十指不動衣盈箱

擣衣曲

班婕妤擣素賦曰廣儲縣月暉木流清桂露朝

滿涼衿夕輕改容飾而相命卷霜帛而下庭於

是投香杵加紋砧擇鸞聲爭鳳音又曰調無定

律聲無定本任落手之參差從風飈之近遠或

連躍而更投或暫舒而長卷蓋言擣素裁衣緘

封寄遠也

月明中庭擣衣石掩帷下堂來擣帛婦姑相對初力生雙揎

白腕調杵聲高樓敲玉節會成家家不睡皆起聽秋天丁丁

復凍凍玉釵低昂衣帶動夜深月落冷如刀濕著一雙纖手

痛回編易裂看生熟鴛鴦紋成水波曲重燒熨斗帖兩頭與郎裁作迎寒裘

同前　　劉禹錫

爽砧應秋律繁杵含淒風一一遠相續家家音不同戶庭凝露清伴侶明月中長裾委襞積輕珮垂璁瓏汗餘衫更馥鈿移麝半空報寒驚邊鴈促思聞候蟲天狼正芒角虎落定相攻盈篋寄何處征人如轉蓬

送衣曲　　王建

去秋送衣渡黃河今秋送衣上隴坂婦人不知道徑處但聞新移軍近遠半年著道經雨濕開籠見風衣領急舊來十月初點衣與郎著向營中集絮時厚厚綿纂纂貴欲征人身上暖願郎莫著裹屍歸願妾不死長送衣

寄衣曲　　張籍

纖素縫衣獨苦辛遠因回使寄征人官家亦自寄衣去貴從妾手看君身高堂姑老無侍子不得自到邊城裏殷勤爲看初著時征夫身上宜不宜

淮陰行五首　劉禹錫

劉禹錫序曰古有長干行備言三江之事禹錫阻風淮陰乃作淮陰行

簇簇淮陰市竹樓緣岸上好日起檣竿鳥飛驚五兩

今日轉船頭金烏指西北煙波與春草千里同一色

船頭大銅鐶摩挲光陳陳早晚使風來沙頭一眼認

何物令儂羨羨郎船尾鷰銜泥趂檣竿宿食長相見

隔浦望行船頭昂尾幰幰無柰脫葉時清淮春浪軟

泰娘歌

劉禹錫歌序曰泰娘本韋尚書家主謳者初尚

書爲吴郡得之命樂工教以琵琶歌舞盡得其
技後攜之歸京師京師多善工又捐去故技授
以新聲而泰娘頗見稱於貴遊間元和初尚書
薨於東都泰娘出居民間久之爲蘄州刺史張
愻所得其後愻坐事謫武陵郡愻卒泰娘無
所歸地遠無有知其容與藝者故日抱樂器而
哭其音甚悲禹錫聞之乃作泰娘歌云

泰娘家本閶門西門前渌水環金堤有時妝成好天氣走上
皐橋折花戲風流太守韋尚書路傍忽見停隼旟斗量明珠
鳥傳意紺幰迎入專城居長鬟如雲衣似霧錦茵羅薦承輕
步舞學驚鴻水榭春歌傳(一作撩)上客蘭堂暮從郎西入帝城
中貴遊簪組香簾櫳低鬟緩視抱明月纖指破撥生胡風繁
華一旦有消歇題劒無光履聲絶洛陽舊宅生草萊杜陵蕭

蕭松柏哀妝奩蟲網厚如蠒博山鑪側傾寒灰蘄州刺史張公子白馬新到銅駝里自言買笑擲黃金月墮雲中從此始安知鵩鳥坐隅飛寂寞旅寬招不歸秦嘉鏡有前時結韓壽香銷故篋衣山城少人江水碧斷鴈哀猿風雨夕朱弦已絶爲知音雲鬢未秋私自惜舉目風煙非舊時夢歸歸路多參差如何將此千行淚更灑湘江斑竹枝

更衣曲

漢武帝故事曰武帝立衛子夫爲皇后初上行幸平陽主家主置酒作樂子夫爲主謳者善歌能造曲每歌挑上上意動起更衣子夫因侍得幸頭解上見其美鬟悅之主遂納子夫於宮更衣曲其取於此

博山烱烱吐香霧紅燭引至更衣處夜如何其夜漫漫鄰雞

禾鳴寒鴈度庭前雪壓松桂叢廊下點點懸紗籠滿堂醉客爭笑語嘈囋琵琶青幕中

視刀環歌

常恨言語淺不如人意深今朝兩相視脉脉萬重心

堤上行三首

古今樂録曰清商西曲襄陽樂云朝發襄陽城暮至大堤宿大堤諸女兒花豔驚郎目梁簡文帝由是有大堤曲堤上行又因大堤曲而作也

酒旗相望大堤頭堤下連檣堤上樓日暮行人爭渡急槳聲幽軋滿中流

江南江北望煙波入夜行人相應歌桃葉傳情竹枝怨水流無限月明多

長堤繚繞水徘徊酒舍旗亭次第開日晚上簾招賈客軻峩

大艑落帆來

競渡曲

劉異事始曰楚傳云競渡起於越王句踐荆楚歲時記云舊傳屈原死於汨羅時人傷之競以舟檝拯焉因以成俗歲華紀麗云因句踐以成風拯屈原而爲俗是也劉禹錫序曰競渡始於武陵至今舉檝而相和之音咸呼何在招屈之義也競渡曲蓋起於此

沅江五月平堤流邑人相將浮綵舟靈均何年歌已矣哀謠振檝從此起揚枹擊節雷闐闐亂流齊進聲轟然蛟龍得雨鬐鬣動螮蝀飲河形影聯刺史臨流褰翠幃揭竿命爵分雄雌先鳴餘勇爭鼓舞未至銜枚顏色沮百勝本自有前期一飛由來無定所風俗如狂重此時縱觀雲委江之湄綵旂

夾岸照鮫室羅襪凌波呈水嬉曲終人散空愁暮招屈亭前水東注

沓潮歌

劉禹錫歌序曰元和十年夏五月大風駕潮南海泛溢南人云沓潮也率三歲一有之客或言其狀禹錫因歌之

屯門積日無迴飈滄波不歸成沓潮轟如鞭石矻且搖亘空欲駕黿鼉橋驚湍蹙縮悍而驕大陵高岸失嵔嶢四邊無阻音響調背負元氣掀重霄介鯨得性方逍遙仰鼻噓吸揚朱翹海人狂顧迭相招罽衣髽首聲嘵嘵征南將軍登麗譙赤旗指麾不敢囂翌日風迴沴氣消歸濤納納景昭昭烏泥白沙復滿海海色不動如青瑤

北邙行

王建

晉張協登北邙賦曰陟巒丘之𡾰峗升逶迤之
脩坂回余車於峻嶺聊送目於四遠伊洛混而
東流帝居赫以崇顯於是徘徊絕嶺踟蹰步趾
前瞻狼山却闚大岯東眺虎牢西睨熊耳邪亘
天際旁極萬里莽眩眼以芒昧諒羣形之維紀
爾乃地勢窊隆丘墟陂陁墳隴𡾰疊棊布星羅
松林摻映以攢列玄木搜寥而振柯壯漢氏之
所營望五陵之嵬峩後漢書曰光武葬於原陵
帝王世紀曰原陵在臨平亭東去洛陽十五里
朱超石與兄書曰登北邙遠眺衆美都盡且言
光武墳邊杏甚美即原陵蓋在北邙也魏志曰
明帝欲平北邙令登臺觀見孟津廷尉辛毗諫
止之按北邙行言人死葬北邙與梁甫吟泰山

吟蒿里行同意

北邙山頭少閑土盡是洛陽人舊墓舊墓人家歸葬多堆著黄金無置處天涯悠悠葬日促岡阪崎嶇不停轂高張素幕繞銘旌夜唱挽歌山下宿洛陽城北復城東一作城西并城東魂車祖馬長相逢車轍廣若長安路蒿草少於松柏樹山頭澗底石漸稀盡向墳前作羊虎誰家石碑文字滅後人重取書年月朝朝車馬送葬回還起大宅與高臺

同前　張籍

洛陽北門北邙道喪車轔轔入秋草車前齊唱薤露歌高墳新起白峩峩朝朝暮暮長送葬洛陽城中人更多千金立碑高百尺終作誰家柱下石山頭松柏半無主地下白骨多於土寒食家家送紙錢鵶鳶作窠銜上樹人居朝市未解愁請君暫向北邙遊

野田行　唐李益

日沒出古城野田何茫茫寒狐上孤塚鬼火燒白楊昔人未爲泉下客行到此中曾斷腸

同前　唐張碧

風昏晝色飛斜雨冤骨千堆髑髏語八弦牢落人物悲是箇田園荒廢主悲嗟自古爭天下幾度乾坤復如此秦皇矻矻築長城漢祖區區白蛇死野田之骨兮又成塵樓閣風煙兮還復新願得華山之下長歸馬野田無復堆冤者

斜路行　王建

長安有狹斜行曰長安有狹斜道隘不容車斜路行其義亦同

世閒娶容非一作不娶婦中庭牡丹勝松樹九衢大道人不行走馬奔車逐斜路斜路行熟直路荒東西豈是一作不橫太行

南樓彈弦北户鏁行人到此多徊彷（一作徨）頭白如絲面如雪
亦學少年行不返縱令自解思故鄉輪折蹄穿白日晚誰將
古曲換斜音回取行人斜路心

雉將雛

雉咿喔雛出轂毛班班背啄啄學飛未得一尺高還逐（遂）母行
旋母䐁麦壟淺淺雖蔽身遠去戀雛低怕人時時土中鼓𦑣
翅引雛拾蟲不相離

樂府詩集卷第九十四

樂府詩集卷第九十五

太原郭　茂倩　編次

新樂府辭

樂府雜題

長安羇旅行　孟郊

十日一理髮，每梳飛旅塵。三旬九過飲，每食唯舊貧。萬物皆及時，獨余不覺春。失名誰肯訪，得意爭相親。直木有恬翼，靜流無躁鱗。始知喧競場，莫處君子身。野策藤竹輕，山蔬薇蕨新。潛歌歸去來，事外風景真。

羇旅行　張籍

遠客出門世路難，停車斂策在門端。荒城無人雪滿路，火燒野橋不得度。寒蟲入窟鳥歸巢，僮僕問我誰家去。行尋田頭暗未息，雙轂長轅礙荆棘。緑岡入澗投田家，主人舂米爲夜

食晨雞喔喔茆屋傍行人起掃車上霜舊山已別行已遠身計未成難復返長安陌上相識稀遥望天門白日晚誰能聽我苦辛行爲向君前歌一聲

求仙曲　孟郊

仙教生爲門仙宗靜爲根持心若妄求服食安足論鏟惑有靈藥餌眞成本源自當出塵網馭鳳升崑崙

求仙行　張籍

漢皇欲作飛仙子年年採藥東海裏蓬萊無路海無邊方士舟中相就死招揺在天因白日甘泉玉樹無仙實九皇眞人終不下空向離宫祠太一丹田有氣凝素華君能保之昇絳霞

結愛　孟郊

心心復心心結愛務在深一度欲離别千回結衣襟結妾獨守志結君早歸意始知結衣裳不如結心腸坐結行亦結結

盡百年月

節婦吟　張籍

君知妾有夫贈妾雙明珠感君纏綿意繫在紅羅襦妾家高樓連苑起良人執戟明光裏知君用心如日月事夫誓擬同生死還君明珠雙淚垂何不相逢未嫁時

楚宮行

章華宮中九月時桂花半落紅橘垂江頭騎火照輦道君王夜從雲夢歸霓旌鳳蓋到雙闕臺上重重歌吹發千門萬戶開相當燭籠左右列成行下輦更衣入洞房洞房侍女盡焚香玉階羅幕微有霜齊言此夕樂未央玉酒湛湛盈華觴絲竹次第鳴中堂巴姬起舞向君王回身垂手結明璫願君千年萬年壽朝出射麋夜飲酒

山頭鹿

山頭鹿角芟芟尾促促貧兒多租輸不足夫死未葬兒在獄早日熬熬蒸野岡禾黍不收無獄糧縣家唯憂少年食誰能令爾無死傷

各東西

遊人別一東復一西出門相背兩不返唯信車輪與馬蹄道路悠悠不知處山高海闊誰辛苦遠遊不定難寄書日日空尋別時語浮雲上天雨墮地暫時會合終離異我今與子非一身安得死生不相棄

湘江曲

湘水無潮秋水闊湘中月落行人發送人發送人歸白蘋茫茫鸕鷀飛

雀飛多

雀飛多觸網羅網羅高樹山巔汝飛蓬蒿下勿復投身網羅

聞粟積倉禾在田巢之雛望其母來還

夢上天

元稹

夢上高高天高高天蒼蒼高不極下視五嶽塊纍纍仰天依舊蒼蒼色踏雲聳身身更上攀天上天攀未得西瞻若木兔輪低東望蟠桃海波黑日月之光不到此非暗非明煙塞塞天悠地遠身跨風下無階梯上無力來時畏有他人上截斷龍胡斬鵬翼茫茫漫漫方自悲哭向青雲揞素臆哭聲厭咽旁人惡喚起驚悲淚飄露千慙萬謝喚厭人向使無君終不寤

君莫非

鳥不解走獸不解飛兩不相解那得相譏犬不飲露蟬不啖肥以蟬易犬蟬死犬饑鸞在梁棟鼠在堦基各自窠窟不能跂移婦好針縷夫讀書詩男翁女嫁卒不相知懼聾摘耳効痛嚬眉我不非爾爾無我非

田頭狐兔行

種豆耘鋤種禾溝甽禾苗豆甲狐搰兔翦割鵠餧鷹烹麟啖

大鷹怕兔毫犬被狐引狐兔相須鷹犬相盡日暗天寒禾稀

豆損鷹犬就烹狐兔俱哂

人道短

古道天道長人道短我道天道短人道長天道晝夜回轉不曾住春秋冬夏忙顛風暴雨電雷狂晴被陰暗月奪日光往往星宿日亦堂堂天既職性命道德人自彊堯舜有聖德天下能遣壽命永昌泥金刻玉與秦始皇周公傅說何不長宰相老聃仲尼何事栖遑莽卓恭顯皆數十年貴富梁冀夫婦車馬煌煌若此顛倒事豈非天道短豈非人道長堯舜留得神聖事百代天子有典章仲尼留得孝順語千年萬歲父子不敢相滅亡没後千餘載唐家天子封作文宣王老君留得

五千字子孫萬萬稱聖唐諡作玄元帝巍巍坐天堂周公周禮十二卷有能行者知紀綱傳說說命三四紙有能師者稱祖宗天能夭人命人使道無窮若此神聖事誰道人道短豈非人道長天能種百草蕕得十年有氣息蕣纔一日芳人能揀得丁沈蘭蕙料理百和香天解養禽獸餧虎豹犲狼人解和麴蘖充禴祀烝嘗杜鵑無百作天遣百鳥哺雛不遣哺鳳皇巨蟒壽千歲天遣食牛吞象充腹腸蛟螭與變化鬼恠與隱藏蚊蚋與利觜枳棘與鋒鋩賴得人道有揀別信任天道眞茫茫若此撩亂事豈非天道短賴得人道長

苦樂相倚曲

古來苦樂之相倚近於掌上之十指君心半夜猜恨生荆棘滿懷天未明漢皇一作成眼瞥飛燕時可憐班女恩已衰未有因由相決絕猶得半年佯暖熱轉將深意喻旁人緝綴瑕疵遣

潛説一朝詔下辭金屋班姬自痛何倉卒呼天撫地將自明
不悟尋時暗已一作銷骨白首宫人前再拜願將日月相揮解
苦樂相尋晝夜間燈光那得天明在主今被奪心應苦妾奪深
恩初爲主欲知妾意恨主時主今爲妾思量取班姬收淚抱
妾身我曾排擯無限人

捉捕歌

捉捕復捉捕莫捉狐與兔狐兔藏窟穴犲狼妨道路道路非
不妨最憂螻蟻聚犲狼不陷穽螻蟻潛幽蠹切切主人窓主
人輕細故延緣蝕欒櫨漸入棟梁柱梁棟盡空虚攻穿痕不
露主人坦然意晝夜安寢寤網羅布參差鷹犬走回互盡力窮
窟穴無心自還顧客來歌捉捕歌音淚如雨豈是惜狐兔畏
君先後悞願君掃梁棟莫遺螻蟻附次及清道途盡滅犲狼
步主人堂上坐行客門前度然後巡野田遍張畋獵具外無

秉鐏搜內有熊羆驅狡兔掘蒙榛妖狐熏古墓用力不[illegible]多
[illegible]舍自無數畏君聽未詳聽客有明喻蟣虱誰不輕鯨鯢誰
不惡在海尚幽遐在懷交穢汙歌此勸主人主人那不悟不
悟還更歌誰能恐違忤

採珠行

海波無底珠沈海採珠之人判死採萬人判死一得珠斛量
買婢天何在年年採珠珠避人今年採珠由海神海神採珠
珠盡死死盡明珠空海水珠爲海物屬海神神今自採何况人

同前　鮑溶

東方暮空海面平驪龍弄珠燒月明海人驚窺水底火百寶
錯落隨龍行浮心一夜生姦見月質龍軀看幾遍擘波下去
忘此身迢迢謂海無靈神海宮正當龍睡重昨夜孤光今得
弄河伯空憂水府貧天吳不敢相驚動一團冰容掌上清四

面人入光中行騰華乍摇白日影銅鐔萬古蓄爲靈海邊老翁怨狂子抱珠哭向無底水一富何須龍頷前千金幾葬魚腸裏鱗虫變化回陰陽塡海破山無景光拊心睇睇失珠意此土爲爾離農桑飲風衣日亦飽暖老翁擲却荆雞卵

平戎辭二首　王維

太白秋高助漢兵長風夜卷虜塵清男兒解却腰間劒喜見君王道化平

卷旆生風喜氣新早持龍節靜邊塵漢家天子圖麟閣身是當今第一人

望春辭二首　令狐楚

高樓曉見一花開便覺春光四面來晚日晴雲知次第東風

[illegible]用更相催

雲霞五采浮天闕梅柳千般夾御溝不上黄山南北望豈知

春色滿神州

思君恩三首　令狐楚

小苑鶯歌歇長門蝶舞多眼看春又去翠輦不經過

紫禁香如霧青天月似霜雲韶何處奏秖是在昭陽

雞鳴天漢曙鶯語禁林春誰入巫山夢唯應洛水神

漢苑行三首　張仲素

二月風光變柳條九天清樂奏雲韶蓬萊殿後花如錦紫閣堦前雪未銷

回鴈高翻太液池新花低發上林枝年光到處皆堪賞春色人間摠不知

春風澹澹影悠悠鶯轉高枝鸞入樓千步回廊聞鳳吹珠簾處處上銀鉤

燒香曲　李商隱

細雲蟠蟠牙比魚孔雀翅尾蛟龍鬚章宮舊樣博山鑪楚嬌捧笑開芙蕖八蠶繭綿小分炷獸燄微紅隅雲母白天月澤寒未冰金虎含秋向東吐玉珮呵光銅照昏簾波日暮衝斜門西來欲上茂陵樹柏梁已失裁桃蒐露庭月井大紅氣輕衫薄細當君意蜀殿瓊人伴夜深金鑾不問殘燈事何當巧吹君懷度襟灰爲土塡清露

房中曲

薔薇泣幽素翠帶花錢小嬌郎癡若雲抱日西簾曉枕是龍宮石割得秋波色玉簟失柔膚但見蒙羅碧憶得前年春未語悲含辛歸來已不見錦瑟長於人今日澗底松明日山頭蘗愁到天池翻相看不相識

河內詩

樓上曲二首

鼉鼓沈沈虬水咽秦絲不上蠻弦絕常娥衣薄不禁寒蟾蜍夜豔秋河月碧城冷落空蒙煙簾輕幕重金鉤欄靈香不下兩皇子孤星直上相風竿八桂林邊九芝草短襟小鬟相逢道入門暗數一千春願去閏年留月小梔子交加香蓼繁停辛作苦留待君

湖中曲

闔閭門日下吳歌遠陂路綠菱香滿滿後溪暗起鯉魚風船旗閃斷芙蓉幹輕身奉君畏身輕雙橈兩槳樽酒清莫因風雨罷團扇此曲斷腸唯此聲低樓小徑城南道猶自金鞍對芳草

同前　　李賀

長眉越沙採蘭若桂葉水蘋春秋一作漠漠橫船醉眠白晝閑渡口梅風歌扇薄燕釵玉股照青蕖越王嬌郎娘一作小字書蜀紙封中報雲鬟晚漏壺中銅壺一作水淋盡

春懷引

芳蹊密影成花洞柳結濃煙一作陰香帶重螄蜍碾玉挂明弓捍撥裝金打仙鳳寶枕垂雲選春夢鈿合碧寒一作空龍腦凍阿侯繫錦覓周郎憑仗東風好相送

靜女春曙曲

嫩蝶憐芳抱新蘂泣露枝枝滴天淚粉窻香咽穨曉雲錦堆花蜜藏春睡戀屏孔雀搖金尾鸎舌分明呼婢子冰洞寒龍半匣水一隻商鸞逐煙起

白虎行

火烏日暗崩騰雲秦皇虎視蒼生羣燒書滅國無暇日鑄劍佩玦唯將軍玉壇設醮思冲天一世二世當萬年燒丹未得不死藥拏舟海上尋神仙鯨魚張鬣海波沸耕人半作征人鬼雄豪氣猛如鞁煙無人爲決天河水誰最苦兮誰最苦報

人義士深相許漸離擊筑荆卿歌荆卿把酒燕丹語劒如霜兮膽如鐵出燕城兮望秦月天授秦封祚未終衮龍衣點荆卿血朱旗卓地白蛇死漢皇却是真天子

月瀧瀧篇

月瀧瀧波咽玉莎青桂花繁芙蓉别江木粉態裌羅寒鴈羽鋪煙濕誰能看石帆乗船鏡中入秋白鮮紅死水香蓮子齊挽菱隔歌袖緑刺罥銀泥

黄頭郎

漢書佞幸傳曰鄧通以櫂船爲黄頭郎文帝嘗夢欲上天不能有一黄頭郎推上天覺而之漸臺以夢陰求推者郎得鄧通夢中所見也顔師古曰櫂船能持櫂行船也土勝水其色黄故刺船之郎皆著黄帽因號曰黄頭郎黄帽葢涂絹

帝爲之也

黄頭郎撈攏去不歸南浦芙蓉影愁紅獨自垂水弄湘娥珮竹啼山露月玉瑟調青門石雲濕黄葛沙上蘼蕪花秋風已先發好持掃羅薦香出鴛鴦籠（一作熱）

倚瑟行　唐鮑溶

漢書曰文帝至霸陵慎夫人從帝指視新豐道曰此走邯鄲道也使慎夫人鼓瑟帝自倚瑟而歌意悽愴悲懷李奇曰聲氣依倚瑟也顏師古曰慎夫人邯鄲人倚瑟即今之以歌合曲也

金輿傳警灞水涯龍旗參天行殿巍左文皇帝右慎姬北面侍臣張釋之因高知處邯鄲道壽陵已見生秋草萬世何人不此歸一言出口堪生老高歌倚瑟揚清悲樂餘哀生知爲誰臣驚謠歎不可放願賜一言釋名妾明珠爲曰紅亭亭水

銀爲河玉爲星泉宫一閉秦國喪牧童弄火驪山上與世無情在速貧棄屍於野由斯葬生死茫茫不可知是不一姓君莫悲始皇有訓二世誓君獨何人至於斯灞陵一代無發毀儉風本自張廷尉

江南別　　羅隱

去年今夜江南别鴛鴦翅冷飛蓬熱今年今夜江北邊鯉魚腸斷音書絶男兒心事無了時出門上馬不自知

樂府詩集卷第九十五

樂府詩集卷第九十六

太原　郭　茂倩　編次

新樂府辭

系樂府十二首　元結

元結序曰天寶中結將前世嘗可稱歎者為詩十二篇引其義以名之揔曰系樂府

思太古

東南三千里沅湘為太湖湖上山谷深有人多似愚嬰孩寄樹顛就水捕鷦鸕所歡同鳥獸身意復何拘吾行遍九州此風皆已無吁嗟聖賢教不覺久踟躕

隴上歎

援車登隴坂窮高遂停駕延望戎狄鄉巡回復悲吒
滋移有情教草木猶可化聖賢禮讓風何不遍西夏
父子忍猜害君臣敢欺詐所適今若斯悠悠欲安舍

頌東夷

嘗聞古天子朝會張新樂金石無全聲宮商亂清濁
東鶩且悲歎節變何煩數始知中國人躭此亡純朴
爾爲外方客何爲獨能覺其音若或在蹈海吾將學

賤士吟

南風發天和和氣天下流能使萬物榮不能變羈愁
爲愁亦何爾自請說此由諂競實多路苟邪皆共求
常聞古君子指以爲深羞正方終莫可江海有滄洲

款乃曲

誰能聽欸乃欸乃感人情不恨溯波深不怨湘水清所嗟豈敢道空羨江月明昔聞扣斷舟引釣歌此聲始歌悲風起歌竟愁雲生遺曲今何在逸爲漁父行

貧婦詞

誰知苦貧夫家有愁怨妻請君聽其詞能不爲酸嘶所憐抱中兒不如山下麑空念庭前地化爲人吏蹊出門望山澤回顧心復迷何時見府主長跪向之啼

去鄉悲

踟躕古塞關悲歌爲誰長日行見孤老羸弱相提將聞其呼怨聲聞聲問其方乃言無患苦豈棄父母鄉

非不見其心仁惠誠所望念之何可說獨立爲悽傷

壽翁興

借問多壽翁何方自脩育惟云順所然忘情學草木
始知世上術勞苦化金玉不見充所求空聞恣耽欲
清和存主母潛濩無亂黷誰正好長生此言堪佩服

農臣怨

農臣何所怨乃欲千人主不識天地心徒然怨風雨
將論草木患欲說昆蟲苦巡回宮闕傍其意無由吐
一朝哭都市淚盡歸田畝謠頌若採之此言當可取

謝天龜

客来自江漢云得雙天龜且言龜甚靈問我君何疑

自昔保方正顧嘗無妄私順和固鄙分全守貞常規
行之恐不及此外將何為恵息如可謝占問敢終辭

古遺歎

古昔有遺歎所歎何所為有國遺賢臣萬世為冤悲
所遺非遺望所遺非可遺所遺非遺用所遺在遺之
嗟嗟山海客全獨竟何辭心非膏濡類安得無不遺

下客謡

下客無黃金豈思主人憐客言勝黃金主人然不然
珠玉誠彩翠綺羅如嬋娟終恐見斯好有時去君前
豈知保終信長使令德全風聲與時茂歌頌萬千年

補樂歌十首　元結

元結序曰自伏羲至于殷凡十代樂歌有其名亡其辭考之傳記義或存焉故採其名義以補之凡十篇十九章各引其義以序之命曰補樂歌

網罟

伏羲氏之樂歌也其義蓋稱伏羲能易人取禽獸之勞

吾人苦兮水深深網罟設兮水不深吾人苦兮山幽幽網罟設兮山不幽

網罟二章章四句

豐年

神農氏之樂歌也其義蓋稱神農教人種
植之功

猗太帝兮其智如神分草實兮濟我生人猗太帝兮
其功如天均四時兮成我豐年

豐年二章章四句

雲門

軒轅氏之樂歌也其義蓋言雲之出潤益
萬物如帝之德無所不施

玄雲溟溟兮垂雨濛濛類我聖澤兮涵濡不窮玄雲
漠漠兮含映逾光類我聖德兮厤被無方

雲門二章章四句

九淵

少昊氏之樂歌也其義蓋稱少昊之德淵然深遠

聖德至深兮蘊蘊如淵生類娭娭兮孰知其然

九淵一章四句

五莖

顓頊氏之樂歌也其義蓋稱顓頊得五德之根莖

植植萬物兮滔滔根莖五德涵柔兮渢渢而生其生如何兮袖袖天下皆自我君兮化成

五莖一章七句

六英

高辛氏之樂歌也其義葢稱帝嚳能揔六

合之英華

我有金石兮擊考崇崇與汝歌舞兮上帝之風由六

合兮英華渢渢我有絲竹兮韻和泠泠與汝歌舞兮

上帝之聲由六合兮根柢嬴嬴

六英二章章六句

咸池

陶唐氏之樂歌也其義葢稱堯德至大無

不偹全

元化油油兮孰知其然至德汩汩兮順之以先元化

浘浘兮孰知其然至道浹浹兮由之以全

咸池二章章四句

大韶

有虞氏之樂歌也其義蓋稱舜能紹先聖之德

森森羣象兮日見生成欲聞朕初兮玄封冥冥洋洋

至化兮日見深柔欲聞大濩兮大淵油油

大韶二章章四句

大夏

有夏氏之樂歌也其義蓋稱禹治水其功能大中國

茫茫下土兮乃生九州山有長岑兮川有深流茫茫
下土兮乃均四方有國安人兮野有封疆茫茫下土
兮乃歌萬年上有茂功兮下戴人天

大夏三章章四句

大濩

有殷氏之樂歌也其義葢稱湯救天下濩
然得所

萬姓苦兮怨且哭不有聖人兮誰濩育聖人生兮天
下和萬姓熙熙兮舞且歌

大濩二章章四句

補九夏歌九首　皮日休

周禮曰鍾師掌金奏凡樂事以鍾鼓奏九夏王夏肆夏昭夏納夏章夏齊夏族夏祴夏驁夏鄭司農云夏大也樂之大歌有九杜子春云王出入奏王夏尸出入奏肆夏牲出入奏昭夏四方賓來奏納夏臣有功奏章夏夫人祭奏齊夏族人侍奏族夏客醉而出奏祴夏公出入奏驁夏鄭康成云九夏皆詩篇名頌之類也此歌之大者載在樂章樂崩亦從而亡祴與陔同皮日休曰九夏亡者吾能頌之乃作補九夏歌

王夏

爣爣皎日欻麗乎天厥明御舒　如王出焉爣爣皎日
欻入於地厥晦厥貞如王入焉　出有龍旂入有珩珮
勿驅勿馳惟慎惟戒出有嘉謀　入有内則繄彼臣庶
欽王之式

王夏四章章四句

肆夏

愔愔清廟儀儀衮服我尸出矣迎神之轂杳杳陰竹
坎坎路鼓我尸入矣得神之祐

肆夏二章章四句

昭夏

有欝其鬯有儼其彝九變未作全乘來之既醑既酢

爰暢爰舞象物既降全乘之去

昭夏二章章四句

納夏

麟之儀儀不縶不維樂德而至如賓之嬉鳳之愉愉

不箅不篍樂德而至如賓之娛自筐及篚我有牢醑

自筐及篚我有貨幣我牢不懲我貨不匱碩碩其才

有樂而止

納夏四章章四句

章夏

王有虎臣錫之鈇鉞征彼不憓一撲而滅王有虎臣

錫之圭瓚征彼不享一烘而泮王有掌誥適爾疆理

王有掌客饋爾饔餼何以樂之金石九奏何以錫（作賜）之龍旂九旒

章夏四章章四句

齊夏

璗璗衡笄翬衣褕翟自内而祭為君之則

齊夏一章四句

族夏

洪源誰鑿疏為江河大嶋孰婠播為山阿厥流浩瀁厥勢嵯峨今君之酌慰我實多

族夏二章章四句

械夏

禮酒既酌嘉賓既厚牘為之奏禮酒既竭嘉賓既悅
應為之節禮酒既盥嘉賓既醒雅為之行

祴夏一章三句

鷔夏

桓桓其珪袞衣其衣出作二伯天子是毗桓桓其珪
袞袞其服入作三孤國人是福

鷔夏二章章四句

新題樂府上　　唐　元稹

元稹序曰李公垂作樂府新題二十篇稹
取其病時之尤急者列而和之蓋十五而
已今所得纔十二篇又得八駿圖一篇總

十三篇

上陽白髮人

白居易傳曰天寶五載已後楊貴妃專寵後宮無復進幸六宮有美色者輒置別所上陽其一也貞元中尚存焉

天寶年中花鳥使撩花鶵鳥含春思滿懷墨詔求嬪御走上高樓半酣醉醉酣直入御士家閨闈不得偷回避良人顧望妾一作心死別小女呼爺血垂淚十中一得一作十中有一預更衣九配深宮作宮婢御馬南奔胡馬蹙宮女三千合宮棄宮門一閉不復開上陽花草青苔地月夜閑聞洛水聲秋池暗度風荷氣日日長

看提衆門終身不見門前事近年又送數人來自言
興慶南宮至我悲此曲將徹骨更想深冤復酸鼻此
輩賤嬪何足言帝子天孫古稱貴諸王在閤四十年
七宅六宮門戶閟隋煬枝條襲封邑肅宗血胤無官
位王無妃媵主無夫（一作壻）陽亢陰淫結灾累何如決
壅順衆流女遣從夫男作吏

華原磬

白居易傳曰天寶中始廢泗濱磬用華原石代之磬人曰泗濱磬下調之不能和得華原石考之乃和由是不改

泗濱浮石裁為磬古樂疎音少人識工師小賤牙曠

稀不辨邪聲嬿雅正正聲不屈古調高鍾律參差管絃
病鏗金戛瑟徒相雜投玉敲冰沓然零華原軟石易
追琢高下隨人無雅鄭棄舊美新由樂胥自此黃鍾
不能競玄宗愛樂愛新樂梨園弟子承恩横霓裳纔
徹胡騎来雲門未得蒙親定我藏古磬藏在心有時
激作南風詠伯夔曾撫野獸馴仲尼暫叩春雷盛何
時得向筍簴懸為君一吼君心醒願君每聽念封疆
不遣豺狼剿人命

五弦彈

樂苑曰五弦未詳所起形如琵琶五弦四
隔孤柱一合散聲五隔聲二十柱聲一揔

二十六聲隨調應律唐書樂志曰五弦琵
琶稍小蓋北國所出樂府雜録曰唐貞元
中趙璧妙於此伎國史補曰趙璧彈五弦
人問其術曰吾之於五弦也始則心驅之
中則神遇之終則天隨之方吾浩然眼如
耳耳如鼻不知五弦之為璧璧之為五弦
也
趙璧五弦彈徵調徵聲巉絶何清峭避（辟一作）雄皓鶴
警露啼失子哀猿繞林嘯風入春松正凌亂鶯含曉
舌憐嬌妙鳴鳴暗溜咽冰泉殺殺霜刀澀寒鞘促節
頻催漸繁撥珠幢斗絶金鈴掉千䩭鳴鏑發胡弓萬

片清球擊震廟與樂雖同第一部德宗皇帝常偏召
旬休郎假暫歸來一聲狂殺長安少主第侯家最難
見捘歌接曲皆承詔水精簾外教貴嬪瑤琨筵心伴
中要臣有五賢非此弦或在拘囚或屠釣一賢得進
勝累百兩賢得進同周召三賢事漢滅暴彊四賢鎮
岳寧邊徼五賢並用調五常五常既序三光耀趙璧
五弦非此賢九九何勞設庭燎

西涼伎

吾聞昔日西涼州人煙撲地桑柘稠蒲萄酒熟恣行
樂紅豔青旗朱粉樓樓下當壚稱卓女樓頭伴客名
莫愁鄉人不識離別苦更卒多為沈滯遊哥舒開府

設高宴八珍九醖當前頭前頭百戲競撩亂丸劍跳
躑霜雪浮師子摇光毛彩竪胡騰醉舞筋骨柔大宛
来獻赤汗馬贊普亦奉翠茸裘一朝燕賊亂中國河
湟淪盡空遺丘開遠門前萬里堠今来蹙到行原州
去京五百而近何其逼天子縣内半没為荒陬西涼
之道爾阻脩連城邉将但高會每聽此曲能不羞

法曲

唐會要曰文宗開成三年改法曲為仙韶
曲桉法曲起於唐謂之法部其曲之妙者
其破陣樂一戎大定樂長生樂赤白桃李
花餘曲有堂堂望瀛霓裳羽衣獻仙音獻

大花之類摠名法曲白居易傳曰法曲雖似失雅音蓋諸夏之聲也故歷朝行焉太常丞宋沇傳漢中王舊說曰玄宗雖雅好度曲然未嘗使蕃漢雜奏天寶十三載始詔道調法曲與胡部新聲合作識者深異之明年冬而安禄山反

吾聞黃帝鼓清角弭伏熊羆舞玄鶴舜持干羽苗革心堯用咸池鳳巢閣大夏濩武皆象功功多已訝玄功薄漢祖過沛亦有歌秦王破陣非無作作之宗廟見艱難作之軍旅傳糟粕明皇度曲多新態宛轉侵揺易沈著赤白桃李取花名霓裳羽衣號天落雅弄

雞　已變亂夷音未得相參錯自從胡騎起煙塵毛
毳腥羶滿咸洛女爲胡婦學胡妝伎進胡音務胡樂
火鳳聲沈多咀絶春鶯囀罷長蕭索胡音胡騎與胡
妝五十年來競紛泊

馴犀

白居易傳曰貞元丙戌歲南海進馴犀詔養
苑中至十三年冬大寒而馴犀死

建中之初放馴象遠歸林邑近交廣獸返深山鳥搆
鷹鵰鷂鶻無羈鞅貞元之歲貢馴犀上林置圈官
司養玉盆金棧非不珍虎啖狴牢魚食網渡江之橋
踰汶貉反時易性安能長獼月迯風霜雪深踡跼韝

身遂長往行地無疆費傳驛通天異物罹幽枉乃知養獸如養人不必人人自敎獎不擾則得之於理不奪有以多於賞脫衣推食衣食之不若男耕女令紡堯民不自知有堯但見安閑聊擊壤前觀馴象後馴犀理國其如指諸掌

立部伎

新唐書禮樂志曰太宗貞觀中始造讌樂其後又分為立坐二部堂下立奏謂之立部伎堂上坐奏謂之坐部伎李公垂傳曰太常選坐部伎無性識者退入立部伎又選立部伎無性識者退入雅樂部則雅樂

可知矣故作歌以諷焉

胡部新聲錦筵坐中庭漢縂高音播太宗廟樂傳子孫取類羣凶陣初破戢戢攢槍霜雪耀騰騰擊鼓雲雷磨初疑遇敵身啓行終象由文士憲左昔日高宗常立聽曲終然後臨玉座如今節將一掉頭電卷風收盡擺挫宋音鄭女歌聲發滿堂會客齊喧和珊珊佩玉動腰身一一貫珠隨咳唾頃向圜丘見郊祀亦曾正旦親朝賀太常雅樂備宮懸九奏未終百寮惰怠滯難令季札辨遲回但恐文侯卧工師盡取聾昧人豈是先王作之過宋沇嘗傳天寶季法曲胡音忽相和明年十月燕寇來九廟千門虜塵涴我聞此語

歎復溢古來邪正將誰奈鄭聲入耳倭入心侏儒飽
飯夷齊饑

樂府詩集卷第九十六

樂府詩集卷第九十七

太原　郭　茂倩　編次

新樂府辭

新題樂府

元稹

驃國樂

新唐書禮樂志曰貞元十七年驃國王雍羌遣其弟悉利城主舒難陀獻其國樂至成都韋皐復譜次其聲又圖其舞容樂器以獻大抵皆夷狄之器其聲曲不隸於有司故無足采舊本志曰驃國王獻本國樂凡一十二曲以樂工三十五人來朝樂曲

皆演釋氏経論之辭會要曰驃國在雲南
西與天竺國相近故樂曲多演釋氏詞云
驃之樂器頭象駝音聲不合十二和促舞跳趫筋節
硬繁詞變亂名字訛千彈萬唱皆咽咽左旋右轉空
傞傞俯地呼天終不會曲成調變當如何德宗深意
在柔遠笙鏞不御停嬌娥史館書為朝貢傅太常編
入鞮靺科古時陶堯作天子遜遁新聽康衢歌又遣
遒人持木鐸遍采謳謡天下過萬人有意皆洞達四
岳不敢施煩苛盡令區中擊壤塊然及海外覃恩波
秦霸周衰古官廢下堙上塞王道頗共矜異俗同聲
教不念齊民方荐瘥傳稱魚鼈亦咸若苟能効此誠

是多借如牛馬未蒙澤豈在抱甕滋黿鼉教化從来
有源委必將泳海先泳河是非倒置自古有驃兮驃
兮誰爾訶

胡旋女

白居易傳曰天寶末康居國獻胡旋女唐
書樂志曰康居國樂舞急轉如風俗謂之
胡旋樂府雜錄曰胡旋舞居一小圓毬子
上舞縱横騰擲兩足終不離毬上其妙如
此

天寶欲末胡欲亂胡人獻女能胡旋旋得明王不覺
迷妖胡奄到長生殿胡旋之義世莫知胡旋之容我

能傳蓬斷霜根羊角疾竿戴朱盤火輪炫驪珠迸珥
逐飛星虹暈輕巾掣流電潛鯨暗噏笪波海回風亂
舞當空霰萬過其誰辨終始四座安能分背面才人
觀者相為言承奉君恩在圓變是非好惡隨君口南
北東西逐君眄柔軟依身着珮帶徘徊遶指同環釧
佞臣聞此心計回熒惑君心君眼眩君言似曲屈為
一作如鉤君言好直舒為箭巧隨清影觸處行妙學春
鶯百般囀轉傾天側地用君力抑塞周遮恐君見疑華
南宰萬里橋玄宗始悟坤維轉寄言旋目與旋心有
國有家當共譴

蠻子朝

唐書曰貞元之初韋皐招撫諸蠻至九年
四月南詔異牟尋請歸附十四年又遣使
朝賀李公垂傳曰貞元末蜀川始通蠻國

西南六詔有遺種僰在荒陬路尋壅部落支離君長
賤比諸夷狄爲幽冗犬戎彊盛頻侵削降有憤心戰
無勇夜防鈔盜保深山朝望煙塵上高冢鳥道繩橋
來款附非因慕化因危悚清平官繫金咗嵯求天叩
地持雙拱益州大將韋令公頃實遭時定汧隴自居
劇鎮無他績幸得蠻來固恩寵爲蠻開道引蠻胡迎
蠻送蠻常繼踵天子臨軒四方賀朝廷無事唯端拱
漏天走馬春雨寒瀘水飛虵瘴煙重椎頭醜類除憂

惹瘇足後夫勞洶湧匈奴互市歲不供雲臺通好讐
長驅戎王養馬漸多年南人耗顇西人恐

縛戎人

李公垂傳曰近制西邊每禽蕃囚皆傳置
南方不加勦戮故作歌以諷焉

邊頭大將差健卒入抄禽生快於鶻但逢賴面即捉
來半是邊人半戎羯大將論功重多級捷書飛奏何
超忽聖朝不殺諧至仁遠送炎方示懲（一作徵）罰萬里
虛勞肉食費連頭盡被氈裘暍華茵重席卧腥臊病
犬愁鴣聲咽嗢中有一人能漢語自言家本長城窟
小年隨父戍安西河渭瓜沙眼看沒天寶未亂猶數

載狼星四角光蓬勃中原禍作邊防危架有犲狼四
來伐蕃馬臙成正翹健蕃兵肉飽爭唐突煙塵亂起
無亭燧主帥驚跳棄旌鉞半夜城摧鵝鴈鳴妻啼子
叫曾不歇陰森神廟未敢依脆薄河冰安可越荊棘
深處共潛身前困蒺藜後臲卼平明蕃騎四面走古
墓深林盡誅搰少壯為俘頭被髡老弱留居足多刖
烏鳶滿野屍狼籍樓榭成灰墻突兀暗水濺濺入舊
池平沙漫漫鋪明月戎王遣將來安慰口不敢言心
咄咄供進腋腋御叱般豈料穹廬揀肥腯五六十年
消息絕中間盟會又猖獗眼穿東日望堯雲腸斷正
朝梳漢鬟近年如此思漢者半為老病半埋骨嘗作一

向教孫子學鄉音猶話平時好城闕老者儻盡少者
壯生長蕃中似蕃悖不知祖父皆漢民便恐爲蕃心
矻矻緣邊飽餧十萬衆何不齊驅一時發年年但捉
兩三人精衛銜蘆塞溟渤

陰山道

通典曰秦始皇平天下北却匈奴築長城
渡河以陰山爲塞陰山唐之安北都護府
也唐書曰高宗顯慶初詔蘇定方等并回
紇破賀魯於陰山即其地也李公垂傳曰
元和二年有詔內出金帛酬回紇馬價

年年買馬陰山道馬死陰山帛空耗元和天子念女

王內出金銀代誚犒臣有一言昧死進死生甘分荅
恩賚財為馬不獨生耗帛傷王有他盜臣聞平時
七十萬疋馬闌中不省聞嘶噪四十八監選龍媒時
貢天庭付良造如今坰野十無一盡在飛龍相踐暴
萬束芻茭供旦暮千鍾菽粟長牽漕屯軍郡國百餘
鎮縑緗歲奉春冬勞稅戶逋逃例攤配官司折納仍
貪冒挑紋變縟力倍費棄舊從新人所好越縠繚綾
織一端十疋毕縑功未到豪家富賈踰常制令族清
班無雅操從騎愛奴絲布衫臂鷹小兒雲錦韜羣臣
利已安差僭天子深衷空憫悼久立花塼鵷鳳行兩
露恩波幾時報

八駿圖

穆天子傳曰天子之駿赤驥盜驪白義渠黄黄騮綠耳踰輪山子所謂八駿也郭璞曰八駿皆因其毛色以為名號爾赤驥騏驥也驪黒色華騮色如華而赤今名馬駿赤者為驝騮騮赤色也

穆滿志空闊將行九州野神馭四来歸天與八駿馬龍種無凡性龍行無暫捨朝辭浮桑底暮宿崑崙下鼻息吼春雷蹄聲裂寒瓦尾掉滄波黒汗染浮白一作雲赭華輈本脩密翠蓋尚姸冶御者腕不移乘者寐不假車無輪扁斲轡無王良把雖有萬駿来誰是敢

騎者

新樂府　　　　　　白居易

新樂府五十篇白居易元和四年作也其
序曰七德舞以陳王業法曲以正華聲二
王後以明祖宗之意海漫漫以戒求仙立
部伎以刺雅樂之替華原磬以刺樂工之
非其人上陽白髮人以愍怨曠胡旋女以
戒近習新豐折臂翁以戒邊功太行路以
諷君臣之不終司天臺以引古而儆今捕
蝗以刺長吏史昆明春水滿以思王澤之廣
被城鹽州以誚邊將道州民以美臣之遇

主馴犀以感為政之難終五弦彈以惡鄭
聲之奪雅蠻子朝以刺將驕而相備位驃
國樂以言王化之先後縛戎人以達窮民
之情驪宮高以惜人之財力百鍊鏡以為
皇王之鑒青石以激忠烈兩朱閣以刺佛
寺之寖多西涼伎以刺封疆之臣八駿圖
以懲遊佚澗底松以念寒儁牡丹芳以憂
農紅線毯以憂蠶桑之費杜陵叟以傷農
夫之困繚綾以念女工之勞賣炭翁以苦
宮市母別子以刺新間舊陰山道以疾貪
虜時世妝以儆風俗李夫人以鑒嬖惑陵

園妾以憐幽閉鹽商婦以惡幸人杏爲梁以刺居處之奢井底引銀瓶以止淫奔官牛以諷執政紫毫筆以譏失職隋堤柳以憫亡國草茫茫以懲厚葬古塚狐以戒豔色黑潭龍以疾貪吏天可度以惡詐人秦吉了以哀寃民鵶九劍以思決壅採詩官以鑒前王亂亡之由大抵皆以諷諭爲體欲以播於樂章歌曲焉

七德舞

唐書樂志曰太宗爲秦王時征伐四方民間作秦王破陣樂之曲及即位享宴奏之

貞觀七年太宗製破陣樂舞圖詔魏徵虞
世南褚亮李百藥爲之歌辭更名七德之
舞白居易傳曰自龍朔已後詔郊廟享宴
皆先奏之

七德舞七德歌傳自武德至元和元和小臣白居易
觀舞聽歌知樂意樂終稽首陳其事太宗十八舉義
兵白旄黃鉞定兩京擒充戮竇四海清二十有四功
業成二十有九即帝位三十有五致太平功成理定
何神速速在推心置人腹亡卒遺骸散帛收飢人賣
子分金贖魏徵夢見子夜泣張謹哀聞辰日哭怨女
三千放出宮死囚四百來歸獄翦鬚燒藥賜功臣李

勣嗚呼思一作咽思殺身含血吮瘡撫戰士思摩奮呼乞
効死則知不獨善戰善乘時以心感人人心歸今來
一百九十載天下至今歌舞之歌七德舞七德聖人
有祚垂無極豈徒耀神武豈徒誇聖文太宗意在陳
王業王業艱難示子孫

法曲

法曲法曲歌大定積德重熙有餘慶永徽之人舞而
詠法曲法曲舞霓裳政和世理音洋洋開元之人樂
且康法曲法曲歌堂堂堂堂之慶垂無疆中宗肅宗
復鴻業唐祚中興萬萬葉法曲法曲合夷歌夷聲邪
亂華聲和以亂干和天寶末明年胡塵犯宮闕乃知

法曲本華風苟能審音與政通一從胡曲相參錯不
辨興衰與哀樂願求牙曠正華音不令夷夏相交侵

二王後

禮記郊特牲曰禮二王之後尊賢不過二
代杜佑曰不臣二王後者尊也先王通三
正之義故書有虞賔在位詩云有客有客
亦白其馬明天下非一家所有敬讓之至
故封建之使得服其正朔用其禮樂以事
先祀故孔子云夏禮吾能言之杞不足徵
也殷禮吾能言之宋不足徵也隋封後周
靖帝為介國公唐封隋帝為酅國公以為

二王後

二王後彼何人介公酅公為國賓周武隋文之子孫古人有言天下者非是一人之天下周亡天下傳于隋隋人失之唐得之唐興十葉歲二百介公酅公世為客明堂太廟朝享時引居賓位備威儀備威儀助郊祭高祖太宗之遺制不獨興滅國不獨繼絶世欲令嗣位守文君亡國子孫取為戒

海漫漫

海漫漫其下無底旁無邊雲濤煙浪最深處人傳中有三神山山上多生不死藥服之羽化為天仙秦皇漢武信此語方士年年採藥去蓬萊今古但聞名煙水

茫茫無覔處海漫漫風浩浩眼穿不見蓬萊島不見
蓬萊不敢歸童男丱女舟中老徐福文成多誑誕上
元太一虛祈禱君看驪山頂上茂陵頭畢竟悲風吹
蔓草何況玄元聖祖五千言不言藥不言仙不言白
日昇青天

立部伎

立部伎鼓笛諠舞雙劍跳九丸一作七嫋巨索掉長竿
太常部伎有等級堂上者坐堂下立堂上坐部笙歌
清堂下立部鼓笛鳴笙歌一聲衆側耳鼓笛萬曲無
人聽立部賤坐部貴坐部退為立部伎擊鼓吹笙和
雜戲立部又退何所任始就樂懸操雅音雅音替壞

一至此長令爾輩調宮徵圓丘后土郊祀時言將此樂感神祇欲望鳳来百獸舞何異北轅將適楚工師愚賤安足云太常三卿爾何人

華原磬

華原磬華原磬古人不聽今人聽泗濱石泗濱石今人不擊古人擊今人古人何不同用之捨之由樂工樂工雖在耳如壁不分清濁即為聾梨園弟子調律品知有新聲不如古古稱浮磬出泗濱立辨致死聲感人宮懸一聽華原石君心遂忘封疆臣果然胡寇從燕起武臣少肯封疆死始知樂與時政通豈聽鏗鏘而已矣磬襄入海去不歸長安市人為樂師華原

磬與泗濱石清濁兩聲誰得知

上陽白髮人

上陽人紅顏暗老白髮新綠衣監使守宮門一閉上陽多少春玄宗末歲初選入入時十六今六十同時采擇百餘人零落年深殘此身憶昔吞悲別親族扶入車中不教哭皆云入內便承恩臉似芙蓉胸似玉未容君王得見面已被楊妃遙側目妬令潛配上陽宮一生遂向空房宿秋夜長夜長無寐天不明耿耿殘燈背壁影蕭蕭暗雨打窗聲春日遲日遲獨坐天難暮宮鶯百囀愁厭聞梁鷰雙栖老休妬鸎歸鷰去長悄然春往秋來不記年唯向深宮望明月東西四

五百迴圓今日宮中年最老大家遥賜尚書號小頭鞋履窄衣裳青黛點眉眉細長外人不見見應笑天寶末年時世妝上陽人苦最多少亦苦老亦苦少苦老苦兩如何君不見昔時呂向美人賦又不見今日上陽白髮歌

胡旋女

胡旋女胡旋女心應弦手應鼓弦鼓一聲兩袖舉迴雪飄颻轉蓬舞左旋右轉不知疲千匝萬周無已時人間物類無可比奔車輪緩旋風遲曲終再拜謝天子天子爲之微啓齒胡旋女出康居徒勞東來萬里餘中原自有胡旋者鬬妙爭能爾不如天寶季年時

欲變臣妾人人學圓轉中有太真外祿山二人最道
能胡旋梨花園中冊作妃金雞障下養為兒祿山胡
旋迷君眼兵過黃河疑未反貴妃胡旋惑君心死棄
馬嵬念更深從玆地軸天維轉五十年來制不禁胡
旋女莫空舞數唱此歌悟明主

新豐折臂翁

新豐老翁八十八頭鬢眉鬚皆似雪玄孫扶向店前
行左臂憑肩右臂折問翁臂折來幾年兼問致折何
因緣翁云貫屬新豐縣生逢聖代無征戰慣聽梨園
歌管聲不識旗槍與弓箭無何天寶大徵兵戶有三
丁點一丁點得驅將何處去五月萬里雲南行聞道

雲南有瀘水椒花落時瘴煙起大軍徒涉水如湯未
過十人二三死村南村北哭聲哀兒別爺孃夫別妻
皆云前後征蠻者千萬人行無一回是時翁年二十
四兵部牒中有名字夜深不敢使人知偷將大石鎚
折臂張弓簸旗俱不堪從茲始免征雲南骨碎筋傷
非不苦且圖揀退歸鄉土臂折來來六十年一肢雖
廢一身全至今風雨陰寒夜直到天明痛不眠痛不
眠終不悔且喜老身今獨在不然當時瀘水頭身死
魂飛骨不收應作雲南望鄉鬼萬人塚上哭呦呦老
人言君聽取君不聞開元宰相宋開府不賞邊功防
黷武又不聞天寶宰相楊國忠欲求恩幸立邊功邊

功未立生人怨請問新豐折臂翁

太行路

太行之路能摧車若比人心是坦途巫峽之水能覆舟若比人心是安流人心好惡苦不常好生毛羽惡成瘡與君結髮未五載忽從牛女為參商古稱色衰相棄背當時美人猶怨悔何況如今鸞鏡中妾顏未改君心改為君薰衣裳君聞蘭麝不馨香為君事容飾君看金翠無顏色行路難難重陳人生莫作婦人身百年苦樂由他人行路難難於山險於水不獨人間夫與妻近代君臣亦如此君不見左納言右内史朝承恩暮賜死行路難不在水不在山只在人心反

覆間

樂府詩集卷第九十七

樂府詩集卷第九十八

太原　郭　茂倩　編次

新樂府辭

新樂府

司天臺　　白居易

司天臺仰觀俯察天人際羲和死來職事廢官不求賢空取藝昔聞西漢元成間上陵下替謫見天北辰微暗少光色四星煌煌如火赤耀芒動角射三台上台半滅中台坼是時非無太史官眼見心知不敢言明朝趨入明光殿唯奏慶雲壽星見天文時變兩如斯九重天子不得知不得知安用臺高百尺為

捕蝗

捕蝗捕蝗誰家子天熱日長饑欲死興元兵久傷陰陽和氣蠱(蠹)化爲蝗始自兩河及三輔荐食如蠶飛似雨雨飛蠶(蠶)食千里間不見青苗空赤土河南長吏言憂農課人晝夜捕蝗蟲是時粟斗錢三百蝗蟲之價與粟同捕蝗捕蝗竟何利徒使饑人重勞費一蟲雖死百蟲来豈將人力競(競)天災我聞古之良吏有善政以政驅蝗蝗出境又聞貞觀之初道欲昌文皇仰天吞一蝗一人有慶兆民頼是歲雖蝗不爲害

昆明春水滿

漢書武帝紀曰元狩三年秋發謫吏穿昆

明池西南夷傳曰越巂昆明國有滇池方
三百里漢使求身毒國而爲昆明所閉欲
伐之故作昆明池象之以習水戰在長安
西南周回四十里食貨志曰時越欲與漢
用船戰遂大修昆明池白居易傳曰貞元
中始漲之

昆明春昆明春春池岸古春流新影浸南山青滉瀁
波沉西日紅奫淪往年因旱靈池竭龜尾曳塗魚喣
沫詔開八水注恩波千介萬鱗同日活今来淨淥水
照天游魚鱍鱍蓮田田洲香杜若抽心短沙暖鴛鴦
鋪翅眠動植飛沉皆遂性皇澤如春無不被魚者仍

豐網罟資貧人又獲菰蒲利詔以昆明近帝城官家不得收其征菰蒲無租魚無稅近水之人感君恩感君恩獨何人吾聞率土皆王民遠民何疎近何親願推此恩及天下無遠無近同欣欣吴興山中罷權茗鄱陽坑裏休封銀天涯地角無禁利熙熙同似昆明春

城鹽州

通典曰鹽州春秋時戎狄之地秦漢屬北地郡後魏置大興郡西魏改爲五原後爲鹽州以地近鹽池因以爲名唐爲鹽州或爲五原郡白居易傳曰貞元八年特詔城

之

城鹽州城鹽州城在五原原上頭蕃東節度鉢闌布
忽見新城當要路金烏飛傳贊普聞建牙傳箭集羣
臣君臣赭面有憂色皆言勿謂唐無人自築鹽州十
餘載左袵氈裘不犯塞晝牧牛羊夜捉生長去新城
百里外諸邊急警勞戍人唯此一道無煙塵靈夏潛
安誰復辨秦原暗通何處見鄜州驛路好馬來長安
藥肆黃耆賤城鹽州鹽州未城天子憂德宗按圖自
之計非關將略與廟謀吾聞高宗中宗世北虜猖狂
最難制韓公創築受降城三城鼎峙屯漢兵東西亘
絕數千里耳冷不聞胡馬聲如今邊將非無策心笑

韓公築城壁相看養寇爲身謀各握彊兵固恩澤願
分今日邊將恩褒贈韓公封子孫誰能將此鹽州曲
翻作歌詞聞至尊

道州民

道州民多侏儒長者不過三尺餘市作矮奴年進送
號爲道州任土貢任土貢寧若斯不聞使人生別離
老翁哭孫母哭兒一自陽城來守郡不進矮奴頻詔
問城云臣按六典書任土貢有不貢無道州水土所
生者只有矮民無矮奴吾君感悟璽書下歲貢矮奴
宜悉罷道州民老者幼者何欣欣父兄子弟始相保
從此得作良人身道州民民到于今受其賜欲說使

君先下淚仍恐田兒孫忘使君生男多以陽爲字

馴犀

馴犀馴犀通天犀軀貌駭人角駭雞海蠻聞有明天子驅犀乘傳來萬里一朝得謁大明宮歡呼拜舞自論功五年馴養始堪獻六譯語言方得通上嘉人獸俱來遠蠻館四方犀入苑秣以瑶芻鎖以金故鄉迢遞君門深海鳥不知鐘鼓樂池魚空結江湖心馴犀生處南方熱秋無白露冬無雪一入上林三四年又逢今歲苦寒月飲冰卧霰苦蜷跼角骨凍傷鱗甲縮馴犀死蠻兒啼向闕再三顏色低奏乞生歸本國去恐身凍死似馴犀君不見建中初馴象生還放林邑

君不見貞元末駙馬濠死䝉兒泣所嗟建中異貞元
象生犀死何足言

五弦彈

五弦彈五弦彈聽者傾耳心寥寥趙璧知君入骨愛
五弦一一爲君調第一第二弦索索秋風拂松踈韻
落第三第四弦泠泠夜鶴憶子籠中鳴第五弦聲最
掩抑隴水凍咽流不得五弦並奏君試聽淒淒切切
復錚錚鐵擊珊瑚一兩曲水寫玉盤千萬聲殺聲入
耳膚血寒慘氣中人肌骨酸曲終聲盡欲半日四座
相對愁無言座中有一遠方士唧唧咨咨聲不已自
歎今朝初得聞始知辜負平生耳唯憂趙璧白髮生

老死人間無此聲遠方士爾聽五弦信爲美吾聞正始之音不如是正始之音其若何朱弦疏越清廟歌一彈一唱再三歎曲淡節稀聲不多融融曳曳召元氣聽之不覺心平和人情重今多賤古古琴有弦人不撫更從趙璧藝成来二十五弦不如五

蠻子朝

蠻子朝汎皮船兮渡繩橋来自巂州道路遥入界先経蜀川過蜀将收功先表賀臣聞雲南六詔蠻東連牂牁西連蕃六詔星居初瑣碎合爲一詔漸强大開元皇帝雖聖神唯蠻倔强不來賓解于仲通六萬卒征蠻一陣全軍没至今西洱河岸邊箭孔刀痕滿枯

骨誰知今日慕華風不勞一人蠻自通誠由陛下休
明德亦賴微臣誘諭功德宗看一作省袞知如此笑令
中使迎蠻子蠻子導從者誰何摩挲俗羽雙隈伽清
平官持赤藤杖大將軍繫金呿嗟異年尋勞尋閣勸
詩勅召對延英殿上心貴在懷遠蠻引臨玉座近天
顏冕旒不垂親勞倈賜衣賜食移時對移時對不可
得大臣相看有羨色可憐宰相拖紫佩金章朝日唯
聞對一刻

驃國樂

驃國樂驃國樂出自大海西南角雍羌之子舒難陀
來獻南音奉正朔德宗立仗御紫庭黈纊不塞為爾

聽王螺一吹椎髻聳銅鈸千擊文身踊珠纓炫轉瑩
宿搖花鬘斗藪龍蛇動曲終王子啓聖人臣父願爲
唐外臣左右歡呼何翕習至尊德廣之所及須臾百
辟詣閤門俯伏拜表賀至尊伏見驃人獻新樂請書
國史傳子孫時有擊壤老農父暗測君心閑獨語聞
君政化甚聖明欲感人心致太平感人在近不在遠
太平由實非由聲觀身理國國可濟君如心兮民如
體體生疾苦心憯悽民得和平君愷悌貞元之民若
未安驃樂雖聞君不歡貞元之民苟無病驃樂不來
君亦聖驃樂驃樂徒喧喧不如聞此芻蕘言

縛戎人

縛戎人縛戎人耳穿面破驅入秦天子矜憐不忍殺
詔徙東南吳與越黄衣小使錄姓名領出長安乘遞
行身被金瘡面多瘠扶病徒行日一驛朝餐飢渴費
盃盤夜卧腥臊汚牀席忽逢江水憶交河垂手齊聲
嗚咽歌其中一虜語諸虜爾苦非多我苦多同伴行
人因借問欲說喉中氣憤憤自云鄉貫（管一作）本涼原
大曆年中沒落蕃一落蕃中四十載遣着皮裘繫毛
帶唯許正朝服漢儀斂衣整巾潛淚垂誓心密定歸
鄉計不使蕃中妻子知暗思幸有殘筋力更恐年衰
歸不得蕃候嚴兵鳥不飛脫身冒死奔逃歸晝伏宵
行經大漠雲陰月黑風沙惡驚藏青塚寒草疎偷渡

黃河夜氷薄忽聞漢軍鼙鼓聲路傍走出再拜迎游
騎不聽能漢語將軍遂縛作蕃生配向江南卑濕地
豈無存卹空防備念此吞聲仰訴天若爲辛苦度殘
年涼原鄉井不得見胡地妻兒虛棄捐沒蕃被囚思
漢土歸漢被刼爲蕃虜早知如此悔歸來兩地寧如
一處苦縛戎人戎人之中我苦辛自古此冤應未有
漢心漢語吐蕃身

驪宮高

唐會要曰開元十一年十月置溫泉宮於
驪山舊書帝紀曰是年十月幸溫泉宮自
是歲數幸焉天寶六載十月改溫泉宮爲

華清宮

高高驪山上有宮朱樓紫殿三四重遲遲兮春日玉甃暖兮溫泉溢溺溺兮秋風山蟬鳴兮宮樹紅翠華不来歲月久牆有衣兮瓦有松吾君在位已五載何不一幸乎其中西去都門幾多地吾君不遊有深意一人出兮不容易六宮從兮百司備八十一車千萬騎朝有宴飫暮有賜中人之産數百家未足充君一日費吾君修已人不知不自逸兮不自嬉吾君愛人人不識不傷財兮不傷力驪宮高兮高入雲君之来兮為一身君之不来兮為萬人

百鍊鏡

百鍊鏡鎔範非常規日辰處所靈且祇江心波上舟中鑄五月五日日午時瓊粉金膏磨瑩已化為一片秋潭水鏡成將獻蓬萊宮揚州長史手自封人間臣妾不合照背有九五飛天龍人人呼為天子鏡我有一言聞太宗太宗常以人為鏡鑒古鑒今不鑒容四海安危居掌內百王治亂懸心中乃知天子別有鏡不是揚州百鍊銅

青石

青石出自藍田山兼車運載來長安工人磨琢欲何用石不能言我代言不願作人家墓前神道碣墳土未乾名已滅不願作官家道旁德政碑不鐫實錄鐫

虚辭願爲顔氏段氏碑雕鏤太尉與太師刻此兩片
堅貞質狀彼二人忠烈姿義心若石屹不轉死節名
流確不移如觀奮擊朱泚日似見叱呵希烈時各於
其上題名謚一置高山一沉水陵谷雖遷碑獨存骨
化爲塵名不死長使不忠不烈臣觀碑改節慕爲人
慕爲人勸事君

兩朱閣

兩朱閣南北相對起借問何人家貞元雙帝子帝子
吹簫雙得仙五雲飄颻飛上天第宅亭臺不將去化
爲佛寺在人間妝閣伎樓何寂静柳似舞腰池似鏡
花落黄昏悄悄時不聞歌吹聞鐘磬寺門勑牓金字

書尼院佛庭寬有餘青苔明月多閑地比屋疲人無
處居憶昨平陽宅初置吞并平人幾家地仙去雙雙
作梵宮漸恐人間盡為寺

西涼伎

西涼伎西涼伎假面胡人假師子刻木為頭絲作尾
金鍍眼睛銀帖齒奮迅毛衣擺雙耳如從流沙来萬
里紫髯深目兩胡兒鼓舞跳梁前致辭應似涼州未
陷日安西都護進来時須臾云得新消息安西路絶
歸不得泣向師子涕雙垂涼州陷沒知不知師子迴
頭向西望哀吼一聲觀者悲貞元邊將愛此曲醉坐
笑看看不足享賓犒士宴三軍師子胡兒長在目有

一征夫年七十見弄涼州低面泣泣罷斂手白將軍
主憂臣辱昔所閗自從天寶兵戈起犬戎日夜吞西
鄙涼州陷來四十年河隴侵將七千里平時安西萬
里疆今日邊防在鳳翔緣邊空屯十萬卒飽食溫衣
閑過日遺民腸斷在涼州將卒相看無意收天子每
思常痛惜將軍欲說合慙羞奈何仍看西涼伎取笑
資歡無所愧縱無智力未能收忍取西涼弄爲戲

樂府詩集卷第九十八

樂府詩集卷第九十九

太原　郭　茂倩　編次

新樂府辭

新樂府　白居易

八駿圖

穆王八駿天馬駒後人愛之寫爲圖背如龍兮頸如象骨竦筋高脂肉壯日行萬里速如飛穆王獨乘何所之四荒八極踏欲遍三十二蹄無歇時屬車軸折趂不及黄屋草生棄若遺瑤池西赴王母宴七廟經年不親薦璧臺南與盛姬遊明堂不復明諸侯白雲黄竹歌聲動一人荒樂萬人愁周從后稷至文武積

德累功世勤苦豈知纔及四代孫心輕王業如灰土
由来尤物不在大能蕩君心則為害文帝却之不肯
乘千里馬去漢道興穆王得之不為戒八駿駒来周
室壞至今此物世稱珍不知房星之精下為怪八駿
圖君莫愛

澗底松

左太沖詩曰鬱鬱澗底松離離山上苗以
彼徑寸莖蔭此百尺條世冑躡高位英俊
沈下僚地勢使之然由来非一朝金張藉
舊業七葉珥漢貂馮公豈不偉白首不見
招澗底松蓋取諸此

有松百尺大十圍生在澗底寒且卑澗深山險人路
絶老死不逢工度之天子明堂欠梁木（一作棟）此求彼
有兩不知誰諭蒼蒼造物意但與之材不與地金張
世禄原憲貧牛衣寒賤貂蟬貴貂蟬與牛衣高下雖
有殊高者未必賢下者未必愚君不見沉沉海底生
珊瑚歷歷天上種白楡

牡丹芳

牡丹芳牡丹芳黄金蘂綻紅玉房千片赤英霞爛爛
百枝絳豔燈煌煌照地初開錦繡段當風不結蘭麝
囊仙人琪樹白無色王母桃花小不香宿露輕盈泛
紫豔朝陽照耀生紅光紅紫二色間深淺向背萬態

隨低昂映葉多情隱羞面臥叢無力含醉妝低嬌笑
容疑掩口凝思怨人如斷腸穠姿貴彩信奇絕雜卉
亂花無比方石竹金錢何細碎芙蓉芍藥苦尋常遂
使王公與卿士遊花冠蓋日相望輕車軟轝貴公主
香衫細馬豪家郎衛公宅靜閉東院西明寺深開北
廊戲蝶雙舞看人久殘鶯一聲春日長共愁日照芳
難駐仍張帷幕垂陰涼花開花落二十日一城之人
皆若狂三代以還文勝質人心重華不重實重華直
至牡丹芳其來有漸非今日元和天子憂農桑卹下
動天天降祥去歲嘉禾生九穗田中寂莫無人至今
年瑞麥分兩岐君心獨喜無人知無人知可歎息我

願暫求造化力減却牡丹妖豔色少回卿士愛花心
同似吾君憂稼穡

紅線毯

白居易傳曰貞元中宣州進開樣紅線毯

紅線毯擇繭繅絲清水煮揀絲練線紅藍染染為紅
線紅於藍織作披香殿上毯披香殿廣十丈餘紅線
織成可殿鋪綵絲茸茸香拂拂線軟花虛不勝物美
人踏上歌舞來羅襪繡鞋隨步沒太原毯澁毳縷硬
蜀都褥薄錦花冷不如此毯溫且柔年年十月來宣
州宣城太守加樣織自謂為臣能竭力百夫同擔進
宮中線厚綵多卷不得宣城太守知不知一丈毯千

兩絲地不知寒人要煖少奪人衣作地衣

杜陵叟

杜陵叟杜陵居歲種薄田一頃餘三月無雨旱風起麦苗不秀多黃死九月降霜秋早寒禾穗未熟皆青乾長吏明知不申破急斂暴徵求考課典桑賣地納官租明年衣食將何如剝我身上帛奪我口中粟虐人害物即豺狼何必鉤爪鋸牙食人肉不知何人奏皇帝帝心惻隱知人弊白麻紙上書德音京畿盡放今年稅昨日里胥方到門手持勅牒牓鄉村十家租稅九家畢虛受吾君蠲免恩

繚綾

繚綾繚綾何所似不似羅綃與紈綺應似天台山上月明前四十五尺瀑布泉中有文章又奇絕地鋪白煙花簇雪織者何人衣者誰越溪寒女漢宮姬去年中使宣口勑天上取樣人間織織為雲外秋鴈行染作江南春水色廣裁衫袖長製裙金斗熨波刀翦文異彩奇文相隱映轉側看花花不定昭陽舞人恩正深春衣一對直千金汗沾粉汙不再著曳土抛一作踏泥無惜心繚綾織成費功績莫比尋常繒與帛絲細繰多女手疼扎扎千聲不盈尺昭陽殿裏歌舞人若見織時應也惜

賣炭翁

賣炭翁伐薪燒炭南山中滿面塵灰煙火色兩鬢蒼
蒼十指黑賣炭得錢何所營身上衣裳口中食可憐
身上衣正單心憂炭賤願天寒夜來城外一尺雪曉
駕炭車輾冰轍牛困人飢日已高市南門外泥中歇
翩翩兩騎來是誰黄衣使者白衫兒手把文書口稱
勑回車叱牛牽向北一車炭千餘斤宫使驅将惜不
得半疋紅紗一丈綾繫向牛頭充炭直

母別子

母別子子別母白日無光哭聲苦關西驃騎大将軍
去年破虜新策勲勑賜金錢二百萬洛陽迎得如花
人新人来舊人棄掌上蓮花眼中刺寵新棄舊未定

悲悲在君家留兩兒一始扶床一初坐坐啼行哭寧
人衣以汝夫婦新嬿婉使我母子生别離不如林中
鳥與鵲母不失雛雄伴雌應似後園桃李樹花落隨
風子在枝新人新人聽我語洛陽無限紅樓女但願
将軍重立功更有新人勝於汝

陰山道

陰山道陰山道紇邏敦肥水泉好每至戎人送馬時
道傍千里無纖草草盡泉枯馬病羸飛龍但印骨與
皮五十匹縑易一匹縑去馬来無了日養無所用去
非宜每歲死傷十六七縑絲不足女工苦疎織短截
充匹數藕絲蛛網三丈餘回鶻訴稱無用處咸安公

主號可敦遠爲可汗頻奏論元和二年下新勑内出
金帛酬馬直仍詔江淮馬價縑從此不令疎短織合
羅將軍呼萬歲捧授金銀與縑綵誰知黠虜啓貪心
明年馬多來一倍縑漸好馬漸多陰山虜奈爾何

時世妝

時世妝時世妝出自城中傳四方時世流行無遠近
顋不施朱面無粉烏膏注一作膏唇唇似泥雙眉畫作
八字低妍蚩黑白失本態妝成盡似含悲啼圓鬟垂
鬟椎髻樣斜紅不暈赭面狀昔聞被髮伊川中辛有
見之知有戎元和妝梳君記取髻椎面赭非華風

李夫人

漢武帝初哭（喪一作）李夫人夫人病時不肯別死後留
得生前恩君恩不盡念未已甘泉殿裏令寫真丹青
畫出竟何益不言不笑愁殺人又令方士合靈藥玉
釜煎鍊金爐焚九華帳中夜悄悄反魂香降夫人魂
夫人之魂在何許香煙引到焚香處既來何苦不須
臾縹緲悠揚還滅去去何速兮來何遲是耶非耶兩
不知翠蛾髣髴平生貌不似昭陽寢疾時魂之不來
君心苦魂之來兮君亦悲背燈隔帳不得語安用暫
來還見為傷心不獨漢武帝自古及今皆若斯君不
見穆王三日哭重璧臺前傷盛姬又不見泰陵一掬
淚馬嵬路上念楊妃縱令妍姿豔質化為土此恨長

在無銷期生亦惑死亦惑尤物惑人忘不得人非木
石皆有情不如不遇傾城色

陵園妾

陵園妾顏色如花命如葉命如葉薄將奈何一奉寢
宮年月多年月多春愁秋思知何限青絲髮落叢鬢
疎紅玉膚銷繫裙慢憶昔宮中被妒猜因讒得罪配
陵來老母啼呼趁車別中官監送鎖門回山宮一閉
無開日未死此身不令出松門到曉月徘徊柏城盡
日風蕭瑟松門柏城幽閉深聞蟬聽鷰感光陰眼看
菊蘂重陽淚手把梨花寒食心把花掩淚無人見綠
蕪牆遶青苔院四季徒支妝粉錢一朝不識君王面

遙想六宮奉至尊宣徽雪夜浴堂春雨露之恩不及
者猶聞不啻三千人 三千人我爾君恩何厚薄願令
輪轉直陵園三歲一来均苦樂

鹽商婦

鹽商婦多金帛不事田農與蠶績南北東西不失家
風水為鄉船作宅本是揚州小家女嫁得西江大商
客綠鬟富去金釵多皓腕肥来銀釧窄前呼蒼頭後
叱婢問爾因何得如此婿作鹽商十五年不屬州縣
屬天子每年鹽利入官時少入官家多入私官家利
薄私家厚鹽鐵尚書遠不知何況江頭魚米賤紅鱠
黄橙香稻飯飽食濃粧倚柂樓兩朶紅顋花欲綻鹽

商婦有幸嫁鹽商終朝美飯食終歲好衣裳好衣美食有來處亦須慙愧桑弘羊桑弘羊死已久不獨漢時今亦有

杏為梁

杏為梁柱為柱何人堂室李開府碧砌紅軒色未乾去年身歿今移主高其牆大其門誰家第宅盧將軍素泥朱板光未滅今歲官收別賜人開府之堂將軍宅造未成時頭已白逆旅重居逆旅中心是主人身是客更有愚夫念身後心雖甚長計非久窮奢極麗越規模付子傳孫令保守莫教門外過客聞撫掌回頭笑殺君君不見馬家宅尚猶存宅門題作奉誠園

鳳（一作圖）君不見魏家宅屬他人詔贖賜還五代孫儉

存奢失今在目安用高牆圍大屋

井底引銀瓶

井底引銀瓶銀瓶欲上絲繩絶石上磨玉簪玉簪欲成中央折瓶沉簪折知奈何似妾今朝與君別憶昔在家為女時人言舉動有殊姿嬋娟兩鬢秋蟬翼宛轉雙蛾遠山色笑隨戲伴後園中此時與君未相識妾弄青梅憑（一作倚）短牆君騎白馬傍垂楊牆頭馬上遥相顧一見知君即斷腸知君斷腸共君語君指南山松柏樹感君松柏化為心暗合雙鬟逐君去到君家舍五六年君家大人頻有言聘則為妻奔是妾不

堪主祀奉蘋蘩終知君家不可住其奈出門無去處
豈無父母在高堂亦有親情滿故鄉潛来更不通消
息今日悲羞歸不得為君一日恩悞妾百年身寄言
癡小人家女慎勿将身輕許人

官牛

官牛官牛駕官車滻水岸邊般載沙一石沙幾斤重
朝載暮載将何用載向五門官道西綠槐陰下鋪沙
堤昨来新拜右丞相恐怕泥塗污馬蹄右丞相馬蹄
踏沙雖淨潔牛領牽車欲流血右丞相但能濟人治
國調陰陽官牛領穿亦無妨

紫毫筆

紫毫筆尖如錐兮利如刀江南石上有老兔喫竹飲
泉生紫毫宣城之人采為筆千萬毛中揀一毫毫雖
輕功甚重管勤工名充歲貢君兮臣兮勿輕用勿輕
用将何如頋賜東西府御史頋頌左右臺起居搦管
趨入黄金闕抽毫立在白玉除臣有姦邪正衙奏君
有動言直筆書起居郎侍御史爾知紫毫不易致每
歲宣城進筆時紫毫之價如金貴慎勿空将彈失儀
慎勿空将録制詞

隋堤柳

通典曰隋煬帝大業初發河南諸郡男女
百餘萬開通濟渠自西苑引穀洛水達于

河又引河逕于淮海大業拾遺記曰煬帝將幸江都命雲屯將軍麻祜謀濬黃河入汴堤使勝臣艦所謂隋堤也

隋堤柳歲久年深盡衰朽風飄飄兮雨蕭蕭三株兩株汴河口老枝病葉愁殺人曾經大業年中春大業年中煬天子種柳成行夾流水西自黃河東至淮綠影一千三百里大業末年春暮月柳色如煙絮如雪南幸江都恣佚遊應將此柳繫龍舟紫髯郎將護錦纜青娥御史直迷樓海内財力此時竭舟中歌笑何日休巳荒下困勢不久宗社之危如綴旒煬天子自言福祚長無窮豈知皇子封酅公龍舟未過彭城閣

義旗已入長安宮蕭墻禍生人事變晏駕不得歸秦
中土墳數尺何處葬吳公臺下多悲風二百年來汴
河路沙草和煙朝復暮後王何以鑒前王請看隋堤
亡國樹

草茫茫

草茫茫土蒼蒼蒼蒼茫茫在何處驪山脚下秦皇墓
墓中下錮三重泉當時自以為深固下流水銀象江
海上綴珠光作烏兔別為天地於其間擬將富貴隨
身去一朝盜掘墳陵破龍椁神堂三月火可憐寶玉
歸人間暫借泉中買身禍奢者狼籍儉者安一凶一
吉在眼前憑君回首向南望漢文葬在霸陵原

古塚狐

古塚狐妖且老化為婦人顏色好頭變雲鬟面變妝
大尾曳作長紅裳徐徐行傍荒村路日欲暮時人靜
處或歌或舞或悲啼翠眉不動花顏低忽然一笑千
萬態見者十人八九迷假色迷人猶若是真色迷人
應過此彼真此假俱迷人人心惡假貴重真狐假女
妖害猶淺一朝一夕迷人眼女為狐媚害即深日長
月長溺人心何況褒妲之色善蠱惑能喪人家覆人
國君看為害淺深間豈將假色同真色

黑潭龍

黑潭水深色如墨傳有神龍人不識潭上架屋官立

祠龍不能神人神之豐凶水旱與疾疫鄉里皆言龍
所為家家養豚漉清酒朝祈暮賽依巫口神之來兮
風飄飄紙錢動兮錦傘搖神之去兮風亦靜香火滅
兮盃盤冷肉堆潭岸石酒潑廟前草不知龍神饗幾
多林鼠山狐長醉飽狐何幸豚何辜年年殺豚將餧
狐狐假龍神食豚盡九重泉底龍知無

天可度

天可度地可量唯有人心不可防但見丹誠赤如血
誰知偽言巧似簧勸君掩鼻君莫掩使君夫婦為參
商勸君掇蜂君莫掇使君父子成豺狼海底魚兮天
上鳥高可射兮深可釣唯有人心相對時咫尺之間

不能料君不見李義府之輩笑欣欣笑中有刀潛殺
人陰陽神變皆可測不測人間笑是瞋

秦吉了

唐書樂志曰嶺南有鳥似鸜鵒而稍大乍
視之不相分辨籠養久則能言無不通南
人謂之吉了開元初廣州獻之聲音雄重
委曲識人情恵於鸚鵡遠矣漢書武帝本
紀書南越獻馴象能言鳥即吉了也

秦吉了出南中彩毛青黑花頸紅耳聰心恵舌端巧
鳥語人言無不通昨日長爪鳶今朝大觜烏鳶捎乳
燕一窠覆烏啄母雞雙眼枯雞號墮地燕驚去然後

始卵擭其鶵豈無鬬哉鶵啄中肉飽不肯搏亦有[illegible]
鶴羣閑立颺髙如不聞秦吉了人云爾是能言鳥豈
不見鷄鷟之冤若吾聞鳳凰百鳥主爾竟不為鳳凰
之前致一言安用噪噪閑言語

鵶九劒

歐冶子死千年後精靈暗授張鵶九鵶九鑄劒吳山
中天與日時神借功金鐵騰精火翻焰踊躍求為鏌
鎁劒劒成未試十餘年有客持金買一觀誰知閛匣
長思用三尺青虵不肯蟠客有心劒無口客代劒言
告鵶九君勿矜我玉可切君勿誇我鍾可刜不如持
我決浮雲無令漫漫蔽白日為君使無私之光及萬

物蟄虫昭蘇萌草出

采詩官

漢書藝文志曰哀樂之心感而歌詠之聲發誦其言謂之詩詠其聲謂之歌故古有采詩之官王者所以觀風俗知得失自考政也食貨志曰孟春之月行人振木鐸徇于路以采詩獻之大師比其音律以獻於天子采詩謂采取怨刺之詩也

采詩官采詩聽謌道人言言者無罪聞者誡下流上通上下泰周滅秦興至隋氏十代采詩官不置郊廟登歌讚君美樂府豔詞悅君意若求興諭規刺言萬

句千章無一字不是章句無規刺漸及朝廷絶諷議諍臣杜口爲冗員諫鼓高懸作虛器一人負扆常端默百辟入門兩自媚夕郎所賀皆德音春官每奏唯祥瑞君之堂兮千里遠君之門兮九重閟君耳唯聞堂上言君眼不見門前事貪吏害民無所忌姦臣蔽君無所畏君不見厲王胡亥之末年羣臣有利君無利君兮君兮願聽此欲開壅蔽達人情先向歌詩求諷刺

樂府詩集卷第九十九

樂府詩集卷第一百　太原　郭茂倩　編次

新樂府

樂府倚曲　溫庭筠

漢皇迎春辭

春芊芊晴掃煙宮城大錦紅殷鮮海日如融照仙掌淮王小隊纓鈴響獵獵東風展旗畫神金甲葱籠網鉅公步輦迎句芒複道掃塵鸞彗長豹尾竿前趙飛鷰柳風吹盡眉間黃碧草含情杏花喜上林鶯囀遊絲起寶馬搖環萬騎歸恩光暗入簾櫳裏

夜宴謠

長釵墜（一作[illegible]）雙蜻廷碧畫山斜開畫屏虬鬚公子五侯客一飲千鍾如建瓴鸞咽奼唱圓無節眉斂湘煙袖回雪清夜恩情四座同莫令灘水東西別亭亭蠟淚香珠濺闇露小（一作曉）風羅幕寒飄飄（一作飄颻）戰帶儼相次二十四枝龍畫竿裂管縈弦共繁曲芳罇細浪傾春綠高樓客散杏花多脉脉新蟾如瞪目

蓮浦謠

鳴橈軋軋溪溶溶廢綠平煙吳苑東水清蓮媚兩相向鏡裏見愁愁更紅白馬金鞭大堤上西江日夕多風浪荷心有露似驪珠不是真圓亦搖蕩

遐水謠

天兵九月渡遼水馬蹹沙鳴鴈聲起殺氣空高萬里情塞寒如箭傷眸子狼煙堡上霜漫漫枯葉飄（一作號）風天地乾犀帶鼠裘無暖色清光炯冷黃金鞍虜塵如霧罩（一作昏）亭障隴首年年漢飛將麟閣無名期未歸樓中思婦徒相望

曉仙謠

玉妃喚月歸海宮月色澹白涵春空銀河欲轉星靨靨雪浪疊山埋早紅宮花有露如新淚小苑葺葺（一作藂藂）入寒空綺閣空傳唱漏聲綢軒赤瓣凌雲字遙遙珠帳連湘煙鶴扇如霜金骨仙碧簫曲盡綵霞動下視九州皆悄然秦王女騎紅尾鳳乘（一作垂）空回首晨

雞弄霧蓋狂塵億兆家世人猶作牽情夢

水仙謠

水客夜騎紅鯉魚赤鸞雙鶴蓬瀛書輕塵不起雨新霽萬里孤光含碧虛露鬼冠輕見雲鬟寒絲七柱香泉咽夜深天碧亂山姿光碎玉一作平波滿船月

東峯歌

錦礫潺湲玉溪水曉來微雨蕉一作藤花紫冉冉山雞紅尾長一聲樵斧驚飛起松刺梳空石差齒煙香風軟人參蘂陽崖一夢伴雲根仙菌靈芝夢魂裏

罩魚歌

朝罩罩城東一作南暮罩罩城西兩漿鳴幽幽蓮子相

高低持罩入深水金鱗大如手魚尾迸圓波千珠落
湘藕風颸颸雨離離菱尖茭刺鸂鶒飛水迎網眼白
如影淅瀝蓬聲寒點微埜岸有花花蓋屋金塘柳色
前溪曲悠溶杳若去無窮五色澄潭鴨頭綠

生禖屏風

王墀暗接崑崙井井上無人金索冷畫壁陰森九子
堂階前細月鋪花影繡屏銀鴨香蓊濛天上夢歸花
繞叢宜男漫作後庭草不似櫻桃千子紅

湘宮人歌

池塘芳意濕夜半古木風起生綠畫羅屏金壺貯春水
黃粉楚宮人方飛一作芳花玉刻鱗娟娟照棊燭不語兩

含嚬

太液池歌

漢書曰建章宮北有太液池池中有蓬萊方丈瀛州象神山也顏師古曰太液池者言其津潤所及廣也

腥鮮龍氣連清防花風漾漾吹細光疊瀾不定照天井倒影蕩揺晴翠長平碧淺春生緑塘雲容雨態連青蒼夜深銀漢通栢梁二十八宿朝玉堂

雞鳴埭歌

南朝天子射雉時銀河耿耿星參差銅壺漏斷夢初覺寶馬塵高人未知魚躍蓮東蕩宮沼濛濛御柳懸

棲鳥紅妝萬户鏡中春碧樹一聲天下曉盤踞勢窮
三百年朱方殺氣成愁煙彗星拂地浪連海戰鼓渡
江塵漲天繡龍畫雉填宫井野火風驅燒九鼎殿巢
江鷰砌生蒿十二金人霜烱烱芊綿平綠臺城基暖
色春空荒古陂寧知玉樹後庭曲留待野棠如雪枝

雉塲歌

茭葉萋萋接煙樹雞鳴埭上梨花露彩仗鏘鏘已合
圍繡翎白頸遥相妬鷴尾扇張金縷高碎鈴素拂驪
駒豪綠塲紅跡未相接箭發銅牙傷彩毛麥隴桑陰
小山晚六虯歸去凝笳遠城頭却望幾含情青畝春
蕪連古苑

東郊行

鬬雞臺下東西道柳覆班騅（騅一作蝶）縈草央鶯語韶容鎖漘愁青萑葉盡蠶應老緑渚幽香注（一作生）白蘋差小浪吹魚鱗王孫騎馬有歸意林彩空中（一作著空）如細塵安得一生（一作人主）各相守燒船破棧休馳走世上方應無別離路傍更長千枝柳

春野行

草淺淺春如翦花壓李娘愁飢蠶欲成重東城年少氣堂堂金丸驚起雙鴛鴦含羞更問衛公子月到枕前春夢長

吳苑行

錦雉雙飛梅結子平春遠綠𥦗中起吳江澄畫水連空三尺屏風隔千里小苑有門紅扇開天絲舞蝶俱（一作共）徘徊綺戶雕楹長若此韶光歲歲如歸来

塞寒行

燕弓弦勁霜封尾撲簌寒鵰睇平野一點黃塵起鴈喧白龍堆下千蹄馬河源怒濁風如刀翦斷朔雲天更高晚出榆關逐征北驚沙飛迸衝貂袍心許淩煙名不滅年年錦字傷離別彩毫一畫竟何榮空使青樓泣（一作淚）成血

臺城曉朝曲

司馬門前火千炬闌干星斗天将曙朱網龕龍駿丞相

車晚隨疊鼓朝天去博山鏡樹香䔿茸裊裊浮航金
畫龍大江斂勢避宸極兩闕深巖煙翠濃

走馬樓三更曲

春姿暖氣昏神沼李樹拳枝紫牙小玉皇夜入未央
宮長火千條照棲鳥馬過平橋通畫堂虎幡龍戟風
悠揚簾間清唱報寒點丙舍無人遺燼香

春曉曲

家臨長信往來道乳燕雙雙拂煙草油壁車輕金犢
肥流蘇帳曉春雞早籠中嬌鳥暖猶睡簾外落花閑
不掃衰桃一樹近前池似惜紅顏鏡中老

惜春詞

百舌問花花不語低回似恨横塘雨蜂争粉蕊蝶分香不似垂楊惜金縷願君留得長妖韶莫逐東風還蕩摇秦女含嚬向煙月愁紅帶露空迢迢

春愁曲

紅絲穿露珠簾冷白尺啞啞下纖綆遠翠愁山入卧屏兩重雲母空烘影涼簪墜髮春眠重玉兔熅香一作亂柳如夢錦疊空床委墮紅颸颸掃尾雙金鳳蜂喧蝶駐俱戲一作悠揚柳拂赤欄纖草長覺後梨花委平緑春風和雨吹池塘

春洲曲

韶光染色如蛾翠緑濕紅鮮水容媚蘇小慵多蘭渚

閑融融湘日鷓鴣寐紫騮蹀躞金銜嘶岸上揚鞭煙草迷門外平橋連柳堤歸來晚樹黃鸎啼

晚歸曲

格格水禽飛帶波孤光斜起夕陽多湖西山淺似相笑菱刺惹衣攢黛蛾青絲繫船向江木蘭牙出土吳江曲水極晴搖泛灩紅草平春染煙緜緑玉鞭騎馬白玉一作楊叛兒刻金作鳳光參差丁丁暖漏滴花影催入景陽人不知鑾堤弱柳遙相囑雀扇團圓掩香玉蓮塘艇子歸不歸柳闇桑濃閑布穀

湘東宴曲

湘東夜宴金貂人楚女含情嬌翠嚬玉管將吹插鈿

帶錦囊斜拂雙麒麟重城漏斷孤帆去唯恐瓊簽報
天曙萬戶沈沈碧樹圓雲飛雨散知何處欲上香車
俱脉脉清歌響斷銀屏隔堤外紅塵蠟（一作炬）歸樓
前澹月連天白

照影曲

景陽妝罷瓊窗暖欲照澄明香步懶橋上衣多抱彩
雲金鱗不動春塘滿黃印額山輕為塵翠鮮紅稺俱
含嚬桃花百媚如欲語曾為無雙今兩身

舞衣曲

藕腸纖縷抽輕春煙機漠漠嬌蛾嚬金梭淅瀝透空
薄翦落交刀吹斷雲張家公子夜聞雨夜向蘭堂思

楚舞蝿衫䴡帶壓愁香偷得鸎黄鎖金縷（黄一作偷得鸎鎖金）
縷管含蘭氣嬌語悲胡槽雪腕鴛鴦絲芙蓉力弱應
難定楊柳風多不自持迴嚬笑語西窗客星斗寥寥
波脉脉不逐秦王卷象床滿樓明月梨花白

故城曲

漠漠沙堤煙堤西雉子斑雉聲何角角麦秀桑陰閑
遊絲蕩平綠明滅時相續白馬金絡頭東風故城曲
故城殿貴嬪曾占未央春自從香骨化飛作馬蹄塵

蘭塘詞

塘水汪汪鳧唼喋憶上江南木蘭檝繡頸金鬚蕩倒
光團團皺綠雞頭葉露凝荷卷珠淨圓紫菱刺短浮

根鮮小始歸曉紅妝淺鏡裏笑落照水鮮東溝滿滿

勞回首欲寄一杯瓊液酒知道無郎却有情長教月

照相思柳

碌碌古詞

左亦不碌碌右亦不碌碌野草自根肥羸牛生健犢

融蠟柞杏蔕男兒不戀家春風破紅意女頰如桃花

忠言未見信巧語翻咨嗟一鞘無兩刀徒勞油壁車

昆明池水戰辭

汪汪積水連碧空重疊細紋交繳紅赤帝龍孫鱗甲

怒臨流一䏶生陰風鼉鼓三聲報天子雕旗（一作旌）戰

艦凌波起雷吼濤驚白若山石鯨眼裂蟠蛟死滇池

海浪相喧極青翰畫鷁相次来（一作旌相次剩〔献〕白）箭羽槍
纓三百萬踏翻西海生塵埃茂陵仙去菱花老唼唼
游魚近煙島渺莽殘陽釣艇歸緑頭江鴨眠沙草

獵騎辭

早辭平扆殿夕奉湘南宴香兎抱微煙重鱗疊輕扇
僕飢使君馬鴈避將軍箭寶柱惜離弦流黄悲赤縣
理釵低舞鬢換袖回歌面晚柳未如絲春花已如霰
所嗟故里曲不及青樓讌

樂府雜詠六首　陸龜蒙

雙吹管

長短裁浮筠參差作飛鳳高樓明月夜吹出江南弄

東飛鳧

表得尺錦書欲寄東飛鳧脛短翅亦短雌雄戀菰蒲

花成子

春風等君意亦解歎桃李寫得去時真歸來不相似

月成弦

孤光照還没轉益傷離别妾若是姮娥長圓不教缺

孤獨怨

前回邊使至聞道交河戰坐想鼓鞞聲寸心攢百箭

金吾子

嫁得金吾子長聞輕薄名君心如不重妾腰徒自輕

正樂府十首　皮日休

正樂府皮日休所作也其意以樂府者蓋古聖王採天下之詩欲以觀民風之美惡而被之管弦以爲訓戒非特以魏晉之侈麗梁陳之浮豔而謂之樂府也故取其可悲可懼者著於歌詠凡十篇名之曰正樂府

卒妻悲

河隍戍卒去一半多不回家有半菽食身爲一囊灰官吏桉其籍伍中斥其妻處處魯人髽家家杞婦哀少者任所歸老者無所攜況當札瘥年米粒如瓊瑰纍纍作餓殍見之心若摧其夫死鋒刃其室委塵埃

其命即用矣其賞安在哉豈無黠敖恩救此窮餓骸
誰知白屋士念此翻欷歔

橡媼歎

秋深橡子熟散落榛蕪岡傴傴黃髮媼拾之踐晨霜
移時始盈掬盡日方滿筐幾曝復幾蒸用作三冬糧
山前有熟稻紫穟襲人香細穫又精舂粒粒如玉璫
持之納于官私室無倉箱如何一石餘只作五斗量
狡吏不畏刑貪官不避贓農時作私債農畢歸官倉
自冬及于春橡實誑飢腸吾聞田成子詐仁猶自王
吁嗟逢橡媼不覺淚沾裳

貪官怨

國家省闥吏賞之皆與位素來不知書豈能精吏理大者或宰邑小者皆尉史愚者若混沌毒者如雄虺傷哉堯舜民肉袒受鞭箠吾聞古聖王天下無遺士朝廷及下邑治者皆仁義國家選賢良定制無拘忌所以用此徒令之充禄士何不廣取人何不廣歷試下位既賢哉上位何如矣胥徒賞以財俊造悉為吏天下若不平吾當甘棄市

農父謡

農父冤辛苦向我述其情難將一人農可備十人征如何江淮粟輓漕輸咸京黄河水如電一半沉與傾均輸利其事職司安敢評三川豈不農三輔豈不耕

費不卑其粟用以供天　兵美哉農父言何計達王程

路臣恨

路臣何方來去馬真如龍行驕不動塵濺纓金瓏璁
有人自天來將避荆棘叢獰呼不覺止推下蒼黃中
十夫制轡策御之如鶩鴻日行六七郵瞥若鴈無蹤
路臣慎勿怨懇則刑爾躬軍期方似兩天命正如風
七雄戰爭時賓旅猶自通如何太平世動步却途窮

賤貢士

南越貢珠璣西蜀進羅綺到京未晨旦一一見天子
如何賢與俊為貢賤如此所知不可求敢望前席事
吾聞古聖人射宮觀選士不肖盡屏跡賢能皆得位

所以謂得人所以稱多士歎息幾編書時識又何異

頌夷臣

夷臣本學外仍善唐文字吾人本尚穡何況夷臣事
所以不學者反為夷臣戲所以尸禄人反為夷臣息
吁嗟華風衰何嘗不由是

惜義鳥

商顛多義鳥義鳥實可嗟危巢年纍纍隱在椎木巔
他巢若有鷇乳之如一家他巢若遭捕投之同一羅
商人每秋貢所貢復如何飽以稻粱滋飾以組繡華
惜哉仁義禽委戲於宮娥吾聞鳳之貴仁義亦足夸
所以不遭捕蓋緣生不多

誚虛器

襄陽作縣器中有庫露眞持以遺北虜終云生有神每歲走其使所費如雲屯吾聞古聖王修德來遠人未聞作巧詐用欺禽獸君吾道尚如此戎心安足云如何漢宣帝却得呼韓臣

哀隴民

隴山千萬仞鸚鵡巢其巔窮危又極險其山獨不全蚩蚩隴之民懸度如登天空中覘其巢墮者爭紛然百禽不得一十人九死焉隴川有戍卒戍卒亦不閑將命提雕籠直到金堂前彼毛不自珍彼舌不自言胡爲輕人命奉此翫好端吾聞古聖王珍禽皆捨旃

今此隴民屬安歲歲啼漣漣

樂府詩集卷第一百終

（宋）郭茂倩 編

宋本樂府詩集

第十册

國家圖書館出版社

第十册目録

卷八十 近代曲辭二

卷八十三　雜歌謡辭一

樂府詩集卷第七十四

太原郭　茂倩　編次

雜曲歌辭

枯魚過河泣　古辭

枯魚過河泣，何時悔復及。作書與魴鱮，相敎慎出入。

同前　唐李白

白龍改常服，偶被豫且制。誰使爾爲魚，徒勞訴天帝。作書報鯨鯢，勿恃風濤勢。濤落歸泥沙，翻遭螻蟻噬。萬乘慎出入，柏人以爲識。識一作誡

冉冉孤生竹　古辭

冉冉孤生竹，結根泰山阿。與君爲新婚，菟絲附女蘿。菟絲生有時，夫婦會有宜。千里遠結婚，悠悠隔山陂。思君令人老，軒車來何遲。傷彼蕙蘭花，含英揚光輝。過時而不采，將隨秋草

萎亮君執高節賤妾亦何爲

同前　　宋何偃

流萍依清源孤鳥親宿止蔭幹相經榮風波能終始草生有日月婚年行及紀思欲侍衣裳關山分萬里徒作春夏期空望良人軌芳色寢昔事誰見過時美涼鳥臨歡一作秋音歡願亦云已豈意倚君恩坐守零落耳

棗下何纂纂　　簡文帝

古咄唶歌曰棗下何攢攢榮華各有時棗欲初赤時人從四邊來棗適今日賜誰當仰視之潘安仁笙賦曰詠園桃之夭夭歌棗下之纂纂歌曰棗下纂纂朱實離離宛其死矣化爲枯枝纂纂棗花也棗之纂纂盛貌實之離離將衰言榮謝之各有時也

垂花臨碧澗結翠依丹巘非直入游宫兼期植靈苑落日芳
春暮遊人歌吹晚弱刺引羅衣朱實凌還憶且歡洛浦詞無
羨安期遠

同前二首　隋王冑

柳黄知節變草緑識春歸復道含雲影重簷照日輝
御柳長條翠宫槐細葉開還得聞春曲便逐鳥聲來

西園遊上才

沈約詠月詩曰月華臨静夜夜静滅氛埃方暉
竟户入圓影隙中來高樓切思婦西園遊上才
因以爲題也

西園遊上才清夜可徘徊月桂臨樽上山雲影蓋來飛花隨
燭度疎葉向帷開當軒顧應阮還覺賤鄒枚

薄暮動弦歌　梁沈君攸

柳谷向夕沉餘日蕙樓臨砌徙斜光金户半入叢林影蘭徑時移落蘂香絲繩玉壺傳綺席秦箏趙瑟響高堂舞裙拂履喧珠珮歌響出扇繞塵梁雲邊雪飛弦柱促留賓但須羅袖長日暮歌鍾恒不倦處處行樂爲時康

羽觴飛上苑　沈君攸

楚辭曰瑤漿蜜勺實羽觴張衡西京賦曰促中堂之狹坐羽觴行而無筭羽觴謂杯上綴羽以速飲漢書音義曰羽觴作生爵形是也

上路薄晚風塵合禁苑初春氣色華石徑斷絲蘭蔓草山流細沫擁浮花魚文熠爚含餘日鶴蓋低昂照落霞隔樹銀鞍喧寶馬分衢玉軑動香車車馬處處盡成陰班荆促席對芳林藤杯屢動情仍暢翠樽引滿趣彌深山陽倒載非難得宜城醇醞促須斟半醉驪歌應可奏上客莫慮擲黃金

桂檝泛河中　沈君攸

黄河曲渚通千里，濁水分流引八川。仙查逐源終未極，蘇亭一作漢帝遺跡尚難遷。眇眇雲根侵遠樹，蒼蒼水氣雜一作合遥天。波影雜霞無定色，湍文觸岸不成圓。赤馬青龍一作驪交出浦，飛雲蓋海遠凌煙。蓮舟渡沙轉不礙，桂檝距浪弱難前。風急金烏翅自轉，汀長錦纜影微懸。榜人欲歌先扣枻，津吏猶醉彊持船。河隄極望今如此，行極落葉詎虚傳。

内殿賦新詩　陳江揔

兔影脉脉照金鋪，虬水滴滴寫玉壺。綺翼雕甍邇清漢，虹梁紫一作桂柱麗黄圖。鳳高暗緑凋殘柳，雨駛芳紅濕晩芙。三五二八佳年少，百萬千金買歌笑。偏著故人織素詩，願奉秦聲采蓮一作菱調。織女今夕渡銀河，當見清一作新秋停玉梭。

武溪深行　後漢馬援

一日武陵深行崔豹古今註曰武溪深馬援南征之所作也援門生爰寄生善吹笛援作歌令寄生吹笛以和之名曰武溪深

滔滔武溪一何深鳥飛不度獸不敢臨嗟哉武溪兮多毒淫

同前　梁劉孝勝

武溪深不測水安舟復輕暫侶莊生釣還滯鄂君行權歌爭後發譟鼓逐前征秦上山川險黔中木石并林壑秋籟急猿哀夜月明澄源本千仞回峯忽萬縈昭潭讓無底太華推削成日落野通氣目極悵餘情下流曾不濁長邁寂無聲羞學滄浪水濯足復濯纓

半渡溪　梁劉孝威

樂府解題曰半渡溪言戰而半涉溪水見迫所言皆嶺南地里與武溪深相類梁元帝又有半

路溪則言相逢隔溪已識行步辭旨與此全殊
本厠偏伍伴一戰殄凶渠制賜文犀節驛報紫泥書入營陳
御蓋還家乘紫車皇恩空以重（一作知己重）丹心恨不紓渡瀘且
不畏淩溪嗟有餘

半路溪　梁元帝

相逢半路溪隔溪猶不渡望望判知是翩翩識行步摘贈蘭
澤芳欲表同心句先將（一作持）動舊情恐君疑妾妬

昔思君　晉傅玄

昔君與我兮形影潛結今君與我兮雲飛雨絶昔君與我兮
音響相和今君與我兮落葉去柯昔君與我兮金石無虧今
君與我兮星滅光離

妾安所居　梁吴均

賤妾先有寵蛾眉進不遲一從西北麗無復城南期何因暫

豔逸豈爲乏妍姿徒有黄昏望寧遇青樓時惟惜應門掩方
餘永巷悲匡牀終不共何由横自思

飲酒樂　晉陸機

樂苑曰飲酒樂商調曲也

蒲萄四時芳醇瑠璃千鍾舊賓夜飲舞遲銷燭朝醒弦促催人

同前

飲酒須飲多人生能幾何百年須受樂莫厭管弦歌

同前　唐聶夷中

日月似有事一夜行一周草木猶須老人生得無愁一飲解
百結再飲破百憂白髮欺貧賤不入醉人頭我願東海水盡
向杯中流安得阮步兵同入醉鄉遊

淫思古意　宋顏竣

春風飛遠方紀轉流思堂上䇿節寄君子窮閨妾所藏裁書露

微疑千里問新知君行過三稔故心久當移

思公子　齊王融

楚辭九歌曰靁填填兮雨冥冥猨啾啾兮狖夜鳴風颯颯兮木蕭蕭思公子兮徒離憂思公子

春盡風颯颯蘭凋木脩脩王孫久爲客思君徒自憂

蓋出於此

同前　梁費昶

公子才氣饒凌雲自飄飄東出鬬雞道西登飲馬橋夕宴銀爲燭朝燔桂作焦虞卿亦何命窮極苦無聊

同前　北齊邢劭

綺羅日減帶桃李無顏色思君君未歸歸來豈相識

王孫遊　齊謝朓

楚辭招隱士曰王孫遊兮不歸春草生兮萋萋

王孫遊蓋出於此

綠草蔓（一作夢）如絲雜樹紅英發無論君不歸君歸芳已歇

同前　王融

置酒登廣殿開襟望所思春草行已歇何事久佳期（一本同辭）思公子

同前　唐崔國輔

自與王孫別頻看黃鳥飛應由春草誤著處不成歸

陽翟新聲　王融

隋書樂志曰西涼樂曲陽翟新聲神白馬之類皆生於胡戎歌非漢魏遺曲也

懷春發下蔡含笑向陽城聰為飛雉曲好作鵾鷄鳴

金樂歌　梁簡文帝

槐香欲覆井楊柳正藏鴉山鑪當（一作好）無比玉柈火聰賒牀

頭辟繩結鐐上領巾斜鐵鍾種粟子銅樞生秦花開門抛水柱信一作城按特言家

同前　梁元帝

啼鳥怨別偶鸎鳥憶誰家石闕題書字金燈飄落花東方曉星没西山晚日斜穀彩迴廣袖團扇掩輕紗蹔借青驄馬來送黃牛車

同前　梁房篆

前溪流碧水後渚映青天登臺臨寶鏡開牕對綺錢玉顏光粉色羅袖拂金鈿春風散輕蝶明月映新蓮摘花競時侶催指及芳年

樂未央　梁沈約

憶舜日萬堯年詠湛露歌採蓮願雜百和氣宛轉金鑪前

南征曲　梁蕭子顯

櫂歌來揚女操舟驚越人圖蛟怯水伯照鷁竦江神

發白馬　梁費昶

通典曰白馬春秋時衛國曹邑有黎陽津一曰白馬津酈生云守白馬之津是也發白馬言征戍而發兵於此也

家本樓煩俗召募羽林兒怖羌角觝戲習戰昆明池弓弢不復挽劒衣恒露鈹一辭豹尾内長別屬車垂白馬今雖發黃河未結澌寄言閨中婦逢春心勿移

同前　李白

將軍發白馬旌節渡黃河簫鼓聒川嶽滄溟涌洪濤一作波武安有振瓦易水無寒歌鐵騎若雪山飲流涸滹沲揚兵獵月窟轉戰略朝那倚劒登燕然邊峯列嵯峨蕭條萬里外耕作五原多一掃清大漠包虎戢金戈

濟黄河　　梁謝微

積陰晦平陸凄風結暮序朝齡金谷戍夕逗黄河渚赤兔徒
聯翩青鳧詎容與淚甚聲難發悲多袖未舉虛薄謬君恩方
嗟別宛許

同前　　江揔

葱山淪外城鹽澤隱遐方兩京分際遠九道派流長未殫所
聞見無待驗詞章留連嗟太史惆悵踐黎陽導波縈地節跡
氣耿天潢憫周用寶嘉晉肇爲梁

同前　　隋蕭慤

大蕃連帝室驂駕奉皇猷未明驅羽騎凌晨方畫舟津城度
維錦岸柳夾緹油鍾聲颺別島旗影照蒼流早光生劍服朝
風起節樓滔滔細波動喬喬輕舷浮迴橈避近磧放舳下前
洲全疑上天漢不異謁蓬丘望知雲氣合聽識水聲秋從軍

何等樂喜從神仙遊

結韈子　　　　後魏温子昇

帝王世紀曰文王伐崇侯虎至五鳳墟韈係解顧左右無可使者乃俯而結之武王至商郊牧野誓衆左仗黃鉞右秉白旄王韈解莫肯與王結王乃釋旄俯而結之漢書曰王生者善爲黃老言處士嘗召居廷中公卿盡會立王生老人曰吾韈解顧謂張釋之爲我結韈釋之跪而結之既已人或讓王生獨奈何廷辱張廷尉如此王生曰吾老且賤自度終亡益於張廷尉廷尉方天下名臣吾故聊使結韈欲以重之諸公聞之賢王生而重釋之唐李白辭大抵言感恩之重而以命相許也

誰能訪故劒會自逐前魚裁紈終委篋織素空有餘

同前　李白

燕南壯士吳門豪筑中置鉛魚隱刀感君恩重許君命太山
一擲輕鴻毛

沐浴子

澡身經蘭汜濯髮懐芳洲折榮聊躑躅攀桂且淹留

同前　李白

沐芳莫彈冠浴蘭莫振衣處世忌太潔志（一作至）人貴藏暉滄
浪有釣叟吾與爾同歸

安定侯曲　温子昇

封疆在上地鍾鼓自相和美人當牕舞妖姬掩扇歌

澤雉

莊子曰澤雉十步一啄百步一飲不期畜乎樊

中澤雉曲蓋取此也古今樂録曰鳳將雛以澤

雉送曲

擅場延纁頸朝飛弄綺翼飲啄常自在鷕雄恒不息

短簫　　梁張嵊

促柱弦始繁短簫吹初亮舞袖拂長席鍾音由簴颺已落
瓦間復繞梁塵上時屬清夏陰恩暉亦非望

伍子胥　　鮑機

忠孝誠無報感義本投身日暮江波急誰憐漁丈人楚墓悲
猶（一作空）在吳門恨（一作怨）未申

清涼　　梁張率

登臺待初景帳殿藹餘晨羅帷夕風濟清氣尚波人長簟涼
可仰平莞溫未親幸願同枕席為君橫自陳

樂府詩集卷第七十四

樂府詩集卷第七十五

太原郭　茂倩　編次

雜曲歌辭

三臺二首　　唐韋應物

後漢書曰蔡邕爲侍御史又轉持書侍御史遷尚書三日之間周歷三臺馮鑑續事始曰樂府以邕曉音律製三臺曲以悅邕希其厚遺劉禹錫嘉話録曰三臺送酒蓋因北齊高洋毀銅雀臺築三箇臺宫人拍手呼上臺送酒因名其曲爲三臺李氏資暇曰三臺三十拍促曲名昔鄴中有三臺石季龍常爲宴遊之所樂工造此曲以促飲未知孰是鄴都故事曰漢獻帝建安五年曹操破袁紹於鄴十五年築銅雀臺十八年作

金虎臺十九年造冰井臺所謂鄴中三臺也北
史曰齊文宣天保中營三臺於鄴因其舊基而
高博之九年臺成改銅爵曰金鳳金虎曰聖應
冰井曰崇光云按樂苑唐天寶中羽調曲有三
臺又有急三臺

一年一年老去明日後日花開未報長安平定萬國豈得銜
杯冰泮寒塘始綠雨餘百草皆生朝來門閤無事晚下高齋
有情

上皇三臺

不寐倦長更披衣出戶行月寒秋竹冷風切夜窗聲

突厥三臺

鴈門山上鴈初飛馬邑闌中馬正肥日旰山西逢驛使慇懃
南北送征衣

宫中三臺二首　　唐王建

魚藻池邊射鴨芙蓉園裏看花日色柘袍相似不著紅鸞扇遮

池北池南草緑殿前殿後花紅天子千年萬歲未央明月清風

江南三臺四首　　唐王建

楊州橋邊小婦長干市裏商人三年不得消息各自拜鬼求神

青草湖邊草色飛猿嶺上猿聲萬里三湘客到有風有雨人行

樹頭花落花開道上人去人來朝愁暮愁即老百年幾度三臺

聞身彊健且爲一作聞身康健早爲頭白齒落難追准擬百年千歲能

得幾許多時

陵雲臺　梁謝舉

魏志曰文帝黃初元年十二月初營洛陽宮戊午幸洛陽二年築陵雲臺劉義慶世說曰陵雲臺樓觀精巧先秤衆木輕重然後栟造無錙銖相負揭臺高峻恒隨風動搖揚龍驤洛陽記曰陵雲臺高二十三丈登之見孟津也

綺甍懸桂棟隱曖傍喬柯勢高凌玉井臨迥度金波易覺涼風至早飛秋鴈過高臺相思曲望遠騷人歌幸屬（一作矚）此遲遞知承雲霧多

同前　周王褒

高臺懸百尺中夕殊未窮北臨酸棗寺西眺明光宮城旁抵雙府林裏對相風書題鹿盧牓觀寫飛廉銅牕開神女電梁

映美人虹虡㳙灩天寵鄭眘特懷忠莊生垂翠鈞昭儀抵闔
熊馳輪有盈鈇人道亦汙隆還念西陵舞非復鄴城中

建興苑　梁紀少瑜

丹陵抱天邑紫淵更上林銀臺懸百仞玉樹起千尋水流冠
蓋影風揚歌吹音踟躕怜拾翠顧步惜遺簪日落庭光轉方
幰屢移陰願言樂未極不道愛黃金

曲池水　齊謝朓

緩步遵莓渚披衿待蕙風芙蕖舞輕蔕苞筍出芳叢浮雲自
西北江海思無窮鳥去能傳響見我測琴中

築城曲　唐張籍

馬暠中華古今注曰秦始皇三十二年得讖書
云亡秦者胡乃使蒙恬擊胡築長城以備之淮
南子曰秦發卒五十萬築脩城西屬流沙北繫

遼水東結朝鮮中國内郡輓車而餉之後因有築城曲言築長城以限胡虜也又有築城睢城曲與此不同古今樂録曰築城相杵者出自漢梁孝王孝王築睢陽城方十二里造唱聲以小鼓爲節築者下杵以和之後世謂此聲爲睢陽曲晉太康地記曰今樂家睢陽曲是其遺音唐書樂志曰睢陽操用舂牘是也按漢書曰梁孝王廣睢陽城七十二里而云十二里未知孰實

築城去千人萬人齊抱杵重重土堅試行錐軍吏執鞭催作遲來時一年深磧裏着盡短衣渴無水力盡不得抛一作休杵聲杵聲未定人皆死家家養男當門户今日作君城下土

同前五解　唐元稹

年年塞下丁長作出塞兵自從冒頓彊官築遮虜城一解築城

須努力城高遮得賊但恐賊路多有城遮不得解二丁口傳父口莫問城堅不平城被虜圍漢斸城牆走解三因茲虜請和虜一作請休和往騎來多半疑兼半信築城猶嵯峨解四築城安敢煩願聽丁一言請築鴻臚寺兼愁虜出關解五

同前　　唐陸龜蒙

城上一掊土手中千萬杵築城畏不堅堅城在何處莫歎築城勞將軍要却敵城高功亦高爾命何處足一作惜

大道曲　　晉謝尚

樂府廣題曰謝尚爲鎮西將軍嘗著紫羅襦據胡牀在市中佛國門樓上彈琵琶作大道曲市人不知是三公也

青陽二三月柳青桃復紅車馬不相識音落黃埃中

採荷調　　梁江從簡

樂府廣題曰梁太尉從事中郎江從簡年十七
有才思爲採荷調以刺何敬容敬容覽之不覺嗟
賞愛其巧麗敬容時爲宰相

欲持荷作柱荷弱不勝梁欲持荷作鏡荷暗本無光

湖陰曲

溫庭筠曲序曰晉王敦舉兵至湖陰明帝微行
視其營伍由是樂府有湖陰曲後其辭亡因作
而附之

祖龍黃鬚珊瑚鞭鐵驄金面青連錢虎髯拔劒欲成夢日壓
賊營如血鮮海旗風急鷩眠起甲重光搖照湖水蒼黃追騎
塵外歸森索妖星陣前死五陵愁碧春萋萋灞川玉馬空中
嘶羽書如電入青瑣雪腕如捶催畫鞞白虬天子金煌鎧高
臨帝座迴龍章吳波不動楚山晚花壓闌干春晝長

永明樂十首　謝朓

南齊書樂志曰永明樂歌者竟陵王子良與諸文士造奏之人爲十曲道人釋寶月辭頗美武帝常被之筦弦而不列於樂官按此曲永明中造故曰永明樂

帝圖闓九有皇風浮四溟永明一爲樂咸池無復靈

民和禮樂富世清歌頌徽鴻名軼卷領稱首邁垂衣

朱臺鬱相望青槐紛馳道秋雲湛甘露春風散芝草

龍樓日月照淄館風雲清儲光温似玉藩度式如瓊

化洽鯷海君恩變龍庭長西北鶩環裘東南盡龜象

出車長洲苑選旅朝夕川絡絡結雲騎弈弈泛戈船

燕駟遊京洛趙服麗有輝清歌留上客妙舞送將歸

實相薄五禮妙花開六塵明祥已玉燭寶瑞亦金輪

生葳蕤性身與嘉惠隆飛纓入華殿屣步出重宮

彩鳳鳴朝陽玄鶴舞清商瑞此永明曲千載爲金皇

同前十首　齊王融

玄符昭景歷茂實偶英聲長爲南山固永與朝日明

靈丘比翼栖芳林合條起兩代分憲章一朝會書軌

二離金玉相三袤蘭蕙芳重儀文世子再奉東平王

空谷返逸驂陰山響鳴鶴振玉躧丹墀懷芳步青閣

崇文晦已明膠庠雜復整弱臺留折巾沂川詠芳潁

定林去喧俗鹿野出埃霞香風流梵琯澤雨散雲花

楚望傾瀰滁日館仰鑾鈴巳睎五雲發方照兩河清

幸哉明盛世壯矣帝王居高門夜不柝飲帳曉長舒

揔棹金陵渚方駕玉山阿輕露炫珠翠初風搖綺羅

西園抽蕙草北沼擬芳蓮生逢永明樂死日生之年

同前　　梁沈約

聯翩貴遊子侈靡千金客華轂起飛塵珠履音長陌

永世樂　　北齊魏收

隋書樂志曰後魏太武平河西得西涼樂其歌

曲有永世樂

綺牕斜影入上客酒須添翠羽方開美鈆華汗不霑關門令

可下落珥不相嫌

無愁果有愁曲　　唐李商隱

隋書樂志曰北齊後主自能度曲嘗倚弦而歌

別採新聲爲無愁曲自彈胡琵琶而唱之音韻

窈窕極於哀思使胡兒閹官輩齊和之曲終樂

闋莫不隕涕雖行幸道路或時馬上奏之樂往

哀來竟以亡國李商隱曰無愁果有愁曲北齊

歌也唐會要天寶十三載改無愁爲長歡

東有青龍西白虎中含福皇包世度玉壺渭水笑清潭鑿天不到牽牛處騏驎踏雲天馬獰牛山撼碎珊瑚聲秋娥點滴不成淚十二玉樓無故釘推煙唾月拋千里十番紅桐一行死白楊別屋鬼迷人空留暗記如蠶紙日暮向風牽短絲血凝血散今誰是

起夜來　　梁柳惲

樂府解題曰起夜來其辭意猶念疇昔思君之來也唐聶夷中又有起夜半

城南斷兵騎閣道覆青埃露華光翠網月影入蘭臺洞房且莫掩應門或復開颯颯秋桂響非君起夜來

同前　　唐施肩吾

香銷連理帶塵覆合歡杯嬾卧相思枕愁吟起夜來

同前　　唐聶夷中

念遠心如燒不覺中夜起桃花帶露泛立在月明裏

獨不見　　柳惲

樂府解題曰獨不見傷思而不得見也

別島望雲臺天淵臨水殿芳草生未積春花落如霰出從張

公子還過趙飛鷰奉箒長信宮誰知獨不見

同前　　唐沈佺期

盧家小婦鬱金堂海鷰雙棲玳瑁梁九月寒砧催下葉十年

征戍憶遼陽白狼河北音書斷丹鳳城南秋夜長誰知含愁

獨不見使妾明月照流黃

同前　　唐王訓

日晚宜春暮風軟上林朝對酒近初節開樓蕩夜嬌石橋通

小澗竹路上青霄持底誰見許長愁成細腰

同前　唐楊巨源

東風豔陽色柳緑花如霰競理同心鬟爭持合歡扇香傳賈娘手粉離何郎面最恨卷簾時含情獨不見

同前　唐李白

白馬誰家子黄龍邊塞兒天山三丈雪豈是遠行時春蕙忽秋草莎鷄鳴曲池風催寒梭響月入霜閨悲憶與君别年穜桃齊蛾眉桃今百餘尺花落成枯枝終然獨不見流淚空自知

同前　唐戴叔倫

前宫路非遠舊苑春將遍玉戸看早梅雕梁數歸鷰身輕逐舞袖香暖傳歌扇自知秋風詞長侍昭陽殿誰信後庭人年年獨不見

同前　唐胡曾

玉關一自有氣埃年少從軍音未回門外塵凝張樂榭水邊
香滅按歌臺隐殘夜月人何處簾卷春風鸞復來萬里寂寥
音信絶寸心爭忍不成灰

樂府詩集卷第七十五

[illegible]

樂府詩集卷第七十六

太原郭　茂倩　編次

雜曲歌辭

攜手曲　梁沈約

攜手曲梁沈約所制也樂府解題曰攜手曲言攜手行樂恐芳時不留君恩將歇也

舍轡下雕輅更衣奉玉牀聯簪映秋水開鏡比春妝所畏紅顏促君恩不可長鵁冠且容裊豈吝桂枝亡

同前　梁吴均

艷裔陽之春攜手清洛濱鷄鳴上林苑薄暮小平津長裾藻白日廣袖帶芳塵故交一如此新知詎憶人

同前　唐田娥

攜手共惜芳菲節鶯啼錦花滿城闕行樂逶迤念容色色衰

祇恐君恩歇鳳笙龍管白日陰盈虧自感青天月

邯鄲行　　齊陸厥

通典曰邯鄲戰國時趙國所都自敬侯始都之有叢臺洪波臺在焉邯山名鄲盡也樂府廣題曰邯鄲舞曲也

趙女擫鳴琴邯鄲紛躧步長袖曳三街兼金輕一顧有美獨臨風佳人在遐路相思欲褰衽叢臺日已暮

邯鄲歌　　梁武帝

回顧灞陵上北指邯鄲道短衣妾不傷南山爲君老

大垂手　　吴均

樂府解題曰大垂手小垂手皆言舞而垂其手也隋江揔婦病行曰夫壻府中趨誰能大垂手是也又獨摇手亦與此同

垂手忽迢迢飛燕掌中嬌羅衫恣風引輕帶任情搖詎似長
沙地促舞不回腰

同前　　　　　　　　　　唐聶夷中

金刀翦輕雲盤用黃金縷裝束趙飛燕教來掌上舞舞罷飛
燕死片片隨風去

小垂手　　　　　　　　　　吳均

舞女出西秦躡影舞陽春且復小垂手廣袖拂紅塵折腰應
兩笛頓足轉雙巾蛾眉與慢臉見此空愁人

夜夜曲二首　　　　　　　　沈約

夜夜曲梁沈約所作也梁樂府解題曰夜夜曲
傷獨處也

北斗闌干去夜夜心獨傷月輝橫射枕燈光半隱牀
河漢縱復橫北斗橫復直星漢空如此寧知心有憶孤燈曖

不明寒機曉猶織零淚向誰道鷄鳴徒歎息

同前　梁簡文帝

靄靄夜中霜河開向曉光枕啼常帶粉身眠不著牀蘭膏盡更益薰鑪滅復香但問愁多少便知夜短長

同前

愁人夜獨傷滅燭卧蘭房秖恐多情月旋來照妾牀

同前　唐王偃

北斗星移銀漢低班姬愁思鳳城西青槐陌上人行絶明月樓前烏夜啼

同前　唐僧貫休

蟪蛄切切風騷騷芙蓉噴香蟾蜍高孤燈耿耿征婦勞更深撲落金錯刀

秋夜長　齊王融

魏文帝詩曰漫漫秋夜長烈烈北風涼展轉不能寐披衣起彷徨彷徨忽已乆白露沾我裳俯視清水波仰看明月光又曰草蟲鳴何悲孤鴈獨南翔鬱鬱多悲思緜緜思故鄉秋夜長其取諸此

秋夜長夜長樂未央舞袖拂花燭歌聲繞鳳梁

同前　　唐王勃

秋夜長殊未央月明白露澄清光層城綺閣遥相望遥相望川無梁北風受節南鴈翔崇蘭委質時菊芳鳴環曳履出長廊爲君秋夜擣衣裳纖羅對鳳凰丹綺雙鴛鴦調砧亂杵思自傷思自傷征夫萬里戍他鄉鶴關音信斷龍門道路長所在天一方寒衣徒自香

同前　　唐張籍

秋天如水夜未央天漢東西月色光愁人不寐畏枕席暗蟲唧唧遶我傍荒城爲村無更聲起看北斗天未明白露滿田風裊裊千聲萬聲鶡鳥鳴

秋夜曲二首　唐王建

天清漏長霜泊泊蘭綠收榮桂膏涸高樓雲鬟弄嬋娟古瑟暗斷秋風絃玉關遙隔萬里道金刀不剪雙淚泉香囊火死香氣少向帷合眼何時曉一作向誰眠闕何時曉城烏作營啼野月秦州少婦生離別

秋燈向壁掩洞房良人此夜直明光天河悠悠漏水長南樓北斗兩相當

同前二首　唐王維

丁丁漏水夜何長漫漫輕雲露月光秋壁闇蟲通夕響寒衣未寄莫飛霜

桂魄初生秋露微輕羅已薄未更衣銀箏夜久殷勤弄心怯

空房不忍歸

夜坐吟　宋鮑照

夜坐吟鮑照所作也其辭曰冬夜沉沉夜坐吟言聽歌逐音因音託意也宗史又有遥夜吟則言永夜獨吟憂思未歇與此不同

冬夜沉沉夜坐吟含情（一作聲）未發已知心霜入幕風度林朱燈滅朱顔尋體君歌逐君音不貴聲貴意深

同前　唐李白

冬夜夜寒覺夜長沉吟久坐坐北堂冰合井泉月入閨青缸凝（一作金缸青凝）明照悲啼青（一作金）缸滅啼轉多掩妾淚聽君歌歌有聲妾有情情聲合兩無違一語不入意從君萬曲梁塵飛

同前　唐李賀

踏踏馬頭（一作蹄）誰見過眼看北斗直天河西風羅幕生翠波

鉛華笑妾顰青娥爲君起唱（一作舞）長相思簾外嚴霜皆倒飛

明星爛爛東方陲紅霞稍出東南涯陸郎去矣乘班騅

遥夜吟　梁宗史

遥夜復遥夜遥夜憂未歇坐對風動帷卧見雲間月

寒夜怨　宋陶弘景

樂府解題曰晉陸機獨寒吟云雪夜遠思君寒

牕獨不寐但叙相思之意爾陶弘景有寒夜怨

梁簡文帝有獨處愁亦皆類此

夜雲生夜鴻驚悽切嘹唳傷夜情空山霜滿高壘平鉛華沈

照帳孤明寒日微寒風緊愁心絶愁淚盡情人不勝怨思來

誰能忍

寒夜吟　唐鮑溶

九衢金吾夜行行上宮玉漏遙分明霜颯乘陰掃地起旅鴻迷雪繞枕聲遠人歸夢既不成留家惜夜歡心發羅幕畫堂深皎潔蘭煙對酒客幾人獸火揚光二三月細腰楚姬絲竹間白紵長袖歌聞閑豈識苦寒損朱顏

獨處愁　梁簡文帝

司馬相如美人賦曰芳香郁烈黼帳高張有女獨處婉然在牀乃歌曰獨處室兮廓無依思佳人兮情傷悲獨處愁蓋取諸此

獨處恒多怨開幕試臨風彈棊鏡奩上傳粉高樓中自君征馬去音信不曾通只恐金屏掩明年已復空

憂旦吟　齊張融

鳴琴當春夜春夜當鳴琴羈人不及樂（一作不樂自）何似千里心

雙婦吟　周蕭撝

寒夜靜房櫳孤妾思偏叢最悲生聚紺黛淚下浸妝紅蓄恨縈

心裏含啼歸帳中會須明月落那忍見牀空

同聲歌　　後漢張衡

樂府解題曰同聲歌漢張衡所作也言婦人自謂幸得充閨房願勉供婦職不離君子思爲莞簟在下以蔽匡牀衾裯在上以護霜露繾綣枕席沒齒不忘焉以喻臣子之事君也晉傳玄何當行曰同聲自相應同心自相知言結交相合其義亦同也

邂逅承際會得充君後房情好新交接恐慄若探湯不才勉自竭賤妾職所當綢繆主中饋奉禮助蒸嘗思爲苑蒻席在下蔽匡牀願爲羅衾幬在上衛風霜洒掃清枕席鞮芬以狄香重戶結金扃高下華燈光衣解巾粉御列圖陳枕張素女

爲我師儀熊盈萬方衆夫所希見天老教軒皇樂莫斯夜樂
没齒焉可忘

何當行　　晉傅玄

同聲自相應同心自相知外合不由中雖固終必離管鮑不
世出結交安可爲

定情詩　　後漢繁欽

樂府解題曰定情詩漢繁欽所作也言婦人不
能以禮從人而自相悦媚乃解衣服玩好致之
以結綢繆之志若臂環致拳拳指環致慇懃耳
珠致區區香囊致扣扣跳脱致契闊佩玉結恩
情自以爲志而期於山隅山陽山西山北終而
不荅乃自傷悔焉

我出東門遊邂逅承清塵思君即幽房侍寢執衣巾時無桑中

契迫此路側人我即媚君姿君亦悅我顏何以致拳拳綰臂雙金環何以致慇懃約指一雙銀何以致區區耳中雙明珠何以致叩叩香囊繫肘後何以致契闊繞腕雙跳脫何以結恩情佩玉綴羅纓何以結中心素縷連雙針何以結相於金薄畫搔頭何以慰別離耳後瑇瑁釵何以荅歡悅紈素三條裾何以結愁悲白絹雙中衣與我期何所乃期東山隅日旰兮不至谷風吹我襦遠望無所見涕泣起踟躕與我期何所乃期山南陽日中兮不來飄風吹我裳逍遙莫誰覩望君愁我腸與我期何所乃期西山側日夕兮不來躑躅長歎息遠望涼風至俯仰正衣服與我期何所乃期山北岑日暮兮不來淒風吹我衿望君不能坐悲苦愁我心愛身以何為惜我華色時中情既款款然後尅密期褰衣躡花草謂君不我欺廁此醜陋質徙倚無所之自傷失所欲淚下如連絲

定情篇　唐喬知之

共君結新婚歲寒必未卜相與遊春園各隨情所逐君念菖蒲花妾感苦寒竹菖花多豔姿寒竹有貞葉此時妾比君君心不如妾簪玉步河堤交（闕一字）援綠籤凫鴈将子遊鸎鸞從雙棲君念春光好妾向春光啼君時不得意妾弃還金閨結（闕一字）本同心悲懽何未齊怨明前致辭願得中所悲人間丈夫易世路婦難爲始經天月照終若流星馳長信佳麗人失意非娥眉廬江小史婦非關織作遲本願長相對今已長相思復有遊宦子結援從梁陳燕居崇三朝去來歷九春誓心妾終始蠶桑奉所親歸願未克從黃金贈路人潔婦懷明義從泥河之津于今千萬年誰當問水濱更憶倡家樓夫壻事封侯去時思灼灼去罷心悠悠不憐妾歲晏千載隴西頭以茲常惕惕百慮恒盈積由來共結褵幾人同匪石故歲彫梁鷰雙去

今來隻今日玉庭梅朝紅暮成碧碧榮始芬敷黄葉巳漸瀝何用念芳春芳春有流易何用重懽娛懽娛俄戚戚家本巫山陽歸去路何長叙言情未盡採菉巳盈筐桑日闕字映物草色盈高岡下有碧流水上有丹桂香桂枝不須折碧流清且潔贈君比芳菲受恵常不滅贈君淚潺湲相思無斷絶妾有秦家鏡寶匣裝珠璣鑑來年二八不記易陰暉妾闕字光寂寂委照影依依今日特爲贈相識莫相違

定情樂　唐施肩吾

敢嗟君不憐自是命不諧著破三條裾却還雙股釵

合歡詩五首　晉楊方

樂府解題曰合歡詩晉楊方所作也言婦人謂

虎嘯風起龍躍雲浮磁石引針陽燧取火皆以

同聲相應同氣相求我與君情亦猶形影宫商

之不離也常願食共竝根穗飲共連理枉衣共
雙絲絹寢共無縫裯坐必接膝行必攜手如鳥
同翼如魚比目利斷金石密踰膠漆也

虎嘯谷風起龍躍景雲浮同聲好相應同氣自相求我情與
子親譬如影追軀食共同根穗飲共連理枉衣共雙絲絹寢
共無縫裯居願接膝坐行願攜手趨子靜我不動子遊我不
留齊彼同心鳥譬彼比目魚情至斷金石膠漆未爲牢但願
長無別合形作一軀生爲併身物死爲同棺灰秦氏自言至
我情不可儔

磁石引長針陽燧下炎煙宮商聲相和心同自相親我情與
子合亦如影追身寢共織成被絮共同功綿暑搖比翼扇寒
坐併肩氊子笑我必哂子慼我無歡來與子共迹去與子同
塵齊彼蛩蛩獸舉動不相捐唯願長無別合形作一身生有

同室好死成併棺民徐氏自言至我情不可陳
獨坐空室中愁有數千端悲響答愁歎哀涕應苦言彷徨四
顧望白日入西山不覩佳人來但見飛鳥還飛鳥亦何樂夕
宿自作羣
飛黃銜長轡翼翼回輕輪俯涉淥水澗仰過九層山脩途曲
且險秋草生兩邊黃華如沓金白花如散銀青敷羅翠采絳
葩象赤雲爰有承露枝紫榮合素芬扶路重清蘂布翹芳且
鮮目爲豔采回心爲奇色旋撫心悼孤客俯仰還自憐踟躕
向壁歎攬筆作此文
南隣有奇樹承春挺素華豐翹被長條綠葉蔽朱柯因風吹
微音芳氣入紫霞我心羨此木願徙著子家夕得遊其下朝
得弄其葩爾根深且堅予宅淺且洿移植良無期欲息將如何
樂府詩集卷第七十六

樂府詩集卷第七十七

太原郭　茂倩　編次

雜曲歌辭

春江行　梁簡文帝

唐郭元振曰春江巴女曲也

客行祇念路相爭渡京口誰知堤上人拭淚空搖手

春江曲　唐郭元振

江水春沈沈上有雙竹林竹葉壞水色郎亦壞人心

同前　唐張籍

春江無雲潮水平蒲心出水鳧鷖鳴長干夫壻愛遠行自染春衣縫已成妾身生長金陵側去年隨夫住江北春來未到父母家舟小風多渡不得欲辭舅姑先問人私向江頭祭水神

同前三首　唐張仲素

搖漾越江春相將看白蘋歸時不覺夜出浦月隨人
家寄征江岸征人幾歲遊不知潮水信每日到沙頭
乘曉南湖去參差疊浪橫前洲在何處霧裏鴈嚶嚶

江上曲　　齊謝朓

易陽春草出踟躕日已暮蓮葉尚田田淇水不可渡願子淹桂舟時同千里路千里既相許桂舟復容與江上可采菱清歌共南楚

同前　　唐李嘉祐

江上澹澹芙蓉花江口蛾眉獨浣沙可憐應是陽臺女坐對鸕鷀嬌不語掩面羞看北地人回首忽作空山雨蒼梧秋色不堪論千載依依帝子魂君看峯上班班竹盡是湘妃泣淚痕

江皋曲　　王融

林斷山更續洲盡江復開雲峯帝鄉起水源桐柏來

楊花曲　　宋湯惠休

葳蕤華結情宛轉風含思掩涕守春心折蘭還自遺江南相思引多歎不成音黃鶴西北去銜我千里心深堤下生草高城上入雲春人心生思思心長爲君

桃花曲　　梁簡文帝

但使新花豔得間美人簪何須論後實怨結子瑕心

同前　　唐顧況

魏帝宮人舞鳳樓隋家天子泛龍舟君王夜醉春眠晏不覺桃花逐水流

映水曲　　范靜妻沈氏

輕鬢學浮雲雙蛾擬初月水澄正落釵萍開理垂鬟

登樓曲　　范靜妻沈氏

憑高川陸近望遠阡陌多相思隔重嶺相憶限（一作恨）長河

越城曲

別怨悽歌響鏇啼濕舞衣願假烏棲曲翻從南向飛

迎客曲　梁徐勉

絲管列舞席陳含聲未奏待嘉賓羅絲管舒舞席斂袖嘿脣迎上客

送客曲　徐勉

袨繽紛聲委咽餘曲未終高駕別爵無算景巳流空紆長袖客不留

送歸曲　梁吳均

送子獨南歸攬衣空閔默關山晝欲暗河冰夜向塞鸞至他人鄉鴈去還誰國寄子兩行書分明達濟北

還臺樂　陳陸瓊

蒲萄四時芳醇瑠璃千鍾舊賓夜飲舞遲銷燭朝醒絃促催

人春風秋月恒好讙醉日月言新

芙蓉花　隋辛德源

洛神挺凝素文君拂豔紅麗質徒相比鮮彩兩難同光臨照波日香隨出岸風渉江良自遠託意在無窮

浮遊花

窻中斜日照池上落花浮若畏春風晚當思秉燭遊

芳林篇　梁柳惲

芳林曄兮發朱榮時既晚兮隨風零隨風零兮返無期安得陽華遺所思

上林　梁昭明太子

千金騕褭騎萬斤流水車爭遊上林苑高蓋逗春華

夾樹　吴均

桂樹夾長岐復值清風吹氛氳揉芳葉連綿交密枝能迎春

露點不逐秋風移願君長惠愛當使歲寒知

樹中草　梁簡文帝

幸有青袍色聊因翠幄凋雖間珊瑚蔕非是合歡條

同前　唐李白

鳥銜野田草誤入枯桑裏客土植危根逢春猶不死草木雖無情因依尚可生如何同枝葉各自有枯榮

同前　唐張祜

青青樹中草託根非不危草生樹却死榮枯君可知

城上麻　吳均

麻生滿城頭麻葉落城溝麻莖左右披溝水東西流少年感恩命奉劒事西周但令直心盡何用返封侯

燕燕于飛　陳江揔

燕燕詩曰燕燕于飛差池其羽之子于歸遠送

于野燕燕于飛蓋出於此按燕燕本衛莊姜送歸妾之詩也若江揔辭詠雙燕而已

二月春暉暉雙燕理毛衣銜花弄藿蘼拂葉隱芳菲或在堂間戲多從幕上飛若作仙人履終向日南歸

錦石擣流黃　　隋煬帝

漢使出燕然愁閨夜不眠易製殘燈下鳴砧秋月前今夜長城下雪昬月應暗誰見倡樓前心悲不成慘

河曲遊　　隋盧思道

鄴下盛風流河曲有名遊應徐託後乘車馬踐芳洲丰茸雞樹密遥裔鶴烟稠日上疑高蓋雲起類重樓金羈自沃若蘭棹成夷猶懸匏動清吹采菱轉豔謳還珂響金埒歸袂拂銅溝唯畏三春晚勿言千載憂

城南隅讌　　盧思道

城南氣初新才王邀故人輕盈雲映日流亂鳥啼春花飛北
寺道絃散南漳瀕舞動淮南袖歌揚齊后塵騈鑣歇夜馬接
軫限歸輪公孫飲彌月平原讌浹旬即是消聲地何須遠避秦

喜春遊歌二首　隋煬帝

禁苑百花新佳期遊上春輕身趙皇后歌曲李夫人
步緩知無力臉慢動餘嬌錦袖淮南舞寶襪楚宮腰

春遊吟　唐李章

初春遍芳甸千里藹盈矚美人摘新英步步玩春綠所思杳
何處宛在吳江曲可憐不得共芳菲日暮歸來淚滿衣

春遊樂　唐施肩吾

一年三百六十日賞心那似春中物草迷曲塢花滿園東家
少年西家出

同前二首　唐李端

遊童蘇合帶倡女蒲葵扇初日映城時相思忽相見褰裳踏露草理鬢回花面薄暮不同歸留情此芳甸

杯彈連錢馬銀鉤妥墮鬟採桑春陌上踏草夕陽間意合詞先露心誠貌却閑明朝若相憶雲雨出巫山

春遊曲三首　張仲素

煙柳飛輕絮風榆落小錢濛濛百花裏羅綺競鞦韆

騁望登香閣爭高下砌臺林間踏青去席上意錢來

行樂三春節林花百和香當年重意氣先佔鬭鷄塲

樂府　古辭

行胡從何方列國持何來氍毹𣰆㲪五木香迷迭艾蒳及都梁

同前　魏明帝

種瓜東井上冉冉自踰垣與君新爲婚瓜葛相結連寄託不

肖軀有如倚太山兔絲無根株蔓延自登緣萍藻託清流常恐身不全被蒙丘山惠賤妾執拳拳天日照知之想君亦俱然

同前二首　唐劉言史

花頷紅騣一向偏綠槐香陌欲朝天仍嫌衆裏嬌行疾傍鐙深藏白玉鞭

貫珠團香小桂條玉鞭兼賜霍嫖姚弄影便從天禁出碧蹄聲碎五門橋

同前　顧況

暖谷春光至宸遊近甸榮雲隨天仗轉風入御簾輕翠蓋浮佳氣朱樓倚太清朝臣冠劒退宮女管弦迎細草承雕輦繁花入幔城文房開聖武藻衞宿天營玉醴隨觴至銅壺逐漏行五星含土德萬姓徹中聲親祀先崇典躬推示勸耕國風

新正樂農器近消兵道德關河固刑章日月明野人同鳥獸率舞感昇平

同前　唐權德輿

光風瀲灩百花吐樓上朝朝學歌舞身年二八壻侍中幼妹承恩兄尚主綠幌珠箔繡鴛鴦侍婢先焚百和香鶯啼日出不知曙寂寂羅幃春夢長

同前三首　唐孟郊

蓮子不可得荷花生水中猶勝道傍柳無事一作時蕩春風

淥萍與荷葉同此一水中風吹荷葉在淥萍西復東

蓮花未開時苦心終日卷春水一作風徒蕩漾荷花未開展

同前　唐陸長源

芙蓉初出水菡萏露中花風吹著枯木無奈值空槎

雜曲二首　梁王筠

烏一作烏還夜已遍蟲飛曉尚賒挂月徒留影蘭臺空結花

可憐洛城東芳樹揺春風丹霞映白日細雨帶輕虹

同前　陳傅縡

新人新寵住蘭堂翠帳金屏玳瑁床叢星不如珠簾色度月還如一作似粉壁光從來著名推趙子復有丹脣發皓齒一嬌一態本難逢如畫如花定相似樓臺宛轉曲皆通絃管逶迤徹下風此殿笑語恒長共傍省歡娛不復同訝許人情太厚薄分恩賦念能斟酌多作繡被為鴛鴦長弄綺琴憎別鶴人今投寵要須堅會使歲寒恒度前共取辰星作心抱無轉無移千萬年

同前　陳徐陵

傾城得意已無儔洞房連閣未消愁宮中本造鴛鴦殿為誰新起鳳皇樓綠黛紅顏兩相發千嬌百念情無歇舞衫迴袖

勝春風歌扇當牕似秋月碧玉宮妓自翩妍絳樹新聲自作一
曩可憐張星舊在天河上猶來張姓本連天二八年時不憂
度傍邊得寵誰應一作相妬立春歴日自當新正月春幡底頭
故流蘇錦帳挂香囊織成羅幌隱燈光只應私將琥珀枕瞑
瞑來上珊瑚牀

同前三首　　陳江揔

行行春逕蘼蕪綠織素那復解琴心乍愜南階悲綠草誰堪
東陌怨黃金紅顔素月俱三五夫壻何在今追虜關山隴月
春雪冰誰見人啼花照戸
殿内一處起金房併勝餘人白玉堂珊瑚挂鏡臨網戸芙蓉
作帳照雕梁房櫳宛轉垂翠幕佳麗逶迤隱珠箔風前花管
颺難留舞處花鈿低不落陽臺通夢太非真洛浦凌波復不
新曲中唯聞張女曲定有同姓可憐人但願私情賜斜領不

願傍人相比並妾門逢春自可榮君面未秋何意冷
泰山言應可轉移新寵不信更參差合懽錦帶鴛鴦同心
綺袖連理枝皎皎新秋明月開早露飛螢暗裏來鯨燈落花
殊未盡虬水銀箭莫相催非是神女期河漢別有仙姬入吹
臺未眠解著同心結欲醉郍堪連理杯後宮不愜茱萸芳夜
夜爭開蘇合房寶釵翠鬟還相似朱脣玉面非一行新人未
語言如澀新寵無前判不臧願奉更衣蘭麝氣恐君馬到自
驚香

同前　　唐王勃

智瓊神女來訪文君娥眉始約羅袖初薰歌齊曲韻舞亂行
分若向陽臺薦枕何啻得勝朝雲

古曲　　陳後主

桂鉤影桂枝開紫綺袖逐風迴日明珠色偏亮葉盡衫香

更來

同前　　周王褒

青樓臨大道遊俠盡淹留陳王金被馬秦女桂爲鉤馳輪洛陽巷鬬鷄南陌頭薄暮風塵起聊爲清夜遊

同前五首　　施肩吾

可憐江北女慣唱江南曲摇落木蘭舟雙鳬不成浴

郎爲上上香妾爲籠上灰歸時雖暖熱去罷生塵埃

夜裁鴛鴦綺朝織蒲桃綾欲試一寸心待縫三尺冰

憐時魚得水怨罷商與參不如山支子却解結同心

紅顔感暮花白日同流水思君如孤燈一夜一心死

樂府詩集卷第七十七

樂府詩集卷第七十八

太原郭　茂倩　編次

雜曲歌辭

燉煌樂　　後魏温子昇

通典曰燉煌古流沙地黑水之所經焉秦及漢初爲月支匈奴之境武帝開其地後分酒泉置燉煌郡燉大煌盛也

客從遠方來相隨歌且笑自有燉煌樂不減安陵調

同前二首　　隋王胄

長途望無已高山斷還續意欲此念時氣絶不成曲

極目眺脩塗平原忽超遠心期在何處望望崦嵫晩

阿那瓌

北史曰阿那瓌蠕蠕國主也蠕蠕之爲國冬則

徙渡漠南夏則還居漠北通典曰蠕蠕自拓跋初徙雲中即有種落後魏太武神䴥中彊盛盡有匈奴故地阿那瓌孝明帝時蠕蠕國主辭云

匈奴主也

開有匈奴主雜騎起塵埃列觀長平坂驅馬渭橋來

高句麗　周王褒

通典曰高句麗東夷之國也其先曰朱蒙本出於夫餘朱蒙善射國人欲殺之遂弃夫餘東南走渡普述水至紇外骨城居焉號曰句麗以高爲氏桉唐亦有高麗曲李勣破高麗所進後改

夷賓引者是也

蕭蕭易水生波燕趙佳人自多傾杯覆盌漼漼垂手奮袖娑娑不惜黃金散盡只畏白日蹉跎

同前　　唐李白

金花折風帽白馬小遲回翩翩舞廣袖似鳥海東來

舍利弗

金繩界寶地珍木蔭瑶池雲間妙音奏天際法蠡吹

摩多樓子

從戎向邊北遠行辭密親借問陰山候還知塞上人

同前　　唐李白

玉塞去金人二萬四千里風吹沙作雲一時渡遼水天白水如消甲絲雙串斷行行莫苦辛城月猶殘半曉氣朔上趚胡馬蹄行人聽水别隔隴長東西

法壽樂　　齊王融

天長命自短世促道悠悠禪衢開遠駕愛海亂輕舟累塵曾未極積樹豈能籌情埃何用洗正水有清流

右歌本處

百神肅以虔三靈震且越常耀揄芳霄薰風鏡蘭月（一作風動）[illegible]

月丹榮落（一作藻）王墀翠羽文珠闕皓毳非虛來交輪豈徒[illegible]

右歌靈瑞

韶年春巳仲明星夜未央千祀鍾休曆萬國會佳祥金容函

夕景翠鬟佩晨光表塵維淨嚳泛俗迺輪皇

右歌下生

龔氣變離宮重析警曾殿曼響感心神修容展懽宴生老終

巳縈死病行當薦方爲淨國遊豈結危城戀

右歌在宮

春木（一作枝）多病夭秋葉少欣榮心骸終委滅親愛暫平生長

風吹北壟迸影急東瀛知三既情竭（一作暢）得一乃身貞

右歌田遊

飛策辭國門端儀偃郊樹慈愛徒相思閨中空怨慕風隷乖往途駿足獨歸路舉袂謝時人得道且還顧

右歌出國

明心弘十力寂慮安（一作通）四禪青禽承逸軌文鑣鐀重川鷲嵓摽遠勝鹿野究清玄不有希世寶何以導蒙泉

右歌得道

亭亭宵月流朏朏晨霜結川上不徘徊條間問生滅靈知湛常然符應有盈缺感運復來儀且壓（一作厭）人間泄（一作世）

右歌寶樹（一作雙樹）

春山玉所府檀林鸞所栖引火歸炎隧揖水自青隄養園無異轍祇館有同蹄比肩非今古接武豈燓齊

右歌賢衆

昔余輕歲月兹也重光陰閨中屏鉛黛闕下挂纓簪禪悅兼

芳旨法言戀清琴一異非能辨寵辱一作空有誰爲心

右歌學徒

峻岸臨層穹迢迢跡遠風騰芳清漢裏響梵高雲中金華紛冉翳瓊樹鬱青葱貞心一作延逸淨景邈業嗣天宮

右歌供具

影響未嘗隔晦明殊復親弘慈邈已遠睿后扇高塵區中提景福寓外沐深仁萬祀留國祚億兆慶唐民

右歌福應

步虛詞十首　周庾信

樂府解題曰步虛詞道家曲也備言衆仙縹緲輕舉之美

渾成空教立元始正塗開赤玉靈文下朱陵眞氣來中天九龍館倒景八風臺雲度弦歌響星移空殿迴青衣上少室童

予向蓬萊逍遥閬四會倏忽度三災
無名萬物始有道百靈初寂絶乘丹氣玄冥上玉虛三元讚
建節八景逐迴輿赤鳳來銜璽青鳥入獻書壞机仍成机枯
魚還作魚栖心浴日館行樂止雲墟
凝眞天地表絶想寂寥前有象猶虛豁忘形卒自然開經壬
子歲值道甲申年迴雲隨舞曲流水逐歌弦石髓香如飯之
房脆似蓮停鸞讌瑶水歸路上鳴天
道生乃太一守静即玄根中和練九氣甲子謝三元居心受
善水教學重香園鳧留報關吏鶴去晝城門更以欣無還
來寄絶言
洞靈尊上德虞石會明眞要妙思玄紀（一作絶）虛無養谷神丹
丘乘翠鳳玄圃馭班麟移梨付苑吏種杏乞山人自此逢何
世從今復幾春海無三尺水山成數寸塵

東明九芝蓋北屬（一作燭）五雲車飄颻入倒景出没上煙霞春
泉下玉溜（一作霤）青鳥向金華漢帝看桃核齊侯問棗花上元
應送酒來向蔡經家
歸心遊太極回向入無名五香芬紫府千燈照赤城鳳林採
珠實春山種玉榮夏笛三山響春鐘九乳鳴絳河應遠別黄
鵠來相迎
北閣臨玄水南宫坐絳雲龍泥印玉策天火練真文上元風
雨散中天歌吹分靈駕千尋上空香萬里聞
地鏡階基遠天窻影迹深碧玉成雙樹空青爲一（一作遍）林鴻
巢堪鍊石蜂房得煑金漢武多驕慢淮南不小心蓬萊入海
底何處可追尋
麟洲一海闊玄圃半天高浮丘迎子晉若士避盧敖經飡林
慮李舊食綏山桃成丹須竹節刻髓用蘆刀無妨隱士去即

是賢人逃

同前二首　　隋煬帝

洞府凝玄液靈山體自然俯臨滄海島回出大羅天八行分寶樹十丈散芳蓮懸居燭日月天步役風煙躡記書金簡乘空誦玉篇冠法二儀立佩帶五星連瓊軒觶甘露瑜井挹膏泉南巢息雲馬東海戲桑田回旗遊八極飛輪入九玄高蹈虛無外天地乃齊年

摠轡行無極相推凌太虛翠霞承鳳輦碧霧翼龍輿輕舉金臺上高會玉林墟朝遊度圓海夕宴下方諸

同前　　唐陳羽

漢武清齋讀鼎書內官扶上畫雲車壇上月明宮殿閉仰看星斗禮空虛

同前　　唐顧況

迴步遊三洞清心禮七眞飛符超羽翼禁火醮星辰殘藥沾
雞犬靈香出鳳麟壺中無窄處願得一容身

同前十首　　唐吴筠

衆仙仰靈範肅駕朝神宗金景相照曜逶迤昇太空七玄巳
高飛火鍊生朱宫餘慶逮天壤平和王道融八威清遊氣十
絶舞祥風使我躋陽源其來自陰功逍遥太霞上眞鑒靡
不通

逸轡登紫清元乘邁奔電閶風隔三天俯視猶可見玉闈一作
闕標敞朗瓊林鬱葱蒨自非挺金骨焉得諧夙願眞朋何森
森合景恣遊宴良會忘淹留千齡纔一眄

三宫發明景朗照同鬱儀紛然馳飈欻上采空清蕤令我洞
金色後天耀瓊姿心叶太虚靜寥寥竟何思玄中有至樂淡
泊終無爲但與正眞友飄飄散遨嬉

稟化凝正氣鍊形為眞仙忘心符元宗返本叶自然帝一為集

絳宮流光出丹玄元英與桃君朗詠長生篇六符煥明霞百

闕一作闢羅紫煙飈車涉寥廓靡靡乘景遷不覺雲路遠斯須

遊萬天

扶桑誕初景羽蓋凌晨霞倏欻造西域嬉遊金母家碧津湛

洪源灼爍敷荷花煌煌青琳宮璀璨列玉華眞氣溢絳府自

然思無邪俯矜區中士夭濁良可嗟

瓊臺劫為仞孤映大羅表常有三素雲凝光自飛繞羽童泛

明霞升降何縹緲鸞鳳吹雅音栖翔絳林標玉虛無晝夜靈

景何皎皎一覩太上京方知眾天小

灼灼青華林靈風振瓊柯三光無冬春一氣清且和迴首遷

結鄰傾眸親曜羅豁落制六天流鈴威百魔緜緜慶不極誰

謂椿齡多

高情無侈靡遇物生華光至樂無簫歌玉音自玲琅或登明
眞臺宴此羽景堂香靄結寶雲靡微散靈香天人誠遐曠歎
泰不可量
爰從太微上肆覲虚皇尊騰我八景輿威遲入天門旣登玉
晨庭肅肅仰紫軒敢問龍漢末如何闢乾坤怡然輟雲璈告
我希夷言幸聞至精理方見造化源
二氣播萬有化機無停輪而我操其端乃能出陶鈞寥寥天
漢上所遇皆清眞澄瑩含元和氣同自相親絳樹結丹實紫
霞流碧津以茲保童嬰永用超形神

同前二首　　唐劉禹錫

阿母種桃雲海際花落子成二千歲海風吹折最繁枝跪捧
瓊盤獻天帝
華表千年鶴一歸凝丹爲頂雪爲衣星星仙語人聽盡卻向

五雲翻翅飛

同前十九首　唐韋渠牟

玉簡眞人降金書道籙通煙霞方蔽日雲雨已生風四極威
儀異三天使命同那將人世戀不去上清宮

羽駕正翩翩雲鴻最自然霞冠將月曉珠珮與星連鏤玉留
新訣雕金得舊編不知飛鳥學更有幾人仙

上帝求仙使眞符取玉郎三才閑布象二景鬱生光騎吏排
龍虎笙歌走鳳皇天高人不見暗入白雲鄉

鸞鶴共徘徊仙官使者催香花三洞啓風雨百神來鳳篆文
初定龍泥印已開何須生羽翼始得上瑶臺

羽節忽排煙蘇君已得仙命風驅日月縮地走山川幾處留
丹竈何時種玉田一朝騎白虎直上紫微天

靜發降靈香思神意智長虎存時促步龍想更成章扣齒風

雷響挑燈日月光仙雲在何處髣髴滿空堂
幾度遊三洞何方召百神風雲皆守一龍虎亦全眞執節仙
童小燒香玉女春應須絕巖内委曲問皇人
上法杳無營玄修似有情道宮瓊作想眞帝玉爲名召岳靈
旌節馳雷發吏兵雲車降何處齋室有仙卿
羽衞一何鮮香雲起暮煙方朝太素帝更向玉清天鳳曲凝
猶吹龍驂儼欲前眞文幾時降知在永和年
大道何年學眞符此日催還持金作印未要玉爲臺羽節分
明授霞衣整頓裁應緣五雲役教上列仙來
獨自授金書蕭條詠紫虛龍行還當馬雲起自成車九轉風
煙合千年井竈餘參差從太一壽等混元初
道學已通神香花會女眞霞床珠斗帳金薦玉輿輪一室心
偏靜三天夜正春靈官竟誰降仙相有夫人

上界有黃房仙家道路長神來知位次樂變協宮商競把瑠
璃椀誰傾白玉漿霞衣最芬馥蘇合是靈香
珠佩紫霞纓夫人會八靈太霄猶有觀絕宅豈無形暮雨徘
徊降仙歌宛轉聽誰逢王妃輦應檢九眞經
西海辭金母東方拜木公雲行疑帶雨星步欲凌風羽袖揮
丹鳳霞巾曳彩虹飄飄九霄外下視望仙宮
玉樹雜金花天河織女家月邀丹鳳舄風送紫鸞車霧縠籠
綃帶雲屛列錦霞瑤臺千萬里不覺往來賒
舞鳳凌天出歌麟入夜聽雲容衣眇眇風韻曲泠泠扣齒端
金簡焚香檢玉經仙宮知不遠只近太微星
紫府與玄洲誰來物外遊無煩騎白鹿不用駕青牛金化顏
應駐雲飛鬢不秋仍聞碧海上更用玉爲樓
鸞鶴復驂鸞全家去不難雞聲隨羽化犬影入雲看釀玉當

成酒燒金且轉丹何妨五色綬次第給仙官

同前　　唐僧皎然

予因覽眞訣遂感西域君王箠下青冥人閒未曾聞日華鍊
黿鼉皎皎無垢氛謂我有仙骨且令餌氤氳俯仰娩靈顔願
隨鸞鶴羣俄然動風馭縹眇歸青雲

同前　　唐高駢

青溪道士人不識上天下天鶴一隻洞門深鏁碧牕寒滴露
研珠寫周易

步虛引　　唐陳陶

小隱山人十洲客莓苔爲衣雙耳白青編爲我忽降書暮雨
虹蜺一千尺赤城門閉六丁直曉日已燒東海色朝天半夜
聞玉雞星斗離離礙龍翼

樂府詩集卷第七十九

太原郭　茂倩　編次

近代曲辭

荀子曰久則論略近則論詳言世近而易知也兩漢聲詩著于史者唯郊祀安世之歌而已班固以巡狩福應之事不序郊廟故餘皆弗論由是漢之雜曲所見者少而相和鐃歌或至不可曉解非無傳也久故也魏晉已後訖於梁陳雖略可考猶不若隋唐之爲詳非獨傳者加多也近故也近代曲者亦雜曲也以其出於隋唐之世故曰近代曲也隋自開皇初文帝置七部樂一曰西涼伎二曰清商伎三曰高麗伎四曰天竺伎五曰安國伎六曰龜茲伎七曰文康伎至

大業中煬帝乃立清樂西涼龜兹天竺康國踈勒安國高麗禮畢以爲九部樂器工衣於是大備唐武德初因隋舊制用九部樂太宗增高昌樂又造讌樂而去禮畢曲其著令者十部一曰讌樂二曰清商三曰西涼四曰天竺五曰高麗六曰龜兹七曰安國八曰踈勒九曰高昌十曰康國而揔謂之燕樂聲辭繁雜不可勝紀凡燕樂諸曲始於武德貞觀盛於開元天寶其著録者十四調二百二十二曲又有梨園别敎院法歌樂十一曲雲韶樂二十曲肅代以降亦有因造僖昭之亂典章亡鈌其所存者槩可見矣

紀遼東二首　隋煬帝

紀遼東隋煬帝所作也通典曰高句麗自東晉

以後居平壤城亦曰長安城隋山屈曲南臨浿水在遼東南復有遼東玄菟等數十城隋書曰大業八年煬帝伐高麗度遼水大戰于東岸擊賊破之進圍遼東是也王建又有渡遼水亦出於此

遼東海北翦長鯨風雲萬里清方當銷鋒散馬牛旋師宴鎬京前歌後舞振軍威飮至解戎衣判不徒行萬里去空道五原歸

秉旄仗節定遼東俘馘變夷風清歌凱捷九都水歸宴雒陽宮策功行賞不淹留全軍藉智謀詎似南宮複道上先封雍齒侯

同前　隋王胄

遼東浿水事龔行俯拾信神兵欲知振旅旋歸樂爲聽凱歌

聲十乘元戎纔渡遼扶濊已冰消詎似百萬臨江水桉轡空迴鑣天威雷邁舉朝鮮信次即言旋還笑魏家司馬懿迢迢用一年鳴鑾詔蹕發淆潼合爵及疇庸何必豐沛多相識比屋降堯封

遼東行　唐王建

遼東萬里遼水曲古戍無城復無屋黃雲蓋地雪作山不惜黃金買衣服戰迴各自收弓箭正西回面家鄉遠年年郡縣送征人將與遼東作丘坂寧爲草木鄉中生有身不向遼東行

渡遼水　王建

渡遼水此去咸陽五千里來時父母知隔生重著衣裳如送死亦有白骨歸咸陽營家各與題本鄉身在應無回渡[渡一作遂]日駐馬相看遼水傍

昔昔鹽　　　　　　　　隋薛道衡

隋薛吏部有昔昔鹽唐趙嘏廣之爲二十章樂苑曰昔昔鹽羽調曲唐亦爲舞曲昔一作析

垂柳覆金堤蘼蕪葉復齊水溢芙蓉沼花飛桃李蹊採桑秦氏女織錦竇家妻關山别蕩子風月守空閨恒斂千金笑長垂雙玉啼盤龍隨鏡隱彩鳳逐帷低飛魂同夜鵲倦寢憶晨雞暗牖懸蛛網空梁落鷰泥前年過代北今歲往遼西一去無消息那能惜馬蹄

同前

碧落風煙外瑶臺道路賒何如連御苑别自有仙家此地回鸞駕緣溪滿翠華洞中明月夜牕下發煙霞

昔昔鹽二十首　　　　唐趙嘏

垂柳覆金堤

新年垂柳色嫋嫋對空閨不畏芳菲好自緣離別啼因風飄

玉戶向日映金堤驛使何時度還將贈隴西

蘼蕪葉復齊

提筐紅葉下度日採蘼蕪掬翠香盈袖看花憶故夫葉齊誰

復見風暖恨偏孤一被春光累容顏與昔殊

水溢芙蓉沼

淥沼春光後青青草色濃綺羅驚翡翠暗粉妬芙蓉雲遍隱

前見荷翻鏡裏逢將心託流水終日渺無從

花飛桃李蹊

遠期難可託桃李自依依花徑無容跡戎裘未下機隨風開

又落度日掃還飛欲折枝枝贈那知歸不歸

採桑秦氏女

南陌採桑出誰知妾姓秦獨憐傾國貌不負早鶯春珠履盈

花濕龍鉤折桂新使君那駐馬自有侍中人

織錦竇家妻

當年誰不羨分作竇家妻錦字行行苦羅帷日日啼豈知登
隴遠秪恨下機迷直候陽關使殷勤寄海西

關山別蕩子

那堪聞蕩子迢遞涉關山腸爲馬嘶斷衣從淚滴班愁看塞
上路詎惜鏡中顏儻見征西鴈應傳一字還

風月守空閨

良人猶遠戍耿耿夜閨空繡戶流宵月羅帷坐曉風覓飛沙
幰北腸斷玉關中尚自無消息錦衾那得同

恒斂千金笑

玉顏恒自斂蓄出鏡臺前早惑陽城客今悲華錦筵從軍人
更遠投喜鵲空傳夫婿交河北迢迢路幾千

長垂雙玉啼

雙雙紅淚墮度日暗中啼鴈出居延北人猶遼海西向燈垂
玉枕對月灑金閨不惜羅衣濕惟愁歸意迷

蟠龍隨鏡隱

鸞鏡無由照蛾眉豈忍看不知愁鬟換空見隱龍蟠那慳紅
顏改偏傷白日殘今朝窺玉匣雙淚落闌干

綵鳳逐帷低

巧繡雙飛鳳朝朝伴下帷春花那見照暮色已頻欺欲卷思
君處將啼褰淚時何年征戍客傳語報佳期

驚魂同夜鵲

萬里無人見衆情難與論思君常入夢同鵲屢驚魂孤寢紅
羅帳雙啼玉筋痕妾心甘自保豈復暫忘恩

倦寢聽晨雞

去去邊城騎愁眠掩夜閨披衣窺落月拭淚待鳴雞不憤連年别那堪長夜啼功成應自恨早晚發遼西

暗牖懸蛛網

暗中蛛網織歷亂綺牕前萬里終無信一條徒自懸分從珠露滴愁見隟風牽妾意何聊賴看看劇斷絃

空梁落鷰泥

春至今朝鷰花時伴獨啼飛斜珠箔隔語近畫梁低帷卷闒窺戶牀空暗落泥誰能長對此雙去復雙栖

前年過代北

代北幾千里前年又復經燕山雲自合胡塞草應青鐵馬喧鼙鼓蛾眉怨錦屏不知羌笛曲掩淚若爲聽

今歲往遼西

萬里飛書至聞君已渡遼秪諳新别苦忘却舊時嬌烽戍年

將老紅顔日向彫胡沙兼漢苑相望幾迢迢

良人征絶域一去不言還百戰攻胡虜三冬阻玉關蕭蕭邊

馬思獵獵戍旗閑獨把千重恨連年未解顔

雲中路杳杳江畔草凄凄妾久垂珠淚君何惜馬蹄邊風悲

曉角營月怨春鼙未道休征戰愁眉又復低

江都宫樂歌　隋煬帝

揚州舊處可淹留臺榭高明復好遊風亭芳樹迎早夏長臯

麥隴送餘秋淥潭桂檝浮青雀果下金鞍躍紫騮緑觴素蟻

流霞飲長袖清歌樂戲州

十索四首　隋丁六娘

樂苑曰十索羽調曲也

裙裁孔雀羅紅綠相參對映以蛟龍錦分明奇可愛麤細
爲憐愛風光偏憎良夜促曼眼腕中嬌相看無厭足懽情不
自知從郎索衣帶
耐眠從郎索花燭
君言花勝人人今去花近寄語落花風莫吹花落盡欲作勝
花枝從郎索紅粉
一八好容顏非意得相關逢桑欲採折尋枝倒嬾攀欲呈纖
纖手從郎索指鐶

同前二首

含嬌不自轉送眼勞相望無那關情伴共入同心帳欲防人
眼長從郎索錦障
鶯房下翠帷蓮帳舒鴛錦懽情宜早暢密態須同寢欲共作
纏綿從郎索花枕

水調歌第一

樂苑曰水調商調曲也舊說水調河傳隋煬帝幸江都時所製曲成奏之聲韻怨切王令言聞而謂其弟子曰但有去聲而無回韻帝不返矣後竟如其言按唐曲凡十一疊前五疊爲歌後六疊爲入破其歌第五疊五言調聲最爲怨切故白居易詩云五言一遍最慇懃調少情多似有因不會當時翻曲意此聲腸斷爲何人唐又有新水調亦商調曲也

平沙落日大荒西隴上明星高復低孤山幾處看烽火壯一作戰士連營候鼓鞞

第二

猛將關西意氣多能騎駿馬弄琱戈金鞍寶鉸精神出笛倚

新翻水調歌

第三

王孫別上綠珠輪不羨名公樂此身户外碧潭春洗馬樓前紅燭夜迎人

第四

隴頭一段氣長秋舉目蕭條總是愁秖爲征人多下淚年年添作斷腸流

第五

雙帶仍分影同心巧結香不應須換彩意欲媚濃

入破第一

細草河邊一鴈飛黃龍關裏掛戎衣爲受明王恩寵甚從事經年不復歸

第二

錦城絲管日紛紛半入江風半入雲此曲只應天上去人間能得幾回聞

第三

昨夜遥歡出建章今朝綴賞度昭陽傳聲莫閉黄金屋爲報先開白玉堂

第四

日晚笳聲咽戍樓隴雲漫漫水東流行人萬里向西去滿目關山空（一作無）恨（一作自）愁

第五

千年一遇聖明朝願對君王舞細腰乍可當熊任生死誰能伴鳳上（一作入）雲霄

第六徹

閨燭無人影羅屏有夢魂近來音耗絶終日望君門

水調　唐吴融

鑿河千里走黄沙浮殿西來動日華可道新聲是亡國且貪惆悵後庭花

堂堂二首　唐李義府

樂苑曰堂堂角調曲唐高宗朝曲也會要曰調露中太子旣廢李嗣眞私謂人曰禍猶未已主上不親庶務事無巨細決於中宫宗室雖衆俱在散位居中制外其勢不敵恐諸王藩翰爲中宫所蹂踐矣隋巳來樂府有堂堂曲再言堂者是唐再受命也中宫僭擅復歸子孫則爲再受命矣近日閭里又有側堂堂撓堂堂之謡側者不正之辭撓者不安之稱將見患難之作不久矣後皆如其言桉堂堂本陳後主所作唐爲法

曲故白居易詩云法曲法曲歌堂堂是也

鏤月成歌扇裁雲作舞衣自憐回雪影好取洛川歸

懶正鴛鴦被著褰玳瑁牀春風別有意密處也尋香

同前　　唐李賀

堂堂復堂堂紅脫梅灰香一作紅熟海梅香十年粉蠹生畫梁飢蟲

不食推碎黃蕙花巳老桃葉長禁院懸簾隔御光華清源中

礜石湯徘徊百一作白鳳隨君王

涼州歌第一

樂苑曰涼州宮調曲開元中西涼府都督郭知

運進樂府雜錄曰梁州曲本在正宮調中有大

遍小遍至貞元初康崑崙翻入琵琶玉宸宮調

初進曲在玉宸殿故有此名合諸樂即黃鍾宮

調也張同幽閑鼓吹曰段和尚善琵琶自制

西凉州後傳康崑崙即道調凉州也亦謂之新

凉州云

漢家宫裏柳如絲上苑桃花連碧池聖壽已傳千歲酒天文

更賞百僚詩

第二

朔風吹葉鴈門秋萬里煙塵昏戍樓征馬長思青海北胡笳

夜聽隴山頭

第三

開篋淚霑襦見君前日書夜臺空寂寞猶是紫雲車

排遍第一

三秋陌上早霜飛羽獵平田淺草齊錦背蒼鷹初出按五花

驄馬餵來肥

第二

鸑鷟殿裏笙歌起翡翠樓前出舞人喚上紫微三五夕聖明方壽一千春

涼州詞　唐耿湋

國使翩翩隨旆旌隴西岐路足荒城氊裘牧馬胡鶵小日暮蕃歌三兩聲

同前　唐張籍

邊城暮雨鴈飛低蘆筍初生漸欲齊無數鈴聲遥過磧應馱白練到安西

古鎮城門白磧開胡兵往往傍沙堆巡邊使客行應早每待平安火到來

鳳林關裏水東流白草黄榆六十秋邊將皆承主恩澤無人解道取涼州

同前　唐薛逢

昨夜蕃兵報國讎沙州都護破梁州黄河九曲今歸漢塞外縱橫戰血流

大和第一

樂苑曰大和羽調曲也

國門卿相舊山莊聖主移來宴緑芳簾外輾爲車馬路花間踏出舞人場

第二

國鳥尚含天樂囀寒風猶帶御衣香爲報碧潭明月夜會須留賞待君王

第三

庭前鵲遶相思樹井上鶯歌爭刺桐含情少婦悲春草多是良人學轉蓬

第四

塞北江南共一家何須淚落怨黃沙春酒半酣千日醉庭一作邊前一作庭還有落梅花

第五徹

我皇膺運太平年四海朝宗會百川自古幾多明聖主不如今帝勝堯天

伊州歌第一

樂苑曰伊州商調曲西京節度盖嘉運所進也

秋風明月獨離居蕩子從戎十載餘征人去日慇懃囑歸鴈來時數寄書

第二

彤闈曉闢萬鞍迴玉輅春遊薄晚開渭北清光搖草樹州南嘉景入樓臺

第三

聞道黃花戍頻年不解兵可憐閨裏月偏照漢家營

第四

千里東歸客無心憶舊遊掛帆游白水高枕到青州

第五

桂殿江烏對彫屏海鷰重秪應多釀酒醉罷樂高鐘

入破第一

千門今夜曉初晴萬里天河徹帝京璨璨繁星駕秋色稜稜霜氣韻鐘聲

第二

長安二月柳依依西出流沙路漸微閼氏山上春光少相府庭邊驛使稀

第三

三秋大漠冷溪山八月嚴霜變草顏卷旆風行宵度磧銜枚

電掃曉應還

第四

行樂三陽早芳菲二月春閨中紅粉態陌上看花人

第五

君住孤山下煙深夜徑長轅門渡緑水遊苑遶垂楊

陸州歌第一

分野中峯變陰晴衆壑殊欲投人處宿隔浦問樵夫

第二

共得煙霞遥東歸山水遊蕭蕭望林夜寂寂坐中秋

第三

香氣傳空滿妝花映薄紅歌聲天仗外舞態御樓中

排遍第一

樹發花如錦鶯啼柳若絲更逢歡宴地愁見別離時

第二

明月照秋葉西風響夜砧彊言徒自亂往事不堪尋

第三

坐對銀釭曉停留王筯痕君門常不見無處謝前恩

第四

簇拍陸州

曙月當窻滿征人出塞遊畫樓終日閉清一作絲管爲誰調

閨人數寄書

西去輪臺萬里餘故鄉音耗日應踈隴山鸚鵡能言語爲報

石州

樂苑曰石州商調曲也又有舞石州

自從君去遠巡邊終日羅幃獨自眠看花情轉切攬鏡淚如

泉一自離君後啼多雙臉穿何時狂虜滅免得更留連

樂府詩集卷第七十九

樂府詩集卷第八十

太原郭　茂倩　編次

近代曲辭

蓋羅縫二首

秦時明月漢時關萬里征人尚未還但願龍庭神一作飛將在不教胡馬渡陰山

音書杜絶白狼西桃李無顏黃鳥啼寒鴈春深歸去盡出門腸斷草萋萋

雙帶子

私言切語誰人會海鷰雙飛繞畫梁君學秋胡不相識妾亦無心去採桑

崑崙子

揚子譚經去淮王載酒過醉來啼鳥喚一作换坐久落花多

祓禊曲三首

王子年拾遺記曰周昭王溺於江漢二女延娟延娛與王乘舟夾擁王身同没焉故江漢之人到今思之至春上巳之日禊集祠間或以時鮮甘味採蘭杜包裹以沉水中或結五色紗囊盛食或用金鐵之器並沉水中言蛟龍畏五色金鐵則不侵此食也後漢書禮儀志曰三月上巳官民皆絜於東流水上曰洗濯祓除去宿垢疢爲大絜絜者言陽氣布暢萬物訖出始絜之矣注謂之禊也風俗通曰周禮女巫掌歲時以祓除疾病禊者絜也春者蠢也蠢摇動也尚書以殷仲春厥民析言人解析也蔡邕曰論語暮春者春服既成冠者五六人童子六七人浴乎沂

風乎舞雩詠而歸今三月上巳祓禊於水濵蓋
出於此一說云後漢有郭虞者三日上巳産二
女二日中並不育俗以爲大忌至此月日諱止
家皆於東流水上爲祈禳自絜濯謂之禊祠引
流行觴遂成曲水韓詩曰鄭國之俗三月上巳
之溱洧兩水之上招䰟續魄秉蘭草祓除不祥
漢書八月祓灞水亦斯義也杜篤祓禊賦曰王
侯公主暨于富商用事伊雒帷幔玄黄本傳大
將軍梁商亦歌泣於雒禊也自魏不復用三日
水宴者焉晉書曰武帝嘗問摯虞三日曲水之
義虞對曰漢章帝時平原徐肇以三月初生三
女至三日俱亡人以爲恠乃招攜之水濵洗祓
遂因水以汎觴其義起此束晳曰昔周公城洛

邑因流水以汎酒故逸詩云羽觴隨波又秦昭王以三日置酒河曲見金人奉水心之劒曰令君制有西夏乃霸諸侯因此立爲曲水二漢相緣皆爲盛集西京雜記曰漢宮三月上巳張樂於流水是也晉宋已後皆因之至唐傳以爲曲

昨見春條緑那知秋葉黃蟬聲猶未斷寒一作塞鴈已成行

金谷園中柳春來巳一作自舞腰那堪好風景獨上洛陽橋

何處堪愁思花閒長樂宮君王不重客泣淚向春一作東風

上巳樂　唐張祜

猩猩血縷繫頭標天上齊聲舉畫橈却是內人爭意切六宮羅袖一時招

穆護砂

歷代歌辭曰穆護砂曲犯角

玉管朝朝弄清歌日日新折花當驛路寄與隴頭人

思歸樂二首

樂苑曰思歸樂商調曲也後一曲犯角

晚日催絃管春風入綺羅杏花如有意偏落舞衫多

萬里春應盡三江鴈亦稀連天漢水廣孤客未言歸

金殿樂

入夜秋砧動千門起四隣不緣樓上月應爲隴頭人

胡渭州二首

樂苑曰胡渭州商調曲也

亭亭孤月照行舟寂寂長江萬里流鄉國不知何處是

漫漫使人愁

楊柳千尋色桃花一苑芳風吹入簾裏唯有惹衣香

戎渾

風勁角弓鳴將軍獵渭城草枯鷹眼疾雪盡馬蹄輕

牆頭花二首

蟋蟀鳴洞房梧桐落金井爲君裁舞衣天寒剪刀冷

妾有羅衣裳秦王在時作爲舞春風多秋來不堪著

採桑

樂苑曰採桑羽調曲又有楊下採桑稜採

清商西曲也

自古多征戰由來尚甲兵長驅千里去一舉兩蕃平按

沙漠歌謡滿帝京寄言天下將須立武功名

楊下採桑

飛絲惹緑塵軟葉對孤輪今朝入園去物色彊看人

破陣樂

歷代歌辭曰破陣樂小歌曲樂苑曰商調曲

桉破陣樂本舞曲唐太宗所造玄宗又作小破陣樂亦舞曲也

秋來四面足風沙塞外征人暫别家千里不辭行路遠時光早晚到天涯

同前二首　唐張説

漢兵出頓金微照日明光鐵衣百里火幡焰焰千行雲騎騑騑蹙踏遼河自竭鼓譟燕山可飛正屬四方朝賀端知萬舞皇威

少年膽氣凌雲共許驍雄出羣匹馬城南挑戰單刀薊北從軍一鼓鮮卑送款五餌單于解紛誓欲成名報國羞將開口論勲

戰勝樂

百戰得功名天兵意氣生三邊永不戰此是我皇英

劒南臣

不分君恩斷覲妝覘鏡中容華尚春日嬌愛已秋風枕席臨

窻曉屏帷對月空年年後庭樹芳悴在深宮

征步郎

塞外虜塵飛頻年度磧西死生隨玉劒辛苦向金微

歎疆場

樂苑曰歎疆場宮調曲也

聞道行人至妝梳對鏡臺淚痕猶尚在笑靨自然開

塞姑

昨日盧梅塞口整見諸人鎮守都護三年不歸折盡江邊楊

水鼓子

雕弓白羽獵初回薄夜牛羊復下來夢水河邊秋草合黑山

峯外陣雲開

婆羅門

樂苑曰婆羅門商調曲開元中西涼府節度楊敬述進唐會要曰天寶十三載改婆羅門爲霓裳羽衣

迴樂峯前沙似雪受降城外月如霜不知何處吹蘆管一夜征人盡望鄉

浣沙女二首

南陌春風早東鄰去日斜千花開瑞錦香撲美人車

長樂青門外宜春小苑東樓開萬戶上人向百花中

鎮西二首

天邊物色更無春秖有羊羣與馬羣誰家營裏吹羌笛哀怨教人不忍聞

歲去年來拜聖朝更無山闕對溪橋九門楊柳渾無半猶自

千條與萬條

回紇

樂苑曰回紇商調曲也

曾聞瀚海使難通幽閨少婦罷裁縫緬想邊庭征戰苦誰能對鏡治愁容久戍人將老須臾變作白頭翁

長命女

樂苑曰長命西河女羽調曲也樂府雜録曰大曆中嘗有樂工自造一曲即古曲長命西河女也增損節奏頗有新聲

送關西雨風傳渭北秋孤燈然客夢寒杵搗鄉愁

醉公子

昨日春園飲今朝倒接䍦誰人扶上馬不省下樓時

一片子

[illegible]映[illegible]花雪鳥藏綠窻桃李下閑坐歎春芳

甘州

樂苑曰甘州羽調曲也

[illegible]傳消息空書意不任寄君明月鏡偏照故人心

濮陽女

樂苑曰濮陽女羽調曲也

[illegible]來書不至月照獨眠房賤妾多愁思不堪秋夜長

相府蓮

古解題曰相府蓮者王儉爲南齊相一時所辟皆才名之士時人以入儉府爲蓮花池謂如紅蓮映綠水今號蓮幕者自儉始其後語訛爲想夫憐亦名之醜爾又有簇拍相府蓮樂苑曰想夫憐羽調曲也白居易詩曰玉管朱弦莫急催

客聽歌送十分杯長愛夫憐第二句倩君重唱

夕陽開王維右丞詞云秦川一半夕陽開是也

聞鄰婦泣切切有餘哀即問緣何事征人戰未迴（一作晉）

簇拍相府蓮

莫以今時寵寧無舊日恩看花滿眼淚不共楚王言閨燭無

人影羅屏有夢魂近來音耗絕終日望應門

離別難

樂府雜録曰離別難武后朝有一士人陷冤獄

籍其家妻配入掖庭善吹觱栗乃撰此曲以寄

情焉初名大郎神葢取良人第行也既畏人知

遂三易其名曰悲切子終號怨回鶻云

此別難重陳花深復變人來時梅覆雪去日柳含春物候催

行客歸途淑氣新剡川今已遠魂夢暗相親

同前　白居易

緑楊陌上送行人馬去車回一望塵不覺別時紅淚盡歸來無淚可霑巾

山鷓鴣二首

歷代歌辭曰山鷓鴣羽調曲也

玉關征戍久空閨人獨愁寒露濕青苔別來蓬鬢秋

人坐青樓晚鶯語百花時愁多人自老腸斷君不知

鷓鴣詞　唐李益

湘江班竹枝錦翼鷓鴣飛處處湘陰合郎從何處歸

同前二首　唐李涉

湘江煙水深沙岸隔楓林何處鷓鴣飛日斜斑竹陰二女虛垂淚三閭枉自沈惟有鷓鴣啼獨傷行客心

遊岡連越井越鳥更南飛何處鷓鴣啼夕煙東嶺歸嶺頭行

人少天涯北客稀鷓鴣啼別處相對淚沾衣

樂世　　白居易

一曰綠腰琵琶錄曰綠腰即錄要也貞元中樂工進曲德宗令錄出要者因以爲名後語訛爲綠腰新唐書曰涼州胡渭錄要雜曲是也樂府雜錄曰綠腰軟舞曲也康崑崙嘗於琵琶彈一曲即新翻羽調綠腰也樂苑曰樂世羽調曲又有急樂也

管急絲繁拍漸稠綠腰宛轉曲終頭誠知樂世聲聲樂老病人聽未免愁

急世樂　　白居易

正抽碧線繡紅羅忽聽黃鶯斂翠蛾秋思冬愁春恨望大都不得意時多

何滿子　　白居易

唐白居易曰何滿子開元中滄州歌者臨刑進此曲以贖死竟不得免杜陽雜編曰文宗時宫人沈阿翹爲帝舞何滿子調辭風態率皆宛暢然則亦舞曲也

世傳滿子是人名臨就刑時曲始成一曲四詞歌八疊從頭便是斷腸聲

同前　　唐薛逢

繫馬宫槐老持杯店菊黄故交今不見流恨滿川光

清平調三首　　唐李白

松窻録曰開元中禁中重木芍藥會花方繁開帝乘照夜白太真妃以步輦從李龜年以歌擅一時之名帝曰賞名花對妃子焉用舊樂辭爲

遂命李白作清平調辭三章令梨園弟子略撫絲竹以促歌帝自調玉笛以倚曲唐書曰玄宗嘗自度曲欲造樂府新辭亟召白白已醉卧於酒肆召入以水灑面即令秉筆頃之成十數章是也

雲想衣裳花想容春風拂檻露華濃若非羣玉山頭見會向瑤臺月下逢

一枝紅豔露凝香雲雨巫山枉斷腸借問漢宮誰得似可憐飛燕倚新妝

名花傾國兩相歡長得君王帶笑看解釋春風無限恨沉香亭北倚闌干

回波樂　唐李景伯

回波樂商調曲唐中宗時造蓋出於西水引流

泛觴也本事詩曰中宗之世嘗因內宴羣臣皆
歌回波樂撰辭起舞時沈佺期以罪流嶺表恩
還舊官而未復朱紱佺期乃歌回波樂辭以見
意中宗即以緋魚賜之自是多求遷擢唐書曰
景龍中中宗宴侍臣酒酣令各爲回波樂衆皆
爲諂佞之辭及自要榮位次至諫議大夫李景
伯乃歌此辭後亦爲舞曲

回波爾時酒巵微臣職在箴規侍宴既過三爵諠譁竊恐非儀

聖明樂三首　唐張仲素

樂苑曰聖明樂開元中太常樂工馬順兒造又
有大聖明樂並商調曲也隋書樂志曰文帝開
皇六年高昌獻聖明樂曲帝令知音者於館所
聽之歸而肄習及客方獻先於前奏之胡夷皆

驚焉然則隋已有之矣

玉帛殊方至歌鐘比屋聞華夷今一貫同賀聖明君

海浪恬丹徼邊塵靖黑山從今萬里外不復鎮蕭關

九陌祥煙合千春瑞月明宮華將苑柳先發屬皇城

大酺樂

樂苑曰大酺樂商調曲唐張文收造

淚滴珠難盡容殘玉易銷儻隨明月去莫道夢魂遥

同前二首　唐杜審言

聖后乘乾日皇明御曆辰紫宫初啓坐蒼壁正臨春雷雨垂膏澤金錢賜下人詔酺歡賞徧交泰覩惟新

毗陵震澤九州通士女歡娛萬國同伐鼓撞鐘驚海上新妝袨服照江東梅花落處疑殘雪柳葉開時任好風大德不宫逢道泰天長地久屬年豐

同前　張祜

車駕東來值太平大酺三日洛陽城小兒一伎竿頭絶天下傳呼萬歲聲

紫陌酺歸日欲斜紅塵開路薛王家雙鬟前説樓前鼓兩伎爭輪好結花

千秋樂　張祜

唐書曰開元十七年八月癸亥玄宗以降誕日讌百僚於花蕚樓下百僚表請以每年八月五日爲千秋節王公巳下獻鏡及承露囊天下請咸令讌樂仍著于令從之千秋樂葢起於此

八月平時花蕚樓萬方同樂奏千秋傾城人看長竿出一伎初成趙解愁

火鳳辭　唐李百藥

樂苑曰火鳳羽調曲也又有真火鳳唐會要曰
貞觀中有裴神符者妙解琵琶初唯作勝蠻奴
火鳳傾柸樂三曲聲度清美太宗深愛之則火
鳳蓋貞觀巳前曲也

歌聲扇裏出妝影扇中輕未能令掩笑何處欲鄣聲知音自
不惑得念是分明莫見雙嚬斂疑人含笑情

佳人靚晚妝清唱動蘭房影入含風扇聲飛照日梁嬌嚬眉
際斂逸韻口中香自有横陳分應憐秋夜長

熱戲樂　張祜

教坊記曰玄宗在藩邸有散樂一部及即位且
羈縻之嘗於九曲閲太常樂卿姜晦押樂以進
凡戲輒分兩朋以判優劣人心競勇謂之熱戲
乃詔寧王主藩邸樂以敵之一伎戴百尺幢鼓

舞而進太常所戴則百餘尺比彼伎一出則往
復矣長欲半之疾乃兼倍太常羣樂方鼓譟上
不說命內養五六十人各執一物皆鐵馬鞭骨
檛之屬也潛匿袖中雜立於聲兒後候復鼓譟
當亂搖之左右初怪內養麏至竊見袖中有物
皆奪氣喪魄而戴竿者方振搖其幢南北不已
上顧謂內人曰其竿即當自折斯須中斷上撫
掌大笑內伎咸稱慶於是罷遣

熱戲爭心劇火燒銅撻暗執不相饒上皇失喜寧王笑百尺
幢竿果動搖

春鶯囀　張祜

樂苑曰大春鶯囀唐虞世南及蔡亮作又有小
春鶯囀並商調曲也教坊記曰高宗曉聲律聞

風葉鳥聲皆蹈以應節嘗晨坐聞鶯聲命樂工白明達寫之爲春鶯囀後亦爲舞曲二説不同未知孰是

興慶池南柳未開太眞先把一枝梅内人已唱春鶯囀花下傞傞軟舞來

達磨支　唐温庭筠

唐會要曰天寶十三載改達磨支爲泛蘭叢樂苑曰泛蘭叢羽調曲又有急泛蘭叢樂府雜録曰達磨支健舞曲也

擣麝成塵香不滅拗蓮作寸絲難絶紅淚文姬洛水春白頭蘇武天山雪君不見無愁高緯花漫漫漳浦宴餘清露寒一旦臣僚共囚虜欲吹羌管先汍瀾舊臣頭鬢霜華一作雪早可惜雄心醉中老萬古春歸夢不歸鄴城風雨連天草

如意娘

樂苑曰如意娘商調曲唐則天皇后所作也

看朱成碧思紛紛憔悴支離爲憶君不信比來長下淚開箱驗取石榴裙

雨霖鈴　張祜

明皇别録曰帝幸蜀南入斜谷屬霖雨彌旬於棧道雨中聞鈴聲與山相應帝旣悼念貴妃因採其聲爲雨霖鈴曲以寄恨焉時獨梨園善觱篥樂工張徽從至蜀帝以其曲授之洎至德中復幸華清宫從官嬪御皆非舊人帝於望京樓命張徽奏雨霖鈴曲不覺悽愴流涕其曲後入法部樂府雜録曰明皇自蜀反正樂工製還京樂雨霖鈴二曲

雨霖鈴夜却歸秦猶是張徽一曲新長説上皇垂淚教月明南内更無人

桂華曲　　白居易

桂華曲白居易蘇州所作蘇之東城古吳都城也今爲樵牧場有桂一株生于城下惜其不得地而作曲音韻怨切聽輒動人故其詩云桂華詞善意丁寧唱到常娥醉便醒此是世間腸斷曲莫教不得意人聽又聽都子歌云都子新歌有性靈一聲格轉已堪聽更聽唱到常娥字猶有樊家舊典刑

可憐天上桂華孤試問姮娥更要無月宫幸有閑田地何不中央種兩株

渭城曲　　唐王維

渭城一曰陽關王維之所作也本送人使安西詩後遂被於歌劉禹錫與歌者詩云舊人唯有何戡在更與慇懃唱渭城白居易對酒詩云相逢且莫推辭醉聽唱陽關第四聲陽關第四聲即勸君更盡一杯酒西出陽關無故人也渭城

陽關之名蓋因辭云

渭城朝雨浥輕塵客舍青青柳色春勸君更盡一杯酒西出陽關無故人

樂府詩集卷第八十

樂府詩集卷第八十一

太原郭　茂倩　編次

近代曲辭

竹枝　唐顧况

竹枝本出於巴渝唐貞元中劉禹錫在沅湘以俚歌鄙陋乃依騷人九歌作竹枝新辭九章教里中兒歌之由是盛於貞元元和之間禹錫曰竹枝巴歈也巴兒聯歌吹短笛擊鼓以赴節歌者揚袂睢舞其音協黄鐘羽末如吴聲含思宛轉有淇濮之豔焉

帝子蒼梧不復歸洞庭葉下荆雲飛巴人夜唱竹枝後腸斷曉猿聲漸稀

同前九首　唐劉禹錫

白帝城頭春草生白鹽山下蜀江清南人上來歌一曲北人莫上動鄉情

山桃紅花滿上頭蜀江春水拍江（拍江一作拍山）流花紅易衰似郎意水流無限似儂愁

江上朱樓新雨晴瀼西春水縠文生橋東橋西好楊柳人來人去唱歌行

日出三竿春霧消江頭蜀客駐蘭橈憑寄狂夫書一紙住在成都萬里橋

兩岸山花似雪開家家春酒滿銀盃昭君坊中多女伴永安宮外踏青來

瞿塘嘈嘈十二灘此中道路古來難長恨人心不如水等閑平地起波瀾

巫峽蒼蒼煙雨時清猿啼在最高枝箇裏愁人腸自斷由來

不是此聲悲

城西門前灧澦堆年年波浪不能摧懊惱人心不如石少時東去復西來

山上層層桃李花雲間煙火是人家銀釧金釵來負水長刀短笠去燒畬

同前二首　　劉禹錫

楊柳青青江水平聞郎江上唱歌聲東邊日出西邊雨道是無情還有情

楚水巴山江雨多巴人能唱本鄉歌今朝北客思歸去迴入紇那披緑羅

同前四首　　白居易

瞿塘峽口冷煙低白帝城頭月向西唱到竹枝聲咽處寒猿晴鳥一時啼

竹枝苦怨怨何人夜靜山空歇又聞蠻兒巴女齊聲唱愁殺
江樓病使君

巴東船舫上巴西波面風生雨脚齊水蓼冷花紅蔟蔟江離
濕葉碧萋萋

江畔誰人唱竹枝前聲斷咽後聲遲怪來調苦縁詞苦多是
通州司馬詩

同前四首　唐李涉

荆門灘急水潺潺兩岸猿啼煙滿山渡頭年少應官去月落
西陵望不還

巫峽雲開神女祠緑潭紅樹影參差下牢戍口初相問無義
灘頭剩別離

石壁千重樹萬重白雲斜掩碧芙蓉昭君溪上年年月獨自
嬋娟色最濃

十二峯頭月欲低空濛江上子規啼孤舟一夜東歸客泣向春風憶建溪

同前二首　　唐孫光憲

門前春水白蘋花岸上無人小艇斜商女經過江欲暮散拋殘食飼神鴉

亂繩千結絆人深越羅萬丈表長尋楊柳在身垂意緒藕花落盡見蓮心

楊柳枝二首　　白居易

楊柳枝白居易洛中所製也本事詩曰白尚書有妓樊素善歌小蠻善舞嘗爲詩曰櫻桃樊素口楊柳小蠻腰年既高邁而小蠻方豐豔乃作楊柳枝辭以託意曰永豐西角荒園裏盡日無人屬阿誰及宣宗朝國樂唱是辭帝問誰辭永

豐在何處左右具以對時永豐坊西南角園中
有垂柳一株柔條極茂因東使命取兩枝植於
禁中居易感上知名且好尚風雅又作辭一章
云定知玄象今春後柳宿光中添兩星河南盧
尹時亦繼和薛能曰楊柳枝者古題所謂折楊柳
也乾符五年能爲許州刺史飲酣令部妓少女
作楊柳枝健舞復賦其辭爲楊柳枝新聲云

一樹春風萬萬枝嫩於金色軟於絲永豐西角荒園裏盡日
無人屬阿誰
一樹衰殘委泥土雙枝榮耀植天庭定知玄象今春後柳宿
光中添兩星

同前八首　白居易

六幺水調家家唱白雪梅花處處吹古歌舊曲君休聽聽取

新飜楊柳枝

陶令門前四五樹亞夫營裏百千條何似東都正二月黃金枝映洛陽橋

依依嫋嫋復青青勾引清風無限情白雪花繁空撲地綠絲條弱不勝鶯

紅板江橋青酒旗館娃宮暖日斜時可憐雨歇東風定萬樹千條各自垂

蘇州楊柳任君誇更有錢塘勝館娃若解多情尋小小綠楊深處是蘇家

蘇家小女舊知名楊柳風前別有情剝條盤作銀環樣卷葉吹爲玉笛聲

葉含濃露如啼眼枝嫋輕風似舞腰小樹不禁攀折苦乞君留取兩三條

人言柳葉似愁眉更有愁腸似柳絲柳絲挽斷腸牽斷彼此
應無續得期

同前　唐盧貞

一樹依依在永豐兩枝飛去杳無蹤玉皇曾採人間曲應逐
歌聲入九重

同前九首　劉禹錫

塞北梅花羌笛吹淮南桂樹小山詞請君莫奏前朝曲聽唱
新飜楊柳枝

南陌東城春早時相逢何處不依依桃紅李白皆誇好須得
垂楊相發輝

鳳闕輕遮翡翠帷龍墀遙望麴塵絲御溝春水柳暉映狂殺
長安年少兒

金谷園中鶯亂飛銅駝陌上好風吹城東桃李須臾盡爭似

垂楊無限時

花萼樓前初種時美人樓上鬬腰支如今拋擲上一作長街裏

露葉如啼欲恨誰

煬帝行宮汴水濱數株殘柳不勝春昨來風起花如雪飛入

宮牆不見人

御陌青門拂地垂千條金縷萬條絲如今綰作同心結將贈

行人知不知

城外春風滿酒旗行人揮袂日西時長安陌上無窮樹唯有

垂楊管別離

輕盈嫋娜占春華舞榭妝樓處處遮春盡絮飛留不得隨風

好去落誰家

同前三首　　劉禹錫

揚子江頭煙景迷隋家宮樹拂金堤嵯峨猶有當時色半蘸

波中水鳥棲
迎得春光先到來淺黄輕緑映樓臺只縁嫋娜多情思便被
春風長請挼
巫峽巫山楊柳多朝雲暮雨遠相和因想陽臺無限事爲君
迴唱竹枝歌

同前二首　唐李商隱

暫憑樽酒送無憀莫損愁眉與細腰人世死前唯有別春風
爭擬惜長條
含煙惹霧每依依萬緒千條拂落暉爲報行人休盡折半留
相送半迎歸

同前　唐韓琮

梁苑隋堤事已空萬條猶舞舊春風那堪更想千年後誰見
楊花入漢宮

同前　　唐施肩吾

傷見路傍楊柳春一枝折盡一重新今年還折去年處不送去年離別人

同前八首　　唐温庭筠

宜春苑外最長條閑裊春風伴舞腰正是玉人腸斷處一渠春水赤欄橋

南内墻東御路傍預知春色柳絲黄杏花未肯無情思何事情人最斷腸

蘇小門前柳萬條毵毵金線拂平橋黄鶯不語東風起深閉朱門伴細腰

金縷毵毵碧瓦溝六宫眉黛惹春愁晚來更帶龍池雨半拂欄干半入樓

館娃宫外鄴城西遠映征帆近拂堤繫得王孫歸意切不關

春草緑萋萋

兩兩黄鸝色似金裊枝啼露動芳音春來幸自長如線可惜牽纒蕩子心

御柳如絲映九重鳳凰牕柱繡芙蓉景陽樓伴千條露一一新妝待曉鐘

織錦機邊鶯語頻停梭垂淚憶征人塞門三月猶蕭索縱有垂揚未覺春

同前二首　　唐皇甫松

春入行宫映翠微玄宗侍女舞煙絲如今柳向空城緑玉管何人更把吹

爛漫春歸水國時吴王宫殿柳垂絲黄鶯長叫空閨畔西子無因更得知

同前四首　　唐僧齊巳

鳳樓高映緑陰陰凝重多含雨露深莫謂一枝柔軟力幾曾

牽破別離心

館娃宫畔響廊前依託吴王養翠煙一自香魂招不得祗應

紅樹噪秋蟬

穠低似中陶潛酒軟極如傷宋玉風多謝將軍遶營種翠中

閑卓戟旗紅

高僧愛惜遮江寺遊子傷殘露野橋爭似著行垂上苑碧桃

紅杏對摇摇

同前二首　唐張祜

莫折宫前楊柳枝玄宗曾向笛中吹傷心日暮煙霞起無限

春愁生翠眉

凝碧池邊斂翠眉景陽樓下綰清絲那勝妃子朝元閣玉手

和煙弄一枝

同前五首　孫魴

靈和風暖太昌春舞線搖絲向昔人何似曉來江雨後一行
如畫隔遙津

彭澤初栽五樹時只應閑看一枝枝不知天意風流處要與
佳人學畫眉

暖傍離亭靜拂橋入流穿檻綠搖搖不知落日誰相送魂斷
千條與萬條

春來綠樹遍天涯未見垂楊未可誇晴日萬株煙一陣閑坊
兼是莫愁家

十首當年有舊詞唱青歌翠幾無遺未曾得向行人道不爲
離情莫折伊

同前十首　唐薛能

華清高樹出離宮南陌柔條帶暖風誰見輕陰是良夜瀑泉

聲畔月明中

洛橋晴影覆江船羌笛秋聲濕塞煙閑想習池公宴罷水蒲

風緊夕陽天

嫩綠輕懸似綴旒路人遥見隔宫樓誰能更近丹墀種解播

皇風入九州

暖風晴日斷浮埃廢路新條發　臺處處輕輕可惆悵後人

攀處古人栽

潭上江邊嫋嫋垂日高風靜絮相隨青樓一樹無人見正是

女郎眠覺時

汴水高懸百萬條風清兩岸一時摇隋家力盡虚栽得無限

春風屬聖朝

和花煙樹九重城夾路春陰十萬營唯向邊頭不堪望一株

顦顇少人行

窻外齊垂旭日初樓邊輕好暖風徐遊人莫道栽無益桃李
清陰却不如
衆木猶寒獨早青御溝橋畔曲江亭陶家舊日應如此一院
春條緑遶廳
帳偃纓垂細復繁令人心想石家園風條月影皆堪重何事
侯門愛樹萱
同前九首　薛能
數首新詞帶恨成柳絲牽我我傷情柔娥幸有腰支穩試踏
吹聲作唱聲
高出軍營遠映橋賊兵曾斫火曾燒風流性在終難改依舊
春來萬萬條
縣依陶令想嫌迃營伴將軍即大麤此日與君除萬恨數篇
風調更應無

狂似纖腰嫩勝綿自多情態更誰憐遊人不折還堪恨拋向
橋邊與路邊
朝陽晴照緑楊煙一别通波十七年應有舊枝無處覓萬株
風裏卓旌旃
晴垂芳態吐牙新雨擺輕條濕面春别有出墻高數尺不知
摇動是何人
暖梳簪朶事登樓因挂垂楊立地愁牽斷緑絲攀不得半空
懸著玉搔頭
西園高樹後庭根處處尋芳有折痕終憶舊遊桃葉舍一株
斜映竹籬門
劉白蘇臺揔近時當初章句是誰推纖腰舞盡春楊柳未有
儂家一首詩

同前五首　　後唐牛嶠

解凍風來末上青解垂羅袖拜卿卿無端裊娜臨官路舞送行人過一生

吴王宫裏色偏深一簇纖條萬縷金不憤錢塘蘇小小引郎枝下結同心

橋北橋南千萬條恨伊張緒不相饒金羈白馬臨風望認得羊家靜婉腰

狂雪隨風撲馬飛惹煙無力被風欹莫交移入靈和殿宫女三千又妬伊

裊翠籠煙拂暖波舞裙新染麴塵羅章華臺畔隋堤上倚得春風爾許多

同前三首　　晉和凝

軟碧摇煙似送人映花時把翠眉嚬青青自是風流主慢颭金絲待洛神

琵琶羅裙金縷腰黛眉偎破未重描醉來咬損新花子拽住

仙郎盡放嬌

鵲橋初就咽銀河今夜仙郎自性和不是昔年攀桂樹豈能

月裏索姮娥

同前四首　　晉孫光憲

閶門風暖落花乾飛遍江城雪不寒獨有晚來臨水驛閑人

多凭赤欄干

有池有榭即濛濛浸潤飜成長養功恰似有人長點檢著行

排立向春風

根柢雖然傍濁河無妨終日近笙歌驂驂金帶誰堪比還共

黃鶯不較多

萬株枯槁怨亡隋似吊吴臺各自垂好是淮陰明月裏酒樓

橫笛不勝吹

樂府詩集卷第八十一

樂府詩集卷第八十二

太原郭　茂倩　編次

近代曲辭

浪淘沙九首　唐劉禹錫

九曲黄河萬里沙浪淘風簸自天涯如今直上銀河去同到
牽牛織女家

洛水橋邊春日斜碧流輕淺見瓊沙無端陌上狂風急驚起
鴛鴦出浪花

汴水東流虎眼文清淮曉色鴨頭春君看渡口淘沙處渡却
人間多少人

鸚鵡洲頭浪颭沙青樓春望日將斜啣泥燕子爭歸舍獨自
狂夫不憶家

濯錦江邊兩岸花春風吹浪正淘沙女郎翦下鴛鴦錦將向

中流定晚霞

日照澄洲江霧開淘金女伴滿江隈美人首飾侯王印盡是沙中浪底來

八月濤聲吼地來頭高數丈觸山迴須臾却入海門去卷起沙堆似雪堆

莫道讒言如浪深莫言遷客似沙沉千淘萬漉雖辛苦吹盡狂沙始到金

流水淘沙不暫停前波未滅後波生令人忽憶瀟湘渚迴唱迎神三兩聲

同前六首　　唐白居易

一泊沙來一泊去一重浪滅一重生相攪相淘無歇日會交山海一時平

白浪茫茫與海連平沙浩浩四無邊暮去朝來淘不住遂令

東海變桑田

青草湖中萬里程，黄梅雨裏一人行。愁見灘頭夜泊處，風翻暗浪打船聲。

借問江湖與海水，何似君情與妾心。相恨不如潮有信，相思始覺海非深。

海底飛塵終有日，山頭化石豈無時。誰道小郎抛小婦，船頭一去没迴期。

隨波逐浪到天涯，遷客生還有幾家。却到帝鄉重富貴，請君莫忘浪淘沙。

同前二首　　唐皇甫松

灘頭細草接踈林，浪惡罾船半欲沉。宿鷺眠洲非舊浦，去年沙觜是江心。

蠻歌荳蔻北人愁，松雨蒲風野艇秋。浪起鵁鶄眠不得，寒沙

細細入江流

紇那曲二首　劉禹錫

楊柳鬱青青竹枝無限情同郎一回顧聽唱紇那聲

踏曲興無窮調同詞不同願郎千萬壽長作主人翁

瀟湘神二曲　劉禹錫

湘水流湘水流九疑雲物至今愁君問二妃何處所零陵香草露中秋

斑竹枝斑竹枝淚痕點點寄相思楚客欲聽瑤瑟怨瀟湘深夜月明時

抛毬樂二首　劉禹錫

五綵繡團圓登君玳瑁筵最宜紅燭下偏稱落花前上客如先起應須贈一船

春早見花枝朝朝恨發遲及看花落後却憶未開時幸有抛

毬樂一杯君莫辭

太平樂二首　　白居易

樂苑曰太平樂商調曲也

歲豐仍節儉時泰更銷兵聖念長如此何憂不太平

湛露浮堯酒薰風起舜歌願同堯舜意所樂在人和

同前二首　　唐王維

風俗今和厚君王在穆清行看採花曲盡是太階平

聖德超千古皇威靜四方蒼生今息戰無事覺時長

昇平樂十首　　唐薛能

唐會要曰昇平樂商調曲也

正氣遶宮樓皇居信上遊遠岡延聖祚平地載神州會合皆

重譯潺湲近八流中興豈假問據此自千秋

寥沆敞延英朝班立位橫宣傳無草動拜舞有衣聲鴛瓦雲

消濕蟲絲日照明辛勤自不到遙見似前生
處處足歡聲時康歲已深不同三尺劒應似五弦琴壽笑山
猶盡明嫌日有陰何當憐一物亦遺斷愁吟
曙質絕埃氛形庭列禁軍聖顏初對日龍尾競緣雲珮響交
成韻簾陰暖帶紋逍遙豈有事於此詠南薰
一物周天至（一作一物至周天）洪纖盡晏然車書無異俗甲子並豐
年奇技皆歸朴征夫亦服田君王故不有台鼎合韋弦（一作賢）
日日聽歌謠區中盡祝堯蟲蝗初不害夷狄近全銷史筆惟
書瑞天臺絕見祆因令匹夫志轉欲事清朝
品物盡昭蘇神功復帝謨他時應有壽當代且無虞賜曆通
遐俗移關入半胡鷦鷯一何幸於此寄微軀
無戰復無私堯時即此時焚香臨極早待月卷簾遲端拱乾
坤內何言黈纊垂君看聖明驗只此是神龜

旭日上清穹明堂坐聖聰衣裳承瑞氣冠冕蓋重曈花木經霄露旌旗立仗風何期於此地見説似一作是仙宫

五帝三皇主蕭曹魏邴臣文章惟反朴戈甲盡生塵諫紙應無用朝綱自有倫昇平不可紀所見是閑人

金縷衣　李錡

勸君莫惜金縷衣勸君惜取少年時花開堪折直須折莫待無花空折枝

鳳歸雲二首　唐滕潛

金井欄邊見羽儀梧桐枝上宿寒枝五陵公子憐文綵畫與佳人刺繡衣

飲啄蓬山最上頭和煙飛下禁城秋曾將弄玉歸雲去金翹斜開十二樓

拜新月　唐李端

開簾見新月便即下階拜細語人不聞北風吹裙帶

同前　唐吉中孚妻張氏

拜新月拜月出堂前暗魄深籠桂虛弓未引弦拜新月拜月妝樓上鸞鏡未安臺蛾眉已相向拜新月拜月不勝情庭前風露清月臨人自老望月更長生東家阿母亦拜月一拜一悲聲斷絕昔年拜月逞容儀如今拜月雙淚垂回看衆女拜新月却憶紅閨年少時

憶江南三首　白居易

一曰望江南樂府雜録曰望江南本名謝秋娘李德裕鎮浙西爲妾謝秋娘所製後改爲望江南

江南好風景舊曾諳日出江花紅勝火春來江水緑如藍能不憶江南

江南憶最憶是杭州山寺月中尋桂子郡亭枕上看潮頭何

日更重遊

江南憶其次憶吴宫吴酒一盃春竹葉吴娃雙舞醉芙蓉早晚復相逢

同前二首　　劉禹錫

春過也共惜豔陽年猶有桃花流水上無辭竹葉醉樽前惟待見青天

春去也多謝洛城人弱柳從風疑舉袂叢蘭裛露似霑巾獨笑亦含嚬

宫中調笑四首　　唐王建

樂苑曰調笑商調曲也戴叔倫謂之轉應詞

團扇團扇美人病來遮面玉顔憔悴三年誰復商量管弦弦管春草昭陽路斷

胡蝶胡蝶飛上金花枝葉君前對舞春風百葉桃花樹紅紅

樹紅樹鶯語鶯啼日暮
羅袖羅袖暗舞春風依舊遙看歌舞玉樓好日新妝坐愁愁
坐愁坐一世虛生虛過
楊柳楊柳日暮白沙渡口船頭江水茫茫商人少婦斷腸腸
斷腸斷鷓鴣夜飛失伴

同前二首　唐韋應物

胡馬胡馬遠放燕支山下咆沙咆雪獨嘶東望西望路迷迷
路迷路邊草無窮日暮
河漢河漢曉挂秋城漫漫愁人起望相思江南塞北別離離
別離別河漢雖同路絕

轉應詞　唐戴叔倫

邊草邊草邊草盡來兵老山南山北雪晴千里萬里月明明
月明月胡笳一聲愁絕

宮中行樂詞八首　　唐李白

小小生金屋盈盈在紫微山花插寶髻石竹繡羅衣每出深宮裏常隨步輦歸只愁歌舞散（一作罷）化作綵雲飛

柳色黃金嫩梨花白雪香玉樓巢（一作關）翡翠金（一作珠）殿鎖鴛鴦選妓隨雕（一作朝）輦徵歌出洞房宮中誰第一飛燕在昭陽

盧橘爲秦樹蒲萄出（一作是）漢宮煙花宜落日絲管醉春風笛奏龍鳴水簫吟鳳下空君王多樂事何必向回中

玉樹（一作殿）春歸日（一作好）金宮樂事多後庭朝未入輕輦夜相過笑出花間語嬌來燭下歌莫教明月去留著醉姮娥

繡户香風暖紗窻曙色新宮花爭笑日池草暗生春綠樹聞歌鳥青樓見舞人昭陽桃李月羅綺自（一作坐）相親

今日明光裏還須結伴遊春風開紫殿天樂下珠樓豔舞全知巧嬌歌半欲著更憐花月夜宮女笑藏鈎

寒雪梅中盡春風柳上歸宫鶯嬌欲醉簷鷰語還飛遲日明

歌席新花豔舞衣晚來移綵仗行樂泥光輝

水緑南薰殿花紅北闕樓鶯歌聞太液鳳吹遠瀛洲素女鳴

珠佩天人弄綵毬今朝風日好宜入未央遊

宫中樂五首　唐令狐楚

楚塞金陵靜巴山玉壘空萬方無一事端拱大明宫

霜霽長楊苑冰開太液池宫中行樂日天下盛明時

柳色煙相似梨花雪不如春風眞有意一一麗皇居

月上宫花靜煙含苑樹深銀臺門已閉仙漏夜沉沉

九重青鎖闥百尺碧雲樓明月秋風起珠簾上玉鈎

同前五首　唐張仲素

網戸交如綺紗窻薄似煙樂吹天上曲人是月中僊

翠匣開寒鏡珠釵挂步揺妝成秪畏曉更漏促春宵

江果瑤池實金盤露井冰甘泉將避暑臺殿曉光凝
月彩浮鸞殿砧聲隔鳳樓笙歌臨水檻紅燭乍迎秋
奇樹留寒翠神池結夕波黄山一夜雪渭水鴈聲多

踏歌詞二首　唐崔液

綵女迎金屋仙姬出畫堂鴛鴦裁錦袖翡翠帖花黄歌響舞
分行豔色動流光
庭際花微落樓前漢巳横金臺催夜盡羅袖拂寒輕樂笑暢
懽情未半著天明

同前三首　唐謝偃

春景嬌春臺新露泣新梅春葉參差吐新花重疊開花影飛
鶯去歌聲度鳥來倩看飄飄雪何如舞袖迴
逶迤度香閣顧步出蘭閨欲曉鴛鴦殿先過桃李蹊風帶舒
還卷簪花舉復低欲問今宵樂但聽歌聲齊

夜久星沉没更深月影斜裙輕纔動佩鬟薄不勝花細風吹

寶林輕露濕紅紗相看樂未已蘭燈照九華

同前二首　　唐張説

花萼樓前雨露新長安城裏太平人龍銜火樹千燈豔雞踏

一作上蓮花萬歲春

帝宮三五戲春臺行雨流風莫妬來西域燈輪千影合東華

金闕萬重開

踏歌行　　劉禹錫

春江月出大堤平堤上女郎連袂行唱盡新詞看一作歡不見

紅霞影樹鷓鴣鳴

桃蹊柳陌好經過燈下妝成月下歌爲是襄王故宫地至今

猶自細腰多

新詞宛轉遞相傳振袖傾鬟風露前月落烏啼雲雨散遊童

陌上拾花鈿
日暮江頭聞竹枝南人行樂北人悲自從雪裏唱新曲直至
三春花盡時

天長地久詞五首　唐盧綸

天長地久詞盧綸所作也其和云天長久萬年昌

玉砌紅花樹香風不敢吹春光解天意偏發殿南枝

虹橋千步廊半在水中央天子方清暑宮人重晝妝

辭輦復當熊傾心奉上宮君王若看貌甘在衆妃中

雲日呈祥禮物殊北庭生獻五單于塞天萬里無飛鳥可在

邊城用郅都

臺殿雲涼風日微君王初賜六宮衣樓船罷泛歸猶早行道

才人鬬射飛

款乃曲五首　唐元結

款乃曲元結之所作也其序曰大曆初結爲道州刺史以軍事詣都使還州逢春水舟行不進作款乃曲令舟子唱之以取適於道路云款音襖乃音靄棹船聲也

偏存名跡在人間順俗與時未安閑來謁大宮兼問政扁舟却入九疑山

湘江二月春水平滿月和風宜夜行唱橈欲過平陽戍守吏相呼問姓名

千里楓林煙雨深無朝無暮有猿吟停橈靜聽曲中意好是雲山韶濩音

零陵郡北湘水東浯溪形勝滿湘中溪口石顛堪自逸誰能相伴作漁翁

下瀧船似入深淵上瀧船似欲昇天瀧南始到九疑郡應絕

高人乘興船

十二月樂辭十三首　唐李賀

正月

上樓迎春新春歸（一作正月上樓迎春歸）暗黄著柳宫漏遲薄薄淡靄弄野姿寒緑幽泥生短絲錦牀曉卧玉肌冷露臉未開對朝暝官街柳帶不堪折早晚菖蒲勝綰結

二月

二月飲酒採桑津宜男草生蘭笑人蒲如交劒（一作絞刀）風如薫勞勞胡鷰怨酣春薇帳逗煙生緑塵（一作香緑晉）金翅峨髻愁暮雲沓颯起舞眞珠裙津頭送别唱流水酒客背寒南山死

三月

東方風來滿眼春花城柳暗（一作禁）愁幾（一作殺）人複宫深殿竹風起新翠舞襟靜如水光風轉蕙百餘里暖霧驅雲撲天地

軍裝宮妓掃蛾淺搖搖錦旗夾城暖曲水飄香去不歸梨花落盡成秋（一作愁）苑

四月

曉涼暮涼樹如蓋千山濃綠生雲外依微香雨青氛氳（一作過清氣）膩葉蟠花照曲門金塘閑水搖碧漪老景沉重（一作帖）無驚飛墮紅殘萼暗參差

五月

雕玉押簾上（一作雕玉簾押上）輕縠籠虛門井汲鉛華水扇織鴛鴦文回雪舞涼殿甘露洗空綠羅袖從徊翔（一作羅袖從風翔）香汗霑寶粟

六月

裁生羅伐湘竹帔（一本無帔字）拂疎霜簟秋玉炎炎紅鏡東方開暈如車輪上徘徊啾啾赤帝騎龍來

七月

星依雲渚冷露滴盤中圓好花生木末衰蕙愁空（一作故）園夜天如玉砌池葉極青錢僅厭舞衫薄稍知花簟寒曉風何拂拂北斗光闌干

八月

孀（一作宮）妾怨長夜獨客夢歸家傍簷蟲緝（一作織）絲向壁燈垂花簷外月光吐簾中樹影斜悠悠飛露姿點綴池中荷

九月

離宮散螢天似水竹黃池冷芙蓉死月綴金鋪光脉脉涼苑虛庭空澹白霜花飛飛風草草翠錦斕斑滿層道雞人罷唱曉瓏璁鴉啼金井下疎桐

十月

玉壺銀箭稍難傾缸（江）花夜笑凝幽明碎霜斜舞上羅幕燭籠

兩行照飛閣珠帷怨卧不成眠金鳳刺衣著體寒長眉對月鬬彎環

十一月

宮城團回凜嚴光白天碎碎墮瓊芳撾鍾高飲千日酒却天凝寒作君壽御溝泉合（一作冰合）如環素火井温水在何處

十二月

日脚淡光紅灑灑薄霜不銷桂枝下依㣈和氣解冬嚴已就長日辭長夜

閏月

帝重光年重時七十二候回環推天官玉琯灰剩飛今歲何長來歲遲王母移桃獻天子羲氏和氏迂龍轡

樂府詩集卷第八十二

樂府詩集卷第八十三

太原郭　茂倩　編次

雜歌謡辭

言者心之聲也歌者聲之文也情動於中而形於言言之不足故嗟嘆之嗟嘆之不足故永歌之歌之爲言也長言之也夫欲上如抗下如墜曲如折止如槁木倨中矩句中鉤纍纍乎端如貫珠此歌之善也宋書樂志曰黄帝帝堯之世王化下洽民樂無事故因擊壤之歡慶雲之瑞民因以作歌其後風衰雅缺而妖淫靡曼之聲起周衰有秦青者善謳而薛談學謳於秦青未窮青之伎而辭歸青餞之於郊乃撫節悲歌聲震林木響遏行雲薛談遂留不去以卒其業又

有韓娥者東之齊至雍門匱糧乃鬻歌假食既去而餘響繞梁三日不絕左右謂其人不去也過逆旅逆旅人辱之韓娥因曼聲哀哭一里老幼悲愁垂涕相對三日不食遽追之韓娥還復爲曼聲長歌一里老幼喜躍抃舞不能自禁忘向之悲也乃厚賂遣之故雍門之人善歌哭効韓娥之遺聲衛人王豹處淇川善謳河西之民皆化之齊人綿駒居高唐善歌齊之右地亦傳其業前漢有魯人虞公者善歌能令梁上塵起若斯之類並徒歌也爾雅曰徒歌謂之謠廣雅曰聲比於琴瑟曰歌韓詩章句曰有章曲曰歌無章曲曰謠梁元章纂要曰齊歌曰謳吴歌曰歈楚歌曰豔浮歌曰哇振旅而歌曰凱歌堂上

奏樂而歌曰登歌亦曰升歌故歌曲有陽陵白露朝日魚麗白水白雪江南陽春淮南駕辯淥水陽阿採菱下里巴人又有長歌短歌雅歌緩歌浩歌放歌怨歌勞歌等行漢世有相和歌本出於街陌謳謠而吴歌雜曲始亦徒歌復有但歌四曲亦出自漢世無弦節作伎最先一人唱三人和魏武帝尤好之時有宋容華者清徹好聲善唱此曲當時特妙自晉已後不復傳遂絕

凡歌有因地而作者京兆邯鄲歌之類是也有因人而作者孺子才人歌之類是也有傷時而作者微子麥秀歌之類是也有寓意而作者張衡同聲歌之類是也甯戚以困而歌項籍以窮而歌屈原以愁而歌卞和以怨而歌雖所遇不

同至於發乎其情則一也歷世巳來歌謳雜出

今並採録且以謠讖繫其末云

歌辭

擊壤歌

帝王世紀曰帝堯之世天下大和百姓無事有

八九十老人擊壤而歌

日出而作日入而息鑿井而飲耕田而食帝何力於我哉

卿雲歌三首

尚書大傳曰舜將禪禹於時俊乂百工相和而

歌卿雲帝乃唱之曰卿雲爛兮八伯咸進稽首

曰明明上天帝乃再歌曰日月有常史記天官

書曰若煙非煙若雲非雲郁郁紛紛蕭索輪囷

是謂慶雲慶雲即卿雲葢和氣也舜時有之故

美之而作歌

卿雲爛兮禮漫漫兮日月光華旦復旦兮

明明上天爛然星陳日月光華弘于一人

日月有常星辰有行四時順經萬姓允誠於予論樂配天之靈遷于賢善莫不咸聽鼚乎鼓之軒乎舞之精華巳竭褰裳去之

塗山歌

吳越春秋曰禹年三十未娶行塗山恐時暮失嗣辭云吾之娶也必有應也乃有白狐九尾造於禹禹曰白者吾之服也九尾者王之證也於是塗山之人歌之禹因娶塗山謂之女嬌

綏綏白狐九尾龐龐我家嘉夷來賓爲王成于家室我都攸昌天人之際於茲則行明矣哉

夏人歌二首

尚書大傳曰夏人飲酒醉者持不醉者不醉者持醉者而歌曰盍歸乎薄薄亦大矣伊尹退而更曰覺兮較兮吾大命格兮去不善而善何不樂兮薄湯之都言當歸湯也韓詩外傳曰桀爲酒池糟隄縱靡靡之樂而牛飲者三千羣臣皆相持而歌

江水沛兮舟楫敗兮我王廢兮趣歸於亳亳亦大兮

樂兮樂兮四牡驕兮六轡沃兮去不善而從善何不樂兮

商歌二首 齊甯戚

淮南子曰甯越欲干齊桓公困窮無以自達於是爲商旅將任車以商於齊暮宿於郭門外桓公郊迎客夜開門辟任車爝火甚盛從者甚衆

越飦牛車下望見桓公而悲擊牛角而疾商歌桓公聞之曰異哉非常人也命後車載之越一作戚

南山矸白石爛生不遭堯與舜禪短布單衣適至骭從昏飯牛薄夜半長夜漫漫何時旦

滄浪之水白石粲中有鯉魚長尺半弊布單衣裁至骭清朝飦牛至夜半黃犢上坂且休息吾將捨汝相齊國

師乙歌

家語曰孔子相魯齊人歸女樂魯君淫荒孔子遂行師乙送孔子曰吾欲歌可乎乃歌之

彼婦人之口可以出走彼婦人之謁可以死敗優哉游哉聊以卒歲

獲麟歌　　魯孔子

孔叢子曰叔孫氏之車子鉏商樵於野而獲麟焉衆莫之識以爲不祥棄之五父之衢冉有告曰麇身而肉角豈天之妖乎夫子曰吾將往觀焉遂泣曰予之於人猶麟也麟仁獸出而死吾道窮矣乃歌云

唐虞世兮麟鳳游今非其時來何求麟兮麟兮我心憂

河激歌　　趙簡子夫人

列女傳曰女娟者趙河津吏之女也簡子南擊楚津吏醉卧不能渡簡子簡子怒召欲殺之娟懼持檝走前曰願以微軀易父之死簡子遂釋不誅將渡用檝者少一人娟攘拳操檝而請簡子遂與渡中流爲簡子發河激之歌簡子歸納爲夫人

升彼河兮而觀清水揚波兮冒冥冥禱求福兮醉不醒誅將

加兮妾心驚罰既釋兮瀆乃清妾持檝兮操其維蛟龍助兮

主將歸呼來擢兮行勿疑

越人歌

劉向說苑曰鄂君子晳泛舟於新波之中乘青

翰之舟張翠蓋會鐘鼓之音畢榜枻越人擁楫

而歌於是鄂君乃揄脩袂行而擁之舉繡被而

覆之鄂君楚王母弟也

今夕何夕兮搴洲中流今日何日兮得與王子同舟蒙羞被

好兮不訾詬恥心幾頑而不絶兮得知王子山有木兮木有

枝心說君兮知不知

徐人歌

劉向新序曰延陵季子將聘晉帶寶劍以過徐

君徐君觀劍不言而色欲之季子未獻也然其心許之矣使反而徐君已死季子於是以劍帶徐君墓樹而去徐人乃爲之歌

延陵季子兮不忘故脫千金之劍兮帶丘墓

漁父歌　古辭

楚辭曰屈原旣放游於江潭漁父見之鼓枻而歌滄浪水名也清諭明時可以振纓而仕濁諭亂世可以抗足而去故孔子曰清斯濯纓濁斯濯足矣言自取之也若張志和漁父歌但歌漁者之事

滄浪之水清兮可以濯吾纓滄浪之水濁兮可以濯吾足

漁父歌五首　唐張志和

西塞山邊白鷺飛桃花流水鱖魚肥青箬笠綠蓑衣春江細

雨不須歸

釣臺漁父褐爲裘兩兩三三舴艋舟能縱棹慣乘流長江白浪不曾憂

霅溪灣裏釣漁翁舴艋爲家西復東江上雪浦邊風笑着荷衣不歎窮

松江蟹舍主人歡菰飯蓴羹亦共餐楓葉落荻花乾醉宿漁舟不覺寒

青草湖中月正圓巴陵漁父棹歌連釣車子掘頭船樂在風波不用仙

同前　晉和凝

白芷汀寒立鷺鷥蘋風輕翦浪花時煙冪冪日遲遲香引芙蓉惹釣絲

同前　晉歐陽炯

風浩寒溪照膽明小君山上玉蟾生荷露墜翠煙輕撥刺遊魚幾處驚

同前三首　　晉李珣

水接衡門十里餘信船歸去臥看書輕爵禄慕玄虚莫道漁人只爲魚

避世垂綸不記年官高爭得似君閑傾白酒對青山笑指柴門待月還

棹警鷗飛水濺袍影侵潭面柳垂絛終日醉絶塵勞曾見錢塘八月濤

採葛婦歌

吴越春秋曰采葛越之婦人傷越王用心乃作若何之歌

嘗膽不苦味若飴令我采葛以作絲

紫玉歌

樂府詩集曰紫玉吴王夫差女也作歌詩以與

韓重

南山有鳥北山張羅意欲從君讒言孔多悲結成疹沒命黃壚命之不造冤如之何羽族之長名爲鳳皇一日失雄三年感傷雖有衆鳥不爲匹雙故見鄙姿逢君輝光身遠心近何曾暫忘

鄴民歌

史記曰魏襄王時史起爲鄴令引漳水漑鄴以富魏之河内而民作歌云

鄴有賢令兮爲史公決漳水兮灌鄴旁終古舄鹵兮生稻粱

鄭白渠歌

史記曰韓聞秦之好興事欲罷無令東伐迺使

水工鄭國間說秦令鑿涇水自中山西抵瓠口爲渠並北山東注洛漑舃鹵之地四萬餘頃今曰鄭國渠漢書曰太始二年趙中大夫白公復奏穿渠引涇水首起谷口尾入櫟陽注渭中袤二百里漑田四千五百餘頃名曰白渠人得其饒於是歌之

田於何所池陽谷口鄭國在前白渠起後舉臿如雲決渠爲雨涇水一石其泥數斗且漑且糞長我禾黍衣食京師億萬之口

百里奚歌　　高允生

羈旅入秦庭始得收顯曜釋褐出輜車卓爲千乘道豔色進華容繁弦發微調居貴易素心翻然忘久要裝金五羊皮寫情陳所告豈徒望自傷念君無定操

秦始皇歌

古今樂録曰秦始皇祠洛水有黒頭公從河中出呼始皇曰來受天寶乃與羣臣作歌

洛陽之水其色蒼蒼祠祭大澤倏忽南臨洛濵醊禱色連三光

雞鳴歌

樂府廣題曰漢有雞鳴衛士主雞唱宫外舊儀宫中與臺竝不得畜雞晝漏盡夜漏起中黄門持五夜甲夜畢傳乙乙夜畢傳丙丙夜畢傳丁丁夜畢傳戊戊夜是爲五更未明三刻雞鳴衛士起唱漢書曰高祖圍項羽垓下羽是夜聞漢軍四面皆楚歌應劭曰楚歌者雞鳴歌也晋太康地記曰後漢固始鮦陽公安細陽四縣衛士習此曲於闕下歌之今雞鳴歌是也然則此歌

益漢歌也按周禮雞人掌大祭祀夜嘑旦以嘂百官則所起亦遠矣

東方欲明星爛爛汝南晨雞登壇唤曲終漏盡嚴具陳月沒星稀天下旦千門萬户遞魚鑰宫中城上飛烏鵲

雞鳴曲　唐王建

雞初鳴明星照東屋雞再鳴紅霞生海腹百官待漏雙闕前聖人亦挂山龍服寶釵命婦燈下起環珮玲瓏曉光裏直内初燒玉按香司更尚滴銅壺水金吾衞裏直更一作郎妻到明不睡聽晨雞天頭日月相送近夜棲旦鳴人不迷

同前　唐李廓

星稀月沒上五更膠膠角角雞初鳴征人牽馬出門立辭妾欲向安西行再鳴引頸簷頭下月中角聲催上馬纔分地色第三鳴旌旗紅一作旆紅塵已出城婦人上城亂招手夫壻不聞

遥哭聲長恨雞鳴别時苦不遣雞棲近窻戸

平城歌

漢書匈奴傳曰高祖自將兵三十二萬擊韓王信帝先至平城步兵未盡到冒頓縱精兵三十餘萬圍帝於白登七日漢兵中外不得救餉樊噲時爲上將軍不能解圍天下皆歌之後用陳平祕計得免白登在平城東南去平城十餘里

平城之下亦誠苦七日不食不能彀弩

楚歌　漢高帝

漢書曰高祖欲立戚夫人子趙王如意而廢太子後不果戚夫人泣涕帝曰爲我楚舞吾爲若楚歌其旨言太子得四皓爲輔羽翼成就不可易也顔師古曰楚歌者楚人之歌猶吳歈越吟也

鴻鵠高飛一舉千里羽翼以就橫絕四海橫絕四海又可柰何雖有繒繳尚安所施

吳楚歌　晉傅玄

樂府詩集曰傅玄辭一曰燕美人歌

燕人美兮趙女佳其室則邇兮限曾崖雲爲車兮風爲馬玉在山兮蘭在野雲無期兮風有止思心多端誰能理

同前　張籍

庭前春鳥啄林聲紅夾羅襦縫未成今朝社日停針線起向朱櫻樹下行

樂府詩集卷第八十三

（宋）郭茂倩 編

宋本樂府詩集

第九册

國家圖書館出版社

第九册目録

卷七十三　雜曲歌辭十三

樂府詩集卷第六十四　太原郭　茂倩　編次

雜曲歌辭

五遊　魏曹植

九州不足步願得凌雲翔逍遥八紘外遊目歷遐荒披我丹霞衣襲我素霓裳華蓋紛晻藹六龍仰天驤曜靈未移景倏忽造昊蒼閶闔啓丹扉雙闕曜朱光徘徊文昌殿登陟太微堂上帝休西櫺羣后集東廂帶我瓊瑤佩漱我沆瀣漿踟躕玩靈芝徙倚弄華芳王子奉仙藥羨門進奇方服食享遐紀延壽保無疆

遠遊篇　曹植

楚辭遠遊章句曰悲時俗之迫阨兮願輕舉而遠遊質菲薄而無因兮焉託乘而上浮王逸云

遠遊者屈原之所作也屈原履方直之行不容於世困於讒佞無所告訴乃思與仙人俱遊戲周歷天地無所不至焉周王褒又有輕舉篇亦出於此

遠遊臨四海俯仰觀洪波大魚若曲陵承浪相經過靈鼇戴方丈神岳儼嵯峨仙人翔其隅玉女戲其阿瓊蘂可療飢仰漱吸朝霞崑崙本吾宅中州非我家將歸謁東父一舉超流沙鼓翼舞時風長嘯激清歌金石固易弊日月同光華齊年與天地萬乘安足多

輕舉篇　周王褒

天地能長久神仙壽不窮白玉東華檢方諸西岳童我瞻少海北暫別扶桑東俯觀雲似蓋低望月如弓看碁城邑改辭家墟巷空流珠餘舊竈種杏發新叢酒釀瀛洲玉劒鑄昆吾

銅誰能攬六博還當訪井公

仙人篇　　曹植

樂府廣題曰秦始皇三十六年使博士爲仙眞人詩遊行天下令樂人歌之曹植仙人篇曰仙人攬六著言人生如寄當養羽翼徘徊九天以從韓終王喬於天衢也齊陸瑜又有仙人覽六著篇蓋出於此

仙人攬六著對博太山隅湘娥拊琴瑟秦女吹笙竽玉樽盈桂酒河伯獻神魚四海一何局九州安所如韓終與王喬要我於天衢萬里不足步輕舉凌太虛飛騰踰景雲高風吹我軀迴駕觀紫微與帝合靈符閶闔正嵯峨雙闕萬丈餘玉樹扶道生白虎夾門樞驅風遊四海東過王母廬俯觀五岳間人生如寄居潛光養羽翼進趣且徐徐不見昔軒轅升龍出

鼎湖徘徊九天下與爾長相須

仙人覽六著篇　　齊陸瑜

九仙會歡賞六著且娛神戲谷聞餘地銘山憶舊秦避敵情
思巧論兵勢重新問取南皮夕還笑拂基人

神仙篇　　齊王融

命駕瑤池側一作隈過息嬴女臺長袖何靡靡簫管清且哀璧
門涼月舉珠殿秋風迴青鳥鶱高羽王母停玉杯舉手䰠爲
別千年將復來

同前　　梁戴暠

徒聞石爲火未見坂停丸暫數盈虛月長隨晝夜灊辭家試
學道逢師得姓韓閬山金靜室蓬丘銀露壇安平醞仙酒渤
海轉神丹初飛喜退鳳新學法乘鸞十芒生月腦六䫲起星
肝　瓊播疑俗信玉類陽官玄都宴晚集紫府事朝看謝手

今爲別進憐此俗難

同前　　　　　陳張正見

瀛州分渤澥閬苑隔虹蜺欲識三山路須尋千仞溪石梁雲
外去蓬丘霧裏迷年深毀丹竈學久棄青泥葛水留還杖天
衢鳴去雞六龍驤首起雲閣萬里一別何寥廓玄都府内駕
青牛紫蓋山中乘白鶴尋陽杏花終難朽武陵桃花未曾落
已見玉女笑投壺復覩仙童欣六博同甘玉文棗俱飲流霞
藥鸞歌鳳舞集天台金闕銀宮相向開西王已令青鳥去東
海還馭赤虬來魏武還車逢漢女荆王因夢識陽臺鳳蓋隨
雲聊蔽日霓裳雜雨復乘雷神岳吹笙遥謝手當知福地有
神才

同前　　　　　隋盧思道

浮生厭危促名岳共招攜雲軒遊紫府風駟上丹梯時見遼

東鶴屢聽淮南雞玉英持作寶瓊實採成蹊飛策揚輕電懸
旌耀彩蜺瑞銀光似燭靈石髓如泥寥廓鸞山右超越鳳洲
西一力應五色持此救人迷

同前　　魯范

王遠尋仙至欒巴訪術迴乘空向紫府控鶴下蓬萊霜分白
鹿駕日映流霞杯煎金丹未熟醒酒藥初開乍應觀海變誰
肯畏年積

神仙曲　　唐李賀

碧峯海面藏靈書上帝揀作神仙居晴時笑語聞空虛鬬乘
巨浪騎鯨魚春羅剪字邀王母共宴紅樓最深處鶴羽衝風
過海遲不如卻使青龍去猶疑王母不相許垂露娃鬟更傳語

昇仙篇　　梁簡文帝

少室堪求道明光可學仙丹繪碧林宇綠玉黃金篇雲車了

無轍風馬詎須鞭靈桃恒可餌幾迴三千年

飛龍篇　曹植

楚辭離騷曰爲余駕飛龍兮雜瑤象以爲車曹植飛龍篇亦言求仙者乘飛龍而昇天與楚辭同意按琴曲亦有飛龍引

晨遊泰山雲霧窈究忽逢二童顏色鮮好乘彼白鹿手翳芝草我知眞人長跪問道西登玉堂一作臺金樓復道授我仙藥神皇所造教我服食還精補腦壽同金石永世難老

應龍篇　張正見

張正見應龍篇言龍未起時乃在淵底藏以諭君子隱居養志以待時也廣雅曰有鱗曰蛟龍有翼曰應龍有角曰虬龍無角曰螭龍

應龍未起時乃在淵底藏非雲足不蹈舉則冲天翔譬彼野

蘭草幽居常獨香清風播四遠萬里望芬芳隱居可頤志自見焉得彰

鬬雞篇　　曹植

春秋左氏傳曰季郈之雞鬬季氏介其雞郈氏爲之金距杜預云擣芥子播其羽也或曰以膠沙播之爲介雞鄴都故事曰魏明帝大和中築鬬雞臺趙王石虎亦以芥羽漆砂鬬雞于此故曹植詩云鬬雞東郊道走馬長楸閒是也

遊目極妙伎清聽厭宮商主人寂無爲衆賓進樂方長筵坐戲客鬬雞觀閒房羣雄正翕赫雙翹自飛揚揮羽邀清風悍目發朱光觜落輕毛散嚴距往往傷長鳴入青雲扇翼獨翔願蒙狸膏助常得擅此場

同前　　梁劉孝威

丹雞翠翼張妒敵復專場翅中含芥粉距外耀金芒氣踰上黨列名媲下韝良祭橋愁魏后食跖忌齊王願賜淮南藥一使雲間翔

盤石篇　曹植

盤石山巔石飄飖澗底蓬我本太山人何爲客海東蒹葭彌斥土林木無分重岸巖若崩缺湖水何洶洶蚌蛤被濱涯光彩如錦虹高彼淩雲霄浮氣象螭龍鯨脊若丘陵鬚若山上松呼吸呑船欐澎濞戲中鴻方舟尋高價珍寶麗以通一舉必千里乘颸舉帆幢經危履險阻未知命所鍾常恐沈黃壚下與黿鼉同南極蒼梧野遊眄窮九江中夜指參辰欲師當定從仰天長太息思想懷故邦乘桴何所志于嗟我孔公

驅車篇　曹植

驅車揮駑馬東到奉高城神哉彼太山五嶽專其名隆高貫

雲霓嵯峨出太清周流二六候間置十二亭上有涌醴泉玉石揚華英東北望吳野西眺觀日精魂神所繫屬逝者感斯征王者以歸天効厥元功成歷代無不遵禮祀有品程探策或長短唯德享利貞封者七十帝軒皇元獨靈飡霞漱沆瀣毛羽被身形發舉蹈虛廓徑廷升窈冥同壽東父年曠代永長生

種葛篇

種葛南山下葛藟自成陰與君初婚時一作初定婚結髮恩義深歡愛在枕席宿昔同衣衾竊慕棠棣篇好樂和瑟琴行年將晩暮佳人懷異心恩紀曠不接我情遂抑沉出門當何顧徘徊步北林下有交頸獸仰見雙栖禽攀枝長歎息淚下沾羅襟良馬知我悲延頸代我吟昔爲同池魚今爲商與參往古皆歡遇我獨因於今棄置委天命悠悠安可任

秋蘭篇　　晉傅玄

秋蘭本出於楚辭離騷云秋蘭兮蘪蕪羅生兮堂下緑葉兮素華芳菲菲兮襲予蘭香草言芳香菲菲上及於我也傅玄秋蘭篇云秋蘭蔭玉池池水且芳香其旨言婦人之託君子猶秋蘭之蔭玉池與楚辭同意

秋蘭蔭玉池池水且芳香芙蓉隨風發中有雙鴛鴦雙魚自踴躍兩鳥時迴翔君其期一作歷九秋與妾同衣裳

松栢篇　　宋鮑照

松栢篇鮑照擬傅玄樂府龜鶴篇而作也

松栢受命獨歷代長不衰人生浮且脆䖍若晨風悲東海迸逝川西山道落暉南郭悅籍短蒿里收永歸諒無疇昔時百病起盡期志士惜牛刀忍勉自療治傾家行藥事顛沛去迎

醫徒備火石苦奄至不得辭龜齡安可獲岱宗限已迫睿聖
不得留爲善何所益捨此赤縣居就彼黃壚宅永離九原親
長與三辰隔屬纊生望盡闔棺世業埋事痛存人心恨結云
者懷祖葬既云及壙遂亦已開室族內外哭親疏同共哀外
姻遠近至名列通夜臺扶輿出殯宮低迴戀庭室天地有盡
期我去無還日居者今已盡人事從此畢火歇煙既沒形銷
聲亦滅鬼神來依我生人永辭訣大暮杳悠悠長夜無時節
鬱煙重冥下煩冤難具說安寢委沉寞戀戀念平生事業有
餘結形述未及成資儲無檐石兒女皆孩嬰一朝放捨去萬
恨纏我情追憶世上事束教以自拘明發靡怡悆夕歸多憂
虞撤閑晨逕流輟宴式酒儒知今瞑目苦恨失爾時娛遙遙
遠民居獨埋深壤中墓前人跡滅冢上草日豐空床響鳴蜩
高松結悲風長寐無覺期誰知逝者窮生存處交廣連捐舒

華禍已没一何苦梏哉不容身昔日平居時晨夕對六親今日掩奈何一見無諧因禮席有降殺三齡速過隙几筵就收撤室宇改疇昔行女遊歸途仕子復王役家世本平常獨有亡者劇時祀望歸來四節靜塋丘孝子撫墳號父子知來不欲還心依戀欲見絶無由煩冤荒隴側肝心盡崩抽

采菊篇　梁簡文帝

月精麗草散秋株洛陽少婦絶妍姝相喚（一作呼）提筐采菊珠朝起露濕霑羅襦東方千騎從驪駒豈不下山逢故夫

飛塵篇　傅玄

飛塵穢清流朝雲蔽日光秋蘭豈不芬鮑肆亂其芳河決潰金堤一手不能障

閶闔篇　梁武帝

張衡西京賦曰表嶢闕於閶闔閶闔天門也立

高闕以象之薛綜云紫微宮門名曰閶闔也閶闔篇蓋出於此

西漢本佳妍金馬望甘泉衛尉屯兵上期門曉漏傳猶重河東賦欲以追神仙羽騎凌雲轉閶闔帶空懸長旗掃月窟鳳迹輾星驪但使丹砂就能令億萬年

登名山行

名山本鎮地迢遞上凌霄雲披金澗近霧起石梁遙翠微横鳥路珠樹拂星橋風急清溪晚霞散赤城朝寓目幽棲客駕口尋綺季跡絶桃源士忘情漆園吏沉冥負俗心踈索凌雲意蒼蒼聳極天伏眺盡山川疊峯如積浪分崖若斜烟淺深聞渡雨輕重聽飛泉采藥逢三島尋眞遇九仙藏書凡幾代看傳巳經年逝將追羽客千載一來旋

西長安行　　傅玄

樂府解題曰西長安行晉傅休奕云所思兮何在乃在西長安其下因叙別離之意也三輔舊事曰長安城以北斗周地圖記曰長安城南爲南斗形北爲北斗形通典曰漢高帝自櫟陽徙都長安至惠帝方發人徒築城即長安西北古城是也

所思兮何在乃在西長安何用存問妾香橙雙珠環何用重存問羽爵翠琅玕今我兮問君更有兮異心香亦不可燒環亦不可沈香燒日有歇環沈日自深

齊謳行　晉陸機

漢書曰漢王至南鄭諸將及士卒皆歌謳思東歸顔師古曰謳齊歌也謂齊聲而歌或曰齊地之歌禮樂志曰齊古謳員六人梁元帝纂要曰

齊歌曰謳是也陸機齊謳行備言齊地之美亦

欲使人推分直進不可妄有所營也

營丘負海曲沃野爽且平洪川控河濟崇山入高冥東被姑尤側南界聊攝城海物錯萬類陸産尚千名孟諸吞楚夢百二侔秦京惟師恢東表桓后定周傾天道有迭代人道無久盈鄙哉牛山歎未及至人情爽鳩苟已徂吾子安得停行行將復去長存非所營

同前　　梁沈約

東秦稱右地川隰固夷衵層峯駕蒼雲濁河流素壤青丘良杳鬱雪宫信踈敞王佐改許命霸功繆周綱

齊歌行　　齊陸厥

黄金徒滿籯不如守章句雪宫紛多士稷下岌成覆一作露同載雙連珠一作璧合席懸河注垂帷五行下操筆百金賦華屋

大車方高門駟馬驅玄豹空不食南山隱雲霧

吴趨行　　　　陸機

崔豹古今註曰吴趨行吴人以歌其地陸機吴趨行曰聽我歌吴趨趨步也

楚妃且勿歎齊娥且莫謳四坐並清聽聽我歌吴趨吴趨自有始請從閶門起閶門何峩峩飛閣跨通波重欒承遊極迴軒啓曲阿藹藹慶雲被泠泠鮮風過山澤多藏育土風清且嘉泰伯導仁風仲雍揚其波穆穆延陵子灼灼光諸華王迹穨陽九帝功興四遐大皇自富春矯首頓世羅邦彥應運興粲若春林葩屬城咸有士吴邑最爲多八族未足侈四姓實名家文德熙淳懿武功侔山河禮讓何濟濟流化自滂沲淑美難窮紀商榷爲此歌

同前

壐滿蓋重簾唯有遠相思藕葉清朝釧何見早歸一作還時

同前　梁元帝

水裏生葱翅池心恒欲飛蓮花逐牀返何時乘舸歸

會吟行　宋謝靈運

樂府解題曰會吟行其致與吳趨同會謂會稽

謝靈運會吟行曰咸共聆會吟

六引緩清唱三調佇繁音列筵皆靜寂咸共聆會吟會吟自有初請從文命敷敷績壺冀始刋木至江汜列宿炳天文負海横地理連峯競千仞背流各百里滮地溉粳稻輕雲曖松杞兩京愧佳麗三都豈能似層臺指中天高墉積崇雉飛燕躍廣途鷁首戲清沚肆呈窈窕容路曜媔娟子自來彌世代賢達不可紀句踐善廢興越叟識行止范蠡出江湖梅福入城市東方就旅逸梁鴻去桑梓牽綴書土風辭殫意未巳

樂府詩集卷第六十四

樂府詩集卷第六十五

太原郭　茂倩　編次

雜曲歌辭

北風行　宋鮑照

北風本衛詩也北風詩曰北風其涼雨雪其雱傳云北風寒涼病害萬物以喻君政暴虐百親不親也若鮑照北風涼李白燭龍棲寒門皆傷北風雨雪而行人不歸與衛詩異矣

北風涼雨雪雱京洛女兒多嚴妝遥豔帷中自悲傷沉吟不語若爲一作有忘問君何行何當歸苦使妾坐自傷悲慮年至一作去慮顔衰情易復恨難追

同前　唐李白

燭龍棲寒門光曜猶旦開日月照之何不及此唯有北風號

怒天上來燕山雪花大如席片片吹落軒轅臺幽州思婦十二月停歌罷笑雙蛾摧倚門望行人念君長城苦寒良可哀別時提劍救邊去遺此虎文金鞞釵中有一雙白羽箭蜘蛛結網生塵埃箭空在人今戰死不復迴不忍見此物焚之已成灰黃河捧土尚可塞北風雨雪恨難裁一作哉

苦熱行　鮑照

魏曹植苦熱行曰行遊到日南經歷交阯鄉苦熱但曝露越夷水中藏樂府解題曰苦熱行備言流金爍石火山炎海之艱難也若鮑照云赤阪横西阻火山赫南威言南方瘴癘之地盡節征伐而賞之太薄也

赤阪横西阻火山赫南威身熱頭且痛鳥墮魂未歸湯泉發雲潭焦煙起石磯日月有恒昏雨露未嘗晞丹蛇踰百尺玄

蜂盈十圍含沙射流影吹蠱病行暉瘴氣晝熏體菌露夜霑
衣饑猨莫下食晨禽不敢飛毒涇尚多死渡瀘寧具腓生軀
蹈死地昌志登高一作禍機戈船榮旣薄伏波賞亦微爵輕君
尚惜士重安可希

同前　　梁簡文帝

六龍騖不息三伏啓炎陽寢興煩几案俯仰倦幃牀滂沲汗
似鑠微靡風如湯迴池愧玉浪蘭殿非含霜細簾時半卷輕
幌乍橫張雲斜花影沒日落荷心香願見洪崖井詎憐河朔觴

同前　　梁任昉

旭旦煙雲卷烈景入東軒傾光望轉蕙斜日照西垣旣卷蕉
梧葉復傾葵藿根重簟無冷氣挾石似懷溫霡霂類珠綴喘
嚇狀雷奔

同前　　梁何遜

昔聞草木焦今覩沙石爛曀曀風愈靜曈曈日漸盰習靜悶
衣巾讀書煩几案卧思清露浥坐待明星燦蝙蝠户間飛蟣
蠓窻中亂會無河朔飲室有臨淄汗遺金自不拾惡木寧無
幹願以三伏晨催促九秋换

同前　周庾信

火井沈熒散炎洲高燄通鞭石未成雨鳴鳶不起風思爲鸞
翼扇願備明光宫臨淄迎子禮中散就安豐美酒含蘭氣甘
瓜開蜜筒寂寥人事屏還得隱牆東

同前　唐王維

赤日滿天地火雲成山岳草木盡焦卷川澤皆竭涸輕紈覺
衣重密樹苦陰薄莞簟不可近絺綌再三濯思出宇宙外曠
然在寥廓長風萬里來江海蕩煩濁却顧身爲患始知心未
覺忽入甘露門宛然清涼樂

同前　唐王轂

祝融南來鞭火龍火旗焰焰燒天紅日輪當午凝不去萬國如在洪爐中五嶽翠乾雲彩滅陽侯海底愁波竭何當一夕金風發爲我掃却天下熱

同前　唐僧皎然

六月金數伏茲辰日在庚炎曦曝肌膚毒霧昏檐楹安得奮翅翮超遙出雲征不知天地心如何匠生成火德燒百卉瑤草不及榮省客當此時忽貽懷中瓊捧翫煩袪滌嘯歌美風生遲君佐元氣調使四序平中令霜不袄火餘氣常貞江南詩騷客休吟苦熱行

同前　唐僧齊已

離宮劃開赤帝怒喝起六龍奔日馭下土熬熬若煎煮蒼生惶惶無處處火雲崢嶸焚泬寥東臯老農腸欲焦何當一雨

蘇我苗爲君擊壤歌帝堯

太行苦熱行　　唐劉長卿

迢迢太行路自古稱險惡千騎儼欲前羣峯望如削火雲從中起仰視飛鳥落汗馬卧高原危旌倚長薄清風何不至赤日方煎爍石露山木焦鱗窮水泉涸九重今旰食萬里傳明略諸將俟軒車元兇愁鼎鑊何勞短兵接自有長纓縛通越事豈難渡瀘功未博朝辭羊腸坂夕望貝丘郭漳水斜遶營常山遥入幕永懷姑蘇下因寄建安作白雪和誠難滄波意空託陳琳書記好王粲從軍樂早晚歸漢庭隨君上麟閣

同前　　唐獨孤及

駟馬上太行修途亘遼碣王程無留駕日昊未遑歇請問此何時恢台朱明月長虵稽天討上將方北伐明主命使臣皇華得時傑已忘羊腸險豈憚温風熱摇策汗滂沲登崖思紆

結炎雲如煙火溪谷將恐竭晝景絶可畏涼飈何由發山長
飛鳥墮目極行車絶趙魏方依擾安危俟明哲歸路豈不懷
飲冰有苦節會同傳檄至疑議立談決況有阮元瑜翩翩秉
書札起予歌赤坂永好踰白雪誰念剖竹人無因執羈紲

春日行　鮑照

獻歲發春吾將行春山茂春日明園中鳥多嘉聲梅始發柳
始青汎舟艫齊棹驚奏採菱歌鹿鳴風微起波微生（一作微波起微風生）
弦亦發酒亦傾入蓮池折桂枝芳袖動芬葉披兩相思兩
不知

同前　李白

深宮高樓入紫清金作蛟龍盤繡楹（一作繡作楹）佳人當窻弄白
日弦將手語彈鳴箏春風吹落君王耳此曲乃是升天行因
出天池汎蓬瀛樓船蹙沓波浪驚三千雙蛾獻歌笑撾鍾考

鼓宮殿傾萬姓聚舞歌太平我無爲人自寧三十六帝欲相迎仙人飄翩下雲軿帝不去留鎬京安能爲軒轅獨往入窅冥小臣拜獻南山壽陛下萬古垂鴻名

同前　　唐張籍

春日融融池上暖竹牙出土蘭心短草堂晨起酒半醒家僮報我園巳滿頭上皮冠未曾整直入花間不尋徑樹樹殷勤盡遶行舉枝未徧春日暝不用積金著青天不用服藥求神仙但願園裏花長好一生飲酒花前老

朗月行　　鮑照

朗月出東山照我綺窻前窻中多佳人被服妖且妍靚妝坐帷裏當戸弄清弦蹻𨈡奪衛女迅體絶飛燕先爲君歌一曲當作朗月篇一作堂上朗月篇酒至顔自解聲和心亦宣千金何足重所存意氣間

同前　　李白

小時不識月呼作白玉盤又疑瑤臺鏡飛在青雲端仙人垂兩足桂樹作團團白兔擣藥成問言與誰餐蟾蜍蝕圓影天明夜已殘羿昔落九烏天人清且安陰精此淪惑去去不足觀憂來其如何悽愴摧心肝

明月篇　　晉傅玄

皎皎明月光灼灼朝日暉昔爲春蠶絲今爲秋女衣丹脣列素齒翠彩發蛾眉嬌子多好言歡合易爲姿玉顏盛有時秀色隨年衰常恐新間舊變故興細微浮萍本無根一作浮萍無根本非水將何依憂喜更相接樂極還自悲

明月子　　陳謝燮

杪秋之遙夜明月照高樓登樓一迴望望見東南一作陌頭故人眇千里言別歷九秋相思不相見望望空離憂

堂上歌行　鮑照

四坐且莫一作勿諠聽我堂上歌昔仕京洛時高門臨長河出入重宮裏結友曹與何車馬相馳逐賓朋好容華陽春孟春月朝光散流霞輕步逐芳風言笑弄丹葩暉暉朱顔酡紛紛織女梭滿堂皆美人目成對湘娥雖謝詩君閑明妝帶綺羅箏笛更彈吹高唱好相和萬曲不關情一作心一曲動情多欲知情厚薄更聽此聲過

前有一罇酒行　傅玄

置酒結此會主人起行觴玉罇兩楹間絲理東西廂舞袖一何妙變化窮萬方賓主齊德量欣欣樂未央同享千年壽朋來會此堂

同前　陳後主

殿高絲吹滿日落綺羅[illegible]莫論朝漏促傾危待夕筵

同前　陳張正見

前有一罇酒主人行壽今日合來坐者當今皆富且壽欲令主人三萬歲終歲不知老爲吏當高遷賈市得萬倍桑蠶當大得主人宜子孫

同前二首　李白

春風東來忽相過金罇淥酒生微波落花紛紛稍覺多美人欲醉朱顏酡青軒桃李能幾何流光欺人忽蹉跎君起舞日西夕當年意氣不肯傾白髮如絲歎何益

琴奏龍門之綠桐玉壺美酒清若空催弦拂柱與君飲看朱成碧顏始紅胡姬貌如花當壚笑春風笑春風舞羅衣君今不醉欲安歸

前緩聲歌

晉陸機前緩聲歌曰游仙聚靈族高會曾城阿

言將前慕仙游冀命長緩故流聲於歌曲也宋
謝惠連又有後緩聲歌大略戒居高位而爲讒
諂所蔽與前歌之意異矣按緩聲本謂歌聲之
緩非言命也又有緩歌行亦出於此

水中之馬必有陸地之船但有意氣不能自前心非木石荆
根株數得覆蓋天當復思東流之水必有西上之魚不在大
小但有朝於復來長笛續短笛欲今皇帝陛下三千萬

同前　晉陸機

遊仙聚靈族高會曾城阿長風萬里舉慶雲鬱嵯峨宓妃興
洛浦王韓起太華北徵瑶臺女南要湘川娥肅肅霄駕動翩
翩翠蓋羅羽旗棲瓊鸞玉衡吐鳴和太容揮高弦洪崖發清
歌獻酬既已周輕舉乘紫霞揔轡扶桑枝（一作底）濯足暘谷波
清輝溢天門垂慶惠皇家

同前　宋孔甯子

供帳設玄宮衆仙昏亞炤炤二儀曠雍容風雲暇北伐太

行鼓南整九疑駕笙歌輿洛川鳴簫起秦樹鈞天異三代廣

樂非韶夏滿堂皆人靈列筵必羽化烏可循日留兔自延月

夜弱水時一濯扶桑聊蹔舍兆旬方履端千齡　八蜡

同前　梁沈約

羽人廣宵宴帳集瑤池東開霞泛綵靄澄霧迎香風龍駕出

黃苑帝服起河宫九疑轥煙雨三山馭螭鴻玉鑾乃排月瑤

軑信凌空神行燭玄漠帝旆委曾虹簫歌笑嬴女笙吹悦嫗

童瓊漿且未洽羽轡已騰空息鳳曾城曲滅景清都中降祐

集皇代委祚溢華嵩

同前　宋謝惠連

羲和纖阿去嵯峨覩物知命使余轉欲悲歌憂戚人心胷處

山勿居峯在行勿爲公居峯大阻銳爲公遇讒蔽邪琴自疎越雅韻能揚揚滑滑相混同終始福禄豐

緩歌行　宋謝靈運

飛客結靈友凌空萃丹丘習習和風起采采彤雲浮娥皇發湘浦霄明出河洲宛宛連螭轡裔裔振龍旒

同前　唐李頎

小來託身攀貴遊傾財破産無所憂暮擬經過石渠署朝將出入銅龍樓結交杜陵輕薄子謂言可生復可死一沈一浮會有時棄我翻然如脫屣男兒立身須自彊十五閑戸穎水陽業就功成見明主擊鐘鼎食坐華堂二八蛾眉梳墮馬美酒清歌曲房下文昌宫中賜錦衣長安陌上退朝歸五侯賓從莫敢視三省官寮揖者稀早知今日讀書是悔作從來任俠非

樂府詩集卷第六十五

樂府詩集卷第六十六

太原郭　茂倩　編次

雜曲歌辭

結客少年場行　宋鮑照

後漢書曰祭遵嘗爲部吏所侵結客殺人曹植結客篇曰結客少年場報怨洛北邙樂府解題曰結客少年場行言輕生重義慷慨以立功名也廣題曰漢長安少年殺吏受財報仇相與探丸爲彈探得赤丸斫武吏探得黑丸殺文吏尹賞爲長安令盡捕之長安中爲之歌曰何處求子死桓東少年場生時諒不謹枯骨復何葬按結客少年場言少年時結任俠之客爲游樂之場終而無成故作此曲也

驄馬金絡頭錦帶佩吳鉤失意杯酒間白刃起相讎追兵一旦至負劒遠行遊去鄉三十載復得還舊丘升高臨四關一作塞表裏望皇州九衢平若水雙闕似雲浮扶宮羅將相夾道列王侯日中市朝滿車馬若川流擊鐘陳鼎食方駕自相求今我獨何為轗軻懷百憂

同前　梁劉孝威

少年本六郡邀遊遍五都插腰銅匕首障日錦塗蘇鷙羽裝銀鏑犀膠飾象弧近發連雙兔高彎落九烏邊城多警急節使滿郊衢居延箭箙盡疎勒井泉枯正蒙都護接何由憚險途千金募惡少一麾擒骨都勇餘聊蹙鞠戰罷戲投壺昔為北方將今為南面孤邦君行負弩縣令且前驅

同前　周庾信

結客少年場春風滿路香歌撩李都尉果擲潘河陽折一作隔

花遙勸酒就水更移牀今年喜夫壻新拜羽林郎定知劉碧玉偷嫁汝南王

同前　　　　隋孔紹安

結客佩吳鉤橫行度隴頭鴈在弓前落雲從陣後浮吳師驚燧象燕將警奔牛轉蓬飛不息冰河結未流若使三邊定當封萬里侯

同前　　　　唐虞世南

韓魏多奇節倜儻遺名利共矜然諾心各負縱橫志結友一言重相思千里至綠沈明月弦金絡浮雲轡吹簫入吳市擊筑游燕肆尋源博望侯結客遠相求少年重一顧長驅背隴頭䬱䬱霜戈動耿耿劒虹浮天山冬夏雪交河南北流雲起龍沙暗木落鴈行秋輕生徇知己非是爲身謀

同前　　　　虞羽客

幽并俠少年金絡空連錢竊符方救魏擊筑正懷燕輕生辭鳳闕揮袂上祁連陸離橫寶劒出沒驚徂旃蒙輪恒顧敵超乘忽爭先摧枯逾百戰拓地遠三千骨都魂已散樓蘭首復傳龍城含曉霧瀚海隔遙天歌吹金微返振旅玉門旋烽火今已息非復照甘泉

同前　唐盧照隣

長安重遊俠洛陽富才雄玉劒浮雲騎金鞍明月弓鬬雞過渭北走馬向關東孫賓遙見待郭解暗相通不受千金爵誰論萬里功將軍下天上虜騎入雲中烽火夜似月兵氣曉成虹橫行徇知己負羽遠征戎龍旌昬朔霧鳥陣卷寒風追奔瀚海咽戰罷陰山空歸來謝天子何如馬上翁

同前　唐李白

紫騮黃金瞳啾啾一作稜稜搖綠鬉平明相馳逐結客洛門東少

年學劒術淩轢白猨公珠袍曳錦帶匕首插吳鴻由來萬夫勇挾此生雄風託交從劇孟買醉入新豐笑盡一杯酒殺人都市中羞道易水寒從令日貫虹燕丹事不立虛没秦帝宫武陽死灰人安可與成功

同前　唐沈彬

重義輕生一劒知白虹貫日報讎歸片心惆悵清平世酒市無人問布衣

少年子　齊王融

聞有東方騎遥見上頭人待君送客返桂欽當自陳

同前　梁吳均

董生能巧笑子都信美目百萬市一言千金買相逐不道參差菜誰論窈窕淑願言奉繡被來就越人宿

同前　唐李百藥

少年飛翠蓋上路動金鑣始酌文君酒新吹弄玉簫少年不歡樂何以盡芳朝千金笑裏面一擲抱中腰掛冠豈憚宿迎拜一作落珥不勝嬌寄語少年子無辭歸路遙

同前　李白

青雲年少子挾彈章臺左鞍馬四邊開突如流星過金丸落飛鳥夜入瓊樓卧夷齊是何人獨守西山餓

少年樂　唐李賀

芳草落花如錦地二十長遊醉鄉裏紅纓不重白馬驕垂柳金絲香拂水吴娥未笑花不開綠鬢聳墮蘭雲起陸郎倚醉牽羅袂奪得寶釵金翡翠

同前　唐張祜

二十便封侯名居第一流綠鬟深小院清管下高樓醉把金船擲閑敲玉鐙遊帶盤紅鼴鼠袍砑紫犀牛錦袋歸調箭羅

鞋起撥毬眼前長貴盛那信世間愁

少年行三首　　李白

擊筑飲美酒劒歌易水湄經過燕太子結託并州兒少年負壯氣奮烈自有時因聲魯句踐爭情一作博勿相欺

五陵年少金市東銀鞍白馬度春風落花踏盡遊何處笑入胡姬酒肆中

君不見淮南少年遊俠客白日毬獵夜擁擲呼盧百萬終不惜報讎千里如咫尺少年遊俠好經過渾身裝束皆綺羅蘭蕙相隨喧妓女風光去處滿笙歌驕矜自言不可有俠士堂中養來乆好鞍好馬乞與人十千五千旋沽酒赤心用盡爲知已黃金不惜栽桃李桃李栽來幾度春一回花落一回新府縣盡爲門下客王侯皆是平交人男兒百年且樂命何須徇書受貧病男兒百年且榮身何須徇節甘風塵衣冠半是征戰

士窮儒浪作林泉民遮莫枝根長百丈不如當代多還往遮莫親姻連帝城不如當身自簪纓看取富貴眼前者何用悠悠身後名

同前四首　唐王維

新豐美酒斗十千咸陽遊俠多少年相逢意氣爲君飲繫馬高樓垂柳邊

漢家君臣歡宴終高義雲臺論戰功天子臨軒賜侯印將軍佩出明光宫

出身仕漢羽林郎初隨驃騎戰漁陽孰知不向邊庭苦縱死猶聞俠骨香

一身能臂兩雕弧虜騎千羣只似無偏坐金鞍調白羽紛紛射殺五單于

同前二首　唐王昌齡

西陵俠年少送客過長亭青槐夾兩路白馬如流星聞道羽書急單于寇井陘氣高輕赴難誰顧燕山銘走馬還相尋西樓下夕陰結交期一劒留意贈千金高閣歌聲遠重關柳色深夜闌須盡醉莫負百年心

同前　　唐張籍

少年從出獵長楊禁中新拜羽林郎獨到輦前射雙虎君王手賜黃金鐺日日鬬雞都市裏贏得寶刀重刻字百里報讎夜出城平明還在倡樓醉遥聞虜到平陵下不待詔書行上馬斬得名王獻桂宮封侯起第一日中不為六郡良家子百戰始取邊城功

同前三首　　唐李嶷

十八羽林郎戎衣事漢王臂鷹金殿側挾彈玉輿旁馳道春風起陪遊出建章

侍獵長楊下承恩更射飛塵生馬影滅箭落鴈行稀薄暮歸
隨仗聯翩入瑣闈
王劒膝邊横金杯馬上傾朝遊茂陵道暮宿鳳凰城豪吏多
猜忌無勞問姓名

同前　　唐劉長卿

射飛誇侍獵行樂愛聯鑣薦枕青娥艷鳴鞭白馬驕曲房珠
翠合深巷管弦調日晚春風裏衣香滿路飄

同前四首　　唐令狐楚

少小邊州慣放狂驏騎蕃馬射黄羊如今年事無筋力猶倚
營門數鴈行
家本清河住五城須憑弓箭得功名等閑飛鞚秋原上獨向
寒雲試射聲
弓背霞明劒照霜秋風走馬出咸陽未收天子河隍地不擬

回頭望故鄉

霜滿中庭月過樓金罇玉柱對清秋當年稱意須爲樂不到

天明未肯休

同前二首　　唐杜牧

官爲駿馬監職帥羽林兒兩綬藏不見落花何處期獵敲白

玉鐙怒袖紫金鎚田竇長留醉蘇辛曲護岐豪持出塞節笑

別遠山眉捷報雲臺賀公卿拜壽巵

連環羈玉聲光碎緑錦蔽泥虬卷高春風細雨走馬去珠落

璀璀白罽袍

同前三首　　唐杜甫

莫笑田家老瓦盆自從盛酒長兒孫傾銀注瓦驚人眼共醉

終同卧竹根

巢燕養雛渾去盡紅花結子巳無多黃衫年少來宜數不見

堂前東逝波

馬上誰家白面（一云媚壻）郎臨堦下馬坐人牀不通姓字麤豪甚指點銀瓶索酒嘗

同前　張祜

少年足風情垂鞭賣眼行帶金師子小裘錦騏驎獰選匠裝金鐙推錢買鈿箏李陵雖効死時論得虛名

同前　唐韓翃

千點斕斒噴玉驄青絲結尾繡纏鬉鳴鞭晚出章臺路葉葉春依楊柳風

同前　唐施肩吾

醉騎白馬走空衢惡少皆稱電不如五鳳街頭閙勒轡半垂衫袖揖金吾

同前三首　唐僧貫休

錦衣鮮華手擎鶻閑行氣貎多輕忽稼穡艱難摠不知五帝三皇是何物

自拳五色毬迸入他人宅却捉蒼頭奴玉鞭打一百面白如削玉猖狂曲江曲馬上黃金鞍適來新賭得

同前　唐韋莊

五陵豪客多買酒黃金賤醉下酒家樓美人雙翠幰揮劒邯鄲市走馬梁王苑樂事殊未央年華已云晚

漢宮少年行　唐李益

君不見上宮警夜營八屯鼕鼕街鼓朝朱軒玉階霜仗擁未合少年排入銅龍門暗聞弦管九天上宮漏沈沈清吹繁纔明走馬絕馳道呼鷹挾彈通繚垣玉籠金鎖養黃口探鷇取卵伴王孫分曹六博快一擲迎歡先意笑語喧巧爲柔媚學優孟儒衣嬉戲冠沐猿晚來香街經柳市行過倡市宿桃根

相逢杯酒一言失回朱點白聞至尊金張許史伺顔色王侯
將相莫敢論豈知人事無定勢朝歡暮戚如掌翻椒房寵移
子愛奪一夕秋風生戾園徒用黄金將買賦寧知白玉暗成
痕持杯收水水已覆徙薪避火火更燔欲求四老張丞相南
山如天不可上

長樂少年行　唐崔國輔

遺却珊瑚鞭白馬驕不行章臺折楊柳春草路旁情

長安少年行　梁何遜

長安美少年羽騎暮連翩玉羈馬腦勒金絡珊瑚鞭陣雲橫
塞起赤日下城圓追兵待都護烽火望祁連虎落夜方寢魚
麗曉復前平生不可定空信蒼浪天

同前　陳沈炯

長安好少年驄馬鐵連錢陳王裝腦勒晉后鑄金鞭步摇如

飛鷰寶劒似舒蓮去來新市側遨遊大道邊道邊一老翁顔鬢如衰蓬自言居漢世少小見豪雄五侯俱拜爵七貴各論功建章通北闕複道度南宮太后居長樂天子出回中玉輦迎飛鷰金山賞鄧通一朝復一日忽見朝市空扶桑無復海崑山倒向東少年何假問積齡值福終子孫冥滅盡鄉閭復不同淚盡眼方暗髀傷耳自聾杖策尋遺老歌嘯詠悲翁遭隨各有遇非敢訪童蒙

同前十首　　唐李廓

金紫少年郎繞街鞍馬光身從左中尉官屬右春坊　剗戴楊州帽重薰異國香垂鞭踏青草來去杏園芳

追逐輕薄伴閑遊不着緋長攏出獵馬數換打毬衣曉日尋花去春風帶酒歸青樓無晝夜歌舞歇時稀

日高春睡足帖馬賞年華倒插銀魚袋行隨金犢車還攜新

市酒遠醉曲江花幾度歸侵黑金吾送到家
好勝躭長行天明燭滿樓留人看獨脚賭馬換偏頭樂奏曾
無歇盃巡不暫休時時邀冷笑恠客有春愁
邀遊攜艷妓裝束似男兒盃酒逢花住笙歌簇馬吹鸎聲催
曲急春色訝歸遲不以聞街鼓華筵待月移
賞春唯逐勝大宅可曾歸不樂還逃席多狂慣衩衣歌人踏
月起語鸞卷簾飛好婦唯相妬倡樓不醉稀
戟門連日閙苦飲惜殘春開鎖通新客教姬屈醉人請歌牽
白馬自舞踏紅茵時輩皆相許平生不負身
新年高殿上始見有光輝玉鴈排方帶金鵝立仗衣酒深和
椀賜馬疾打珂飛朝下人爭看香街意氣歸
遊市慵騎馬隨姬入坐車樓邊聽歌吹簾外市釵花樂眼從
人鬧歸心畏日斜蒼頭來去報飲伴到倡家

小婦教鸚鵡頭邊喚醉醒犬嬌眠一上鼻鷹掣撼金鈴碧地攢花障紅泥待客亭雖然長按曲不飲不曾聽

同前　唐僧皎然

翠樓春酒蝦蟇陵長安少年皆共矜紛紛半醉緑槐道蹀躞花驄驕不勝

渭城少年行　唐崔顥

洛陽二月梨花飛秦地行人春憶歸揚鞭走馬城南陌朝逢驛使秦川客驛使前日發章臺傳道長安春早來棠梨宫中鷰初至葡萄館裏花正開念此使人歸更早三月便達長安道長安道上春可憐搖風蕩日曲河邊萬戸樓臺臨渭水五陵花柳滿秦川秦川寒食盛繁華遊子春來喜見花鬬雞下杜塵初合走馬章臺日半斜章臺帝城稱貴里青樓日晚歌鍾起貴里豪家白馬驕五陵年少不相饒雙雙挾彈來金市

兩兩鳴鞭上渭橋渭城橋頭酒新熟金鞍白馬誰家宿可憐

錦瑟箏琵琶玉臺清酒就君家小婦春來不解著嬌歌一曲

楊柳花

邯鄲少年行　唐高適

邯鄲城南遊俠子自矜生長邯鄲裏千場縱博家仍富幾度

報讎身不死宅中歌笑日紛紛門外車馬如雲屯未知肝膽

向誰是令人却憶平原君君不見今人交態薄黃金用盡還

踈索以兹感激一作歎辭舊遊更於時事無所求且與少年飲

美酒往來射獵西山頭

同前　唐鄭錫

霞鞍金口騮豹袖紫貂裘家住叢臺下門前漳水流喚人呈

楚舞借客試吳鉤見說秦兵至甘心赴國讎

樂府詩集卷第六十六

樂府詩集卷第六十七

太原郭　茂倩　編次

雜曲歌辭

輕薄篇　晉張華

樂府解題曰輕薄篇言乘肥馬衣輕裘馳逐經過爲樂與少年行同意何遜云城東美少年張正見云洛陽美少年是也

末世多輕薄驕或好浮華志意能既一作放逸貲財亦豐奢被服極纖麗肴膳盡柔嘉僮僕餘粱肉婢妾蹈綾羅文軒樹羽蓋乘馬鳴玉珂橫簪刻玳瑁長鞭錯象牙足下金鑮履手中雙莫耶賓從煥絡繹侍御何芬葩朝與金張期暮宿許史家甲第面長街朱門赫嵯峨蒼梧竹葉清宜城九醞醝浮醪隨觴轉素蟻自跳波美女興齊趙妍唱出西巴一顧傾城國千金

不足多北里獻奇舞大陵奏名歌新聲踰激楚妙妓絕陽阿玄鶴降浮雲鱏魚躍中河墨翟且停車展季猶咨嗟淳于前行酒雍門坐相和孟公結重關賓客不得蹉三雅來何遲耳熱眼中花盤桉互交錯坐席咸諠譁簪珥或墮落冠冕皆傾邪酣飲終日夜明燈繼朝霞絕纓尚不尤安能復顧他留連彌信宿此歡難可過人生若浮寄年時忽蹉跎促促朝露期榮樂遽幾何念此腸中悲涕下自滂沲但畏執法吏禮防且切磋

同前　　梁何遜

城東一作長安美少年重身輕萬億柘彈隨珠丸白馬黃金飾長安九逵上青槐蔭道植轂擊晨已喧肩排暝不息走狗東西望牽牛向南直相期百戲傍去來三市側象牀沓繡被玉盤傳綺食大姊一作娼女掩扇歌小妹一作婦開簾織相看獨隱笑見

人還歛色黄鶴悲故羣山枝詠新識烏飛過客盡雀聚行龍匿酌羽方猒猒此時歡未極

同前　陳張正見

洛陽美年少朝日正開霞細蹀連錢馬傍趨苜蓿花揚鞭還却望春色滿東家井桃映水落門柳雜風斜綿蠻弄青綺蛺蝶遶承華欲往飛廉館遥駐季倫車石榴傳馬瑙蘭肴奠象牙聊持自娱樂未是鬬豪奢莫嫌龍馭晚扶桑復浴鵶

同前　唐李益

豪不必馳千騎雄不在垂雙鞬天生俊氣自相逐出與鵰鶚同飛翻朝行九衢不得意下鞭走馬城西原忽聞燕鴈一聲去迴鞭挾彈平陵園歸來青樓曲未半美人玉色當金罇淮陰少年不相下酒酣半笑倚市門安知我有不平色白日欲顧紅塵昬死生容易如反掌得意失意由一言少年但飲莫

相問此中報讎亦報恩

同前二首　唐僧貫休

繡林錦野春態相壓誰家少年馬蹄蹋蹋鬭雞走狗夜不歸

一擲賭却如花妾唯云不顛不狂其名不彰悲夫

木落蕭蕭蛩鳴唧唧不覺朱蕣臉紅霜刼鬢漆世途多事泣

向秋日方吟少壯不努力老大徒傷悲如何

輕薄行　唐僧齊已

玉鞭金鐙驊騮蹄橫眉吐氣如虹霓五陵春暖芳草齊笙歌

到處花成泥日沈月上且鬭雞醉來莫問天高低伯陽道德

何涕唾仲尼禮樂徒卑栖

灞上輕薄行　唐孟郊

長安無緩步況值天景暮相逢灞滻間親戚不相顧自嘆方

拙身忽隨輕薄倫常恐失所避化爲車轍塵此中生白鬢疾

走亦未歇

遊俠篇　　張華

漢書遊俠傳曰戰國時列國公子魏有信陵趙有平原齊有孟嘗楚有春申皆藉王公之勢競爲遊俠以取重諸侯顯名天下故後世稱遊俠者以四豪爲首焉漢興有魯人朱家及劇孟郭解之徒馳騖於閭里皆以俠聞其後長安熾盛街閭各有豪俠時萬章在城西柳市號曰城西萬章酒市有趙君都賈子光皆長安名豪報仇怨養刺客者也魏志曰楊阿若後名豐字伯陽少遊俠常以報仇解怨爲事故時人爲之號曰東市相斫楊阿若西市相斫楊阿若後世遂有遊俠曲魏陳琳晉張華又有博陵王宮俠曲

翩翩四公子濁世稱賢明龍虎方交爭七國並抗衡食客三千餘門下多豪英遊說朝夕至辯士自從橫孟嘗出東關濟身由雞鳴信陵西反魏秦人不窺兵趙勝南詛楚乃與毛遂行黃歇北適秦太子還入荊美哉遊俠士何以尚四卿我則異於是好古師老彭

同前　周王褒

京洛出名謳豪俠競交遊河南朝四姓關西謁五侯鬬雞橫大道走馬出長楸桑陰徒將夕槐路轉淹留

同前　陳良

洛陽麗春色遊俠騁輕肥水逐車輪轉塵隨馬足飛雲影遙臨蓋花氣近熏衣東郊鬬雞罷南皮射雉歸日暮河橋上揚鞭惜晚暉

同前　唐崔顥

少年負膽氣好勇復知機仗劒出門去孤城逢合圍殺人遼水上走馬漁陽歸錯落金鎻甲蒙茸貂鼠衣還家行且獵弓矢速如飛地迥鷹犬疾草深狐兎肥腰間懸兩綬轉眄生光輝顧謂今日戰何如隨建威

遊俠行　孟郊

壯士性剛決火中見石裂殺人不迴頭輕生如暫別豈知眼有淚肯白頭上髮平生無恩酬劒閑一百月

俠客篇　梁王筠

俠客趨名利劒氣坐相矜黄金塗鞘尾白玉飾鉤膺晨馳逸廣陌日暮返平陵舉鞭向趙李與君方代興

俠客行　唐李白

趙客縵胡纓吴鉤霜雪明銀鞍照白馬颯沓如流星十步殺一人千里不留行事了拂衣去深藏身與名閑過信陵飲脱

劒膝前横將炙啖朱亥持觴勸侯嬴三杯吐然諾五嶽倒爲
輕眼花耳熱後意氣素霓生救趙揮金槌邯鄲先震驚千秋
二壯士烜赫大梁城縱死俠骨香不慚世上英誰能書閣下
白首太玄經

同前　　唐元稹

俠客不怕死怕在事不成事成不肯藏姓名我非竊賊誰夜
行白日堂堂殺袁盎九衢草草人面青此客此心師海鯨海
鯨露背横滄溟海波分作兩處生海鯨分海減海力俠客有
謀人莫測三尺鐵蛇延二國

同前　　唐温庭筠

欲出鴻都門陰雲蔽城闕寶劒黯如水微紅濕餘血白馬夜
頻嘶一作驚三更灞陵雪

博陵王宫俠曲二首　　張華

俠客樂幽險築室窮山陰獠獵野獸稀施網川無禽歲暮飢寒至慷慨頓足吟窮令壯士激安能懷苦心干將坐自繁弱控餘音耕佃窮淵陂種粟著劒鐔收秋狹路間一擊重千金棲遲熊羆穴容與虎豹林身在法令外縱逸常不禁

雄兒任氣俠聲蓋少年場借友行報怨殺人租市旁吳刀鳴手中利劒嚴秋霜腰間叉素戟手持白頭鑲騰超如激電回旋如流光奮擊當手決交屍自從横寧為殤鬼雄義不入圖墻生從命子遊死聞俠骨香身没心不懲勇氣加四方

遊獵篇　張華

樂府解題曰梁劉孝威遊獵篇云之罘講射所上林娛獵場備言遊行射獵之事亦謂之行行

遊且獵篇

歲暮凝霜結堅水沍幽泉厲風蕩原隰浮雲蔽昊天玄雲晻

戢合素雪紛連翩鷹隼始擊鷙虞人獻時鮮嚴駕鳴儔侶攬轡過中田戎車方四牡文軒馭紫燕輿徒既整飭容服麗且妍武騎列重圍前驅抗脩旃倏忽似回飆絡繹若浮煙鼓譟山淵動衝塵雲霧連輕繒拂素霓纖網蔭長川游魚未暇竄歸鴈不得旋由基控繁弱公差操黃間機發應弦倒一縱連雙肩僵禽正狼籍落羽何翩翻積獲被山阜流血丹中原馳騁未及勸曜靈俄移晷結罝彌藪澤囂聲振四鄙鳥驚觸白刃獸駭掛流矢仰手接遊鴻舉足蹴犀兕如黃批狡兔青骹撮飛雉鵠鷺不盡收鳧鷖安足視日冥徒御勞賞勤課能否野饗會衆賓玄酒甘且旨燔炙播遺芳金觴浮素蟻珍羞墜歸雲纖肴出淥水四氣運不停年時何亹亹人生忽如寄居世遽能幾至人同禍福達士等生死榮辱渾一門安知惡與美遊放使心狂覆車難再履伯陽爲我誡檢跡投清軌

行行遊且獵篇　　梁劉孝威

之罘講射所上林娛獵場選徒驕楚客詔狩誇胡王罕車已戒道風烏復啓行攸飛具罾繳村官命蹶張高罝掩月兔勁矢射天狼蹠地不遑兔排虛豈及翔日暮鉤陳轉風清鐃吹揚歸來宴平樂寧肯帶禽荒

同前　　李白

邊城兒生年不讀一字書但知遊獵誇輕趫胡馬秋肥宜白草騎來躡影何矜驕一作可憐驕金鞭拂雲揮鳴鞘半酣呼鷹出遠郊弓彎滿月不虛發雙鶬迸落連飛髇海邊觀者皆辟易猛氣英風振沙磧儒生不及遊俠人白首下帷復何益

遊子吟　　孟郊

漢蘇武詩曰幸有弦歌曲可以喻中懷請爲遊子吟泠泠一何悲又有遊子移亦類此也

慈母手中線遊子身上衣臨行密密縫意恐遲遲歸誰言寸草心報得三春暉

同前　　唐顧況

故櫪思疲馬故巢思迷禽浮雲蔽我鄉躑躅遊子吟游子悲久滯浮雲鬱東岑客堂無絲桐落葉如秋霖艱哉遠遊子所以悲滯淫一爲浮雲詞憤塞誰能禁馳暉百年内唯願展所欲胡爲不歸歟坐使年病侵未老霜遶鬢非狂火燒心太行何艱哉北斗不可斟夜晴星河出耿耿辰與參佳人夐青天尺素重於金汍寥羣動異眇默諸境森苔衣上閑堦蜻蛚催寒砧立身計幾悞道險無容針三年不還家萬里遺錦衾夢寬無重阻離憂因古今胡爲不歸歟孤負丘中琴腰下是何物牽纏曠登尋朝與名山期夕宿楚水陰楚水殊演漾名山杳嶇嶔客從洞庭來婉孌瀟湘深橘柚在南國鴻鴈遺秋音

下有碧草洲上有青橘林引燭窺洞穴凌波睥天琛蒲荷影
參差梟鶴鷂淋涔浩歌惜芳杜散鬟輕華簪胡爲不歸歟淚
下沾衣襟鳶飛唳霄漢螻蟻制鱣鱏赫赫大聖朝日月光照
臨聖主雖啓迪奇人分堙沈層城發雲韶玉府鏘球琳鹿鳴
志豐草況復虞人箴

遊子吟　李益

女著夫壻蕩客恥主人賤遭遇同衆流低回愧相見君非青
銅鏡何事空照面莫以衣上塵不謂心如練人生當榮盛待
士勿言倦君看白日馳何異弦上箭

遊子移　宋劉義恭

三河遊蕩子麗顔邁荊寶攜持玉柱箏懷挾忘憂草綢繆甘
泉中馳逐邯鄲道春服候時製秋紈迎涼造珍䰟曄素腕玉
迹滿襟抱常歎樂日晏恒悲歡不早揮吹傳舊美趨謡盡新

好仲尼爲輟飡秦王足傾倒

壯士篇　張華

燕荊軻歌曰風蕭蕭兮易水寒壯士一去兮不復還壯士篇葢出於此

天地相震蕩回薄不知窮人物禀常格有始必有終年時俛仰過功名宜速崇壯士懷憤激安能守虛冲乗我大宛馬撫我繁弱弓長劒横九野髙冠拂玄穹慷慨成素霓嘯吒起清風震響駭八荒奮威曜四戎濯鱗滄海畔馳騁大漠中獨步聖明世四海稱英雄

壯士吟　唐賈島

壯士不曾悲悲即無回期如何易水上未歌先淚垂

壯士行　唐劉禹錫

陰風振寒郊猛虎正咆哮徐行出燒地連吼入黃茆壯士走

馬去鐙前彎玊弰叱之使人立一發如鈹交悍情忽星墜飛
血濺林梢虎炳爲我席氈㨖充我庖里中欣害除賀酒紛號
呶明日長橋上傾城看斬蛟

同前　　唐鮑溶

西方太白高壯士蓄病死心知報恩處對酒歌易水砂鴻嘷
天未橫劒别妻子蘇武執節歸班超束書起山河不足重重
在遇知已

同前　　唐施肩吾

一斗之膽撑臓腑如磥之筋礙臂骨有時𢚩入千人叢自覺
一身橫突兀當今四海無煙塵胸襟被壓不得伸凍梟殘蠆
我不取汚我匣裏青蛇鱗

樂府詩集卷第六十八

太原郭　茂倩　編次

雜曲歌辭

浩歌　唐李賀

楚辭屈原九歌曰望美人兮不來臨風怳而浩歌浩大也

南風吹山作平地帝遣天吳移海水王母桃花千遍紅彭祖巫咸幾回死青毛驄馬參差錢嬌春楊柳含細（一作緗）煙箏人勸我金屈卮神血未凝身問誰不須浪飲（一作不須亂舞）丁督護世上英雄本無主買絲繡作平原君有酒唯澆趙州土漏催水咽玉蟾蜍衛娘髮薄不勝梳看（一作著）見秋眉換深綠二十男兒那刺促

浩歌行　唐白居易

天長地久無終畢昨夜今朝又明日鬢髮蒼浪牙齒踈不覺身年四十七前去五十有幾年把鏡照面心茫然既無長繩繫白日又無大藥駐朱顔朱顔日漸不如故青史功名在何處欲留年少待富貴富貴不來年少去去復去兮如長河東流赴海無迴波賢愚貴賤同歸盡北邙塚墓高嵯峨古來一作古今如此非獨我未死有酒且酣歌顔回短命伯夷餓我今所得亦已多功名富貴須待命命若不來知一作爭奈何

歸去來引　張孅

晉書曰陶潛素簡貴不私事上官義熙初爲彭澤令郡遣督郵至縣吏白應束帶見之潛歎曰吾不能爲五斗米折腰拳拳事鄉里小兒即日解印綬去乃賦歸去來其辭曰歸去來兮田園將蕪胡不歸言人生幾時不願富貴樂天知命

故去之無疑也

歸去來歸期不可違相見故明月浮雲共我歸

麗人曲　唐崔國輔

樂府廣題曰劉向别録云昔有麗人善雅歌後因以名曲

紅顔稱絶代欲並真無侣獨有鏡中人由來自相許

麗人行　唐杜甫

三月三日天氣新長安水邊多麗人態濃意遠淑且真肌理細膩骨肉勻繡一作畫羅衣裳照暮春蹙金孔雀銀麒麟頭上何所有翠微一作爲盍一作匎葉垂鬢脣背後何所見珠壓腰衱穩稱身就中雲幕椒房親賜名大國虢與秦紫駝之峯一作珍出翠釜水精之盤行素鱗犀筯厭飫久未下鸞刀縷切空紛綸黄門飛鞚不動塵御廚絲絡一作駱驛送八珍簫鼓管一作哀吟

感鬼神賓從雜遝實要津後來鞍馬何逡巡當軒（一作遺）下馬入錦茵楊花雪落覆白蘋青鳥飛去銜紅巾炙手可熱勢（一作世）絶倫愼莫近（一作向）前丞相嗔

望城行　齊王融

金城十二重雲氣出表裏萬戶如不殊千門反相似車馬若飛龍長衢無極已簫鼓相逢迎信哉佳城市

東飛伯勞歌　古辭

東飛伯勞西飛鷰黃姑織女時相見誰家兒女對門居開顏發豔照里閭南牕北牖桂月光羅帷綺帳脂粉香女兒年幾十五六窈窕無雙顏如玉三春已暮花從風空留可憐誰與同

同前二首　梁簡文帝

翻階蛺蝶戀花情容華飛鷰相逢迎誰家總角岐路陰裁紅點翠愁人心天牕綺井暖徘徊珠簾玉篋明鏡臺可憐年幾

十三四工歌巧舞入人意白日西落楊柳垂含情弄態兩
相知

西飛迷雀東羈雉倡樓秦女乍相隨誰家妖麗隣中止輕妝薄粉光閭里網戶珠綴曲瓊鉤芳茵翠被香氣流少年年幾方三六含嬌聚態傾人目餘香落蘂坐相催可憐絕世誰爲媒

同前　梁劉孝威

雙棲翡翠兩鴛鴦巫雲洛月乍相望誰家妖冶折花枝衫長釧動任風吹金鋪玉鎖瑠璃扉花鈿寶鏡織成衣美人年幾可十餘含著騁笑斂風裾珠丸出彈不可追空留可憐持與誰

同前　陳後主

池側鴛鴦春日鶯綠珠絳樹相逢迎誰家佳麗過淇上翠釵綺袖波中漾雕軒繡戶花恒發珠簾玉砌移明月年時二七猶未笄轉顧流眄鬟鬢低風飛蘂落將何故可惜可憐空擲度

同前　　陳陸瑜

西王青鳥秦女鸞姮娥婺女慣相看誰家玉顏窺上路粉色衣香雜風度九重樓檻芙蓉華四隣照鏡菱花新妝年幾纔三五隱幔藏羞臨網戶然香氣歇不飛煙空留可憐年一年

同前　　陳江揔

南飛烏鵲北飛鴻弄玉蘭香時會同誰家可憐出牕牖春心百媚勝楊柳銀牀金屋挂流蘇寶鏡玉釵橫珊瑚年時二八新紅臉宜笑宜歌羞更斂風花一去杳不歸秖爲無雙惜舞衣

同前　　隋辛德源

合歡芳樹連理枝荆王神女乍相隨誰家妖豔蕩輕舟含嬌轉眄驕風流犀欐蘭橈翠羽蓋雲羅霧縠蓮花帶女兒年幾十六七玉面新妝映朝日落花從風俄度春空留可憐何處新

同前　　唐張柬之

青田白鶴丹山鳳婺女姮娥兩相送誰家絕世綺帳前豔粉芳脂映寶鈿窈窕玉堂褰翠幕參差繡戶懸珠箔絕世三五愛紅妝冶袖長裾蘭麝香春去花枝俄易改可歎年光不相待

同前　唐李嶠

傳書青鳥迎簫鳳巫嶺荆臺數通夢誰家窈窕住園樓五馬千金照陌頭羅裙一作裾玉珮當軒出點翠施紅競春日佳人二八盛舞歌蓋將百萬呈雙蛾庭前芳樹朝夕改空駐妍華欲誰待

同前　唐李暇

秦王龍劍燕后琴珊瑚寶匣鏤雙心誰家女兒抱香枕開衾滅燭願侍寢瓊窻半上金縷幬輕羅隱面不障蓋青綺幃中坐相憶紅羅鐠裏見愁色簷花照月鴛鴦對樓空將可憐暗中啼

鳴鴈行　宋鮑照

衛匏有苦葉詩曰雝雝鳴鴈旭日始旦鄭康成

云鴈者隨陽而處似婦人從夫故昏禮用焉雝

雝聲和也鳴鴈行蓋出於此

雝雝鳴鴈鳴正旦齊行命侶入雲漢中夜相失羣離亂留連

徘徊不忍散憔悴容儀君不知辛苦霜雪一作風霜亦何爲

同前　　　　　　　　隋李元操

聽琴旋蔡子張羅避翟公夕宿寒林上朝飛空井中旣並玄

雲曲復變海魚風一報黃苑恵還遊萬歲宫

同前　　　　　　　　唐李白

胡鴈鳴辭燕山昨發委羽朝度關一一銜蘆枝南飛散落天

地間連行接翼往復還客居煙波寄湘吴凌霜觸雪毛體枯

畏逢矰繳驚相呼聞弦虚墜良可吁君更彈射何爲乎

同前　　　　　　　　唐韓愈

嗷嗷鳴鴈鳴且飛窮秋南去春北歸去寒就暖識所處一作依天長地闊棲息稀風霜酸苦稻粱微羽毛摧落身不肥裴徊反顧羣侶違哀鳴欲下洲渚非江南水闊朝一作朔雲多草長沙軟無網羅閑飛靜集鳴相和違憂懷息一作惠性匪他凌風一舉君謂何

同前　唐鮑溶

七月朔方鴈心苦聯影翻空落南土八月江南陰復晴浮雲繞天難夜行羽翼勞痛心虛驚一聲相呼百處鳴楚童夜宿煙波側沙上布羅連草色月闇風悲欲下天不知何處容棲息楚童胡爲傷我神爾不曾作遠行人江南羽族本不少寧得網羅此客鳥

同前　陸龜蒙

朔風動地來吹起沙上聲閨中有邊思玉筯此時横莫怕兒

女恨主人烹不鳴

晨風行　　梁王循

晨風本秦詩也晨風詩曰鴥彼晨風鬱彼北林傳曰鴥疾飛貌晨風鸇也言穆公招賢人賢人往之疾如晨風之入北林也又曰如何如何忘我實多蓋刺康公忘穆公之業而棄其賢臣焉益部耆舊傳曰後漢楊終徙於北地望松縣而毋於蜀物故終自傷被罪充邊乃作晨風之詩以舒其憤也若王循霧開九曲瀆沈氏理檝令舟人但歌晨朝之風爾

霧開九曲瀆風起千金隄岸回分野徑林際成牛蹊梟隨落潮去日傍綺霞低望日輕舟隱瑟瑟遠蹇悽還眺小平急宴語方難齊

同前　　梁范靜妻沈氏

理檝令舟人停艫息旅薄河津念君劬勞冒風塵臨路揮袂淚沾巾飈流勁潤逝若飛山高帆急絕音徽留子句句獨言歸中心煢煢將依誰風彌葉落永離索神往形返情錯漠循帶易緩愁難却心之憂矣叵銷鑠

空城雀　　鮑照

樂府解題曰鮑照空城雀云雀乳四鷇空城之阿言輕飛近集茹腹辛傷免網羅而已

雀乳四鷇空城之阿朝拾野粟夕飲冰河高飛畏鴟鳶下飛畏網羅辛傷伊何言怵迫良已多誠不及青鳥遠食玉山禾猶勝吴宮燕無罪得焚窠賦命有厚薄長歎欲如何

同前　　後魏高孝緯

百雉何寥廓四面風雲上紛素久爲塵池臺尚可仰啾啾雀

噪城鬱鬱無歡賞日暮縈心曲横琴聊自奬

同前　　唐李白

嗷嗷空城雀身計何戚促本與鷦鷯羣不隨鳳皇族提攜四黄口飲乳未嘗足食君糠粃餘常恐烏鳶逐耻涉太行險羞營覆車粟天命有定端守分絶所欲

同前　　唐王建

空城雀何不飛來人家住空城無人種禾黍土間生子草間長滿地蓬蒿幸無主近村雖有高樹枝雨中無食長苦飢八月小兒挾弓箭家家畏我田頭飛但能不出空城裏秋時百草皆有子黄口黄口莫啾啾長爾得成無横死

同前　　唐聶夷中

一雀入官倉所食能損幾所慮往損頻官倉乃害爾魚網不在天鳥網不在水飲啄要自然何必空城裏

同前　　唐劉駕

飢啄空城土莫近太倉粟一粒未充腸却入公子腹且弔城上骨幾曾害爾族不聞莊辛語今日寒蕪緑

滄海雀　　梁張率

大雀與黄口來自滄海區清晨啄原粒日夕依野株雖憂鷙鳥擊長懷沸鼎虞況復隨時起翻飛不可初寄言挾彈子莫賤隨侯珠

雀乳空井中　　劉孝威

晉傳玄詩曰鵲巢丘城側雀乳空井中居不附龍鳳常畏虵與蟲依賢義不恐近暴自當窮雀乳空井中薔出於此

遠去條支國心知漢德優聊棲丞相府過令黄霸羞挾子須閑地空井共尋求轆轤絲綆絶桔槔冬蘚周將憐羽翼長誰

辭各背遊

樂府詩集卷第六十八

樂府詩集卷第六十九

太原郭　茂倩　編次

雜曲歌辭

車遥遥　梁車㪺

車遥遥兮馬洋洋追思君兮不可忘君安遊兮西入秦願將微影隨君身君在陰兮影不見君仰日月妾所願

同前　唐孟郊

路喜到江盡江上又通舟舟車兩無阻何處不得遊丈夫四方志女子安可留郎自別日言無令生遠愁旅鴈忽叫月斷猿寒啼秋此夕夢君夢君在百城樓寒淚無因波寄恨無因輈願爲馭者手與郎迴馬頭

同前　唐張籍

征人遥遥出古城雙輪齊動駟馬鳴山川無處無歸路念君

長作萬里行野田人稀秋草緑日暮放馬車中宿驚麏遊兎
在我傍獨唱鄉歌對僮僕君家大宅鳳城隅年年道上隨行
車願爲玉鑾繫華軾終日有聲在君側門前舊轍久已平無
由復得君消息

同前　唐張祜

東方曨曨車軋軋地色不分新去轍閨門半掩牀半空班班
枕花殘淚紅君心若車千萬轉妾身如轍遺漸遠碧川樓樓
山宛宛馬蹄在耳輪在眼桑門女兒情不淺莫道野蠶能作繭

同前　唐胡曾

自從車馬出門朝便入空房守寂寥玉枕夜殘魚信絶金鈿
秋盡鴈書遥臉邊楚雨臨風落頭上春雲向日銷芳草又衰
還不至碧天霜冷轉無憀

自君之出矣　宋孝武帝

漢徐幹有室思詩五章其第三章曰自君之出矣明鏡暗不治思君如流水無有窮已時自君之出矣蓋起於此齊虞羲亦謂之思君去時行

同前　宋劉義恭

自君之出矣金翠闇無精思君如日月回還晝夜生

同前　宋顔師伯

自君之出矣笥錦廢不開思君如清風曉夜常徘徊

同前　宋鮑令暉

自君之出矣芳帷低不舉思君如回雪流亂無端緒

同前二首

自君之出矣臨軒不解顔砧杵夜不發高門晝恒關帷中流熠燿庭前華紫蘭物枯識節異鴻歸知客寒遊取暮春盡餘思待君還

自君之出矣芳蕙絕瑤卮思君如形影寢興未曾離

自君之出矣金鑪香不然思君如明燭中宵空自煎

同前　　齊虞羲

自君之出矣楊柳正依依君去無消息唯見黃鶴飛關山多

險阻士馬少光輝流年無止極君去何時歸

同前　　梁范雲

自君之出矣羅帳咽秋風思君如蔓草連延不可窮

同前六首　　陳後主

自君之出矣霜暉當夜明思君若風影來去不曾停

自君之出矣房空帷帳輕思君如晝燭懷心不見明

自君之出矣不分道無情思君若寒草零落故心生

自君之出矣塵網暗羅帷思君如落日無有暫還時

自君之出矣綠草遍堦生思君如夜燭垂淚著雞鳴

自君之出矣愁顏難復覩思君如蘗條夜夜只交苦

同前　　賈馮吉

自君之出矣紅顏轉憔悴思君如明燭煎心且銜淚

同前　　隋陳叔達

自君之出矣明鏡罷紅妝思君如夜燭煎淚幾千行

同前　　唐李康代

自君之出矣梁塵靜不飛思君如滿月夜夜減容暉

同前　　唐辛弘智

自君之出矣絃吹絕無聲思君如百草撩亂逐春生

同前　　唐盧仝

自君之出矣壁上蜘蛛織近取見妾心夜夜無休息妾有雙玉鐶寄君表相憶環是妾之心玉是君之德馳情增悴容蓄思損精力玉簟寒悽悽延想心惻惻風含霜月明水泛碧天

色此水有盡時此情無終極

同前　唐雍裕之

自君之出矣寶鏡爲誰明思君如隴水長聞嗚咽聲

同前　張祜

自君之出矣萬物看成古千尋葶藶枝爭奈長長苦

長相思　宋吳邁遠

古詩曰客從遠方來遺我一書札上言長相思下言久離别李陵詩曰行人難久留各言長相思蘇武詩曰生當復來歸死當長相思長者久遠之辭言行人久戍寄書以遺所思也古詩又曰客從遠方來遺我一端綺文綵雙鴛鴦裁爲合歡被著以長相思緣以結不解謂被中著緜以致相思緜緜之意故曰長相思也又有千里

思與此相類

晨有行路客依依造門端人馬風塵色知從河塞還時我有同栖結宦遊邯鄲將不異客子分飢復共寒煩君尺帛書寸心從此殫遣妾長憔悴豈復歌笑顏簷隱千霜樹庭枯十載蘭經春不舉袖秋落寧復看一見願道意君門已九關虞卿棄相印擔簦爲同歡閨陰欲早霜何事空盤桓

長相思　梁昭明太子

相思無終極長夜起嘆息徒見貌嬋一作娟寧知心有憶寸心無以因願附歸飛翼

同前二首　梁張率

長相思久離別美人之遠如雨絕獨延佇心中結望雲雲去遠望鳥鳥飛滅空望終若斯珠淚不能雪

長相思久別離所思何在苦天垂鬱陶相望不得知玉階月

夕映羅帷羅帷風夜吹長思不能寢坐望天河移

同前二首　陳後主

長相思久相憶關山征戍何時極望風雲絕音息上林書不歸迴紋徒自織蓋將別後面還似初相識

長相思怨成悲蝶縈草樹連絲庭花飄散飛入帷帷中看隻影對鏡斂雙眉兩見同見月兩別共春時

同前二首　陳徐陵

長相思望歸難傳聞奉詔戍皐蘭（一作傳制戍皐蘭）龍城遠鴈門寒愁來瘦轉劇衣帶自然寬念君今不見（一作君今不見念）誰為抱腰看

長相思好春節夢裏恒啼悲不洩帳中起窻前髻柳絮飛還聚遊絲斷復結欲見洛陽花如君隴頭雪

同前　陳蕭淳

長相思久離別新鸎參差條可結畫闕遠鴈書絕對雲恒憶陣看花復愁雪猶有望歸心流黄未剪截

同前　陳陸瓊

長相思久離別一罷鴛文綺薦絕鴻已去柳堪結室冷鏡疑冰庭幽花似雪容貞朝朝改書字看看滅

同前　陳王瑳

長相思久離別兩心同憶不相徹悲風悽（一作凄）愁雲結柳葉眉上銷菱花鏡中滅鴈封歸飛斷鯉素還流絕

同前二首　陳江總

長相思久離別征夫去遠芳音滅湘水深隴頭咽紅羅斗帳裏綠綺清弦絕逶迤百尺樓愁思三秋結

長相思久別離春風送鸎入檐窺暗開脂粉弄花枝紅樓千愁色玉筯兩行垂心心不相照望望何由知

同前

罷秋有餘慘還春不覺温詎知玉筵側長挂銷愁人

同前　唐郎大家宋氏

長相思久離别關山阻風煙絶臺上鏡文銷袖中書字滅不見君形影何曾有懽悦

同前　唐蘇頲

君不見天津橋下東流水東望龍門北朝市楊柳青青宛地垂桃紅李白花參差花參差柳堪結此時憶君心斷絶

同前三首　唐李白

長相思在長安絡緯秋啼金井闌微霜淒淒簟色寒孤燈不明思欲絶卷帷望月空長歎美人如花隔雲端（一作佳期迢迢隔雲端）上有青冥之長天下有緑水之波瀾天長路遠魂飛苦夢魂不到關山難長相思摧心肝

日色已盡花含煙月明欲素愁不眠趙瑟初停鳳凰柱蜀琴欲奏鴛鴦絃此曲有意無人傳願隨春風寄燕然憶君迢迢隔青天昔日横波目今成流淚泉不信妾腸斷歸來看取明鏡前

同前　唐張繼

美人在時花滿堂美人去後空餘牀牀中繡被卷不寝至今三載猶聞香香亦竟不滅人亦竟不來相思黄葉落白露點青苔

同前二首　唐令狐楚

遼陽望河縣白首無由見海上珊瑚枝年年寄春鷰

君行登隴上妾夢在閨中玉箸千行落銀牀一半空

綺席春眠覺紗牕曉望迷朦朧殘夢裏猶自在遼西

同前　唐白居易

九月西風興，月冷霜（一作露）華凝。思君秋夜長，一夜魂九升。二月東風來，草坼花心開。思君春日遲，一夜腸九迴。妾住洛橋北，君住洛橋南。十五即相識，今年二十三。有如女蘿草，生在松之側。蔓短枝苦高，縈迴上不得。人言人有願，願至天必成。願作遠方獸，步步比肩行。願作深山木，枝枝連理生。

千里思　　魏祖叔辨

細君辭漢宇，王嬙即虜衢。寂寂人逕阻，迢迢天路殊。憂來似懸旆，涙下若連珠。無因上林鴈，但見邊城蕪。

同前　　唐李白

李陵沒胡沙，蘇武還漢家。迢迢五原關，朔雪亂邊花（一作愁見雪如花）。一去隔絕域，思歸但長嗟。鴻鴈向西北，飛（一作因）書報天涯。

同前　　唐李端

涼州風月美，遙望居延路。泛泛下天雲，青青緣塞樹。燕山蘇

武上海島田横住更是草生時行人出門去

樂府詩集卷第六十九

樂府詩集卷第七十

太原郭　茂倩　編次

雜曲歌辭

行路難十九首　宋鮑照

樂府解題曰行路難備言丗路艱難及離別悲傷之意多以君不見爲首按陳武別傳曰武常牧羊諸家牧豎有知歌謠者武遂學行路難則所起亦遠矣唐王昌齡又有變行路難

奉君金危（一作巵）之美酒瑇瑁玉匣之彫琴七綵芙蓉之羽帳九華蒲萄之錦衾紅顏零落歲將暮寒光宛轉時欲沉願君裁悲且減思聽我抵節行路吟不見柏梁銅雀上寧聞古時清吹音

洛陽名工鑄爲金博山千斲萬鏤上刻秦女攜手仙承君清

夜之歡娛（一作娛樂）列置幃裏明燭前外發龍鱗之丹綵內含蘭
芬之紫煙如今君心一朝異對此長歎終百年
璇閨玉墀上椒閣文牕繡戶垂綺幕中有一人字金蘭被服
纖羅蘊（一作采）芳藿春鷰差池風散梅開幃對景弄禽（一作春）爵
含歌攬涕恒抱愁人生幾時得爲樂寧作野中之雙鳧不願
雲間之別鶴（一作鵠）
瀉水置平地各自東西南北流人生亦有命安能行歎復坐
愁酌酒以自寬舉杯斷絕歌路難心非木石豈無感吞聲躑
躅不敢言
君不見河邊草冬時枯死春滿道君不見城上日今暝没山
去明朝復更出今我何時當得然一去永滅入黃泉人生苦
多懽樂少意氣敷腴在盛年且願得志數相就牀頭恒有酤
酒錢功名竹帛非我事存亡貴賤委皇天

對案不能食拔劒擊柱長歎息丈夫生世能（一作會）幾時安能疊燮垂羽翼棄檄罷官去還家自休息朝出與親辭暮還在親側弄兒床前戲看婦機中織自古聖賢盡貧賤何況我輩孤且直

愁思忽而至跨馬出北門舉頭四顧望但見松柏園荊棘鬱蹲蹲中有一鳥名杜鵑言是古時蜀帝魂聲音哀苦鳴不息羽毛憔悴似人髡飛走樹間啄虫蟻豈憶往日天子尊念此死生變化非常理中心惻愴不能言

中庭五株桃一株先作花陽春沃若（一作妖治）二三月（一作二月中）從風簸蕩落西家西家思婦見悲（一作見之）惋零淚沾衣撫心歎初我送君出戶時何言淹留節迴換床席生塵明鏡垢纖腰瘦削髮蓬亂人生不得恒稱意惆悵徙倚至夜半

對蘗染黃絲黃絲歷亂不可治我昔與君始相值爾時自謂

可君意結帶與我言死生好惡不相置今日（一作結帶與君何死生好惡不擬相棄置）見我顏色衰意中索寞（一作錯亂）與先異還君金釵瑇瑁簪不忍見之益愁思

君不見蕣華不終朝須臾淹冉零落銷盛年妖豔浮華輩不久亦當詣冢頭一去無還期千秋萬歲無音詞孤魂煢煢空隴間獨魄徘徊遶墳基但聞風聲野鳥吟豈憶平生盛年時爲此令人多悲悒君當縱意自熙怡

君不見枯籜走階庭何時復青著故莖君不見亡靈蒙享祀何時傾盃竭壺罌君當見此起憂思寧及得與時人爭生人倏忽如絶電華年盛德幾時見但令縱意存高尚旨酒佳肴相胥讌持此從朝竟夕暮差得亡憂消愁怖胡爲惆悵不能已難盡此曲令君忤

今年陽初花滿林明年冬末雪盈岑推移代謝紛交轉我君

邊戍獨稽沉執袂分別已三載邇來淹寂無分音朝悲慘慘
遂成滴暮思遶遶最傷心膏沐芳餘久不御蓬首亂鬢不設
簪徒飛輕埃舞空帷粉筐黛器靡復遺自生留世苦不幸心
中惕惕悄懷悲

春禽喈喈旦暮鳴最傷君子憂思情我初辭家從軍僑榮志
溢氣干雲霄流浪漸冉經三齡忽有白髮素鬚生今暮臨水
拔已盡明日對鏡復已盈恐羇死爲客思寄滅生空精每懷
舊鄉野念我舊人多悲聲忽見過客問何我寧知我家在南
城荅云我曾居君鄉知君遊宦在此城我行離邑已萬里今
方羇役去遠征來時聞君婦閨中孀居獨宿有貞名
亦云朝悲泣閑房又聞暮思淚沾裳形容憔悴非昔悦蓬鬢
衰顏不復妝見此令人有餘悲當願君懷不暫忘
君不見少壯從軍去白首流離不得還故鄉窅窅日夜隔音

塵斷絕阻河關朔風蕭條白雲飛胡笳哀急邊氣寒聽此愁人兮奈何登山遠望得留顏將死胡馬跡寧見妻子難男兒生世轗軻欲何道綿憂摧抑起長歎

君不見柏梁臺今日丘墟生草萊君不見阿房宮寒雲澤雉棲其中歌妓舞女今誰在高墳壘壘滿山隅長袖紛紛徒競世非我昔時千金軀隨酒逐樂任意去莫令含歎下黃壚

君不見水上霜表裏陰且寒雖蒙朝日照信得幾時安民生故如此誰令摧折彊相看年去年來自如削白髮零落不勝冠

君不見春鳥初至時百草含青俱作花寒風蕭索一旦至竟得幾時保光華日月流邁不相饒令我愁思怨恨多

諸君莫歎貧富貴不由人丈夫四十彊而仕余當二十弱冠辰莫言草木委大雪會應蘇息遇陽春對酒敘長篇窮途運

命委皇天但願樽中九醖滿莫惜牀頭百箇錢直須優游卒一

歲何勞辛苦事百年

同前　　齊僧寶月

君不見孤鴈關外發酸嘶度揚越空城客子心腸斷幽閨思

婦氣欲絕凝霜夜下拂羅衣浮雲中斷開明月夜夜遙遙徒

相思年年望望情不歇寄我匣中青銅鏡倩人爲君除白髮

行路難行路難夜聞南城漢使度使我流淚憶長安

同前四首　　梁吳均

洞庭水上一株桐經霜觸浪困嚴風昔時抽心曜白日今旦

卟死黃沙中洛陽名士見咨嗟一剪一刻作琵琶白壁規心

學明月珊瑚映面作風花帝王見賞不見忘提攜把握登建

章掩抑摧藏張女彈殷勤促柱楚明光年年月月對君王遙

遙夜夜宿未央未央綵女棄鳴篪爭先拂拭生光儀茱萸錦

衣玉作匣安念昔日枯樹枝不學衡山南嶺桂至今千載猶
未知
青瑣門外安石榴連枝接葉夾御溝金墉城西合歡樹垂條
照採拂鳳樓遊俠少年游上路傾心顛倒想戀慕摩頂至足
買片言開胷瀝膽取一顧自言家在趙邯鄲翩翩舌抄復劒
端青驪白駮的盧馬金羈綠控紫絲鞶蹀躞橫行不肯進夜
夜汗血至長安長安城中諸貴臣爭貴儒者席上珍復聞梁
王好學問輕棄劒客如埃塵吾丘壽王始得意司馬相如適
被申大才大辯尚如此何況我輩輕薄人
君不見西陵田從橫十字成陌阡君不見東郊道荒涼蕪沒
起寒煙盡是昔日帝王處歌姬舞女達天曙今日翩妍少年
子不知華盛落前去吐心吐氣許他人今旦迴惑生猶豫山
中桂樹自有枝心中方寸自相知何言歲月忽若馳君之情

意與我離還君玳瑁金雀釵不忍見此使心危

君不見上林苑中客冰羅霧縠象牙席盡是得意忘言者探腸見膽無所惜白酒甜鹽甘如乳綠觴皎鏡華如碧少年持名不肯嘗安知白駒應過隙博山鑪中百和香鬱金蘇合及都梁逶迤好氣佳容貞經過青瑣歷紫房已入中山馮后帳復上皇帝班姬床班姬失寵顏不開奉帚供養長信臺日暮耿耿不能寐秋風切切四面來玉階行路生細草金鑪香炭變成灰得意失意須臾頃非君方寸逆所裁

同前二首　梁費昶

君不見長安客舍門倡家少女名桃根貧窮夜紡無燈燭何言一朝奉至尊至尊離宮百餘處千門萬戶不知曙唯聞啞啞城上烏玉欄金井牽轆轤丹梁翠柱飛屠（一作流）蘇香薪桂火炊彫胡（一作䴚苽）當年翻覆無常定薄命爲女何必麤

君不見人生百年如流電心中坎壈君不見我昔初入椒房時詎減班姬與飛燕朝踰金梯上鳳樓暮下瓊鉤息鸞殿柏臺晝夜香錦帳自飄颺笙歌膝上吹琵琶陌上桑過蒙恩所賜餘光曲沾被既逢陰后不自專復值程姬有所避黃河千年始一清微軀再逢永無議娥眉偃月徒自妍傅粉施朱欲誰為不如天淵水中鳥雙去雙歸長比翅

同前　梁王筠

千門皆閉夜何央百憂俱集斷人腸探揣箱中取刀尺拂拭機上斷流黃情人逐情雖可恨傷畏邊遠乏衣裳已繰一璽催衣縷復擣百和薰衣香猶憶去時腰大小不知今日身短長裲襠雙心共一袜袙複兩邊作八撮襻帶雖安不忍縫開孔裁穿猶未達胷前却月兩相連本照君心不照天願君分明得此意勿復流蕩不如先含悲含怨判不死封情忍思待

明年

同前　唐盧照隣

君不見長安城北渭橋邊，枯木橫槎卧古田。昔日含紅復含紫，常時留霧亦留煙。春景春風花似雪，香車玉轝恒闐咽。若箇遊人不競攀，若箇倡家不來折。倡家寶袜蛟龍帔，公子銀鞍千萬騎。黃鸎一向花嬌春，兩兩三三將子戲。千尺長條百尺枝，丹桂青楡相蔽虧。珊瑚葉上鴛鴦鳥，鳳凰巢裏鵷鶵兒。巢傾枝折鳳歸去，條枯葉落狂風吹。一朝零落無人問，萬古摧殘君詎知。人生貴賤無終始，倏忽須臾難久恃。誰家能駐西山日，誰家能偃東流水。漢家陵樹滿秦川，行來行去盡哀憐。自昔公卿二千石，咸擬榮華一萬年。不見朱脣將白貌，惟聞素棘與黃泉。金貂有時須換酒，玉麈但搖莫計錢。寄言坐客神仙署，一生一死交情處。蒼龍闕下君不來，白鶴山前我

應去雲間海上邈難期赤心會合在何時但願堯年一百萬
長作巢由也不辭

同前　　唐張紘

君不見温家玉鏡臺提攜抱握九重來君不見相如緑綺琴
一撫一拍鳳凰音人生意氣須及早莫負當年行樂心荆王
奏曲楚妃歎曲盡懽終夜將半朱樓銀閣正平生碧草青苔
坐蕪漫當春對酒不須疑視日相看能幾時春風吹盡鶯初
至此時自爲稱君意秋露萎草鴻始歸此時衰暮與君違人
生飜覆何常定誰保容顔無是非

同前五首　　唐賀蘭進明

君不見嵩下井百尺不及泉君不見山上蒿數寸凌雲煙人
生相命亦如此何苦太息自憂煎但願親友長含笑相逢莫
吝杖頭錢寒夜邀歡須秉燭豈得空思花柳年

君不見門前柳榮曜暫時蕭索久君不見陌上花狂風吹去落誰家誰家思婦見之歎蓬首不梳心歷亂盛年夫壻長別離歲暮相逢色凋換

君不見荒樹枝春花落盡蜂不窺君不見梁上泥秋風始高燕不棲蕩子從軍事征戰娥眉嬋娟空守閨獨宿自然堪下淚況復時聞烏夜啼

君不見雲間月暫盈還復缺君不見林下風聲遠意難窮親故平生欲聚散歡娛未盡樽酒空自歎青青陵上柏歲寒能與幾人同

君不見東流水一去無窮已君不見西郊雲日夕空氛氳羣鴈徘徊不能去一鴈悲鳴復失羣人生結交在終始莫爲升沉中路分

同前　唐崔顥

君不見建章宮中金明枝萬萬長條拂地垂二月三月花如
霰九重幽深君不見豔彩朝含四寶宮香風吹入朝雲殿漢
家宮女春未闌愛此芳香朝暮看看去看來心不忘攀折將
安鏡臺上雙雙素手翦不成兩兩紅妝笑相向建章昨夜起
春風一花飛落長信殿長信麗人見花泣憶此珍樹何嗟及
我昔初在昭陽時朝折暮折登玉墀祇言歲歲長相對不寤
今朝遥相思

樂府詩集卷第七十

樂府詩集卷第七十一

太原郭　茂倩　編次

雜曲歌辭

行路難三首　唐李白

金罇清酒斗十千，玉盤珍羞直萬錢。停杯投筯不能食，拔劒四顧心茫然。欲渡黄河氷塞川，將登太行雪暗天。閑來垂釣坐溪上，忽復乘舟夢日邊。行路難，行路難，多歧路，今安在。長風破浪會有時，直挂雲帆濟滄海。

大道如青天，我獨不得出。羞逐長安社中兒，赤雞白狗一作雉賭梨栗。彈劒作歌奏苦聲，曳裾王門不稱情。淮陰市井笑韓信，漢朝公卿忌賈生。君不見昔時燕家重郭隗，擁篲折腰一作節無嫌猜。劇辛樂毅感恩分，輸肝剖膽效英才。昭王白骨縈蔓草，誰人更掃黄金臺。行路難，歸去來。

有耳莫洗潁川水有口莫食首陽蕨含光混世貴無名何用
孤高比雲月吾觀自古賢達人功成不退皆殞身子胥既棄
吳江上屈原終投湘水濱陸機才多豈自保李斯税駕苦不
早華亭鶴唳詎可聞上蔡蒼鷹何足道君不見吳中張翰稱
一作真達士秋風忽憶江東行且樂生前一盃酒何須身後千
載名

同前三首　唐顧況

君不見古來燒水銀變作北邙山上塵藕絲挂身在虛空欲
落不落愁殺人睢水英雄多血刃建章宫闕成灰燼淮王身
死桂枝折徐氏一去音書絶行路難行路難生死皆由天秦
皇漢武遭下脫汝獨何人學神仙

君不見擔雪塞井徒用力炊砂作飯豈堪喫一生肝膽向人
盡相識不如不相識冬青樹上挂凌霄歲晏花凋樹不彫凡

物各自有根本種禾終不生豆苗行路難行路難何處是平道中心 無事當富貴今日覺君顏色好

君不見少年頭上如雲鬒少壯如雲老如雪豈知灌頂有醍醐能使清涼頭不熱呂梁之水挂飛流黿鼉蛟蜃不敢游少年恃險若平地獨倚長劍凌清秋行路難行路難昔少年今已老前朝竹帛事皆空日暮牛羊古城草

同前　　唐李頎

漢家名臣楊德祖四代五公享茅土父兄子弟綰銀黃躍馬鳴珂朝建章火浣單衣繡方領茱萸錦帶玉盤囊賓客塡街復滿座片言出口生輝光世人逐勢爭奔走瀝膽隳肝唯恐後當時一顧生青雲自謂生死長隨君一朝謝病還鄉里窮巷蒼茫絕知己秋風落葉閉重門昨日論交竟誰是薄俗嗟嗟難重陳深山麋鹿下爲鄰魯連所以蹈滄海古往今來稱

達人

同前二首　　唐高適

君不見富家翁昔時貧賤誰比數一朝金多結豪貴萬事勝人健如虎子孫成長滿眼前妻能管弦妾能舞自矜一朝忽如此却笑傍人獨悲一作愁苦東隣少年安所如席門窮巷出無車有才不肯學干謁何用年年空讀書

長安少年不少錢能騎駿馬鳴金鞭五侯相逢大道邊美人弦管爭留連黃金如斗不敢惜片言如山莫弃捐安知顦顇讀書者暮宿虛臺私自憐

同前　　唐張籍

湘東行人長歎息十年離家歸未得弊裘羸馬苦難行僮僕飢寒少筋力君不見牀頭黃金盡壯士無顏色龍蟠泥中未有雲不能生彼升天翼

同前　唐聶夷中

莫言行路難夷狄如中國謂言骨肉親中門如異域出處全在人路亦無通塞門前兩條轍何處去不得

同前　唐韋應物

荆山之白玉兮良工琱琢雙環連月蝕中央鏡心穿故人贈妾初相結恩在環中尋不絕人情厚薄苦須臾昔似連環今似玦連環可碎不可離如何物在人自移上客勿遽歎聽妾歌路難旁人見環環可憐不知中有長恨端

同前三首　唐柳宗元

君不見夸父逐日窺虞淵跳踉北海超崑崙披霄決漢出沆漭瞥裂左右遺星辰須臾力盡道渴死狐鼠蜂蟻爭噬吞北方竫人長九寸開口抵掌更笑喧啾啾飲食滴與粒生死亦足終天年睢盱大志少成遂坐使兒女相悲憐

虞衡斤斧羅千山工命採斫杙與椽深林土翦十取一百牛連鞅摧雙轅萬圍千尋妨道路東西蹶倒山火焚遺餘毫末不見保躪躒磵壑何當存羣材未成質已夭突兀崢嶸空岳巒柏梁天災武庫火匠石狼顧相愁冤君不見南山棟梁益稀少愛材養育誰復論

飛雪斷道冰成梁侯家熾炭雕玉房蟠龍吐耀虎喙張熊蹲豹躑爭低昂攢巒叢崿射朱光丹霞翠霧飄奇香美人四向迴明璫雪山冰谷晞太陽星躔奔走不得止奄忽雙鸞棲虹梁風臺露榭生光飾死灰棄置參與商盛時一去貴反賤桃笙葵扇安可常

同前　唐鮑溶

玉堂向夕如無人絲竹儼然宮商死細人何言入君耳塵生金罇酒如水君今不念歲蹉跎鴈天明明涼露多華燈青凝

久照夜緣童窈窕虛垂羅入宮見妬君不察莫入此地出風
波此時不樂早休息女顏易老君如何

同前五首　　唐僧貫休

不會當時[一作初]作天地剛有多般愚與智到頭還用眞宰心何如
上下皆清氣大道冥冥不知處那堪頓得羲和轡義一不義兮
仁不仁擬學長生更容易負心爲爐復爲火緣木求魚應且
止君不見燒金鍊石古帝王鬼火熒熒白楊裏

君不見道傍廢井生古木本是驕奢貴人屋幾度美人照影
來素綆銀瓶濯纖玉雲飛雨散今如此繡闥雕甍作荒谷沸
渭笙歌君莫誇不應長是西家哭休說遺編行者幾至竟終
須合天理敗他成此亦何功蘇張終作多言鬼行路難行路
難不在羊腸裏

九有茫茫共堯日浪死虛生亦非一清淨玄音竟不聞花眼

酒腸暗如漆或偶因片言隻字登第光二親又不能獻可替不航要津口談義軒與周孔履行不及屠沽人行路難行路難日暮途遠空悲歎

君不見道傍樹有寄生枝青青鬱鬱同榮衰無情之物尚如此爲人不及還堪悲父歸墳兮未朝夕已分黃金爭田宅高堂老母頭似霜心作數支淚常滴我聞忽如負芒刺不獨爲君空歎息古人尺布猶可縫潯陽義犬令人憶寄言世上爲人子孝義團圓莫如此若如此不遄死兮更何俟

君不見山高海深人不測古往今來轉青碧淺近輕浮莫與交地卑只解生荆棘誰道黃金如糞土張耳陳餘斷消息行路難行難君自看

同前二首　唐僧齊己

行路難君好看驚波不在黤黮間小人心裏藏崩湍七盤九

折寒崷崒翻車倒蓋猶堪出未似是非脣舌危闇中潛毁平人骨君不見楚靈均千古沈冤湘水濱又不見李太白一朝却作江南客

下浸與高盤不爲行路難是非眞險惡翻覆作峯巒漆媸同時黑朱黝巧處丹令人畏相識欲畫白雲看

同前　唐翁綬

行路艱難不復歌故人榮達我蹉跎雙輪晚上銅梁雪一葉春浮瘴海波自古要津皆若此方今失路欲如何君看西漢翟丞相鳳沼朝辭暮雀羅

同前　唐薛能

何處力堪殫人心險萬端藏山難測度暗水自波瀾對面如千里迴腸似七盤巳經吳坂困欲向鴈門難南北誠須泣高深不可干無因善行止車轍得平安

從軍中行路難二首　　唐駱賓王

君不見封狐雄虺自成羣馮深負固結妖氛玉璽分別徵惡
少金壇受律動將軍將軍擁旄宣廟略戰士横行靜夷落長
驅一息背銅梁直指三巴逾劍閣閣道岩嶤上戍樓劍門遙
裛俯靈丘邛關九折無平路江水雙源有急流征役無期返
他鄉歲華晚杳杳丘陵出蒼蒼林薄遠途危紫盖峯路澀青
泥坂去去指哀牢行行入不毛絶壁千里險連山四望高中
外分區宇夷夏殊風土交趾枕南荒昆彌臨北戸川源饒毒
霧溪谷多淫雨行潦四時流崩査千歲古漂梗飛蓬不自安
捫藤引葛度危巒昔時聞道從軍樂今日方知行路難蒼江
緑水東流駛炎洲丹徼南中地南中南斗映星河秦川秦塞
阻煙波三春邊地風光少五月瀘中瘴癘多朝驅疲斥候夕
息倦誰何向月彎繁弱連星轉太阿重義輕生懷一顧東伐

西征凡幾度夜夜朝朝班鬢新年年歲歲戎衣故灞城[illegible]滇雁[illegible]大漠望轉積地際行無巳徒覺炎涼節物非不知關山千萬里弃置勿重陳重陳多苦辛且悦清笳摘柳曲詎憶芳園桃李人絳節朱旗分白羽丹心白刃酬明主但令一技君王識誰憚三邊征戰苦行路難行路難歧路幾千端無復歸雲馮短翰望日想長安

君不見玉關塵色暗邊亭銅鞮雜虜寇長城天子按劒徵餘勇將軍受脤事横行七德龍韜開玉帳千里鼉鼓疊金鉦陰山苦霧埋高壘交河孤月照連營去去無窮極擁旆遥遥過絕國陣雲朝結晦天山寒沙夕漲迷蹤勤龍鱗水上開魚貫馬首山前振鵬翼長驅萬里讋祁連分麾三命武功宣百發烏號遥碎柳七尺龍文迥照蓮春來秋去移灰琯蘭閨柳市芳塵斷鴈門迢遞尺書稀鴛鴦被相思雙帶緩行路難誓令氛

祲静皐蘭但使封侯龍頟貴詎隨中婦鳳樓寒

變行路難　　　唐王昌齡

向晚横吹悲風動馬嘶合前驅引旗旗一作節千里陣雲帀單于下陰山砂礫空颼颼封侯取一戰豈復念閨閤

古別離　　　梁江淹

楚辭曰悲莫悲兮生別離古詩曰行行重行行與君生別離相去萬餘里各在天一涯後蘇武使匈奴李陵與之詩曰良時不可再離別在須臾故後人擬之爲古別離梁簡文帝又爲生別離宋吳邁遠有長別離唐李白有遠別離亦皆

類此

遠與君別者乃至鴈門關黄雲蔽千里遊子何時還送君如昨日簷前露已團不惜蕙草晚所悲道里寒君在天一涯妾

身長別離願一見顏色不異瓊樹枝兎絲及水蓱所寄終不移

同前　唐沈佺期

白水東悠悠中有西行舟舟行有返棹水去無還流奈何生別者戚戚懷遠遊遠遊誰當惜所悲會難收自君闈芳躅青陽四五遒皓月掩蘭室光風虛蕙樓相思無明晦長歎累冬秋離居分遲暮高駕何淹留

同前　唐孟雲卿

朝日上高臺離人怨秋草但見萬里天不見萬里道君行本遙遠苦樂良難保宿昔夢同衾夏夔心夢顛倒含酸欲誰訴轉轉傷懷抱結髮年已遲征行去何早寒暄有時謝顦顇難再好人皆筭年壽死者何曾老少壯無見期水深風浩浩

同前　唐李益

雙劒欲別風一作心悽然雌沉水底雄上天江迴漢轉兩不見

雲交雨合知何年古來萬事皆由命何用臨渧苦相連

同前二首　唐于濆

入室少情意出門多路岐黃鶴有歸日蕩子無還時人誰無分命妾身何太奇君爲東南風妾作西北枝青樓隣里婦終年畫長眉自倚對良匹笑妾空羅幃

郎本東家兒妾本西家女對門中道間終謂無離阻豈知中道間遣作空閨主自是愛封侯非關備胡虜知子去從軍何處無良人

同前二首　唐李端

水國葉黃時洞庭霜落夜行舟聞商估宿在楓林下此地送君還茫茫似夢間後期知幾日前路轉多山巫峽通湘浦迢迢隔雲雨天晴見海檣月落聞津鼓人老自多愁水深難急流清宵歌一曲白首對汀洲

與君桂陽別令君岳陽待後事忽差池前期日空在木落鴈嗷嗷洞庭波浪高遠山雲似蓋極浦樹如毫朝發能幾里暮來風又起如何兩處愁皆在孤舟裏昨夜天月明長川寒且清菊花開欲盡薺菜泊來生下江帆勢速五兩遙相逐欲問去時人知投何處宿空令猿嘯時泣對湘潭竹

同前　唐王縉

下階欲離別相對映蘭藂含辭未及吐淚落蘭藂中高堂靜秋日羅衣飄暮風誰能待明月迴首見牀空

同前　唐僧皎然

太湖三山口吴王在時道寂寞千載心無人見春草誰堪緘怨者持此傷懷抱孤舟畏狂風一點宿煙島望所思兮若何月蕩漾兮空波雲離離兮北斷鴈眇眇兮南多身去兮天畔心折兮湖岸春山胡爲兮塞路使我歸夢兮撩亂

同前　聶夷中

欲別牽郎衣問郎遊何處不恨歸日遲莫向臨邛去

同前二首　唐施肩吾

古人謾歌西飛燕十年不見狂夫面三更風作切夢刀萬轉愁成繫腸線所嗟不及牛女星一年一度得相見

老母別愛子少妻送征郎血流既四面乃亦斷二腸不愁寒無衣不怕飢無糧惟恐征戰不還鄉母化為鬼妻為孀

同前　唐吳融

紫燕黃鵠雖別離一舉千里何難追猶聞啼風與叫月流連斷續令人悲賦情更有深繾綣碧甃千尋尚為淺蟾蜍正向清夜流蛺蝶須教墮絲罥莫道斷絲不可續丹穴鳳皇膠不遠草草通流水不迴海上兩潮長自返

樂府詩集卷第七十一

樂府詩集卷第七十一

太原郭　茂倩　編次

雜曲歌辭

古離别

唐王適

昔歲驚楊柳高樓悲獨守今年芳樹枝孤棲怨别離珠簾晝不卷羅幔曉長垂苦調琴先覺愁容鏡獨知頻來鴈度無消息罷去鴛文何用織夜還羅帳空有情春著裙腰自無力青軒桃李落紛紛紫庭蘭蕙日氛氳已能顦顇今如此更復含情一待君

同前

唐常理

君御狐白裘妾居緗綺幬粟鈿金夾膝花錯玉搔頭離别生庭草征行斷戍樓蠨蛸網清曙菡萏落紅秋小膽空房怯長眉滿鏡愁為傳兒女意不用遠封侯

同前　唐姚係

涼風已嫋嫋露重木蘭枝獨上高樓望行人遠不知輕寒入洞户明月滿秋池鷰去鴻方至年年是別離

同前二首　唐趙微明

離別無遠近事歡情亦悲不聞車輪聲後會將何時去日忘寄書來日乖前期縱知明當還一夕千萬思

違別未幾日一日如三秋猶疑望可見日日上高樓唯見分手處白蘋滿芳洲寸心寧死別不忍生離愁

同前二首　唐孟郊

松山雲繚繞萍路水分離雲去有歸日水分無合時春芳役雙眼春色柔四支楊柳織別愁千條萬條絲

山川古今路縱橫無斷絶來往天地間人皆有離別行衣未束帶中腸已先結不用看鏡中自知生白髮欲陳去留意聲

向言前咽愁結塡心胷茫茫若爲誑荒郊煙莽蒼曠野風淒切處處得相隨人那不如月

同前　　唐顧況

西江上風動麻姑嫁時浪西山爲水水爲塵不是人間離別人

同前　　唐僧貫休

離恨如旨酒古今飲皆醉只恐長江水盡是兒女淚伊余非此輩送人空把臂他日再相逢清風動天地

同前　　唐韋莊

晴煙漠漠柳毿毿不那離情酒半酣更把馬鞭雲外指斷腸春色在江南

生別離　　梁簡文帝

離别四弦聲相思雙笛引一去十三年復無好音信

同前　唐孟雲卿

結髮生別離，相思復相保。何知日已久，五變庭中草。眇眇天海途，悠悠吴江島。但恐不出門，出門無遠道。遠道行既難，家貧衣服單。嚴風吹積雪，晨起皐何酸。人生各有戀一作志，豈不懷所安。分明天上日，生死誓同歡。

同前　唐白居易

食蘗不易食梅難，蘗能苦兮梅能酸。未如生別之爲難，苦在心兮酸在肝。晨鷄載鳴殘月没，征馬重一作連嘶行人出。迴看骨肉哭一聲，梅酸蘗苦甘如蜜。黄河水白黄雲秋，行人河邊相對愁。天寒野曠何處宿，棠棃葉戰風飀飀。生離别，生離别，憂從中來無斷絶。憂積一作極心勞血氣衰，未年三十生白髮。

長別離　宋吴邁遠

生離不可聞，況復長相思。如何與君別，當我少年時。蕙華每搖蕩妾心長（一作空）自持榮乏草木歡悴極霜露悲富貴見（一作身）難變貧賤顏易衰持此斷君腸君亦宜自疑淮陰有逸將折羽不曾飛楚有扛鼎士出門不得歸正爲隆準公仗劒入紫微君才定何如白日下爭暉

遠別離　唐李白

遠別離古有黃英之二女乃在洞庭之南瀟湘之浦海水直下萬里深誰人不言此離苦日慘慘兮雲冥冥猩猩啼煙兮鬼嘯雨我縱言之將何補皇穹竊恐不照余之忠誠雷憑憑兮欲吼怒堯舜當之亦禪禹君失臣兮龍爲魚權歸臣兮鼠變虎或云堯幽囚舜野死九疑聯緜皆相似重瞳孤墳竟何是帝子泣兮綠雲間隨風波兮去無還慟哭兮遠望見蒼梧之深山蒼梧山崩湘水絕竹上之淚乃可滅

同前　唐張籍

蓮葉團團杏花折長江鯉魚鰭鬣赤念君少年弃親戚千里萬里獨爲客誰言遠別心不易天星墜地能爲石幾時斷得城南陌勿使居人有行役

同前二首　唐令狐楚

楊柳黄金穗梧桐碧玉枝春來消息斷早晚是歸時

玳織鴛鴦履金裝翡翠簪畏人相問著不擬到城南

久別離　李白

別來幾春未還家玉窻五見櫻桃花況有錦字書開緘使人嗟至此腸斷彼心絶雲鬟綠鬢罷攬一作流結愁如迴飈亂白雪去年寄書報陽臺今年寄書重相催胡爲東風爲我吹行雲使西來待來竟不來落花寂寂委青苔

新別離　唐戴叔倫

手把杏花枝未曾經別離黄昏掩閨後寂寞自心知

今別離　唐崔國輔

送別未能旋相望連水口船行欲映舟幾度急搖手

暗別離　唐劉氏瑤

槐花結子桐葉焦單飛越鳥啼青霄翠軒輾雲輕遙遙燕脂淚迸紅線條瑤草歇芳心耿耿玉珮無聲畫屏冷朱弦暗斷不見人風動花枝月中影青鸞脉脉西飛去海闊天高不知處

潛別離　白居易

不得哭潛別離不得語暗相思兩心之外無人知深籠夜鎖獨棲鳥利劒春斷連理枝河水雖濁有清日烏頭雖黑有白時唯有潛離與暗別彼此甘心無後期

別離曲　張籍

行人結束出門去馬蹄幾時踏門路憶昔君初納綵時不言

身屬邊陽戍早知今日當別離成君家計良爲誰男兒生身自有役那得悞我少年時不如逐君征戰死誰能獨老空閨裏

同前　　唐陸龜蒙

丈夫非無淚不洒離別間仗劍對罇酒恥爲游子顏蝮蛇一螫手壯士疾解腕所思在功名離別何足歎

西洲曲　　古辭

憶梅下西洲折梅寄江北單衫杏子紅雙鬢鵶雛色西洲在何處兩槳橋頭渡日暮伯勞飛風吹烏臼樹樹下即門前門中露翠鈿開門郎不至出門採紅蓮採蓮南塘秋蓮花過人頭低頭弄蓮子蓮子青如水置蓮懷袖中蓮心徹底紅憶郎郎不至仰首望飛鴻鴻飛滿西洲望郎上青樓樓高望不見盡日欄干頭欄干十二曲垂手明如玉卷簾天自高海水搖

空綠海水夢悠悠君愁我亦愁南風知我意吹夢到西洲

同前 一作西洲詞　唐温庭鈞

悠悠復悠悠昨日下西洲西洲一作州風色好遥見武昌樓武昌何鬱鬱儂家定無匹小婦被流黄登樓撫瑤瑟朱弦繁復輕素手直淒清一彈三四解掩抑似含情南樓登且望西江廣復平艇子搖兩槳催過石頭城門前烏臼樹慘澹天將曙鸂鶒一作鴻鵠飛復還郎隨早帆去迴頭語同伴定復負情儂去帆不安幅作抵使西風他日相尋索莫作西洲客西洲人不歸春草年年碧

荆州樂　梁宗夬

荆州樂蓋出於清商曲江陵樂荆州即江陵也有紀南城在江陵縣東梁簡文帝荆州歌云紀城南里望朝雲雉飛麥熟妾思君是也又有紀

南歌亦出於此

迢遞樓雉懸參差臺觀雜城闕自相望雲霞紛歴沓

同前　　李白

白帝城邊足風波瞿塘五月誰敢過荆州麥熟繭成蛾繰絲

憶君頭緒多撥穀飛鳴柰妾何

同前二首　　唐劉禹錫

渚宮楊柳暗麥城朝雉飛可憐踏青伴乘暖著輕衣

今日好南風商旅相催發沙頭檣竿上始見春江闊

荆州泊　　唐李端

南樓西下時月裏聞來棹桂水舳艫回荆州津濟鬧移帷望

星漢引帶思容貌今夜一江人唯應妾身覺

紀南歌　　劉禹錫

酈道元水經注曰楚之先僻處荆山後遷紀郢

即紀南城也十道志曰昭王十年吳通漳水灌紀南城入赤湖郢城遂破杜預左傳注曰今南郡江陵縣北紀南城故楚國也

風煙紀南城塵土荆門路天寒多獵騎走上樊姬墓

宜城歌　劉禹錫

通典曰宜城楚之鄢都謂之郢有蠻水又有漢宜城縣在今縣南舊名率道天寶中改焉十道志曰宜城漢縣宋孝武大明元年以胡人流寓者立華山郡於大堤村古名上供梁爲率道俗呼大堤其地出美酒故曰宜城竹葉酒也

野水遶空城行塵起孤驛花臺側生樹石碣陽鐫額靡靡度行人温風吹宿麥

南郡歌　齊陸厥

江南可採蓮蓮生荷已大旅鴈向南飛浮雲復如蓋望美積
風露踈麻成襟帶雙珠惑漢皐蛾眉迷下蔡玉齒徒粲然誰
與啓含貝

長干曲　古辭

逆浪故相邀菱舟不怕搖妾家楊子住便弄廣陵潮

同前四首　唐崔顥

君家定何處妾住在橫塘停舟暫借問或恐是同鄉
家臨九江水去來九江側同是長干人生小不相識
下渚多風浪蓮舟漸覺稀那能不相待獨自逆潮歸
三江潮水急五湖風浪涌由來花性輕莫畏蓮舟重

長干行二首　李白

妾髮初覆額折花門前劇郎騎竹馬來遶牀弄青梅同居長
千里兩小無嫌猜十四爲君婦羞顔尚不一作未嘗開低頭向暗

壁千喚不一迴十五始展眉願同塵與灰常存抱柱信豈（一作）恥上望夫臺十六君遠行瞿塘灩預堆五月不可觸猨鳴（一作）聲天上哀門前遲（一作舊）行跡一一生緑（一作蒼）苔苔深不能掃落葉秋風早八月胡蝶來雙飛西園草感此傷妾心坐愁紅顔老早晚下三巴預將書報家相迎不道遠直至長風沙

憶妾（一作昔）深閨裏煙塵不曾識嫁與長干人沙頭候風色五月南風興思君在（一作下）巴陵八月西風起想君發楊子去來悲如何見少別離多湘潭幾日到妾夢越風波昨夜狂風度吹折江頭樹淼淼暗無邊行人在何處北客真王公朱衣滿江中日暮來投宿數朝不肯東好乗浮雲驄佳期蘭渚東鴛鴦緑浦上翡翠錦屏中自憐十五餘顔色桃李紅那作商人婦愁水復愁風

同前　　唐張潮

壻貧如珠玉壻富如埃塵貧時不忘舊富貴多寵新妾本富家女與君爲偶匹惠好一何深中門不曾出妾有繡衣裳葳蕤金鏤光念君貧且賤易此從遠方遠方三千里發去悔不已日暮情更來空望去時水孟夏麥始秀江上多南風商賈歸欲盡君今尚巴東巴東有巫山窈窕神女顔常恐遊此山果然不知還

小長干曲　崔國輔

月暗送湖風相尋路不通菱歌唱不輟知在此塘中

樂府詩集卷第七十二

樂府詩集卷第七十三

太原郭　茂倩　編次

雜曲歌辭

杞梁妻　　宋吳邁遠

崔豹古今注曰杞梁妻者杞殖妻妹朝日之所作也殖戰死妻曰上則無父中則無夫下則無子人生之苦至矣乃抗聲長哭杞都城感之而穨遂投水而死其妹悲姊之貞乃作歌名曰杞梁妻焉梁殖之字也列女傳曰齊莊公襲莒殖戰而死其妻無所歸乃就其夫之尸於城下而哭十日而城爲之崩既葬遂赴淄水而死琴操曰杞梁妻嘆齊杞梁殖其妻之所作也

燈竭從初明蘭凋猶早薰扼腕非一代千載炳遺文貞夫淪

莒役杜弔結齊君鶺心眩白日長洲崩秋雲精微貫穹旻高
城爲隤墳行人既迷徑飛鳥亦失羣壯哉金石軀出門形影
分一隨塵壤消聲譽誰共論

同前　　　　唐僧貫休

秦之無道兮四海枯築長城兮遮北胡築人築土一萬里杞
梁貞婦啼嗚嗚上無父兮中無夫下無子兮孤復孤一號城
崩塞色苦再號杞梁骨出土疲魂飢魄相逐歸陌上少年莫
相非

董嬌饒　　　　後漢宋子侯

洛陽城東路桃李生路傍花花自相對葉葉自相當春風東
北起花葉正低昂不知誰家子提籠行採桑纖手折其枝花
落何飄颻請謝彼姝子何爲見損傷高秋八九月白露變爲
霜終年會飄墮安得久馨香秋時自零落春月復芬芳何時

盛年去懽愛永相忘吾欲貢此曲此曲愁人腸歸來酌美酒挾瑟上高堂

焦仲卿妻　古辭

焦仲卿妻不知誰氏之所作也其序曰漢末建安中廬江府小吏焦仲卿妻劉氏爲仲卿母所遣自誓不嫁其家逼之乃沒水而死仲卿聞之亦自縊於庭樹時人傷之而爲此辭也

孔雀東南飛五里一徘徊十三能織素十四學裁衣十五彈箜篌十六誦詩書十七爲君婦心中常苦悲君既爲府吏守節情不移鷄鳴入機織夜夜不得息三日斷五疋大人故嫌遲非爲織作遲君家婦難爲妾不堪驅使徒留無所施便可白公姥及時相遣歸府吏得聞之堂上啓阿母兒已薄祿相幸復得此婦結髮同枕席黃泉共爲友共事二三年始爾未

爲人婦行無偏斜何意致不厚阿母謂府吏何乃太區區此
婦無禮節舉動自專由吾意久懷忿汝豈得自由東家有賢
女自名秦羅敷可憐體無比阿母爲汝求便可速遣之遣去
慎莫留府吏長跪告伏惟啓阿母今若遣此婦終老不復取
阿母得聞之槌牀便大怒小子無所畏何敢助婦語吾已失
恩義會不相從許府吏默無聲再拜還入戶舉言謂新婦哽
咽不能語我自不驅卿逼迫有阿母卿但暫還家吾今且報
府不久當歸還還必相迎取以此下心意慎勿違吾語新婦
謂府吏勿復重紛紜往昔初陽歲謝家來貴門奉事循公姥
進止敢自專晝夜勤作息伶俜縈苦辛謂言無罪過供養卒
大恩仍更被驅遣何言復來還妾有繡腰襦葳蕤自生光紅
羅複斗帳四角垂香囊箱簾六七十綠碧青絲繩物物各自
異種種在其中人賤物亦鄙不足迎後人留待作遺施於今

無會因時時爲安慰久久莫相忘鷄鳴外欲曙新婦起嚴妝著我繡裌裙事事四五通足下躡絲履頭上玳瑁光腰若流紈素耳著明月璫指如削葱根口如含朱丹纖纖作細步精妙世無雙上堂謝阿母母聽去不止昔作女兒時生小出野里本自無教訓兼愧貴家子受母錢帛多不堪母驅使今日還家去念母勞家裏却與小姑別淚落連珠子新婦初來時小姑如我長勤心養公姥好自相扶將初七及下九嬉戲莫相忘出門登車去涕落百餘行府吏馬在前新婦車在後隱隱何甸甸俱會大道口下馬入車中低頭共耳語誓不相隔卿且暫還家去吾今且赴府不久當還歸誓天不相負新婦謂府吏感君區區懷君既若見錄不久望君來君當作磐石妾當作蒲葦蒲葦紉如絲磐石無轉移我有親父兄性行暴如雷恐不任我意逆以煎我懷舉手長勞勞二情同依依入門

上家堂進退無顏儀阿母大拊掌不圖子自歸十三教汝織
十四能裁衣十五彈箜篌十六知禮儀十七遣汝嫁謂言無
誓違汝今無罪過不迎而自歸蘭芝慙阿母兒實無罪過阿
母大悲摧還家十餘日縣令遣媒來云有第三郎窈窕世無
雙年始十八九便言多令才阿母謂阿女汝可去應之阿女
銜淚答蘭芝初還時府吏見丁寧結誓不別離今日違情義恐
此事非奇自可斷來信徐徐更謂之阿母白媒人貧賤有此
女始適還家門不堪吏人婦豈合令郎君幸可廣問訊不得
便相許媒人去數日尋遣丞請還誰有蘭家女承籍有宦官
云有第五郎嬌逸未有婚遣丞為媒人主簿通語言直說太
守家有此令郎君既欲結大義故遣來貴門阿母謝媒人女
子先有誓老姥豈敢言阿兄得聞之悵然心中煩舉言謂阿
妹作計何不量先嫁得府吏後嫁得郎君否泰如天地足以榮

汝身不嫁義即體其住欲何云蘭芝仰頭荅理實如兄言謝
家事夫婿中道還兄門處分適兄意那得自任專雖與府吏
要渠會永無緣登即相許和便可作婚姻媒人下牀去諾諾
復爾爾還部白府君下官奉使命言談大有緣府君得聞之
心中大歡喜視曆復開書便利此月內六合正相應良吉三
十日今已二十七卿可去成婚交語速裝束絡繹如浮雲青
雀白鵠舫四角龍子幡婀娜隨風轉金車玉作輪躑躅青驄馬
流蘇金鏤鞍齎錢三百萬皆用青絲穿雜綵三百匹交廣市
鮭珍從人四五百鬱鬱登郡門阿母謂阿女適得府君書明
日來迎汝何不作衣裳莫令事不舉阿女默無聲手巾掩口
啼淚落便如瀉移我瑠璃榻出置前牕下左手持刀尺右手
執綾羅朝成繡裌裙晚成單羅衫晻晻日欲暝愁思出門啼
府吏聞此變因求假暫歸未至二三里摧藏馬悲哀新婦識

馬聲躡履相逢迎悵然遙相望知是故人來舉手拍馬鞍嗟
嘆使心傷自君別我後人事不可量果不如先願又非君所
詳我有親父母逼迫兼弟兄以我應他人君還何所望府吏
爲新婦賀卿德高遷磐石方可厚可以卒千年蒲葦一時紉
便作旦夕間卿當日勝貴吾獨向黃泉新婦謂府吏何意出
此言同是被逼迫君爾妾亦然黃泉不相見忽違今日言執
手分道去各各還家門生人作死別恨恨那可論念與世間
辭千萬不復全府吏還家去上堂拜阿母今日大風寒寒風
摧樹木嚴霜結庭蘭兒今日冥冥令母在後單故作不良計
勿復怨鬼神命如南山石四體康且直阿母得聞之零淚應
聲落汝是大家子仕宦於臺閣慎勿爲婦死貴賤情何薄東
家有賢女窈窕豔城郭阿母爲汝求便復在旦夕府吏再拜
還長嘆空房中作計乃爾立轉頭向戶裏漸見愁煎迫其日

牛馬嘶新婦入青廬奄奄黃昏後寂寂人定初我命絕今日
魂去尸長留攬裙脫絲履舉身赴清池府吏聞此事心知長
別離徘徊庭樹下自掛東南枝兩家求合葬合葬華山傍東
西植松柏左右種梧桐枝枝相覆蓋葉葉相交通中有雙飛
鳥自名為鴛鴦仰頭相向鳴夜夜達五更行人駐足聽寡婦
赴傍徨多謝後世人戒之慎勿忘

盧女曲　　　唐崔顥

樂府解題曰盧女者魏武帝時宮人也故將軍
陰升之姊七歲入漢宮善鼓琴至明帝崩後出
嫁為尹更生妻梁簡文帝妾薄命曰盧姬嫁日
晚非復少年時蓋傷其嫁遲也

二月春來半宮中日漸長柳垂金屋暖花覆玉樓香拂匣先
臨鏡調笙更炙簧還將盧女曲夜夜奉君王

盧姬篇　　崔顥

盧姬小小魏王家綠鬢紅脣桃李花魏王綺樓十二重水精簾箔繡芙蓉白玉闌干金作柱樓上朝朝學歌舞前堂後堂羅袖人南窻北窻花發春翠幌珠簾鬬弦管一奏一彈雲欲斷君王日晚下朝歸鳴環珮玉生光輝人生今日得驕貴誰道盧姬身細微

邯鄲才人嫁為廝養卒婦　　齊謝朓

生平宮閤裏出入侍丹墀開笥方羅縠窺鏡比蛾眉初別意未解去久日生悲顦顇不自識嬌羞餘故姿夢中忽髣髴猶言承讌私

邯鄲才人嫁為廝養卒婦　　唐李白

妾本叢臺女揚蛾入丹闕自倚顏如花寧知有凋歇一辭玉堦下去若朝雲沒每憶邯鄲城深宮夢秋月君王不可見惆

悵至明發

楊白花

梁書曰楊華武都仇池人也少有勇力容貌雄偉魏胡太后逼通之華懼及禍乃率其部曲來降胡太后追思之不能已爲作楊白華歌辭使宮人晝夜連臂蹋足歌之聲甚悽惋故南史曰楊華本名白花奔梁後名華魏名將楊大眼之子也

陽春二三月楊柳齊作花春風一夜入閨闥楊花飄蕩落南家含情出户脚無力拾得楊花淚沾臆秋去春還雙燕子願銜楊花入窠裏

楊白花　唐柳宗元

楊白花風吹度江水坐令宮樹無顏色揺蕩春光千萬里茫

莚曉日下長秋哀歌未斷城鴉起

茱萸女　梁簡文帝

茱萸生狹斜結子復銜花遇逢纖手摘濫得映鋊華雜與鬟簪插偶逐鬢鈿斜東西爭贈玉縱橫來問家不無夫婿馬空駐使君車

茱萸女　唐萬楚

山陰柳家女九日採茱萸復得東鄰伴雙爲陌上姝插花向高髻結子置長裾作性恒遲緩非關姹丈夫平明折林樹日入反城隅俠客邀羅袖行人挑短書蛾眉自有主年少莫踟躕

舞媚娘三首　陳後主

樂苑曰舞媚娘大舞媚娘並羽調曲也唐書曰高宗永徽末天下歌舞媚娘未幾立武氏爲皇

后按陳後主已有此歌則永徽所歌蓋舊曲云

樓上多嬌豔當牕併三五爭弄遊春陌相邀開繡戸轉態結紅裙含嬌拾翠羽留賓乍拂弦託意時移柱

同前　周庾信

淇水變新臺春鑪當夏開玉面含羞出金鞍排夜一作暗來春日多一作好風光尋觀向一作戲市傍轉身移佩響牽袖起衣香朝來户前照鏡含笑盈盈自看眉心濃黛直點額角輕黄細安秪疑落花謾去復道春風不還少年唯有權樂飲酒那得留殘

于闐採花

山川雖異所草木尚同春亦如溱洧地自有採花人

同前　李白

于闐採花人自言花相似明妃一朝西入胡胡中美女多羞

死乃知漢地多名姝胡中無花可方比丹青能令醜者妍無鹽翻在深宮裏自古妬娥眉胡沙埋皓齒

秦王卷衣　梁吳均

樂府解題曰秦王卷衣言咸陽春景及宮闕之美秦王卷衣以贈所歡也唐李白有秦女卷衣

咸陽春草芳秦帝卷衣裳玉檢茱萸匣金泥蘇合香初芳薰複帳餘輝耀玉牀當須晏朝罷持此贈龍陽（一作華）

秦女卷衣　李白

天子居未央妾侍（一作來）卷衣裳顧無紫宮寵敢拂黃金牀水至亦不去熊來尚可當微身奉（一作捧）日月飄若螢火光願君採葑菲無以下體妨

愛妾換馬　梁簡文帝

樂府解題曰愛妾換馬舊說淮南王所作疑淮

南王即劉安也古辭今不傳

功名幸多種何事苦生離誰言似白玉定是媿青驪必取匣中釧迴作飾金羇眞成恨不已願得路傍兒

同前　梁劉孝威

驄馬出樓蘭一步九盤桓小史贖金絡良工送玉鞍龍驂來甚易烏孫去實難麒麟膠妾猶有請爲急弦彈

同前　梁庾肩吾

渥水出騰駒湘川實應圖來從西北道去逐東南隅琴聲悲玉匣山路泣蘼蕪似鹿將含笑千金會不俱

同前　隋僧法宣

朱鬣飾金鑣紅妝束素膂似雲來躞蹀如雪去飄颻桃花含淺汗柳葉帶餘嬌騁先將獨立雙絕不俱標

同前　唐張祜

一面妖桃千里蹄嬌姿駿骨價應齊乍牽玉勒辭金棧催整
花鈿出繡閨去日豈無沾袂泣歸時還有頓銜嘶嬋娟躞蹀
春風裏揮手搖鞭楊柳堤
綺閤香銷華廐空忍將行雨換追風休憐柳葉雙眉翠却愛
桃花兩耳紅侍宴永辭春色裏趂朝休立漏聲中恩勞未盡
情先盡暗泣嘶風兩意同

樂府詩集卷第七十三

（宋）郭茂倩　編

宋本樂府詩集

第八册

國家圖書館出版社

第八册目録

樂府詩集卷第五十五

太原郭　茂倩　編次

舞曲歌辭

雜舞

齊拂舞歌

白鳩辭

晉白鳩舞歌七解齊樂所奏是最前一解

翩翩白鳩再飛再鳴懷我君德來集君庭

右一曲

濟濟辭

南齊書樂志曰晉濟濟舞歌六解齊樂所奏是最後一解按晉書樂志是最前一解疑齊書誤

暢飛暢舞氣流芳追念三五大綺黃

右一曲

獨禄辭

南齊書樂志曰晉獨鹿歌六解齊樂所奏是最

前一解

獨禄獨禄水深泥濁泥濁尚可水深殺我

右一曲

碣石辭

南齊書樂志曰晉碣石舞歌四章齊樂所奏是

前一章

東臨碣石以觀滄海水河淡淡山隝竦峙樹木叢生百草豐茂秋風蕭瑟洪波涌起日月之行若出其中星漢粲爛若出其裏幸甚至哉歌以言志

右一曲

淮南王辭

南齊書樂志曰晉淮南王舞歌六解齊樂所奏

前是第一解後是第五解

淮南王自言尊百尺高樓與天連我欲渡河河無梁願作雙黄鵠還故鄉

右一曲

梁拂舞歌

古今樂録曰梁三朝樂第十九設拂舞

翩翩白鳩再飛再鳴懷我君德來集君庭曖曖鳴球或丹或黄樂我君恩振羽來翔

拂舞歌

拂舞辭　唐李賀

吴娥聲絶天空雲閑徘徊門外滿車馬亦須生緑苔樽有烏

程酒勸君千萬壽全勝漢武錦樓上曉望晴寒飲花露東方
日不破天光無老時丹成作蛇乘白霧千年重化玉井龜從
蛇作龜二千載（一作玉井龜二千載）吴堤緑草年年在背有八卦稱神仙
邪鱗頑甲滑腥涎

白鳩辭　　唐李白

古今樂録曰鞞鐸巾拂四舞梁並夷則格鐘磬
鳩拂和故白擬之爲夷則格上白鳩拂舞辭云

鏗鳴鐘考朗鼓歌白鳩引拂舞白鳩之白誰與鄰霜衣雪襟
誠可珍含哺七子能平均食不咽性安馴首農政鳴陽春天
子刻玉杖鏤形賜耆人白鷺（一作鷹）亦白非純眞外潔其色心
匪仁闕五德無司晨胡爲啄我葭下之紫鱗鷹鸇鵰鶚貪而
好殺鳳皇雖大聖不願以爲臣

獨漉篇　　李白

獨漉水中泥水濁不見月不見月尚可水深行人沒越鳥從南來胡鷹亦北度我欲彎弓向天射惜其中道失歸路落葉別樹飄零隨風客無所託悲與此同羅帷舒卷似有人開明月直入無心可猜雄劒挂壁時時龍鳴不斷犀象繡澀苔生國恥未雪何由成名神鷹夢澤不顧鴟鳶爲君一擊搏鵬九天

獨漉歌　唐王建

獨獨漉漉鼠食猫肉烏日中鶴露宿黃河水直人心曲

臨碣石　梁沈約

碣石送返潮登衆禮朝日溟漲無端倪山島互崇崒驥老心未窮酬恩豈終畢

小臨海　梁劉孝威

碣石望山海留連降尊極秦帝枉鈎陳漢家增禮飾石橋終不成桑田竟難測蜃氣遠生樓鮫人近潛織空勞帝女塡詎

動波神色

淮南王二首　宋鮑照

淮南王好長生服食鍊氣讀仙經琉璃藥椀牙作盤金鼎玉匕合神丹合神丹賜紫房紫房綵女弄明璫鸞歌鳳舞斷君腸

朱門九重一作朱城九門門九閨願逐明月入君懷入君懷結君佩怨君恨君恃君愛築城思堅劒思利同盛同衰莫相棄

晉白紵舞歌詩

宋書樂志曰白紵舞按舞辭有巾袍之言紵本吴地所出宜是吴舞也晉俳歌云皎皎白緒節節爲雙吴音呼緒爲紵疑白緒即白紵也南齊書樂志曰白紵歌周處風土記云吴黄龍中童謡云行白者君追汝句驪馬後孫權征公孫淵浮海乘舶舶白也今歌和聲猶云行白紵焉樂府

解題曰古詞盛稱舞者之美宜及芳時爲樂其
譽白紵曰質如輕雲色如銀製以爲袍餘作巾袍以
光軀巾拂塵唐書樂志曰梁武帝令沈約改其
辭爲四時白紵歌今中原有白紵曲辭旨與此
全殊

輕軀徐起何洋洋高擧兩手白鵠翔宛若龍轉乍低昂凝停
善睞容儀光如推若引留且行隨世而變誠無方舞以盡神
安可忘晉世方昌樂未央質如輕雲色如銀愛之遺誰贈佳
人制以爲袍餘作巾袍以光驅巾拂塵麗服在御會嘉賓醪
醴盈樽美且淳清歌徐舞降祇神四座歡樂胡可陳

右一篇

雙袂齊擧鸞鳳翔羅裾飄飄昭儀光趨步生姿進流芳鳴弦
清歌及三陽人生世間如電過樂時每少苦日多幸及良辰

耀春華齊倡獻舞趙女歌羲和馳景逝不停春露未晞嚴霜
零百草凋索花落英蟋蟀吟牖寒蟬鳴百年之命忽若傾早
知迅速秉燭行東造扶桑遊紫庭西至崐崘戲曾城

右一曲

陽春白日風花香趨步明玉舞瑶璫聲發金石媚笙簧羅袿
徐轉紅袖揚清歌流響繞鳳梁如矜若思凝且翔轉盻遺精
豔輝光將流將引雙鴈行歡來何晚意何長明君御世永歌昌

右一曲

宋白紵舞歌詩

宋書樂志曰白紵舞歌詩舊新合三篇二篇與

晉辭同其一篇異

高舉兩手白鵠翔輕軀徐起何洋洋凝停善睞容儀光宛若
龍轉乍低昂隨世而變誠無方如推若引留且行宋世方昌

樂未央舞以盡神安可忘愛之遺誰贈佳人質如輕雲色如銀袍以光軀巾拂塵制以爲袍餘作巾四坐歡樂胡可陳清歌徐舞降祇神

右一篇

齊白紵　王儉

陽春白日風花香趨步明月舞瑶裳

情發金石媚笙簧羅袿徐轉紅袖揚

清歌流響繞鳳梁如驚若思凝且翔

轉盻流精豔輝光將流將引雙鴈行

歡來何晚意何長明君馭世永歌昌

右五曲

梁白紵辭二首　武帝

古今樂録曰梁三朝樂第二十設巾舞并白紵

蓋中舞以白紵四解送也

朱絲玉柱羅象筵，飛琯促節舞少年，短歌流目未肯前，含笑一轉私自憐。纖腰嫋嫋不任衣，嬌怨獨立特為誰，赴曲君前未忍歸，上聲急調中心飛。

白紵舞辭

白紵曲　宋劉鑠

僊僊徐動何盈盈，玉腕俱凝若雲行，佳人舉袖耀青蛾，摻摻擢手映鮮羅，狀似明月泛雲河，體如輕風動流波。

白紵歌六首　鮑照

吳刀楚製為佩褘，纖羅霧縠垂羽衣，含商咀徵歌露晞，珠屣一作履颯沓紈袖飛，淒風夏起素雲迴，車怠馬煩客忘歸，蘭膏明燭承夜暉。

桂宮柏寢（一作梁）擬天居朱爵文窻韜綺䟽象床瑶席鎮犀渠

雕屏鉿（一作匝）匼組帷舒秦箏趙瑟挾笙竽垂璫散珮（一作綬）盈

玉除停觴不語欲誰須

三星參差露沾濕弦悲管清月將入寒光蕭條候蟲急荆王

流歎楚妃泣紅顔難長時易戢凝華結藻（一作彩）久延立非君

之故豈安集

池中赤鯉庖所捐琴高乘雲騰（一作飛）上天命逢福世丁溢恩

（一作徽命逢福丁溢恩）簪金藉綺升曲筵思君厚德委如山潔誠洗志

期暮年烏白馬角寧足言

朱脣動素腕（一作袖）舉洛陽少童邯鄲女古稱淥水今白紵催

弦急管爲君舞窮秋九月荷葉黄北風驅鴈天雨霜夜長酒

多樂未央

春風澹蕩俠思多天色淨緑氣妍和桃含紅萼蘭（一作連）紫芽

朝日灼爍發園花卷幌結帷羅玉筵齊謳秦吹盧女弦千金顧笑買芳年

同前二首　　宋湯惠休

琴瑟未調心已悲任羅勝綺彊自持忍思一舞望所思將轉未轉恒如疑桃花水上春風出舞袖逶迤鸞照日徘徊鶴轉情艷逸君爲迎歌心如一

少年窈窕舞君前容華艷艷將欲然爲君嬌凝復遷延流目送笑不敢言長袖拂面心自煎願君流光及盛年

同前九首　　梁張率

歌兒流唱聲欲清舞女趍節體自輕歌舞並妙會人情依弦度曲婉盈盈揚蛾爲態誰目成

妙聲屢唱輕體飛流津染面散芳菲俱動齊息不相違令彼嘉客澹忘歸時久翫夜明星稀

日暮塞門望所思風吹庭樹月入帷涼陰既滿草蟲悲誰能
離別長夜時流歎不寢淚如絲與君之别終何知
秋風蕭[一作鳴]條露垂葉空閨光盡坐愁妾獨向長夜淚承睫
山高水照路難涉望君光景何時接
遥夜方遠時既寒秋風蕭瑟白露團佳期不待歲欲闌念此
遲暮獨無歡鳴弦流管增長歎
夜寒湛湛夜未央華燈空蘭月懸光從風衣起發芬香爲君
起舞幸不忘
列坐華筵紛羽爵清曲未終月將落歌舞及時酒常酌無令
朝露坐銷鑠
愁來[一作多]夜遲猶歎息撫枕思君終反仄金翠釵環稍不飾
霧縠流黄不能織但坐空閨思何極欲以短書寄飛翼
遥夜忘寐起長歎但望雲中雙飛翰明月入牖風吹幔終夜

悠悠坐申旦誰能知我心中亂終然有懷歳方晏

白紵辭二首　唐崔國輔

洛陽梨花落如霰河陽桃葉生復齊坐恐玉樓春欲盡紅綿粉絮裛妝啼

董賢女弟在椒風窈窕繁華貴後宫璧帶金釭皆翡翠一朝零落變成空

同前二首　唐楊衡

玉纓翠珮雜輕羅香汗微漬朱顔酡爲君起唱白紵歌清聲裛雲思繁多凝笳哀琴時相和金壺半傾芳夜促梁塵霏霏暗紅燭令君安坐聽終曲墜葉飄花難再復

躡珠履步瓊筵輕身起舞紅燭前芳姿豔態妖且妍迴眸轉袖暗催弦涼風蕭蕭流水急月華泛豔紅蓮濕牽裙覽帶翻成泣

同前　　李白

揚清歌一作音發皓齒北方佳人東鄰子且吟白紵停淥水長袖拂面爲君起寒雲夜卷霜海空胡風吹天飄塞鴻玉顔滿堂樂未終館娃日落歌吹濛

月寒江清夜沈沈美人一笑千黄金垂羅舞縠揚哀音郢中白雪且莫吟子夜吴歌動君心動君心冀君賞願作天池雙鴛鴦一朝飛去青雲上

吴刀翦綵一作綺縫舞衣明妝麗服奪春煇揚眉轉袖若雪飛傾城獨立世所稀激楚結風醉忘歸高堂月落燭已微玉釵挂纓君莫違

白紵歌二首　　王建

天河漫漫北斗粲宫中烏啼知夜半新縫白紵舞衣成來遲邀得吴王迎低鬟轉面掩雙袖玉釵浮動秋風生酒多夜長

夜未曉月明燈光兩相照後庭歌聲更窈窕
館娃宮中春日暮荔枝木瓜花滿樹城頭烏栖休擊鼓青蛾彈瑟白紵舞夜天燑燑不見星宮中火照西江明美人醉起無次第墮釵遺佩滿中庭此時但願可君意回晝為宵亦不寐年年奉君君莫棄

同前　唐張籍

皎皎白紵白且鮮將作春衫稱少年裁縫長短不能定自持刀尺向姑前復恐蘭膏汚纖指常遣傍人收墮珥衣裳著時寒食下還把玉鞭鞭白馬

同前　唐柳宗元

翠帷雙卷出傾城龍劒破匣霜月明朱脣掩抑悄無聲金簧玉磬宮中生下沉秋水激太清天高地迥凝日晶羽觴蕩漾何事傾

樂府詩集卷第五十五

樂府詩集卷第五十六

太原郭　茂倩　撰次

舞曲歌辭

雜舞

四時白紵歌　　梁沈約

古今樂録曰沈約云白紵五章敕臣約造武帝造後兩句

春白紵

蘭葉參差桃半紅飛芳舞縠戲春風如嬌如怨狀不同含笑流眄滿堂中翡翠羣飛飛不息願在雲間長比翼佩服瑤草駐容色舜日堯年懽無極

夏白紵

朱光灼爍照佳人含情送意遥相親嫣然宛轉亂心神非子

之故欲誰因翡翠羣飛飛不息願在雲間長比翼佩服瑤草
駐容色舜日堯年懽無極

秋白紵

白露欲凝草已黃金琯玉柱響洞房雙心一意俱徊翔吐情
寄君君莫忘翡翠羣飛飛不息願在雲間長比翼佩服瑤草
駐容色舜日堯年懽無極

冬白紵

寒閨晝寢羅幌垂婉容麗心長相知雙去雙還誓不移長袖
拂面爲君施翡翠羣飛飛不息願在雲間長比翼佩服瑤草
駐容色舜日堯年歡無極

夜白紵

秦筝齊瑟燕趙女一朝得意心相許明月如規方襲予夜長
未央歌白紵翡翠羣飛飛不息願在雲間長比翼佩服瑤草駐

駐容色舜日堯年懽無極

四時白紵歌　隋煬帝

東宮春

洛陽城邊朝日暉天淵池前春鷰歸含露桃花開未飛臨風楊柳自依依小苑花紅洛水緑清歌宛轉繁弦促長袖逶迤動珠玉千年萬歲陽春曲

江都夏

梅黄雨細麥秋輕楓樹蕭蕭江水平飛樓倚觀軒若鶩花簟羅帷當夏清菱潭落日雙鳧舫緑水紅妝兩摇漾還似浮桑碧海上誰肯空歌採蓮唱

四時白紵歌　隋虞茂

江都夏

長洲茂苑朝夕池映日含風結細漪坐當伏檻紅蓮披雕軒

洞戶青蘋吹輕幌芳煙鬱金馥綺簷花簟桃李枝蘭苕翡翠
恒相逐桂樹鴛鴦恒並宿

長安秋

露寒臺前曉露清昆明池水秋色明搖環動珮出曾城鵾弦
鳳管奏新聲上林蒲桃合縹緲甘泉奇樹上葱青玉人當歌
理清曲婕妤恩情斷還續

冬白紵歌　唐元稹

吳宮夜長宮漏款簾幕四垂燈焰暖西施自舞王自管雪紵
翻翻鶴翎散促節牽繁舞髻懶舞髻懶王罷飲蓋覆西施
鳳花錦身作匡牀臂爲枕朝珮摐摐王晏寢酒醒閽報門無
事子胥死後言爲諱近王之臣諭王意共笑越王窮惴惴夜
夜抱冰寒不睡

晉杯槃舞歌詩

宋書樂志曰槃舞漢曲也張衡舞賦云歷七槃而縱躡王粲七釋云七槃陳於廣庭顔延之云遞間關於槃扇鮑照云七槃起長袖皆以七槃爲舞也搜神記云晉太康中天下爲晉世寧舞矜手以接杯槃而反覆之此則漢世唯有柈舞而晉加之以杯反覆也五行志曰其歌云晉世寧舞杯盤言接杯盤於手上而反覆之至危也杯盤者酒食之器也而名曰晉世寧者言晉世之士偷苟於酒食之間而其知不及遠晉世之寧猶杯盤之在手也唐書樂志曰漢有盤舞晉世謂之杯盤舞樂府詩云妍袖陵七盤言舞用盤七枚也

晉世寧四海平普天安樂永太寧四海安天下歡樂治興隆

舞杯盤舞杯盤何翩翩舉坐翻覆壽萬年天與日終與一左回右轉不相失箏笛悲酒舞疲心中慷慨可健兒樽酒甘絲竹清願令諸君醉復醒醉復醒時合同四坐歡樂皆言工絲竹音可不聽亦舞此槃左右輕自相當合坐歡樂人命長人命長當結友千秋萬歲皆老壽

右一篇

齊世昌辭

南齊書樂志曰晉杯槃舞歌十解第三解云舞杯槃何翩翩舉坐翻覆壽萬年其第一解首句云晉世寧宋改爲宋世寧惡其杯槃翻覆辭不復取齊改爲齊世昌後一解辭同唐書樂志曰梁謂之舞盤伎唐隸散樂部中隋書樂志曰梁三朝樂第二十一設舞盤伎

齊世昌四海安樂齊太平人命長當結久千秋萬歲皆老壽

右一曲

宋泰始歌舞曲辭

古今樂録曰宋泰始歌舞十二曲一曰皇業頌二曰聖祖頌三曰明君大雅四曰通國風五曰天符頌六曰明德頌七曰帝圖頌八曰龍躍大雅九曰淮祥風十曰宋世大雅十一曰治兵大雅十二曰白紵篇大雅

皇業頌　　明帝

皇業沿德建帝運資勲融胄唐重盛軌冑楚載休風堯帝兆深祥元王衍遐慶積善傳上業祚福啓英聖褢數隨金禄登曆昌水命維宋垂光烈世美流舞咏

聖祖頌

聖祖惟高德積勳代晉曆永建享鴻基萬古盛音册睿文纘宸馭廣運崇帝聲衍德被仁祉留化洽民靈孝建締孝業允協天人謨守内齊政軌宙表燭威流鐘管騰列聖彝銘貢重猷

明君大雅　虞龢

明君應乾數撥亂紐穨基民慶來蘇日國頌藿嵐詩天步或甍艱列蕃扇迷慝廟勝敷九伐神謨洞七德文敎洗昏俗武誼清祲埏英勳冠帝則萬壽永齊一作衍天

通國風　明帝

開寶業資賢昌謨明盛弼諧光烈武惟略景王勳南康華容變政文猛績爰著有左軍三王到氏文武贊丞相作輔屬伊亘沈柳宗侯皆殄亂泰始開運超百王司徒驃騎勳德康江

安謨效殷誠彰劉沇承規功名揚慶歸我后祚無疆

天符頌　明帝

天符華運世誕英皇在館神炷既壯龍驤六鍾集表四緯駢光於穆配天永休厥祥

明德頌　明帝

明德孚敎幽符麗紀山鼎見奇醴液涵祉鶼鸘燿儀騶虞遊趾福延億祚慶流萬祀

帝圖頌

帝圖凝遠瑞美昭宣濟流月鏡鹿毳霜鮮甘露降和花雪表年孝德載衍芳風永傳

龍躍大雅

龍躍戎府玉耀蕃宮歲淹豫野璽屬嬪中江波澈映石柏開文觀鯨花禜樓凝景雲白鳥三獲甘液再呈嘉穟表沃連理

協成德充動物道積通神宋業允大靈瑞方臻

淮祥風

淮祥應賢彦生翼贊中興致太平

宋世大雅　虞龢

宋世寧在泰始醉酒歡飽德喜萬國朝上壽酒帝同天惟長久

治兵大雅　明帝

王命治兵有征無戰巾拂以淨醜類革面王儀振旅載戢在辰中虛巾拂四表靜塵

白紵篇大雅

在心曰志發言詩聲成于文被管絲手舞足蹈欣泰時移風易俗王化基琴角揮韻白雲舒簫韶協音神鳳來拊擊和節詠在初章曲乍畢情有餘文同軌一道德行國靖民和禮樂成四縣庭響美勳英八列陛唱貴人聲舞飾麗華樂容工罷

棠映一作皎日袂隨風金翠列輝蕙麝豐溢姿秀一作委體允帝衷

齊明王歌辭　　王融

齊明王歌辭七曲王融應司徒教而作也一曰明王曲二曰聖君曲三曰淥水曲四曰採菱曲五曰清楚引六曰長歌引七曰散曲

明王曲

明王日月照至樂天地和幸息雲門吹復歇咸池歌桂房金匏帹瑶軒絲石羅朱騏步躑躅玄鶴舞蹉跎露凝嘉草秀煙慶醴泉波皇基方萬祀齊民樂如何

右一曲三解

聖君曲

聖君應昌歷景祚啓休期龍樓神睿道兔園仁義基海蕩萬川集山崖百草滋盤茵成萃止渝韎異來思清明動離軫威

惠（一作懷）被殊爵大哉君爲后何羡唐虞時

右一曲三解

渌水曲

湛露改寒司文鷩變春旭瓊樹落晨紅瑶塘水初渌日霽沙溆明風動泉華燭遵渚泛蘭鷁乘漪弄（一作舞）清曲斗酒千金輕寸陰百年促何用盡歡娛王度式如玉

右一曲三解

採菱曲

炎光銷玉殿涼風吹鳳樓雕軿（一作青輅）傃平隰朱櫂泊安流金華妝翠羽鷁首畫飛（一作龍）舟荆姬採菱曲越女江南謳騰聲翻葉靜發（一作散）響谷雲浮良時時一遇佳人難再求

右一曲三解

清楚引

平原數千里飛觀鬱岧岧清月冏將曙浩露零中宵轉葉渡
沙海別羽自冰遼四面涌（一作通）寒色左右亘嚴颸崤澠多榛
梗京索久塵苗逝將憑神武奮翮盪遺妖

右一曲三解

長歌引

周雅聽休明齊德斟升平紫煙四時合黃河萬里清翠柳蔭
通街朱闕臨高城方轂雷塵起接袖風雲生酣笑爭日夕絲
管手逢迎徂年無促慮長歌有餘聲

右一曲三解

散曲

金枝湛明燎繡幕裂芳然層閨橫綠綺曠席緬朱纓楚調廣
陵散瑟柱秋風弦輕裙中山麗長袖邯鄲妍徐歌駐行景迅
節篇浮煙言願聖明主永永萬斯年

右一曲三解

唐功成慶善樂舞辭　太宗

一曰九功舞殿庭朝會所奏文舞也新唐書禮樂志曰太宗生於武功之慶善宮貞觀六年幸之宴從臣賞賜閭里同漢沛宛帝歡甚賦詩呂才被之管弦名曰功成慶善樂以童兒六十四人冠進德冠紫袴褶長袖漆髻屣履而舞舊書樂志曰慶善樂太宗所造也名九功之舞舞蹈安徐以象文德洽而天下安樂也冬正享讌及國有大慶與七德舞偕奏于庭

壽丘唯舊跡酆邑乃前基粵余承累聖懸弧亦在茲弱齡逢運改提劍鬱匡時指麾八荒定懷柔萬國夷梯山盛入款駕海亦來思單于陪武帳日逐衛文檐端扆朝四岳無爲任百

司霜節明秋景輕冰結水湄芸黃遍原隰禾穎積京坻共樂還譙宴歡此大風詩

唐中和樂舞辭　德宗

唐會要曰貞元十四年德宗以中和節自製中和舞舞中成八卦又叙其舞曰朕以中春之首紀爲令節象中和之容作中和之舞按此曲蓋因繼天誕聖樂而作也

芳歲肇佳節物華當仲春乾坤既昭泰煙景含氤氳德淺荷玄貺樂成思治人前庭列鐘鼓廣殿延羣臣八卦隨舞意五音轉曲新顧非咸池奏庶協南風薰式宴禮所重浹懽情必均同和諒在茲萬國希可親

霓裳辭十首　唐王建

一曰霓裳羽衣曲唐逸史曰羅公遠多祕術嘗

與玄宗至月宮初以拄杖向空擲之化爲大橋
自橋行十餘里精光奪目寒氣侵人至一大城
公遠曰此月宮也仙女數百皆素練霓衣舞于
廣庭問其曲曰霓裳羽衣帝曉音律因默記其
音調而還回顧橋梁隨步而沒明日召樂工依
其音調作霓裳羽衣曲一説曰開元二十九年
中秋夜帝與術士葉法善遊月宮聽諸仙奏曲
後數日東西兩川馳騎奏其夕有天樂自西南
來過東北去帝曰偶遊月宮聽仙曲遂以玉笛
接之非天樂也曲名霓裳羽衣後傳於樂部樂
苑曰霓裳羽衣曲開元中西涼府節度楊敬述
進鄭愚曰玄宗至月宮聞仙樂及歸但記其半
會敬述進婆羅門曲聲調相符遂以月中所聞

爲散序遂述所進爲曲而名霓裳羽衣也白居
易曰霓裳法曲也其曲十二遍起於開元盛於
天寶凡曲將終聲拍皆促唯霓裳之末長引一
聲故其歌云繁音急節十二遍唳鶴曲終長引
聲是也按王建辭云弟子部中留一色聽風聽
水作霓裳劉禹錫詩云三鄉陌上望仙山歸作
霓裳羽衣曲然則非月中所聞矣

弟子部中留一色聽風聽水作霓裳散聲未足重來授直到
牀前見上皇
中管五弦初半曲遥教合上隔簾聽一聲聲向天頭落效得
仙人夜唱經
自直梨園得出稀更番上曲不教歸一時跪拜霓裳徹立地
階前賜紫衣

旋翻新譜聲初足除却梨園未教人宣與書家分手寫中官
走馬賜功臣
伴教霓裳有貴妃從初直到曲成時日長耳裏聞聲熟拍數
分毫錯揔知
弦索摐摐隔綵雲五更初發一山（一作滿宮）聞武皇自送西王母
新換霓裳月色裙
敕賜宮人澡浴回遥看美女院門開一山星月霓裳動好字
先從殿裏來
傳呼法部按霓裳新得承恩别作行應是（一作日晚）貴妃樓上看
内人舁下綵羅箱
朝元閣上山風起（一作風初起）夜聽霓裳玉露寒宮女月中更替
立黄金梯滑並行難
知向（一作在）華清年月滿山頭山底種長生去時留下霓裳曲

揔一作半是離宮別館聲

柘枝詞

樂府雜録曰健舞曲有柘枝軟舞曲有屈柘樂苑曰羽調有柘枝曲商調有屈柘枝此舞因曲爲名用二女童帽施金鈴抃轉有聲其來也於二蓮花中藏花坼而後見對舞相占實舞中雅妙者也教坊記曰凡棚車上擊鼓非柘枝則阿遼破也羯鼓録曰凡曲有意盡聲不盡者須以他曲解之如耶婆色雞用屈柘急遍解屈柘用渾脫解之類是也一說曰柘拔本拓技舞也其後字訛爲柘枝沈亞之賦云昔神祖之克戎賓雜舞以混會柘枝信其多姸命佳人以繼態然則似是戎夷之舞桉今舞人衣冠類蠻服疑出

南蠻諸國也

將軍奉命即須行塞外領彊兵聞道烽煙動腰間寶劒匣中鳴

柘枝調三首　唐薛能

同營三十萬震鼓伐西羌戰血黏秋草征塵攪夕陽歸來人不識帝里獨戎裝

懸軍征拓羯内地隔蕭關日色崐崘上風聲朔漠間何當千萬騎颯颯貳師還

意氣成功日春風起絮天樓臺新邸第歌舞小嬋娟急破催摇曳羅衫半脱肩

屈柘詞　唐温庭筠

楊柳縈橋緑玫瑰拂地紅繡衫金騕褭花髻玉瓏璁宿雨香潛潤春流水暗通畫樓初夢斷晴曉一作日照湘風

散樂附

周禮曰旄人教舞散樂鄭康成云散樂野人爲樂之善者若今黃門倡即漢書所謂黃門名倡丙彊景武之屬是也漢有黃門鼓吹天子所以宴羣臣然則雅樂之外又有宴私之樂焉唐書樂志曰散樂者非部伍之聲俳優歌舞雜奏秦漢已來又有雜伎其變非一名爲百戲亦揔謂之散樂自是歷代相承有之

俳歌辭　古辭

一曰侏儒導自古有之蓋倡優戲也說文曰俳戲也穀梁曰魯定公會齊侯于夾谷罷會齊人使優施舞於魯君之幕下范甯云優俳施其名也樂記子夏對魏文侯問曰新樂進俯退俯俳優侏儒獶雜子女王肅云俳優短人也則其所

從來亦遠矣南齊書樂志曰侏儒導舞人自歌之古辭俳歌八曲前一篇二十二句今侏儒所歌摘取之也古今樂録曰梁三朝樂第十六設俳伎伎兒以青布囊盛竹篋貯兩矮子負束寫地歌舞小兒二人提沓矮子頭讀俳云見俳不語言俳澀所俳作一起四坐敬止馬無懸蹄牛無上齒駱駝無角奮迅兩耳半折薦博四角恭跱隋書樂志曰魏晉故事有侏儒導引隋文帝以非正典罷之

俳不言不語呼俳噏所俳適一起狼率不止生拔牛角摩斷膚耳馬無懸蹄牛無上齒駱駝無角奮迅兩耳

宋鳳皇銜書伎辭

隋書樂志曰鳳皇銜書伎自宋齊已來有之三

朝用之南齊書樂志曰蓋魚龍之流也元會日
侍中於殿前跪取其書以授舍人舍人受書升
殿跪奏宋世有辭齊初詔江淹改造至梁武帝
普通中下詔罷之

大宋興隆膺靈符鳳鳥感和銜素書嘉樂之美通玄虛惟新
濟濟邁唐虞巍巍蕩蕩道有餘

齊鳳皇銜書伎辭

皇齊啓運從瑤璣靈鳳銜書集紫微和樂既洽神所依超商
卷夏耀英輝永世壽昌聲華飛

樂府詩集卷第五十六

樂府詩集卷第五十七

太原郭　茂倩　編次

琴曲歌辭

琴者先王所以脩身理性禁邪防淫者也是故君子無故不去其身唐書樂志曰琴禁也夏至之音陰氣初動禁物之淫心也世本曰琴神農所造廣雅曰伏羲造琴長七尺二寸而有五弦揚雄琴清英曰舜彈五弦之琴而天下化琴操曰琴長三尺六寸六分象三百六十日廣六寸象六合也文上曰池池水也言其平下曰濵濵賓也言其服也前廣後狹尊卑象也上圓下方法天地也五弦象五行也文王武王加二弦以合君臣之恩古今樂録曰今稱二弦爲文武弦

是也應劭風俗通曰七弦法七星也三禮圖曰
琴第一弦爲宫次弦爲商次爲角次爲羽次爲
徵次爲少宫次爲少商桓譚新論曰今琴四尺
五寸法四時五行也崔豹古今注曰蔡邕益琴
爲九弦二弦大次三弦小次四弦尤小梁元帝
纂要曰古琴名有清角黄帝之琴也鳴鹿循
况濫脅號鍾自鳴空中皆齊桓公琴也繞梁楚
莊王琴也緑綺司馬相如琴也焦尾蔡邕琴也
鳳皇趙飛鷰琴也自伏羲制作之後有瓠巴
師文師襄成連伯牙方子春鍾子期皆善鼓琴
而其曲有暢有操有引有弄琴論曰和樂而
作命之曰暢言達則兼濟天下而美暢其道
也憂愁而作命之曰操言窮則獨善其身而不

失其操也引者進德脩業申達之名也弄者情性和暢寛泰之名也其後西漢時有慶安世者爲成帝侍郎善爲雙鳳離鸞之曲齊人劉道彊能作單鳬寡鶴之弄趙飛鷰亦善爲歸風送遠之操皆妙絶當時見稱後世若夫心意感發聲調諧應大弦寛和而温小弦清廉而不亂攫之深醳之愉斯爲盡善矣古琴曲有五曲九引十二操五曲一曰鹿鳴二曰伐檀三曰騶虞四曰鵲巢五曰白駒九引一曰烈女引二曰伯妃引三曰貞女引四曰思歸引五曰霹靂引六曰走馬引七曰箜篌引八曰琴引九曰楚引十二操一曰將歸操二曰猗蘭操三曰龜山操四曰越裳操五曰拘幽操六曰岐山操七曰履霜操八

曰朝飛操九曰別鶴操十曰殘形操十一曰水僊操十二曰襄陵操自是巳後作者相繼而其義與其所起略可考而知故不復備論樂府解題曰琴操紀事好與本傳相違存之者以廣異聞也

白雪歌　　齊徐孝嗣

謝希逸琴論曰劉涓子善鼓琴制陽春白雪曲琴集曰白雪師曠所作商調曲也唐書樂志曰白雪周曲也張華博物志曰白雪者太帝使素女鼓五十弦瑟曲名也高宗顯慶二年太常言白雪琴曲本宜合歌今依琴中舊曲以御製雪詩爲白雪歌辭又古今樂府奏正曲之後皆別有送聲乃取侍臣許敬宗等和詩以爲送聲各

十六節六年二月吕才造琴歌白雪等曲帝亦

製歌辭十六章皆著於樂府

風閨晚飜靄月殿夜凝明願君早留流一作眄無令春草生

同前　梁朱孝廉

凝雲没霄漢從風飛且散聯翩避幽谷徘徊依井幹既興楚

客謠亦動周王歎所恨輕寒早不迨陽春一作春光旦

白雪曲　唐僧貫休

列鼎佩金章淚眼看風枝却思食藜藿身作屠沽兒負米無

遠近所希升斗歸爲人無貴賤莫學雞狗肥斯言如不忘別

更無光輝斯言如或忘即安用人爲

——神人暢　唐堯

古今樂録曰堯郊天地祭神座上有響誨堯曰

水方至爲害命子救之堯乃作歌謝希逸琴論

曰神人暢堯帝所作堯彈琴感神人現故制此弄也

清廟穆兮承予宗百僚肅兮于寢堂醊禱進福求年豐有響在坐敕予爲害在玄中欽哉皓天德不隆承命任禹寫中一作東宫

思親操　虞舜

古今樂録曰舜遊歷山見烏飛思親而作此歌謝希逸琴論曰舜作思親操孝之至也

陟彼歷山兮崔嵬有鳥翔兮高飛瞻彼鳩兮徘徊河水洋洋兮青泠深谷鳥鳴兮鸎鸎設罝張罝兮思我父母力耕日與月兮往如馳父母遠兮吾當安歸

南風歌二首　虞舜

古今樂録曰舜彈五弦之琴歌南風之詩史記

樂書曰舜歌南風而天下治南風者生長之音也舜樂好之樂與天地同意得萬國之驩心故天下治也

反彼三山兮商岳嵯峩天降五老兮迎我來歌有(一作青)黃龍兮自出于河負書圖兮委蛇羅沙案圖觀讖兮閔天嗟嗟擊石拊韶兮淪幽洞微鳥獸蹌蹌兮鳳皇來儀凱風自南兮喟其增歎

南風之薰兮可以解吾民之慍兮南風之時兮可以阜吾民之財兮

湘妃　唐劉長卿

山海經曰洞庭之山帝之二女居之郭璞云天帝之女處江爲神即列仙傳所謂江妃二女也劉向列女傳曰帝堯之二女長曰娥皇次曰女

英堯以妻舜于嬀汭舜既爲天子娥皇爲后女英爲妃舜死於蒼梧二妃死於江湘之間俗謂之湘君湘中記曰舜二妃死爲湘水神故曰湘妃韓愈黄陵廟碑曰秦博士對始皇帝云湘君者堯之二女舜妃者也劉向鄭玄亦皆以二妃爲湘君而離騷九歌既有湘君又有湘夫人王逸以爲湘君者自其水神而謂湘夫人乃二妃璞與逸俱失也堯之長女娥皇爲舜正妃故曰君其二女女英自宜降曰夫人也故九歌謂娥皇爲君女英爲帝子各以其盛者推言之也禮有小君明其正自得稱君也按琴操有湘妃怨又有湘夫人曲

帝子不可見秋風來暮思嬋娟湘江月千載空蛾眉

湘妃　　唐李賀

筠竹千年老不死長伴秦神（一作娥）蓋湘水蠻娘吟弄滿寒空
九山靜綠淚花紅離鸞別鳳煙梧中巫雲蜀雨遙相通幽愁
秋氣上青楓涼夜波間吟古龍

湘妃怨　　唐孟郊

南巡竟不返帝子（一作二妃）怨逾積萬里喪蛾眉瀟湘水空碧冥
冥荒山下古廟收貞魄喬木深青春清光滿瑤席搴芳徒有
薦靈意殊脉脉玉佩不可親徘徊煙波夕

同前　　唐陳羽

二妃怨處雲沉沉二妃哭處湘水深商人酒滴廟前草蕭颯

風生班竹林

湘妃列女操　　唐鮑溶

有虞夫人哭虞後淑女何事又傷離竹上淚跡生不盡寄哀

雲和五丁絲雲和經奏鈞天曲乍聽寶琴遥嗣續三湘測測
流急緑秋夜露寒蜀帝飛楓林月斜楚臣宿更疑川宫日黄
昏闇携女手殷勤言環珮玲瓏有無間終疑既遠雙悄悄蒼梧
舊雲豈難召老猿心寒不可嘯目眄眄兮意蹉跎魂騰騰兮
驚秋波曲一盡兮憶再奏衆弦不聲且如何

湘夫人　梁沈約

瀟湘風已息沅澧復安流揚蛾一含睇㛹娟好且脩捐玦置
澧浦解珮寄中洲

同前　梁王僧孺

桂棟承薜帷眇眇川之湄白蘋徒可望緑芷竟空滋日暮思
公子銜意嘿無辭

同前　唐鄒紹先

楓葉下秋渚二妃愁渡湘疑山空杳藹何處望君王日落水

雲裏油油心自傷

同前　　唐李頎

九嶷日已暮三湘雲復愁窅靄羅袂色潺湲江水流佳期來北渚捐玦在芳洲

同前　　唐郎士元

蛾眉對湘水遥哭蒼梧間萬乘既已殁孤舟誰忍還至今楚山上猶有淚痕班南有涔陽路渺渺多新愁昔神降回時風波江上秋彩雲忽無處碧水空安流

襄陵操　　夏禹

一曰禹上會稽書曰湯湯洪水方割蕩蕩懷山襄陵浩浩滔天古今樂録曰禹治洪水上會稽山顧而作此歌謝希逸琴論曰夏禹治水而作襄陵操琴集曰禹上會稽夏禹東巡狩所作也

嗚呼洪水滔天下民愁悲上帝愈咨三過吾門不入父子道衰嗟嗟不欲煩下民

霹靂引　梁簡文帝

謝希逸琴論曰夏禹作霹靂引樂府解題曰楚商梁遊於雷澤霹靂下乃援琴而作之名霹靂引未知孰是

來從東海上發自南山陽時聞連鼓響乍散投壺光飛車走四瑞繞電發時祥令去於斯表殺來永傳芳

同前　隋辛德源

出地聲初奮乘乾威更作雲銜天笑明雨帶星精落碎枕神無繞震榏書自若側時一作闐吟白虎遠見飛舞一作玄鶴

同前　唐沈佺期

歲七月火伏而金生客有鼓瑟於門者奏霹靂之商聲始戛

羽以驍砉終扣宮而砰駍雷耀耀兮龍躍雷闐闐兮雨冥氣
嗚唅以會雅態欻翕以横生有如驅千旗制五兵截荒虺斮
長鯨孰與廣陵比意别鶴儔精而已俾我雄子𩾷動毅夫髮
立懷恩不淺武義雙輯視胡若芥剪羯如拾豈徒慨慷中筵
備羣娛之翕習哉

箕子操　　殷箕子

一曰箕子吟史記曰紂始爲象箸箕子歎曰彼
爲象箸必爲玉杯爲玉杯則必思遠方珍怪之
物而御之矣輿馬宫室之漸自此始不可振也
乃披髮佯狂而爲奴遂隱而鼓琴以自悲古今
樂録曰紂時箕子佯狂痛宗廟之爲墟乃作此
歌後傳以爲操琴集曰箕子吟箕子自作也

嗟嗟紂爲無道殺比干嗟重復嗟獨柰何漆身爲厲被髮以

佯狂兮柰宗廟何天乎天哉欲負石自投河嗟復嗟柰社稷何

拘幽操　　周文王

一曰文王哀羑里琴操曰拘幽操文王拘於羑里而作也文王脩德百姓親附崇侯虎疾之譖於紂曰西伯昌聖人也長子發中子旦皆聖人也三聖合謀君其慮之乃囚文王於羑里將殺之於是文王四臣散宜生之徒得美女大貝白馬朱鬣以獻於紂紂遂出西伯文王在羑里演易八卦以爲六十四作鬱厄之辭曰困于石據于蒺藜乃申憤而作歌云

殷道溷溷浸濁煩兮朱紫相合不別分兮迷亂聲色信讒言兮炎炎之虐使我愆兮幽閉牢穽由其言兮遘我四人憂動

勤兮

同前　唐韓愈

目揜揜兮其凝其盲耳肅肅兮聽不聞聲朝不日出兮夜不見月與星有知無知兮爲死爲生嗚呼臣罪當誅兮天王聖明

文王操　周武王

琴操曰紂爲無道諸侯皆歸文王其後有鳳皇銜書於郊文王乃作此歌謝希逸琴論曰文王操文王作也

翼翼翺翔彼鳳皇兮銜書來遊以會昌兮瞻天案圖殷將亡兮蒼蒼之天始有萌兮五神連精合謀房兮興我之業望羊來兮

尅商操　周文王

一曰武王伐紂古今樂録曰武王伐紂而作此

歌謝希逸琴論曰尅商操武王伐紂時制琴集

曰武王伐紂武王自作也

上告皇天兮可以行乎

傷殷操　　宋微子

琴集曰傷殷操微子所作也尚書大傳曰微子將朝周過殷之故墟見麥秀之蘄蘄黍禾之蠅蠅也曰此故父母之國宗廟社稷之亡也志動心悲欲哭則爲朝周欲泣則近婦人推而廣之作雅聲即此操也亦謂之麥秀歌

麥秀漸漸兮禾黍油油彼狡童兮不我好仇

越裳操　　周公旦

琴操曰越裳操周公所作也古今樂録曰越裳獻白雉周公作歌遂傳之爲越裳操

於戲嗟嗟非旦之力乃文王之德

同前　韓愈

雨之施物以孳我何意於彼爲自周之先其艱其勤以有疆宇私我後人我祖在上四方在下厥臨孔威敢戲以侮孰荒于門孰治于田四海既均越裳是臣

岐山操　韓愈

琴操曰岐山操周公爲大王作也

我家于豳自我先公伊我承緒敢有不同今狄之人將土我疆民爲我戰誰使死傷彼岐有岨我往獨處人莫舊作莫爾余追無思我悲

神鳳操　周成王

一曰鳳皇來儀古今樂録曰周成王時鳳皇翔舞成王作此歌謝希逸琴論曰成王作神鳳操

言德化之感也琴集曰鳳皇來儀成王所作

鳳皇翔兮於紫庭予何德兮以感靈賴先人兮恩澤臻于胥

樂兮民以寧

採薇操　周伯夷

琴集曰採薇操伯夷所作也史記曰武王克殷伯夷叔齊恥之不食周粟隱於首陽山采薇而食之乃作歌因傳以爲操樂府解題曰採薇操亦曰晨遊高舉

登彼高山言採其薇以亂易暴不知其非神農虞夏忽焉沒兮我適安歸

履霜操　周尹伯奇

琴操曰履霜操尹吉甫之子伯奇所作也伯奇無罪爲後母譖而見逐乃集芰荷以爲衣採楟

花以爲食晨朝履霜自傷見放於是援琴鼓之

而作此操曲終投河而死

履朝霜兮採晨寒考不明其心兮聽讒言孤恩別離兮摧肺肝何辜皇天兮遭斯愆痛殁不同兮恩有偏誰說顧兮知我冤

同前　韓愈

父兮兒寒母兮兒飢兒罪當笞逐兒何爲兒在中野以宿以處四無人聲誰與兒語兒寒何衣兒飢何食兒行于野履霜以足母生衆兒有母憐之獨無母憐兒寧不悲

士失志操四首　晉介子推

琴集曰士失志操介子推所作也一曰龍蛇歌

琴操曰文公與介子綏俱遁子綏割腓股以啖文公文公復國咎犯趙衰俱蒙厚賞子綏獨無

所得乃作龍蛇之歌而隱文公求之不肯出按史記文公重耳奔狄其後反國賞從亡未及介子推子推欲隱從者憐之乃懸書宮門文公出見之曰此介子推也使人召之亡入緜上山中於是文公環緜上山而封之以爲介推田號曰介山是也

有龍矯矯頃失其所五蛇從之周偏天下龍飢無食一蛇割股龍反其淵安其壤土四蛇入穴皆有處所一蛇無穴號於中野

有龍矯矯遭天譴怒三蛇從之一蛇割股二蛇入國厚蒙爵土餘有一蛇棄於草莽

有龍矯矯將失其所有蛇從之周流天下龍旣入深淵得其安所蛇脂盡乾獨不得甘雨

龍欲上天五蛇為輔龍已升雲四蛇各入其宇一蛇獨怨終不見處所

雉朝飛操　齊犢沐子

一曰雉朝雊操揚雄琴清英曰雉朝飛操衛女傅母之所作也衛侯女嫁於齊太子中道聞太子死問傅母曰何如傅母曰且往當喪喪畢不肯歸終之以死傅母悔之取女所自操琴於冢上鼓之忽二雉俱出墓中傅母撫雉曰女果為雉耶言未畢俱飛而起忽然不見傅母悲痛援琴作操故曰雉朝飛崔豹古今注曰雉朝飛者犢沐子所作也齊宣王時處士泯宣年五十無妻出薪於野見雉雄雌相隨而飛意動心悲乃仰天歎大聖在上恩及草木鳥獸而我獨不獲

因援琴而歌以明自傷其聲中絕魏武帝時宮人有盧女者七歲入漢宮學鼓琴特異於餘妓善爲新聲能傳此曲伯牙琴歌曰麥秀蔪兮雉朝飛向虛壑兮背喬槐依絕區兮臨回池樂府解題曰若梁簡文帝晨光照麥畿但詠雉而已

雉朝飛兮鳴相和雌雄羣遊於山阿我獨何命兮未有家時將暮兮可柰何嗟嗟暮兮可柰何

同前　　宋鮑照

雉朝飛振羽翼專場挾雌恃彊力媒已驚翳又逼蒿間潛彀盧矢直刎繡頸碎錦臆絕命君前無怨色握君手執杯酒意氣相傾死何有

同前　　梁簡文帝

晨光照麥畿平野度春暈避鷹時聳角始龍或一作忽斜飛少

年從遠役有恨意多違不如隨蕩子羅袂拂臣衣

同前　　梁吳均

二月雉朝飛橫行傍龍歸斜看水外翟側聽嶺南翬躞蹀恒欲戰耿耿恃彊威當令君見賞何辭碎錦衣

同前　　唐李白

麥隴青青三月時白雉朝飛挾兩雌錦衣綺翼何離褷犢沐採薪感之悲春天和白日暖啄食飲泉勇氣滿爭雄鬬死繡頸斷雉子班奏急管弦心傾美酒盡玉椀枯楊枯楊爾生荑我獨七十而孤棲彈弦寫恨意不盡瞑目歸黃泥

同前　　韓愈

雉之飛于朝日羣雌孤雄意氣橫出當東而西當啄而飛隨飛隨啄羣雌粥粥嗟我雖人曾不如彼雉雞生身七十年無一妾與妃

同前　　唐張祜

朝陽隴東泛暖景雙啄雙飛雙顧影朱冠錦襦聊日整漠漠
霧中如衣褧傷心盧女弦七十老翁長獨眠雄飛在草雌在
田衷腸結憤氣呵天聖人在上心不偏翁得女妻甚可憐

樂府詩集卷第五十七

樂府詩集卷第五十八

太原郭　茂倩　編次

琴曲歌辭

思歸引　晉石崇

一曰離拘操琴操曰衛有賢女邵王聞其賢而請聘之未至而王薨太子曰吾聞齊桓公得衛姬而霸今衛女賢欲留之大夫曰不可若賢必不我聽若聽必不賢不可取也太子遂留之果不聽拘於深宫思歸不得遂援琴而作歌曲終縊而死晉石崇思歸引序曰崇少有大志晩節更樂放逸因覽樂篇有思歸引古曲有弦無歌乃作樂辭但思歸河陽别業與琴操異也樂府解題曰若梁劉孝威胡地憑良馬備言思歸之

狀而已按謝希逸琴論曰箕子作離拘操不言衛女作未知孰是

思歸引歸河陽假余翼鴻鶴高飛翔經芒阜濟河梁望我舊館心悅康清渠激魚彷徨鴈鶩泝波羣相將終日周覽樂無方登雲閣列姬姜拊絲竹叩宮商宴華池酌玉觴

同前　梁劉孝威

胡地憑良馬懷驕負漢恩甘泉烽火入回中宮室燔錦車勞遠駕繡衣疲屢奔貳師已喪律都尉亦寃龍堆求援急狐塞請先屯櫪下驅雙駿腰邊帶兩鞬乘障無期限思歸安可論(一作言)

同前　唐張祜

重重作閨清旦鐍兩耳深聲長不徹深宮坐愁百年身一片玉中生憤血焦桐罷彈絲自絕漠漠暗寃愁夜月故鄉不歸

誰共穴石上作蒲蒲九節

猗蘭操

魯孔子

一曰幽蘭操古今樂録曰孔子自衛反魯見香蘭而作此歌琴操曰猗蘭操孔子所作孔子歷聘諸侯諸侯莫能任自衛反魯隱谷之中見香蘭獨茂喟然嘆曰蘭當爲王者香今乃獨茂與衆草爲伍乃止車援琴鼓之自傷不逢時託辭於香蘭云琴集曰幽蘭操孔子所作也

習習谷風以隂以雨之子于歸遠送于野何彼蒼天不得其所逍遥九州無所定處時人闇蔽不知賢者年紀逝邁一作世一身將老

同前

隋辛德源

奏事傳青閣拂除乃陶嘉散條凝露彩含芳映日華已知香

若麝無怨直如麻不學芙蓉草空作眼中花

同前　唐韓愈

蘭之猗猗揚揚其香不採而佩於蘭何傷今天之旋其曷爲然我行四方以日以年雪霜貿貿薺麥之茂子如不傷我不爾覯薺麥之茂薺麥之有君子之傷君子之守

幽蘭五首　宋鮑照

傾暉引暮色孤景流恩顔梅歇春欲罷期渡往不還

簾委蘭蕙露帳含桃李風攬帶昔何道坐令芳節終

結佩徒分明抱梁輒乖互華落知不終空愁坐相悮

眇眇蛸挂網漠漠蠶弄絲空慙不自信怯與君盡（一作劃）期

陳國鄭東門古來共所知長袖蹔徘徊駟馬停路歧

同前　唐崔塗

幽植衆能知貞芳只暗持自無君子佩未是國香衰白露沾

長早青春每到遲不知當路草芳馥欲何爲

將歸操　　孔子

一曰陬操琴操曰將歸操孔子所作也孔叢子曰趙使聘夫子夫子聞鳴犢與竇犨之見殺也回輿而旋爲操曰將歸史記世家曰孔子既不得用於衛將西見趙簡子至於河而聞竇鳴犢舜華之死臨河而嘆曰美哉水洋洋乎丘之不濟此命也夫子貢曰何謂也孔子曰竇鳴犢舜華晉國之賢大夫也趙簡子未得志之時須此兩人而后從政及其已得志殺之乃從政夫鳥獸之不義也尚知辟之況乎丘哉乃還息乎陬鄉作爲陬操以哀之徐廣曰竇鳴犢舜華或作鳴鐸竇犨王肅曰陬操琴曲名也

翺翔于衛復我舊居從吾所好其樂只且

同前　　　韓愈

秋之水兮其色幽幽我將濟兮不得其由涉其淺兮石齧我足乘其深兮龍入我舟我濟而悔兮將安歸尤歸乎歸乎無與石鬬兮無應龍求

龜山操　　　韓愈

琴操曰龜山操孔子所作也季桓子受齊女樂孔子欲諫不得退而望魯龜山作此曲以喻季氏若龜山之蔽魯也

龜之氣兮不能雲舊作爲雨龜之枿兮不中梁柱龜之大兮祇以奄魯知將隳兮哀莫余伍周公有思兮嗟余歸輔

殘形操　　　韓愈

琴操曰殘形操曾子所作曾子夢一狸不見其

首而作此曲也

有獸維狸兮我夢得之其身孔明兮而頭不知吉凶何爲兮覺坐而思巫咸上天兮識者其誰

雙鸞離　梁簡文帝

琴集曰獨處吟流澌咽雙鸞離處女吟四曲其詞俱亡琴歷曰河閒新歌二十一章此其四曲也

雙鸞有雄雌照日兩差池銜花落北戸逐蝶上南枝桂棟本曾宿虹梁早自窺願得長如此無令雙鸞離

同前　梁沈君攸

雙鸞雙飛雙情想思容色已改故心不衰雙入幕雙出帷秋風去春風歸幕上危雙鸞離銜羽一別涕泗垂夜夜孤飛誰相知左回右顧還相慕翩翩桂水不忍渡懸目挂心思越路縈鬱摧折意不泄願作鏡鸞相對絶一作鸞對鏡絶武本願作鏡鸞相對絶

同前　　　　　　　　　　　唐李白

雙鸞復雙鸞雙飛令人羨玉樓珠閣不獨棲金窻繡戶長相見柏梁失火去因入吴王宫吴宫又焚蕩鶵盡巢亦空憔悴一身在孀雌憶故雄雙飛難再得傷我寸心中

處女吟　　　　　　　　　　魯處女

琴操曰處女吟魯處女所作也古今樂録曰魯處女見女貞木而作歌亦謂之女貞木歌

菁菁茂木隱獨榮兮變化垂枝含蕤英兮脩身養志建令名兮厥道不同善惡并兮屈身身獨去微清兮懷忠見疑何貪生兮

貞女引　　　　　　　　　　梁簡文帝

琴操曰魯次室女作貞女引

借問懷春臺百尺凌雲霧北有歲寒松南臨女貞樹庭花對

帷滿隙月依枝度但使明妾心無嗟坐遲暮

同前　　梁沈約

貞心信無矯傍隣也見疑輕生本非惜賤軀良足悲傳芳託嘉樹弦歌寄好詞

列女操　　唐孟郊

琴集曰楚樊姬作列女引

梧桐相待老鴛鴦會雙死貞婦貴徇夫捨生亦如此波瀾誓不起妾心井中水

別鶴操　　商陵牧子

崔豹古今注曰別鶴操商陵牧子所作也娶妻五年而無子父兄將爲之改娶妻聞之中夜起倚戶而悲嘯牧子聞之愴然而悲乃援琴而歌後人因爲樂章焉琴譜曰琴曲有四大曲別鶴

操其一也

將乖比翼兮隔天端山川悠遠兮路漫漫攬衣不寐兮食忘餐

同前　鮑照

雙鶴俱起時徘徊滄海間長弄若天漢輕軀似雲懸幽客時結侶提携遊（一作到）三山青緲凌瑶臺丹蘿籠紫煙海上疾風急三山多雲霧散亂一相失驚孤不得住緬然日月馳遠（一作已）矣絶音儀有願而不遂無怨以生離鹿鳴在深草蟬鳴隱高枝心自有所懷（一作存）旁人郍得知

同前　韓愈

雄鶴（一作鵠）銜枝來雌鶴啄泥歸巢成不生子大義當乖離江漢水之大鶴身鳥之微更無相逢日安可相隨飛

別鶴　梁簡文帝

接翮同發燕孤飛獨向楚值雪已迷羣驚風復失侶

同前　梁吳均

別鶴尋故侶聯翩遼海間單栖孟津水驚唳隴頭山

同前　唐楊巨源

海鶴一為別高程方杳然影搖江海路思結瀟湘天皎然仰白日真姿栖紫煙含情九霄際顧侶五雲前遐心屬清都淒響激朱弦超搖閒雲雨迢遞各山川東南信多水會合當有年雄飛戾冥寞此意何由傳

同前　唐王建

主人一去池水絕池鶴散飛不相別青天漫漫碧海重知向何山風雪中萬里雖然音影在兩心終是死生同池邊巢破松樹死樹頭年年烏生子

同前　唐張籍

雙鶴出雲谿分飛各自迷空巢在松杪折羽落江泥尋水終

不飲逢林亦未栖別離應易老萬里兩淒淒

同前　　唐杜牧

分飛共所從六翮勢摧風聲斷碧雲外影孤明月中青田歸路遠月桂舊巢空矯翼知何處天涯不可窮

走馬引　　梁張率

一曰天馬引崔豹古今注曰走馬引樗里牧恭所作也爲父報怨殺人而亡匿於山之下有天馬夜降圍其室而鳴覺聞其聲以爲追吏奔而亡去明旦視之乃天馬跡也因惕然大悟曰豈吾所處之將危乎遂荷糧而逃入于沂澤中援琴而鼓之爲天馬之聲故曰走馬引也

良馬龍爲友玉珂金作羈馳鶩一作相去宛與洛半驟復半馳倏忽而千里光景不及移九方惜未見薛公寧所知歛轡且歸

去吾畏路傍兒

同前　　　　　　唐李賀

我有辭鄉劒玉鋒堪截雲襄陽一作長安走馬客意氣自生春朝嫌劒光靜暮嫌劒花冷能持劒向人不解持照身一作解持照身影

天馬引　　　　　　陳傅縡

驄色表連錢出冀復來燕取用偏鬪地爲歌乃號天權奇意欲遠躞蹀勢難前本珍白玉鐙因飾黃金鞭願酬芻秣寵千里得千年

龍丘引　　　　　　梁簡文帝

一曰楚引琴操曰楚引者楚游子龍丘高所作也龍丘高出游三年思歸故鄉望楚而長歎故曰楚引

龍丘一迴首楚路蒼無極水照弄珠影雲吐陽臺色浦狹村

煙度洲長歸鳥息遊蕩逐春心空憐無羽翼

楚朝曲　宋吴邁遠

白雲縈藹荆山阿洞庭縱横日生波幽芳遠客悲如何繡被掩口越人歌壯年流瞻襄成和清貞空情感電過初同末異憂愁多窮巷惻愴沉汨羅延思萬里挂長河翻驚漢陰動湘娥

楚明妃曲　宋湯惠休

瓊臺彩楹桂寢雕甍金閨流耀玉牖含英香芬幽藹珠彩珍榮文羅秋翠紈綺春輕驂駕鸞鶴往來仙靈含姿綿視微笑相迎結蘭枝送目成當年爲君榮

渡易水　燕荆軻

一曰荆軻歌史記曰燕太子丹使荆軻刺秦王丹送之至於易水之上軻使高漸離擊筑

軻和而歌爲變徵之聲又前而爲此歌復爲羽聲忼慨於是就車而去樂府廣題曰後人以爲琴中曲按琴操商調有易水曲荆軻所作亦曰渡易水是也

風蕭蕭兮易水寒壯士一去兮不復還

同前　吴均

雜虜客來齊時余在角抵揚鞭渡易水直至龍城西日昏笳亂動天曙馬爭嘶不能通瀚海無面見三齊

荆軻歌　陳陽縉

函谷路不通燕將重深功長虹貫白日易水急寒風壯髮危冠下匕首地圖中琴聲不可識遺恨没秦宫

力拔山操　楚項籍

漢書曰項羽壁垓下軍少食盡漢帥諸侯兵圍

之數重夜聞漢軍四面皆楚歌驚曰漢已得楚乎何楚人多也起飲帳中有美人姓虞氏常從駿馬名騅常騎廼悲歌忼慨自爲歌詩歌數曲美人和之羽泣下數行遂上馬潰圍南出平明漢軍廼覺按琴集有力拔山操項羽所作也近世又有虞美人曲亦出於此

力拔山兮氣蓋世時不利兮騅不逝騅不逝兮可奈何虞兮虞兮奈若何

項王歌

無復拔山力誰論蓋世才欲知漢騎滿但聽楚歌哀悲看騅馬去泣望艤舟來

大風起　漢高帝

漢書曰高祖既定天下還過沛留置酒沛宮悉

召故人父老子弟佐酒發沛中兒得百二十人敎之歌酒酣帝擊筑自歌令兒皆和習之帝自起舞禮樂志曰至孝惠時以沛宮爲原廟令歌兒習吹以相和常以百二十人爲員按琴操有大風起漢高帝所作也

大風起兮雲飛揚威加海内兮歸故鄉安得猛士兮守四方

採芝操　漢四皓

琴集曰採芝操四皓所作也古今樂録曰南山四皓隱居高祖聘之四皓不甘仰天歎而作歌按漢書曰四皓皆八十餘鬚眉皓白故謂之四皓即東園公綺里季夏黄公甪里先生也崔鴻曰四皓爲秦博士遭世暗昧坑黜儒術於是退而作此歌亦謂之四皓歌二説不同未知孰是

皓天嗟嗟深谷逶迤樹木莫莫高山崔嵬巖居穴處以爲幄茵曄曄紫芝可以療飢唐虞往矣吾當安歸

四皓歌　　崔鴻

漠漠商洛深谷威夷曄曄紫芝可以療飢皇農邈遠余將安歸駟馬高蓋其憂甚大富貴而畏人不如貧賤而輕世

八公操　　漢劉安

一曰淮南操古今樂録曰淮南王好道正月上辛八公來降王作此歌謝希逸琴論曰八公操淮南王作也

煌煌上天照下土兮知我好道公來下兮公將與余生毛羽兮超騰青雲蹈梁甫兮觀見瑤光過北斗兮馳乘風雲使玉女兮含精吐氣嚼芝草兮悠悠將將天相保兮

樂府詩集卷第五十八

樂府詩集卷第五十九

太原郭　茂倩　編次

琴曲歌辭

昭君怨

漢王嬙

樂府解題曰王嬙字昭君琴操載昭君齊國王穰女端正閑麗未嘗窺門戶穰以其有異於人求之者皆不與年十七獻之元帝元帝以地遠不之幸以備後宮積五六年帝每遊後宮常怨不出後單于遣使朝貢帝宴之盡召後宮昭君盛飾而至帝問欲以一女賜單于能者往昭君乃越席請行時單于使在旁驚恨不及昭君至匈奴單于大悅以爲漢與我厚縱酒作樂遣使報漢白璧一隻騾馬十匹胡地珍寶之物昭君

恨帝始不見遇乃作怨思之歌單于死子世達立昭君謂之曰爲胡者妻母爲秦者更娶世達曰欲作胡禮昭君乃吞藥而死按漢書匈奴傳曰竟寧中呼韓邪來朝漢歸王昭君號寧胡閼氏呼韓邪死子雕陶莫皐立爲復株絫若鞮單于復妻昭君不言飲藥而死

秋木萋萋其葉萎黄有鳥處山集于苞桑養育毛羽形容生光既得升雲上遊曲房離宮絕曠身體摧藏志念抑沈不得頡頏雖得委食心有徊徨我獨伊何改往變常翩翩之鷰遠集西羌高山峩峩河水泱泱父兮母兮道里悠長嗚呼哀哉憂心惻傷

同前　　梁王叔英妻劉氏

一生竟何定萬事最難保丹青失舊儀玉匣成秋草想妾辭

關淚至今猶未燥漢使汝南還殷勤為人道

同前　陳後主

圖形漢宮裏遙聘單于庭狼山聚雲暗龍沙飛雪輕笳吟度隴咽笛轉出關鳴啼妝寒葉下愁眉塞月生只餘馬上曲猶作別時聲

同前　唐白居易

明妃風貌最娉婷合在椒房應四星只得當年備宮掖何曾專夜奉幃屏見疎從道迷圖畫知屈那教配虜庭自是君恩薄如紙不須一向恨丹青

同前二首　唐張祜

萬里邊城遠千山行路難舉頭唯見月何處是長安

漢庭無大議戎虜幾先和莫羨傾城色昭君恨最多

同前　唐梁氏瓊

自古無和親貽災到妾身胡風嘶去馬漢月弔行輪衣薄狼山雪妝成虜塞春回看父母國生死畢胡塵

明妃怨　　唐楊凌

漢國明妃去不還馬馳弦管向陰山匣中縱有菱花鏡羞到單于照舊顏

蔡氏五弄

琴歷曰琴曲有蔡氏五弄琴集曰五弄遊春淥水幽居坐愁秋思並宮調蔡邕所作也琴書曰邕性沈厚雅好琴道嘉平初入青溪訪鬼谷先生所居山有五曲一曲製一弄山之東曲常有仙人遊故作遊春南曲有澗冬夏常淥故作淥水中曲即鬼谷先生舊所居也深邃岑寂故作幽居北曲高巖猨鳥所集感物愁坐故作坐愁西曲灌

水吟秋故作秋思三年曲成出示馬融甚異之

琴議曰隋煬帝以嵇氏四弄蔡氏五弄通謂之

九弄今按近世作者多因題命辭無復本意云

遊春曲二首　唐王維

萬樹江邊杏新開一夜風滿園深淺色照在綠波中

上苑何窮樹花開次第新香車與絲騎風靜亦生塵

遊春辭二首　王維

曲江絲柳變煙條寒谷冰隨暖氣銷纔見春光生綺陌已聞

清樂動雲韶

紅過柳陌與桃蹊尋逐風光著處迷鳥度時時衝絮起花繁

袞袞壓枝低

同前三首　唐令狐楚

晚遊臨碧殿日上望春亭芳樹羅仙仗晴山展翠屏

一夜好風吹新花一萬枝風前調玉管花下簇金羈
閶闔春風起蓬萊雪水消相將折楊柳爭取最長條

渌水曲　齊江奐

塘上蒲欲齊汀州杜將歇春心既易蕩春流豈難越桂檝及
晩風菱江映初月芳香若可贈爲君步羅襪

同前　梁吴均

香暖金堤滿湛淡春塘溢已送行臺花復倒高樓日

同前二首　梁江洪

塵容不忍飾臨池客未歸誰能別渌水全取浣羅衣
潺湲復皎潔輕鮮自可悦横使有情禽照影遂孤絶

同前　唐李白

渌水明秋月南湖採白蘋荷花嬌欲語愁殺蕩舟人

渌水辭　唐李賀

今宵好風月阿侯在何處爲有傾城色一作人翻成足愁苦東湖採蓮葉南湖拔蒲根一作折蒲茸未持寄小姑且持感愁寃一作感秋風

幽居弄　唐顧況

苔衣生花露滴月入西林蕩東壁扣商占角兩三聲洞戶谿䆫一冥寂獨去滄洲無四隣身嬰世網此何身關情命曲寄惆悵久別江南山裏人

秋思二首　李白

春陽如昨日碧樹鳴黃鸝蕪然蕙草暮颯爾涼風吹天秋木葉下月冷莎雞悲坐愁羣芳歇白露凋華滋

閼氏黃葉落妾望白登臺月出一作海上碧雲斷蟬聲一作單于秋色來胡兵沙塞合漢使玉關回征客無歸日空悲蕙草摧

同前二首　唐鮑溶

胡風吹鴈翼遠別無人鄉君近鴈來處幾回斷君腸昔奉千

日書撫心 怨星霜無書又千日世路重茫茫燕國有佳麗蛾眉富春光自然君歸晚花落君空堂君其若不然歲晚雙鴛鴦顧兔蝕殘月幽光不如星女兒晚事夫顔色同秋螢秋日邊馬思武夫不遑寧燕歌易水怨劒舞蛟龍腥風折連枝樹水翻無蔕萍立身多戸門何必燕山銘生世不如鳥雙雙比翼翎

季秋天地閑一作閑萬物生意足我憂長於生安得及草木試從古人願致酒歌秉燭燕趙皆世人詎能長似玉俯憐老期近仰視日車速蕭颯御風君魂夢願相逐百年夜銷半端爲垂纓束

同前　　唐司空曙

靜與孏相偶年將衰共催前途歡不集往事恨空來晝景委紅葉月華鋪緑苔沈思更何有結坐玉琴哀

同前　　唐司空圖

身病時亦危逢秋多慟哭風波一搖蕩天地幾翻覆孤螢出荒池落葉穿破屋勢利長草草何人訪幽獨

同前二首　　王維

綱軒涼吹動輕衣夜聽更長玉漏稀月渡天河光轉溼鵲驚秋樹葉頻飛

宮連太液見蒼波暑氣微清秋意多一夜輕風蘋末起露珠翻盡滿池荷

胡笳十八拍　　後漢蔡琰

後漢書曰蔡琰字文姬邕之女也博學有才辯又妙於音律適河東衛仲道夫亡無子歸寧于家興平中天下喪亂文姬没於南匈奴在胡中十二年生二子曹操痛邕無嗣乃遣使者以金璧贖之而重嫁陳留董祀後感傷亂離追懷悲

憤作詩二章蔡琰别傳曰漢末大亂琰爲胡騎
所獲在右賢王部伍中春月登胡殿感笳之音
作詩言志曰胡笳動兮邊馬鳴孤鴈歸兮聲嚶嚶
唐劉商胡笳曲序曰蔡文姬善琴能爲離鸞别
鶴之操胡虜犯中原爲胡人所掠入番爲王后
王甚重之武帝與邕有舊敕大將軍贖以歸
漢胡人思慕文姬乃捲蘆葉爲吹笳奏哀怨
之音後董生以琴寫胡笳聲爲十八拍今之胡
笳弄是也琴集曰大胡笳十八拍小胡笳十九
拍並蔡琰作桉蔡翼琴曲有大小胡笳十八
拍沈遼集世名流家聲小胡笳又有契聲一拍
共十九拍謂之祝家聲祝氏不詳何代人李良
輔廣陵止息譜序曰契者明會合之至理殷勤

之餘也李肇國史補曰唐有董庭蘭善沈聲祝聲蓋大小胡笳云

第一拍

我生之初尚無爲我生之後漢祚衰天不仁兮降亂離地不仁兮使我逢此時干戈日尋兮道路危民卒流亡兮共哀悲煙塵蔽野兮胡虜盛志意乖兮節義虧對殊俗兮非我宜遭惡辱兮當告誰笳一會兮琴一拍心潰死兮無人知

第二拍

戎羯逼我兮爲室家將我行兮向天涯雲山萬重兮歸路遐疾風千里兮揚塵沙人多暴猛兮如蟲蛇控弦被甲兮爲驕奢兩拍張懸兮弦欲絶志摧心折兮自悲嗟

第三拍

越漢國兮入胡城亡家失身兮不如無生氈裘爲裳兮骨肉

震驚𩬊𩬊爲味兮枉遏我情鞞鼓喧兮從夜達明風浩浩兮暗塞昬營傷今感昔兮三拍成銜悲畜恨兮何時平

第四拍

無日無夜兮不思我鄉土禀氣含生兮莫過我最苦天災國亂兮人無主唯我薄命兮没戎虜俗殊心異兮身難處嗜慾不同兮誰可與語尋思涉歷兮何艱阻四拍成兮益悽楚

第五拍

鴈南征兮欲寄邊心鴈北歸兮爲得漢音鴈飛高兮邈難尋空腸斷兮思愔愔攢眉向月兮撫雅琴五拍泠泠兮意彌深

第六拍

冰霜凜凜兮身苦寒飢對肉酪兮不能飡夜聞隴水兮聲嗚咽朝見長城兮路杳漫追思往日兮行李難六拍悲來兮欲罷彈

第七拍

日暮風悲兮邊聲四起不知愁心兮說向誰是原野蕭條兮烽戍萬里俗賤老弱兮少壯爲美逐有水草兮安家葺壘牛羊滿地（一作野）兮聚如蜂蟻草盡水竭兮羊馬皆徙七拍流恨兮惡居於此

第八拍

爲天有眼兮何不見我獨漂流爲神有靈兮何事處我天南海北頭我不負天兮天何配我殊匹我不負神兮神何殛我越荒州製兹八拍兮擬排憂何知曲成兮轉悲愁

第九拍

天無涯兮地無邊我心愁兮亦復然人生倏忽兮如白駒之過隙然不得歡樂兮當我之盛年怨兮欲問天天蒼蒼兮上無緣舉頭仰望兮空雲煙九拍懷情兮誰爲傳

第十拍

城頭烽火不曾滅疆場征戰何時歇殺氣朝朝衝塞門胡風夜夜吹邊月故鄉隔兮音塵絶哭無聲兮氣將咽一生辛苦兮緣别離十拍悲深兮淚代血

第十一拍

我非貪生而惡死不能捐身兮心有以生乃既得兮歸桑梓死當埋骨兮長已矣日居月諸兮在我壘胡人寵我兮有二子鞠之育之不羞恥愍之念之兮生長邊鄙十有一拍兮因兹起哀響兮徹心髓

第十二拍

東風應律兮暖氣多漢家天子兮布陽和羌胡蹈舞兮共謳歌兩國交歡兮罷兵戈忽逢漢使兮稱近詔遣千金兮贖妾身喜得生還兮逢聖君嗟别二子兮會無因十有二拍兮哀

樂均去住兩情兮誰具陳

第十三拍

不謂殘生兮卻得旋歸撫抱胡兒兮泣下霑衣漢使迎我兮四牡騑騑胡兒號兮誰得知與我生死兮逢此時愁爲子兮日無光輝焉得羽翼兮將汝歸一步一遠兮足難移魂消影絶兮恩愛遺十有三拍兮弦急調悲肝腸攪刺兮人莫我知

第十四拍

身歸國兮兒莫知隨心懸懸兮長如飢四時萬物兮有盛衰唯有愁苦兮不暫移山高地闊兮見汝無期更深夜闌兮夢汝來斯夢中執手兮一喜一悲覺後痛吾心兮無休歇時十有四拍兮涕淚交垂河水東流兮心是思

第十五拍

十五拍兮節調促氣填胷兮誰識曲處穹廬兮偶殊俗願歸

來兮天從欲再還漢國兮歡心心有憶兮愁轉深日月無私兮曾不照臨子母分離兮意難任同天隔越兮如商參生死不相知兮何處尋

第十六拍

十六拍兮思茫茫我與兒兮各一方日東月西兮徒相望不得相隨兮空斷腸對萱草兮徒想憂忘彈鳴琴兮情何傷今別子兮歸故鄉舊怨平兮新怨長泣血仰頭兮訴蒼蒼生我兮獨罹此殃

第十七拍

十七拍兮心鼻酸關山阻脩兮行路難去時懷土兮枝枯葉乾沙場白首兮刀痕箭瘢風霜凜凜兮春夏寒人馬飢虺兮骨肉單豈知重得兮入長安歎息欲絕兮淚闌干

第十八拍

胡笳本自出胡中緑琴翻出音律同十八拍兮曲雖終響有餘兮思未窮是知絲竹微妙兮均造化之功哀樂各隨人心兮有變則通胡與漢兮異域殊風天與地隔兮子西母東苦我怨氣兮浩於長空六合離兮受之應不容

胡笳十八拍　唐劉商

第一拍

漢室將衰兮四夷不賓動干戈兮征戰頻哀哀父母生育我見離亂兮當此辰紗牕對鏡未經事將謂珠簾能蔽身一朝虜騎入中國蒼黃處處逢胡人忽將薄命委鋒鏑可惜紅顔隨虜塵

第二拍

馬上將余向絶域厭生求死死不得戎羯腥羶豈是人豺狼喜怒難姑息行盡天山足霜霰風土蕭條近胡國萬里重陰

鳥不飛寒沙莽莽無南北

第三拍

如羇囚兮在縲紲憂慮萬端無處說使余力兮翦余鬟食余肉兮飲余血誠知殺身願如此以余爲妻不如死早被蛾眉累此身空悲弱質柔如水

第四拍

山川路長誰記得何處天涯是鄉國自從驚怖少精神不覺風霜損顔色夜中歸夢來又去朦朧豈解傳消息漫漫胡天叫不聞明明漢月應相識

第五拍

水頭宿兮草頭坐風吹漢地衣裳破羊脂沐髮長不梳羔子皮裘領仍左狐襟貉袖腥復膻晝披行兮夜披卧氈帳時移無定居日月長兮不可過

第六拍

恠得春光不來久胡中風土無花柳天翻地覆誰得知如今正南看北斗姓名音信兩不通終日經年常閉口是非取與在指撝言語傳情不如手

第七拍

男兒婦人帶弓箭塞馬蕃羊卧霜霰寸步東西豈自由偷生乞死非情願龜兹觱篥愁中聽碎葉琵琶夜深怨竟夕無雲月上天故鄉應得重相見

第八拍

憶昔私家恣嬌小遠取珍禽學馴擾如今淪棄念故鄉悔不當初放林表朔風蕭蕭寒日暮星河寥落胡天曉旦夕思歸不得歸愁心想似籠中鳥

第九拍

當日蘇武單于問道是賓鴻解傳信學他刺血寫得書書上千重萬重恨騎胡少年能走馬彎弓射飛無遠近遂令邊鴈轉怕人絕域何由達方寸

第十拍

恨凌辱兮惡腥羶憎胡地兮怨胡天生得胡兒欲棄捐及生母子情宛然貌殊語異憎還愛心中不覺常相牽朝朝暮暮在眼前腹生手養寧不憐

第十一拍

日來月往相催遷迢迢星歲欲周天無冬無夏卧霜霰水凍草枯爲一年漢家甲子有正朔絕域三光空自懸幾回鴻鴈來又去腸斷蟾蜍虧復圓

第十二拍

破瓶落井空永沈故鄉望斷無歸心寧知遠使問姓名漢語

泠泠傳好音夢寬幾度到鄉國覺後翻成哀怨深如今果是
夢中事喜過悲來情不任

第十三拍

童稚牽衣雙在側將來不可留又憶還鄉惜別兩難分寧棄
胡兒歸舊國山川萬里復邊戍背面無由得消息淚痕滿面
對殘陽終日依依向南北

第十四拍

莫以胡兒可羞恥恩情亦各言其子手中十指有長短截之
痛惜皆相似還鄉豈不見親族念此飄零隔生死南風萬里
吹我心心亦隨風渡遼水

第十五拍

歎息襟懷無定分當時怨來歸又恨不知愁怨情若何似有
鋒鋩擾方寸悲懽並行情未快心意相尤自相問不緣生得

天屬親豈向仇讎結恩信

第十六拍

去時只覺天蒼蒼歸日始知胡地長重陰白日落何處秋鴈

所向應南方平沙四顧自迷惑遠近悠悠隨鴈行征途未盡

馬蹄盡不見行人邊草黄

第十七拍

行盡胡天千萬里唯見黄沙白雲起馬饑跑雪嚙草根人渴敲

冰飲流水燕山髣髴辨烽戍鼙鼓如聞漢家壘努力前程是

帝鄉生前免向胡中死

第十八拍

歸來故鄉見親族田園半蕪春草緑明燭重然煨燼灰寒泉

更洗沈泥玉𢧵持巾櫛禮儀好一弄絲桐生死足出入關山

十二年哀情盡在胡笳曲

胡笳曲　宋吳邁遠

輕命重意氣古來豈但今緩頰獻一說揚眉受千金邊風落寒草鳴笳墜飛禽越情結楚思漢耳聽胡音旣懷離俗傷復悲朝光侵日當故鄉没邊見浮雲陰

同前　宋陶弘景

負扆飛天歷與奪徒紛紜百年三五代終是甲辰君

同前二首　江洪

藏器欲逢時年來不相讓紅顔征戍兒白首邊城將

落日慘無光臨河獨飲馬飂飂夕風高聯翩飛鴈下

樂府詩集卷第五十九

樂府詩集卷第六十

太原郭　茂倩　編次

琴曲歌辭

飛龍引　隋蕭慤

河曲銜圖出江上負舟歸欲因作雨去還逐景雲飛引商吹細管下徵泛長徽待此淒清引春夜舞羅衣

同前二首　唐李白

黃帝鑄鼎於荆山鍊丹砂丹砂成黃金騎龍飛上太清家雲愁海思令人嗟宮中綵女顏如花飄然揮手凌紫霞從風縱體登鑾車登鑾車侍軒轅遨遊青天中其樂不可言

鼎湖流水清且閑軒轅去時有弓劍古人傳道流其閒後宮嬋娟多花顏乘鸞飛煙亦不還騎龍攀天造天關造天關聞天語長雲河車載玉女載玉女過紫皇紫皇乃賜白兔所擣

之藥後天而老凋三光下視瑤池見王母蛾眉蕭颯如秋霜

烏夜啼引　唐張籍

李勉琴說曰烏夜啼者何晏之女所造也初晏
繫獄有二烏止於舍上女曰烏有喜聲父必免
遂撰此操按清商西曲亦有烏夜啼宋臨川王
所作與此義同而事異

秦烏啼啞啞夜啼長安吏人家吏人得罪囚在獄傾家賣産
將自贖少婦起聽夜啼烏知是官家有赦書下牀心喜不重
寐未明上堂賀舅姑少婦語啼烏汝啼慎勿虛借汝庭樹作
高巢年年不令傷爾雛

宛轉歌二首　晉劉妙容

一曰神女宛轉歌續齊諧記曰晉有王敬伯者
會稽餘姚人少好學善鼓琴年十八仕於東宮

爲衛佐休假還鄉過吳維舟中渚登亭望月悵然有懷乃倚琴歌泣露之詩俄聞戶外有嗟賞聲見一女子雅有容色謂敬伯曰女郎悅君之琴願共撫之敬伯許焉既而女郎至姿質婉麗綽有餘態從以二少女一則向先至者女郎乃撫琴揮弦調韻哀雅類今之登歌曰古所謂楚明君也唯嵇叔夜能爲此聲自玆已來傳習數人而已復鼓琴歌遲風之詞因歎息久之乃命大婢酌酒小婢彈箜篌作宛轉歌女郎脫頭上金釵扣琴弦而和之意韻繁諧歌凡八曲敬伯唯憶二曲將去留錦卧具繡香囊并佩一雙以遺敬伯敬伯報以牙火籠玉琴軫女郎悵然不忍別且曰深閨獨處十有六年矣邂逅旅館盡

平生之志蓋冥契非人事也言竟便去敬伯船至虎牢戍吴令劉惠明者有愛女早世舟中亡卧具於敬伯船獲焉敬伯具以告果於帳中得火籠琴軫女郎名妙容字雅華大婢名春條年二十許小婢名桃枝年十五皆善彈箜篌及宛轉歌相繼俱卒唐李端又有王敬伯歌亦出於此

月既明西軒琴復清寸心斗酒爭芳夜千秋萬歲同一情歌宛轉宛轉淒以哀願爲星與漢光影共徘徊

悲且傷參差淚成一作幾行低紅掩翠方無色金徽玉軫爲誰鏘歌宛轉宛轉情復悲願爲煙與霧氛氳對容姿

同前　唐郎大家宋氏

風已清月朗琴復鳴掩抑非千態殷勤是一聲歌宛轉宛轉和且長願爲雙鴻鵠比翼共翱翔

日已暮長簷鳥應度此時望君君不來此時思君君不顧歌宛轉宛轉那能異棲宿願爲形與影出入恒相逐

同前二首　唐劉方平

星參差月二八燈五枝黃鶴瑤琴將別去芙蓉羽帳惜空垂歌宛轉宛轉恨無窮願爲波與浪俱起碧流中

曉將近黃姑織女銀河盡九華錦衾無復情千金寶鏡誰能引歌宛轉宛轉傷別離願作楊與柳同向玉窗垂

同前　陳江摠

九夕天河白露明八月濤水秋風驚樓中恒聞哀響曲塘上復有苦辛行不解何意悲秋氣直置無秋悲自生不怨前堦促織鳴偏愁便路擣衣聲別燕差池自有返離蟬寂寞詎含情雲聚懷情四望臺月冷相思九重觀欲題芍藥詩不成來采芙蓉花已散金樽送曲韓娥起玉柱調弦楚妃歎翠眉結

恨不復開寶鬢迎秋度前亂湘妃拭淚灑貞筠篋藥浣衣何處人步步香飛金薄履盈盈扇掩珊瑚脣已言採桑期陌上復能解佩就江濱競入華堂要花枕爭開羽帳奉華茵不惜獨眼前下釣欲許便作後來新後來瞑瞑同玉牀可憐顔色無比方誰能巧笑特窺井乍取新聲學繞梁宿處留嬌墮黃珥鏡前含笑弄明璫採葹摘心心不盡茱萸折葉葉更芳已聞能歌洞簫賦詎是故愛邯鄲倡

宛轉行　　張籍

華屋重翠幄綺席雕象牀遠漏微更疎薄衾中夜涼爐氳暗徘徊寒燈背斜光妍姿結宵態寢壁幽夢長宛轉復宛轉憶憶更未央

王敬伯歌　　唐李端

妾本舟中客聞君江上琴君初感妾歎妾亦感君心遂出合

歡被同爲交頸禽傳杯唯畏淺接膝猶嫌遠侍婢奏箜篌妓郎歌宛轉宛轉怨如何中庭霜漸多霜多葉可惜昨日非今夕徒結萬里歡終成一宵客王歆伯淥水青山從此隔

三峽流泉歌　唐李季蘭

琴集曰三峽流泉晉阮咸所作也

妾家本住巫山雲巫山流水常自聞玉琴彈出轉寥夐直似當時夢中聽三峽流泉幾千里一時流入深閨裏巨石奔崖指下生飛波走浪弦中起初疑噴湧含雷風又似嗚咽流不通回湍曲瀨勢將盡時復滴瀝平沙中憶昔阮公爲此曲能使仲容聽不足一彈既罷復一彈願似流泉鎮相續

風入松歌　唐僧皎然

琴集曰風入松晉嵇康所作也

西嶺松聲落日秋千枝萬葉風飅飅美人援琴弄成曲寫得

松間聲斷續聲斷續清我竟流波壞陵安足論美人夜坐月明裏含少商兮照清徵風何淒兮飄𩗗攬寒松兮又夜起夜未央曲何長金徽更促聲泱泱何人此時不得意意若弦悲閨客堂

秋風　宋吴邁遠

寒鄉無異服衣氈代文練月月望君歸年年不解線荆楊早春和幽冀猶霜霰地寒妾已知南心君不見

同前　宋湯惠休

秋風嫋嫋入曲房羅帳含月思心傷蟋蟀夜鳴斷人腸長夜思君心飛揚他人相思君相忘錦衾瑶席爲誰芳

同前三首　梁江洪

先拂連雲臺罷入迎風殿已折池中荷復驅簷裏鷰

北牖風催樹南籬寒蛩吟庭中無限月思婦夜鳴砧

孀婦悲四時況在秋閨内凄葉留晩蟬虚庭吐寒菜

秋風引　唐劉禹錫

何處秋風至蕭蕭送鴈羣朝來入庭樹孤客最先聞

明月引　唐盧照隣

洞庭波起兮鴻鴈翔風瑟瑟兮野蒼蒼浮雲卷靄明月流光荆南兮趙北碣石兮瀟湘澄清規於萬里照離思於千行横桂枝於西第繞菱花於北堂高樓思婦飛盖君王文姬絶域侍子他鄉見胡鞍之似練知漢劒之如霜試登高而極目莫不變而迴腸

明月歌　唐閻朝隱

梅花雪白柳葉黄雲霧四起月蒼蒼箭水泠泠漏刻長揮玉指拂羅裳爲君一奏楚明光

緑竹　梁吴均

嬋娟鄣綺殿繞弱拂春漪何當逢採拾爲君笙與篪

綠竹引　唐宋之問

青溪綠潭潭水側脩竹嬋娟同一色徒生仙實鳳不遊老死

空山人詎識妙年秉願逃俗紛歸卧嵩丘弄白雲含情傲慰

心目何可一日無此君

山人勸酒　李白

蒼蒼雲松落落綺皓春風爾來爲阿誰胡蝶忽然滿芳草秀

眉霜雪顏桃花骨青髓綠長美好一作秀眉雪霜桃花貌青髓綠髮長美好稱是

秦時避世人勸酒相歡不知老各守兔鹿志恥隨龍虎爭歘

起佐太子漢王一作皇乃復驚顧謂戚夫人彼翁羽翼成歸來

南一作商山下泛若雲無情舉觴酹巢由洗耳何獨一作太清浩

歌望嵩嶽意氣還一作邀相傾

幽澗泉　李白

拂彼白石彈吾素琴幽澗㴨兮流泉深善手明徽高張清心
寂歷似千古松颼飀兮萬尋中見愁猨弔影而危處兮叫秋
木而長吟客有哀時失志而聽者淚淋浪以沾襟乃緝商綴
羽㵘湲成音吾但寫聲發情於妙指殊不知此曲之古今幽
澗泉鳴深林

龍宫操　　唐顧況

顧況曰壬子癸丑二年大水時在滁遂作此操

蓋大曆中也

龍宫月明光參差精衞銜石東飛時鮫人織綃採藕絲翻江
倒漢傾吴蜀漢女江妃杳相續龍王宫中水不足

飛鳶操　　劉禹錫

鳶飛杳杳青雲裏鳶鳴蕭蕭風四起旗尾飄揚勢漸高箭頭
砉劃聲相似長空悠悠霽日懸六翮不動凝飛煙遊鶤翔鳯

出其下慶雲清景相迴旋忽聞飢烏一噪聚瞥下雲中爭腐鼠驣音礪吻相喧呼仰天大嚇疑鴛鶵畏人避犬投高處俛啄無聲猶屢顧青鳥自愛玉山禾仙禽徒貴華亭露樸樕危巢向暮時毰毸飽腹蹲枯枝遊童挾彈一麾肘臆碎羽分人不悲天生衆禽各有類威鳳文章在仁義鷹隼儀形螻蟻心雖能戾天何足貴

昇仙操　　唐李羣玉

嬴女去秦宮瓊簫生碧空鳳臺閉煙霧鸞吹飄天風復聞周太子亦遇浮丘公叢簧發仙弄輕舉紫霞中濁世不久住清都路何窮一去霄漢上世人那得逢

成連　　隋辛德原

征夫從遠役歸望絕雲端蓑笠城蹦壞桑落梅初寒雪夜然烽濕冰朝飲馬難寂寂長安信誰念客衣單

琴歌三首　　秦百里奚妻

風俗通曰百里奚爲秦相堂上樂作所賃澣婦自言知音因援琴撫弦而歌問之乃其故妻還爲夫婦也亦謂之扊扅扅字說曰門關謂之扊扅

百里奚五羊皮憶別時烹伏雌炊扊扅今日富貴忘我爲

或作𥥍移

百里奚初娶我時五羊皮臨當別時烹乳雞今適富貴忘我爲

百里奚百里奚母已死葬南谿墳以瓦覆以柴舂黃藜搤伏雞西入秦五羖皮今日富貴捐我爲

同前二首　　漢司馬相如

琴集曰司馬相如客臨邛富人卓王孫有女文君新寡竊於壁閒見之相如以琴心挑之爲琴

歌二章桉漢書相如飲卓氏弄琴文君竊從戶窺心悅而好之乃夜亡奔相如相如與馳歸成都後俱如臨卭是也

鳳兮鳳兮歸故鄉遨遊四海求其凰時未遇兮無所將何悟今夕升斯堂有豔淑女在閨房室邇人遐毒我腸何緣交頸爲鴛鴦胡頡頏兮共翶翔

鳳兮鳳兮從我栖得託孳尾永爲妃交情通體心和諧中夜相從知者誰雙翼俱起翻高飛無感我思使余悲

司馬相如琴歌　唐張祜

鳳兮鳳兮非無凰山重水闊不可量梧桐結陰在朝陽濯雨弱水鳴髙翔

琴歌　漢霍去病

古今樂録曰霍將軍去病益封萬五千戶秩祿

與大將軍等於是志得意歡而作歌棜琴操有

霍將軍渡河操去病所作也

四夷既護諸夏康兮國家安寧樂未央兮載戢干戈弓矢藏兮麒麟來臻鳳皇翔兮與天相保永無疆兮親親百年各延長兮

霍將軍　唐崔顥

長安甲第高入雲誰家居住霍將軍日晚朝回擁賔從路傍揖拜何紛紛莫言炙手手可熱須臾火盡灰亦滅莫言貧賤即可欺人生富貴自有時一朝天子賜顔色世上悠悠應自知

琴歌　魏阮瑀

魏書曰太祖雅聞阮瑀辟之不應乃逃入山中焚山得瑀太祖大延賔客怒瑀不與語使就技人列瑀善解音能鼓琴撫弦而歌爲曲既捷音

聲殊妙

弈弈天門開大魏應期運青蓋巡九州在東西人怨士爲知

已死女爲悅者玩恩義苟濟暢他人豈能亂

同前二首　　晉趙整

晉書曰苻堅末年怠於爲政趙整援琴作歌二

章以諷

昔聞盟津河千里作一曲此水本自清是誰亂使濁

北園有棗樹布葉垂重陰外雖多棘刺内實有赤心

同前　　趙整

晉書載記曰苻堅分氐戶於諸鎮趙整因侍援

琴而歌堅笑而不納及敗於姚萇果如整言

阿得脂阿得脂博勞舊父是仇綏尾長翼短不能飛遠徙種

人留鮮卑一旦緩急語阿誰

琴歌　　顧況

琴調秋些々胡風遶雪峽泉聲咽佳人愁些々

樂府詩集卷第六十

樂府詩集卷第六十一

太原郭　茂倩　編次

雜曲歌辭

宋書樂志曰古者天子聽政使公卿大夫獻詩耆艾修之而後王斟酌焉然後被於聲於是有採詩之官周室下衰官失其職漢魏之世歌詠雜興而詩之流乃有八名曰行曰引曰歌曰謡曰吟曰詠曰怨曰歎皆詩人六義之餘也至其協聲律播金石而揔謂之曲若夫均奏之高下音節之緩急文辭之多少則繫乎作者才思之淺深與其風俗之薄厚當是時如司馬相如曹植之徒所爲文章深厚爾雅猶有古之遺風焉自晉遷江左下逮隋唐德澤寖微風化不競去聖

逾遠繁音日滋豔曲興於南朝胡音生於北俗
哀淫靡曼之辭迭作並起流而忘反以至陵夷
原其所由蓋不能制雅樂以相變大抵多溺於
鄭衛由是新聲熾而雅音廢矣昔晉平公說新
聲而師曠知公室之將卑李延年善爲新聲變
曲而聞者莫不感動其後元帝自度曲被聲歌
而漢業遂衰曹妙達等改易新聲而隋文不能
救嗚呼新聲之感人如此是以爲世所貴雖沿
情之作或出一時而聲辭淺迫少復近古故蕭
齊之將亡也有伴侶高齊之將亡也有無愁陳
之將亡也有玉樹後庭花隋之將亡也有泛龍
舟所謂煩手淫聲爭新怨衰此又新聲之弊也
雜曲者歷代有之或心志之所存或情思之所

感或宴游懽樂之所發或憂愁憤怨之所興
或叙離别悲傷之懷或言征戰行役之苦或
緣於佛老或出自夷虜兼收備載故揔謂之
雜曲自秦漢巳來數千百歲文人才士作者
非一干戈之後喪亂之餘亡失既多聲辭不
具故有名存義亡不見所起而有古辭可考
者則若傷歌行生别離長相思棗下何纂纂
之類是也復有不見古辭而後人繼有擬述
可以槩見其義者則若出自薊北門結客少
年場秦王卷衣半渡溪空城雀齊謳吳趨會
吟悲哉之類是也又如漢阮瑀之駕出北郭
門曹植之惟漢苦思欲遊南山事君車巳駕
桂之樹等行磐石驅車浮萍種葛吁嗟鰕䱇

等篇傳玄之雲中白子高前有一樽酒鴻鴈生塞北行昔君飛塵車遥遥篇陸機之置酒謝惠連之晨風鮑照之鴻鴈如此之類其名甚多或因意命題或學古叙事其辭具在故不復備論

蛺蝶行　　古辭

蛺蝶之遨遊東園奈何卒逢三月養子燕接我苜蓿間持之我入紫深宫中行纏之傳欂櫨間雀來燕燕子見銜哺來摇頭鼓翼何軒奴軒

同前　　梁李鏡遠

青春已布澤微蟲應節歡朝出南園裏暮依華葉端菱舟追或易風池渡更難羣飛終不遠還向玉階蘭

桂之樹行　　魏曹植

桂之樹桂之樹桂生一何麗佳揚朱華而翠葉流芳布天涯
上有栖鸞下有盤螭桂之樹得道之眞人咸來會講仙教爾
服食日精要道甚省不煩澹泊無爲自然乘蹻萬里之外去
留隨意所欲存高高上際於衆外下下乃窮極地天

秦女休行　魏左延年

左延年辭大略言女休爲燕王婦爲宗報讎殺
人都市雖被囚繫終以赦宥得寬刑戮也晉傅
玄云龐氏有烈婦亦言殺人報怨以烈義稱與
古辭義同而事異

始出上西門遥望秦氏廬秦氏有好女自名爲女休休年十
四五爲宗行報讎左執白楊刃右據宛魯矛讎家便東南僵
秦女休女休西上山上山四五里關吏呵問女休女休前置
辭平生爲燕王婦於今爲詔獄囚平生衣參差當今無領襦

明知殺人當死兄言快快弟言無道憂女休堅辭爲宗報讎
死不疑殺人都市中徼我都巷西丞卿羅東向坐女休悽悽
曳梏前兩徒夾我持刀刀五尺餘刀未下朣朧擊鼓赦書下

同前　　晉傅玄

龐氏有烈婦義聲馳雍涼父母家有重怨仇人暴且彊雖有
男兄弟志弱不能當烈女念此痛丹心爲寸傷外若無意者
內潛思無方白日入都市怨家如平常匿劒藏白刃一奮尋
身僵身首爲之異處伏尸列肆旁肉與土合成泥灑血濺飛
梁猛氣上干雲霓仇黨失守爲披攘一市稱烈義觀者收淚
並慷忼百男何當益不如一女良烈女直造縣門云父不幸
遭禍殃今仇身以分裂雖死情益揚殺人當伏法義不苟活隳
舊章縣令解印綬令我傷心不忍聽刑部垂頭塞耳令我吏
舉不能成烈著希代之績義立無窮之名夫家同受其祚子

子孫孫咸亨其榮令我𢇁歌吟詠高風激揚壯發悲且清

同前　　唐李白

西門秦氏女秀色如瓊花手揮白楊刀清晝殺讎家羅袖灑赤血英聲凌紫霞直上西山去關吏相邀遮壻爲燕國王身被詔獄加犯刑若履虎不畏落爪牙素頸未及斷摧眉伏泥沙金雞忽放赦大辟得寬賒何慙聶政姊萬古共驚嗟

當牆欲高行　　曹植

龍欲升天須浮雲人之仕進待中人衆口可以鑠金讒言三至慈母不親憒憒俗間不辨僞眞願欲披心自說陳君門以九重道遠河無津

當欲遊南山行　　曹植

東海廣且深由卑下百川五岳雖高大不逆垢與塵良木不十圍洪條無所因長者能博愛天下寄其身大匠無棄材船

車用不均錐刀各異能何所獨卻前嘉善而矜愚大聖亦同
然仁者各壽考四坐咸萬年

當事君行　　曹植

人生有所貴尚出門各異情朱紫更相奪色雅鄭異音聲好
惡隨所愛增追舉逐虛名百心可事一君巧詐寧拙誠

當車已駕行　　曹植

坐玉殿會諸貴客侍者打觴主人離席顧視東西箱絲竹與
鞞鐸不醉無歸來明燈以繼夕

驅車上東門行　　古辭

驅車上東門遥望郭北墓白楊何蕭蕭松栢夾廣路下有陳
死人杳杳即長暮潛寐黃泉下千載永不寤浩浩陰陽移年
命如朝露人生忽如寄壽無金石固萬歲更相送賢聖莫能
度服食求神仙多爲藥所誤不如飲美酒被服紈與素

駕言出北闕行　　晋陸機

駕言出北闕，躑躅遵山陵。長松何鬱鬱，丘墓互相承。念昔殂沒子，悠悠不可勝。安寢重冥廬，天壤莫能興。人生何期促，忽如朝露凝。辛苦百年間，戚戚如履冰。仁智亦何補，遷化有明徵。求仙鮮克仙，太虛安可凌。良會罄美服，對酒宴同聲。

駕出北郭門行　　後漢阮瑀

駕出北郭門，馬樊不肯馳。下車步踟躕，仰折枯楊枝。顧聞丘林中，嗷嗷有悲啼。借問啼者出，何爲乃如斯。親母舍我歿，後母憎孤兒。飢寒無衣食，舉動鞭捶施。骨消肌肉盡，體若枯樹皮。藏我空室中，父還不能知。上冢察故處，存亡永别離。親母何可見，淚下聲正嘶。棄我於此間，窮厄豈有貲。傳告後代人，以此爲明規。

出門行二首　　唐孟郊

長河悠悠去無極百齡同此可歎息秋風白露沾人衣壯心凋落奪顏色少年出門將訴誰川無梁兮路無歧一聞陌上苦寒奏使我佇立驚且悲君今得意厭粱肉豈復念我貧賤時

海風蕭蕭天雨霜窮愁獨坐夜何長驅車舊憶太行險始知遊子悲故鄉美人相思隔天闕長望雲端不可越手持琅玕欲有贈愛而不見心斷絕南山峩峩白石爛碧海之波浩漫漫參辰出沒不相待我欲橫天無羽翰

出門行　　唐元稹

兄弟同出門同行不同志悽悽分岐路各各營所為兄上荊山巔𪋻石辨虹氣弟沈滄海底偷珠待龍睡出門不數年同歸亦同遂俱用私所珍升沈自茲異獻珠龍王宫值龍覓珠次但喜復得珠不求珠所自酬客雙龍女授客六龍轡遣充

行雨神雨澤隨客意雩夏鍾鼓繁縈秩王帛積彩色畫廊廟奴僮被珠翠驥騄千萬雙鴛鴦七十二言者禾稼枯無人敢輕議其兄因獻璞再刖不履地門戶親戚踈庄牀妻妾棄銘心有所待視足無所媿持璞自枕頭淚痕雙血漬一朝龍醒寤本問偷珠事因知行雨偏妻子五刑備仁兄捧屍哭勢友掉頭諱喪車黔首葬弔客青蠅至楚有望氣人王前忽長跪賀王得貴寶不遠王所蒞求之果如言剖則浮筠膩白珩無顏色垂棘有瑕累在楚列地封入趙連城貴秦遣李斯書書為傳國瑞秦亡漢魏傳傳者得神器卞和名永永與寶不相墜勸爾出門行行難莫行易易得還易失難同亦難離善賈識貪廉良田無稙稺磨劍莫磨錐磨錐成小利

出自薊北門行　　宋鮑照

魏曹植豔歌行日出自薊北門遥望胡地桑枝

枝自相値葉葉自相當樂府解題曰出自薊北
門行其致與從軍行同而兼言燕薊風物及突
騎勇悍之狀若鮑照云羽檄起邊亭備叙征戰
苦辛之意通典曰燕本秦上谷郡薊即漁陽郡
皆在遼西漢書曰薊故燕國也

羽檄起邊亭烽火入咸陽徵師屯廣武分兵救朔方嚴秋筋
竿勁虜陣精且彊天子按劒怒使者遥相望鴈行緣石徑魚
貫度飛梁簫鼓流漢思旌甲被胡霜疾風衝塞起沙礫自飄
揚馬毛縮如蝟角弓不可張時危見臣節世亂識忠良投軀
報明主身死爲國殤

同前　陳徐陵

薊北聊長望黃昏心獨愁燕山對古剎代郡隱城樓屢戰橋
恒斷長冰塹不流天雲如蚫陣漢月帶胡愁漬土泥函谷挼

繩縛涼州平生燕頷相會自得封侯

同前　周庾信

薊門還北望役役盡傷情關山連漢月隴水向秦城笳寒蘆葉脆弓凍紵弦鳴梅林能止渴複姓可防兵將軍連轉戰都護夜巡營燕山猶有石須勒幾人名

同前　李白

虜陣橫北荒胡星曜精芒羽書速驚電烽火晝連光虎竹救邊急戎車森已行明主不安席按劒心飛揚推轂出猛將連旗登戰場兵威衝絕漢殺氣凌穹蒼列卒一作陣赤山下開營紫塞傍途冬沙風緊旌旗颯凋傷畫角悲海月征衣卷天霜揮刃斬樓蘭彎弓射賢王單于一平蕩種落自奔亡收功報天子行歌一作歌舞歸咸陽

薊門行五首　唐高適

邊城十一月雨雪亂霏霏元戎號令嚴人馬亦輕肥羌胡無盡日征戰幾時歸

幽州多騎射結髮重橫行一朝事將軍出入有聲名紛紛獵秋草相向角弓鳴

薊門逢古老獨立思氛氳一身旣零丁頭鬢白紛紛勲庸今已矣不識霍將軍

茫茫長城外日没更煙塵胡騎雖憑陵漢兵不顧身古樹滿空塞黃雲愁殺人

漢家能用武開拓窮異域戍卒猒糠覈降胡飽衣食開亭試一望吾欲涕霑臆

同前　　唐李希仲

旄頭有精芒胡騎獵秋草羽檄南渡河邊庭用兵早漢家愛征戰宿將今已老辛苦羽林兒從戎榆關道一身救邊速烽

火連薊門前軍鳥飛斷格鬬塵沙昏寒日鼓聲急單于夜火
奔當須徇忠義身死報國恩

君子有所思行　　陸機

樂府解題曰君子有所思行晉陸機云命駕登
北山宋鮑照云西上登雀臺梁沈約云晨策終
南首其旨言彫室麗色不足爲久權宴安酖毒
滿盈所宜敬忌與君子行異也

命駕登北山延佇望城郭廛里一何盛街巷紛漠漠甲第崇
高闥洞房結阿閣曲池何湛湛清川帶華薄邃宇列綺窻蘭
室接羅幕淑皃色斯升哀音承顏作人生盛行邁（一作人生誠行過）
容華隨年落善哉膏粱士營生奥且博宴安消靈根酖毒一不
可恪無以肉食資取笑藜（一作葵）與藿

同前　　宋謝靈運

揔駕越鍾陵還顧望京畿躑躅周名都遊目倦一作卷忘歸市
鄽無阸一作夾室世族有高闈密親麗華苑軒甍飾通逵孰是
金張樂諒由燕趙詩長夜恣酣飲窮年弄音徽盛往速露墜
衰來疾風飛餘生不歡娛何以竟暮歸寂寞曲肱子瓢飲瘵
朝飢所秉自天性貧富豈相識

同前　鮑照

西上登雀臺東下望雲闕層闕肅天居馳道直如髮繡甍結
飛霞璇題納明一作行月築山擬蓬壺穿池類溟渤選色徧齊
代徵聲匝邛越陳鍾陪夕宴笙歌待明發年貌不可留身意
會盈歇蟻壞漏山河絲淚毀金骨器惡含滿欹物忌厚生沒
智哉衆多士服理辨昭晰

同前　梁沈約

晨策終南首顧望咸陽川威里遡曾闕甲館負崇軒複塗希

紫閣重臺擬望仙巴渝幽蘭奏鄭女陽春弦共矜紅顏日俱
忘白髮年寂寥茂陵宅照曜未央蟬無以五鼎盛顧嗤三經玄

同前　　　　　　　　　　　　　　　　　李白

紫閣連終南青冥天倪色憑崖望咸陽宫闕羅北極萬井驚
畫出九衢如弦直渭水清銀河橫天流不息朝野盛文物衣
冠何佽絕厩馬散連山軍容威絕域伊皐運元化衛霍輸筋
力歌鍾樂未休榮去老還逼圓光過滿缺太陽移中昃不散
東海金何爭西輝匿無作牛山悲惻愴淚沾臆

同前二首　　　　　　　　　　　　　唐僧貫休

我愛正考甫思賢作商頌我愛揚子雲理亂皆如鳳振衣中
夜起露花香旖旎撲碎驪龍明月珠敲出鳳凰五色髓陋巷
蕭蕭風淅淅緬想斯人勝珪璧寂寥千載不相逢無限區區
盡虛擲君不見沈約道佳人不在茲春光爲誰惜

安得龍猛筆點石爲黃金散問向一作酷吏家使無貪殘心甘
棠密葉成翠幄頴鳳不來天地塞所以傾城人如今不可得

樂府詩集卷第六十一

樂府詩集卷第六十二

太原郭　茂倩　編次

雜曲歌辭

傷歌行　古辭

傷歌行側調曲也古辭傷日月代謝年命遒盡絶離知友傷而作歌也

昭昭素明月輝光燭我牀憂人不能寐耿耿夜何長微風吹閨闥羅帷自飄揚攬衣曳長帶屣履下高堂東西安所之徘徊以彷徨春鳥翻一作向南飛翩翩獨翺翔悲聲命儔匹哀鳴傷我腸感物懷所思泣涕忽霑裳佇立吐高吟舒憤訴穹蒼

同前　唐張籍

黄門詔下促收捕京兆君一作尹繫御史府出門無復部曲隨親戚相逢不容語辭成謫尉南海州受命不得須臾留身著

青衫騎惡馬東門之東無送者郵夫防吏急喧驅往往驚墮馬蹄下長安里中荒大宅朱門已除十二戟高堂舞榭鎖管絃美人遥望西南天

同前　　唐孟郊

衆毒蔓貞松一枝難久榮豈知黄庭客仙骨生不成春色捨芳蕙秋風遶枯莖彈琴不成曲始覺知音傾餘月改舊照弔賓寫餘情還舟空江上波浪送銘旌

同前　　唐莊南傑

兎走烏飛不相見人事依俙速如電王母夭桃一度開玉樓紅粉千回變車馳馬走咸陽道石家舊宅空荒草秋雨無情不惜花芙蓉一一驚香倒勸君莫謾栽荆棘秦皇虚費一作負驅山力英風一去更無言白骨沈埋暮山碧

悲歌　　古辭

悲歌可以當泣遠望可以當歸思念故鄉鬱鬱纍纍欲歸家無人欲渡河無船心思不能言腸中車輪轉

同前　　唐李白

悲來乎悲來乎主人有酒且莫斟聽我一曲悲來吟悲來不吟還不笑天下無人知我心君有數斗酒我有三尺琴琴鳴酒樂兩相得一杯不啻千鈞金悲來乎悲來乎天雖長地雖久金玉滿堂應不守富貴百年能幾何死生一度人皆有孤猿坐啼墳上月且須一盡杯中酒悲來乎悲來乎鳳鳥不至河無圖微子去之箕子奴漢帝不憶李將軍楚王放却屈大夫悲來乎悲來乎秦家李斯早追悔虛名撥向身之外范子何曾愛五湖功成名遂身自退劒是一夫用書能知姓名惠施不肯千萬乘卜式未必窮一經還須黑頭取方伯莫謾白首爲儒生

悲哉行　晉陸機

歌録曰悲哉行魏明帝造樂府解題曰陸機云遊客芳春林謝惠連云羇人感淑節皆言客遊感物憂思而作也

遊客芳春林春芳傷客心和風飛清響鮮雲垂薄陰蕙草饒淑氣時鳥多好音翩翩鳴鳩羽喈喈倉庚音吟一作幽蘭盈通谷長莠被高岑女蘿亦有託蔓葛亦有尋傷哉客遊士憂思一何深目感隨氣草耳悲詠時禽寤寐多遠念緬然若飛沉願託歸風響寄言遺所欽

同前　宋謝靈運

萋萋春草生王孫遊有情差池鷰始飛夭裊柳一作桃始榮灼灼桃悅色飛飛鸎弄聲檐上雲結陰澗下風吹清幽樹雖改觀終始在初生松蔦歡蔓延樛葛欣虆縈眇然遊宦子晤言

時未并鼻感改朔氣眼（一作心）傷變節榮侘傺豈徒然澶（一作緬）
漫絶音形風來不可託鳥去豈爲聽

同前　宋謝惠連

覊人感淑節緣感欲回泬我行詎幾時華實驟舒結覩實情有
悲瞻華意無悅覽物懷同志如何復乖別翩翩翔禽羅關闕
鳴鳥列翔禽常疇偶所歎獨乖絶

同前　梁沈約

旅遊媚年春年春媚遊人徐光旦垂彩和露曉凝津時嚶起
稚葉蕙氣動初蘋一朝阻舊國萬里隔良辰

同前　唐孟雲卿

孤兒去慈親遠客喪主人莫吟苦辛曲誰忍聞可聞可聞不
可說去去無期別行人念前程不待參辰沒朝亦常苦飢暮
亦常苦飢飄飄萬餘里貧賤多是非少年莫遠遊（一作遠遊）遠遊多不歸

同前　　唐白居易

悲哉爲儒者力學不能疲讀書眼欲暗秉筆手生胝十上方一第成名常苦遲縱有宦達者兩鬢已成絲可憐少壯日適在窮賤時丈夫老且病焉用富貴爲沈沈朱門宅中有乳臭兒狀皃如婦人光明膏粱肌手不把書卷身不擐戎衣二十襲封爵門承勳戚資春來日日出服御何輕肥朝從博徒飲暮有倡樓期評封還酒債堆金選蛾眉聲色狗馬外其餘一無知山苗與澗松地勢隨高卑古來無奈何非君獨傷悲

同前　　唐鮑溶

促促晨復昏死生同一源貴年不懼老賤老傷久存朗卽哭前歌絳旌引幽寬來爲千金子去卧百草根黄土塞生路悲風送回轅金鞍舊良馬四顧不出門生結千歲念榮及百代孫黄金買性命白刃讎一言寧知北山上松柏侵田園

妾薄命二首　魏曹植

樂府解題曰妾薄命曹植云日月既逝西藏蓋恨燕私之歡不久梁簡文帝云名都多麗質傷良人不返王嬙遠聘盧姬嫁遲也

攜玉手喜同車比上雲閣飛除釣臺蹇産清虛池塘靈沼可娛仰汎龍舟緑波俯擢神草枝柯想彼宓妃洛河退詠漢女湘娥

日月既逝 一作日既逝矣 西藏更會蘭室洞房華燈步障 一作先置 舒光皎若日出扶桑促樽 一作酒 合坐 一作座 行觴主人起舞盜盤能者穴觸別端騰觚飛爵闌干同量等色齊顏任意交屬所歡朱顏發外形蘭袖隨禮容極情妙 一作屢 舞仙仙 一作僊僊 體輕裳解 一作解裳 履遺絕纓俛仰笑諠無呈覽持佳人玉顏齊舉金爵翠盤 一作槃 手形羅袖良難腕弱不勝珠環坐者歎息舒顏御

巾裹粉君傍中有霍納都梁鷄舌五味雜香進者何人齊姜
恩重愛深難忘召延親好宴私但歌杯來何遲客賦旣醉言
歸主人稱露未晞

同前　　梁簡文帝

名都多麗質本自恃容姿蕩子行未至秋胡無定期玉皃歌
紅臉長嚬串翠眉奩鏡迷朝色縫鍼脆故絲本異搖舟咎何
關竊席疑生離誰拊背溘死詎來遲王嬙皃本絕踉蹌入氈
帷盧姬嫁日晚非復少年一作年少時轉山猶可遂烏白望難期
妾心徒自苦傍人會見嗤

同前　　梁劉孝威

去年從越障今歲歿胡庭嚴霜封碣石驚沙暗井陘玉篆久
落鐀羅衣長挂屛浴蠶思漆水挑桑憶鄭垧寄書朝鮮吏留
釧武安亭的言戎夏隔但念心契冥不見豐城劍千祀復同形

同前　梁劉孝勝

憑姜朝汲遠徐吾夜火窮舊井長逢羃隣燈欲未通五逐無來娉三娶盡凶終離災陽禄觀就廢昭臺宮乗屯迹雖淑應戚理恒同復傳蘇國　故愛在房櫳愁眉歇巧黛啼妝落艷紅織書凌竇錦敏誦軼繁弓離劒行當合春牀勿怨空

同前　唐崔國輔

雖入秦帝宮不上秦帝牀夜夜玉牕裏與他卷羅裳

同前　唐武平一

有女妖且麗徘徊湘水湄水湄蘭杜芳採之將寄誰瓠犀發皓齒雙蛾嚬翠眉紅臉如開蓮素膚若凝脂綽約多逸態輕盈不自持常矜絶代色復恃傾城姿子夫前入侍飛鷰復當時正悅掌中舞寧哀團扇詩洛川昔云遇高唐今尚違幽閤禽雀噪閑階草露滋流景一何速年華不可追解珮安所贈

怨咽空自悲

同前　　唐李百藥

團扇秋風起長門夜月明羞聞拊背入悵說舞腰輕太常應已醉劉君恒帶醒橫陳每虛設吉夢竟何成

同前　　唐杜審言

草綠長門閉苔青永巷幽寵移新愛奪泣下故情留啼鳥驚殘夢飛花攪獨愁自憐春色罷團扇復迎秋

同前　　唐劉元淑

自從離別守空閨遥聞征戰起雲梯夜夜愁君遼海外年年棄妾渭橋西陽春白日照空暖紫鷰啣花向庭滿綵鸞琴裏怨聲多飛鵲鏡前妝梳斷誰家夫壻不從征應是漁陽别有情莫道紅顔燕地少家家還似洛陽城且逐新人殊未歸還令秋至夜霜飛北斗星前橫度鴈南樓月下擣寒衣夜深聞

鴈腸欲絶獨坐縫衣燈又滅暗啼羅帳空自憐夢度陽關向
誰說每憐容皃宛如神如何薄命不勝人願君朝夕燕山至
好作明年楊柳春

同前　李白

漢帝重一作寵阿嬌貯之黃金屋咳唾落九天隨風生珠玉寵
極愛還歇妬深情却踈長門一步地不肯暫回車雨落不上
天水覆難再收一作重難收君情與妾意各自東西流昔日芙蓉
花今成斷根草以色事他人能得幾時好

同前　孟郊

不惜十指弦爲君千萬彈常恐新聲至一作發坐使一作使我故聲
殘一作曲棄置今日悲即是昨日歡將新變故易持故爲新難
青山有蘼蕪淚葉長不乾空令後代人採擷幽思攅一作思幽竭

同前　張籍

薄命婦良家子無事從軍去萬里漢家天子平四夷護羌都
尉裹屍歸念君此行爲死別對君裁縫泉下衣與君一日爲
夫婦千年萬歲亦相守君愛龍城征戰功妾願青樓歡樂同
人生各各有所欲詎得将心入君腹

同前三首　唐李端

憶妾初嫁君花鬟如緑雲回燈入綺帳對一作轉面脫羅裙折
步教人學偷香與客熏容顔南國重名字北方聞一從失恩
意轉覺身憔悴對鏡不梳頭倚窻空落淚新人莫恃新秋至
會無春從來閉在長門者必是宮中第一人

玉壘城邊爭走馬銅蹄市裏共乘舟鳴環動珮思無盡掩袖
低巾淚不流疇昔将歌邀客醉如今欲舞對君羞忍懷賤妾
平生曲獨上襄陽舊酒樓

自從君棄妾憔悴不著人唯餘壞粉淚未免映衫勻

同前　唐盧綸

妾年初二八兩度嫁狂夫薄命今猶在堅貞掃地無

同前　唐盧弼

君恩已斷盡成空追想嬌歡恨莫窮長爲蕣華光曉日誰知團扇送秋風黃金買賦心徒切清路飛塵信莫通閑凭玉欄思舊事幾回春暮泣殘紅

同前　唐胡曾

阿嬌初失漢皇恩舊賜羅衣亦罷薰欹枕夜悲金屋雨卷簾朝泣玉樓雲宮前葉落鴛鴦瓦架上塵生翡翠裙龍騎不巡時漸久長門長掩綠苔文

同前　唐王貞

薄命頭欲白頻年嫁不成秦娥未十五昨夜事公卿豈有機杼力空傳歌舞名妾專修婦德媒氏却相輕

樂府詩集卷第六十二

樂府詩集卷第六十三

太原郭　茂倩　編次

雜曲歌辭

羽林郎　後漢辛延年

漢書曰武帝太初元年初置建章營騎後更名羽林騎屬光禄勳又取從軍死事之子孫養羽林官教以五兵號羽林孤兒顔師古曰羽林宿衛之官言其如羽之疾如林之多一說羽所以為主者羽翼也後漢書百官志曰羽林郎掌宿衛侍從常選漢陽隴西安定北地上郡西河六郡良家補之地里志曰漢興六郡良家子選給羽林是也又有胡姬年十五亦出於此

昔有霍家姝姓馮名子都依倚將軍勢調笑酒家胡胡姬年

十五春日獨當壚長裾連理帶廣袖合歡襦頭上藍田玉耳後大秦珠兩鬟何窕窕一世良所無一鬟五百萬兩鬟千萬餘不意金吾子娉婷過我廬銀鞍何煜爚翠蓋空踟躕就我求清酒絲繩提玉壺就我求珍肴金盤鱠鯉魚貽我青銅鏡結我紅羅裾不惜紅羅裂何論輕賤軀男兒愛後婦女子重前夫人生有新故貴賤不相踰多謝金吾子私愛徒區區

羽林行　唐王建

長安惡少出名字樓下劫商樓上醉天明下直明光宮散入五陵松柏中百回殺人身合死赦書尚有收城功九衢一日消息定鄉吏籍中重改姓出來依舊屬羽林立在殿前射飛禽

同前　唐孟郊

朔雪寒斷指朔風勁裂冰胡中射鵰者此日猶不能翩翩羽林兒錦臂飛蒼鷹揮鞭決白馬走出黃河凌

同前　　唐鮑溶

朝出羽林宫入參雲臺議獨請萬里行不奏和親事君王重年少深納開邊利寶馬雕玉鞍一朝從萬騎煌煌都門外祖帳光七貴歌鐘樂行軍雲物慘別地簫笳整部曲幢蓋動郊次臨風親戚懷滿袖兒女淚行行復何贈長劒報恩字

胡姬年十五　　晉劉琨

虹梁照曉日淥水泛香蓮如何十五少含笑酒壚前花將面自許人共影相憐回頭堪百萬價重爲時年

當壚曲　　梁簡文帝

漢書曰司馬相如與卓文君俱之臨邛盡賣車騎買酒舍乃令文君當盧相如身自著犢鼻褌與庸保雜作滌器於市中郭璞曰盧酒盧也顔師古曰賣酒之處累土爲盧以居酒甕四邊隆

起其一面高形如鍜盧故名盧當壚曲蓋取此也

十五正團團流光滿上蘭當壚設夜酒宿客解金鞍迎來挾琴易送別唱歌難欲知心恨急翻令衣帶寛

同前　　梁范靜妻沈氏

逶迤飛塵唱宛轉遶梁聲調弦可以進蛾眉畫未成

齊瑟行

歌録曰名都美女白馬並齊瑟行也曹植名都篇曰名都多妖女美女篇曰美女妖且閑白馬篇曰白馬飾金羈皆以首句名篇猶豔歌羅敷行有日出東南隅篇豫章行有鴛鴦篇是也

名都篇　　魏曹植

名都者邯鄲臨淄之類也以刺時人騎射之妙游騁之樂而無憂國之心也

名都多妖女，京洛出少年。寶劒直千金，被服光(一作麗)且鮮。鬭雞東郊(一作長安)道，走馬長楸間。馳驅未能半，雙兔過我前。攬弓捷鳴鏑，長驅上南山(一作驅上彼南山)。左挽因右發，一縱兩禽連。餘巧(一作功)未及展，仰手接飛鳶。觀者咸稱善，衆工歸我妍。歸來宴平樂，美酒斗十千。膾鯉臇胎鰕，炮鼈炙熊蹯。鳴儔嘯匹旅，列坐竟長筵。連翩擊鞠壤，巧捷惟萬端。白日西南馳，光景不可攀。雲散還城邑，清晨復來還。

美女篇

曹植

美女者以喻君子言君子有美行願得明君而事之若不遇時雖見徵求終不屈也

美女妖且閑，采桑歧路間。柔條紛冉冉，葉落何翩翩。攘袖見素手，皓腕約金環。頭上(一作三)金爵釵，腰佩翠琅玕。明珠交玉體，珊瑚間木難。羅衣何飄飄，輕裾隨風還。顧眄遺光采，長嘯氣若蘭行徒用息駕休者以忘餐借問女何居乃在城南端青樓臨大路高門結重關容華耀朝日誰不希令顏媒氏何所營玉帛不時安佳人慕高義求賢良獨難衆人徒嗷嗷安知彼所觀盛年處房室中夜起長歎

同前　晉傅玄

美人一何麗顏若芙蓉花一顧亂人國再顧亂人家未亂猶可奈何

詞前　梁簡文帝

佳麗盡關情風流最有名約黃能効月裁金巧作星粉光勝玉靚衫薄擬蟬輕密態隨流臉嬌歌逐軟聲朱顏半已醉微笑隱香屏

同前　梁蕭子顯

章丹斐轗舞巴姬請罷弦佳人淇洧出豔趙復傾燕繁穠既

爲李照水亦成蓮朝酤成都酒暝數河間錢餘光幸未借蘭膏空自煎

同前二首　　北齊魏收

楚襄遊夢去陳思朝洛歸參差結旌旆掩靄頓驂騑變化看臺曲駭散屬川沂仍令賦神女俄聞要虙妃照梁何足豔昇霞反奮飛可言不可見言是復言非

我帝更朝衣擅寵無論賤入愛不嫌微智瓊非俗物羅敷本自稀居然陋西子定可比南威新吳何爲誤舊鄭果難依甘言誠易汚得失定因機無憎藥英妬心賞易侵違

同前　　隋盧思道

京洛多妖豔餘香愛物華恒臨鄧渠水共採鄴園花時摇五明扇聊駐七香車情疎看笑淺嬌深眄欲斜微津染長黛新溜濕輕紗莫言人未解隨君獨問家

白馬篇　　曹植

白馬者見乗白馬而爲此曲言人當立功立事盡力爲國不可念私也樂府解題曰鮑照云白馬騂角弓沈約云白馬紫金鞍皆言邊塞征戰之事

白馬飾金羈連翩西北馳借問誰家子幽并遊俠兒少小去鄉邑揚聲一作名沙漠垂宿昔秉良弓楛矢何參差控弦破左的右發摧月支仰手接飛猱俯身散馬蹄狡捷過猴猨勇剽若豹螭邊城多警急胡虜一作虜騎數遷移羽檄從北來厲馬登高堤右驅蹈匈奴左顧陵鮮卑寄身鋒刃端性命安可懷父毋且不顧何言子與妻名編一作在壯士籍一作高名在壯籍不得中顧私捐軀赴國難視死忽如一作若歸

同前　　宋袁淑

劒騎何翩翩長安五陵間秦地天下樞八方湊才賢荆魏多
壯士宛洛富少年意氣深自負肯事郡邑權籍籍關外來車
徒傾國鄽五侯競書幣羣公亟爲言義分明於霜信行直如
弦交歡池陽下留宴汾陰西一朝許人諾何能坐相捐彰節
去函谷投珮出甘泉嗟此務遠圖心爲四海懸但營身意遂
豈校耳目前俠烈良有聞古來共知然

同前　宋鮑照

白馬騂角弓鳴鞭乘北風要途問邊急雜虜入雲中閉壁自
往夏清野逐還冬僑裝多闕絕旅服少裁縫埋身守漢境一作
節沉命對胡封薄暮塞一作雪雲起飛沙被遠松含悲望兩都
楚歌登四墉丈夫設計誤懷恨逐邊戍棄一作罷別中國愛要
冀胡馬功去來今何道單賤生所鍾但令塞上兒知我獨爲雄

同前二首　齊孔稚珪

驥子跼且鳴鐵陣與雲平漢家嫖姚將馳突匈奴庭少年鬬猛氣怒髮爲君征雄戟摩白日長劍斷流星早出飛狐塞晚泊樓煩城虜騎四山合胡塵千里驚嘶笳振地響吹角沸天聲左碎呼韓陣右破休屠兵橫行絕漠表飲馬瀚海清（作汗）隴樹枯無色沙草不常青勒石燕然道凱歸長安亭縣官知我健四海誰不傾但使彊胡滅何須甲第成當令丈夫志獨爲上古英

白馬金具裝橫行遼水傍問是誰家子宿衛羽林郎文犀六屬鎧寶劍七星光山虛弓響徹地迥角聲長宛河推勇氣隴蜀擅威彊輪臺受降虜高闕翦名王射熊入飛觀校獵下長楊英名欺衛霍智策蔑平良蟲夷時失禮卉服犯邊疆徵兵離蓟北輕騎出漁陽集軍隨日暈排戰逐星芒陣移龍勢動營開虎翼張衝冠入死地攘臂越金湯塵飛戰鼓急風交征

旆揚轉鬬平華地追奔掃帶方本持身許國況復武功彰會令千載後流譽滿旂常

同前　　梁沈約

白馬紫金鞍停鑣過上蘭寄言狹斜子詎知隴道難赤坂途三折龍堆路九盤冰生肌裏冷風起骨中寒功名志所急日暮不遑飡長驅入右地輕舉出樓蘭直去已垂涕寧可望長安匪期定遠封無羨輕車官唯見恩義重豈覺衣裳單本持軀命荅幸遇身名宁

同前　　梁王僧孺

千里生冀北玉鞘黄金勒散蹄去無已摇頭意相得豪氣發西山雄風擅東國飛鞚出秦隴長驅繞岷僰承謨若有神稟筭良不惑瀄汨河水黄參差嶂雲黒安能對兒女垂帷弄毫墨兼弱不稱雄後得方爲特主恩亦何已君恩良未塞不許

跨天山何由報皇德

同前　梁徐悱

研蹄飾鏤鞍飛鞚度河干少年本上郡遨遊入露寒劒琢荊山玉彈把隋珠丸聞有邊烽急飛候至長安然諾竊自許捐軀諒不難占兵出細柳轉戰向樓蘭雄名盛李霍壯氣勇彭韓能令石飲羽復使髮衝冠要功非汗馬報効乃鋒端日沒塞雲起風悲胡地寒西征饑小月北去腦烏丸歸報明天子燕然石復刊

同前　隋王胄

白馬黃金鞍蹀躞柳城前問此何鄉客長安惡少年結髮從戎事馳名振朔邊良弓控繁弱利劒揮龍泉披林扼彫虎仰手接飛鳶前年破沙漠昔歲取祈連折衝摧右校搴旗殪左賢虓彌還謝力慶忌本推儇海外平遐險來庭識負褒三韓勞

薄伐六事指幽燕良家選河右猛將征西山浮雲屯羽騎蔽日引長旃自矜有餘勇應募忽爭先王師已得儁夷首失求全鼓行徇玉檢乘勝蕩朝鮮志勇期功立寧憚微軀捐不羨山河賞唯希竹素傳

同前　隋辛德源

任俠重芳辰相從競逐春金羈絡赭汗紫縷應（一作紫陌映紅）紅塵寶劍提（一作橫）三尺彫弓韜六鈞鳴珂蹀細柳飛蓋出宜春遥見浮光（一作雲）發懸知上頭人

同前　唐李白

龍馬花雪毛金鞍五陵豪秋霜切玉劍落日明珠袍鬬雞事萬乘軒蓋一何高弓摧宜山虎手接太山猱酒後競風彩三杯弄寶刀殺人如翦草劇孟同遊遨發憤去函谷從軍向臨洮叱咤萬戰場（一作百戰）匈奴盡波濤歸來使酒氣未肯拜蕭

曹著入原憲室荒徑隱蓬蒿

苦思行　曹植

綠蘿緣玉樹光曜粲相暉下有兩眞人舉翅翩高飛我心何踊躍思欲攀雲追鬱鬱西岳巔石室青葱與天連中有耆年一隱士鬚髮皆皓然策杖從吾遊教我要忘言

升天行二首　曹植

樂府解題曰升天行曹植云日月何時留鮑照云家世宅關輔曹植又有上仙籙與神遊五遊龍欲升天等篇皆傷人世不永俗情險艱當求神仙翺翔六合之外與飛龍仙人遠遊篇前緩聲歌同意按龍欲升天即當牆欲高行也

乘蹻追術士遠之蓬萊山靈液飛素波蘭桂上參天玄豹遊其下翔鵾戲其顛乘風忽登舉彷彿一作彷徨見衆仙

扶桑之所出乃在朝陽谿中心陵蒼昊布葉蓋天涯日出登東幹既夕没西枝願得紆陽轡迴日使東馳

同前　鮑照

家世宅關輔勝帶宦王城備聞十帝事委曲兩都情倦見物興衰驟覩俗屯平翩翻（一作翩翩）類迴掌恍惚似朝榮窮塗悔短計晚志愛長生從師入遠岳結友事仙靈五芝發金記九籥隱丹經風飡委松宿雲卧恣天行冠霞金縷閣解玉飲（一作隱）椒庭蹔遊越萬里近别數千齡鳳臺無還駕簫管有遺聲何時（一作當）與爾曹啄腐共吞腥

同前　梁劉孝勝

堯舉已徒說湯抨亦妄陳欲訪青雲侣正遇丹丘人少翁俱仕漢韓終苦入秦汾陰觀化鼎瀛洲宴羽人廣成參日月方朔問星辰龘祠伐楚樹射蘗戰江神閶闔皆曾倚太一豈難

親趙簡猶聞樂周儲固上賓秦皇多忌害元朔少寬仁終無良有以非關德不鄰

同前　　　　盧思道

尋師得道訣輕舉厭人羣玉山候王母珠庭謁老君煎爲返魂藥刻作長生文飛策乘流電彫軒曳白雲玄洲望不極赤野曉無垠金樓旦巙嶬玉樹曉氛氳擁琴遥可望吹笙遠詎聞不覺蜉蝣子葬何紛紛

同前　　　　唐僧齊已

身不沈骨不重驅青鸞駕白鳳幢蓋飄飄入冷空天風瑟瑟星河動瑶闕參差阿母家樓臺戲閑凝彤霞五三仙子乘龍車堂前碾爛蟠桃花回頭却顧蓬山頂一點濃嵐在深井

雲中白子高行　　　　傅玄

陵陽子來明意欲作天與仙人遊超登元氣攀日月遂造天

門將上謁閶闔闢見紫微絳闕紫宫崔嵬高殿嵯峨雙闕萬
丈玉樹羅童女掣電童男挽雷車雲漢隨天流浩浩如江河
因王長公謁上皇鈞天樂作不可詳龍仙神仙教我靈祕八
風子儀與遊我祥我心何戚戚思故鄉俯看故鄉二儀設張
樂哉二儀日月運移地東南傾天西北馳鶴五氣所補鼇四
足所支齊駕飛龍驂赤螭逍遥五岳間東西馳長與天地並
復何爲復何爲

樂府詩集卷第六十三

變化無常又能隱形飛行服氣不食帝聞而喜欲受其道王不肯傳帝怒將誅焉王知之出令與羣臣因不知所之樂府解題曰古詞云淮南王自言尊實言安仙去

淮南王自言尊百尺高樓與天連後園鑿井銀作牀金瓶素綆汲寒漿汲寒漿飲少年少年窈窕何能賢揚聲悲歌音絶天我欲渡河河無梁願化雙黃鵠還故鄉還故鄉入故里徘徊故鄉苦身不已繁舞寄聲無不泰徘徊桑梓遊天外

樂府詩集卷第五十四

多悲幸甚至哉歌以詠志

右土不同

神龜雖壽猶有竟時騰虵乘霧終爲土灰老驥伏櫪志在千里烈士暮年壯心不已盈縮之期不但在天養怡之福可得永年幸甚至哉歌以詠志

右龜雖壽

淮南王篇

崔豹古今注曰淮南王淮南小山之所作也淮南王服食求仙遍禮方士遂與八公相攜俱去莫知所往小山之徒思戀不已乃作淮南王曲焉班固漢武帝故事曰淮南王安好神仙招方術之士能爲雲雨百姓傳云淮南王得天子壽無極帝心惡之使覘王云能以仙人與共遊處

土不同人性各異四章言老驥伏櫪志在千里烈士暮年壯心不已也按相和大曲步出夏門行亦有碣石篇與此並同但曲前更有豔爾

東臨碣石以觀滄海水何澹澹山島竦峙樹木叢生百草豐茂秋風蕭瑟洪波湧起日月之行若出其中星漢燦爛若出其裏幸甚至哉歌以詠志

右觀滄海

孟冬十月北風徘徊天氣肅清繁霜霏霏鵾雞晨鳴鴈過南飛鷙鳥潛藏熊羆窟棲錢鎛一作鎒停置農收積場逆旅整設以通賈商幸甚至哉歌以詠志

右冬十月

鄉土不同河朔隆寒流澌浮漂舟船行難錐不入地豐藾深奥水竭不流冰堅可蹈士隱者貧勇俠輕非心常歎怨戚戚

可貪汙殺我晉歌爲鹿字古通用也疑是風刺之辭

獨漉獨漉水深泥濁泥濁尚可水深殺我雍雍雙鴈遊戲田畔我欲射鴈念子孤散翩翩浮萍得風遙輕我心何合與之同并空牀低帷誰知無人夜衣錦繡誰别偽眞刀鳴削中倚牀無施父冤不報欲活何爲猛虎班班遊戲山間虎欲齧人不避豪賢

碣石篇

南齊書樂志曰碣石魏武帝辭晉以爲碣石舞其歌四章一曰觀滄海二曰冬十月三曰土不同四曰龜雖壽樂府解題曰碣石篇晉樂奏魏武帝辭首章言東臨碣石見滄海之廣日月出入其中二章言農功畢而商賈往來三章言鄉

鮮翔庭舞翼以應仁乾交交鳴鳩或丹或黃樂我君惠振羽
來翔東壁餘光魚在江湖惠而不費敬我微軀策我良駟習
我驅馳與君周旋樂道亡餘我心虛靜我志霑濡彈琴鼓瑟
聊以自娛凌雲登臺浮遊太清扳龍附鳳目望身輕

濟濟篇

暢飛暢舞氣流芳追念三五大綺黃去失有時可行去來同
時此未央時冉冉近桑榆但當飲酒爲歡娛衰老逝有何期
多憂耿耿内懷思淵池廣魚獨希願得黃浦衆所依恩感人
世無比悲歌具舞無極已

獨漉篇

獨漉一作獨祿南齊書樂志曰古辭明君曲後
云勇安樂無慈不問清與濁清　與無時濁邪
交與獨祿伎録曰求祿求祿清白不濁清白尚

五曰淮南王齊多刪舊辭而因其曲名古今樂
録曰梁拂舞歌並用晉辭樂府解題曰讀其辭
除白鳩一曲餘並非吴歌未知所起也

白鳩篇

南齊書樂志曰白符鳩舞出江南吴人所造其
歌本云平平白符思我君惠集我金堂言白者
金行符合也鳩亦合也符鳩雖異其義是同宋
書樂志曰晉楊泓舞序云自到江南見白符舞
或言白鳧鳩舞云有此來數十年矣察其辭旨
乃是吴人患孫皓虐政思屬晉也晉辭曰翩翩
白鳩載飛載鳴懷我君德來集君庭蓋晉人改
其本歌云

翩翩白鳩載飛載鳴懷我君德來集君庭白雀呈瑞素羽明

吾不見公莫時吾何嬰公來嬰姥時吾思君去時吾何零子以耶思君去時思來嬰吾去時毋那何去吾

右一曲

公莫辭歌

唐李賀

方花古（一作石）礎排九楹刺豹淋血盛銀罌華（一作軍）筵鼓吹無桐竹長刀直立割鳴箏橫楣麤錦生紅緯日炙錦嫣王未醉腰下三看寶玦光項莊掉箾欄前起材官小臣公莫舞座上眞人赤龍子芒碭雲瑞抱天回咸陽王氣清如水鐵樞鐵楗重束關大旗五丈撞雙鐶漢王今日須秦印絕臏刳腸臣不論

晉拂舞歌詩

晉書樂志曰拂舞出自江左舊云吳舞也晉曲五篇一曰白鳩二曰濟濟三曰獨禄四曰碣石

洛道吾治五丈度汲水吾噫邪哺誰當求兒母何意零邪錢健步哺誰當吾求兒母何吾哺聲三針一發交時還弩心意何零意弩心遥來嬰弩心哺聲復相頭巾意何零何邪相哺頭巾相吾來嬰頭巾母何何吾復來推排意何零相哺推相來嬰推非母何吾復車輪意何零子以邪相哺轉輪吾來嬰轉母何吾使君去時意何零子以邪使君去時使來嬰去時母何吾思君去時意何零子以邪思君去時思來嬰吾去時母何何吾吾

齊公莫舞辭

南齊書樂志曰晉公莫舞歌二十章章無定句前是第一解後是第十九二十解雜有三句並不可曉解建武初明帝奏樂至此曲言是似永明樂流涕憶世祖云

公言公莫害漢王也漢人德之故舞用巾以像項伯衣袖之遺式宋書樂志曰按琴操有公莫渡河然則其聲所從來已久俗云項伯非也古今樂錄曰巾舞古有歌辭訛異不可解江左以來有歌舞辭沈約疑是公無渡河曲今三調中自有公無渡河其聲哀切故入瑟調不容以瑟調離於舞曲惟公無渡河古有歌有弦無舞也

吾不見公莫時吾何嬰公來嬰姥時吾哺聲何為茂時為來嬰當恩吾明月之土轉起吾何嬰土來嬰轉去吾哺聲何為土轉南來嬰當去吾城上羊下食草吾何嬰下來吾食草吾哺聲汝何三年針縮何來嬰吾亦老吾平平門淫涕下吾何嬰何來嬰涕下吾哺聲昔結吾馬客來嬰吾當行吾度四州洛四海吾何嬰海何來嬰四海吾哺聲熇西馬頭香來嬰吾

黃雲門唐咸池虞韶舞夏夏頀列代有五振鐸鳴金延太
武清歌發唱形爲主聲和八音協律呂身不虛動手不徒舉
應節合度周期序時奏宮角雜之以徵羽樂以移風禮相輔
安有出其所

右一曲

梁鐸舞曲　周捨

雲門且莫奏咸池且莫歌我后興至德樂頌發中和白雲汾
巳隆萬舞鸞騈羅功成聖有作黃唐何足多

右一曲

巾舞歌詩　古辭

唐書樂志曰公莫舞晉宋謂之巾舞其說云漢
高祖與項籍會鴻門項莊舞劒將殺高祖項伯
亦舞以袖隔之且語莊云公莫苦　人相呼曰

邪武邪近帝武邪武武邪應節合用弌邪尊邪應節合用酒期義邪同邪酒期義邪善草供國吾咄等邪烏近帝邪武邪近帝武武邪邪下音足木上爲鼓義邪應衆義邪樂邪邪延否巳邪烏巳禮祥咄等邪烏素女有絶其聖烏烏武邪

雲門篇　　晉傅玄

黄雲門唐咸池虞韶舞夏夏殷濩列代有五振鐸鳴金延大武清歌發唱形爲主聲和八音協律呂身不虛動手不徒舉應節合度周其敍時奏宫角雜之以徵羽下饜衆目上從鐘鼓樂以移風與德禮相輔安有失其所

右二曲

齊鐸舞歌

南齊書樂志曰鐸舞歌一曲傳玄辭以代魏太和時微用之除下厭衆目上從鐘鼓二句

唐書樂志曰鐸舞漢曲也古今樂録曰鐸舞者所持也木鐸制法度以號令天下故取以爲名今謂漢世諸舞鞞巾二舞是漢事鐸拂二舞以象時古鐸舞曲有聖人制禮樂一篇聲辭雜寫不復可辨相傳如此魏曲有太和時晉曲有雲門篇傅玄造以當魏曲齊因之梁周捨改其篇隋書樂志曰鐸舞傅玄代魏辭云振鐸鳴金是也梁三朝樂第十八設鐸舞

聖人制禮樂篇　古辭

昔皇文武邪彌彌舍善誰吾時吾行許帝道銜來治路萬邪治路萬邪赫赫意黃運道吾治路萬邪善道明邪金邪善道明邪金邪帝邪近帝武武邪邪聖皇八音偶邪尊來聖皇八音及來儀邪同邪烏及來義邪善草供國吾咄等邪烏近帝

至德同自然裁成侔玄造珍祥委天貺靈物開地寶窈窕降
青琴參差秀朱草
右明之君

梁鞞舞歌　周捨

赫矣明之君我皇邁前古機靈通日月聖哲綿區宇淮海無
横波文軌同一土樂哉太平世當歌復當舞
右明之君

聖主應圖籙天下咸所歸端扆臨赤縣宸居法紫微遐方奉
正朔外户闢重扉我君延萬壽福祚長巍巍
右明主曲

明君班五瑞兢日朝百王充庭植鷺羽鈞天奏清商本支同
中嶽良臣安四方盛明普日月兆民樂未央

鐸舞歌詩

志曰明君本漢世鞞舞曲梁武帝時改其辭
以歌君德
大梁七百始天監三元初聖功澄宇縣帝德揔車書熙熙億
兆臣其志皆懽愉
刑措甫自今隆平亦肇兹神武超楚漢安用道邠岐百拜奄
來宅孰王咸在斯象天則地體無爲
禮緝民用擾樂諧風自移舜琴中已絶堯衣今復垂象天則
地體無爲
治兵戰六獸爲邦命九官靈蛇及瑞羽分素復銜丹
望就踰軒項鏗鏘掩咸護九尾擾成羣八象鳴相顧象天則
地化雲布
有爲臣所執司契君之道運行乃四時無言信蒼昊宸居體
沖寂忘懷定天保

三皇三皇世所歸聖德應期運天地不能違仰之彌巳高猶天不可階將復結繩化靜拱天下齊

聖主曲辭

聖主受天命應期則虞唐升旒綜萬機端扆馭八方盈虛自然數揖讓歸聖明北化陵河塞南威越滄濵廣德齊七政敷敎騰三辰萬寓必承慶百福咸來臻聖皇應福始昌德洞祐先

明君辭

明君御四海揔鑒盡人靈仰成恩巳洽竭忠身必榮聖澤洞三靈德敎被八鄉草木變柯葉川嶽洞嘉祥愉樂盛明運舞蹈升太時微霜永昌命軌心長歡怡

梁鞞舞歌　沈約

隋書樂志曰梁三朝樂第十七設鞞舞唐書樂

樂府詩集卷第五十四

太原郭　茂倩　編次

舞曲歌辭

雜舞

齊鼙舞曲

明君辭

南齊書樂志曰漢章帝造鼙舞歌云關東有賢女魏明帝代漢曲云明明魏皇帝傅玄代魏曲作晉洪業篇云宣文創洪業盛德存泰始聖皇應靈符受命君四海今前四句錯綜其辭從五帝至不可階六句全玄辭後二句本云將復御龍氏鳳皇在庭棲又改易焉

明君創洪業盛德在建元受命君四海聖皇應靈乾五帝繼

婦事立獨揚名

章和二年中　唐李賀

雲蕭索一作正雲蕭索風拂拂一作田風拂拂麥芒如篲黍如粟關中父老百領襦關東吏人乏詬租健犢春耕土膏黒菖蒲叢叢沿水脉䎽勤爲我下田鉏百錢攜賞絲桐客遊春漫光塢花白野林散香神降席拜神得壽獻天子七星貫斷姮娥死

樂府詩集卷第五十三

僞罔時主養交以持禄言行恒相違難曆甚谿谷昧死射乾没覺露則滅族

鼓舞歌

東海有勇婦　唐李白

魏鼙舞五曲李白作此篇以代關中有賢女

梁山感杞妻慟哭爲之傾金石忽暫開都由激深情東海有勇婦何慙蘇子卿學劒越處子超騰若流星捐軀報夫讎萬死不顧生白刃耀素雪蒼天哉感精誠十步兩躩躍三呼一交兵斬首掉國門蹴踏五藏行割此伉儷憤粲然大義明北海李史君飛章奏天庭捨罪警風俗流芳播滄瀛志在列女籍竹帛已光榮淳于免詔獄漢主爲緹縈津妾一棹歌脫父於嚴刑十子若不肖不如一女英豫讓斬空衣有心竟無成要離殺慶忌壯夫素所輕妻子亦何辜焚之買虛名豈如東海

應期創典制分土五等蕃國正封界華華文武佐千秋遘嘉
會洪業溢區內仁風翔海外

明君篇

明君御四海聽鑒盡物情顧望有讒罰竭忠身必榮蘭茝出
荒野萬里升紫庭茨草藏堂階掃截不得生能否莫相蒙百
官正其名恭己慎有爲有爲無不成闇君不自信羣下執異
端正直罹譖潤姦臣奪其權雖欲盡忠誠結舌不敢言結舌
亦何憚盡忠爲身患清流豈不潔飛塵濁其源岐路令人迷
未遠勝不還忠臣立君朝正色不顧身邪正不並存譬若胡
與秦秦胡有合時邪正各異津忠臣遇明君乾乾惟日新羣目
統在綱衆星拱北辰設令遺闇主斥退爲凡民雖薄共時用
白茅猶可珍冰霜晝夜結蘭桂摧爲薪邪臣多端變用心何
委曲便僻從情指動隨君所欲偷安樂目前不問清與濁積

下懼不安神武御六軍我皇秉鉞征儉欽起壽春前鋒據項城出其不意竝縱奇兵奇兵誠難御廟勝實難支兩軍不期遇敵退計無施虎騎惟武進大戰沙陽陂欽乃亡魂走奔虜若雲披天恩赦有罪東土放鯨鯢

大晉篇

赫赫大晉於穆文皇蕩蕩巍巍道邁陶唐世稱三皇五帝及今重其光九德克明文既顯武又章恩弘六合兼濟萬方內舉元凱朝政以綱外簡虎臣時惟鷹揚靡從不懷逆命斯亡仁配春日威踰秋霜濟濟多士同茲蘭芳唐虞至治四凶滔天致討儉欽罔不肅虔化感海外海外來賓獻其聲樂竝稱妾臣而蜀猾夏僭號方域命將致討委國稽服吳人放命憑海阻江飛書告諭響應來同先王建萬國九服為藩衛亡秦壞諸侯享祚不二世歷代不能復忽踰五百歲我皇邁聖德

虛威風震蜀武烈慴疊吴諸葛不知命肆逆亂天常擁徒十餘萬數來寇邊疆我皇邁神武秉鉞鎮雍涼亮乃畏天威未戰先仆僵盈虛自然運時變固多難東征陵海表萬里梟賊淵受遺齊七政曹爽又滔天羣凶受誅殛百保咸來臻黃華應福始王凌爲禍先

景皇篇

景皇帝聰明命世生盛德參天地帝王道創基既已難繼世亦未易外則夏侯玄內則張與李三凶稱逆亂帝紀從天行誅窮其姦宄遏將御其漸潛謀不得起罪人咸伏辜威風振萬里平衡綜萬機萬機無不理召陵桓不君內外何紛紛衆小便成羣蒙昧恣心治亂不分叡聖獨斷濟武常以文從天惟廢立掃霓披浮雲雲霓既已闢清和未幾閒羽檄首尾至變起東南藩儉欽爲長虵外則憑吴蠻萬國紛騷擾戚戚天

爲稷契竝佐命伊吕升王臣蘭芷登朝肆下無失宿民聲發響自應表立景來附虓虎從羈制潛龍升天路備物立成器變通極其數百事以時敘萬機有常度訓之以克讓納之以忠恕羣下仰清風海外同懽慕象天則地化雲布昔日貴雕飾今尚儉與素昔日多纖介今去情與故象天則地化雲布濟濟大朝士夙夜綜萬機萬機無廢理明明降疇諮臣譬列星景君配朝日暉事業竝通濟功烈何巍巍五帝繼三皇三王世所歸聖德應期運天地不能違仰之彌已高猶天不可階將復御龍氏鳳皇在庭棲

天命篇

聖祖受天命應期輔魏皇入則綜萬機出則征四方朝廷無遺理方表寧且康道隆舜臣堯積德踰大王孟度阻窮險造亂天一隅神兵出不意奉命致天誅赦善戮有罪元惡宗爲

晉鼙舞歌　傅玄

古今樂録曰晉鼙舞歌五篇一曰洪業篇當魏曲明明魏皇帝古曲關東有賢女二曰天命篇當魏曲大和有聖帝古曲章和二年中三曰景皇篇當魏曲魏曆長古曲樂久長四曰大晉篇當魏曲天生烝民古曲四方皇五曰明君篇當魏曲爲君既不易古曲殿前生桂樹按曹植怨歌行云爲君既不易爲臣良獨難不知與此同否

洪業篇

宣文創洪業盛德在泰始聖皇應靈符受命君四海萬國何所樂上有明天子唐堯禪帝位虞舜惟恭己恭己正南面道化與時移大赦盪萌漸文教被黄支象天則地體無爲聰明配日月神聖參兩儀雖有三凶類靜言無所施象天則地體無

孟冬篇

孟冬十月陰氣厲清武官誡田講旅統兵元龜襲吉元光著明蚩尤蹕路風弭雨停乘輿啓行鸞鳴幽軋虎賁采騎飛象珥鶡鍾鼓鏗鏘簫管嘈喝萬騎齊鑣千乘等蓋夷山塡谷平林滌藪張羅萬里盡其飛走趯趯狡兔揚白跳翰獵以青骹掩以脩竿韓盧宋鵲呈才騁足噬不盡緤牽麋掎鹿魏氏發機養基撫弦都盧尋高搜索猴猨慶忌孟賁蹈谷超巒張目決眥髮怒穿冠頓熊扼虎蹴豹搏貙氣有餘勢負象而趨獲車既盈日側樂終罷役解徒大饗離宮亂曰聖皇臨飛軒論功校獵徒死禽積如京流血成溝渠明詔大勞賜太官供有無走馬行酒醴驅車布肉魚鳴鼓舉觴爵擊鐘釂無餘絕綱縱麟麑弛罩出鳳雛收功在羽校威靈振鬼區陛下長懽樂永世合天符

貧秦烏白馬角生鄒衍囚燕市繁霜爲夏零關東有賢女自
字蘇來卿壯年報父仇身没垂功名女休逢赦書白刃幾在
頸俱上列仙籍去死獨就生太倉令有罪遠徵當就拘自悲
居無男禍至無與俱緹縈痛父言荷擔西上書盤桓北闕下
泣淚何漣如乞得并姊弟没身贖父軀漢文感其義肉刑法
用除其父得以免辯義在列圖多男亦何爲一女足成居簡
子南渡河津吏廢舟船執法將加刑女娟擁櫂前妾父聞君
來將涉不測淵畏懼風波起禱祝祭名川備禮饗神祇爲君
求福先不勝釂祀誠至令犯罰艱君必欲加誅乞使知罪諐
妾願以身代至誠感蒼天國君高其義其父用赦原河激奏
中流簡子知其賢歸娉爲夫人榮寵超後先辯女解父命何
況健少年黃初發和氣明堂德教施治道致太平禮樂風俗
移刑錯民無枉怨女復何爲聖皇長壽考景福常來儀

供養中殿宜皇子陛下長壽考羣臣拜賀咸悅喜積善有餘慶寵禄固天常衆喜填門至臣子蒙福祥無患及陽遂輔翼我聖皇衆吉咸集會凶邪姦惡並滅亡黃鵠遊殿前神鼎周四阿玉馬充乘輿芝蓋樹九華白虎戲西除舍利從辟邪騏驎躡足舞鳳皇拊翼歌豐年大置酒玉樽列廣庭樂飲過三爵朱顏暴已形式宴不違禮君臣歌鹿鳴樂人舞鼙鼓百官雷抃讚若驚儲禮如江海積善若陵山皇嗣繁且熾孫子列曾玄羣臣咸稱萬歲陛下長壽樂年御酒停未飲貴戚跪東廂侍人承顏色奉進金玉觴此酒亦眞酒福禄當聖皇陛下臨軒笑左右咸歡康杯來一何遲羣僚以次行賞賜累千億百官並富昌

精微篇

精微爛金石至心動神明杞妻哭死夫梁山爲之傾子丹西

靈芝生玉地朱草被洛濱榮華相晃耀光采曄若神古時有
虞舜父母頑且嚚盡孝於田壠烝烝不違仁伯瑜年七十綵
衣以娛親慈母笞不痛歔欷涕霑巾丁蘭少失母自傷早孤
煢刻木當嚴親朝夕致三牲暴子見陵侮犯罪以亡刑丈人
爲泣血免戾全其名董永遭家貧父老財無遺舉假以供養
傭作致甘肥責家填門至不知何用歸天靈感至德神女爲
秉機歲月不安居嗚呼我皇考生我既已曉棄我何其早蓼
莪誰所興念之令人老退詠南風詩灑淚滿襟抱亂曰聖皇
君四海德教朝夕宣萬國咸禮讓百姓家肅虔庠序不失儀
孝悌處中田戶有曾閔子比屋皆仁賢髫齓無夭齒黃髮盡
其年陛下三萬歲慈母亦復然

大魏篇

大魏應靈符天禄方甫始聖德致泰和神明爲驅使左右宜

聖皇篇

聖皇應曆數正康帝道休九州咸賓服威德洞八幽三公奏諸公不得久淹留蕃位任至重舊章咸率由侍臣省文奏陛下體仁慈沉吟有愛戀不忍聽可之追有官典憲不得顧恩私諸王當就國璽綬何蔂纕便時舍外殿宮省寂無人主上增顧念皇母懷苦辛何以爲贈賜傾府竭寶珍文錢百億萬采帛若煙雲乘輿服御物錦羅與金銀龍旂垂九旒羽蓋參班輪諸王自計念無功荷厚德思一効筋力糜軀以報國鴻臚擁節衛副使隨經營貴戚竝出送夾道交輜軿車服齊整設韡曄耀天精武騎衛前後鼓吹簫笳聲祖道魏東門淚下霑冠纓扳蓋因内顧俛仰慕同生行行將日暮何時還闕庭車輪爲徘徊四馬躊躇鳴路人尚酸鼻何況骨肉情

靈芝篇

四曰四方皇五曰殿前生桂樹竝章帝造魏曲五篇一明明魏皇帝二大和有聖帝三魏歷長四天生烝民五為君既不易竝明帝造以代漢曲其辭竝亡陳思王又有五篇一聖皇篇以當章和二年中二靈芝篇以當殿前生桂樹三大魏篇以當漢吉昌四精微篇以當關中有賢女五孟冬篇以當狡兔按漢曲無漢吉昌狡兔二篇疑樂久長四方皇是也隋書樂志曰鞞舞漢巴渝舞也按樂録隋志竝以鞞舞為巴渝今考漢魏二篇歌辭各異本不相亂蓋因梁陳之世於鞞舞前作巴渝弄遂云一舞二名殊不知二舞亦容合作猶巾舞以白紵送豈得便謂白紵為巾舞邪失之遠矣

魏陳思王鼙舞歌

宋書樂志曰鞞舞未詳所起然漢代已施於燕享矣傅毅張衡所賦皆其事也魏曹植鞞舞歌序曰漢靈帝西園鼓吹有李堅者能鞞舞遭亂西隨段頻先帝聞其舊有技召之堅既中廢兼古曲多謬誤故改作新歌五篇晉鞞舞歌亦五篇竝陳於元會鞞舞故二八桓玄將即眞太樂遺衆伎袁明子啓增滿八佾相承不復革宋明帝自改舞曲歌辭并詔近臣虞龢竝作古今樂錄曰鞞舞梁謂之鞞扇舞即巴渝是也鞞扇器名也鞞扇上舞作巴渝弄至鞞舞竟豈非巴渝一舞二名何異公莫亦名巾舞也漢曲五篇一曰關東有賢女二曰章和二年中三曰樂久長

用兵孰能保安逸坐致太平聖皇邁乾乾天下輿頌聲穆穆
且明明惟聖皇道化彰澂四海清三光萬幾理庶事康潛龍
升儀鳳翔風雨時物繁昌却走馬降瑞祥揚側陋簡忠良百
祿是荷眉壽無疆

羽鐸舞歌

昔在渾成時兩儀尚未分陽升垂清景陰降輿浮雲中和合
氛氳萬物各異羣人倫得其序衆生樂聖君三統繼五行然
後有質文皇王殊運代治亂亦繽紛伊大晉德兼往古越犧
農邈舜禹參天地陵三五禮唐周樂韶武豈惟簫韶六代具
舉澤霑地境化充天寓聖明臨朝元凱作輔普天同樂胥浩
浩元氣遐哉太清五行流邁日月代征隨時變化庶物乃成
聖皇繼天光濟羣生化之以道萬國咸寧受兹介福延于
億齡

弩爲遠兵軍之鎮其發有機體難動往必速重而不遲鋭精分鍭射遠中微弩俞之樂一何奇變多姿退若激進若飛五聲協八音諧宣武象讃天威

窮武篇　安臺行亂第四

窮武者喜何但敗北柔弱亡戰國家亦廢秦始徐偃既已作戒前世先王鑒其機脩文整武藝文武足相濟然後得光大亂曰高則亢滿則盈亢必危盈必傾去危傾守以平沖則久濁能清混文武順天經

晉宣文舞歌　傅玄

羽籥舞歌

羲皇之初天地開元冏啓禽獸羣黎以安神農教耕創業誠難民得粒食澹然無所患黄帝始征伐萬品造其端軍駕無常居是曰軒轅軒轅既勤止堯舜匪荒寧夏禹治水湯武又

晉書樂志曰魏黄初三年改漢巴渝舞曰昭武舞景初元年又作武始咸熙章斌三舞皆執羽籥及晉改昭武舞曰宣武舞羽籥舞曰宣文舞咸寧元年詔廟樂停宣武宣文二舞而同用正德大豫舞云

惟聖皇篇　　矛俞第一

惟聖皇德巍巍光四海禮樂猶形影文武爲表裏乃作巴俞肆舞士劒弩齊列戈矛爲之始進退疾鷹鷂龍戰而豹起如亂不可亂動作順其理離合有統紀

短兵篇　　劒俞第二

劒爲短兵其勢險危疾踰飛電回旋應規武節齊聲或合或離電發星鶩若景若差兵法攸象軍容是儀

軍鎮篇　　弩俞第三

杖月喉棹霜脊北斗離離仕寒碧龍魂清虎尾白秋照海心同一色纛影吒沙千影側神豪髮直四睨之人股信栗欲定不定定不得春牘殘兒且止狄胡有膽大如山怖亦死

右劍俞

手盤風頭背分電光戰扇欲刺敵心留半綫纏肩繞脰襤合眩旋卓植赴列奪避中節前衝函禮穴上指孛彗滅與君一用來有截

右矛俞

牛來開弦人爲置鏃捩機關迸山谷鹿駭溼隼擊遲析毫中睫洞腋分龜達堅壘殘雄師可以冠猛樂壯曲抑揚蹈厲有裂犀兕之氣者非公與

右弩俞

晉宣武舞歌

傅玄

脩宴我賓師𡀉用御天永樂無憂子孫受百福常與松喬遊

烝庶德莫不咸歡柔

右矛俞新福歌

材官選士劒弩錯陳應桴蹈節俯仰若神綏我武烈篤我淳

仁自東自西莫不來賓

右弩俞新福歌

武功既定庶士咸綏樂陳我廣庭式宴賓與師昭文德宣武

威平九有撫民黎荷天寵延壽尸千載莫我違

右安臺新福歌

神武用師士素厲仁恩廣覆猛節横逝自古立功莫我弘大

桓桓征四國爰及海裔漢國保長慶垂祚延萬世

右行辭新福歌

吴俞兒舞歌　　唐陸龜蒙

水因其所居故曰巴渝舞舞曲有矛渝弩渝安臺行辭本歌曲四篇其辭既古莫能曉其句度左思蜀都賦云奮之則賨旅玩之則渝舞也顏師古曰巴巴人也俞俞人也高祖初為漢王得巴俞人並趫捷與之滅楚因存其武樂巴渝之樂自此始也巴即今之巴州渝即今之渝州名各本其地宋書樂志曰魏俞兒舞歌四篇魏國初建所用使王粲改創其辭為矛俞弩俞安臺行辭新福歌曲行辭以述魏德後於太祖廟並作之黃初二年改曰昭武舞及晉又改曰宣武舞唐書樂志曰俞美也魏晉改其名梁復號巴渝隋文帝以非正典罷之

漢初建國家匡九州蠻荊震服五刃三革休安不志備武樂

宴饗復用隋文舞武舞而已開元中又有涼州緑腰蘇合香屈柘枝團亂旋甘州回波樂蘭陵王春鶯囀半社渠借席烏夜啼之屬謂之軟舞大祁阿連劒器胡旋胡騰阿遼柘枝黄麞拂菻大渭州達磨支之屬謂之健舞文宗時教坊又進霓裳羽衣舞女三百人末世兵亂舞制多失

凡此皆雜舞也

魏俞兒舞歌　王粲

晉書樂志曰巴渝舞漢高帝所作也高帝自蜀漢將定三秦閬中范因率賨人從帝爲前鋒號板楯蠻勇而善鬬及定秦中封因爲閬中侯復賨人七姓其俗喜歌舞高帝樂其猛鋭數觀其舞曰武王伐紂歌也後使樂人習之閬中有渝

正樂亦皆前代舊聲故成公綏賦云鞞鐸舞庭八音竝陳梁武帝報沈約云鞞鐸巾拂古之遺風是也唐太宗貞觀中始造讌樂其後又分爲立坐二部堂下立奏謂之立部伎堂上坐奏謂之坐部伎立部伎八一安樂二太平樂三破陣樂四慶善樂五大定樂六上元樂七聖壽樂八光聖樂自破陣樂以下皆用大鼓雜以龜茲樂其聲震厲大定樂又加金鉦慶善樂顓用西涼樂聲頗閑雅坐部伎六一讌樂二長壽樂三天授樂四鳥歌萬歲樂五龍池樂六小破陣樂自長壽樂以下用龜茲樂唯龍池樂則否武后中宗之世大增造立坐部伎諸舞隨亦寢廢武后毀唐太廟七德九功之舞皆亡獨其名存自後

樂府詩集卷第五十三

太原郭　茂倩　編次

舞曲歌辭

雜舞

雜舞者公莫巴渝槃舞鞞舞鐸舞拂舞白紵之類是也始皆出自方俗後寖陳於殿庭蓋自周有縵樂散樂秦漢因之增廣宴會所奏率非雅舞漢魏已後竝以鞞鐸巾拂四舞用之宴饗宋武帝大明中亦以鞞拂雜舞合之鐘石施於廟庭朝會用樂則兼奏之明帝時又有西傖羌胡雜舞後魏北齊亦皆參以胡戎伎自此諸舞彌盛矣隋牛弘亦請存四舞宴會則與雜伎同設於西涼前奏之而去其所持鞞拂等按此雖非

睿筭超前古神功格上圓百川留禹跡萬國戴堯天旣巳櫜
弓矢誠宜播管弦蹌蹌隨鳥獸共樂太平年

樂府詩集卷第五十二

服黃紗袍白紗中單皁領褾白練襤襠白布大口袴革帶烏皮履白布襪武舞六十四人左手執干右手執戚服弁平巾幘金支緋絲布大袖緋絲布裲襠甲金飾白練襤襠錦騰蛇起梁帶豹文大口布袴烏皮鞾

昭德舞歌二首

聖代修文德明庭舉舊章兩階陳羽籥萬舞合宮商劒佩森鴛鷺簫韶下鳳凰我朝青史上千古有輝光

寰海干戈戢朝廷禮樂施白駒皆就縶丹鳳復來儀德備三苗格風行萬國隨小臣同百獸率舞賀昌期

成功舞歌二首

撥亂資英主開基自晉陽一戎成大業七德煥前王炎漢提封遠姬周世祚長朱干將玉戚全象武功揚

武舞歌

惟皇御寓惟帝乘乾五材並用七德兼宣平暴夷險拯溺救燔九域載安兆庶斯賴續地之厚補天之大聲隆有截化覃無外鼓鐘既奮干戚攸陳功高德重政謐化淳鴻沐永播久而彌新

晉昭德成功舞歌

唐餘録曰晉天福五年詔有司復修正至朝會二舞之制以文舞爲昭德之舞武舞爲成功之舞十一月冬至遂奏之於時二舞久廢衆喜於復興而樂工舞員雜取教坊以滿之聲節靡曼綴兆合節而無遠促遲速之累及明年正旦再奏而蹈厲進退無列議者非之五代史樂志曰文舞六十四人左手執籥右手執翟冠進賢冠

隋文武舞歌

隋書樂志曰隋有文舞武舞舞各六十四人文舞黒介幘冠進賢冠絳紗連裳內單皁褾領襈裾革帶烏皮履左手執籥右手執翟武舞服武弁朱褠衣餘同文舞左執朱干右執大戚其舞六成始而受命再成而定山東三成而平蜀道四成而北狄是通五成而江南是拓六成復綴以闡太平

文舞歌

天眷有屬后德惟明君臨萬寓昭事百靈濯以江漢樹之風聲罄地畢歸窮天皆至六戎行朔八蠻請吏煙雲獻彩龜龍表異緝和禮樂變理陰陽功由舞見德以歌彰兩儀同大日月齊光

或擕比日之明如天之大神化之洽率土無外眇眇舟車華戎畢會祠我春秋服我冠帶儀協震象樂均天籟蹈武在庭其容藹藹

武舞階步辭

大齊統曆天鑒孔昭金人降沴火鳳來巢眇均虞德干戚降苗夙沙攻主歸我軒朝禮符揖讓樂契咸韶蹈揚惟序律度時調

武舞辭

天眷横流宅心玄聖祖功宗德重光襲映我皇恭已誕膺靈命宇外斯燭域中咸鏡悠悠率土時惟保定微微動植莫違其性仁豐庶物施洽羣生海寧洛變契此休明雅宣茂烈頌紀英聲鏗鍠鐘鼓掩抑簫笙歌之不足舞以禮成鑠矣王度緬邁千齡

八柄寬以惠下德以為政三趾晨儀重輪夕映棧壑忘阻梯山匪夐如日有恒與天無竟載陳金石式流舞詠咸英韶夏於兹比盛

北齊文武舞歌

隋書樂志曰北齊元會大饗奏文武二舞二舞將作竝先設階步焉

文舞階步辭

我后降德肇峻皇基搖鈴大號振鐸命期雲行雨洽天臨地持茫茫區宇萬代一時文來武肅成定於兹象容則舞歌德言詩鏘鏘金石列列匏絲鳳儀龍至樂我雍熙

文舞辭

皇天有命歸我大齊受兹華玉爰錫玄珪奄家環海實子蒸黎圖開寶匣檢封芝泥無思不順自東徂西教南暨朔罔敢

大觀二舞以大爲名老子云域中有四大論語云惟天爲大今制大壯大觀之名亦因斯而立義焉

高高在上實愛斯人眷求聖德大拯彝倫率土方燎如火在薪慄慄黔首暮不及晨朱光啓耀兆發穹旻我皇鬱起龍躍漢津言屆牧野電激雷震闞鞏之甲彭濮之人或貔或武漂杵浮輪我邦雖舊其命惟新六伐乃止七德必陳君臨萬國遂撫八寅

大觀舞歌

隋書樂志曰大觀舞取易彖曰大觀在上觀天之神道而四時不忒也

皇矣帝烈大哉興聖奄有四方受天明命居上不怠臨下惟敬舉無僭則動無失正物從其本人遂其性昭播九功肅齊

是勤翼翼厥猷亹亹其仁從命創制因定和神海外有截九國無塵冕旒司契垂拱臨民乃舞凱容欽若天人純嘏孔休萬載彌新

梁大壯大觀舞歌二首　沈約

隋書樂志曰梁初猶用凱容宣烈之舞武帝定樂以武舞爲大壯舞文舞爲大觀舞二郊明堂太廟三朝同用古今樂録曰梁改宣烈爲大壯即周武舞也改凱容爲大觀即舜韶舞也陳以凱容樂舞用之郊廟而大壯大觀猶同梁舞所謂祠用宋曲宴準梁樂蓋取人神不雜也

大壯舞歌

隋書樂志曰大壯舞取易彖云大壯大者壯也正大而天地之情可見也古今樂録曰大壯

雖陳宗廟不應雜以周舞也

於赫景命天鑒是臨樂來伊陽禮作惟陰歌自德富舞由功深庭列宮縣陛羅瑟琴翿籥繁會笙磬諧音簫韶雖古九奏在今導志和聲德音孔宣光我帝基協靈配乾儀刑六合化穆自宣如彼雲漢爲章于天熙熙萬類陶和當年擊轅中韶永世弗騫

後舞階步歌　齊辭

皇皇我后紹業盛明滌拂除穢宇宙載清允執中和以莅蒼生玄化遠被兆世軌形何以崇德乃作九成妍步恂恂雅曲芬馨八風清鼓應以祥禎澤浩天下功齊百靈

後舞凱容歌　宋辭

假樂聖后寔天誕德積美自中王猷四塞龍飛在天儀刑萬國欽明惟神臨朝淵默不言之化品物咸得告成于天銘勲

爲武王伐紂齊初仍舊不改宋舞名其舞人冠服亦相承用之古今樂録曰宋孝武改前舞爲凱容之舞後舞爲宣烈之舞何承天三代樂序云晉正德大豫舞蓋出於漢昭容禮容樂然則其聲節有古之遺音焉晉使郭瓊宋識等造正德大豫舞初不言因革昭業等兩舞承天空謂二容亶自無據按正德大豫二舞即出宣武宣文魏大武三舞也宣武魏昭武舞也宣文魏武始舞也魏改巴渝爲昭武五行曰大武今凱容舞執籥秉翟即魏武始舞也宣烈舞有矛弩有干戚矛弩漢巴渝舞也干戚周武舞也宋世止革其辭與名不變其舞舞相傳習至今不改瓊識所造正是雜用二舞以爲大豫爾夷蠻之樂

謂之階步韎賓廂作尋儀禮燕飲射三樂皆云
席工於西階上大師升自西階北面東上上一相者
坐受瑟乃降笙入立于縣中北面乃合樂工歌
鹿鳴四牡周南今古謂之階步而承天又以爲
出樂俱失之矣

天挺聖哲三方維綱川嶽伊寧三光耀重光茂育萬物衆庶咸
康道用潛通仁施遐揚德厚巛極功高昊蒼舞象盛容德以
歌章八音既節龍躍鳳翔皇基永樹二儀等長

前舞凱容歌　宋辭

南齊書樂志曰宋前後舞歌二章齊微改革多
仍舊辭宣烈舞執干戚用魏武始舞冠服凱容
舞執羽籥用魏咸熙舞冠服宋以凱容繼韶爲
文舞據韶爲言宣烈即是古之大武今世諺呼

穆自然如彼雲漢爲章于天熙熙萬類陶和當年擊轅中韶永世弗騫

後舞歌

假樂聖后寔天誕德積美自中王猷四塞龍飛在天儀刑萬國欽明惟神臨朝淵默不言之化品物咸德告成于天銘勳是勒翼翼厥猷亹亹其仁順命創制因定和神海外有截九圍無塵冕旒司契垂拱臨民乃舞大豫欽若天人純嘏孔休萬載彌新

齊前後舞歌

前舞階步歌　齊辭

隋書樂志曰近代舞出入皆作樂謂之階步咸用肆夏至梁去之隋復用焉即周官所謂樂出入奏鐘鼓也古今樂録曰何承天云今舞出樂

宋書樂志曰武帝永初元年改晉正德舞曰前舞大豫舞曰後舞並鞞賓廂作孝武孝建二年九月建平王宏議以爲舞不更名直爲前後二舞依據昔代義舛事乖宜釐改權稱以凱容爲韶舞宣烈爲武舞祖宗廟樂揔以德爲名若廟非不毀則樂舞別稱猶漢高文武咸有嘉號惠景二主樂無餘名章皇太后廟唯奏文樂明婦人無武事也郊祀之樂無復別名仍同宗廟而已詔如宏議

前舞歌

於赫景明天監是臨樂來伊陽禮作惟陰歌自德富舞由功深庭列宮縣陛羅瑟琴翿籥繁會笙磬諧音簫韶雖古九成在今導志和聲德音孔宣光我帝基協靈配乾儀刑六合化

正德舞歌

曰皇上天玄鑒惟光神器周回五德代章祚命于晉世有哲王弘濟區夏陶甄萬方大明垂耀旁燭無疆蚩蚩庶類風德永康皇道惟清禮樂斯經金石在縣萬舞在庭象容表慶協律被聲軼武超濩取節六韺同進退讓化漸無形大和宣洽通于幽冥

大豫舞歌

惟天之命符運有歸赫赫大晉三后重暉繼明紹世光撫九圍我皇紹期遂在琁璣羣生屬命奄有庶邦愼徽五典玄教遐通萬方同軌率土咸雍受制大豫宣德舞功醇化既穆王道協隆仁及草木惠加昆蟲億兆夷人悦仰皇風丕顯大業永世彌崇

宋前後舞歌　王韶之

正德舞歌

人文垂則盛德有容聲以依詠舞以象功干戚發揮節以笙鏞羽籥雲會翊宣令蹤敷美盡善允協時邕煥炳其章光乎萬邦萬邦洋洋承我晉道配天作享元命有造上化如風民應如草穆穆斌斌形于綴兆文武旁作慶流四表無競維烈永世是紹

大豫舞歌

豫順以動大哉惟時時邁其仁世載邕熙兆我區夏宣文是基大業惟新我皇隆之重光累暉欽明文思迄用有成惟晉之祺穆穆聖皇受命既固品物咸寧芳烈雲布文教旁通篤以淳素玄化洽暢被之暇豫作樂崇德同美韶濩濬邈幽遐式遵王度

晉正德大豫舞歌　張華

玄衣裳白領袖絳領袖中衣絳合幅袴絳袜黑韋鞮咸熙舞者冠委貌其餘服如前奏於朝廷則武始舞者武冠赤介幘生絳袍單衣絳領袖皁領袖中衣虎文畫合幅袴白布袜黑韋鞮咸熙舞者進賢冠黑介幘生黃袍單衣白合幅袴其餘服如前晉相承用之

正德舞歌

天命有晉光濟萬國穆穆聖皇文武惟則在天斯正在地成德載韜攻刑載崇禮敎我敷玄化臻於中道

大豫舞歌

於鑠皇晉配天受命熙帝之光世德惟聖嘉樂大豫保祐萬姓淵兮不竭沖而用之先帝弗違虔奉天時

晉正德大豫舞歌　荀勖

皆相襲以明功德光武皇帝撥亂中興武功盛大廟樂舞宜曰大武之舞其文始五行之舞如故勿進武德舞詔曰如驃騎將軍議進武德之舞如故

於穆世廟肅雍顯清俊乂翼翼秉文之成越序上帝駿奔來寧建立三雍封禪泰山章明圖讖放唐之文休矣惟德罔射協同本支百世永保厥功

晉正德大豫舞歌　傅玄

宋書樂志曰晉武帝泰始九年荀勗典知樂事使郭瓊宋識等造正德大豫之舞而勗及傅玄張華又各造舞歌咸寧元年詔定祖宗之號而廟樂同用正德大豫舞初魏明帝景初元年造武始咸熙二舞祀郊廟武始舞者平冕黑介幘

至秦唯餘韶武而已始皇二十六年改周大武舞曰五行漢高祖四年造武德舞舞人悉執干戚以象天下樂已行武以除亂也六年改舜韶舞曰文始以示不相襲也文帝又造四時舞以明天下之安和蓋樂先王之樂者明有法也樂已所自作者明有制也孝景採武德舞作昭德舞薦之太宗之廟孝宣採昭德舞爲盛德舞薦之世宗之廟漢書禮樂志曰高廟奏武德文始五行之舞孝文廟奏昭德文始四時五行之舞孝武廟奏盛德文始四時五行之舞諸帝廟皆常奏文始四時五行舞大抵皆因秦舊事焉東觀漢記曰明帝永平三年八月公卿奏世祖廟舞名東平王蒼議以爲漢制宗廟各奏其樂不

坐周召之治也武始而北出再成而滅商三成而南四成而南國是疆五成而分周公左召公右六成復綴以崇天子夾振之而四伐盛威於中國也分夾而進事蚤濟也久立於綴以待諸侯之至也故季札觀樂見舞象箾南籥者曰美哉猶有憾見舞大武者曰美哉周之盛也其若此乎其後成王以周公爲有勳勞命魯公世世祀周公以天子禮樂升歌清廟下管象武朱干玉戚冕而舞大武皮弁素積裼而舞大夏以廣魯於天下也自漢巳後又有廟舞各用於其廟凡此皆雅舞也

後漢武德舞歌詩　東平王蒼

一曰世祖廟登歌宋書樂志曰周存六代之樂

此風絕矣

雅舞

雅舞者郊廟朝饗所奏文武二舞是也古之王者樂有先後以揖讓得天下則先奏文舞以征伐得天下則先奏武舞各尚其德也黃帝之雲門堯之大咸舜之大韶禹之大夏文舞也殷之大濩周之大武武舞也周存六代之樂至秦唯餘韶武漢魏已後咸有改革然其所用文武二舞而已名雖不同不變其舞故古今樂錄曰自周以來唯改其辭示不相襲未有變其舞者也然自雲門而下皆有其名而云其容獨大武之制存而可考樂記曰樂者象成者也摠干而山立武王之事也發揚蹈厲太公之志也武亂皆

儀也周官舞師掌教兵舞帥而舞山川之祭祀教帗舞帥而舞社稷之祭祀教羽舞帥而舞四方之祭祀教皇舞帥而舞旱暵之事樂師亦掌教國子小舞自漢以後樂舞寖盛故有雅舞有雜舞雅舞用之郊廟朝饗雜舞用之宴會晉傅玄又有十餘小曲名爲舞曲故南齊書載其辭云獲罪於天北徙朔方墳墓誰掃超若流光疑非宴樂之辭未詳其所用也前世樂飲酒酣必自起舞詩云屢舞僊僊是也故知宴樂必舞但不宜屢爾譏在屢舞不譏舞也漢武帝樂飲長沙定王起舞是也自是已後尤重以舞相屬所屬者代起舞猶世飲酒以杯相屬也灌夫起舞以屬田蚡晉謝安舞以屬桓嗣是也近世以來

問羽數於衆仲衆仲對曰天子用八諸侯六大夫四士二舞所以節八音而行八風故自八而下於是初獻六羽始用六佾也杜預以爲六六三十六人而沈約非之曰八音克諧然後成樂故必以八人爲列自天子至士降殺以兩兩者減其二列爾預以爲一列又減二人至士止餘四人豈復成樂服虔謂天子八八諸侯六八大夫四八士二八於義爲允也周有六舞一曰帗舞二曰羽舞三曰皇舞四曰旄舞五曰干舞六曰人舞帗舞者析五綵繒若漢靈星舞子所持是也羽舞者析羽也皇舞者雜五綵羽如鳳皇色持之以舞也旄舞者氂牛之尾也干舞者兵舞持盾而舞也人舞者無所執以手袖爲威

樂府詩集卷第五十二

太原郭　茂倩　編次

舞曲歌辭

通典曰樂之在耳者曰聲在目者曰容聲應乎耳可以聽知容藏於心難以貌觀故聖人假干戚羽旄以表其容發揚蹈厲以見其意聲容選和而後大樂備矣詩序曰詠歌之不足不知手之舞之足之蹈之然樂心內發感物而動不覺手之自運歡之至也此舞之所由起也舞亦謂之萬禮記外傳曰武王以萬人同滅商故謂舞爲萬商頌曰萬舞有奕則殷已謂之萬矣魯頌曰萬舞洋洋衞詩曰公庭萬舞然則萬亦舞之名也春秋魯隱公五年考仲子之宮將萬焉因

唐李白曰梁之雅歌有五篇今作一章按梁雅

歌無君道曲疑應王受圖曲是也

大君若天覆廣運無不至軒后爪牙常先太山稽如心之使臂小白鴻翼於夷吾劉葛魚水本無二士扶可成牆積德爲厚地

樂府詩集卷第五十一

積惡在人猶酖處腹酖成形亡惡積身覆殷辛再離温舒五族責必及嗣財豈潤屋斯川既往逝命不復鑄茲餘殃幸脩多福

積善篇

惟德是輔皇天無親抱獄歸舜捨財去邠豚魚懷信行葦留仁先世有作餘慶方因鳴玉承家錫珪于民連城非重積善爲珍

宴酒篇

記稱成禮詩詠飽德卜晝有典厭夜不忒彝酒作民樂飲虧則腐腹遺喪濡首亡國誓彼六馬去茲三惑占言孔昭以求温克

梁雅歌

君道曲　李白

醴和金液還將天地俱

梁雅歌

古今樂錄曰梁有雅歌五曲一曰應王受圖曲二曰臣道曲三曰積惡篇四曰積善篇五曰宴酒篇三朝樂第十五奏之

應王受圖荷天革命樂已功成禮云治定恩弘庇臣念昭率性迺眷三才以宜八政愧無則哲臨淵自鏡或戒面從永隆福慶

臣道曲

孝義相化禮讓爲風當官無媚嗣民必公謙謙君子謇謇匪躬諒而不訐和而不同誠之誠之去驕思沖弘茲大雅是曰至忠

積惡篇

鳳皇曲　李白

嬴女吹玉簫吟弄天上春青鸞不獨去更有攜手人影滅綵雲斷遺聲落西秦

簫史曲　鮑照

簫史愛少年嬴女吞童顏火粒願排棄霞好怱登攀龍飛逸天路鳳起出秦關身去長不返簫聲時往還

同前　齊張融

引響猶天外吟聲似地中戴　喿落景龍歎清霄風

同前　陳江揔

弄玉秦家女簫史仙處童來時免月照去後鳳樓空密笑開還斂浮聲咽更通相期紅粉色飛向紫煙中

方諸曲　陳謝燮

望仙室仰雲光繩河裏扇月傍井公能六著玉女善投壺纔

胡雞犬鳴舞飛帝鄉淋灕颯沓進退成行能胡歌獻漢酒跪雙膝並兩肘散花指天舉素手拜龍顏獻聖壽北斗戾南山摧天子九九八十一萬歲長傾萬歲一作年杯

同前　唐李賀

飛香走紅滿天春花龍盤盤上紫雲三千宮女列金屋一作綵女別金屋五十弦瑟海上聞大江碎碎銀沙路嬴女機中斷煙素斷煙素縫舞衣八月一日君前舞

鳳臺曲　唐王無競

鳳臺何逶迤嬴女管參差一旦綵雲至身去無還期遺曲此臺上世人多學吹一吹一落淚至今憐玉姿

同前　李白

嘗聞秦帝女傳得鳳皇聲是日逢仙子當時別有情人吹彩簫去天借綠雲迎曲一作心在身不返空餘弄玉名

老胡寄篋中復有奇樂章齎持數萬里願以奉聖皇乃欲次第說老耄多所忘但願明陛下壽千萬歲歡樂未渠央

同前　　李白

金天之西白日所沒康老胡雛生彼月窟巉巖容儀戍削風骨碧玉炅炅雙目瞳黃金拳拳兩鬢紅華蓋垂下睫嵩岳臨上脣不覩譎詭貌豈知造化神大道是文康之嚴父元氣乃文康之老親撫頂弄盤古推車轉天輪云見日月初生時鑄冶火精與水銀陽烏未出谷顧兔半藏身女媧戲黃土團作愚下人散在六合間濛濛若沙塵生死了不盡誰明此胡是仙眞西海栽若木東溟植扶桑別來幾多時枝葉萬里長中國有七聖半路頹鴻荒陛下應運起龍飛入咸陽赤眉立盆子白水興漢光叱咤四海動洪濤爲簸揚舉足蹋紫微天關自開張老胡感至德東來進仙倡五色師子九苞鳳皇是老

右七曲

上雲樂

上雲樂　梁周捨

西方老胡厥名文康遨遊六合傲誕三皇西觀濛氾東戲扶桑南泛大蒙之海北至無通之鄉昔與若士爲友共弄彭祖扶牀往年暫到崑崙復值瑤池舉觴周帝迎以上席王母贈以玉漿故乃壽如南山志若金剛青眼貿貿白髮長長蛾眉臨髭高鼻垂口非直能俳又善飲酒簫管鳴前門徒從後濟濟翼翼各有分部鳳皇是老胡家雞師子是老胡家狗階下撥亂反正再朗三光澤與雨施化與風翔覘雲候呂志遊大梁重駟修路始屆帝鄉伏拜金闕仰瞻玉堂從者小子羅列成行悉知廉節皆識義方歌管愔愔鏗鼓鏘鏘響震鈞天聲若鵷皇前却中規矩進退得宮商舉技無不佳胡舞最所長

方諸上上雲人業守仁撳金集瑤池步光禮玉晨霞蓋容長
肅清虛伍列真

玉龜曲

古今樂録曰玉龜曲和云可憐遊戲來

玉龜山真長仙九光耀五雲生交帶要分影大華冠晨纓者
（一作壽）如玄羅出入遊太清

金丹曲

古今樂録曰金丹曲和云金丹會可憐乘白雲

紫霜耀絳雪飛追以還轉復飛九真道方微千年不傳一傳
裔雲衣

金陵曲

勾曲仙長樂遊洞天巡會迹六門揖玉板登金門鳳泉迴肆
鷺羽降尋雲鷺羽一流芳芬鬱氛氳

古今樂録曰鳳臺曲和云上雲眞樂萬春

鳳臺上兩悠悠雲之際神光朝天極華蓋過延州羽衣昱耀春吹去復留

桐柏曲

古今樂録曰桐柏曲和云可憐眞人遊

桐柏眞昇帝賔戲伊谷遊洛濵參差列鳳管容與起梁塵望不可至徘徊謝時人

方丈曲

方丈上崚層雲挹八玉御三雲金書發幽會碧簡吐玄門至道虛凝冥然共所遵

方諸曲

古今樂録曰方諸曲三洲韻和云方諸上可憐歡樂長相思

房與杜魏公姚公宋開府盡向天上仙宮閑處坐何不却辭
上帝下下土忍見蒼生苦苦苦

朝雲引　唐郎大家宋氏

巴西巫峽指巴東朝雲觸石上朝空巫山巫峽高何已行雨行
雲一時起一時起三春暮若言來且就陽臺路

上雲樂　梁武帝

古今樂錄曰上雲樂七曲梁武帝製以代西曲
一曰鳳臺曲二曰桐柏曲三曰方丈曲四曰方
諸曲五曰玉龜曲六曰金丹曲七曰金陵曲按
上雲樂又有老胡文康辭周捨作或云范雲隋
書樂志曰梁三朝第四十四設寺子導安息孔
雀鳳皇文鹿胡舞登連上雲樂歌舞伎

鳳臺曲

陽春曲

芣苡生前逕含桃落小園春心自搖蕩百舌更多言

同前　唐溫庭筠

雲母空窗曉煙薄香昬龍氣凝輝閣霏霏霧雨杏花天簾外春威著羅幕曲欄伏檻金麒麟沙苑芳郊連翠茵廐馬何能齧芳草路人不敢隨流塵

同前　唐莊南傑

紫錦紅囊香滿風金鸞玉軾搖丁冬沙鷗白羽翦晴碧野桃紅豔燒春空芳草緜延鑠平地壠蝶雙雙舞幽翠鳳叫龍吟白日長落花聲底仙娥醉

同前　唐僧貫休

爲口莫學阮嗣宗不言是非非至公爲手須似朱雲輩折檻英風至今在男兒結髮事君親須斆前賢多慷慨歷數雍熙

同前　　檀約

青春獻初歲白雲映彫梁蘭萌猶自短柳葉未能長已見紅花發復聞緑草香乘此試遊衍誰知心獨傷

同前　　陳顧野王

春草正芳菲重樓啓曙扉銀鞍俠客至柘彈婉童歸池前竹葉滿井上桃花飛薊門寒未歇爲斷流黃機

同前　　隋柳顧言

春鳥一轉有千聲春花一叢千種名旅人無語坐簷楹思鄉懷土志難平唯當文共酒暫與興相迎

同前　　唐李白

長安白日照春空緑楊結煙桑裊風披香殿前花始紅流芳發色繡户中繡户中相經過飛鸞皇后輕身舞紫宫夫人絶世歌聖君三萬六千日歲歲年年柰樂何

採菱不顧馬上郎爭多逐勝紛相向時轉蘭橈破輕浪長壤弱袂動參差釵影釗文浮蕩漾笑語哇咬顧晚暉蓼花緑岸扣舷歸歸來共到市橋步野蔓繫船萍滿衣家家竹樓臨廣陌下有連檣多估客攜觴薦芰夜經過醉踏大堤相應歌屈平祠下沅江水月照寒波白煙起一曲南音此地聞長安北望三千里

陽春歌　　宋吴邁遠

百里望咸陽知是帝京域緑樹搖雲光春城起風色佳人愛華景流靡園塘側妍姿豔月映羅衣飄蟬翼宋玉歌陽春巴人長歎息雅鄭不同賞那令君愴惻生重受惠輕私自憐何極

同前　　梁吴均

紫茖初泛水連緜浮且没若欲歌陽春先歌青樓月

同前二首　梁江洪

風生綠葉聚，波動紫莖開。含花復含實，正待佳人來。

白日和清風，輕雲雜高樹。忽然當此時，採菱復相遇。

同前　梁徐勉

相攜及嘉月，採菱渡北渚。微風吹櫂歌，日暮相容與。采采不能歸，望望方延佇。儻逢遺佩人，預以心相許。

同前　唐儲光羲

濁水菱葉肥，清水菱葉鮮。義不游濁水，志士多苦言。潮沒具區藪，潦深雲夢田。朝隨北風去，暮逐南風還。浦口多漁家，相與邀我船。飯稻以終日，羹蓴將永年。方冬水物窮，又欲休山樊。盡室相隨從，所貴無憂患。

採菱行　唐劉禹錫

白馬湖平秋日光，紫菱如錦綵鸞（一作鴛）翔。盪舟遊女滿中央

採菱曲　梁簡文帝

菱花落復含桑女罷新蠶桂棹浮星艇徘徊蓮葉南

同前　梁陸罩

參差雜荇枝田田競荷密轉葉任香風舒花影流日戲鳥波中蕩游魚菱下出不與文王嗜着持比萍實

同前　梁費昶

妾家五湖口采菱五湖側玉面不關妝雙眉本翠色日斜天欲暮風生浪未息宛在水中央空作兩相憶

同前　梁江淹

秋日心容與涉水望碧蓮紫菱亦可采試以緩愁年參差萬葉下泛漾百流前高彩隘通壑香氣麗廣川歌出櫂女曲舞入江南弦乘黿非逐俗駕鯉乃懷仙衆美信如此無恨在清泉

樂府詩集卷第五十一

太原郭　茂倩　編次

清商曲辭

江南弄下

採菱歌七首　　宋鮑照

鶩舲馳桂浦，息棹偃椒潭。簫弄澄湘北，菱歌清漢南。（一作弄弦瀟湘北歌菱清漢南）

弭榜搴蕙荑，停唱納薰若。含傷拾泉花，縈念採雲萼。

睽闊逢暄新，悽怨值妍華。秋心殊不那（一作秋心不可蕩），春思亂如麻。

要豔雙嶼裏，望美兩洲間。裊裊風出浦，沉沉日向山。

煙曀越嶂深，箭迅楚江急。空抱琴心悲，徒望弦開泣。

緘歎凌珠淵，收慨上金堤。春芳行歇落，是人方未齊。

思今懷近憶，望古懷遠識。懷古復懷今，長懷無終極。

鳳吹笙曲　李白

仙人十五愛吹笙學得崑丘彩鳳鳴始聞鍊氣餐金液復道朝天赴玉京玉京迢迢幾千里鳳笙去去無邊巳欲歎離聲發絳脣更嗟別調流纎指此時惜別詎堪聞此地相看未忍分重吟真曲和清吹却奏仙歌響緑雲緑雲紫氣向函關訪道應尋緱氏山莫學吹笙王子晉一遇浮丘斷不還

樂府詩集卷第五十

人咸推能掌上舞侶嘗自造採蓮棹歌兩曲甚有新致樂府謂之張靜婉採蓮曲其後所傳頗失故意

蘭膏墜髮紅玉春燕釵拖頸拋盤雲城西（一作邊）楊柳向嬌晚門前溝水波潾潾麒麟公子朝天客珮馬璫璫度春陌掌中無力舞衣輕薊斷鮫綃破春碧抱月飄煙一尺腰麝臍龍髓憐嬌饒秋羅拂衣碎光動露重花多香不銷鸂鶒膠膠塘水滿綠萍如粟（一作綠芒金粟）蓮莖短一夜西風送雨來粉痕零落愁紅淺船頭折藕絲暗牽藕根蓮子相留連郎心似月月易（一作未）缺十五十六清光圓

鳳笙曲　唐沈佺期

憶昔王子晉鳳笙遊雲空揮手弄白日安能戀青宮豈無嬋娟子結念羅帳中憐壽不貴色身世兩無窮

玆期悵望別離時牽花憐共蔕折藕愛連絲故情何處所新物徒華滋不惜南津交佩解還羞北海鴈書遲採蓮歌有節採蓮夜未歇正逢浩蕩江上風又值徘徊江上月蓮浦夜相逢吳姬越女何丰茸共問寒江千里外征客關山更幾重

採蓮女　唐閻朝隱

採蓮女採蓮舟春日春江碧水流蓮衣承玉釧蓮刺罥銀鉤薄暮斂容歌一曲氛氳香氣滿汀洲

湖邊採蓮婦　李白

小姑織白紵未解將人語大嫂採芙蓉溪湖千萬重長兄行不在莫使外人逢願學秋胡婦貞心比古松

張靜婉採蓮曲　唐溫庭筠

梁書曰羊侃性豪侈善音律姬妾列侍窮極奢侈有舞人張靜婉容色絕世腰圍一尺六寸時

同前　唐白居易

菱葉縈波荷颭風荷花深處小船通逢郎欲語低頭笑碧玉搔頭落水中

同前　唐僧齊已

越溪女越江蓮齊菡萏雙嬋娟嬉遊何處採摘且同船浩發容與清波生漪漣時逢島嶼泊幾共鴛鴦眠襟袖既盈溢馨香亦相傳薄暮歸去來苧羅生碧煙

採蓮歸　王勃

採蓮歸綠水芙蓉衣秋風起浪鳧鴈飛桂棹蘭橈下長浦羅裙玉腕搖輕櫓葉嶼花潭極望平江謳越吹相思苦相思苦佳期不可駐塞外征夫猶未還江南採蓮今已暮今已暮摘蓮花今渠那必盡倡家官道城南把桑葉何如江上採蓮花蓮花復蓮花花葉何重疊葉翠本羞眉花紅彊如頰佳人不

淺渚荷花繁深塘菱葉疏獨往方自得恥邀淇上姝廣江無術阡大澤絕方隅浪中海童語流下鮫人居春鴈時隱舟新荷復滿湖采采乗日暮不思賢與愚

同前二首　唐鮑溶

弄舟揭來南塘水荷葉映身摘蓮子暑衣清淨鴛鴦喜作浪舞花驚不起殷勤護惜纖纖指水菱初熟多新刺

採蓮揭來水無風蓮潭如鏡松如龍夏衫短袖交斜紅豔歌笑鬬新芙蓉戲魚住聽蓮花東

同前　唐張籍

秋江岸邊蓮子多採蓮女兒凭船歌青房圓實齊戢戢爭前競折蕩漾波試索綠莖不尋藕斷處絲多刺傷手白練束腰袖半卷不插玉釵妝梳淺船中未滿度前洲借問誰家家住遠歸時共待暮潮上自弄芙蓉還蕩槳

同前三首　唐王昌齡

吳姬越豔楚王妃，爭弄蓮舟水濕衣。來時浦口花迎入，採罷江頭月送歸。

荷葉羅裙一色裁，芙蓉向臉兩邊開。亂入池中看不見，聞歌始覺有人來。

越女作桂舟，還將桂爲檝。湖上水渺漫，清江初可涉。摘取芙蓉花，莫摘芙蓉葉。將歸問夫壻，顏色何如妾。

同前二首　唐戎昱

雖聽採蓮曲，詎識採蓮心。漾檝愛花遠，回船愁浪深。煙生極浦色，日落半江陰。同侶憐波靜，看妝墮玉簪。

涔陽女兒花滿頭，毵毵同泛木蘭舟。春風日暮南湖裏，爭唱菱歌不肯休。

同前　唐儲光羲

荇亂船進倚荷來藕結牽作縷蓮葉捧成杯

同前　唐崔國輔

玉溆花紅發金塘水碧流相逢畏相失並著採蓮舟

同前　唐徐彥伯

妾家越水邊搖艇入江煙既覓同心侶復採同心蓮折藕絲能脆開花葉正圓春歌弄明月歸棹落花前

同前　唐李白

若耶溪傍採蓮女笑隔荷花共人語日照新妝水底明風飄香袖空中舉岸上誰家遊冶郎三三五五映垂楊紫騮嘶入落花去見此踟躕空斷腸

同前　唐賀知章

稽山罷霧鬱嵯峨鏡水無風也自波莫言春度芳菲盡別有中流採芰荷

風遠蓮影向根生葉卷珠難溜花舒紅易傾日暮凫舟滿歸
來渡錦城
錦帶雜花鈿羅衣垂綠川問子今何去出採江南蓮遼西三
千里欲寄無因緣願君早旋返及此荷花鮮

同前　　陳後主

相催暗中起妝前日已光隨宜巧注口薄落點花黃風住疑
衫密船小畏裾長波文散動檝茭花拂度航低荷亂翠影採
袖新蓮香歸時會被喚且試入蘭房

同前　　隋盧思道

曲浦戲妖姬輕盈不自持擎荷愛圓水折藕弄長絲珮動裙
風入妝銷粉汗滋菱歌惜不唱須待暝歸時

同前　　隋殷英童

蕩舟無數伴解纜自相催汗粉無庸拭風裾隨意開棹移浮

碧玉小家女，來嫁江南王。蓮花亂臉色，荷葉雜衣香。因持薦君子，願襲芙蓉裳。

同前　梁劉孝威

金槳木蘭船，戲採江南蓮。蓮香隔浦渡，荷葉滿江鮮。房垂易入手，柄曲自臨盤。露花時濕釧，風莖乍拂鈿。

同前　梁朱超

豔色前後發，緩檝去來遲。看妝礙荷影，洗手畏菱滋。摘除蓮上葉，拕出藕中絲。湖裏人無限，何日滿船時。

同前　梁沈君攸

平川映曉霞，蓮舟泛浪華。衣香隨岸遠，荷影向流斜。度手牽長柄，轉檝避疎花。還船不畏滿，歸路詎嫌賒。

同前二首　梁吴均

江南當夏清，桂檝逐流縈。初疑京兆劔，復似漢冠名。荷香帶

江南弄巫山連楚夢行雨行雲幾相送瑤軒金谷上春時玉童仙女無見期紫露香煙眇難託清風明月遙相思遙相思草徒綠爲聽雙飛鳳皇曲

同前　唐李賀

江中綠霧起涼波天上疊巘紅嵯峨水風浦雲生老竹渚暝蒲帆如一幅鱸魚千頭酒百斛酒中倒卧南山綠吳歈越吟未終曲江上團團帖寒玉

採蓮曲二首　梁簡文帝

晚日照空磯採蓮承晚暉風起湖難度蓮多摘未稀棹動芙蓉落舷移白鷺飛荷絲傍繞腕菱角遠牽衣

常聞蕖可愛採擷欲爲裙葉滑不留綖心忙無假薰千春誰與樂唯有妾隨君

同前　梁元帝

者其始曰下里巴人國中屬而和者千人其爲陽陵採薇國中屬而和者數百人其爲陽春白雪國中屬而和者數十人而已也引商刻角雜以流徵國中屬而和者不過數人是以其曲彌高其和彌寡然則陽春所從來亦遠矣樂府解題曰陽春傷也

楊柳垂地鸎差池緘情忍思落容儀弦傷曲怨心自知心自知人不見動羅裙拂珠殿

朝雲曲

陽臺氤氳多異色巫山高高上無極雲來雲去長不息長不息夢來遊極萬世度千秋

江南弄

江南弄　唐王勃

採蓮曲

和云採蓮歸渌水好沾衣

桂櫂蘭橈浮碧水江花玉面兩相似蓮疎藕折香風起香風起白日低採蓮曲使君迷

江南弄四首　梁沈約

趙瑟曲

邯鄲奇弄出文梓縈弦急調切流徵玄鶴徘徊白雲起白雲起鬱披香離復合曲未央

秦箏曲

羅袖飄纚拂雕桐促柱髙張散輕宮迎歌度舞過歸風過歸風止流月壽萬春歡無歇

陽春曲

劉向新序宋玉對楚威王問曰客有歌於郢中

於此

張樂陽臺歌上謁如寝如興芳晻曖容光既豔復還没復還
没望不來巫山高心徘徊

右七曲

江南弄三首　梁昭明太子

江南曲

和云陽春路時使佳人度

枝中水上春併歸長楊掃地桃花飛清風吹人光照衣光照
衣景將夕擲黃金留上客

龍笛曲

和云江南弄真能下翔鳳

金門玉堂臨水居一嚬一笑千萬餘遊子去還願莫疎願莫
疎意何極雙鴛鴦兩相憶

朝雲曲

古今樂録曰朝雲曲和云徙倚折耀華宋玉高唐賦序曰楚襄王與宋玉遊雲夢之臺望高唐之觀獨有雲氣變化無窮王問玉曰此何氣也玉曰所謂朝雲也王曰何謂朝雲也玉曰昔者先王嘗遊高唐怠而晝寢夢見一婦人曰妾巫山之女也爲高唐之客聞君遊高唐願薦枕席王因幸之去而辭曰妾在巫山之陽高丘之阻旦爲朝雲暮爲行雨朝朝暮暮陽臺之下旦朝視之如言故爲立廟號曰朝雲酈道元水經注曰巫山者帝女居焉宋玉謂帝之季女名曰瑤姬未行而亡封于巫山之臺精魂爲草實謂靈芝所謂巫山之女高唐之姬也朝雲曲蓋取

希有如玉江南弄採蓮曲

鳳笙曲

古今樂録曰鳳笙曲和云弦吹席長袖善留客

緑耀尅碧彫琯笙朱脣玉指學鳳鳴流速參差飛且停飛且停在鳳樓弄嬌響間清謳

採菱曲

古今樂録曰採菱曲和云菱歌女解佩戲江陽

江南稚女珠腕繩金翠搖首紅顏興桂棹容與歌采菱歌采菱心未怡翳羅袖望所思

遊女曲

古今樂録曰遊女曲和云當年少歌舞承酒笑

氛氲蘭麝體芳滑容色玉耀眉如月珠佩婐婉戲金闕戲金闕遊紫庭舞飛閣歌長生

衆花雜色滿上林舒芳耀綠垂輕陰連手躞蹀舞春心舞春心臨歲腴中人望獨踟躕

龍笛曲

古今樂録曰龍笛曲和云江南音一唱直千金馬融長笛賦曰近世雙笛從羌起羌人伐竹未及已龍鳴水中不見已截竹吹之聲相似然則龍笛曲蓋因聲如龍鳴而名曲

美人綿眇在雲堂雕金鏤竹眠玉牀婉愛寥亮繞紅梁繞紅梁流月臺駐狂風鬱徘徊

採蓮曲

古今樂録曰採蓮曲和云採蓮渚窈窕舞佳人

遊戲五湖採蓮歸發花田葉芳襲衣爲君儂歌世所希世所

樂府詩集卷第五十

太原郭　茂倩　編次

清商曲辭

江南弄七首　　梁武帝

古今樂録曰梁天監十一年冬武帝改西曲製江南上雲樂十四曲江南弄七曲一曰江南弄二曰龍笛曲三曰採蓮曲四曰鳳笛曲五曰採菱曲六曰遊女曲七曰朝雲曲又沈約作四曲一曰趙瑟曲二曰秦箏曲三曰陽春曲四曰朝雲曲亦謂之江南弄云

江南弄

古今樂録曰江南弄三洲韻和云陽春路娉婷出綺羅

歡常長聲相近蓋樂人誤謂長爲常通典曰常

林歡蓋宋齊間曲

宜城酒熟花覆橋沙晴綠鴨鳴咬咬穠桑繞舍麥如尾幽軋

鳴機雙鸞巢馬聲特特荆門道蠻水揚光色如草錦薦金爐

夢正長東家啞喔雞鳴早

樂府詩集卷第四十九

天寒歲欲暮春秋及冬夏苦心停欲度折楊柳沉亂枕席間纏綿不覺久

閏月歌

成閏暑與寒春秋補小月念子無時閑折楊柳陰陽推我去那得有定主

常林歡　唐温庭筠

唐書樂志曰常林歡疑宋梁間曲宋梁之世荆雍爲南方重鎮皆皇子爲之牧江左辭詠莫不稱之以爲樂土故隨王誕作襄陽之歌齊武帝追憶樊鄧梁簡文帝樂府歌云分手桃林岸送別峴山頭若欲寄音信漢水向東流又曰宜城投酒今行熟停鞍繫馬暫棲宿桃林在漢水上宜城在荆州北荆州有長林縣江南謂情人爲

八月歌

迎歡裁衣裳日月流如水白露凝庭霜折楊柳夜聞擣衣聲
窈窕誰家婦

九月歌

甘菊吐黃花非無杯觴用當奈許寒何折楊柳授歡羅衣裳
含笑言不取

十月歌

大樹轉蕭索天陰不作雨嚴霜半夜落折楊柳林中與松柏
歲寒不相負

十一月歌

素雪任風流樹木轉枯悴松柏無所憂折楊柳寒衣履薄冰
歡詎知儂否

十二月歌

我與歡共取

四月歌

芙蓉始懷蓮何處覓同心俱生世尊前折楊柳捻香散名花

志得長相取

五月歌

菰生四五尺素身爲誰珍盛年將可惜折楊柳作得九子粽

思想勞歡手

六月歌

三伏熱如火籠窻開北牖與郎對榻坐折楊柳銅塸貯蜜漿

不用水洗溴

七月歌

織女遊河邊牽牛顧自歎一會復周年折楊柳攬結長命草

同心不相負

我昨憶歡時攬刀持自刺自刺分應死刀作離樓僻
陽春二三月諸花盡芳盛持底喚歡來花笑鶯歌詠
感郎崎嶇情不復自顧慮臂繩雙入結遂成同心去
右五曲
月節折楊柳歌
正月歌
春風尚蕭條去故來入新苦心非一朝折楊柳愁思滿腹中
歷亂不可數
二月歌
翩翩烏入鄉道逢雙鸞飛勞君看三陽折楊柳寄言語儂歡
尋還不復久
三月歌
汎舟臨曲池仰頭看春花杜鵑緯林啼折楊柳雙下俱徘徊

同前　　隋後主

青春上陽月結伴戲京華龍媒玉珂馬鳳軫繡香車水映臨橋樹風吹夾路花日昏歡宴罷相將歸狹斜

同前　　唐李白

君歌楊叛兒妾勸新豐酒何許最關人烏啼白門柳烏啼隱楊花君醉留妾家博山鑪中沉香火雙咽一氣凌紫霞

西烏夜飛

古今樂録曰西烏夜飛者宋元徽五年荆州刺史沈攸之所作也攸之舉兵發荆州東下未敗之前思歸京師所以歌和云白日落西山還去來送聲云折翅烏飛何處被彈歸

日從東方出團團雞子黃夫歸恩情重憐歡故在傍

蹔請半日給徙倚娘店前目作宴瑱飽腹作宛惱饑

兒古今樂録曰楊叛兒送聲云叛兒教儂不

復相思

截玉作手鉤七寶光平天繡沓織成帶嚴帳信可憐

暫出白門前楊柳可藏烏歡作沈水香儂作博山鑪

送郎乘艇子不作遭風慮横篙擲去槳願倒逐流去

七寶珠絡鼓教郎拍復拍黄牛細犢兒楊柳映松柏

歡欲見蓮時移湖安屋裏芙蓉繞牀生眠卧抱蓮子

聞歡遠行去送歡至新亭津邏無儂々

落秦中庭生誠知非好草龍頭相鉤連見枝如欲繞

楊叛西隨曲柳花經東陰風流隨遠近飄揚悶儂心

右八曲

同前　梁武帝

桃花如發紅芳草尚抽緑南音多有會偏重叛兒曲

銜淚出傷門壽陽去必還當幾載

右九曲

作蠶絲

古今樂録曰作蠶絲倚歌也

柔桑感陽風阿娜嬰蘭婦垂條付緑葉委體看女手

春蠶不應老晝夜常懷絲何惜微軀盡纏綿自有時

績蠶初成繭相思條女密投身湯水中貴得共成匹

素絲非常質屈折成綺羅敢辭機杼勞但恐花色多

右四曲

揚叛兒

唐書樂志曰楊伴兒本童謡歌也齊隆昌時女巫之子曰楊旻少時隨母入内及長為何后寵童謡云楊婆兒共戲來所歡 語訛遂成楊伴

問郎看好無

壽陽樂

古今樂録曰壽陽樂者宋南平穆王爲豫州所作也舊舞十六人梁八人按其歌辭蓋敘傷別望歸之思

可憐八公山在壽陽别後莫相忘
東臺百餘尺凌風雲别後不忘君
梁長曲水流明如鏡雙林與郎照
辭家遠行去空爲君明知歲月駛
籠窻取涼風彈素琴一歎復一吟
夜相思望不來人樂我獨愁
長淮何爛漫路悠悠得當樂忘憂
上我長瀨橋望歸路秋風停欲度

古今樂録曰白附鳩倚歌亦曰白浮鳩本拂舞曲也

石頭龍尾彎新亭送客者酤酒不取錢郎能飲幾許

右一曲

白浮鳩　梁吴均

琊琊白浮鳩紫翳飄　頭食飲東莞野樓宿越王樓

拔蒲

古今樂録曰拔蒲倚歌也

青蒲銜紫茸長葉復從風與君同舟去拔蒲五湖中

朝發桂蘭渚晝息桑榆下與君同拔蒲竟日不成把

右二曲

拔蒲歌　唐張祜

拔蒲來領郎鏡湖邊郎心在何處莫趂新蓮去拔得無心蒲

古今樂録曰平西樂倚歌也

我情與歡情二情感蒼天形雖胡越隔神交中夜闌

右一曲

攀楊枝

一曰攀楊枝古今樂録曰攀楊枝倚歌也樂苑曰攀楊枝梁時作

自從別君來不復著綾羅畫眉不注口施朱當柰何

右一曲

尋陽樂

古今樂録曰尋陽樂倚歌也

雞亭故儂去九里新儂還送一却迎兩無有暫時閑

右一曲

白附鳩

落落千丈松晝夜對長風歲暮霜雪時寒苦與誰雙

右一曲

雙行纏

古今樂録曰雙行纏倚歌也

朱絲繫腕繩眞如白雪凝非但我言好衆情共所稱

新羅繡行纏足趺如春妍他人不言好獨我知可憐

右二曲

黄督

古今樂録曰黄督倚歌也

喬客他鄉人三春不得歸願看楊柳樹已復藏班鵻

籠車度蹋衍故人求寄載催牛閉後戶無預故人事

右二曲

平西樂

陽春二三月相將舞翳樂曲曲隨時變持許豔郎目

人言揚州樂揚州信自樂揔角諸少年歌舞自相逐

右二曲

夜黃

古今樂録曰夜黃倚歌也

湖中百種鳥半雌半是雄鴛鴦逐野鴨恐畏不成雙

右一曲

夜度娘

古今樂録曰夜度娘倚歌也

夜來冒霜雪晨去履風波雖得敘微情柰儂身苦何

右一曲

長松標

古今樂録曰長松標倚歌也

陽春二三月草與水同色道逢遊冶郎恨不早相識

望歡四五年實情將懊惱願得無人處回身與郎抱

陽春二三月正是養蠶時那得不相怨其再孏儂來

將歡期三更合冥歡如何走馬放蒼鷹飛馳赴郎期

適聞梅作花花落已成子杜鵑繞林啼思從心下起

可憐景陽山苕苕百尺樓上有明天子麟鳳戲中遊

右八曲

翳樂

古今樂録曰翳樂一曲倚歌二曲舞十六人梁八人

人生歡愛時少年新得意一旦不相見輒作煩冤思

右一曲

同前

江陵三千三何足持作遠書疏數知聞莫令信使斷

聞歡下揚州相送江津彎願得篙櫓折交郎到頭還

篙折當更覓櫓折當更安各自是官人那得到頭還

百思纒中心顦顇爲所歡與子結終始折約在金蘭

右六曲

孟珠

一曰丹陽孟珠歌古今樂録曰孟珠十曲二曲

倚歌八曲舊舞十六人梁八人

人言孟珠富信實金滿堂龍頭銜九花玉釵明月璫

陽春二三月草與水同色攀條摘香花言是歡氣息

右二曲

人言春復著我言未渠央暫出後湖看蒲菰如許長

揚州石榴花摘插雙襟中葳蕤當憶我莫持豔他儂

來羅

古今樂録曰倚歌也

鬱金黄花標下有同心草草生日巳長人生日就老
君子防未然莫近嫌疑邊瓜田不躡履李下不正冠
故人何怨新切少必求多此事何足道聽我歌來羅
白頭不忍死心愁皆敖然遊戲泰始世一日當千年

右四曲

那呵灘

古今樂録曰那呵灘舊舞十六人梁八人其和云郎去何當還多敘江陵及揚州事那呵蓋灘名也

我去只如還終不在道邊我苦在道邊良信寄書還
沿江引百丈一濡多一艇上水郎檐篙何時至江陵

安東平

古今樂録曰安東平舊舞十六人梁八人

凄凄烈烈北風爲雪船道不通步道斷絶

吴中細布闊幅長度我有一端與郎作袴

微物雖輕拙手所作餘有三丈爲郎別厝

制爲輕巾以奉故人不持作好與郎拭塵

東平劉生復感人情與郎相知當解千齡

右五曲

女兒子

古今樂録曰女兒子倚歌也

巴東三峽猨鳴悲夜鳴三聲淚沾衣

我欲上蜀蜀水難蹋蹀珂頭腰環環

右二曲

借問湖中採菱婦蓮子青荷可得否
可憐白馬髙纓驄著地躑躅多徘徊
問君可憐六萌車迎取窈窕西曲娘
問君可憐下都去何得見君復西歸
齊唱可憐使人惑晝夜懷歡何時忘

右八曲

共戲樂

古今樂録曰共戲樂舊舞十六人梁八人

齊世方昌書軌同萬寓獻樂列國風
時泰民康人物盛腰鼓鈴柈各相競
長袖翩翩若鴻驚纖腰嫋嫋會人情
觀風採樂德化昌聖皇萬壽樂未央

右四曲

右四曲

青陽度

古今樂録曰青陽度倚歌凡倚歌悉用鈴鼓無弦有吹

隱機倚不織尋得爛漫絲成匹郎莫斷憶儂經絞時

碧玉擣衣砧七寶金蓮杵高舉徐徐下輕擣只爲汝

青荷蓋緑水芙蓉披紅鮮下有並根藕上生並目連

右三曲

青驄白馬

古今樂録曰青驄白馬舊舞十六人

青驄白馬紫絲韁可憐石橋根柏梁

汝忽千里去無常願得到頭還故鄉

繫馬可憐著長松遊戲徘徊五湖中

樂府詩集卷第四十九

太原郭　茂倩　編次

清商曲辭

西曲歌下

江陵樂

古今樂錄曰江陵樂舊舞十六人梁八人通典曰江陵古荆州之域春秋時楚之郢地秦置南郡晉爲荆州東晉宋齊以爲重鎮梁元帝都之有紀南城楚渚宫在焉

不復蹋踶人踶地地欲穿盆隘歡繩斷蹋壞絳羅裙

不復出場戲踶場生青草試作兩三回踶場方就好

陽春二三月相將蹋百草逢人駐步看揚聲皆言好

暫出後園看見花多憶子烏鳥雙雙飛儂歡今何在

蠶生春三月春桑正含綠女兒採春桑歌吹當春曲

冶遊採桑女盡有芳春色姿容應春媚粉黛不加飾

繫條採春桑採葉何紛紛採桑不裝鉤牽壞紫羅裙

語歡稍養蠶一頭養百塸奈當黑瘦盡桑葉常不周

春月採桑時林下與歡俱養蠶不滿百那得羅繡襦

採桑盛陽月綠葉何翩翩攀條上樹表牽壞紫羅裙

僞蠶化作繭爛熳不成絲徒勞無所獲養蠶持底爲

右七曲

樂府詩集卷第四十八

龍門紫金鞍翠毦白玉羈照耀雙闕下知是襄陽兒

同前　梁沈約

分手桃林岸望別峴山頭若欲寄音信漢水向東流

生長宛水上從事襄陽城一朝遇神武奮翼起先鳴

蹀鞚飛塵起左右自生光男兒得富貴何必在歸鄉

右六曲

採桑度

採桑度一曰採桑唐書樂志曰採桑因三洲曲而生此聲施也採桑度梁時作水經曰河水過屈縣西南爲採桑津春秋僖公八年晉里克敗狄于採桑是也梁簡文帝烏棲曲曰採桑渡頭礙黄河郎今欲渡畏風波古今樂録曰採桑度舊舞十六人梁八人即非梁時作矣

梅花不堪折李娘十六青絲髮畫帶雙花爲君結門前有路輕離別一作別離惟恐歸來舊香滅

襄陽蹋銅蹄　　梁武帝

隋書樂志曰梁武帝之在雍鎮有童謡云襄陽白銅蹄反縛揚州兒識者言白銅蹄謂金蹄爲馬也白金色也及義師之興實以鐵騎揚州之士皆面縛果如謡言故即位之後更造新聲帝自爲之詞三曲又令沈約爲三曲以被管弦古今樂録曰襄陽蹋銅蹄者梁武西下所製也沈約又作其和云襄陽白銅蹄聖德應乾來天監初舞十六人後八人

陌頭征人去閨中女下機含情不能言送别沾羅衣

草樹非一香花葉百種色寄語故情人知我心相憶

何如法雲奉荅天樂絶妙非膚淺所聞愚謂古
辭過質未審可改以不敕云如法師語音法雲
曰應歡會而有别離啼將别可改爲歡將樂故
歌歌和云三洲斷江口水從窈窕河傍流歡將
樂共來長相思舊舞十六人梁八人

送歡板橋彎相待三山頭遥見千幅帆知是逐風流
風流不暫停三山隱行舟願作比目魚隨歡千里遊
湘東酃醁酒廣州龍頭鐺玉樽金鏤椀與郎雙杯行

右三曲

同前　陳後主

春江聊一望細草遍長洲沙汀時起伏畫舸屢淹留

同前　唐温庭筠

團圓莫作波中月潔白莫爲枝上雪月隨波動碎潾潾雪似

同前　李賀

妾家住橫塘紅沙滿桂香青雲教綰頭上髻明月與作耳邊璫蓮風起江畔春大堤上留北人郎食鯉魚尾妾食猩猩脣莫指襄陽道緑浦歸帆少今日菖蒲花明朝楓樹老

大堤行　唐孟浩然

大堤行樂處車馬相馳突歳歳春草生踏青二三月王孫挾珠彈遊女矜羅襪攜手今莫同江花爲誰發

三洲歌

唐書樂志曰三洲商人歌也古今樂録曰三洲歌者商客數遊巴陵三江口往還因共作此歌其舊辭云啼將別共來梁天監十一年武帝於樂壽殿道義竟留十大德法師設樂敕人人有問引經奉荅次問法雲聞法師善解音律此歌

吐客貰酒逐神仙

大堤曲　唐張柬之

南國多佳人莫若大堤女玉床翠羽帳寶袜蓮花炬魂處自一作在目成色授開心許迢迢不可見日暮空愁予

同前　唐楊巨源

二八嬋娟大堤女開壚相對依江渚待客登樓向水看邀郎卷幔臨花語細雨濛濛濕芰荷巴東商侶挂帆多自傳芳酒涴紅袖誰調妍妝迴翠娥珍簟華燈夕陽後當壚理瑟矜纖手月落星微五鼓聲春風摇蕩窻前柳歲歲逢迎沙岸間北人多識緑雲鬟無端嫁與五陵少離别煙波傷玉顔

同前　李白

漢水臨一作横襄陽花開大堤暖佳期大堤下淚向南雲滿春風復無情吹我夢魂斷不見眼中人天長音信斷

庭寒月白如霜賈生十八稱才子空得門前一斷腸

雍州曲三首　梁簡文帝

通典曰雍州襄陽也禹貢荆河州之南境春秋時楚地魏武始置襄陽郡晉兼置荆河州宋文帝割荆州置雍州號南雍魏晉以來常爲重鎮齊梁因之

南湖荇葉浮復有佳期遊銀綸翡翠鉤玉軸芙蓉舟荷香亂衣麝橈聲送急流

北渚

岸陰垂柳葉平江含粉蝶好值城傍人多逢蕩舟妾緑水濺長袖浮苔染輕檝

大堤

宜城斷中道行旅極留連出妻工織素妖姬慣數錢炊彫留

惡見多情歡罷儂不相語莫作烏集林忽如提儂去

右九曲

同前　張祜

大堤花月夜長江春水流東風正上信春夜特來遊一作待郎遊

襄陽曲二首　唐崔國輔

蕙草嬌紅萼時光舞碧鷄城中美年少相見白銅鞮

少年襄陽地來往襄陽城城中輕薄子知妾解秦箏

同前　唐施肩吾

大堤女兒郎莫尋三三五五結同心清晨對鏡冶容色意欲取郎千萬金

同前　李端

襄陽堤路長草碧楊柳黃誰家女兒臨夜妝紅羅帳裏有燈光雀釵翠羽動明璫欲出不出脂粉香同居女伴正衣裳中

亦出於此簡文帝雍州十曲有大堤南湖北渚
等曲通典曰裴子野宋略稱晉安侯劉道產爲
襄陽太守有善政百姓樂業人戶豐贍蠻夷
順服悉緣沔而居由此歌之號襄陽樂蓋非
此也

朝發襄陽城暮至大堤宿大堤諸女兒花豔驚郎目

上水郎檐篙下水搖雙櫓四角龍子幡環環江當柱

江陵三千三西塞陌中央但問相隨否何計道里長

人言襄陽樂樂作非儂處乘星冒風流還儂揚州去

爛漫女蘿草結曲繞長松三春雖同色歲寒非處儂

黃鵠參天飛中道鬱徘徊腹中車輪轉歡今定憐誰

揚州蒲鍛環百錢兩三叢不能買將還空手攬抱儂

女蘿自微薄寄託長松表何惜負霜死貴得相纏繞

秋毫搖鉤伴懸衡錐刀既無棄轉化日已盈邀福禱波神施財遊化城妻約雕金釧女垂貫珠纓高貲比封君奇貨通倖卿趨時鶩鳥思藏鏹盤龍形大艑浮通川高樓次旗亭行止皆有樂關梁似無征農夫何爲者辛苦事寒耕

同前　唐劉駕

賈客燈下起猶言發已遲高山有疾路暗行終不疑寇盜伏其路猛獸來相追金玉四散去空囊委路歧揚州有大宅白骨無地歸少婦當此日對鏡弄花枝

襄陽樂

古今樂録曰襄陽樂者宋隨王誕之所作也誕始爲襄陽郡元嘉二十六年仍爲雍州刺史夜聞諸女歌謡因而作之所以歌和中有襄陽來夜樂之語也舊舞十六人梁八人又有大堤曲

走極使令大兒販材木巧識梁棟形小兒販鹽鹵不入州縣征一身偃市利突若截海鯨鉤距不敢下下則牙齒橫生爲估客樂判爾樂一生爾又生兩子錢刀何歲平

賈客樂　張籍

金陵向西賈客多船中生長樂風波欲發移船近江口船頭祭神各澆酒停杯共說遠行期入蜀經蠻遠別離金多衆中爲上客夜夜筭緡眠獨遲秋江初月猩猩語孤帆夜發瀟湘渚水工持檝防暗灘直過山邊及前侶年年逐利西復東姓名不在縣籍中農夫稅多長辛苦棄業長爲販賣翁一作販寶

賈客詞　周庾信

五兩開船頭長檣發新浦懸知岸上人遥振江中鼓

同前　唐劉禹錫

賈客無定遊所遊唯利并眩俗雜良苦乘時知重輕心計析

同前　　唐元稹

估客無住着有利身即行出門求火伴入戶辭父兄父兄相教示求利莫求名求名有所避求利無不營火伴相勒縛賣假莫賣誠交關少交假交假本生輕自茲相將去誓死意不更一解市頭語便無鄉里情鍮石打臂釧糯米吹項瓔歸來村中賣敲作金玉聲村中田舍娘貴賤不敢爭所費百錢本已得十倍贏顏色轉光淨飲食亦甘馨子本頻蕃息貨賂日兼并求珠駕滄海採玉上荊衡北買党項馬西擒吐蕃鸚炎洲布火浣蜀地錦織成越婢脂肉滑奚僮眉眼明通算衣食費不計遠近程經營天下徧卻到長安城城中東西市聞客次第迎迎客兼說客多財爲勢傾客心本明黠聞語心已驚先問十常侍次求百公卿侯家與主第點綴無不精歸來始安坐富與王家勍市卒酒肉臭縣胥家舍成豈唯絕言語奔

爲商旅行

昔經樊鄧役阻潮梅根渚感憶追往事意滿辭不敘

同前　齊釋寶月

郎作十里行儂作九里送拔儂頭上釵與郎資路用

有信數寄書無信心相憶莫作瓶落井一去無消息

同前

大艑珂峩頭何處發揚州借問艑上郎見儂所歡不

初發揚州時船出平津泊五兩如竹林何處相尋博

右五曲

同前　陳後主

三江結儔侶萬里不辭遥恒隨鷁首舫屢逐鷄鳴潮

同前　李白

海客乘天風將船遠行役譬如雲中鳥一去無蹤跡

五馬黄金絡雙牛白魚駕蓮船夜作十里遊歸來無人識暗
上沈香舟羅牀倚瑶瑟殘月傾簾鈎今日槿花落明朝梧樹
秋若負平生意何名作莫愁

估客樂　　齊武帝

古今樂録曰估客樂者齊武帝之所製也帝布衣時嘗遊樊鄧登祚以後追憶往事而作歌使樂府令劉瑶管弦被之教習卒遂無成有人啓釋寶月善解音律帝使奏之旬日之中便就諧合敕歌者常重爲感憶之聲猶行於世寶月又上兩曲帝數乘龍舟遊五城江中放觀以紅越布爲帆緑絲爲帆縴鍮石爲篙足篙榜者悉著鬱林布作淡黄袴列開使江中衣出五城殿猶在齊舞十六人梁八人唐書樂志曰梁改其名

莫愁樂

唐書樂志曰莫愁樂者出於石城樂石城有女子名莫愁善歌謡石城樂和中復有忘愁聲因有此歌古今樂録曰莫愁樂亦云蠻樂舊舞十六人梁八人樂府解題曰古歌亦有莫愁洛陽女與此不同

莫愁在何處莫愁石城西艇子打兩槳催送莫愁來

聞懽下揚州相送楚山頭探手抱腰看江水斷不流

右二曲

莫愁樂　唐張祜

儂居石城下郎到石城遊自郎石城出長在石城頭

莫愁曲　唐李賀

莫生隴坂下鵶噪城堞頭何人此城裏城角栽石榴青絲繫

驪珂路中滿

金鞍向暝欲相連玉面俱要來帳前含態眼語懸相解翠帶羅裙入爲解

合歡襦薰百和香牀中被織兩鴛鴦烏啼漢沒天應曙只持懷抱送郎去

同前　陳江揔

桃花春水木蘭橈金羈翠蓋聚河橋隴西上計應行去城南美人啼著曙

同前二首　唐劉方平

娥眉曼臉傾城國鳴環動佩新相識銀漢斜臨白玉堂芙蓉行障揜燈光

畫舸雙艚錦爲纜芙蓉花發蓮葉暗門前月色映橫塘感郎中夜渡瀟湘

猶銜半邊日銀箭金壺（一作金壺丁丁）漏水多起看秋月墜江波東

方漸高奈樂（一作爾）何

同前　李端

白馬逐牛車黃昏入狹斜狹斜柳樹烏爭宿爭枝未得飛上

屋東房少婦婿從軍每聽烏啼知夜分

同前　王建

章華宮人夜上樓君王望月西山頭夜深宮殿門不鎖白露

滿山山葉墮

同前　唐張籍

西山作宮潮滿池宮烏曉鳴茱萸枝吳娃自唱採蓮曲（一作吳娃採蓮自唱曲）

君王昨夜舟中宿

棲烏曲三首　陳後主

陌頭新花歷亂生葉裏春烏送春情長安遊俠無數伴白馬

同前　梁蕭子顯

芳樹歸飛聚儔匹猶有殘光半山日莫憚褰裳不相求漢皐遊女習風流

同前二首　陳徐陵

卓女紅粉一作妝期此夜胡姬沽酒誰論價風流荀令好兒郎偏能傳粉復薰香

繡帳羅帷隱燈燭一夜千年猶不足唯憎無賴汝南雞天河未落猶爭啼

同前　陳岑之敬

揔馬直去沒浮雲河渡冰開兩岸分烏藏日暗行人息空樓隻影長相憶明月二八照花新當壚十五晚留賓

同前　唐李白

姑蘇臺上烏棲時吳王宮裏醉西施吳歌楚舞歡未畢青山

同前六首　梁元帝

幄中清酒馬腦鍾裙邊雜佩琥珀龍虛持寄君心不惜共指
三星今何夕

濃黛輕紅點花色還欲令人不相識金壺夜水詎能多莫持
奢用比懸河

沙棠作舩桂爲檝夜渡江南採蓮葉復值西施新浣沙共向
江干眺月華

月華似璧星如佩流影澄明玉堂内邯鄲九拔朝始成金巵
玉椀共君傾

交龍成錦鬬鳳紋芙蓉爲帶石榴裙日下城南兩相望月没
參横掩羅帳

七彩隨珠九華玉蛺蝶爲歌明星曲蘭房椒閤夜方開那知
步步香風逐

樂府詩集卷第四十八

太原郭　茂倩　編次

清商曲辭

西曲歌中

烏棲曲四首　梁簡文帝

芙蓉作舩絲作綷北斗横天月將落採蓮渡頭礙黄河郎今欲渡畏風波

浮雲似帳月如鉤那能夜夜南陌頭宜城投泊今行熟停鞍繫馬暫棲宿

青牛丹轂七香車可憐今夜宿倡家倡家高樹烏欲棲羅帷翠被任君低

織成屏風金屈膝朱脣玉面燈前出相看氣息望君憐誰能含羞不自前

重繞主人屋欲下空中黒相觸風飄雨濕亦不移君家樹頭

多好枝

同前　　張祜

忽忽南飛返危弦共怨悽暗霜移樹宿殘夜遶枝啼咽絶聲

重敘憎淫思乍迷不妨還報喜悮使玉顔低

樂府詩集卷第四十七

同前　　唐李羣玉

曾波隔夢時一望青楓林有鳥在其間達曉自悲吟是時月黑天四野煙雨深如聞生離哭其聲痛人心悄悄夜正長空山響哀音遠客不可聽坐愁華髮侵既非蜀帝魂恐是恒山禽四子各分散母聲猶至今

同前　　唐聶夷中

衆鳥各歸枝烏烏爾不棲還應知妾恨故向綠窻啼

同前　　唐白居易

城上歸時晚庭前宿處危月明無葉樹霜滑有風枝啼澀飢喉咽飛低凍翅垂畫堂鸚鵡鳥冷暖不相知

同前　　唐王建

庭樹烏爾何不向別處棲夜夜半當戶啼家人把燭出洞戶驚棲失羣飛落樹一飛直欲飛上天回回不離舊棲處未明

同前　唐楊巨源

可憐楊葉復楊花雪淨煙深碧玉家烏棲不定枝條弱城頭夜半聲啞啞浮萍搖蕩門前水任罥芙蓉莫墮沙

同前　唐李白

黄雲城邊烏欲棲歸飛啞啞枝上啼機中織錦秦川女(一作閨中織婦，秦家女)碧紗如煙隔窗語停梭悵然憶遠人獨宿孤房淚如雨(一作停梭向人問故夫欲説遼西淚如雨)

同前二首

玉房掣鐶聲翻葉銀箭添泉遶霜堞畢逋發刺月銜城八九雛飛其母驚此是天上老鴉鳴人間老鴉無此聲摇雜佩耿華燭良夜羽人彈此曲東方曈曈赤日旭

月出江林西江林寂寂城鵶啼昔人何處為此曲今人何處聽不足城寒月曉馳思深江上青草為誰綠

同前　　梁簡文帝

綠草庭中望明月碧玉堂裏對金鋪鳴弦撥捩發初異挑琴欲吹衆曲殊不疑三足朝含影直言九子夜相呼羞言獨眠枕下流託道單棲城上烏

同前　　梁劉孝綽

鵾弦且輟弄鶴操暫停徽别有啼烏曲東西相背（一作各自）飛倡人怨獨守蕩子遊未歸忽聞生離曲長夜泣羅衣

同前二首　　周庾信

促柱繁弦非子夜歌聲舞態異前谿御史府中何處宿洛陽城頭那得棲彈琴蜀郡卓家女織錦秦川竇氏妻詎不自驚長淚落到頭啼烏恒夜啼

桂樹懸知遠風竿詎肯低獨憐明月夜孤飛猶未棲虎賁誰見惜御史詎相攜雖言入弦管終是曲中啼

頃使至二王得釋故有此曲桉史書稱臨川王義康爲江州而云衡陽王義季傳之誤也古今樂録曰烏夜啼舊舞十六人樂府解題曰亦有烏棲曲不知與此同否

歌舞諸少年娉停無種迹菖蒲花可憐聞名不曾識

長檣鐵鹿子布帆阿那起詫儂安在閒一去數千里

辭家遠行去儂歡獨離居此日無啼音裂帛作還書

可憐烏臼鳥彊言知天曙無故三更啼歡子冒闇去

烏生如欲飛二飛各自去生離無安心夜啼至天曙

籠窻窻不開蕩戶戶不動歡下葳蕤籥交儂那得往

遠望千里煙隱當在歡家欲飛無兩翅當奈獨思何

巴陵三江口蘆荻齊如麻執手與歡别痛切當奈何

右八曲

懼伎妾夜聞烏夜啼聲扣齋閤云明日應有赦其年更爲南兖州刺史因此作歌故其和云夜夜望郎來籠窻窻不開今所傳歌辭似非義慶本旨教坊記曰烏夜啼者元嘉二十八年彭城王義康有罪放逐行次潯陽江州刺史衡陽王義季留連飲宴歷旬不去帝聞而怒皆囚之會稽公主姊也嘗與帝宴洽中席起拜帝未達其旨躬止之主流涕曰車子歲暮恐不爲陛下所容車子義康小字也帝指蔣山曰必無此不爾便負初寧陵武帝葬於蔣山故指先帝陵爲誓因封餘酒寄義康旦日曰昨與會稽姊飲樂憶弟故附所飲酒往遂宥之使未達潯陽衡陽家人扣二王所囚院曰昨夜烏夜啼官當有赦少

竟陵質嘗爲竟陵郡於城上眺矚見羣少年歌謠通暢因作此曲古今樂録曰石城樂舊舞十六人

生長石城下開窻對城樓城中諸少年出入見依投

陽春百花生摘插環髻前捥指蹋忘愁相與及盛年

布帆百餘幅環環在江津執手雙淚落何時見歡還

大艑載三千漸水丈五餘水高不得渡與歡合生居

聞歡遠行去相送方山亭風吹黄蘗藩惡聞苦離聲

右五曲

烏夜啼八曲

唐書樂志曰烏夜啼者宋臨川王義慶所作也元嘉十七年徙彭城王義康於豫章義慶時爲江州至鎮相見而哭文帝聞而恠之徵還宅大

羅那呵灘孟珠翳樂夜度娘長松標雙行纏黃督黃纓平西樂攀楊枝尋陽樂白附鳩拔蒲壽陽樂作蠶絲楊叛兒西烏夜飛月節折楊柳歌三十四曲石城樂烏夜啼莫愁樂估客樂襄陽樂三洲襄陽蹋銅蹄採桑度江陵樂青驄白馬共戲樂安東平那呵灘孟珠翳樂壽陽樂並舞曲青陽度女兒子來羅夜黃夜度娘長松標雙行纏黃督黃纓平西樂攀楊枝尋陽樂白附鳩拔蒲作蠶絲並倚歌孟珠翳樂亦倚歌按西曲歌出於荆郢樊鄧之間而其聲節送和與吳歌亦異故其方俗而謂之西曲云

石城樂

唐書樂志曰石城樂者宋臧質所作也石城在

愁空山悲急管兮思繁弦神之駕兮儼欲旋倏雲收兮雨歇
山青青兮潺湲

祠神歌　　王叡

迎神

蓪草頭花椰葉裙蒲葵樹下舞蠻雲引領望江遙滴酒白蘋
風起水生文

送神

棖棖山響荅琵琶酒濕青莎肉飼鵶樹葉無聲神去後紙錢
灰出木緜花

西曲歌上

古今樂録曰西曲歌有石城樂烏夜啼莫愁樂
估客樂襄陽樂三洲襄陽蹋銅蹄採桑度江陵
樂青陽度青驄白馬共戲樂安東平女兒子來

女別去留贈裙衫襦襠述征記曰魏嘉平中有神女成公智瓊降弦超同室疑其有姧智瓊乃絕後五年超使將之洛西至濟北漁山下陌上遙望曲道頭有車馬似智瓊果至洛克復舊好唐王勃雜曲曰智瓊神女來訪文君棱十道志云漁山一名吾山漢武帝過漁山作瓠子歌云吾山平兮巨野溢是也

迎神

坎坎擊鼓漁山之下吹洞簫望極浦女巫進紛屢舞陳瑶席湛清酤風淒淒又夜雨不知神之來兮不來使我心兮苦復苦

送神

紛進舞兮堂前目眷眷兮瓊筵來不言兮意不傳作暮雨兮

裙綷縩步秋塵桂葉刷風桂墜子青狸哭血寒狐死古壁彩虬金帖尾雨工騎入秋潭水一作雨公夜騎入潭水百年老鴞成木魅笑聲碧火巢中起

神弦別曲　　李賀

巫山一作陽小女隔雲別松花春風山上發一作春風松花山上發綠蓋獨穿香逕歸白馬花竿前孑孑蜀江風澹水如羅墮蘭誰泛相經過南山桂樹爲君死雲彩殘汙紅脂花

祠漁山神女歌　　唐王維

張茂先神女賦序曰魏濟北從事弦超嘉平中夜夢神女來自稱天上玉女姓成公字智瓊東郡人早失父母天地哀其孤苦令得下嫁後三四日一來即乘輜軿衣羅綺智瓊能隱其形不能藏其聲且芬香達于室宇頗爲人知一旦神

泛舟採菱葉過摘芙蓉花扣楫命童侶齊聲採蓮歌
東湖扶菰童西湖採菱芰不持歌作樂爲持解愁思

右二曲

明下童曲

走馬上前阪石子彈馬蹄不惜彈馬蹄但惜馬上兒
陳孔驕赭白陸郎乘班騅徘徊射堂頭望門不欲歸

右二曲

同生曲

人生不滿百常抱千歲憂早知人命促秉燭夜行遊
歲月如流邁行已及素秋蟋蟀鳴空堂感悵令人憂

右二曲

神弦曲　唐李賀

西山日沒東山昏旋風吹馬馬踏雲畫弦素管聲淺繁花

爲秣陵尉因擊賊傷而死吴孫權時封中都侯

立廟鍾山異苑曰青溪小姑蔣侯第三妹也

開門白水側近橋梁小姑所居獨處無郎

右一曲

湖就姑曲

赤山湖就頭孟陽二三月緑蔽貢荇藪

湖就赤山磯大姑大湖東仲姑居湖西

右二曲

姑恩曲

明姑遵八風蕃謁雲日中前導陸離獸後從朱鳥麟鳳凰

苕苕山頭柏冬夏葉不衰獨當被天恩枝葉華葳蕤

右二曲

採蓮童曲

吳均續齊諧記曰會稽趙文韶宋元嘉中爲東扶侍廨在青溪中橋秋夜步月悵然思歸乃倚門唱烏飛曲忽有青衣年可十五六許詣門曰女郎聞歌聲有悅人者逐月遊戲故遣相問文韶都不之疑遂邀暫過須臾女郎至年可十八九許容色絶妙謂文韶曰聞君善歌能爲作一曲否文韶即爲歌草生盤石下聲甚清美女郎顧青衣取箜篌鼓之泠泠似楚曲又令侍婢歌繁霜自脱金簪扣箜篌和之婢乃歌曰歌繁霜繁霜侵曉幕何意空相守坐待繁霜落留連宴寢將旦别去以金簪遺文韶文韶亦贈以銀盌及瑠璃匕明日於青溪廟中得之乃知得所見青溪神女也桉于寶搜神記曰廣陵蔣子文嘗

糟味爲他通顏色

右一曲

嬌女詩

北遊臨河海遥望中菰菱芙蓉發盛華渌水清且澄弦歌奏聲節髣髴有餘音

蹀躞越橋上河水東西流上有神仙一作仙聖下有西流魚行不獨自三三兩兩俱

右二曲

白石郎曲

白石郎臨江居前導江伯後從魚

積石如玉列松如翠郎艷獨絕世無其二

右二曲

青溪小姑曲

神弦歌

古今樂錄曰神弦歌十一曲一曰宿阿二曰道君三曰聖郎四曰嬌女五曰白石郎六曰青溪小姑七曰湖就姑八曰姑恩九曰採菱童十曰明下童十一曰同生

宿阿曲

蘇林開天門趙尊閑地户神靈亦道同眞官今來下

右一曲

道君曲

中庭有樹自語梧桐推枝布葉

右一曲

聖郎曲

左亦不佯佯右亦不翼翼仙人在郎傍玉女在郎側酒無沙

舞席同心髻玉女行觴神仙留客擲磚續命斷雞子鬬百草汎龍舟還舊宮長樂花十二時等曲掩抑摧藏哀音斷絕唐書樂志曰汎龍舟隋煬帝江都宫作

舳艫千里泛歸舟言旋舊鎮下揚州借問揚州在何處淮南江北海西頭六轡聊停御百丈暫罷開山歌棹謳詎似江東掌閒地獨自稱言鑑裏遊

黄竹子歌

唐李康成曰黄竹子歌江陵女歌皆今時吴歌也

江邊黄竹子堪作女兒箱一船使兩槳得娘還故鄉

江陵女歌

雨從天上落水從橋下流拾得娘裙帶同心結兩頭

皆以沉檀香爲之又飾以珠玉間以珠翠外施珠簾內有寶床寶帳服玩瑰麗近古未有每微風暫至香聞數里朝日初照光映後庭其下積石爲山引水爲池植以奇樹雜以花藥後主自居臨春閣張貴妃居結綺閣龔孔二貴嬪居望仙閣並復道交相往來

貴人三閣上日晏未梳頭不應有恨事嬌甚却成愁
珠箔曲瓊鉤子細見揚州北兵那得度浪語判悠悠
沉香帖閣柱金縷畫門楣回首降幡下已見黍離離
三人出眢井一身登檻車朱門漫臨水不可見鱸魚

泛龍舟　隋煬帝

隋書樂志曰煬帝大製豔篇辭極淫綺令樂正白明達造新聲剏萬歲樂藏鉤樂七夕相逢樂

按大業拾遺記壁月句蓋江揔辭也

麗宇芳林對高閣新妝豔質本傾城映户凝嬌乍不進出帷含態笑相迎妖姬臉似花含露玉樹流光照後庭

同前　唐張祜

輕車何草草獨唱後庭花玉座誰爲主徒悲張麗華

堂堂　温庭筠

錢塘岸上春如織淼淼寒潮帶晴色淮南遊客馬連嘶碧草迷人歸不得風飄客意如吹煙纖指殷勤傷鴈弦一曲堂堂紅燭筵金鯨瀉酒如飛泉

三閣詞四首　唐劉禹錫

三閣詞劉禹錫所作吴聲曲也南史曰陳後主至德二年於光昭殿前起臨春結綺望仙三閣高數十丈並數十閒總牖壁帶懸楣欄檻之類

隋書樂志曰陳後主於清樂中造黃驪留及玉樹後庭花金釵兩臂垂等曲與幸臣等製其歌詞綺豔相高極於輕蕩男女唱和其音甚哀五行志曰禎明初後主作新歌辭甚哀怨令後宮美人習而歌之其辭曰玉樹後庭花花開不復久時人以歌讖此其不久兆也南史曰後主張貴妃名麗華與龔孔二貴嬪王李二美人張薛二淑媛袁昭儀何婕妤江脩容等並有寵又以宮人袁大捨等為女學士每引賓客游宴則使諸貴人女學士與狎客共賦新詩采其尤豔麗者以為曲調被以新聲選宮女千數歌之其曲有玉樹後庭花臨春樂等其略云璧月夜夜滿瓊樹朝朝新大抵皆美張貴妃孔貴嬪之容色

擣衣砧上拂還來此時相望不相聞願逐月華流照君鴻鴈長飛光不度魚龍潛躍水成文昨夜閑潭夢落花可非春半不還家江水流春去欲盡江潭落月復西斜斜月沉沉藏海霧碣石瀟湘無限路不知乘月幾人歸落月揺情滿江樹

同前　唐温庭筠

玉樹歌闌海雲黒花庭忽作青蕪國秦淮有水水無情還向金陵漾春色楊家二世安九重不御華芝嫌六龍百幅錦帆風力滿連天展盡金芙蓉珠翠丁星復明滅龍頭劈浪哀笳發千里涵空照水魂萬枝破鼻團香雪滴轉霞高滄海西頽黎枕上聞天鷄鸞弦玳鴈曲如語一醉昏昏天下迷四方傾動煙塵起猶在濃香夢魂裏後主荒宫有曉鶯飛來只隔西江水

玉樹後庭花　陳後主

同前二首　　唐張子容

林花發岸口，氣色動江新。此夜江中月，流光花上春。分明石潭裏，宜照浣紗人。

交甫憐瑤佩，仙妃難重期。沈沈綠江晚，惆悵碧雲姿。初逢花上月，言是弄珠時。

同前　　唐張若虛

春江潮水連海平，海上明月共潮生。灩灩隨波千萬里，何處春江無月明。江流宛轉遶芳甸，月照花林皆似霰。空裏流霜不覺飛，汀上白沙看不見。江天一色無纖塵，皎皎空中孤月輪。江畔何人初見月，江月何年初照人。人生代代無窮已，江月年年望相似。不知江月待何人，但見長江送流水。白雲一片去悠悠，青楓浦上不勝愁。誰家今夜扁舟子，何處相思明月樓。可憐樓上月徘徊，應照離人妝鏡臺。玉戸簾中卷不去

樂府詩集卷第四十七

太原郭　茂倩　編次

清商曲辭

吳聲歌曲

春江花月夜二首　隋煬帝

晉書樂志曰春江花月夜玉樹後庭花堂堂並陳後主所作後主常與宮中女學士及朝臣相和爲詩太常令何胥又善於文詠採其尤豔麗者以爲此曲

暮江平不動春花滿正開流波將月去潮水帶星來

夜露含花氣春潭瀁月暉漢水逢遊女湘川值兩妃

同前　隋諸葛穎

花帆渡柳浦結纜隱梅洲月色含江樹花影覆船樓

卷五十　清商曲辭七

卷五十一　清商曲辭八

卷四十九　清商曲辭六

第七册目録

（宋）郭茂倩 編

宋本樂府詩集

第七册

國家圖書館出版社